Sören Kierkegaard

Die Krankheit zum Tode · Furcht und Zittern
Die Wiederholung · Der Begriff der Angst

Unter Mitwirkung von Niels Thulstrup
und der Kopenhagener Kierkegaard-Gesellschaft
herausgegeben von Hermann Diem und Walter Rest

W0204184

Deutscher Taschenbuch Verlag

Unser Text folgt der bei Jakob Hegner in Köln
erschienenen Ausgabe (2. Aufl. 1968).

Von Sören Kierkegaard
sind im Deutschen Taschenbuch Verlag erschienen:
Das Tagebuch des Verführers (166)
Entweder – Oder (6043)
Philosophische Brosamen (6064)

Ungekürzte Ausgabe
Dezember 1976
Deutscher Taschenbuch Verlag GmbH & Co. KG,
München
© 1976 Deutscher Taschenbuch Verlag, München
Umschlaggestaltung: Celestino Piatti unter Verwendung
einer Zeichnung von Wilhelm Marstrand,
Det Nationalhistoriske Museum, Frederiksborg
Gesamtherstellung: C. H. Beck'sche Buchdruckerei,
Nördlingen
Printed in Germany · ISBN 3-423-06070-0

Über dieses Buch

In diesem Band sind vier kürzere Abhandlungen Kierkegaards aus der Zeit von 1843 bis 1849 vereinigt, die jedoch nicht minder zentral sind für Kierkegaards philosophisch-theologisches Denken als die frühen großen Schriften ›Entweder – Oder‹ und die ›Philosophischen Brosamen‹ mit der umfangreichen ›Unwissenschaftlichen Nachschrift‹.
›Die Krankheit zum Tode‹ (1849) untersucht ebenso wie die frühere Abhandlung ›Der Begriff der Angst‹ (1844) das Wesen der Sünde. Während Kierkegaard im ›Begriff der Angst‹ dieses Phänomen als die Voraussetzung der Erbsünde bewußt nur psychologisch analysiert, geht er in der Schrift ›Die Krankheit zum Tode‹ unmittelbar von christlichen Voraussetzungen aus und wendet sich scharf gegen Hegel, der nach seiner Ansicht die Kernbegriffe des christlichen Glaubens, vor allem den Schuldcharakter der Sünde – und damit das Hauptstück des Glaubens –, auflöst. »Die Krankheit zum Tode ist Verzweiflung« und »Verzweiflung ist die Sünde«. Sünde liegt, christlich verstanden, nicht in der Erkenntnis, sondern im Willen, ihr Gegensatz ist nicht Tugend, sondern Glaube. Nur im Glauben ist die Sünde überwunden, die Krankheit geheilt.
Auch die Abhandlung ›Furcht und Zittern‹ (1843) beschäftigt sich mit einem Zentralthema christlicher Philosophie, sie stellt den Versuch dar, das Wesen des Glaubens neu zu bestimmen. ›Furcht und Zittern‹ ist wohl das persönlichste Werk Kierkegaards, das, wie er 1849 in seinem Tagebuch vermerkt, sein eigenes Leben reproduziere. Auch die vierte Schrift unseres Bandes, die gleichzeitig mit ›Furcht und Zittern‹ erschien, der Versuch ›Die Wiederholung‹, ist vor dem biographischen Hintergrund von Kierkegaards Verlobung mit Regine Olsen zu sehen. Sie variiert das gleiche Thema wie ›Furcht und Zittern‹, jedoch in einer kunstvollen literarischen Form, in der Liebesgeschichte eines jungen Menschen, an der das philosophische Problem der Wiederholung dargestellt wird.

dtv-bibliothek

Literatur · Philosophie · Wissenschaft

INHALT

Zweiter Abschnitt

VERZWEIFLUNG IST DIE SÜNDE

Zweiter Teil

FURCHT UND ZITTERN

[Deutsch von Günther Jungbluth]

Dritter Teil

DIE WIEDERHOLUNG

[Deutsch von Günther Jungbluth]

Vierter Teil

DER BEGRIFF DER ANGST

[Deutsch von Rosemarie Lögstrup]

EINLEITUNG VON HERMANN DIEM

KIERKEGAARD UND SEIN LESER

WER HEUTE die Schriften liest, deren Übersetzung wir in diesem Band vorlegen, steht ihnen anders gegenüber als der dänische Leser vor hundert Jahren. Er hat es nicht nur wie jener mit dem Werk selbst zu tun, sondern auch mit der ganzen seither verflossenen Geistesgeschichte, in die es eingegangen ist, die es mitgeformt hat und durch die es umgekehrt in der Tragweite seiner Bedeutung erst erkannt und gedeutet worden ist. Bei einem andern Schriftsteller mag dieser Abstand ein Vorteil sein; dem Werk Kierkegaards gegenüber ist er aber von sehr fragwürdiger Art. Zwar gehört Kierkegaard auch zu jenen Leuten, die von ihren Zeitgenossen verkannt und erst von der Nachwelt entdeckt wurden. Er selbst war sich auch durchaus dessen bewußt, daß er »ein nicht geringes geistiges Kapital hinterlassen« werde. Aber er hat keineswegs erwartet, von der Nachwelt besser verstanden zu werden als von seiner Mitwelt. Er hat sogar mit einigem Grauen an seine mutmaßlichen Erben gedacht, wenn er auch nicht voraussehen konnte, daß gerade jene Strömung im heutigen Denken, die man »Existentialismus« nennt, ihn als ihren Ahnherrn in Anspruch nehmen und auf diese Weise durch ein Mißverständnis berühmt machen würde.

Dieses Mißverständnis ist insofern naheliegend, als es Kierkegaard darum ging, den Menschen zum richtigen Existieren zu verhelfen. Dieses Bemühen ist an sich nicht so neu, wie man heute meint. Im Grunde ist es in der ganzen abendländischen Geistesgeschichte um nichts anderes gegangen als um das rechte Verhalten des Menschen innerhalb des Kosmos, in den er sich hineingestellt fand. Es haben sich nur und je die Akzente verlagert zwischen einem mehr kosmologischen und einem mehr anthropologischen Erkenntnisstreben, ohne daß der Zusammenhang zwischen beidem auf die Dauer hätte abreißen können. Die Unterschiede etwa zwischen *Augustin* und *Thomas von Aquin* zeigen hier nur die Ausschläge des Pendels nach der einen oder andern Richtung an; und *Kant* hat schließlich seine »Kritik der reinen Vernunft« im Blick auf die »Kritik der praktischen Vernunft« geschrieben. Es würde uns jedenfalls schwerfallen, festzustellen, auf welcher Seite die Leidenschaft des an seinem Denken selbst mit seiner eigenen Existenz Betei-

ligten am stärksten wirksam war, oder sie gar der einen Seite abzusprechen.
Insofern ist es also nichts Neues, daß Kierkegaard sich um das rechte Existieren des Menschen bemühte. Daß er es in einer Situation tat, in der das Pendel – unter dem Einfluß der Philosophie von *Hegel* – offensichtlich wieder einmal stark nach der andern Richtung ausgeschlagen hatte, ist zwar als Anlaß nicht zufällig, in der Sache aber letztlich ohne Bedeutung. Wichtig ist dagegen, daß er der Sache eine neue und in der Philosophiegeschichte bisher unbekannte Wendung gab, wobei er der Meinung war, wenigstens *einen* Vorgänger zu haben, nämlich *Sokrates*. Wieweit er dabei historisch im Recht war, mag dahingestellt bleiben. Für ihn war jedenfalls entscheidend, daß Sokrates, so wie er ihn sah, seine eigene Person in seinem philosophischen Lebenswerk in einer durchaus eigenartigen Weise mit eingesetzt hat.
Daß ein Denker in dem von ihm Gedachten auch existiert, sagt in dieser Allgemeinheit noch gar nichts, sondern ist nur die selbstverständliche Voraussetzung für jedes redliche Denken, was Kierkegaard an der »Unredlichkeit« der Hegelschen Philosophie demonstriert. Die Schwierigkeit und das eigentliche Problem entsteht erst dort, wo ein Mensch in seinem Denken für den andern *Lehrer* sein will. In dieser *Methode des Lehrens* ist Sokrates für Kierkegaard das große Vorbild. Dieser war der Meinung, daß er überhaupt nicht imstande wäre, einen andern Menschen etwas zu lehren, da jeder die Wahrheit in sich und durch sich selbst finden müsse. Was einer für den andern tun könne, bestehe lediglich darin, daß er ihn von einem falschen Wissen befreie und in ihm die Selbstwirksamkeit in Gang setze, durch die er zum richtigen Wissen komme. Ein Mensch könne dabei dem andern, wie Sokrates sagt, nur »Hebammendienste leisten«, das »Zeugen« aber gehöre Gott selbst zu. Diese Weise der Mitteilung hat Sokrates auf den Straßen Athens in der Form des Dialogs geübt. Bekanntlich ist ihm das als eine den Staat und die Gesellschaft mit ihren Gesetzen, Sitten und religiösen Anschauungen zersetzende Tätigkeit sehr verübelt worden, während Sokrates selbst so sicher war, damit eine durchaus positive Wirksamkeit zu entfalten, daß er dafür auch sterben konnte.

Worin liegt nun in dieser sokratischen Tätigkeit, die ja zunächst auch einfach auf das Erkennen gerichtet ist, die besondere Wendung zum Existieren? Sie liegt in der Haltung der *Ironie*, die Sokrates dabei einnimmt. Er kann und darf die Positivität, die in ihm ist, dem andern nicht direkt mitteilen, sondern muß sie hinter der Maske der Ironie verbergen, damit jener sie nicht von ihm übernehmen könne, sondern sie selbst entdecken müsse. Diese Maske schützt auf der andern Seite aber auch wiederum ihn selbst, weil er auf diese Weise, wie Kierkegaard einen seiner Verfasser sagen läßt, »sich selbst in Wahrheit erzieht und sein Leben vor der schrecklichsten aller Unwahrheiten bewahrt, vor – einem Anhänger«.

Nun hat zwar Kierkegaard, ebenso wie der atheniensische Sokrates, einen großen Teil seiner Zeit damit verbracht, auf den Straßen und in den Gesellschaften Kopenhagens sokratische Gespräche zu führen. Aber der dänische Sokrates hat, was der andere nicht tat, auch Bücher, sogar erstaunlich viele Bücher geschrieben; und ein Buch ist zunächst immer eine direkte, dozierende Form der Mitteilung, die über die Haltung des Lesers zu dem Buch nicht verfügt. Kierkegaard hat es aber fertiggebracht, auch als Bücherschreiber der sokratische Ironiker zu bleiben, indem er durch einen gewaltigen Aufwand von Dialektik sein ganzes schriftstellerisches Werk in einen einzigen großen Dialog mit dem Leser verwandelte. An die Stelle des unmittelbaren Gesprächspartners im sokratischen Dialog tritt hier der Leser. Diesem Leser tritt Kierkegaard aber nicht als Dozent gegenüber, um ihm irgendeine Anschauung anzudemonstrieren. Er läßt vielmehr seine Bücher durch Pseudonyme herausgeben, hinter denen seine eigene Person verschwinden soll. Jedes dieser dauernd wechselnden Pseudonyme repräsentiert eine bestimmte Anschauung und Haltung. Sie stehen unter sich in einem inneren Zusammenhang, der einen gewissen Fortschritt darstellt von einer ästhetisch bestimmten Existenz über die ethische und ethisch-religiöse zur entscheidend christlichen Existenz des Glaubenden. Der Leser kann die Anschauung der einzelnen Pseudonyme schon deshalb nicht unmittelbar übernehmen, weil die Haltung der einen Gestalt immer wieder durch die der andern ironisch widerrufen wird und er sich deshalb nirgends an ein Ergebnis halten kann, für das

Kierkegaard selbst ihm einstehen würde. Dieser übernimmt für keine Aussage seiner Pseudonyme die Verantwortung, sondern er verlangt ausdrücklich, daß jene unter ihrem Pseudonym und nicht unter seinem Namen zitiert werden sollen. Von sich sagt Kierkegaard: »Ich betrachte mich selbst am liebsten als *Leser*, nicht als *Verfasser* der Schriften«, einmal um jedes Mißverständnis auszuschließen, als habe er etwas zu dozieren, vor allem aber deshalb, weil er diesen Dialog mit dem Leser auf dem Umweg über die Pseudonyme in erster Linie mit sich selbst führt. Seine Schriftstellerwirksamkeit dient zugleich seiner eigenen Erziehung. Er läßt die Pseudonyme die Grenzen der Humanität abschreiten, um den Glauben zurückzuholen aus dem Gebiet spekulativer Weltbetrachtung und ästhetischer Gefühlsinnigkeit in die wirkliche Existenz des Glaubenden. Was er so unter der Maske der Pseudonyme schreibt, das sind die mit seinem Herzblut geschriebenen Möglichkeiten seines eigenen Lebens, aus denen er mit diesem Werk in erster Linie sich selbst zum rechten Existieren verhelfen will. Er hat hinterher in seinem schriftstellerischen Werk einen einheitlichen Plan gesehen, der jedoch nicht von vornherein feststand. Vielmehr hat, wie er sagt, die »Vorsehung« ihn durch dieses Werk in dessen Fortschreiten selbst erzogen. Dabei hat dieser von Kierkegaard häufig gebrauchte Begriff der Vorsehung in seinem Munde eine weit tiefere Bedeutung, als man dem deutschen Ausdruck gemeinhin beilegt. In einem seiner letzten Tagebucheinträge heißt es unter der Überschrift: Providentia specialissima: »Ein Christ sein heißt glauben an eine providentia specialissima, nicht in abstracto, sondern in concreto. Nur der hat diesen Glauben in concreto, ist Individualität; jeder andere gibt sich eigentlich herunter zum Exemplar im Verhältnis zur Art, hat keinen Mut und keine Demut; er ist nicht gepeinigt, und ihm ist nicht geholfen genug, um Individualität zu sein.« Das läßt etwa ahnen, welcher Kampf Kierkegaards mit sich selbst und um die Bestimmung seines eigenen Lebens sich hinter seinem pseudonymen Werk abgespielt hat, bis er darüber mit seiner providentia specialissima ins Einverständnis gekommen ist.

Nun wußte freilich damals ganz Kopenhagen, wer der Verfasser der Pseudonyme war; und es konnte darum nicht ausbleiben, daß die Leser den durch die Pseudonyme gesetzten Abstand zwischen sich und Kierkegaard nicht einhielten, sondern, anstatt sich an die Pseudonyme zu halten, sich für Kierkegaards Person interessierten. Damit wäre aber die ganze Ironie der sokratischen Dialektik durchkreuzt und wirkungslos gemacht worden. Um das zu verhindern, griff Kierkegaard zu einem weiteren Mittel, um die Indirektheit seiner Mitteilung noch einmal zu potenzieren: Konnte seine Person hinter seinem Werk für die Leser nicht verschwinden, so mußte sie eben möglichst unkenntlich gemacht werden. Das bedeutet, daß er im persönlichen Verhältnis zu seiner Umwelt dieselbe Haltung der Ironie einnehmen mußte, wie er es als Schriftsteller seinen Lesern gegenüber tat.

Was seine Kopenhagener Zeitgenossen, die sich mit seinem Werk auseinanderzusetzen hatten, von ihm persönlich wissen konnten, ist deshalb auch nicht viel. Sören Kierkegaard wurde am 5. Mai 1813 als siebtes und letztes Kind von Michael Pederson Kierkegaard geboren, der aus einer sehr armen Familie in Jütland stammte, es aber später in Kopenhagen als Wollhändler zu Wohlstand und Ansehen gebracht hatte. 1830 wird Sören, nachdem er die Bürgerschule mit Auszeichnung absolviert hatte, an der Universität Kopenhagen immatrikuliert. Durch seine Lebensweise macht er auf seine Umwelt mehr den Eindruck eines Flaneurs als eines mit ernsten Studien beschäftigten und ernstzunehmenden jungen Mannes. Erst nach zehnjährigem Studium macht er 1840, wieder mit Auszeichnung, das theologische Examen und erwirbt 1841 den Grad eines Magister artium mit einer Abhandlung »Über den Begriff der Ironie mit beständiger Hinsicht auf Sokrates«. Inzwischen hat er sich am 10. September 1840 mit Regine Olsen, der siebzehnjährigen Tochter einer angesehenen Kopenhagener Familie verlobt. Ein Jahr später löst er die Verlobung auf, ohne jeden für die Gesellschaft und vor allem für seine Braut selbst ersichtlichen Grund. Anschließend reist er zum Studium nach Berlin und veröffentlicht nach seiner Rückkehr die pseudonymen Schriften, beginnend 1843 mit »Entweder-Oder«. Seine Person bleibt für seine Umwelt dasselbe Rätsel, wie es der pseudonyme Apparat seines Werkes ist.

Wir wissen heute, besonders auf Grund seiner sehr umfangreichen Tagebücher, mehr über ihn als seine Zeitgenossen. Damit ist aber die Gefahr für uns um so größer, daß wir den durch die Pseudonyme gesetzten Abstand nicht einhalten und an diesem vorbei nach der Person Kierkegaards selbst fragen, wie es schon die Zeitgenossen taten. Waren jene noch gehindert durch das Rätsel, das die Person Kierkegaards selbst ihnen aufgab, so werden wir umgekehrt auf diesem Wege unterstützt durch eine umfangreiche Forschung, welche mit allen Mitteln dieses Rätsel seiner Person zu lösen versucht und gerade darin die Aufgabe einer »wissenschaftlichen« Kierkegaardforschung sieht. Wer in der wissenschaftlichen Welt, die sich Kierkegaards bemächtigt hat, beachtet zum Beispiel heute auch nur noch seine Forderung, seine Pseudonyme unter deren Namen und nicht unter seinem eigenen zu zitieren? Man hat es überhaupt nicht begriffen, welche subtilen methodischen Überlegungen hinter dieser Forderung stecken und konnte es deshalb auch nicht merken, welche Unsauberkeit im wissenschaftlichen Verfahren es bedeutet, sie zu ignorieren.

Man kann dagegen mit Recht einwenden, daß es Kierkegaards eigene Absicht war, seine Tagebücher der Nachwelt zugänglich zu machen und ihr dadurch die Möglichkeit zu geben, sie zum Verständnis seines Werkes heranzuziehen. Wir werden schon deshalb die Situation des gleichzeitigen Lesers der Pseudonyme für uns nicht in derselben Weise wiederherstellen können. Aber daß wir den Abstand einhalten müssen, den Kierkegaard durch die Pseudonyme zwischen sich und den Leser gelegt hat, muß auf alle Fälle auch für uns gelten, wenn wir uns der indirekten Gezieltheit seines Werkes als Leser nicht entziehen und damit dessen ganzen Sinn zunichtemachen wollen. Darum hat Kierkegaard sein Inkognito für die Nachwelt nur soweit gelüftet, daß sein persönliches Leben auch für den späteren Leser, wenn auch in anderer Weise, ein Rätsel bleibt und eben in seiner Rätselhaftigkeit mit zu seinem Werk gehört.

So wissen wir zwar heute immer noch nicht, was der eigentliche Grund für Kierkegaard war, Regine Olsen nicht zu heiraten [und wir brauchen es auch nicht zu wissen]. Dagegen wissen wir, daß hinter dem anscheinend leichtfertigen Bruch seiner Verlobung, der für die gute Gesellschaft Kopenhagens ein Skandal war, ein Ringen mit Gott stand um die Erkenntnis

seiner Aufgabe, das ihn bis in die Hölle und an die Grenze des Wahnsinns führte. Er hat tief darunter gelitten, daß er als schwermütiger Skrupulant dort, wo seine Mitmenschen überhaupt keine Probleme sahen, sich in die schwierigsten Reflexionen verwickeln mußte, aus denen er keinen Ausweg im Handeln fand. Er redet von sich selbst, wenn er in der Leidensgeschichte: »Schuldig? Nichtschuldig?« in den »Stadien auf dem Lebensweg« den Quidam, sein Pseudonym, sagen läßt: »Ich sehe wohl, daß ich als Mensch weit davon entfernt bin, paradigmatisch zu sein. Ich bin eher eine Art Probemensch. Ich gebe mit ziemlicher Präzision die Temperatur von jeder Stimmung und Leidenschaft an; und indem ich meine eigene Innerlichkeit produziere, verstehe ich das Wort: homo sum, nil humani a me alienum puto. Aber im humanen Sinn kann sich niemand nach mir bilden. Ich bin eher ein Mensch, wie er in einer Krise notwendig werden könnte, ein Probestück, welches das Dasein braucht, um sich vorzufühlen«. Und der Herausgeber, Frater Taciturnus sagt dazu: »An der Aberration kann man das Normale studieren.«
Man muß das auf dem Hintergrund von »Entweder-Oder«, seinem ersten großen pseudonymen Werk, sehen. Dort läßt er den Ethiker B eine idealistische Ethik entwickeln, nach der jeder Mensch die Aufgabe hat, er selbst und zugleich der allgemeine Mensch zu werden: »Wenn deshalb das ethische Individuum seine Aufgabe vollendet, den guten Kampf gekämpft hat, so ist es dahin gekommen, daß es der einzelne Mensch geworden ist. Der einzelne Mensch zu sein ist an und für sich nichts Großes, denn das hat jeder Mensch mit jedem Naturprodukt gemein; aber der Einzelne so zu sein, daß man zugleich das Allgemeine ist, das ist die wahre Lebenskunst.« Nun war aber Kierkegaard selbst durchaus kein solcher »Lebenskünstler«, der das fertiggebracht hätte. Die bei dem Ethiker in »Entweder-Oder« so einfach erscheinende Rechnung zwischen dem Einzelnen und dem Allgemeinen ist in seinem eigenen Leben jedenfalls nicht aufgegangen. Daß er aus Gründen seines persönlichen Lebens Regine Olsen nicht heiraten konnte, war nicht der einzige Punkt, wo er als dieser bestimmte Einzelne das Allgemeine nicht verwirklichen konnte; aber es war die Wunde, durch die er sein Leben lang bei dem Bewußtsein

seiner Aberration vom Normalen als Problem und Aufgabe seines Lebens unerbittlich festgehalten wurde.
Die Forderung des Ethikers, als Einzelner das Allgemeine zu verwirklichen, trifft jeden Menschen in einer durch eine bestimmte Geschichte geprägten Eigenart an, die seiner Verwirklichung des Allgemeinen mehr oder weniger stark entgegensteht. Diese Eigenart ist aber nicht ein naturhaft gewordener und darum wertfreier Zustand, sondern der Mensch ist daran schuld, daß er so geworden ist. Mit seiner vergangenen Geschichte fertig werden, heißt also immer zugleich mit seiner Schuld fertig werden. Dabei läßt der Ethiker keine Unterscheidung zwischen der eigenen und der von den Vorfahren ererbten Schuld zu, sondern sagt: »Je größer die Freiheit, desto größer die Schuld, und es ist das selige Geheimnis der höchsten Freiheit, auch vererbte Schuld auf sich zu nehmen. Wer das nicht will, der ist, wenn nicht feige, so doch kleinmütig, wenn nicht niedrig, so doch gewiß auch nicht hoch gesinnt.« Für Kierkegaard ist das nicht nur deshalb besonders wichtig, weil seine Schwermut ein väterliches Erbe war, sondern weil bestimmte Dinge im Leben des Vaters ihn annehmen ließen, daß die Strafe Gottes als ein Fluch auf der Familie liege, der auch ihre hervorragenden Geistesgaben nur zum Verhängnis werden könnten. Gerade weil seine persönliche Belastung durch die vergangene Geschichte so besonders schwer war, mußte er es sich auch so schwer wie möglich machen, mit dieser Vergangenheit fertig zu werden, indem er auch die von den Vorfahren ererbte Schuld als seine eigene Schuld trug. Dabei ist aber auch das andere festzuhalten, daß bei dieser erblichen Belastung keine Grenze gezogen werden kann zwischen Schuld und Krankheit. Haben wir es doch mit dem Gott zu tun, der die Sünden der Väter heimsucht an den Kindern bis ins dritte und vierte Glied. Kierkegaard weiß um die umfassende Unentschuldbarkeit des ganzen Menschen in einer Weise, daß ihm auch nur mit einer solchen Vergebung geholfen werden kann, die ebenfalls den ganzen Menschen nach »Geist, Seele und Leib« umfaßt. Diese Probleme hat Kierkegaard sein Pseudonym Vigilus Haufniensis behandeln lassen in dem »Begriff der Angst, eine simple psychologisch-wegweisende Untersuchung in Richtung auf das dogmatische Problem der Erbsünde«. Es

wird hier gezeigt, daß kein Mensch von vorne anfängt, sondern, indem er in die Geschichte des Menschengeschlechts eintritt, auch an der Sündhaftigkeit des Geschlechtes seit dem Falle Adams und damit in progressiver Weise an deren Auswirkungen: der Angst und der Sinnlichkeit teilbekommt. Aber woran Kierkegaard alles liegt, ist die Feststellung: »Dieses Mehr von Angst und Sinnlichkeit, das jedes spätere Individuum im Verhältnis zu Adam hat, kann natürlich in dem einzelnen Individuum wieder ein Mehr oder Weniger bedeuten. Hier gibt es Differenzen, welche in Wahrheit so entsetzlich sind, daß gewiß niemand sich hinauswagt, in tieferem Sinn, das heißt mit echt menschlicher Sympathie darüber nachzudenken, ohne mit einer Unerschütterlichkeit, die nichts zum Zittern bringen kann, sich dessen vergewissert zu haben, daß nie in der Welt ein solches Mehr gefunden wird, welches das Quantitative durch einen simpeln Übergang ins Qualitative verwandeln würde.« Es kommt also alles darauf an, daß die Erbsünde auch im Fall der schlimmsten Belastung nicht naturhaft wirkt, das heißt, ohne dem Menschen die Freiheit zum eigenen Schuldigwerden zu lassen. Sonst hätte die Vergangenheit die freie Möglichkeit der Zukunft vorweggenommen.

Ist so der Weg zur Überwindung der Vergangenheit nach rückwärts freigemacht, so gilt es nun, dasselbe auch nach vorwärts in die Zukunft zu tun. Die hier vorliegenden Probleme läßt Kierkegaard in den Schriften »Furcht und Zittern« von Johannes de silentio und »Die Wiederholung« von Constantin Constantius behandeln. Der Mensch darf nicht in ein Leben der Innerlichkeit entfliehen, das seine vergangene Geschichte einfach verleugnet. Vielmehr muß diese nach rückwärts aufgerollt und durchsichtig gemacht und ihr in der Reue standgehalten werden. Und diese Geschichte wird nun nach vorwärts gelebt im Glauben an die Vergebung. »Die Endlichkeit, die Zeitlichkeit ist es, um die sich alles dreht.« Von diesem Glauben, mit dem der Mensch seine eigenen Möglichkeiten verwirklicht, indem er von der Gnade lebt, sagt Johannes Anticlimacus in der »Krankheit zum Tode«, er sei »ein, wenn man so will, wahnsinniger Kampf um Möglichkeit«. So hat sich jene Anweisung zum ethischen Leben kompliziert durch das allgemeinmenschliche Phänomen der Schuld, das durch

den Glauben als die Sünde erkannt und durch die Vergebung der Sünden überwunden wird. Dazu sagt Johannes Anticlimacus, es gehöre »zu den entscheidendsten Bestimmungen des ganzen Christentums, daß der Gegensatz zur Sünde nicht die Tugend, sondern der Glaube ist«.
Hat man auf diese Weise durch den Glauben die Sünde überwunden und damit Freiheit und Sicherheit im Handeln gewonnen, so kann dieses Handeln jedoch wiederum in Frage gestellt werden, und zwar jetzt nicht mehr durch die ethische Forderung des Allgemein-Menschlichen, sondern von Gott selbst. Kierkegaard zeigt das in »Furcht und Zittern« am Beispiel Abrahams, der durch höheren Befehl von der Verwirklichung des Ethisch-Allgemeinen suspendiert wird und darüber, daß er das tun muß, mit Gott ins Einverständnis zu kommen hat. Angesichts der Bewegung des Glaubens, die von Abraham gefordert ist, der seinen Sohn, den einzigen Träger der Verheißung, opfern soll, sagt Johannes de silentio: »Jedesmal, wenn ich die Bewegung des Glaubens machen will, wird es mir schwarz vor den Augen; im selben Augenblick, da ich sie absolut bewundere, ergreift eine ungeheure Angst meine Seele, denn was ist denn das: Gott versuchen?« Er sieht, daß dieser Glaube, mit dem man die ganze Endlichkeit wieder zurückbekommt, an jene Grenze führt, wo über den Menschen die Anfechtung kommt als die Nemesis der starken Augenblicke des Glaubens. Wir stehen damit wieder an jenem Punkt in Kierkegaards eigenem Leben, wo er selbst um die Verwirklichung des Allgemeinen ringen mußte.
Bei Abraham ist dieses Problem insofern noch einfach, als er einen direkten Befehl von Gott bekommt und deshalb nicht im Zweifel sein kann, was er zu tun hat. Redet Gott dagegen indirekt mit einem Menschen durch einen »Pfahl im Fleisch«, wie es der Apostel Paulus ausdrückt, also durch irgend etwas in seinem Schicksal, das ihn an der Verwirklichung des Allgemeinen hindert, so ist der Mensch zunächst verpflichtet, dieses Hindernis im Glauben zu überwinden, um ins Allgemeine zurückzukehren. Wenn nun aber Gott ihm diesen Pfahl ins Fleisch gegeben hätte, um ihn in einer Ausnahmeexistenz festzuhalten, darf er ihn dann hinwegglauben? Und woher weiß der Mensch, ob seine Suspension vom Allgemeinen die Sünde des Unglau-

bens oder aber ihm von Gott auferlegt ist, so daß es hieße: Gott versuchen, wenn man die Rückkehr ins Allgemeine erzwingen wollte? Woher wußte Kierkegaard, ob es von ihm richtig war, seine Verlobung aufzuheben, als er meinte, daß sein Pfahl im Fleisch ihn diesen allgemeinen Weg nicht gehen ließ? Er schreibt einige Jahre später in sein Tagebuch: »Hätte ich Glauben gehabt, so wäre ich bei Regine geblieben. Gott sei Lob und Dank, das habe ich nun eingesehen. Ich war nahe daran, meinen Verstand zu verlieren in diesen Tagen.« Oder an einer früheren Stelle: »Meine Sünde ist, daß ich nicht Glauben hatte, Glauben daran, daß für Gott alles möglich ist – aber«, fährt er dann fort, »wo ist die Grenze zwischen dem und Gott versuchen?« Um die Beantwortung dieser Frage hat er sein ganzes Leben lang gerungen in dem Grenzstreit zwischen Glaube und Anfechtung. Dieser Kampf erträgt aber keine neugierigen Zuschauer. Wer hier in rechter Weise mit dabei sein will, der kann sich nur durch Kierkegaard fragen lassen, wie denn nun er selbst mit dem Pfahl in seinem eigenen Fleisch in dem Kampf zwischen Glaube und Anfechtung in rechter Weise fertig wird. »Denn«, schreibt Kierkegaard einmal in sein Tagebuch, »damit das Gericht der Erkenntnis seine Geltung erhalte, muß man sich ins Leben hinauswagen, hinaus aufs Meer und seinen Schrei erschallen lassen, ob Gott ihn nicht hören möge; nicht am Meeresufer stehen und die andern kämpfen und streiten sehen – erst dann wird die Erkenntnis gerichtsnotorisch, und es ist in Wahrheit etwas ganz anderes, auf einem Bein stehen und Gottes Dasein beweisen und auf seinen Knien ihm danken.«

SÖREN KIERKEGAARD
DIE KRANKHEIT ZUM TODE
[DEUTSCH VON WALTER REST]

Herr! gib uns blöde Augen
für Dinge, die nichts taugen,
und Augen voller Klarheit
in alle Deine Wahrheit.

Eine christlich-psychologische Entwicklung
zur Erbauung und Erweckung
von Anti-Climacus
Herausgegeben von S. Kierkegaard
1849

VORWORT

VIELEN WIRD vielleicht die Form dieser »Entwicklung« seltsam vorkommen; sie wird ihnen zu streng erscheinen, um erbaulich, und zu erbaulich, um streng wissenschaftlich sein zu können. Was das letztere angeht, so habe ich darüber keine Meinung. Was das erstere hingegen betrifft, so bin ich anderer Meinung; wäre sie zu streng, um erbaulich zu sein, so wäre das nach meinem Begriff ein Fehler. Eines ist es ja, daß sie nicht für jedermann erbaulich sein kann, weil nicht jeder Voraussetzungen hat, um ihr zu folgen; ein anderes, daß sie den Charakter des Erbaulichen hat. Christlich genommen soll nämlich alles, alles zur Erbauung dienen. Die Art Wissenschaftlichkeit, die nicht zuletzt doch auch erbaulich ist, ist gerade deshalb unchristlich. Alles Christliche muß in der Darstellung Ähnlichkeit mit den Ausführungen des Arztes am Krankenbett haben; ob sie auch nur der kundige Arzt versteht, so darf doch niemals vergessen werden, daß sie am Krankenbett gesprochen werden. Dieses Verhältnis des Christlichen zum Leben [im Gegensatz zu einer wissenschaftlichen Ferne vom Leben], oder diese ethische Seite des Christlichen ist gerade das Erbauliche, und diese Art der Darstellung, wie streng sie auch sein mag, ist gänzlich verschieden, qualitativ verschieden von dieser Art Wissenschaftlichkeit, die »gleichgültig« ist, deren erhabener Heroismus nach christlichen Maßstäben so weit davon entfernt ist, Heroismus zu sein, daß er, christlich gesehen, eine Art unmenschlicher Neugier ist. Dies ist christlicher Heroismus, und wahrlich kommt es vielleicht selten genug vor, daß einer ganz er selbst zu sein wagt, ein einzelner Mensch, dieser bestimmte einzelne Mensch, allein vor Gott, allein in dieser ungeheuren Anstrengung und dieser ungeheuren Verantwortung; aber das ist kein christlicher Heroismus, sich mit dem reinen Menschen narren zu lassen, oder das Verwunderungsspiel mit der Weltgeschichte zu spielen. Alle christliche Erkenntnis, wie streng ihre Form auch im übrigen sei, muß bekümmert sein; denn diese Bekümmerung ist gerade das Erbauliche. Die Bekümmerung ist das Verhältnis zum Leben, zur Wirklichkeit der Persönlichkeit und so, christlich, der Ernst; die gleichgültige Erhabenheit des Wissens ist, christlich, weit davon entfernt mehr Ernst zu sein, sie ist, christlich, Scherz und Eitelkeit. Aber der Ernst ist wieder das Erbauliche.

Diese kleine Schrift ist daher *in einem* Sinne so beschaffen, daß ein Seminarist sie schreiben könnte; in einem anderen Sinne vielleicht doch so, daß nicht jeder Professor sie schreiben könnte.

Aber daß die Einkleidung der Abhandlung so ist wie sie ist, ist zum mindesten wohl bedacht, und doch sicherlich auch psychologisch richtig. Es gibt einen feierlicheren Stil, der so feierlich ist, daß er nichts mehr bezeichnet, und der, da man nur allzusehr daran gewöhnt ist, leicht nichtssagend wird.

Übrigens nur eine Bemerkung, zwar eine Überflüssigkeit, die ich aber doch auf mich nehmen will: ich will ein für allemal darauf aufmerksam machen, daß Verzweiflung in dieser ganzen Schrift, wie der Titel ja sagt, als Krankheit aufgefaßt ist, nicht als Heilmittel. So dialektisch ist nämlich die Verzweiflung. So ist ja auch in der christlichen Terminologie der Tod der Ausdruck für das größte geistige Elend, und doch besteht die Heilung gerade im Sterben, im Absterben.

»Diese Krankheit ist nicht zum Tode« [Joh. 11,4]. Und doch starb ja Lazarus; als die Schüler mißverstanden, was Christus später hinzufügte: »Lazarus, unser Freund, schläft; aber ich gehe hin, ihn vom Schlaf aufzuwecken« [11,11], sagte Er ihnen gerade heraus: »Lazarus ist tot« [11,14]. Also Lazarus ist tot, und doch war diese Krankheit nicht zum Tode; er war tot, und doch ist diese Krankheit nicht zum Tode. Wir wissen nun wohl, daß Christus an das Wunder dachte, das die Mitlebenden in den Stand setzen sollte, »soweit sie glauben konnten, Gottes Herrlichkeit zu sehen« [11,40], das Wunder, durch das Er Lazarus vom Tode auferweckte, so daß »diese Krankheit« nicht nur nicht zum Tode war, sondern wie Christus voraussagte »zur Ehre Gottes, daß der Sohn Gottes dadurch geehrt werde« [11,4]: O, aber selbst wenn Christus Lazarus nicht auferweckt hätte, würde es nicht gleichfalls gelten, daß diese Krankheit, der Tod selbst nicht zum Tode ist? Indem Christus hintritt zum Grabe und mit lauter Stimme ruft: »Lazarus, komm heraus« [11,43], ist es ja gewiß genug, daß »diese« Krankheit nicht zum Tode ist. Aber wenn Christus auch dies nicht gesagt hätte – allein das, daß Er, der »die Auferstehung und das Leben« [11,25] ist, zum Grabe hintritt, bedeutet das nicht, daß diese Krankheit nicht zum Tode ist: dies, daß Christus da ist, bedeutet es nicht, daß *diese* Krankheit nicht zum Tode ist! Und was hätte es Lazarus geholfen, von den Toten auferweckt zu werden, wenn es ja doch zuletzt damit enden muß, daß er stirbt – was hätte es Lazarus geholfen, wenn Er nicht wäre, Er, der die Auferstehung und das Leben für einen jeden ist, der an Ihn glaubt! Nein, nicht weil Lazarus von den Toten auferweckt wurde, nicht darum kann man sagen, daß *diese* Krankheit nicht zum Tode ist; sondern weil Er da ist, darum ist diese Krankheit nicht zum Tode. Denn menschlich gesprochen ist der Tod das letzte von allem, und menschlich gesprochen gibt es nur Hoffnung, solange Leben da ist. Aber christlich verstanden ist der Tod keineswegs das letzte von allem, sondern auch er ist nur eine kleine Begebenheit innerhalb eines allumfassenden ewigen Lebens; und christlich verstanden ist im Tode unendlich viel mehr Hoffnung als dort, wo bloß menschlich gesprochen nicht nur Leben ist, sondern dieses Leben in vollster Gesundheit und Kraft.

Also christlich verstanden ist auch der Tod nicht »die Krankheit zum Tode«, geschweige denn alles, was irdisches und zeitliches Leiden heißt, Not, Krankheit, Elend, Drangsal, Widerwärtigkeiten, Pein, Seelenqualen, Sorge, Gram. Und wäre solches noch so schwer und peinigend, daß wir Menschen oder doch der Leidende sagte: »dies ist schlimmer als der Tod« – all das, was, soweit es keine Krankheit ist, mit einer Krankheit verglichen werden kann, ist doch, christlich verstanden, nicht die Krankheit zum Tode.

So hochgemut hat das Christentum den Christen über alles Irdische und Weltliche denken gelehrt, den Tod eingerechnet. Es ist fast, als müsse der Christ hochmütig werden bei dieser stolzen Erhebung über alles, was der Mensch sonst Unglück nennt, über alles, was der Mensch sonst das größte Übel nennt. Aber da hat das Christentum wieder ein Elend entdeckt, von dem der Mensch als solcher nichts weiß; dieses Elend ist die Krankheit zum Tode. Was der natürliche Mensch als das Grausige bezeichnet – wenn er so alles aufgezählt hat und nichts mehr zu nennen weiß: das ist für den Christen wie ein Scherz. Dergestalt ist das Verhältnis zwischen dem natürlichen Menschen und dem Christen; es ist wie das Verhältnis zwischen einem Kinde und einem Manne: wovor dem Kinde graust, das sieht der Mann für ein Nichts an. Das Kind weiß nicht, was das Entsetzliche ist; das weiß der Mann, und davor graust ihm. Die Unvollkommenheit des Kindes besteht zunächst darin, daß es das Furchtbare nicht kennt; und daraus folgt wieder, daß es sich vor etwas fürchtet, was nicht entsetzlich ist. Und so auch der natürliche Mensch, er ist unwissend, was in Wahrheit das Entsetzliche ist; dennoch ist er nicht frei von Furcht, nein, er fürchtet sich vor dem, was nicht das Entsetzliche ist. Ähnlich ist es mit dem Gottesverhältnis des Heiden: er kennt nicht den wahren Gott, aber nicht genug damit, er verehrt einen Abgott als Gott.

Nur der Christ weiß, was unter der Krankheit zum Tode zu verstehen ist. Er bekam als Christ einen Mut, den der natürliche Mensch nicht kennt – diesen Mut bekam er dadurch, daß er die Furcht vor dem noch Entsetzlicheren kennenlernte. Auf diese Weise bekommt ein Mensch immer Mut; wenn er eine größere Gefahr fürchtet, hat der Mensch immer Mut, einer kleineren zu begegnen; wenn man eine Gefahr unendlich fürchtet, ist es so, als wären die anderen gar nicht da. Aber das Entsetzlichste, das der Christ kennenlernte, ist »die Krankheit zum Tode«.

fürchtet, was nicht entsetzlich ist. Und so auch der natürliche Mensch; er ist unwissend, was in Wahrheit das Entsetzliche ist, und doch ist er nicht frei von Furcht; nein, er fürchtet sich vor dem, was nicht das Entsetzliche ist. Ähnlich ist es mit dem Gottesverhältnis des Heiden: er kennt nicht den wahren Gott, aber nicht genug damit, er verehrt einen Abgott als Gott.

Nur der Christ weiß, was unter der Krankheit zum Tode zu verstehen ist. Er bekam als Christ einen Mut, den der natürliche Mensch nicht kennt – diesen Mut erhält er dadurch, daß er die Furcht vor dem noch Entsetzlicheren kennenlernt. Auf diese Weise bekommt ein Mensch immer Mut; wenn er eine größere Gefahr fürchtet, hat der Mensch immer Mut, einer kleineren zu begegnen; wenn man eine Gefahr unendlich fürchtet, ist es so, als wären die anderen gar nicht da. Aber das Entsetzlichste, was der Christ kennenlernte, ist „die Krankheit zum Tode".

DIE KRANKHEIT ZUM TODE IST VERZWEIFLUNG

A

Verzweiflung als Krankheit zum Tode

a

Verzweiflung ist eine Krankheit im Geist, im Selbst, und kann so ein Dreifaches sein: daß der menschliche Geist in der Verzweiflung sich nicht bewußt ist, ein Selbst zu haben [uneigentliche Verzweiflung]; daß er verzweifelt nicht er selbst sein will, daß er verzweifelt er selbst sein will

Der Mensch ist Geist. Aber was ist Geist? Geist ist das Selbst. Aber was ist das Selbst? Das Selbst ist ein Verhältnis, das sich zu sich selbst verhält, oder ist das im Verhältnis, daß das Verhältnis sich zu sich selbst verhält; das Selbst ist nicht das Verhältnis, sondern daß das Verhältnis sich zu sich selbst verhält. Der Mensch ist eine Synthese von Unendlichkeit und Endlichkeit, von Zeitlichem und Ewigem, von Freiheit und Notwendigkeit, kurz eine Synthese. Eine Synthese ist ein Verhältnis zwischen Zweien. So betrachtet, ist der Mensch noch kein Selbst.

Im Verhältnis zwischen Zweien ist das Verhältnis das Dritte als negative Einheit, und die Zwei verhalten sich zum Verhältnis und im Verhältnis zum Verhältnis; dergestalt ist unter der Bestimmung Seele das Verhältnis zwischen Seele und Leib ein Verhältnis. Verhält sich hingegen das Verhältnis zu sich selbst, so ist dieses Verhältnis das positive Dritte, und dies ist das Selbst.

Ein solches Verhältnis, das sich zu sich selbst verhält, ein Selbst, muß sich entweder selbst gesetzt haben oder durch ein Anderes gesetzt sein.

Ist das Verhältnis, das sich zu sich selbst verhält, durch ein Anderes gesetzt, so ist das Verhältnis zwar das Dritte, aber dieses Verhältnis, das Dritte, ist so doch wieder ein Verhältnis, welches sich zu dem verhält, was das ganze Verhältnis gesetzt hat.

Ein so abgeleitetes, gesetztes Verhältnis ist das Selbst des Menschen, ein Verhältnis, das sich zu sich selbst verhält, und indem es sich zu sich selbst verhält, sich zu einem Anderen verhält. Daher kommt es, daß es zwei Formen der eigentlichen Verzweiflung geben kann. Hätte das Selbst des Menschen sich selbst gesetzt, so könnte nur von einer Form die Rede sein, nicht es selbst sein zu wollen, sich selbst los sein zu wollen; aber es könnte nicht davon die Rede sein, verzweifelt es selbst sein zu wollen. Diese Formel ist nämlich der Ausdruck für die Abhängigkeit des ganzen Verhältnisses [des Selbst], der Ausdruck dafür, daß das Selbst nicht durch sich selbst in Gleichgewicht und Ruhe kommen oder sein kann, sondern nur dadurch, daß es, indem es sich zu sich selbst verhält, sich zu dem verhält, was das ganze Verhältnis gesetzt hat. Ja, es ist bei weitem nicht so, daß diese andere Form von Verzweiflung [daß das Selbst verzweifelt es selbst sein will] nur eine eigene Art von Verzweiflung bezeichnete, alle Verzweiflung kann vielmehr darin aufgelöst und auf sie zurückgeführt werden. Wenn es einen Verzweifelnden gibt, der meint, aufmerksam auf seine Verzweiflung zu sein, nicht sinnlos von ihr redet als von etwas, das ihm widerfährt [ungefähr wie wenn einer, der an Schwindel leidet, in einer nervösen Täuschung von einer Last auf dem Kopfe redet oder davon, daß etwas auf ihn herabfalle und so weiter, während die Last, und während der Druck doch nicht etwas Äußerliches sind, sondern eine umgewandte Reflexion auf das Innere] – und nun mit aller Macht durch sich selbst und einzig durch sich selbst die Verzweiflung heben will: dann steht er noch in der Verzweiflung, arbeitet sich mit all seinen vermeintlichen Arbeiten nur desto tiefer in eine tiefere Verzweiflung. Das Mißverhältnis der Verzweiflung ist nicht ein einfaches Mißverhältnis, sondern ein Mißverhältnis in einem Verhältnis, das sich zu sich selbst verhält und von einem Andern gesetzt ist, so daß das Mißverhältnis in jenem für sich seienden Verhältnis sich zugleich unendlich im Verhältnis zu der Macht reflektiert, die es setzte.

Dies ist nämlich die Formel, die den Zustand des Selbst beschreibt, wenn die Verzweiflung ganz ausgerottet ist: im Sich-Verhalten-zu-sich-selbst und im Es-Selbst-sein-Wollen gründet das Selbst durchsichtig in der Macht, die es setzte.

b

Möglichkeit und Wirklichkeit der Verzweiflung

Ist Verzweiflung ein Vorzug oder ein Mangel? Rein dialektisch ist sie beides. Wenn man die Verzweiflung als abstrakten Gedanken festhalten wollte, ohne an einen Verzweifelten zu denken, so müßte man sagen: sie ist ein ungeheurer Vorzug. Die Möglichkeit dieser Krankheit ist des Menschen Vorzug vor dem Tiere, und dieser Vorzug zeichnet ihn ganz anders aus als der aufrechte Gang, denn sie deutet auf die unendliche Aufgerichtetheit oder Erhabenheit hin, daß er Geist ist. Die Möglichkeit dieser Krankheit ist der Vorzug des Menschen vor dem Tier; auf diese Krankheit aufmerksam zu sein ist des Christen Vorzug vor dem natürlichen Menschen; von dieser Krankheit geheilt zu sein ist des Christen Seligkeit.

Also ist es ein unendlicher Vorzug, verzweifeln zu können; und doch ist es nicht nur das größte Unglück und Elend, verzweifelt zu sein, nein es ist Verlorenheit. So ist das Verhältnis zwischen Möglichkeit und Wirklichkeit sonst nicht; ist es ein Vorzug, dies oder das sein zu können, so ist es ein noch größerer Vorzug, es zu sein, das heißt, daß zu sein mehr ist als sein zu können. Was nun die Verzweiflung angeht, so verhält sich ihr Sein wie ein

Fall zum Sein-können; so unendlich wie der Vorzug der Möglichkeit ist, so tief ist der Fall. Dies ist also im Verhältnis zur Verzweiflung das Höhere: nicht verzweifelt zu sein. Doch ist diese Bestimmung wieder zweideutig. Es ist nicht dasselbe, nicht verzweifelt zu sein, wie nicht lahm, blind und so weiter zu sein. Wenn nicht verzweifelt zu sein weder mehr noch weniger bedeutet als es nicht zu sein, so ist es gerade dies zu sein. Nicht verzweifelt zu sein muß die vernichtete Möglichkeit es zu sein bedeuten; wenn es wahr sein soll, daß ein Mensch nicht verzweifelt ist, muß er in jedem Augenblick die Möglichkeit zunichte machen. So ist das Verhältnis zwischen Möglichkeit und Wirklichkeit sonst nicht. Denn wohl sagen die Denker, daß die Wirklichkeit die zunichte gemachte Möglichkeit sei, aber das ist nicht ganz wahr, sie ist die erfüllte, die wirksame Möglichkeit. Hier dagegen ist die Wirklichkeit [nicht verzweifelt zu sein], also sogar eine Verneinung, die ohnmächtige, zunichte gemachte Möglichkeit; sonst ist Wirklichkeit im Verhältnis zur Möglichkeit eine Bekräftigung, hier eine Verneinung.

Verzweiflung ist das Mißverhältnis im Verhältnis einer Synthese, das sich zu sich selbst verhält. Aber die Synthese ist kein Mißverhältnis, sie ist nur die Möglichkeit, oder, in der Synthese liegt die Möglichkeit des Mißverhältnisses. Wäre die Verzweiflung gar nicht da, so würde die Verzweiflung etwas sein, das in der Menschennatur als solcher läge, das heißt, so wäre es keine Verzweiflung; sie würde etwas sein, das dem Menschen widerführe, etwas, woran er litte wie an einer Krankheit, die den Menschen befällt, oder wie der Tod, der das Los aller ist. Nein, das Verzweifeln liegt im Menschen selbst; wäre er aber keine Synthese, könnte er gar nicht verzweifeln, und wäre die Synthese nicht durch Gottes Hand ursprünglich im rechten Verhältnis, könnte er auch nicht verzweifeln.

Woher kommt also die Verzweiflung? Von dem Verhältnis, worin die Synthese sich zu sich selbst verhält, indem Gott, der den Menschen zum Verhältnis macht, ihn gleichsam aus seiner Hand entläßt, das heißt, indem das Verhältnis sich zu sich selbst verhält. Und darin, daß das Verhältnis Geist ist, das Selbst ist, darin liegt die Verantwortung, unter der alle Verzweiflung steht und jeden Augenblick steht, den sie dauert, wieviel und wie sinnreich auch, sich selbst und andere täuschend, der Verzweifelte redet von seiner Verzweiflung wie von einem Unglück, durch eine Verwechslung wie in jenem erwähnten Anfall von Schwindel, mit welchem die Verzweiflung, wenn auch qualitativ verschieden, vieles gemeinsam hat, weil er unter der Bestimmung Seele das ist, was die Verzweiflung unter der Bestimmung Geist ist, und in Analogien zur Verzweiflung schwanger geht.

Wenn so das Mißverhältnis, die Verzweiflung, eingetreten ist, folgt daraus von selbst, daß es anhält? Nein, es folgt nicht von selbst; wenn das Mißverhältnis andauert, folgt es nicht aus dem Mißverhältnis, sondern aus dem Verhältnis, das sich zu sich selbst verhält. Das will besagen, jedesmal wenn sich das Mißverhältnis äußert, und in jedem Augenblick, wenn es da ist, muß zum Verhältnis zurückgegangen werden. Sieh, man spricht davon, daß ein Mensch sich eine Krankheit zuzieht, zum Beispiel durch Unvorsichtigkeit. So tritt dann die Krankheit ein, und von diesem Augenblick an macht sie sich geltend und ist nun eine *Wirklichkeit*, deren Ursprung mehr und mehr *vergangen* ist. Es würde grausam und unmenschlich sein, wenn man in einemfort beharrlich sagen würde: »in diesem Augenblick ziehst du, Kranker, dir diese Krankheit zu«, das heißt, wenn man in jedem Augenblick die Wirklichkeit der Krankheit in deren Möglichkeit auflösen wollte. Es ist wahr, daß er sich die Krankheit zuzog, aber das tat er nur einmal; die Fortdauer der Krankheit ist eine einfache Abfolge dessen, daß er sie sich einmal zuzog, ihre Fortdauer ist nicht in jedem Augenblick auf ihn als Ursache zurückzuführen; er zog sie sich zu, aber man kann nicht sagen, er *zieht* sie sich *zu*. Anders mit dem Verzweifeln; jeder wirkliche Augenblick der Verzweiflung ist auf die Möglichkeit zurückzubeziehen, jeden Augenblick, da er verzweifelt ist, *zieht* er sie sich *zu*; es ist stets die gegenwärtige Zeit, die im Verhältnis zur Wirklichkeit nicht ein zurückgelegtes Vergangenes wird; in jedem wirklichen Augenblick der Verzweiflung trägt der Verzweifelte all das Vorhergegangene in der Möglichkeit als ein Gegenwärtiges. Das kommt daher, daß die Verzweiflung eine Bestimmung von Geist ist, sich zum Ewigen im Menschen verhält. Aber das Ewige kann er nicht verlieren, in alle Ewigkeit nicht; er kann es nicht ein für allemal von sich werfen, nichts ist unmöglicher; er muß in jedem Augenblick, in dem er es nicht hat, es fortgeworfen haben oder von sich werfen – aber es kommt zurück, das heißt jeden Augenblick, wenn er verzweifelt, zieht er sich die Verzweiflung zu. Denn die Verzweiflung folgt nicht aus dem Mißverhältnis, sondern aus dem Verhältnis, das sich zu sich selbst verhält. Und um das Verhältnis zu sich selbst kann ein Mensch nicht kommen, sowenig wie um sein Selbst, was übrigens ein und dasselbe ist, da ja das Selbst das Verhältnis zu sich selbst ist.

C

Verzweiflung ist: »Die Krankheit zum Tode«

Dieser Begriff der Krankheit zum Tode muß doch auf eine eigene Art verstanden werden. Er bedeutet geradezu eine Krankheit, deren Ende, deren Ausgang der Tod ist. So spricht man von einer tödlichen Krankheit gleichbedeutend mit einer Krankheit zum Tode. In diesem Sinne kann die Verzweiflung nicht als Krankheit zum Tode bezeichnet werden. Aber christlich verstanden ist der Tod selbst ein Durchgang zum Leben. Insofern ist, christlich, keine irdische, leibliche Krankheit zum Tode. Denn gewiß ist der Tod das Ende der Krankheit, aber der Tod ist nicht das letzte. Soll im strengsten Sinne von einer Krankheit zum Tode die Rede sein, muß es eine sein, bei der das Ende der Tod ist, deren Tod das letzte ist. Und das ist gerade die Verzweiflung.

Doch in einem anderen Sinne ist Verzweiflung noch bestimmter die Krankheit zum Tode. Es ist nämlich weit entfernt davon, daß man, direkt verstanden, an dieser Krankheit stirbt oder daß diese Krankheit mit dem leiblichen Tode endet. Im Gegenteil, die Qual der Verzweiflung ist eben, nicht sterben zu können. Sie hat somit mehr mit dem Zustand des Todkranken zu tun, wenn er daliegt und mit dem Tode ringt und nicht sterben kann. So heißt also krank *zum* Tode sein nicht sterben können, doch nicht so, als wäre noch Hoffnung auf Leben, nein, die Hoffnungslosigkeit ist, daß selbst die letzte Hoffnung, der Tod, nicht besteht. Wenn der Tod die größte Gefahr ist, hofft man auf das Leben; wenn man aber die noch schrecklichere Gefahr kennenlernt, hofft man auf den Tod. Wenn also die Gefahr so groß ist, daß der Tod die Hoffnung geworden ist, dann ist die Verzweiflung die Hoffnungslosigkeit, nicht einmal sterben zu können.

In dieser letzten Bedeutung ist nun die Verzweiflung die Krankheit zum Tode, dieser qualvolle Widerspruch, diese Krankheit im Selbst, ewig zu sterben, zu sterben und doch nicht zu sterben, den Tod zu sterben. Denn sterben bedeutet, daß es vorbei ist, aber den Tod sterben bedeutet, daß man das Sterben durchlebt; und läßt es sich einen einzigen Augenblick erleben, so ist es damit so, daß es für ewig erlebt wird. Sollte ein Mensch aus Verzweiflung sterben, wie man an einer Krankheit stirbt, so müßte das Ewige in ihm, das Selbst, im gleichen Sinne sterben können, wie der Leib an der Krankheit stirbt. Das ist aber eine Unmöglichkeit; das Sterben der Verzweiflung setzt sich beständig in ein Leben um. Der Verzweifelte kann nicht sterben; »sowenig wie der Dolch Gedanken töten kann«, sowenig kann die Verzweiflung das Ewige, das Selbst, verzehren, das der Verzweiflung zugrunde liegt, deren Wurm nicht stirbt und deren Feuer nicht verlöscht. Dennoch ist die Verzweiflung gerade eine *Selbst*auszehrung, aber eine ohnmächtige Selbstauszehrung, die nicht vermag, was sie selber will. Aber was sie selber will, ist, sich selber verzehren, was sie nicht vermag, und diese Ohnmacht ist eine neue Form von Selbstauszehrung, in der die Verzweiflung doch wieder nicht vermag, was sie will, sich selbst verzehren, sie ist eine Potenzierung oder das Gesetz für die Potenzierung. Dies ist das Aufreizende, oder es ist der kalte Brand in der Verzweiflung, das Nagende, dessen Bewegung beständig nach innen geht, tiefer und tiefer in die ohnmächtige Selbstauszehrung. Es ist so gar kein Trost für den Verzweifelten, daß die Verzweiflung ihn nicht verzehrt; es ist gerade das Gegenteil, dieser Trost ist gerade Qual, ist gerade, was das Nagen am Leben erhält und Leben im Nagen; denn eben darüber – nicht verzweifelt – verzweifelt er aber: daß er sich nicht selbst verzehren kann, nicht von sich selber loskommen kann, nicht zu Nichts werden kann. Das ist die potenzierte Formel für die Verzweiflung, das Steigen des Fiebers in dieser Krankheit des Selbst.

Ein Verzweifelnder verzweifelt über *etwas*. So sieht es einen Augenblick aus, aber es ist nur ein Augenblick; im selben Augenblick zeigt sich die wahre Verzweiflung oder die Verzweiflung in ihrer Wahrheit. Indem er über *etwas* verzweifelt, verzweifelt er eigentlich über *sich selbst* und will nun von sich selbst los. Wenn so der Herrschsüchtige, dessen Losung »entweder Cäsar oder gar nichts« lautet, nicht Cäsar wird, so verzweifelt er darüber. Aber das bedeutet etwas anderes: daß er, gerade weil er nicht Cäsar wurde, nun nicht aushalten kann, er selbst zu sein. Er verzweifelte also eigentlich nicht darüber, daß er nicht

Cäsar wurde, sondern über sich selbst, daß er nicht Cäsar wurde. Dieses Selbst, das, wenn er Cäsar geworden wäre, seine ganze Lust gewesen wäre, in einem anderen Sinne übrigens gleichwohl verzweifelt, dieses Selbst ist ihm nun das Unerträglichste von allem. Es ist im tieferen Sinne nicht das, was ihm das Unerträglichste ist, daß er nicht Cäsar wurde, sondern dieses Selbst, das nicht Cäsar wurde, ist ihm das Unerträglichste, oder noch richtiger, dies ist ihm das Unerträglichste, ja, daß er von sich selbst nicht loskommen kann. Wenn er Cäsar geworden wäre, so wäre er verzweifelt sich selbst losgeworden; aber nun wurde er nicht Cäsar und kann verzweifelt sich selbst nicht loswerden. Wesentlich ist er gerade verzweifelt, denn er hat nicht sein Selbst, er ist nicht er selbst. Wenn er Cäsar geworden wäre, wäre er doch nicht er selbst, sondern sich selbst los geworden; und da er nicht Cäsar wird, verzweifelt er darüber, daß er sich selbst nicht loswerden kann. Es spricht deshalb für einen oberflächlichen Betrachter [der vermutlich niemals einen Verzweifelten gesehen hat, auch nicht sich selbst], wenn man über einen Verzweifelten sagt, daß das seine Strafe wäre: er verzehrt sich selbst. Denn gerade das ist es, woran er verzweifelt, und gerade das ist es, was er zu seiner Qual nicht kann, da durch die Verzweiflung Feuer in etwas geraten ist, was nicht brennen kann oder nicht verbrennen, im Selbst.

Über etwas verzweifeln ist also noch keine eigentliche Verzweiflung. Es ist der Beginn oder ist dasselbe, wie wenn der Arzt über eine Krankheit sagt, sie habe sich noch nicht erklärt. Das nächste ist die erklärte Verzweiflung, über sich selbst zu verzweifeln. Ein junges Mädchen verzweifelt aus Liebe, verzweifelt also über den Verlust des Geliebten, daß er starb oder daß er untreu wurde. Das ist keine erklärte Verzweiflung, nein, es verzweifelt über sich selbst. Dieses sein Selbst, das es, wenn es »seine« Geliebte geworden wäre, auf die holdseligste Weise losgeworden wäre oder verloren hätte, dies Selbst ist ihm nun eine Plage, wenn es ein Selbst ohne »ihn« sein soll; dieses Selbst, das ihm geblieben war, übrigens in einer anderen Hinsicht, ebenso verzweifelt, sein Reichtum, ist nun eine widerwärtige Leere, da »er« tot ist, oder ist ihm zum Abscheu geworden, weil es sich daran erinnert, daß es betrogen ist. Versuche es nun, sage zu einem solchen Mädchen: »Du verzehrst dich selbst,« und du wirst es antworten hören: »O nein, die Qual ist gerade, daß ich es nicht kann.«

Über sich verzweifeln, verzweifelt sich selbst los sein wollen, ist die Formel für alle Verzweiflung, so daß auch die andere Form der Verzweiflung, daß jemand verzweifelt er selbst sein will, auf die erste zurückgeführt werden kann, daß einer verzweifelt nicht er selbst sein will, gleich wie wir im Vorangegangenen die Form, daß der Mensch verzweifelt nicht er selbst sein will, in die Form auflösten, verzweifelt er selbst sein zu wollen [vgl. A]. Ein Verzweifelnder will verzweifelt er selbst sein. Aber wenn er verzweifelt er selbst sein will, so will er ja nicht von sich selbst los. Ja, so scheint es; aber wenn man näher zusieht, sieht man doch, daß der Widerspruch derselbe ist. Das Selbst, das er verzweifelt sein will, ist ein Selbst, das er nicht ist [denn das Selbst sein zu wollen, das er in Wahrheit ist, bedeutet ja gerade das Gegenteil von Verzweiflung], er will nämlich sein Selbst von der Macht losreißen, die es setzte. Aber dies vermag er trotz allen Verzweifelns nicht; trotz aller Anstrengungen der Verzweiflung ist jene Macht die stärkere, und sie zwingt ihn dazu, das Selbst zu sein, das er nicht sein will. Aber so will er sich selbst ja doch loswerden, will los vom Selbst, das ist, um das Selbst zu sein, auf das er selbst gekommen. Selbst zu sein, wie er es will, es wollte, ob auch in einem anderen Sinne gleichwohl verzweifelt, das würde all seine Lust sein; aber zu einem Selbst gezwungen zu sein, das er nicht sein will, das ist seine Qual, das ist, daß er sich selbst nicht loswerden kann.

Sokrates bewies die Unsterblichkeit der Seele daraus, daß die Krankheit der Seele [die Sünde] diese nicht verzehrt, wie eine Krankheit den Leib verzehrt. So kann man auch das Ewige in einem Menschen daran beweisen, daß die Verzweiflung nicht sein Selbst verzehren kann, daß das gerade die Qual des Widerspruchs in der Verzweiflung ist. Wäre nichts Ewiges in einem Menschen, so könnte er gar nicht verzweifeln, könnte aber die Verzweiflung sein Selbst aufzehren, so wäre das dennoch keine Verzweiflung.

So ist Verzweiflung, diese Krankheit im Selbst, die Krankheit zum Tode. Der Verzweifelte ist todkrank. In einem ganz anderen Sinne, als es sonst von irgendeiner Krankheit gilt, hat die Krankheit die edelsten Teile angegriffen; und doch kann er nicht sterben. Der Tod ist nicht das letzte der Krankheit, aber der Tod ist in einemfort das letzte. Von dieser Krankheit durch den Tod erlöst zu werden ist eine Unmöglichkeit, denn die Krankheit und ihre Qual – und der Tod bestehen gerade darin, nicht sterben zu können.

Dies ist der Zustand in Verzweiflung. Ob das auch noch so sehr dem Verzweifelten entginge, ob es auch noch so sehr [was da besonders von der Art Verzweiflung gelten muß, die in Unwissenheit darüber ist, daß sie Verzweiflung ist] dem Verzweifelten gelänge, sein Selbst ganz verloren zu haben, so verloren, daß er es in keiner Weise merkt: Die Ewigkeit wird es dann doch offenbaren, daß sein Zustand Verzweiflung war, und ihm sein Selbst festnageln; so bleiben doch die Qualen, daß er sein Selbst nicht loswerden kann, und es wird offenbar, daß die Meinung, es sei ihm gelungen, eine Einbildung war. Und so muß die Ewigkeit handeln, denn ein Selbst zu haben, ein Selbst zu sein, ist das größte, das unendliche Zugeständnis, das dem Menschen gemacht ist; aber zugleich ist es die Forderung der Ewigkeit an ihn.

B

Die allgemeine Gegebenheit dieser Krankheit [der Verzweiflung]

Wie der Arzt wohl sagen mag, daß vielleicht nicht ein einziger Mensch lebe, der ganz gesund ist, so müßte man, wenn man den Menschen recht kennt, sagen, daß nicht ein einziger Mensch lebe, ohne wenigstens etwas verzweifelt zu sein, ohne doch zu innerst eine Unruhe zu tragen, einen Unfrieden, eine Disharmonie, eine Angst vor einem unbekannten Etwas oder vor einem Etwas, mit dem er auch nicht einmal Bekanntschaft zu machen wagen darf, eine Angst vor einer Möglichkeit des Daseins oder eine Angst vor sich selbst, so daß er doch, wie der Arzt sagt, daß man mit einer Krankheit im Körper umherlaufe, mit einer Krankheit umhergehe, an einer Krankheit des Geistes trage, die ein einzelner Schritt blitzartig, in und mit dieser ihm selbst unerklärlichen Angst, offenbar macht, daß sie da ist. Und auf jeden Fall hat kein Mensch gelebt, und lebt kein Mensch außerhalb der Christenheit, ohne daß er verzweifelt wäre, und in der Christenheit keiner, sofern er nicht ein wahrer Christ ist; und insofern er es nicht ganz ist, ist er doch etwas verzweifelt.

Diese Betrachtung wird gewiß manchem wie ein Paradox erscheinen, eine Übertreibung, dazu eine düstere und verstimmende Anschauung. Doch ist sie nichts von alledem. Sie ist nicht düster, sie sucht vielmehr Licht in das zu bringen, was man gemeinhin in einem gewissen Dunkel stehenlassen möchte; sie ist nicht verstimmend, im Gegenteil erhebend, da sie jeden Menschen unter der Bestimmung der höchsten Forderung an ihn betrachtet, Geist zu sein; sie ist auch kein Paradox, vielmehr eine konsequent durchgeführte Grundanschauung und insofern auch keine Übertreibung.

Die allgemeine Betrachtung der Verzweiflung bleibt dagegen beim Anschein stehen und ist so eine oberflächliche Betrachtung, das heißt, gar keine Betrachtung. Sie nimmt an, daß jeder Mensch ja am besten bei sich selber wissen müsse, ob er verzweifelt ist oder nicht. Wer von sich selber sagt, es zu sein, der gilt für verzweifelt, aber wer nicht von sich selber meint, es zu sein, der wird auch nicht dafür angesehen. Demzufolge wird die Verzweiflung ein selteneres Phänomen, statt daß sie das ganz Allgemeine ist. Das ist nicht das Seltene, daß einer verzweifelt ist; nein, das Seltene ist, das sehr Seltene, daß einer in Wahrheit es nicht ist.

Aber die vulgäre Betrachtung versteht sich sehr schlecht auf Verzweiflung. So übersieht sie unter anderem völlig [um nur dies zu erwähnen, was doch recht verstanden Tausende und aber Tausende und Millionen unter die Bestimmung Verzweiflung bringt], sie übersieht völlig, daß das gerade eine Form von Verzweiflung ist, es nicht zu sein, sich dessen nicht bewußt zu sein, daß man es ist. Es geht der vulgären Betrachtung in einem viel tieferen Sinne im Verhältnis zum Verständnis der Verzweiflung so, wie es bisweilen bei der Bestimmung zugeht, ob ein Mensch gesund sei oder nicht – in einem viel tieferen Sinne; denn die vulgäre Betrachtung versteht sich noch viel weniger auf das, was Geist ist [und ohne das kann man sich auch nicht auf Verzweiflung verstehen] als auf Krankheit und Gesundheit. Im allgemeinen nimmt man an, daß ein Mensch, wenn er nicht selbst sagt, daß er krank sei, gesund ist, und gewiß dann, wenn er selbst sagt, daß er gesund sei. Der Arzt hinwiederum betrachtet die Krankheit anders. Und warum? Weil der Arzt eine bestimmte und entwickelte Vorstellung davon hat, was es heißt, gesund zu sein, und nach ihr prüft er das Befinden eines Menschen. Der Arzt weiß, daß es ebenso eine Krankheit gibt, die nur Einbildung ist, wie auch eine Gesundheit; er wendet deshalb im letzteren Falle zuerst ein Mittel an, um die Krankheit offenbar zu machen. Überhaupt hat der Arzt, gerade weil er Arzt ist [der Sachverständige], nicht unbedingt Zutrauen zur eigenen Aussage des Menschen über sein Befinden. Gesetzt den Fall, daß alles, was ein Mensch über sein Befinden sagt, ob er gesund oder krank ist, wie er leidet und so weiter, unbedingt zuverlässig wäre, so wäre Arztsein eine Einbildung. Denn ein Arzt hat nicht nur die Heilmittel zu verschreiben, sondern zuerst und zuletzt die Krankheit zu erkennen, und also wiederum zuerst und zuletzt zu erkennen, ob der vermeintliche Kranke wirklich krank oder ob der vermeintliche Gesunde vielleicht wirklich krank ist. So auch mit dem Verhältnis des Seelenkundigen zur Verzweiflung. Er weiß, was Verzweiflung ist, er kennt sie und begnügt sich deshalb weder mit der Aussage eines Menschen, daß er nicht verzweifelt sei, noch daß er es sei. Es muß nämlich bemerkt werden, daß in einem bestimmten Sinne nicht immer diejenigen verzweifelt sind, die sagen, daß sie es seien. Man kann ja affektiert verzweifelt sein, und man kann sich irren und die Verzweiflung, die eine Bestimmung des Geistes ist, verwechseln mit allerhand transitorischer Verstimmtheit, Zerrissenheit, was wieder vorübergeht, ohne es bis zur Verzweiflung zu bringen. Indessen sieht gerade der Seelenkundige auch das für Formen der Verzweiflung an; er sieht sehr wohl, daß es Affektation ist – aber gerade diese Affektation ist Verzweiflung; er sieht sehr wohl, daß diese Verstimmtheit und so weiter nichts weiter zu bedeuten hat – aber gerade dieses, daß sie nichts zu bedeuten hat und weiter bedeuten wird, ist Verzweiflung.

Die vulgäre Betrachtung übersieht außerdem, daß Verzweiflung, verglichen mit einer Krankheit, anders dialektisch ist, als was man sonst Krankheit nennt, weil sie eine Krankheit des Geistes ist. Und dieses Dialektische, richtig verstanden, bringt wieder Tausende unter die Bestimmung Verzweiflung. Falls nämlich ein Arzt in einem gegebenen Augenblick sich davon überzeugt hat, daß der und der gesund ist – und er dann in einem späteren Augenblick krank wird: so kann der Arzt darin recht haben, daß dieser Mensch damals gesund *war*, nun hingegen krank *ist*. Anders mit der Verzweiflung. Sobald sich Verzweiflung zeigt, so zeigt es sich, daß der Mensch verzweifelt war. Insofern kann man in keinem Augenblick etwas über einen Menschen ausmachen, der nicht dadurch geheilt ist, daß er verzweifelt gewesen war. Denn wenn nun das eintritt, was ihn zur Verzweiflung bringt, so wird es in demselben Augenblick offenbar, daß er sein ganzes vergangenes Leben hindurch verzweifelt gewesen war. Keineswegs kann man dagegen sagen, wenn einer Fieber bekommt, es werde nun offenbar, daß er sein ganzes Leben lang Fieber gehabt habe. Aber die Verzweiflung ist eine Bestimmung des Geistes, verhält sich zum Ewigen und hat daher etwas vom Ewigen in ihrer Dialektik.

Verzweiflung ist nicht nur anders dialektisch als eine Krankheit, sondern im Verhältnis zur Verzweiflung sind alle Kennzeichen dialektisch, und deshalb täuscht sich die oberflächliche Betrachtung so leicht im Bestimmen, ob Verzweiflung vorhanden ist oder nicht. Nicht verzweifelt zu sein, kann nämlich gerade bedeuten, verzweifelt zu sein, und es kann bedeuten, von der Verzweiflung erlöst zu sein. Sicherheit und Beruhigung kann bedeuten, verzweifelt zu sein, gerade diese Sicherheit, diese Beruhigung kann Verzweiflung sein; und es kann bedeuten, die Verzweiflung überwunden und Frieden gefunden zu haben. Nicht verzweifelt zu sein, ist etwas anderes als nicht krank zu sein; denn nicht krank sein, kann nicht bedeuten, krank zu sein, aber nicht verzweifelt sein, kann gerade bedeuten, verzweifelt zu sein. Es ist mit der Verzweiflung nicht wie mit einer Krankheit, daß das Übelbefinden die Krankheit ist. Keineswegs. Das Übelbefinden ist wieder dialektisch. Der dieses Übelbefinden nie empfunden hat, ist gerade verzweifelt.

Das bedeutet und hat seinen Grund darin, daß als Geist

betrachtet [und soll man von Verzweiflung reden, muß man den Menschen unter der Bestimmung Geist betrachten], der Zustand des Menschen allzeit kritisch ist. Man spricht im Hinblick auf die Krankheit von einer Krisis, aber nicht im Hinblick auf Gesundheit. Und warum nicht? Weil leibliche Gesundheit eine unmittelbare Bestimmung ist, die erst im Zustande der Krankheit dialektisch wird, wo somit von Krisis geredet wird. Aber geistig oder wenn der Mensch als Geist betrachtet wird, sind sowohl Gesundheit als auch Krankheit kritisch; es gibt keine unmittelbare Gesundheit des Geistes.

Sobald man den Menschen nicht unter der Bestimmung Geist betrachtet [und wenn nicht, kann man auch nicht von Verzweiflung reden], sondern nur als seelisch leibliche Synthese, so ist Gesundheit eine unmittelbare Bestimmung, und die Krankheit der Seele oder des Leibes erst die dialektische Bestimmung. Aber Verzweiflung ist gerade, daß der Mensch sich nicht bewußt ist, als Geist bestimmt zu sein. Selbst was menschlich gesprochen das Schönste und Liebenswerteste von allem ist, eine weibliche Jugendlichkeit, die lauter Friede und Harmonie und Freude ist: das ist doch Verzweiflung. Dies ist nämlich Glück; aber Glück ist keine Bestimmung des Geistes, und tief, tief drinnen, zuinnerst in der heimlichsten Verborgenheit, dort wohnt doch die Angst, die die Verzweiflung ist; will so gern das Recht haben, da drinnen zu bleiben, denn das ist der Verzweiflung am liebsten, ihre meist gesuchte Wohnstätte: tief drinnen im Glück. Alle Unmittelbarkeit ist trotz ihrer eingebildeten Sicherheit und Ruhe Angst, und darum ganz konsequent meist Angst vor nichts; man macht der Unmittelbarkeit mit der schauerlichsten Beschreibung der schauerlichsten Sache nicht so Angst wie mit einem hinterlistig, fast nachlässig, aber doch mit sicher berechneter Absicht der Reflexion hingeworfenen halben Wort von etwas Unbestimmten, ja, man ängstet die Unmittelbarkeit am meisten dadurch, daß man ihr auf eine listige Weise unterstellt, daß sie selbst genug wisse, wovon die Rede sei. Denn allerdings weiß die Unmittelbarkeit das nicht; aber nie fängt die Reflexion so sicher, wie wenn sie ihre Schlinge aus nichts dreht, und niemals ist die Reflexion so sie selbst, wie wenn sie – nichts ist. Es gehört eine eminente Reflexion oder richtiger, es gehört ein großer Glaube dazu, die Reflexion des Nichts, das heißt, die unendliche Reflexion aushalten zu können. So ist selbst das Schönste und Liebenswerteste von allem, eine weibliche Jugendlichkeit, doch Verzweiflung, ist Glück. Daher glückt es wohl auch nicht, durch das Leben zu schlüpfen mit dieser Unmittelbarkeit. Und glückte es diesem Glück durchzuschlüpfen, ja, das würde nur wenig helfen, denn es ist Verzweiflung. Verzweiflung ist nämlich, gerade weil sie ganz dialektisch ist, die Krankheit, von der gilt, daß es das größte Unglück ist, sie niemals gehabt zu haben – ein wahres Gottesglück, sie zu bekommen, ob sie auch die allergefährlichste Krankheit ist, wenn man nicht von ihr geheilt werden will. Sonst kann doch nur davon die Rede sein, daß es ein Glück ist, von einer Krankheit geheilt zu werden; die Krankheit selbst ist das Unglück.

Es ist daher völlig unmöglich, daß die vulgäre Betrachtung recht hat, wenn sie annimmt, die Verzweiflung sei das Seltene, sie ist hingegen das ganz Allgemeine. Es ist also völlig unmöglich, daß die vulgäre Betrachtung recht hat, wenn sie annimmt, daß ein jeder, der nicht meint oder fühlt, verzweifelt zu sein, es auch nicht sei, und daß nur der es sei, der es von sich selbst sagt. Im Gegenteil, wer ohne Affektiertheit von sich sagt, daß er es sei, ist doch ein wenig, ist dialektisch der Heilung näher als alle die, die nicht dafür angesehen werden und sich selbst nicht für verzweifelt halten. Aber gerade das ist es, worin der Seelenkenner mir gewiß recht geben wird, das Allgemeine, daß die meisten Menschen leben, ohne sich recht bewußt zu werden, daß sie als Geist bestimmt sind

– und darauf beruht all die sogenannte Sicherheit, Zufriedenheit mit dem Leben und so weiter, und so weiter, was gerade Verzweiflung ist. Die dagegen sagen, sie seien verzweifelt, sind entweder in der Regel diejenigen, die eine so viel tiefere Natur haben, daß sie sich selbst als Geist bewußt werden müssen, oder diejenigen, denen schwere Ereignisse und furchtbare Entscheidungen dazu verholfen haben, sich als Geist bewußt zu werden – so oder so; denn sehr selten ist gerade derjenige, der in Wahrheit nicht verzweifelt ist.

O, man redet so viel von menschlicher Not und von Elend – ich suche das zu verstehen, habe auch manches davon näher kennengelernt; man spricht so viel davon, daß ein Leben verspielt wird; aber nur jenes Menschen Leben war verspielt, der so dahin lebte, betrogen von den Freuden des Lebens oder von seinen Sorgen, daß er sich nie auf ewig entscheidend als Geist bewußt wurde, als Selbst, oder was dasselbe ist, nie darauf aufmerksam wurde und im tiefsten Sinne einen Eindruck davon erhielt, daß ein Gott da ist, und »er«, er selbst, sein Selbst vor diesem Gott da ist, ein Gewinn der Unendlichkeit, der niemals außer durch Verzweiflung gewonnen wird. Ach, und dieses Elend, daß so viele derartig dahinleben, betrogen um den seligsten aller Gedanken, dieses Elend, daß man geschäftig ist, oder im Verhältnis zur Menge der Menschen diese mit allem anderen beschäftigt, sie dazu braucht, daß sie ihre Kräfte im Schauspiel des Lebens hergeben, aber sie niemals an diese Seligkeit erinnert, daß man sie zusammentreibt – und sie betrügt, anstatt sie zu zersplittern, damit jeder Einzelne dieses Höchste gewänne, das Einzige, das wert ist, dafür zu leben, und genug, um eine Ewigkeit darin zu leben: mich dünkt, ich könnte eine Ewigkeit darüber weinen, daß es dieses Elend gibt! O, und dies ist in meinen Gedanken ein Ausdruck des Schreckens mehr für diese furchtbarste aller Krankheiten und Nöte: ihre Verborgenheit, nicht nur, daß der,

der an ihr leidet, wünschen kann, sie zu verbergen und das auch vermag, daß sie in einem Menschen so wohnen kann, daß keiner, keiner sie entdeckt, nein, daß sie so in einem Menschen verborgen sein kann, daß er selbst nicht davon weiß! O, und wenn dann einmal das Stundenglas ausgelaufen ist, das Stundenglas der Zeitlichkeit, wenn der Lärm der Weltlichkeit verstummt ist und die rastlose oder unwirksame Geschäftigkeit ein Ende fand, wenn alles um dich still ist, wie es in der Ewigkeit ist – ob du nun Mann oder Weib bist, Reicher oder Armer, Abhängiger oder Unabhängiger, Glücklicher oder Unglücklicher, ob du in Hoheit der Krone Glanz trugst oder in niedriger Unbemerktheit nur des Tages Müh und Hitze, ob deines Namens gedacht werden wird, solange die Welt steht, und auch gedacht worden ist, solange sie stand, oder du, ohne Namen, als Namenloser mit in der zahllosen Menge liefst, ob nun die Herrlichkeit, die dich umgab, alle menschliche Schilderung überstieg oder dich das strengste und entehrendste menschliche Urteil traf: die Ewigkeit fragt dich, und jeden Einzelnen in diesen Millionen und aber Millionen, nur nach Einem, ob du verzweifelt gelebt hast oder nicht, ob so verzweifelt, daß du nicht wußtest, daß du verzweifelt warst, oder so, daß du diese Krankheit in deinem Innersten verborgen trugst als dein nagendes Geheimnis, wie einer sündigen Liebe Frucht unter deinem Herzen, oder so, daß du, ein Schrekken für andere, in Verzweiflung rastest. Und wenn du so, wenn du verzweifelt gelebt hast, was du auch im übrigen dabei gewannst oder verlorst, so ist für dich alles verloren, die Ewigkeit bekennt sich nicht zu dir, sie kannte dich nie, oder noch schrecklicher, sie kennt dich, wie du erkannt bist, sie setzt dich fest mit deinem Selbst in der Verzweiflung!

C

Die Formen der Krankheit [der Verzweiflung]

Die Formen der Verzweiflung müssen sich abstrakt bei der Reflexion auf die Momente auffinden lassen, aus denen das Selbst, als Synthese, besteht. Das Selbst ist aus Unendlichkeit und Endlichkeit gebildet. Aber diese Synthese ist ein Verhältnis, und ein Verhältnis, das, wenn auch abgeleitet, sich zu sich selbst verhält, das ist Freiheit. Das Selbst ist Freiheit. Aber Freiheit ist das Dialektische in den Bestimmungen Möglichkeit und Notwendigkeit.

Vor allem muß doch die Verzweiflung unter der Bestimmung Bewußtsein betrachtet werden; ob die Verzweiflung bewußt ist oder nicht, das ist der qualitative Unterschied zwischen Verzweiflung und Verzweiflung. Alle Verzweiflung ist zwar dem Begriffe nach bewußt; aber daraus folgt nicht, daß derjenige, in dem sie ist, der dem Begriffe gemäß verzweifelt genannt werden muß, sich dessen bewußt ist. So ist das Bewußtsein das Entscheidende. Überhaupt ist Bewußtsein, das heißt Selbstbewußtsein, das Entscheidende im Verhältnis zum Selbst. Je mehr Bewußtsein, desto mehr Selbst; je mehr Bewußtsein, desto mehr Wille; je mehr Wille, desto mehr Selbst. Ein Mensch, der gar keinen Willen hat, ist kein Selbst; aber je mehr Wille er hat, desto mehr Selbstbewußtsein hat er auch.

A

Verzweiflung so betrachtet, daß nicht darüber reflektiert wird, ob sie bewußt ist oder nicht, so daß nur reflektiert wird über die Momente der Synthese

a] *Verzweiflung, gesehen unter der Bestimmung Endlichkeit-Unendlichkeit.*

Das Selbst ist die bewußte Synthese von Unendlichkeit und Endlichkeit, die sich zu sich selbst verhält, deren Aufgabe es ist, sich selbst zu werden, was sich nur durch das Verhältnis zu Gott verwirklichen läßt. Aber sich selbst werden heißt konkret werden. Konkret werden heißt aber weder endlich noch unendlich werden, denn was konkret werden soll, ist ja eine Synthese. Die Entwicklung muß also darin bestehen, unendlich von sich selbst loszukommen im Unendlichmachen, und darin unendlich zu sich selbst zurückzukehren im Endlichmachen. Wird hingegen das Selbst nicht es selbst, so ist es verzweifelt, ob es davon weiß oder nicht. Doch ist ein Selbst in jedem Augenblick, den es da ist, im Werden, denn das Selbst *κατὰ δύναμιν* ist nicht wirklich da, es ist nur das, was werden soll. Insofern das Selbst nicht es selbst wird, ist es nicht es selbst; aber das nicht es selbst zu sein ist gerade die Verzweiflung.

α] Die Verzweiflung der Unendlichkeit besteht im Mangel an Endlichkeit.

Daß dies so ist, liegt in dem Dialektischen, daß das Selbst eine Synthese ist, weshalb das Eine beständig sein Gegenteil ist. Keine Form von Verzweiflung kann man direkt bestimmen [das heißt undialektisch], sondern nur dadurch, daß man auf ihr Gegenteil reflektiert. Man kann den Zustand des Verzweifelten in der Verzweiflung direkt beschreiben, wie das ja ein Dichter tut, indem er ihm die Replik gibt. Die Verzweiflung aber kann man nur durch ihr Gegenteil bestimmen; und soll die Replik dichterisch wertvoll sein, muß sie in der Farbigkeit des Ausdrucks den Reflex des dialektischen Gegensatzes enthalten: Also: jede menschliche Existenz, die vermeintlich unendlich ist oder es nur sein will, ja, jeder Augenblick, in dem eine menschliche Existenz unendlich ist oder nur sein will, ist Verzweiflung. Denn das Selbst ist die Synthese, in der das Endliche das Begrenzende, das Unendliche das Ausweitende ist. Die Verzweiflung der Unendlichkeit ist daher das Phantastische, das Grenzenlose; denn nur dann ist das Selbst gesund und frei von Verzweiflung, wenn es, gerade dadurch, daß es verzweifelt ist, sich selbst durchsichtig in Gott gründet.

Das Phantastische verhält sich freilich am nächsten zur Phantasie; aber die Phantasie verhält sich wiederum zu Gefühl, Erkenntnis, Willen, so daß ein Mensch phantastisch Gefühl, Erkenntnis, Willen haben kann. Die Phantasie ist überhaupt das Medium des Unendlichmachenden; sie ist keine Fähigkeit wie die anderen Fähigkeiten – wenn man so will, ist sie die Fähigkeit instar omnium. Welches Gefühl, welche Erkenntnis, welchen Willen ein Mensch hat, beruht doch schließlich und letztlich darauf, welche Phantasie er hat, das will besagen darauf, wie sie sich reflektieren, das heißt auf der Phantasie. Die Phantasie ist die unendlichmachende Reflexion, weshalb der ältere Fichte ganz richtig annahm, selbst in bezug auf die Erkenntnis, daß die Phantasie der Ursprung der Kategorien sei. Das Selbst ist Reflexion, und die Phantasie ist Reflexion, ist Wiedergabe des Selbst, was die Möglichkeit des Selbst ist. Die Phantasie ist die Möglichkeit aller Reflexion; und die Intensität dieses Mediums ist die Möglichkeit von der Intensität des Selbst.

Das Phantastische ist überhaupt das, was einen Menschen so in das Unendliche hinausführt, daß es ihn nur von sich selbst wegführt und ihn dadurch davon abhält, zu sich selbst zurückzukehren.

Wenn so das Gefühl phantastisch wird, dann verflüchtigt sich das Selbst bloß mehr und mehr, es wird schließlich eine Art abstrakter Empfindsamkeit, die unmenschlich nicht irgendeinem Menschen zugehört, sondern unmenschlich sozusagen gefühlvoll an dem Schicksal des einen oder anderen Abstraktums teilnimmt, zum Beispiel an der Menschheit in abstracto. Wie der Gichtbrüchige nicht Herr seines sinnlichen Gefühls ist, sondern dieses in der Gewalt von Wind und Wetter ist, so daß er unwillkürlich an sich verspürt, wenn ein Wetterumschlag und so weiter eintritt, so geht es auch dem, dessen Gefühl phantastisch geworden ist: er wird in gewisser Weise unendlich gemacht, aber nicht so, daß er mehr und mehr er selbst würde, denn er verliert mehr und mehr sich selbst.

Ebenso mit der Erkenntnis, wenn sie phantastisch wird. Das Gesetz für die Entwicklung des Selbst in Hinblick auf Erkenntnis, soweit es wahr werden soll, daß das Selbst es selbst wird, ist, daß der steigende Grad der Erkenntnis dem Grade der Selbsterkenntnis entspricht, daß das Selbst, je mehr es erkennt, desto mehr sich selbst erkennt. Geschieht das nicht, so wird die Erkenntnis, je mehr sie steigt, desto mehr eine Art unmenschlichen Erkennens, zu dessen Zuwegbringen das Selbst des Menschen verschwendet wird, ungefähr wie Menschen zum Bau der Pyramiden verschwendet wurden, oder wie in jener russischen Hornmusik Menschen dazu verschwendet werden, ein Takt zu sein, weder mehr noch weniger.

Wenn der Wille phantastisch wird, so verflüchtigt sich gleichfalls das Selbst mehr und mehr. Der Wille wird dann nicht beständig im selben Grade konkret wie abstrakt, so daß, je mehr er in Vorsatz und Entschluß unendlich gemacht wird, er mehr und mehr sich selbst ganz gegenwärtig wird und gleichzeitig in dem kleinen Teil einer Aufgabe, der sich nun sofort ausführen läßt, er darin, daß er unendlich gemacht wird, im strengsten Sinne zu sich selbst zurückkehrt, also am *weitesten* entfernt von sich selbst [wenn er am meisten unendlich gemacht ist in Vorsatz und Entschluß] sich selbst im gleichen Augenblick am *allernächsten* ist, indem er den unendlich kleinen Teil der Arbeit ausführt, der sich noch heute ausführen läßt, noch in dieser Stunde, noch in diesem Augenblick.

Und wenn so Gefühl oder Erkenntnis oder Wille phantastisch geworden sind, so kann es schließlich das ganze

Selbst werden, was entweder in einer mehr aktiven Form geschieht, daß der Mensch sich in das Phantastische stürzt, oder in einer mehr leidenden Form, daß er hingerissen wird, aber in beiden Fällen verantwortlich. Das Selbst führt so eine phantastische Existenz in abstrakter Unendlichmachung oder in abstrakter Isolation, ständig seines Selbst ermangelnd, von dem es sich mehr und mehr entfernt. So zum Beispiel auf religiösem Gebiet. Das Gottesverhältnis ist das Unendlichwerden; aber dieses Unendlichwerden kann einen Menschen so phantastisch hinreißen, daß es bloß ein Rausch wird. Es kann einem Menschen sein, als wäre es nicht zum Aushalten, vor Gott da zu sein, weil nämlich der Mensch nicht zu sich selbst zurückkommen, er selbst werden kann. Ein so phantastisch Religiöser würde sagen [um ihn mit Hilfe der Replik zu charakterisieren]: »Daß ein Sperling leben kann, ist begreiflich; er weiß nicht, daß er vor Gott da ist. Aber zu wissen, daß man vor Gott da ist, und dann nicht im selben Augenblick wahnsinnig zu werden oder zu Nichts!«

Wenn aber ein Mensch so phantastisch geworden ist und darum verzweifelt, so kann er doch, obwohl das meistens offenbar wird, recht gut dahin leben; Mensch sein, wie es scheint, beschäftigt mit dem Zeitlichen, heiraten, Kinder zeugen, geehrt und angesehen sein – und man merkt es vielleicht nicht, daß ihm im tieferen Sinne ein Selbst fehlt. Von solchen Dingen macht man in der Welt kein großes Aufheben; denn ein Selbst ist das, was in der Welt am wenigsten gefragt ist, und das ist etwas, was am allergefährlichsten ist, sich anmerken zu lassen, daß man eines hat. Die größte Gefahr, sich selbst zu verlieren, kann in der Welt so still vonstatten gehen, als wäre es nichts. Kein Verlust kann so still abgehen; jeden anderen Verlust, ein Arm, ein Bein, fünf Reichstaler, ein Weib und so weiter bemerkt man doch.

β] Die Verzweiflung der Endlichkeit besteht im Mangel an Unendlichkeit.

Daß dies so ist, liegt, wie unter *α* gezeigt wurde, in dem Dialektischen, daß das Selbst eine Synthese ist, weshalb das Eine sein Gegenteil ist.

Der Unendlichkeit zu ermangeln ist verzweifelte Begrenztheit, Borniertheit. Hierbei ist jedoch natürlicherweise nur, ethisch, die Rede von Borniertheit und Beschränktheit. In der Welt wird eigentlich nur von intellektueller oder ästhetischer Beschränktheit gesprochen oder von dem Gleichgültigen, von dem immer in der Welt am meisten die Rede ist; denn Weltlichkeit ist, gerade dem Gleichgültigen unendlichen Wert beizumessen. Die weltliche Betrachtung klammert sich immer fest an die Unterschiede zwischen Mensch und Mensch, hat, was natürlich ist, keinen Sinn für das eine Notwendige [denn es zu haben bedeutet Geistigkeit], und darum kein Verständnis für Beschränktheit und Borniertheit, was ja bedeutet, sich selbst verloren zu haben, nicht durch Verflüchtigung ins Unendliche, sondern dadurch, daß man ganz verendlicht, statt ein Selbst geworden zu sein, eine Zahl wurde, ein Mensch mehr, eine Wiederholung mehr in diesem ewigen Einerlei.

Die verzweifelte Borniertheit ist Mangel an Primitivität, oder daß man sich seiner Primitivität beraubt, geistig verstanden, sich selbst entmannt hat. Jeder Mensch ist nämlich primitiv als ein Selbst angelegt, dazu bestimmt, er selbst zu werden; und zwar ist jedes Selbst als solches kantig, aber daraus folgt nur, daß es zugeschliffen werden, nicht daß es abgeschliffen werden soll, nicht daß es aus Menschenfurcht ganz aufgeben soll, es selbst zu sein, oder gar bloß aus Menschenfurcht nicht zu wagen, es selbst in dieser seiner wesentlichen Zufälligkeit zu sein [die eben nicht abgeschliffen werden soll], in der man doch sich selbst für sich selbst ist. Aber während sich eine Art Verzweiflung in das Unendliche verstrickt und sich selbst verliert, läßt eine andere Art Verzweiflung sich gleichsam sein Selbst von »den andern« abluchsen. Indem er die Menge Menschen um sich sieht, mit allerhand weltlichen Angelegenheiten zu tun bekommt, klug wird, wie es in der Welt zugeht, vergißt ein solcher Mensch sich selbst, wie er, göttlich verstanden, heißt, wagt nicht an sich selbst zu glauben, findet es zu gewagt, er selbst zu sein, findet es leichter und sicherer, wie die anderen zu sein, eine Nachäffung zu werden, eine Nummer zu werden, inmitten der Menge.

Auf diese Form der Verzweiflung wird man nun in der Welt so gut wie gar nicht aufmerksam. Ein solcher Mensch hat dadurch, daß er so sich selbst verlor, die Perfektheit gewonnen, recht in Handel und Wandel mitzugehen, ja, sein Glück in der Welt zu machen. Hier ist kein Aufhalten, keine Schwierigkeit mit seinem Selbst und dessen Bestimmung zum Unendlichen; er ist abgeschliffen wie ein Kieselstein, kurant wie eine gangbare Münze. Niemand wird ihn für verzweifelt halten, ist er doch gerade ein Mensch, wie es sich gehört. Überhaupt hat die Welt, wie natürlich, keine Vorstellung von dem wirklich Schrecklichen. Diese Verzweiflung, die nicht nur keine Ungelegenheit im Leben bereitet, sondern einem das Leben bequem und behaglich macht, wird natürlich durchaus nicht als Verzweiflung angesehen. Daß dies die Ansicht der Welt ist, sieht man unter anderem auch an fast allen Sprichwörtern, die nur Klugheitsregeln sind. So heißt es, daß man zehnmal bereue, geredet zu haben, für einmal, da man geschwiegen hat; und warum? Weil das Reden wie ein äußerliches Faktum einen in Unannehmlichkeiten verwickeln kann, da es eine Wirklichkeit ist. Aber geschwiegen zu haben! Und doch ist dies das Allergefährlichste. Denn beim Schweigen bleibt der Mensch sich selber überlassen; da kommt ihm die Wirklichkeit nicht zu Hilfe, indem sie ihn straft, indem sie die Folgen seiner Rede über ihn bringt. Nein, in dieser Hinsicht ist es leicht gemacht mit dem Schweigen. Aber dafür fürchtet derjenige, der weiß, was das Schreckliche ist, gerade am meisten jeden Mißgriff, jede Sünde, alles, was die Richtung nach innen nimmt und keine Spur im Äußeren hinterläßt. So ist es in den Augen der Welt gefährlich, zu wagen, und warum? Weil man dann verlieren kann. Aber das Nicht-Wagen, das ist klug. Und doch, wenn man nicht wagt, kann man gerade dann schrecklich leicht das verlieren, was man doch, wieviel man auch durch Wagen verlor, schwerlich verlor, und auf jeden Fall niemals so, so leicht, so ganz, als wäre es nichts – sich selbst. Und habe ich verkehrt gewagt, nun wohl, so hilft das Leben mir mit Strafen. Habe ich aber gar nicht gewagt, wer hilft mir dann? Und wenn ich obendrein dadurch, daß ich gar nicht im höchsten Sinne [und im höchsten Sinne wagen heißt gerade auf sich selbst aufmerksam zu werden] feige alle irdischen Vorteile gewinne – und mich selbst verliere!

Und gerade so ist es mit der Verzweiflung der Endlichkeit. Weil ein Mensch so verzweifelt ist, darum kann er sehr gut, und eigentlich gerade desto besser, in der Zeitlichkeit dahinleben, als ein Mensch erscheinen, gepriesen von anderen, geehrt und angesehen, mit allen Aufgaben der Zeitlichkeit beschäftigt. Ja, was man gerade die Weltlichkeit nennt, besteht aus lauter solchen Menschen, die, wie man so sagen kann, sich der Welt verschreiben. Sie gebrauchen ihre Gaben, sammeln Geld, treiben weltliche Geschäfte, berechnen klug und so weiter und so weiter, werden vielleicht sogar in der Historie genannt; aber sie selbst sind sie nicht, sie haben, geistig verstanden, kein Selbst, kein Selbst, um dessentwillen sie alles wagen könnten, kein Selbst vor Gott – wie selbstisch sie auch im übrigen sein mögen.

b] *Verzweiflung, gesehen unter der Bestimmung Möglichkeit-Notwendigkeit.*

Um zu werden [und das Selbst soll ja frei sich selbst werden], sind Möglichkeit und Notwendigkeit gleich wesentlich. Ebenso wie zum Selbst Unendlichkeit und Endlichkeit gehören [ἄπειρον - πέρας], so auch Möglichkeit und Notwendigkeit. Ein Selbst, das keine Möglichkeit hat, ist verzweifelt, und ebenso ein Selbst, das keine Notwendigkeit hat.

α] *Die Verzweiflung der Möglichkeit besteht im Mangel an Notwendigkeit.*

Daß sich dieses so verhält, liegt, wie gezeigt wurde, im Dialektischen.

Gleich wie die Endlichkeit das Begrenzende im Verhältnis zur Unendlichkeit ist, so ist die Notwendigkeit im Verhältnis zur Möglichkeit dasjenige, was Widerpart leistet. Indem das Selbst, als Synthese von Endlichkeit und Unendlichkeit, gesetzt ist, und zwar κατὰ δύναμιν, um zu werden, reflektiert es sich im Medium der Phantasie, und damit zeigt sich die unendliche Möglichkeit. Das Selbst ist κατὰ δύναμιν ebensosehr möglich wie notwendig; denn es ist ja es selbst, aber es soll es selbst werden. Insoweit es es selbst ist, ist es notwendig, und soweit es es selbst werden soll, ist es eine Möglichkeit.

Rennt nun die Möglichkeit die Notwendigkeit über den Haufen, so läuft das Selbst in der Möglichkeit von sich selbst weg, hat somit nichts Notwendiges, wozu es zurückkehren soll: so ist dies die Verzweiflung der Möglichkeit. Dieses Selbst wird eine abstrakte Möglichkeit, es zappelt sich in der Möglichkeit müde, aber es kommt nicht von der Stelle und auch nicht zu irgendeiner Stelle, denn das Notwendige ist gerade die Stelle; es selbst zu werden ist ja gerade eine Bewegung auf der Stelle. Zu werden ist eine Bewegung von der Stelle, aber es Selbst zu werden ist eine Bewegung auf der Stelle.

Die Möglichkeit scheint so dem Selbst größer und größer zu werden, mehr und mehr wird es möglich, weil nichts wirklich wird. Schließlich ist es, als wäre alles möglich; aber dieses geschieht gerade dann, wenn der Abgrund das Selbst verschlungen hat. Jede kleine Möglichkeit würde, um Wirklichkeit zu werden, immerhin etwas Zeit brauchen. Aber zuletzt wird die Zeit, die zur Wirklichkeit gebraucht werden sollte, kürzer und kürzer, alles wird augenblicklicher und augenblicklicher.

Die Möglichkeit wird intensiver und intensiver, aber im Sinne der Möglichkeit, nicht im Sinne der Wirklichkeit; denn im Sinne der Wirklichkeit ist das Intensive, daß doch etwas von dem, was möglich ist, wirklich wird. Im Augenblick zeigt sich etwas als möglich, und so zeigt sich dann eine neue Möglichkeit; schließlich folgen diese Phantasmagorien so schnell aufeinander, daß es ist, als wäre alles möglich, und es ist gerade der letzte Augenblick, in dem das Individuum ganz und gar selbst eine Lufterscheinung geworden ist.

Dem Selbst fehlt allerdings die Wirklichkeit; so wird man auch im allgemeinen reden, wie man ja davon redet, daß ein Mensch unwirklich geworden ist. Aber bei genauerem Hinsehen ist es die eigentliche Notwendigkeit, die mangelt. Es ist nämlich nicht so, wie die Philosophen erklären, daß Notwendigkeit Einheit von Möglichkeit und Wirklichkeit ist, nein, Wirklichkeit ist Einheit von Möglichkeit und Notwendigkeit. Es ist auch nicht bloß ein Mangel an Kraft, wenn ein Selbst so wild in Möglichkeit irreläuft, jedenfalls ist es nicht so zu verstehen, wie man es gemeinhin versteht. Was fehlt, ist die eigentliche Kraft zu leiden, sich unter das Notwendige im eigenen Selbst zu beugen, was die eigene Grenze genannt werden muß. Das Unglück ist daher auch nicht, daß ein solches Selbst nicht zu etwas in der Welt wurde, nein, das

Unglück ist, daß es nicht auf sich selbst aufmerksam wurde, daß das Selbst, das ist, ein ganz bestimmtes Etwas ist und somit das Notwendige. Es verlor dagegen sich selbst dadurch, daß dieses Selbst sich phantastisch in der Möglichkeit reflektierte. Schon um sich *selbst* in einem Spiegel zu sehen, ist es notwendig, sich selbst zu kennen, denn anders geht es nicht, oder man sähe so nicht sich *selbst*, sondern nur einen Menschen. Aber der Spiegel der Möglichkeit ist kein gewöhnlicher Spiegel, er muß mit der äußersten Vorsicht gebraucht werden. Denn von diesem Spiegel gilt es in höchstem Sinn, daß er unwahr ist. Daß ein Selbst in der Möglichkeit seiner selbst so oder so aussieht, ist nur die halbe Wahrheit; denn in der Möglichkeit seiner selbst ist das Selbst noch nicht einmal nur halb es selbst. Es gilt daher, wie diese Notwendigkeit des Selbst dieses näher bestimmt. Mit der Möglichkeit ist es, wie wenn man ein Kind zu diesen oder jenen Freuden einlädt; das Kind ist sofort bereit; aber nun gilt es, ob die Eltern damit einverstanden sind – und wie es mit den Eltern ist, so ist es mit der Notwendigkeit.

Doch in der Möglichkeit ist alles möglich. Daher kann das Selbst auf alle möglichen Weisen in der Möglichkeit irrelaufen, aber wesentlich auf zwei Weisen. Die eine Form ist die wünschende, begehrende, die andere die schwermütig-phantastische [die Hoffnung – die Furcht oder die Angst]. Wie so oft in Abenteuern und Volkssagen von einem Ritter erzählt wird, der plötzlich einen seltenen Vogel erblickt, dem er nachstellt, da es zu Anfang so aussah, als wäre er ganz nahe – aber immer wieder davonfliegt, bis es Nacht wurde, der dann ganz von Sinnen kommt, ohne den Weg in der Wildnis zu finden, wo er sich nun befindet: so mit der Möglichkeit des Wunsches. Anstatt die Möglichkeit auf die Notwendigkeit zurückzuführen, läuft er der Möglichkeit nach – und schließlich kann er zu sich selbst nicht zurückfinden. – Schwermütig geschieht in gleicher Weise das Gegenteil. Den

Menschen verfolgt schwermütig liebend eine Möglichkeit der Angst, die ihn schließlich weit von ihm selbst wegführt, so daß er in der Angst umkommt, genauer *darin* umkommt, wovor ihm Angst war, umzukommen.

β] Die Verzweiflung der Notwendigkeit besteht im Mangel an Möglichkeit.

Wenn man dieses Irrelaufen in Möglichkeit vergleichen will mit dem Vokalisieren des Kindes, so ist der Mangel an Möglichkeit wie das Stummsein. Das Notwendige ist wie lauter Konsonanten, aber sie auszusprechen muß Möglichkeit hinzukommen. Wenn sie mangelt, wenn eine menschliche Existenz dahin gebracht ist, der Möglichkeit zu ermangeln, ist sie verzweifelt, und ist sie das in jedem Augenblick, wo ihr Möglichkeit fehlt.

Nun meint man gewöhnlich, daß es ein gewisses Alter gibt, das besonders reich an Hoffnung ist, oder man sagt, daß man zu einer gewissen Zeit, in einem einzelnen Augenblick seines Lebens so reich an Hoffnung und Möglichkeit ist oder war. All dieses ist doch nur menschliches Gerede, das nicht zum Wahren kommt; all dieses Hoffen und all dieses Verzweifeln ist weder das wahre Hoffen noch das wahre Verzweifeln.

Das Entscheidende ist: für Gott ist alles möglich. Das ist ewig wahr und also wahr in jedem Augenblick. Man sagt es wohl so zum täglichen Gebrauch, und zum täglichen Gebrauch sagt man es so; aber die Entscheidung fällt erst, wenn der Mensch zum Äußersten gebracht ist, daß er menschlich gesprochen keine Möglichkeit mehr hat. Dann gilt es, ob er glauben will, daß für Gott alles möglich ist, das heißt, ob er *glauben* will. Aber das ist ganz und gar die Formel für das Verlieren des Verstandes. Glauben heißt gerade den Verstand verlieren, um Gott zu gewinnen. Laß es so geschehen. Denk dir einen Menschen, der mit dem ganzen Grausen einer erschreckten Einbildungskraft sich vorgestellt hat, dieses oder jenes Schrecknis sei unbedingt nicht auszuhalten. Nun begegnet es ihm, gerade dieses Schreckliche begegnet ihm. Menschlich gesprochen ist sein Untergang das Allergewisseste – und verzweifelt kämpft die Verzweiflung seiner Seele um die Erlaubnis zum Verzweifeln zu erhalten, wenn man so will um die Ruhe zum Verzweifeln, die Zustimmung der ganzen Persönlichkeit zum und im Verzweifeln zu erhalten, so daß er nichts und nichts mehr verwünschen würde als den, der versuchte, und die Versuchung, ihn am Verzweifeln zu verhindern, wie der Dichter der Dichter vortrefflich, unvergleichlich es ausdrückt [Richard II.]: »Verwünscht sei, Vetter, der mich abgelenkt von dem bequemen Wege zur Verzweiflung« [3. Akt, 3. Szene]. Daher ist also Rettung, menschlich gesprochen, das Unmöglichste von allem; aber für Gott ist alles möglich! Dies ist der Kampf des *Glaubens*, der, wenn man so will, wahnsinnig um Möglichkeit kämpft. Denn Möglichkeit ist das allein Rettende. Wenn einer ohnmächtig wird, so ruft man nach Wasser, Eau de Cologne, Hoffmannstropfen; aber wenn einer verzweifeln will, so heißt es: schaff Möglichkeit, schaff Möglichkeit, Möglichkeit ist das allein Rettende; eine Möglichkeit, dann atmet der Verzweifelte wieder, er lebt wieder auf; denn ohne Möglichkeit kann ein Mensch gleichsam keine Luft bekommen. Gelegentlich kann da eine Findigkeit menschlicher Phantasie ausreichen, Möglichkeit zu schaffen, aber zuletzt, das heißt, wenn es gilt zu *glauben*, hilft nur dies, daß für Gott alles möglich ist.

So wird da gekämpft. Ob der so Kämpfende untergehen wird, beruht einzig und allein darauf, ob er Möglichkeit herbeischaffen wird, das heißt, ob er glauben wird. Und doch versteht er, daß menschlich gesprochen sein Untergang das Gewisseste von allem ist. Dies ist das Dialektische im Glauben. Im allgemeinen weiß ein Mensch nichts anderes, als daß dieses und jenes hoffentlich, vermutlich und so weiter ihm nicht begegnen werde. Begegnet es ihm doch, so geht er unter. Der Dummdreiste stürzt sich in eine Gefahr, deren Möglichkeit so oder so sein kann. Und widerfährt sie ihm so, dann verzweifelt er und geht unter. Der *Glaubende* sieht und versteht menschlich gesprochen seinen Untergang [in dem, was ihm zustößt oder was er gewagt hat], aber er glaubt.

Darum geht er nicht unter. Er stellt es ganz Gott anheim, wie ihm geholfen werden soll, aber er glaubt, daß für Gott alles möglich ist. An seinen Untergang zu *glauben*, ist unmöglich. Zu verstehen, daß dies menschlich sein Untergang ist, und so doch an Möglichkeit zu glauben, das heißt glauben. Dann hilft ihm Gott auch, vielleicht indem er ihm das Schreckliche erspart, vielleicht durch das Schreckliche selbst, indem sich hier unerwartet, wunderbar, göttliche Hilfe zeigt. Auf wunderbare Weise; denn es ist ja ein besonderer Snobismus, daß es nur vor 1800 Jahren geschehen sein sollte, daß einem Menschen wunderbar geholfen wurde. Ob einem Menschen wunderbar geholfen worden ist, beruht im wesentlichen darauf, mit welcher Leidenschaft des Verstandes er begriffen hat, daß Hilfe unmöglich war, und weiter darauf, wie redlich er dann der Macht gegenüber ist, die ihm doch half. Aber für gewöhnlich tun die Menschen weder das eine noch das andere; sie schreien, daß Hilfe unmöglich sei, ohne einmal ihren Verstand angestrengt zu haben, um Hilfe zu finden, und hinterher lügen sie undankbar.

Der Glaubende besitzt das ewig sichere Gegengift gegen Verzweiflung: Möglichkeit; denn für Gott ist in jedem Augenblick alles möglich. Das ist Gesundheit des Glaubens, die Widersprüche löst. Der Widerspruch ist hier, daß menschlich gesprochen der Untergang sicher ist und daß dennoch Möglichkeit besteht. Gesundheit ist überhaupt, Widersprüche lösen zu können. So leiblich oder physisch: Zug ist ein Widerspruch, denn Zug ist Kälte und Wärme disparat oder undialektisch; aber ein gesun-

der Körper löst diesen Widerspruch und merkt keinen Zug. So auch mit dem Glauben.
Der Mangel an Möglichkeit bedeutet entweder, daß einem alles notwendig geworden ist, oder daß alles Trivialität geworden ist.
Der Determinist, der Fatalist ist verzweifelt und hat als Verzweifelter sein Selbst verloren, weil für ihn alles Notwendigkeit ist. Es geht ihm wie jenem Könige, der vor Hunger starb, weil sich alle Nahrung in Gold verwandelte. Die Persönlichkeit ist eine Synthese von Möglichkeit und Notwendigkeit. Es ist daher mit ihrem Bestand wie mit dem Atemholen [der Respiration], was ein Ein- und Ausatmen ist. Das Selbst des Deterministen kann nicht atmen, denn es ist unmöglich, einzig und allein das Notwendige zu atmen, wodurch das Selbst des Menschen ganz und gar erstickt wird. – Der Fatalist ist verzweifelt, hat Gott verloren und somit sein Selbst; denn wer keinen Gott hat, hat auch kein Selbst. Aber der Fatalist hat keinen Gott oder, was hier dasselbe ist, sein Gott ist Notwendigkeit; wie nämlich für Gott alles möglich ist, so ist Gott eben das, daß alles möglich ist. Der Gottesdienst des Fatalisten ist daher in maximum eine Interjektion, und wesentlich ist er Stummsein, stumme Unterwerfung, er kann nicht beten. Beten ist auch atmen, und die Möglichkeit ist für das Selbst, was der Sauerstoff für das Atemholen ist. Aber ebensowenig wie ein Mensch nur Sauerstoff atmen kann oder nur Stickstoff, so wenig kann Möglichkeit allein oder Notwendigkeit allein den Atemzug des Gebetes bedingen; zum Beten muß ein Gott dasein, ein Selbst – und Möglichkeit, oder ein Selbst und Möglichkeit im prägnanten Sinne, denn Gott ist das, daß alles möglich ist, oder daß alles möglich ist, ist Gott; und nur der, dessen Wesen so erschüttert wurde, daß er Geist wurde, um zu verstehen, daß alles möglich ist, nur der hat sich mit Gott eingelassen. Dies, daß Gottes Wille das Mögliche ist, macht, daß ich beten kann; ist er nur das

Notwendige, ist der Mensch wesentlich ebenso stumm wie das Tier.

Mit der Spießbürgerlichkeit, der Trivialität, der ja wesentlich Möglichkeit fehlt, verhält es sich ein wenig anders. Spießbürgerlichkeit ist Geistlosigkeit, Determinismus und Fatalismus sind Geistesverzweiflung; aber Geistlosigkeit ist auch Verzweiflung. Der Spießbürgerlichkeit fehlt jede Bestimmung durch Geist, und sie geht im Wahrscheinlichen auf, worin das Mögliche sein bißchen Platz findet; es fehlt ihr so die Möglichkeit, um auf Gott aufmerksam zu werden. Ohne Phantasie, wie der Spießbürger immer ist, lebt er in einem gewissen trivialen Inbegriff von Erfahrungen, davon wie es zugeht, was da möglich ist, was wohl zu geschehen pflegt, ob der Spießbürger im übrigen Bierzapfer oder Staatsminister ist. So hat der Spießbürger sich selbst und Gott verloren. Denn um auf sein Selbst und auf Gott aufmerksam zu werden, muß die Phantasie einen Menschen höher schwingen als bis zu dem Dunstkreis des Wahrscheinlichen, sie muß ihn aus diesem herausreißen, und, indem sie möglich macht, was das quantum satis jeder Erfahrung überschreitet, ihn lehren, zu hoffen und zu fürchten oder zu fürchten und zu hoffen. Aber Phantasie hat der Spießbürger nicht, will sie nicht haben, verabscheut sie. Hier gibt es also keine Hilfe. Und hilft so gelegentlich das Dasein mit Schrecknissen nach, welche die triviale Erfahrung der Papageienweisheit überschreitet, so verzweifelt die Spießbürgerlichkeit, das heißt, es wird so offenbar, daß es Verzweiflung war; es fehlt so die Möglichkeit des Glaubens, durch Gott ein Selbst aus dem gewissen Untergang retten zu können.

Fatalismus und Determinismus haben hingegen Phantasie genug, um an der Möglichkeit zu verzweifeln, Möglichkeit genug, um die Unmöglichkeit zu entdecken; die Spießbürgerlichkeit beruhigt sich im Trivialen, gleichwohl verzweifelt sie, ob es gut geht oder schlecht geht.

Fatalismus und Determinismus ermangeln der Möglichkeit zu entspannen und zu mildern, die Notwendigkeit zu temperieren, also Möglichkeit als Milderung; Spießbürgerlichkeit ermangelt der Möglichkeit als Erweckung aus Geistlosigkeit. Denn Spießbürgerlichkeit meint über die Möglichkeit zu verfügen, diese ungeheure Elastizität in die Falle oder das Irrenhaus des Wahrscheinlichen hinein genarrt zu haben, meint sie gefangen zu halten; sie führt die Möglichkeit gefangen im Käfig der Wahrscheinlichkeit umher, zeigt sie vor, bildet sich selbst ein, ihr Herr zu sein, merkt nicht, daß sie gerade dadurch sich selbst gefangen hat, um der Sklave der Geistlosigkeit zu sein und der Erbärmlichste von allen. Denn mit der Dreistigkeit der Verzweiflung schwingt der sich auf, der sich in Möglichkeit verirrt; verbissen in Verzweiflung vergreift sich derjenige am Dasein, dem alles notwendig wurde: aber geistlos triumphiert die Spießbürgerlichkeit.

B

Verzweiflung, gesehen unter der Bestimmung: Bewußtsein

Der Grad des Bewußtseins ist in seinem Steigen oder im Verhältnis, zu dem es steigt, die beständig steigende Potenzierung in der Verzweiflung; je mehr Bewußtsein, desto mehr Verzweiflung. Das zeigt sich überall, am deutlichsten im Maximum und Minimum der Verzweiflung. Die Verzweiflung des Teufels ist die intensivste Verzweiflung, denn der Teufel ist reiner Geist und somit absolutes Bewußtsein und Durchsichtigkeit; im Teufel gibt es keine Dunkelheit, die als mildernde Entschuldigung dienen könnte, seine Verzweiflung ist daher der absolute Trotz. Das ist das Maximum der Verzweiflung. Das Minimum der Verzweiflung ist ein Zustand, der, ja, so könnte man menschlich zulassen, es zu benennen, in einer Art Unschuld nicht einmal davon weiß, daß dies Verzweiflung ist. Wenn dann also die Bewußtlosigkeit im Maximum ist, so ist die Verzweiflung am geringsten; es ist ja beinahe so, als wäre es dialektisch, ob man das Recht dazu hat, einen solchen Zustand Verzweiflung zu nennen.

a] *Die Verzweiflung, die unwissend darüber ist, daß sie Verzweiflung ist, oder die verzweifelte Unwissenheit darüber, daß der Mensch ein Selbst, und zwar ein ewiges Selbst hat.*

Daß dieser Zustand gleichwohl Verzweiflung ist und mit Recht so genannt wird, ist ein Ausdruck für das, was man im guten Sinne als Rechthaberei der Wahrheit bezeichnen mag. Veritas est index sui et falsi. Aber auf diese Rechthaberei der Wahrheit wird freilich nicht geachtet, wie die Menschen auch im allgemeinen weit davon entfernt sind, das Verhältnis zum Wahren, daß sie sich also zum Wahren verhalten, als das höchste Gut anzusehen, so sehr weit entfernt davon, es sokratisch als das größte Unglück anzusehen, in einem Irrtum zu leben; das Sinnliche in ihnen hat meist bei weitem das Übergewicht über ihre Intellektualität erlangt. Wenn so ein Mensch vermeintlich glücklich ist, sich einbildet, glücklich zu sein, während er doch im Lichte der Wahrheit betrachtet, unglücklich ist, so ist er doch nicht sehr weit davon entfernt, zu wünschen, von diesem Irrtum befreit zu werden. Im Gegenteil, er wird verbittert, er betrachtet jeden als seinen schlimmsten Feind, der es versucht, er betrachtet es als einen Überfall, so etwas wie einen Mord, nach der Weise, wie es heißt, daß man sein Glück morde. Und woher kommt das? Es kommt daher, daß das Sinnliche und das Sinnlich-Seelische ihn ganz beherrscht; es kommt daher, daß er in den Kategorien des Sinnlichen lebt, des Behaglichen und des Unbehaglichen, dem Geist, der Wahrheit und dergleichen Lebewohl sagt; es kommt daher, daß er zu sinnlich ist, um den Mut zu haben, zu wagen und auszuhalten, Geist zu sein. Wie eitel und eingebildet auch die Menschen sein können, so haben sie doch meistens eine sehr geringe Vorstellung von sich selbst, das heißt, sie haben keine Vorstellung davon, Geist zu sein, das Absolute, das ein Mensch sein kann; aber eitel und eingebildet sind sie – vergleichsweise. Wollte man sich ein Haus ausdenken, aus Keller, Erdgeschoß und erstem Stock bestehend, so gebaut oder so eingerichtet, daß dieses oder jenes auf einen Standesunterschied zwischen den Bewohnern in jeder Etage berechnet ist – und wollte man das Wesen des Menschen mit einem solchen Haus vergleichen: so trifft bei den meisten Menschen das Traurige und Lächerliche zu, daß sie in ihrem eigenen Haus vorziehen, im Keller zu wohnen. Jeder Mensch ist eine seelisch-leibliche Synthese, mit der Anlage, Geist zu sein, das ist das Gebäude; aber er zieht es vor, im Keller zu wohnen, das heißt, in den Bestimmungen der Sinnlichkeit. Und er zieht es nicht nur vor, im Keller zu wohnen, nein, er liebt das in solchem Maße, daß er erbittert wird, wenn ihm jemand vorschlagen wollte, in die Bel-Etage zu ziehen, die frei zu seiner Disposition steht – denn es ist ja sein eigenes Haus, das er bewohnt.

Nein, in einem Irrtum zu sein, ist es, ganz unsokratisch, was die Menschen am wenigsten fürchten. Man kann erstaunliche Beispiele hierfür sehen, die dies in einem ungeheuren Maße beleuchten. Ein Denker führt einen gewaltigen Bau auf, ein System, ein das ganze Dasein und die Weltgeschichte und so weiter umfassendes System – und betrachtet man sein persönliches Leben, so entdeckt man zu seinem Erstaunen dies Furchtbare und Lächerliche, daß er selbst diesen ungeheuren, hochgewölbten Palast persönlich nicht bewohnt, sondern eine Scheune nebenan oder eine Hundehütte oder höchstens die Portierwohnung. Würde man sich erlauben, auch nur mit einem einzigen Wort auf diesen Widerspruch aufmerksam zu machen, so würde er beleidigt sein. Denn in einem Irrtum zu sein, fürchtet er nicht, wenn er nur das System fertig bekommt – mit Hilfe eines Irrtums.

Also, daß er, der verzweifelt ist, selber davon nichts weiß, daß sein Zustand Verzweiflung ist, tut nichts zur Sache, er ist gleichwohl verzweifelt. Wenn Verzweiflung Verirrung ist, so bedeutet die Unwissenheit hierüber bloß das Mehr, zugleich in einem Irrtum zu sein. Es ist mit der Unwissenheit im Verhältnis zur Verzweiflung wie im Verhältnis zur Angst [vgl. Begriff der Angst von Vigilius Haufniensis], die Angst der Geistlosigkeit wird gerade an der geistlosen Sicherheit erkannt. Aber die Angst ist gleichwohl im Grunde da, so ist auch die Verzweiflung im Grunde da, und wenn die Verzauberung durch den Sinnesbetrug aufhört, wenn das Dasein zu wanken beginnt, dann zeigt sich auch sofort die Verzweiflung als das, was im Grunde da war.

Der Verzweifelte, der unwissend darüber ist, daß er verzweifelt ist, ist, verglichen mit dem, der sich dessen bewußt ist, nur noch um ein Negatives weiter von der Wahrheit und Rettung entfernt. Die Verzweiflung selbst ist eine Negativität, die Unwissenheit darum eine neue Negativität. Aber um der Wahrheit nahe zu kommen, muß man durch jede Negativität hindurch, denn hier gilt es, wovon die Volkssage berichtet, einen gewissen Zauber aufzuheben: das Stück muß ganz und gar rückwärts gespielt werden, anders wird der Zauber nicht aufgehoben. Doch gilt das nur in einem Sinne, im rein dialektischen Sinne, daß der über seine Verzweiflung Unwissende von der Wahrheit und Rettung weiter entfernt ist als der Wissende, der doch in der Verzweiflung bleibt, denn in einem anderen Sinne, ethisch-dialektisch, ist der bewußt in der Verzweiflung bleibende Verzweifelte der Rettung ferner, weil seine Verzweiflung intensiver ist. Unwissenheit aber ist so fern davon, die Verzweiflung aufzuheben oder die Verzweiflung zur Nicht-Verzweiflung umzuwandeln, daß sie im Gegenteil die gefährlichste Form der Verzweiflung sein kann. In der Unwissenheit ist der Verzweifelte, wenn auch zu seinem eigenen Verderben, auf eine Weise dagegen gesichert, aufmerksam zu werden, das heißt, er ist ganz sicher in der Gewalt der Verzweiflung.

In der Unwissenheit verzweifelt zu sein, ist der Mensch am weitesten davon entfernt, sich als Geist bewußt zu sein. Aber gerade das, sich nicht als Geist bewußt zu sein, ist Verzweiflung, ist Geistlosigkeit, mag der Zustand im übrigen entweder ein völliges Ausgestorbensein, ein bloß negatives Leben sein oder ein potenziertes Leben, dessen Geheimnis doch Verzweiflung ist. Im letzten Falle geht es dem Verzweifelten wie einem, der an Auszehrung leidet: er fühlt sich sehr wohl, hält sich für ganz gesund, scheint vielleicht anderen vor Gesundheit zu blühen, gerade wenn die Krankheit am gefährlichsten ist.

Diese Form der Verzweiflung [die Unwissenheit über sie] ist in der Welt die allgemeinste, ja, ist das, was man die Welt nennt, oder genauer bestimmt, das, was das Christentum die Welt nennt; das Heidentum und der natürliche Mensch in der Christenheit, das Heidentum, wie es historisch war und ist, und das Heidentum in der Christenheit ist gerade die Art von Verzweiflung, ist Verzweiflung, aber weiß davon nichts. Wohl wird nämlich auch im Heidentum ebenso wie vom natürlichen Menschen ein Unterschied gemacht zwischen verzweifelt sein und nicht verzweifelt sein, das heißt, man redet von Verzweiflung, als wenn nur ein paar Einzelne verzweifelt wären. Aber diese Unterscheidung ist ebenso trügerisch, wie sie das Heidentum und der natürliche Mensch zwischen Liebe und Eigenliebe macht, als wäre all diese Liebe nicht wesentlich Eigenliebe. Doch weiter als bis zu dieser falschen Unterscheidung konnten unmöglich und kann unmöglich das Heidentum samt den natürlichen Menschen kommen, denn das Spezifische der Verzweiflung ist gerade dies, in Unwissenheit darüber zu sein, daß es Verzweiflung ist.

Hieraus ersieht man nun leicht, daß der ästhetische Begriff der Geistlosigkeit keinesfalls den Maßstab dafür abgibt, zu beurteilen, was Verzweiflung ist und was nicht, das ist ja auch ganz in der Ordnung; da es sich nämlich ästhetisch nicht bestimmen läßt, was Geist in Wahrheit ist, wie sollte dann das Ästhetische eine Frage beantworten können, für die es gar nicht da ist! Es wäre ja auch eine ungeheure Dummheit, zu leugnen, daß sowohl die heidnischen Nationen en masse wie einzelne Heiden erstaunliche Taten vollbracht haben, welche die Dichter begeistert haben und begeistern werden, zu leugnen, daß das Heidentum Beispiele aufzuweisen hat, die man ästhetisch nicht genug bewundern kann. Es würde auch eine Torheit sein, zu leugnen, daß im Heidentum ein Leben geführt wird und vom natürlichen Menschen geführt werden kann, das reich an größtem ästhetischen Genuß ist, jede Gelegenheit nützend, die geboten ist, um auf geschmackvollste Weise, Kunst und Wissenschaft noch hinzuziehend, das Leben zu erhöhen, zu verschönern, den Genuß zu veredeln. Nein, nicht die ästhetische Bestimmung von Geistlosigkeit gibt den Maßstab für das ab, was Verzweiflung ist und was nicht; die Bestimmung, die gebraucht werden muß, ist die ethisch-religiöse: Geist oder negativ der Mangel an Geist, Geistlosigkeit. Jede menschliche Existenz, die sich nicht als Geist bewußt ist oder sich vor Gott persönlich als Geist bewußt ist, jede menschliche Existenz, die so nicht durchsichtig in Gott gründet, sondern dunkel in etwas abstrakt Universellem ruht und aufgeht [Staat, Nation und dergleichen], oder in Dunkelheit über sich selbst ihre Fähigkeiten nur als Wirkkräfte nimmt, ohne sich im tieferen Sinne bewußt zu werden, woher sie diese hat, nimmt ihr Selbst als ein unklares Etwas, während es nach innen verstanden werden sollte – jede solche Existenz, was sie auch ausrichten mag, ob das Allererstaunlichste, was sie auch zu erklären vermag, ob das ganze Dasein, wie intensiv sie auch ästhetisch das Leben genießt: eine jede solche Existenz ist doch Verzweiflung. Das war es, was die alten Kirchenlehrer meinten, wenn sie davon sprachen, daß die Tugenden der Heiden glänzende Laster seien; sie meinten, daß das Innerste der Heiden Verzweiflung sei, daß sich der Heide vor Gott nicht als Geist bewußt sei. Daher kommt es auch [um dies als Beispiel anzuführen, während es zugleich in einem tieferen Verhältnis zu dieser ganzen Untersuchung steht], daß der Heide so merkwürdig leichtsinnig über den Selbstmord urteilte, ja, ihn anpries, während es doch für den Geist die schwerste Sünde ist, so aus dem Dasein auszubrechen, der Aufruhr gegen Gott. Dem Heiden fehlte die geistige Bestimmung des Selbst, darum urteilte er so über den *Selbst*mord; und das tat der gleiche Heide, der so sittlich streng über Diebstahl, Unzucht und dergleichen urteilte. Ihm fehlte der Gesichtspunkt für Selbstmord, ihm fehlte das Gottesverhältnis und das Selbst; rein heidnisch gedacht, ist Selbstmord das Indifferente, das jeder halten kann wie ihm beliebt, weil es niemanden etwas angeht. Sollte vom Standpunkt des Heidentums aus vor Selbstmord gewarnt werden, müßte es auf dem langen Umweg geschehen durch den Aufweis, daß man sein Pflichtverhältnis zu anderen Menschen breche. Die Pointe im Selbstmord, daß er gerade ein Verbrechen gegen Gott ist, entgeht dem Heiden völlig. Darum kann man nicht sagen, daß der Selbstmord selber Verzweiflung war, was ein gedankenloses Hysteron-Proteron wäre; man muß sagen, daß der Heide so über Selbstmord urteilte, wie er tat, das war Verzweiflung.

Indessen ist und bleibt es doch ein Unterschied, und zwar ein qualitativer, zwischen dem Heidentum im strengeren Sinne und dem Heidentum in der Christenheit, der Unterschied nämlich, auf den Vigilius Haufniensis im Verhältnis zur Angst aufmerksam gemacht hat, daß dem Heidentum wohl Geist fehle, es aber doch in Richtung auf Geist bestimmt sei, während dem Heidentum in der Christenheit eben Geist fehle in Richtung von ihm weg oder als ein Abfall, und es darum im strengsten Sinne Geistlosigkeit ist.

b] *Über die Verzweiflung eines Menschen, der sich bewußt ist, verzweifelt zu sein, der sich also bewußt ist, ein Selbst zu haben, worin doch etwas Ewiges ist, und nun entweder verzweifelt nicht er selbst sein will, oder verzweifelt er selbst sein will.*

Hier muß natürlich die Unterscheidung gemacht werden, ob derjenige, der sich seiner Verzweiflung bewußt ist, die wahre Vorstellung von dem hat, was Verzweiflung ist. Jemand kann sich sehr wohl, nach der Vorstellung, die er hat, mit Recht als verzweifelt betrachten, er kann auch darin Recht haben, daß er verzweifelt ist, und doch ist noch nicht gesagt, daß er die rechte Vorstellung von Verzweiflung hat, es kann möglich sein, daß man, sein Leben hierunter betrachtend, sagen muß: du bist im Grunde noch viel mehr verzweifelt als du weißt, die Verzweiflung steckt noch viel tiefer. So [um an das Vorangegangene zu erinnern] mit dem Heiden; wenn er vergleichsweise mit anderen Heiden sich selbst für verzweifelt hielte, so hätte er gewiß darin recht, daß er verzweifelt sei, aber unrecht darin, daß die andern es nicht seien, das heißt, er hätte nicht die rechte Vorstellung von Verzweiflung.

Die bewußte Verzweiflung erfordert also einerseits die wahre Vorstellung davon, was Verzweiflung ist. Andererseits wird Klarheit über sich selbst gefordert, das heißt, soweit Klarheit und Verzweiflung zusammen gedacht werden können. Inwieweit vollkommene Klarheit über sich selbst, daß man verzweifelt ist, sich damit vereinbaren läßt, verzweifelt zu sein, das heißt, ob diese Klarheit der Erkenntnis und Selbsterkenntnis nicht gerade einen Menschen aus der Verzweiflung reißen, ihn so entsetzt über sich selbst machen müßte, daß er aufhörte, verzweifelt zu sein: das wollen wir hier nicht entscheiden, wir wollen es hier deshalb nicht versuchen, weil wir im folgenden einen Platz für diese ganze Untersuchung finden werden. Ohne aber den Gedanken bis in diese dialektische Spitze zu verfolgen, machen wir hier nur darauf aufmerksam, daß der Grad des Bewußtseins darüber, was Verzweiflung ist, sehr unterschiedlich sein kann, ebenso der Grad des Bewußtseins über seinen eigenen Zustand, daß er Verzweiflung ist. Des Lebens Wirklichkeit ist zu mannigfaltig, um nur solche abstrakten Gegensätze auszuweisen wie den zwischen einer Verzweiflung, die vollkommen unbewußt ist, und einer, die sich des Zustandes völlig bewußt ist. Meist freilich befindet sich der Verzweifelte, mit mannigfachen Nuancierungen, in einem Halbdunkel über seinen eigenen Zustand. Er ist sich wohl bis zu einem gewissen Grade darüber im klaren, daß er verzweifelt ist, er merkt es an sich selbst, wie einer es an sich selber merkt, daß er mit einer Krankheit im Körper herumläuft; aber er will nicht recht zugestehen, was die Krankheit ist. In einem Augenblick ist ihm ganz klar geworden, daß er verzweifelt ist; aber schon in einem andern Augenblick ist ihm doch so, als hätte sein Übelbefinden einen anderen Grund, als läge es in etwas Äußerlichem, in etwas außerhalb von ihm; und wenn dies geändert würde, wäre er nicht verzweifelt. Oder er sucht vielleicht durch Zerstreuungen und auf andere Weise, zum Beispiel durch Arbeit und Beschäftigung als Zerstreuungsmittel, sich selbst eine Dunkelheit über seinen Zustand zu bewahren, doch wiederum so, daß es ihm nicht ganz deutlich wird, daß er das darum macht, damit er tut, was er tut, um Dunkelheit zu schaffen. Oder er ist sich vielleicht auch bewußt, daß er so arbeitet, um die Seele in Dunkelheit zu tauchen; er tut es mit einer gewissen Scharfsinnigkeit und klugen Berechnung, mit psychologischer Einsicht, aber ohne im tieferen Sinne sich klar bewußt zu sein, was er tut, wie verzweifelt er ist, sich so aufzuführen und so weiter. Es ist nämlich in aller Dunkelheit und Unwissenheit ein dialektisches Zusammenspiel von Erkenntnis und Willen, und man kann im Verständnis eines Menschen fehlgehen: wenn man nur die Erkenntnis betont oder nur den Willen akzentuiert.

Aber, wie früher bemerkt, potenziert der Grad des Bewußtseins die Verzweiflung. Im selben Grade wie ein Mensch die wahre Vorstellung von Verzweiflung hat, wenn er doch darin verharrt, und im gleichen Grade wie er sich tiefer bewußt ist verzweifelt zu sein, wenn er doch in der Verzweiflung verharrt, im selben Grade ist diese intensiver. Wer mit Bewußtsein darüber, daß ein Selbstmord Verzweiflung ist, und somit in der rechten Vorstellung davon, was Verzweiflung ist, einen Selbstmord begeht, dessen Verzweiflung ist intensiver, als wenn jemand einen Selbstmord begeht, ohne die rechte Vorstellung davon zu haben, daß Selbstmord Verzweiflung ist; umgekehrt aber ist bei einer unklaren Vorstellung vom Selbstmord die Verzweiflung weniger intensiv. Andererseits mit um so klarerem Bewußtsein um sich selbst [Selbstbewußtsein] ein Mensch einen Selbstmord begeht, desto intensiver ist seine Verzweiflung im Vergleich zu dem, dessen Seele sich, verglichen mit jener, in einem verwirrten und dunklen Zustand befindet.

Im folgenden will ich nun die zwei Formen der bewußten Verzweiflung so untersuchen, daß zugleich eine Steigerung im Bewußtsein über das, was Verzweiflung ist, aufgezeigt wird, und im Bewußtsein davon, daß der Zustand eines Menschen Verzweiflung ist, oder was dasselbe und das Entscheidende ist, eine Steigerung im Bewußtsein des Selbst. Der Gegensatz aber zur Verzweiflung ist der Glaube, weshalb auch ganz richtig ist, was im Vorangegangenen als Formel vorausgesetzt wurde, die einen Zustand beschreibt, in dem gar keine Verzweiflung ist, was zugleich die Formel für den Glauben ist: im sich-Verhalten-zu-sich-Selbst, und im Selbst-sein-Wollen gründet das Selbst durchsichtig in der Macht, die es setzte [vgl. A. A].

α] *Verzweifelt nicht er selbst sein wollen, die Verzweiflung der Schwachheit.*

Wenn diese Form der Verzweiflung Schwachheit genannt wird, so ist darin bereits eine Reflexion einbeschlossen auf die andere Form [β], verzweifelt er selbst sein zu wollen. Es ist so nur ein relativer Gegensatz. Ganz ohne Trotz ist keine Verzweiflung; es liegt ja auch Trotz im Ausdruck selbst: nicht sein zu wollen. Andererseits ist selbst der höchste Trotz der Verzweiflung doch nie ganz ohne eine Schwachheit. Also ist der Unterschied nur relativ. Die eine Form ist sozusagen die Verzweiflung der Weiblichkeit, die andere der Männlichkeit.*]

*] Und wenn man sich psychologisch in der Wirklichkeit umsehen will, wird man bisweilen Gelegenheit haben, sich davon zu überzeugen, daß dies, wie es denkerisch richtig und also auch zutreffen muß, auch zutrifft, und daß diese Einteilung die ganze Wirklichkeit der Verzweiflung umfaßt; denn was das Kind betrifft, spricht man ja nicht von Verzweiflung, sondern nur von Gereiztheit, weil man nur berechtigt ist, vorauszusetzen, daß das Ewige κατὰ δύναμιν im Kinde gegeben ist, niemand ist berechtigt, es von ihm zu fordern, wie man es berechtigterweise vom Erwachsenen fordern kann, von dem gilt, daß er es haben soll. Doch will ich keineswegs leugnen, daß bei Frauen Formen männlicher Verzweiflung vorkommen können und umgekehrt bei Männern Formen weiblicher Verzweiflung; aber das sind Ausnahmen. Und es versteht sich, das Ideale ist auch nur selten; und nur rein ideal ist es auch ganz wahr mit diesem Unterschied zwischen der Verzweiflung der Männlichkeit und Weiblichkeit. Das Weib hat weder die selbstisch entwickelte Vorstellung vom Selbst noch Intellektualität im entscheidenden Sinne, wieviel zart- und feinfühlen-

der als der Mann es auch sein kann. Dagegen ist das Wesen des Weibes Hingegebenheit, Hingabe; und es ist unweiblich, wenn es so nicht ist. Wunderlich genug, niemand kann so schnippisch sein [und dieses Wort ist ja von der Sprache auf das Weib gemünzt], so fast grausam wählerisch wie ein Weib – und doch ist ihr Wesen Hingegebenheit, und doch ist [gerade das Wunderliche] all dies eigentlich Ausdruck dafür, daß sein Wesen Hingegebenheit ist. Denn gerade weil es in seinem Wesen die ganze weibliche Hingegebenheit trägt, deshalb hat die Natur es liebevoll mit einem Instinkte ausgestattet, im Vergleich mit dessen Feinheit die am meisten, am eminentesten entwickelte männliche Reflexion wie nichts ist. Diese Hingegebenheit eines Weibes, diese, griechisch geredet, göttliche Gabe und Fülle, ist ein zu großes Gut, als daß es blindlings weggeworfen werden dürfte, und doch würde keine sehende menschliche Reflexion imstande sein, scharf genug zu sehen, um sie richtig anbringen zu können. Darum hat die Natur sich des Weibes angenommen: instinktmäßig sieht es blindlings klarer als die hellsichtigste Reflexion, instinktmäßig sieht es, was es bewundern soll, was es ist, wohin es sich hingeben soll. Hingegebenheit ist das einzige, was das Weib hat, darum übernahm die Natur es, sein Schutz zu sein. Daher kommt es auch, daß die Weiblichkeit erst in einer Metamorphose entsteht; sie entsteht, indem sich die unendliche Schnippigkeit zu weiblicher Hingegebenheit verklärt. Aber daß Hingebung das Wesen des Weibes ist, kommt dann wieder in der Verzweiflung, ist wieder der Modus der Verzweiflung. In der Hingabe hat es sich selbst verloren, und nur so ist es glücklich, nur so ist es Ausdruck seiner Selbst; ein Weib, das außerhalb der Hingabe glücklich ist, das heißt, ohne sein Selbst hinzugeben, wohin es sich auch hingeben mag, ist gänzlich unweiblich. Ein Mann gibt sich auch hin, und der ist ein schlechter Mann, der es nicht tut; aber sein Selbst ist nicht Hingabe [das ist der Ausdruck für die weiblich substantielle Hingabe], auch gewinnt er sein Selbst nicht durch Hingabe, wie das Weib in einem anderen Sinne das tut, er hat sich selbst; er gibt sich hin, aber sein Selbst bleibt dennoch als eine nüchterne Bewußtheit um die Hingabe zurück, wohingegen das Weib echt weiblich hineinstürzt, sein Selbst da hineinstürzt, wo es sich hingibt. Nimmt man dem

Weibe dies fort, so ist es auch seines Selbst verlustig, und die Verzweiflung bleibt: nicht es selbst sein zu wollen. – So gibt der Mann sich nicht hin; aber die andere Form der Verzweiflung drückt sich auch im Männlichen aus: verzweifelt er selbst sein zu wollen.

Soviel über das Verhältnis der Verzweiflung der Männlichkeit und der Weiblichkeit. Doch muß daran erinnert werden, daß hier nicht die Rede von der Hingabe an Gott ist oder die Rede vom Gottesverhältnis, was erst in einem anderen Abschnitt behandelt wird. Im Verhältnis zu Gott, wo solcher Unterschied wie Mann–Weib verschwindet, gilt für den Mann wie für das Weib, daß die Hingabe das Selbst ist und daß durch Hingabe das Selbst gewonnen wird. Dies gilt gleicherweise für Mann und Weib, obwohl in der Wirklichkeit das Weib sich nur durch den Mann zu Gott verhält.

I

Verzweiflung über das Irdische oder über etwas Irdisches

Dies ist die reine Unmittelbarkeit oder Unmittelbarkeit mit einer quantitativen Reflexion in sich. – Hier ist kein unendliches Bewußtsein vom Selbst, von der Verzweiflung oder davon, daß der Zustand Verzweiflung ist; die Verzweiflung ist ein bloßes Leiden, ein Leiden unter Druck von Äußerlichkeiten, sie kommt auf keinen Fall als Handlung von innen. Durch einen, wenn man so will, unschuldigen Mißbrauch der Sprache, ein Spiel mit Worten, wie wenn Kinder Soldaten aufstellen, kommen in der Sprache der Unmittelbarkeit solche Worte vor wie das Selbst, Verzweiflung.

Der *Unmittelbare* [insofern es Unmittelbarkeit in der Wirklichkeit ganz ohne jede Reflexion geben kann] ist nur seelisch bestimmt, sein Selbst und er selbst, ein Etwas innerhalb von Zeitlichkeit und Weltlichkeit, im unmittelbaren Zusammenhang mit den anderen [τὸ ἕτερον], und hat nur eine illusorische Vorstellung davon, daß etwas Ewiges in ihm liegt. So hängt das Selbst unmittelbar mit dem anderen zusammen, wünschend, begehrend, genießend und so weiter, aber leidend; sogar begehrend ist dieses Selbst ein Dativ wie das »mir« des Kindes. Seine Dialektik ist: das Behagliche und das Unbehagliche; sein Begriff: Glück, Unglück, Schicksal.

Nun *begegnet* ihm da etwas, es *stößt* diesem unmittelbaren Selbst etwas *zu* [stoßen – zu], was es zur Verzweiflung bringt; auf andere Weise kann es hier nicht geschehen, da das Selbst keine Reflexion in sich hat, muß das, was es zur Verzweiflung bringt, von außen kommen, und die Verzweiflung ist ein bloßes Erleiden. Das, worin der Unmittelbare sein Leben hat, oder, soweit er doch eine, ein klein wenig, Reflexion in sich hat, der Teil davon, woran er besonders hängt, wird ihm »durch einen Schicksalsschlag« geraubt, kurz, er wird, wie er es nennt, unglücklich, das heißt, die Unmittelbarkeit in ihm bekommt einen solchen Knacks, daß er sich selbst nicht reproduzieren kann, er verzweifelt. Oder, was man in der Wirklichkeit doch wohl seltener sieht, aber dialektisch sehr wohl seine Ordnung hat, diese Verzweiflung der Unmittelbarkeit tritt bei dem ein, was die Unmittelbarkeit ein allzu großes Glück nennt; die Unmittelbarkeit ist nämlich als solche etwas ungeheuer Zerbrechliches, und jedes quid nimis, das von ihr Reflexion fordert, bringt sie zur Verzweiflung.

Er verzweifelt also, das will besagen, durch eine absonderliche Verkehrung und in vollkommener Mystifikation, sich selbst betreffend, nennt er das verzweifeln. Verzweifeln aber heißt das Ewige verlieren – und von diesem Verlust spricht er ja nicht, er träumt nicht mal davon. Das Irdische zu verlieren ist nicht zum Verzweifeln, und doch ist es das, wovon er spricht, und er nennt es verzweifeln. Was er sagt, ist in gewissem Sinne wahr, nur nicht insofern wahr, wie er es versteht; er ist umgekehrt gestellt, und was er sagt, muß umgekehrt verstanden werden: er steht und zeigt auch das, was nicht zum Verzweifeln ist, erklärend, daß er verzweifelt sei, und inzwischen ereignet sich ganz richtig die Verzweiflung hinter ihm, ihm unbewußt. Es ist, wie wenn einer da stände und den Rücken zum Rats- und Gerichtsgebäude gewandt, geradeaus zeigend sagte: dort liegt das Rats- und Gerichtshaus; der Mensch hat recht, es liegt da – wenn er sich umwendet. Er ist nicht verzweifelt, das ist nicht wahr, und doch hat er recht, wenn er es behauptet. Aber er nennt sich verzweifelt, er beträgt sich selbst wie tot, wie ein Schatten seiner selbst. Tot ist er doch nicht; es ist, wenn man so will, noch *Leben* in der Person. Wenn sich so plötzlich alles verändern würde, all das Äußerliche, und der Wunsch erfüllt würde, so würde wieder Leben in ihn kommen, so würde sich die Unmittelbarkeit wieder erheben, und er begänne von neuem zu leben. Aber dies ist die einzige Art, wie die Unmittelbarkeit zu streiten weiß, das einzige, was sie weiß: verzweifeln und untergehen – und doch weiß sie am allerwenigsten, was Verzweiflung ist. Sie verzweifelt und sinkt um, und dann liegt sie ganz still wie tot, ein Kunststück gleich dem, »wie tot daliegen«; es ist mit der Unmittelbarkeit wie mit gewissen niederen Tierarten, die keine anderen Waffen oder Verteidigungsmittel haben als ganz still zu liegen und so zu tun, als seien sie tot.

Unterdessen geht die Zeit hin. Kommt dann Hilfe im Äußeren, so kommt auch wieder Leben in den Verzweifelten; er fängt an, wo er aufhörte, ein Selbst war er nicht, und ein Selbst ist er nicht geworden; aber er lebt nun weiter dahin, nur unmittelbar bestimmt. Kommt die Hilfe von außen nicht, so geschieht in Wirklichkeit oft etwas anderes. Es kommt dann doch wieder Leben in die Person, aber »er selbst wird er nie mehr«, sagt er. Er gewinnt nun ein bißchen Sinn fürs Leben, lernt andere Menschen nachmachen, wie sie es anstellen, zu leben – und so lebt er nun auch. In der Christenheit ist er zugleich

Christ, geht jeden Sonntag in die Kirche, hört und versteht den Pfarrer, ja, sie verstehen einander; er stirbt; der Pfarrer führt ihn für zehn Reichstaler in die Ewigkeit ein – aber ein Selbst war er nicht, ein Selbst wurde er nicht.

Diese Form von Verzweiflung ist: daß der Mensch verzweifelt nicht er selbst sein will, oder noch niedriger: verzweifelt nicht ein Selbst sein will, oder am allerniedrigsten: verzweifelt ein anderer als er selbst sein will, sich ein neues Selbst wünscht. Der Unmittelbare hat eigentlich kein Selbst, er kennt sich selbst nicht, kann sich also auch nicht selbst wiedererkennen, dafür endet er gern im Abenteuerlichen. Während der Unmittelbare verzweifelt, hat er nicht einmal Selbst genug, um wünschen oder träumen zu können, daß er doch das geworden wäre, was er nicht wurde. Der Unmittelbare hilft sich so auf eine andere Weise, er wünscht ein anderer zu sein. Davon wird man sich leicht überzeugen, wenn man unmittelbare Menschen beobachtet; im Augenblick der Verzweiflung liegt ihnen kein Wunsch so nah wie der, ein anderer geworden zu sein oder ein anderer zu werden. Aber in jedem Falle kann man es niemals sein lassen, über einen solchen Verzweifelten zu lächeln, der menschlich gesprochen, wenn auch verzweifelt, so sehr unschuldig ist. Meist ist ein derartig Verzweifelter unendlich komisch. Man denke sich ein Selbst [und nächst Gott ist nichts so ewig wie ein Selbst], und dann kommt so ein Selbst auf den Einfall, ob es sich nicht machen ließe, daß es ein anderes würde – als es selbst. Und doch liebt ein solcher Verzweifelter, dessen einziger Wunsch diese von allen wahnsinnigen Verwandlungen wahnsinnigste ist, er liebt die Einbildung, daß das Changement ebenso leicht vor sich gehen könnte wie das Wechseln eines Kleides. Denn der Unmittelbare kennt sich selbst nicht, er kennt ganz buchstäblich nur sich selbst am Kleid, er erkennt [und hier ist wieder die unendliche Komik] ein Selbst zu haben an der

Äußerlichkeit. Es gibt nicht leicht eine lächerlichere Verwechslung; denn ein Selbst ist gerade unendlich verschieden von der Äußerlichkeit. Da nun die ganze Äußerlichkeit für den Unmittelbaren verändert wird, und er verzweifelte, so geht er einen Schritt weiter; er denkt etwa so, es bleibe sein Wunsch: wie wenn ich ein anderer würde, mir ein neues Selbst zulegte. Ja, wenn er ein anderer würde – ob er dann sich selbst wiederkennen würde? Man erzählt von einem Bauern, der barfuß zur Hauptstadt gekommen war und der dort so viel Geld bekommen hatte, daß er sich ein Paar Strümpfe und Schuhe kaufen konnte und doch soviel übrig behielt, daß er sich betrinken konnte – man erzählt, daß er, als er betrunken nach Hause gehen wollte, mitten auf der Landstraße liegenblieb und einschlief. Da kam ein Wagen gefahren, und der Kutscher rief ihn an, daß er sich beiseite machen sollte, sonst würde er ihm über die Beine fahren. Der betrunkene Bauer wachte auf, sah auf seine Beine, und da er sie wegen der Strümpfe und Schuhe nicht erkannte, sagte er: »Fahr nur zu, das sind nicht meine Beine«. So mit dem Unmittelbaren, wenn er verzweifelt, es ist wahrhaft unmöglich, ihn ohne komische Züge darzustellen, es ist, wie ich selbst bekennen muß, schon eine Art Kunststück, in diesem Jargon von einem Selbst und von der Verzweiflung zu reden.

Wenn man von der Unmittelbarkeit annimmt, daß sie eine Reflexion in sich habe, wird die Verzweiflung etwas modifiziert; es entsteht etwas mehr Bewußtsein vom Selbst, und dadurch wiederum davon, was Verzweiflung ist, und davon, daß der Zustand eines solchen Menschen Verzweiflung ist; darin liegt etwas Richtiges, daß ein solcher Mensch davon redet, verzweifelt zu sein: aber die Verzweiflung ist wesentlich die der Schwachheit, ein Leiden; ihre Form, daß er verzweifelt nicht er selbst sein will.

Der Fortschritt im Vergleich zur reinen Unmittelbarkeit

zeigt sich sofort darin, daß die Verzweiflung nicht immer durch einen Anlaß zustandekommt, dadurch daß jemand etwas zustößt, sondern durch dieselbe Reflexion in sich veranlaßt werden kann, so daß die Verzweiflung, wenn dem so ist, nicht ein bloßes Leiden und Erliegen unter äußeren Umständen ist, sondern bis zu einem gewissen Grade Selbsttätigkeit, Handlung. Hier ist ja ein gewisser Grad von Reflexion in sich, also ein gewisser Grad von Besinnung auf sein Selbst gegeben; mit diesem gewissen Grad von Reflexion in sich beginnt der Absonderungsakt, worin das Selbst auf sich selbst aufmerksam wird, als wesentlich von der Umwelt und der Äußerlichkeit und ihren Einflüssen verschieden. Das geschieht aber nur bis zu einem gewissen Grad. Indem nun das Selbst mit einem gewissen Grad von Reflexion in sich das Selbst übernehmen will, stößt es vielleicht auf die eine oder andere Schwierigkeit in der Zusammensetzung des Selbst, in der Notwendigkeit des Selbst. Denn wie kein menschlicher Leib vollkommen ist, so auch kein Selbst. Diese Schwierigkeit, wie immer sie sein mag, läßt es zurückschrecken. Oder aber es begegnet ihm etwas, das mit der Unmittelbarkeit in ihm tiefer bricht, als es durch Reflexion in sich geschehen konnte, oder seine Phantasie entdeckt eine Möglichkeit, die, wenn sie einträte, dann den Bruch mit der Unmittelbarkeit bedeuten würde.

So verzweifelt er. Seine Verzweiflung ist die der Schwachheit, ein Leiden des Selbst, im Gegensatz zur Verzweiflung der Selbstbehauptung; aber mit Hilfe der relativen Reflexion in sich, die er hat, versucht er, darin wieder verschieden vom rein Unmittelbaren, sein Selbst zu verteidigen. Er versteht, daß es doch eine Umstellung ist, das Selbst aufzugeben; er wird also nicht apoplektisch vom Schlage gerührt wie der Unmittelbare; er versteht mit Hilfe der Reflexion, daß es viel ist, was er verlieren kann, ohne das Selbst zu verlieren; er macht Zugeständnisse, er ist dazu bereit, und warum? weil er bis zu einem gewissen Grade sein Selbst von der Äußerlichkeit abgesondert hat, weil er eine dunkle Vorstellung davon hat, daß wohl im Selbst noch etwas Ewiges sein muß. Aber so kämpft er vergebens; die Schwierigkeit, auf die er gestoßen, fordert einen Bruch mit der ganzen Unmittelbarkeit und dazu fehlt ihm die Selbstreflexion oder die ethische Reflexion; er hat kein Bewußtsein von einem Selbst, das durch die unendliche Abstraktion von allem Äußeren gewonnen wird, dieses, im Gegensatz zum eingekleideten der Unmittelbarkeit, nackte, abstrakte Selbst, ist die erste Form des unendlichen Selbst und das Vorantreibende in dem ganzen Prozeß, wodurch ein Selbst unendlich sein wirkliches Selbst mit dessen Schwierigkeiten und Vorzügen übernimmt.

Also, er verzweifelt, und seine Verzweiflung ist: nicht er selbst sein zu wollen. Dagegen fällt ihm wahrlich das Lächerliche nicht ein, ein anderer sein zu wollen; er unterhält ein Verhältnis zu seinem Selbst, soweit die Reflexion ihn an das Selbst geknüpft hat. Es ergeht ihm dann im Verhältnis zum Selbst, wie es einem Manne ergehen kann, im Verhältnis zu seiner Wohnung [das Komische ist, daß das Selbst freilich zu sich selbst nicht in einem so unverbindlichen Verhältnis steht wie ein Mann zu seiner Wohnung], daß sie ihm zuwider wird, weil sie voller Rauch ist, oder gleichgültig aus irgendeinem Grunde; er verläßt sie dann, aber er zieht nicht aus, er mietet keine neue Wohnung, er betrachtet die alte als seine Wohnung; er wartet darauf, daß der Rauch wieder abzieht. So mit dem Verzweifelten. Solange die Widrigkeit weiter besteht, wagt er, wie es mit trefflicher Prägnanz heißt, nicht zu sich selbst zu kommen, will er nicht er selbst sein; aber das geht wohl vorüber, es verändert sich vielleicht, die dunkle Möglichkeit wird wohl vergessen. Bis dahin kommt er dafür nur gelegentlich zu sich selbst auf Besuch, um nachzusehen, ob die Veränderung nicht eingetreten ist. Und so bald sie eingetreten ist, kehrt er wieder heim, »ist wieder er selbst«, so sagt er, doch will das nur heißen, er beginnt, wo er aufhörte, er war also bis zu einem gewissen Grade ein Selbst, und zu mehr reichte es auch nicht.

Wenn aber keine Veränderung eintritt, dann hilft er sich auf eine andere Weise. Er schwenkt völlig von der Richtung nach innen ab, auf welchem Wege er vorwärts hätte streben sollen, um in Wahrheit ein Selbst zu werden. Die ganze Frage um das Selbst im tieferen Sinne wird zu einer Art blinder Tür im Hintergrunde seiner Seele, hinter der gar nichts ist. Er übernimmt, was er in seiner Sprache sein Selbst nennt, das besagt, was ihm an Fähigkeiten, Talenten und so weiter gegeben sein mag, all das übernimmt er jedoch in Richtung nach außen, auf das Leben zu, wie es heißt, das wirkliche, das tätige Leben; er umgeht sehr vorsichtig das bißchen Reflexion in sich, das er in sich hat, er fürchtet, daß es von neuem hervorkommen könnte aus dem Hintergrunde. So wird es ihm nach und nach glücken, es zu vergessen; im Verlauf der Jahre findet er es so beinahe lächerlich, besonders wenn er in guter Gesellschaft mit anderen tüchtigen und tätigen Männern ist, die Verständnis und Tüchtigkeit für das wirkliche Leben haben. Charmant! Er ist nun, wie es in einem Roman steht, seit mehreren Jahren schon glücklich verheiratet, ein tatkräftiger und unternehmender Mann, Vater und Bürger, vielleicht sogar ein großer Mann; daheim in seinem Hause nennt ihn die Dienerschaft »Er selbst«; in der Stadt gehört er zu den Honoratioren; sein Auftreten erfolgt mit Persönlichkeitsansehen oder mit Ansehen der Person, er wird nach Ansicht aller als Persönlichkeit beurteilt. In der Christenheit ist er Christ [ganz im gleichen Sinne wie er unter Heiden ein Heide sein würde und in Holland Holländer], einer von den gebildeten Christen. Die Frage nach der Unsterblichkeit hat ihn öfter beschäftigt, und mehr als einmal hat er den Geistlichen gefragt, ob es eine solche Unsterblichkeit wirklich gäbe, ob man wirklich sich selbst wiedererkennen würde; was ja auch ein ganz besonderes Interesse für ihn haben muß, da er kein Selbst hat.

Es ist unmöglich, diese Art Verzweiflung ohne einen gewissen Zusatz von Satire echt darzustellen. Das Komische ist, daß er davon reden will, verzweifelt gewesen zu sein; das Furchtbare ist, daß sein Zustand, nachdem er, wie er meint, die Verzweiflung überwunden hat, gerade Verzweiflung ist. Es ist unendlich komisch, daß der in der Welt so sehr gepriesenen Lebensklugheit, daß all dem Satanszeug von guten Ratschlägen und klugen Wendungen und Zeitansichten und Hinnehmen und Wiedervergessen des eigenen Schicksals, ideell verstanden, eine vollkommene Dummheit zugrunde liegt, wo die Gefahr eigentlich ist und worin die Gefahr eigentlich besteht. Aber diese ethische Dummheit ist wiederum das Furchtbare.

Verzweiflung über das Irdische oder über etwas Irdisches ist die allgemeinste Art von Verzweiflung, und namentlich unter der zweiten Form, als Unmittelbarkeit, mit einer quantitativen Reflexion in sich. Je mehr die Reflexion durchreflektiert ist, desto seltener erscheint sie, kommt sie in der Welt vor. Aber das beweist, daß die meisten Menschen auch nicht besonders tief in das Verzweifeln hineingekommen sind, dagegen keineswegs, daß sie nicht verzweifelt sind. Es gibt sehr wenige Menschen, die auch nur einigermaßen unter der Bestimmung Geist leben; ja, es gibt auch nicht viele, die dieses Leben nur versuchen, und von denen, die es tun, springen die meisten bald wieder ab. Sie haben nicht gelernt, zu fürchten, nicht gelernt, zu sollen, gleichgültig, unendlich gleichgültig allem gegenüber, was da so im übrigen geschieht. Darum können sie nicht aushalten, was ihnen schon selbst als ein Widerspruch vorkommt, der dann in der Reflexion der Umwelt sich viel, viel greller zeigt, daß um seine Seele besorgt zu sein und Geist sein zu wollen, in der Welt wie Zeitvergeudung aussieht, ja, wie unverantwortliche Zeitvergeudung, die womöglich durch bürgerliche Gesetze bestraft werden müßte, in jedem Falle mit Verachtung und Spott als eine Art Verrat am Menschen bestraft werden müßte, als trotzige Verrücktheit, die irrsinnig die Zeit mit nichts ausfüllt. So gibt es einen Augenblick in ihrem Leben, ach, dies ist ihre beste Zeit, wo sie doch damit beginnen, die Richtung nach innen einzuschlagen. Sie kommen so zu den ersten Schwierigkeiten, sie schwenken dann ab; es ist ihnen, als führte dieser Weg in eine trostlose Wüste – »und rings umher liegt schöne grüne Weide«. Dahin streben sie dann und vergessen bald jene ihre beste Zeit, ach, und vergessen sie, als wäre sie eine Kinderei. Sie sind zugleich Christen – von den Geistlichen in ihrer Seligkeits-Angelegenheit beruhigt. Wie gesagt, diese Verzweiflung ist die allgemeinste, sie ist so allgemein, daß man sich nur von hieraus die in Handel und Wandel ziemlich allgemein verbreitete Meinung erklären kann, daß Verzweiflung etwas wäre, was zur Jugend gehört, was nur in jungen Jahren vorkommt, aber was man nicht beim gesetzten Manne findet, der in die Jahre und das Alter gekommen ist. Das ist ein verzweifelter Irrtum, oder richtiger ein verzweifeltes Fehlgreifen, das übersieht – ja, und was noch schlimmer ist, das übersieht, daß das, was man übersieht, doch beinahe das Beste ist, was sich über den Menschen sagen läßt, weil das viel Schlimmere häufiger geschieht –, daß es die meisten Menschen, wesentlich betrachtet, eigentlich in ihrem ganzen Leben nicht weiter bringen, als was sie in Kindheit und Jugend schon waren: Unmittelbarkeit, mit Zusatz von einer kleinen Dosis Reflexion in sich. – Nein, Verzweiflung ist wirklich nicht etwas, das nur bei Jünglingen vorkommt, etwas, dem man ohne weiteres entwächst – »wie man der Illusion entwächst«. Aber dies geschieht ja auch nicht, ob man auch töricht genug ist, es zu meinen. Im Gegenteil, man kann oft genug Männern und Frauen und Greisen begegnen, die kindische Illusionen haben wie irgendein Jüngling. Aber man übersieht, daß Illusion wesentlich zwei Formen hat: Hoffnung und Erinnerung. Die Jugend hat die Illusion der Hoffnung, das Alter die der Erinnerung; aber gerade weil man in Illusion ist, hat man auch die ganz einseitige Vorstellung von Illusion, daß sie nur die der Hoffnung ist. Und es versteht sich, daß der Ältere nicht von der Illusion der Hoffnung geplagt wird, aber dagegen wohl unter anderem von diesem schnurrigen: von einem vermeintlich höheren Standpunkt ohne Illusion auf die Illusion der Jugend herabzusehen. Der junge Mensch ist in Illusion, er erhofft das Außerordentliche vom Leben und von sich selbst; hingegen findet man oft bei dem Älteren Illusion in der Hinsicht, wie er sich seiner Jugend erinnert. Eine ältere Frau, die nun vermeintlich alle Illusion aufgegeben hat, findet man oft, wie irgendein junges Mädchen, phantastisch in Illusion mit Hinsicht darauf, wie sie sich ihrer selbst als junges Mädchen erinnert, wie glücklich sie einmal war, wie schön und so weiter. Dies fuimus, das man so oft von Älteren hört, ist vollends eine ebenso große Illusion wie die futurische der Jugend; sie lügen oder dichten beide.

Aber ganz anders verzweifelt ist der Irrtum, daß Verzweiflung nur der Jugend angehöre. Es ist überhaupt eine große Torheit, und ist gerade Unverstand demgegenüber, was Geist ist, dazu eine Verkennung dessen, daß der Mensch Geist ist, nicht nur Tier-Geschöpf, zu meinen, daß man so leicht zu Glauben und Weisheit gelangen könnte wie zu dem, was man wirklich so ohne weiteres mit den Jahren bekommt, Zähne, einen Bart und so weiter. Nein, wozu ein Mensch auch so ohne weiteres kommen mag, und was da auch so ohne weiteres kommt: eines bestimmt nicht, Glauben und Weisheit. Aber die Sache ist diese, mit den Jahren kommt der Mensch, geistig verstanden, nicht ohne weiteres zu etwas, diese Kategorie ist gerade der ärgste Gegensatz zum Geist; dagegen geschieht es sehr leicht, ohne weiteres mit den Jahren etwas zu verlassen. Und mit den Jahren verliert man vielleicht das bißchen Leidenschaft, Gefühl, Phantasie, das bißchen Innerlichkeit, das man hatte, und geht ohne weiteres [denn so etwas geht ohne weiteres] hin unter der Bestimmung der Trivialität vom Verständnis des Lebens. Diesen – verbesserten Zustand, der freilich mit den Jahren gekommen ist, hält der Mensch nun verzweifelt für ein Gut, er überzeugt sich leicht davon [und in einem gewissen satirischen Sinne ist nichts sicherer], daß es ihm nun niemals einfallen könne zu verzweifeln – nein, er hat sich gesichert, er ist verzweifelt, geistlos verzweifelt. Denn warum wohl liebte Sokrates die Jünglinge, wenn nicht, weil er den Menschen kannte!

Und geschieht es nicht so, daß ein Mensch mit den Jahren in die trivialste Art Verzweiflung versinkt, so folgt daraus doch wohl keineswegs, daß Verzweiflung nur der Jugend eigen sein sollte. Entwickelt sich ein Mensch wirklich mit den Jahren, reift er zu einem wesentlichen Bewußtsein vom Selbst, so kann er vielleicht in einer höheren Form verzweifeln. Und entwickelt er sich nicht wesentlich mit den Jahren, während er doch auch nicht rein in Trivialität versinkt, so besagt das, daß er eigentlich ein junger Mensch bleibt, ein Jüngling, obwohl er Mann, Vater und Grauhaar geworden, also doch etwas vom Guten im Jüngling bewahrte, so wird er ja doch wie ein Jüngling, der Verzweiflung ausgesetzt sein, über das Irdische oder über etwas Irdisches.

Ein Unterschied kann dennoch wohl zwischen der Verzweiflung eines solchen Erwachsenen und eines Jünglings bestehen, aber kein wesentlicher, sondern ein rein zufälliger. Der Jüngling verzweifelt über das Zukünftige, wie ein Praesens in futuro; das ist etwas Zukünftiges, das er nicht übernehmen will, mit dem er nicht er selbst sein will. Der Ältere verzweifelt über das Vergangene als einem

Praesens in praeterito, das mehr und mehr nicht vergangen sein will – denn so verzweifelt ist er doch nicht, daß es ihm gelänge, es ganz zu vergessen. Das Vergangene ist vielleicht sogar etwas, was eigentlich die Reue hätte auslösen sollen. Soll aber die Reue eintreten, so muß er erst gründlich verzweifeln, auszweifeln, so müßte das Geist-Leben von Grund auf durchbrechen. Aber verzweifelt wie er ist, wagt er nicht es zu einer solchen Entscheidung kommen zu lassen. Er bleibt dann stehen, die Zeit geht hin – je weniger ihm das gelingt, um so mehr verzweifelt er, es mit Hilfe des Vergessens zu heilen, so daß er statt ein Reuiger zu sein, sein eigener Hehler wird. Aber wesentlich wird die Verzweiflung eines solchen Jünglings und eines solchen Erwachsenen dieselbe sein, es kommt nicht zu irgendeiner Metamorphose, in der das Bewußtsein vom Ewigen im Selbst durchbricht, so daß der Kampf beginnen könnte, der die Verzweiflung entweder zu einer noch höheren Form potenzierte oder zum Glauben führte. Aber besteht da nicht doch ein wesentlicher Unterschied zwischen den beiden bisher als identisch gebrauchten Ausdrücken: über das Irdische verzweifeln [die Totalitäts-Bestimmung] und über etwas Irdisches verzweifeln [das Einzelne]? Ja, das stimmt. Wenn das Selbst mit unendlicher Leidenschaft in Phantasie über etwas Irdisches verzweifelt, macht die unendliche Leidenschaft dieses Einzelne, dies Etwas zum Irdischen in toto, das heißt die Totalitäts-Bestimmung liegt in und gehört zu dem Verzweifelnden. Das Irdische und Zeitliche als solches ist gerade das, was auseinanderfällt, in Etwas, in das Einzelne. Es ist unmöglich, alles Irdische wirklich zu verlieren oder dessen beraubt zu werden, denn die Totalitätsbestimmung ist eine Gedankenbestimmung. Das Selbst erhöht also erst den wirklichen Verlust unendlich, und so verzweifelt es über das Irdische in toto. Aber sobald dieser Unterschied [zwischen dem Verzweifeln über das Irdische und über etwas Irdisches] wesentlich geltend gemacht werden soll, so ist auch ein wesentlicher Fortschritt im Bewußtsein vom Selbst gemacht. Diese Formel über das Irdische zu verzweifeln, ist ein dialektisch erster Ausdruck für die nächste Form der Verzweiflung.

2

Verzweiflung am Ewigen oder über sich selbst

Verzweiflung über das Irdische oder über etwas Irdisches ist ja eigentlich auch Verzweiflung am Ewigen und über sich selbst, insofern sie Verzweiflung ist, denn das ist ja die Formel für alle Verzweiflung.*]

*] Und darum ist es sprachlich richtig zu sagen: *über* das Irdische zu verzweifeln [der Anlaß], *am* Ewigen, aber *über* sich selbst, weil dies wieder ein anderer Ausdruck für den Anlaß der Verzweiflung ist, die dem Begriffe nach allzeit *am* Ewigen verzweifelt, während das, wor*über* verzweifelt wird, das Verschiedenste sein kann. Man verzweifelt *über* das, was einen in der Verzweiflung festsetzt: über sein Unglück, über das Irdische, über den Verlust seines Vermögens und so weiter; aber *an* dem, was, richtig verstanden, einen von der Verzweiflung befreit: am Ewigen, an seiner Erlösung, an der eigenen Kraft und so weiter. Im Verhältnis zum Selbst sagt man beides: *über* und *an* sich selbst verzweifeln, weil das Selbst doppelt dialektisch ist. Und dies ist die Dunkelheit, die da ist, namentlich in allen niederen Formen der Verzweiflung, und fast in jedem Verzweifelnden, daß er so leidenschaftlich und deutlich sieht und weiß, wor*über* er verzweifelt ist, aber es entgeht ihm, wor*an* er es ist. Die Bedingung für die Heilung ist immer dieses Sich-wenden-*an*; und rein philosophisch könnte es wohl eine spitzfindige Frage werden, ob es möglich ist, daß einer mit vollkommenem Bewußtsein darüber verzweifelt sein kann, woran er verzweifelt ist.

Aber der Verzweifelnde, wie er im Vorangegangenen dargestellt wurde, wird nicht aufmerksam darauf, was da, sozusagen, hinter ihm geschieht; er meint über etwas Irdisches zu verzweifeln und redet beständig davon, worüber er verzweifelt ist, und doch verzweifelt er am Ewigen; denn daß er dem Irdischen so großen Wert beimißt oder, weiter ausgeführt, daß er etwas Irdischem so großen Wert beimißt, oder daß er erst etwas Irdisches zu allem Irdischen macht und so dem Irdischen so großen Wert beimißt, das heißt ja gerade am Ewigen verzweifeln.

Diese Verzweiflung ist nun ein bedeutender Fortschritt. War die vorangegangene die der *Schwachheit*, so ist diese: *Verzweiflung über seine Schwachheit*, während sie doch noch innerhalb der Wesensbestimmung bleibt: Verzweiflung der Schwachheit, die verschieden von *β* [Trotz] ist. Sie bedeutet also nur eine relative Verschiedenheit. Diese ist, daß die vorangegangene Form das Bewußtsein der Schwachheit als ihr letztes Bewußtsein hat, während hier das Bewußtsein nicht dabei stehen bleibt, sondern sich zu einem neuen Bewußtsein potenziert, dem von seiner Schwachheit. Der Verzweifelnde versteht selbst, daß es Schwachheit ist, sich das Irdische so nahe gehen zu lassen, daß es Schwachheit ist zu verzweifeln. Aber statt nun richtig abzuschwenken, fort von der Verzweiflung, hin zum Glauben, vor Gott sich unter seine Schwachheit zu demütigen, vertieft er sich in der Verzweiflung und verzweifelt über seine Schwachheit. Damit kehrt sich so der ganze Gesichtspunkt um, er wird sich nun deutlicher seiner Verzweiflung bewußt, daß er am Ewigen verzweifelt; verzweifelt über sich selbst, daß er schwach genug sein konnte, dem Irdischen so große Bedeutung beizulegen, was ihm nun zum verzweifelten Ausdruck dafür wird, daß er das Ewige und sich selbst verloren hat.

Hier ist die Steigerung. Zuerst im Bewußtsein vom Selbst; denn am Ewigen kann man doch unmöglich verzweifeln, ohne eine Vorstellung vom Selbst zu haben, daß etwas Ewiges in ihm ist oder daß es etwas Ewiges in sich gehabt hat. Und soll man über sich selbst verzweifeln, muß man sich ja auch bewußt sein, ein Selbst zu haben; das ist es doch, worüber er verzweifelt, nicht über das Irdische oder etwas Irdisches, sondern über sich selbst. Außerdem ist hier ein größeres Bewußtsein davon vorhanden, was Verzweiflung ist, denn Verzweiflung ist ganz richtig das Ewige und sich selbst verloren zu haben. Selbstverständlich gibt es hier ein größeres Bewußtsein davon, daß der Zustand eines Menschen Verzweiflung ist. Weiter ist hier Verzweiflung nicht nur ein Leiden, sondern ein Handeln. Denn wenn das Irdische vom Selbst genommen wird und es verzweifelt, so ist es, als käme die Verzweiflung von außen, obwohl sie doch immer vom Selbst kommt; aber wenn das Selbst über diese seine Verzweiflung verzweifelt, so kommt diese neue Verzweiflung vom Selbst, indirekt-direkt vom Selbst, als Gegendruck [Reaktion], darin unterschieden vom Trotz, der direkt vom Selbst kommt. Schließlich ist hier auch, wenn auch in einem anderen Sinne, noch ein Fortschritt. Denn gerade weil diese Verzweiflung intensiver ist, ist sie in einem gewissen Sinne der Heilung näher. Eine solche Verzweiflung wird schwerlich vergessen, sie ist zu tief; aber in jedem Augenblick, in dem die Verzweiflung offengehalten wird, besteht auch die Möglichkeit zur Heilung.

Gleichwohl ist diese Verzweiflung des Menschen doch unter die Formel zu bringen: verzweifelt nicht er selbst sein zu wollen. Wie wenn ein Vater einen Sohn enterbt, so will das Selbst sich nicht zu sich selbst bekennen, nachdem es so schwach gewesen ist. Verzweifelt kann es diese Schwachheit nicht vergessen, es haßt sich in einer Weise selbst, es will sich nicht gläubig unter seine Schwäche demütigen, um sich so selbst wiederzugewinnen, nein, es will, sozusagen, verzweifelt nichts von sich selbst hören, gleichsam nichts von sich selbst wissen. Aber, daß durch Vergessen geholfen werde, davon kann doch wohl keine Rede sein, auch nicht davon, mit Hilfe des Vergessens unter die Bestimmung Geistlosigkeit zu schlüpfen, und dann Mann und Christ sein wie andere Männer und

Christen; nein, dazu ist das Selbst zu sehr Selbst. Wie es wohl oft dem Vater erging, der den Sohn enterbte: das äußere Faktum hilft ihm nur wenig, er wird dadurch den Sohn nicht los, wenigstens in seinen Gedanken nicht; wie es so oft mit dem Fluch einer Liebenden über den Verhaßten geht [das heißt über den Geliebten]: er hilft nicht viel, er fesselt sogar noch mehr – so geht es dem verzweifelten Selbst mit sich selbst.

Diese Verzweiflung ist nun eine Qualität tiefer als die vorangegangene und gehört zu der Verzweiflung, die in der Welt seltener vorkommt. Jene Blindtür, von welcher im Vorangegangenen die Rede war, hinter der nichts war, ist hier eine wirkliche, aber sorgsam verschlossene Tür, und hinter ihr sitzt gleichsam das Selbst und paßt auf sich selbst auf, damit beschäftigt, die Zeit auszufüllen nicht es selbst sein zu wollen, und doch Selbst genug, um sich selbst zu lieben. Das nennt man *Verschlossenheit*. Und von nun an kommen wir zur Behandlung der Verschlossenheit, die gerade das Gegenteil zur Unmittelbarkeit ist, und unter anderem auch, in Richtung auf das Denken, eine große Verachtung für diese hat.

Aber ist denn ein solches Selbst in der Wirklichkeit nicht da, ist es aus der Wirklichkeit geflohen, in die Einöde, ins Kloster, ins Tollhaus; ist es nicht ein wirklicher Mensch, gekleidet wie andere, oder wie andere mit gewöhnlichem Oberkleid angetan? Ei, ja sicher, warum auch nicht! Aber über das Selbst weiht er niemand ein, keine einzige Seele, er verspürt keinen Drang dazu oder er hat gelernt, ihn zu bezwingen, hört ihn nur selbst darüber reden: »Es sind doch nur die ganz unmittelbaren Menschen – die unter der Bestimmung Geist ungefähr auf der gleichen Stufe stehen wie das Kind im ersten Abschnitt der frühen Kindheit, wo es mit einer durch und durch liebenswürdigen Unbekümmertheit alles von sich gehen läßt – nur solche völlig unmittelbaren Menschen sind es, die gar nichts bei sich behalten können.« Das ist die Art von Unmittelbarkeit, die sich oft mit großer Prätention »Wahrheit, wahr sein, ein wahrer Mensch und ganz wie man ist« nennt, was gerade ebenso wahr ist, wie es Unwahrheit ist, wenn ein Erwachsener nachgibt, der nicht gerade einen leiblichen Drang verspürt. Jedes nur ein klein bißchen reflektierte Selbst hat doch eine Vorstellung davon, das Selbst zu bezwingen. Und unser Verzweifelter ist da verschlossen genug, um jeden Unbefugten, also jeden, von diesen Angelegenheiten des Selbst fernzuhalten, während er nach außen ganz »ein wirklicher Mensch« ist. Er ist ein studierter Mann; Mann, Vater, sogar ein ungewöhnlich tüchtiger Beamter, ein respektabler Vater, angenehm im Umgang, sehr liebenswürdig zu seiner Frau, die Fürsorge selbst gegen seine Kinder. Und ein Christ? – nun ja, das ist er auch so, indessen umgeht er ganz, davon zu sprechen, obwohl er es auch gerne sieht, und mit einer gewissen wehmütigen Freude, daß seine Frau sich zur Erbauung mit dem Göttlichen beschäftigt. In die Kirche geht er sehr selten, weil es ihm vorkommt, als wüßten die meisten Pfarrer eigentlich nicht, wovon sie reden. Er macht mit einem ganz einzelnen Pfarrer eine Ausnahme, dem er zugesteht, daß er weiß, wovon er redet; aber er wünscht aus einem anderen Grunde ihn nicht zu hören, da er Furcht hat, daß ihn das zu weit führen könnte. Dagegen verspürt er nicht selten den Drang zur Einsamkeit, sie ist ihm eine Lebensnotwendigkeit, bisweilen wie das Atmen, zu anderen Zeiten wie das Schlafen. Daß er diese Lebensnotwendigkeiten mehr als die meisten Leute besitzt, ist ja auch ein Zeichen dafür, daß er von einer tieferen Natur ist. Überhaupt ist der Drang nach Einsamkeit ein Zeichen dafür, daß ja doch Geist in einem Menschen ist, und der Maßstab für das, was hier Geist ist. »Die nur geschwätzigen Un- und Mit-Menschen« verspüren in dem Grad keinen Drang zur Einsamkeit, daß sie, wie Gesellschaftsvögel, gleich sterben, wenn sie nur einen Augenblick allein sein sollen; wie das kleine Kind in Schlaf gelullt werden muß, so brauchen diese Leute das beruhigende Einlullen der Gesellschaft, um essen, trinken, schlafen, beten, sich verlieren zu können und so weiter. Aber sowohl im Altertum wie im Mittelalter war man doch aufmerksam auf diesen Drang zur Einsamkeit, hatte Respekt vor seiner Bedeutung; in der »Fortwährenden Geselligkeit« unserer Zeit schaudert man derartig vor der Einsamkeit, daß man sie [oh, treffliches Epigramm!] zu nichts anderem zu gebrauchen weiß als zur Strafe für Verbrechen. Doch ist es wahr, daß es ja in unserer Zeit ein Verbrechen ist, Geist zu haben, so ist es ja in seiner Ordnung, daß solche Leute, Liebhaber der Einsamkeit, in eine Klasse mit Verbrechern kommen.

Der eingeschlossene Verzweifelte lebt nun dahin, horis succesivis, in Stunden, die, wenn auch nicht für die Ewigkeit gelebt, doch mit der Ewigkeit etwas zu tun haben, beschäftigt mit seines Selbst Verhältnis zu sich selbst; aber er kommt eigentlich nicht weiter. Wenn es so geschehen ist, wenn der Drang zur Einsamkeit zufriedengestellt ist, dann geht er gleichsam aus – selbst wenn er hineingeht oder sich mit seiner Frau und seinen Kindern einläßt. Das, was ihn als Ehemann so zärtlich macht und als Vater so fürsorglich, ist, außer seiner natürlichen Gutmütigkeit und seinem Pflichtgefühl, das Eingeständnis seiner Schwachheit, das er sich selbst in seinem verschlossenen Innern gemacht hat.

Wäre es jemandem möglich, Mitwisser seiner Verschlossenheit zu werden, und man würde dann zu ihm sagen, das ist ja Stolz, du bist ja eigentlich stolz auf dich selbst: so würde er wohl kaum dieses Geständnis einem anderen machen. Wenn er allein mit sich selbst bliebe, würde er wohl eingestehen, daß etwas daran war; aber die Leidenschaft, mit der sein Selbst seine Schwachheit begriffen hat, würde ihm bald wieder einreden, daß es unmöglich Stolz sein könne, da er ja gerade über seine Schwachheit verzweifelte – gerade als wäre das kein Stolz, ein so ungeheures Gewicht auf die Schwachheit zu legen, gerade als wäre es kein Stolz, wenn er stolz auf sein Selbst sein möchte, so daß er dieses Bewußtsein der Schwachheit nicht aushalten könnte. – Würde man zu ihm sagen »dies ist eine sonderbare Verwicklung, eine sonderbare Art von Knoten; denn das ganze Unglück liegt eigentlich in der Weise, wie sich der Gedanke verschlingt; sonst ist es ja auch normal, es ist ja gerade der Weg, den du gehen sollst, durch die Verzweiflung am Selbst mußt du zum Selbst. Das mit der Schwachheit ist ganz richtig, aber es ist nicht das, worüber du verzweifeln sollst; das Selbst muß gebrochen werden, um es selbst zu werden, höre nur auf darüber zu verzweifeln« – würde man so zu ihm reden, so würde er es in einem leidenschaftslosen Augenblick verstehen; aber bald würde die Leidenschaft wieder falsch sehen, und so macht er die Schwenkung wieder verkehrt, in die Verzweiflung hinein.

Wie gesagt, eine solche Verzweiflung ist in der Welt seltener. Bleibt er nun nicht auf diesem Punkt stehen, bloß auf der Stelle tretend; und andererseits, geht keine Wandlung mit dem Verzweifelten vor sich, so daß er auf den richtigen Weg zum Glauben kommt: dann wird sich eine solche Verzweiflung entweder zu einer höheren Form der Verzweiflung potenzieren und fortfahren, Verschlossenheit zu sein, oder sie bricht nach außen durch und vernichtet die äußere Umkleidung, in welcher ein derart Verzweifelter wie in einem Inkognito dahin gelebt hat. Im letzteren Falle wird so ein Verzweifelter sich in das Leben hinausstürzen, vielleicht in die Zerstreuung großer Unternehmungen, er wird ein unruhiger Geist sein, dessen Dasein genügend Spuren hinterläßt, ein unruhiger Geist, der vergessen will, und da es innerlich zu stark lärmt, sind starke Mittel anzuwenden, wenn auch von anderer Art als diejenigen, die Richard III. brauchte, um die Verwünschungen der Mutter nicht zu hören. Oder er will in Sinnlichkeit Vergessen suchen, vielleicht in Ausschweifungen, er will verzweifelt zur Unmittelbarkeit zurück, aber ständig mit dem Bewußtsein von dem Selbst, das er nicht sein will. Im ersten Falle, wenn die Verzweiflung potenziert wird, wird sie zum Trotz, und es wird nun offenbar, wieviel Unwahrheit darin lag mit der Schwachheit, es wird offenbar, wie richtig es dialektisch ist, daß der erste Ausdruck für Trotz gerade Verzweiflung über seine Schwachheit ist.

Doch, laßt uns zum Schluß noch ein wenig in den Verschlossenen hineinschauen, der in der Verschlossenheit auf der Stelle tritt. Wird diese Verschlossenheit absolut bewahrt, omnibus numeris absoluta, so wird der Selbstmord zu einer Gefahr werden, die ihm am nächsten liegt. Die Menschen, wie sie zumeist sind, haben natürlich keine Ahnung davon, was so ein Verschlossener zu tragen vermag; bekämen sie es zu wissen, sie würden entsetzt sein. So aber ist der Selbstmord wieder die Gefahr für den absolut Verschlossenen. Redet er hingegen mit jemand, öffnet er sich einem einzigen Menschen, so ist er aller Wahrscheinlichkeit nach so stark abgespannt oder so weit entspannt, daß der Selbstmord nicht aus der Verschlossenheit resultiert. Eine solche Verschlossenheit mit einem Mitwisser ist einen ganzen Ton milder als die absolute. Er wird dann wahrscheinlich dem Selbstmord entgehen. Doch kann es eintreten, daß er, gerade indem er sich einem anderen geoffenbart hat, darüber verzweifelt, daß es ihm ist, als müßte es doch unendlich viel besser sein, in Verschwiegenheit ausgehalten zu haben, statt einen Mitwisser zu haben. So hat man Beispiele dafür, daß ein Verschlossener gerade zur Verzweiflung gebracht wurde dadurch, daß er einen Vertrauten hatte. So kann doch ein Selbstmord die Folge sein. Dichterisch würde die Katastrophe [poetice angenommen, daß die Person zum Beispiel König oder Kaiser wäre] auch so zustande kommen können, daß der Verzweifelte den Vertrauten töten ließe. Man könnte sich einen solch dämonischen Tyrannen denken, der den Drang verspürte, mit einem Menschen über seine Qual zu sprechen, und so sukzessive einen Haufen Menschen verbrauchte; denn sein Vertrauter zu werden, wäre der sichere Tod: sobald der Tyrann sich zu ihm ausgesprochen hätte, würde er getötet. – Es würde eine Aufgabe für einen Dichter sein, diesen qualvollen Selbstwiderspruch in einem Dämonischen darzustellen, einen Vertrauten nicht entbehren zu können und einen Vertrauten nicht haben zu können, gelöst auf diese Weise.

β] Die Verzweiflung dessen, der verzweifelt er selbst sein will, Trotz.

Wie gezeigt wurde, daß man das unter *α* Dargestellte die Verzweiflung der Weiblichkeit nennen kann, so kann man dies als Verzweiflung der Männlichkeit bezeichnen. Diese ist daher auch im Verhältnis zum Vorangegangenen: Verzweiflung gesehen unter der Bestimmung Geist. Aber so ist gerade auch Männlichkeit wesentlich der Bestimmung Geist zugehörend, während Weiblichkeit eine niedrigere Synthese ist.

Die unter *α*, 2 beschriebene Verzweiflung war die über seine Schwachheit, der Verzweifelte will nicht er selbst sein. Geht man aber dialektisch einen einzigen Schritt weiter, gelangt der so Verzweifelte zu einem Bewußtsein davon, weshalb er nicht er selbst sein will, dann schlägt es um, dann ist der Trotz da, denn so geschieht es gerade, weil er verzweifelt er selbst sein will.

Zuerst kommt die Verzweiflung über das Irdische oder über etwas Irdisches, dann die Verzweiflung am Ewigen, über sich selbst. Dann kommt der Trotz, der eigentlich Verzweiflung, nicht Hilfe des Ewigen ist, der verzweifelte Mißbrauch des Ewigen, das im Selbst ist, um verzweifelt es selbst sein zu können. Aber gerade weil er Verzweiflung vermöge des Ewigen ist, liegt er in einem gewissen

Sinne dem Wahren sehr nahe; und gerade weil er dem Wahren sehr nahe liegt, ist er unendlich weit entfernt. Die Verzweiflung, die der Durchgang auf den Glauben hin ist, ist es auch vermöge des Ewigen; vermöge des Ewigen hat das Selbst Mut, sich selbst zu verlieren, um sich selbst zu gewinnen; hier dagegen will es nicht damit beginnen, sich selbst zu verlieren, sondern will es selbst sein.

In dieser Form der Verzweiflung liegt nun die Steigerung im Bewußtsein vom Selbst, also größeres Bewußtsein von dem, was Verzweiflung ist, und davon, daß der eigene Zustand Verzweiflung ist; hier ist der Verzweifelte sich seiner eigenen Tat bewußt, sie kommt nicht von außen her, wie ein Leiden unter dem Druck von Äußerlichkeiten, sie kommt direkt vom Selbst. Und somit ist doch Trotz, im Verhältnis zur Verzweiflung über seine Schwachheit, eine neue Qualifikation. Um verzweifelt er selbst sein zu wollen, muß das Bewußtsein eines unendlichen Selbst gegeben sein. Dieses unendliche Selbst ist indessen eigentlich nur die abstrakteste Form, die abstrakteste Möglichkeit des Selbst. Und gerade dies will das Selbst verzweifelt sein, das Selbst von jedem Verhältnis zu der Macht losreißend, die es gesetzt hat, oder von der Vorstellung losreißend, daß es eine solche Macht gibt. Mit Hilfe dieser unendlichen Form will das Selbst verzweifelt über sich selbst verfügen oder sich selbst schaffen, sein Selbst zu diesem Selbst machen, das er sein will, bestimmen, was er in seinem konkreten Selbst mit haben will und was nicht. Sein konkretes Selbst oder seine Konkretion hat ja Notwendigkeit und Grenze, ist dieses ganz Bestimmte, mit diesen Gaben, Anlagen und so weiter [in der Konkretion dieser Verhältnisse und so weiter.] Aber mit Hilfe der unendlichen Form, des negativen Selbst, will er sich erst übernehmen, um das Ganze zu formen, um so ein Selbst daraus zu machen, wie er es will, hervorgebracht mit Hilfe der unendlichen Form des negativen Selbst – und so will er dann er selbst sein. Das heißt, er will etwas früher damit beginnen als andere Menschen, nicht beim und mit dem Beginnen, sondern »im Anfang«; er will sich nicht sein Selbst aneignen, nicht in dem ihm verliehenen Selbst seine Aufgabe sehen, er will es mit Hilfe der unendlichen Form selbst konstruieren.

Wollte man für diese Verzweiflung einen allgemeinen Namen haben, so könnte man sie Stoizismus nennen, doch so, daß man nicht nur an jene Sekte dächte. Und um diese Art Verzweiflung näher zu beleuchten, macht man am besten den Unterschied zwischen einem handelnden Selbst und einem leidenden Selbst und zeigt, wie das Selbst, wenn es handelnd ist, sich zu sich selbst verhält, und wie das Selbst, wenn es leidend ist, im Leiden sich zu sich selbst verhält, daß die Formel beständig ist: verzweifelt es selbst sein zu wollen.

Ist das verzweifelte Selbst ein *handelndes*, so verhält es sich eigentlich beständig nur experimentierend zu sich selbst, was es sich so auch vornimmt, ob Großes, ob Erstaunliches, mit wieviel Ausdauer auch immer. Es anerkennt keine Macht über sich, deshalb fehlt es im letzten Grund an Ernst, und kann nur einen Anschein von Ernst hervorzaubern, wenn es selbst seinen Experimenten seine allerhöchste Aufmerksamkeit schenkt. Dies ist nun ein erlogener Ernst: wie das Feuer, das Prometheus den Göttern stahl – so heißt es Gott den Gedanken stehlen, der in dem Ernst besteht, daß Gott auf einen blickt, wohingegen das verzweifelte Selbst sich damit begnügt, auf sich selbst zu sehen, womit es seinen Unternehmungen unendliches Interesse und Bedeutung schenken mag, während es sie doch gerade zu Experimenten macht. Denn wenn auch das Selbst in Verzweiflung nicht so weit geht, daß es zu einem experimentierten Gott wird: kein abgeleitetes Selbst kann doch dadurch, daß es auf sich selbst sieht, sich selbst mehr geben, als es selbst ist; es bleibt doch vom Anfang bis zum Ende das Selbst, es wird in der Selbstverdoppelung doch weder mehr noch weniger als ein Selbst. Insofern arbeitet das Selbst, in seinem verzweifelten Streben es selbst sein zu wollen, sich gerade in das Gegenteil hinein, es wird eigentlich kein Selbst. Es gibt in der ganzen Dialektik, innerhalb deren das Selbst handelt, nichts Festes: was das Selbst ist, steht in keinem Augenblick fest, das heißt ewig fest. Die negative Form des Selbst übt ebenso sehr die lösende wie die bindende Macht aus; es kann ganz willkürlich jeden Augenblick von vorn beginnen, und wie lange auch ein einziger Gedanken verfolgt wird, die ganze Handlung ist in einer Hypothese eingeschlossen. Es ist bei weitem nicht so, daß es dem Selbst mehr und mehr gelänge, es selbst zu werden, es wird bloß mehr und mehr offenbar, daß es ein hypothetisches Selbst ist. Das Selbst ist sein eigener Herr, absolut, wie es heißt, sein eigener Herr, und gerade das ist die Verzweiflung, aber auch das, was es als seine Lust, seinen Genuß ansieht. Doch überzeugt man sich bei einem näheren Zusehen leicht davon, daß dieser absolute Herrscher ein König ohne Land ist, der eigentlich über nichts regiert; sein Zustand, seine Herrschaft unterliegt der Dialektik, daß in jedem Augenblick der Aufruhr die Legitimität ist. Dies beruht nämlich zu guter Letzt willkürlich auf dem Selbst selbst.

Das verzweifelte Selbst baut also beständig nur Luftschlösser und ficht ständig nur in der Luft. Das sieht brillant aus, mit all diesen experimentierenden Tugenden; sie bezaubern einen Augenblick wie eine morgenländische Dichtung; eine solche Selbstbeherrschung, eine solche Unerschütterlichkeit, eine solche Ataraxie und so weiter grenzen beinahe ans Fabelhafte. Ja, das ist auch richtig; und im Grunde liegt auch das Ganze im Nichts. Das Selbst will verzweifelt die ganze Befriedigung davon genießen, sich zu sich selbst zu machen, sich selbst zu entwickeln, sich selbst zu sein, es will die Ehre für diese dichterische, meisterliche Anlage haben, wonach es sich selbst verstanden hat. Und doch bleibt es im letzten Grunde ein Rätsel, was es unter sich selbst versteht; gerade in dem Augenblick, wo es scheint, daß es am nächsten daran ist, den Bau fertigzustellen, kann es willkürlich das Ganze in nichts auflösen. Ist das verzweifelte Selbst ein *leidendes*, ist die Verzweiflung doch die: verzweifelt es selbst sein zu wollen. Vielleicht stößt ein derart experimentierendes Selbst, das verzweifelt es selbst sein will, während es sich vorläufig in seinem konkreten Selbst orientiert, auf die eine oder andere Schwierigkeit, auf etwas, was der Christ ein Kreuz nennen würde, einen Grundschaden, sei es nun, wie es wolle. Das negative Selbst, die unendliche Form des Selbst, will es vielleicht zuerst ganz wegwerfen, als wäre es nicht da, als wüßte es nichts von ihm zu sagen. Aber das gelingt nicht, soweit reicht seine Geschicklichkeit im Experimentieren nicht, nicht einmal seine Fertigkeit im Abstrahieren reicht soweit; prometheisch fühlt das unendliche, negative Selbst sich an dieses Servitut geschmiedet. Es ist also hierbei ein leidendes Selbst. Wie zeigt sich nun die Verzweiflung, verzweifelt es selbst sein zu wollen?

Schau, es wurde im Vorstehenden die Form der Verzweiflung dargestellt: über das Irdische oder über etwas Irdisches zu verzweifeln, und zwar so verstanden, daß es im Grunde heißt, was sich auch erwies, am Ewigen zu verzweifeln, das heißt: daß es sich nicht vom Ewigen trösten und heilen läßt, daß es das Irdische so hoch bewertet, daß das Ewige kein Trost sein kann. Aber das ist auch eine Form der Verzweiflung, nicht auf die Möglichkeit hoffen zu wollen, daß eine irdische Not, ein zeitliches Kreuz hinweggenommen werden kann. Das will nun dieser Verzweifelte, der verzweifelt er selbst sein will, nicht. Hat er sich davon überzeugt, daß dieser Pfahl im Fleische [sei es nun wirklich so oder daß seine Leidenschaft es ihm so einbilde] so tief schmerzt, daß er nicht davon abstrahieren kann[1], so will er ihn gleichsam für ewig übernehmen. Er ärgert sich somit daran, oder richtiger, er nimmt ihn zum Anlaß, sich am ganzen Dasein zu ärgern; er will dann trotzdem er selbst sein, will trotzdem nicht ohne ihn er selbst sein [das hieße ja von ihm abstrahieren, und das kann er nicht, oder es ist die Bewegung in Richtung auf die Resignation], nein, er will trotzdem oder zum Trotz gegen das ganze Dasein er selbst mit ihm sein, ihn mit ertragen, fast auf seine Qual trotzend. Denn auf die Möglichkeit von Hilfe hoffen, besonders auch in Kraft des Absurden, daß für Gott alles möglich ist, nein, das will er nicht. Und bei irgend jemand anderem Hilfe suchen, nein, das will er um alles in der Welt nicht, er will lieber, wenn es so sein sollte, mit allen Qualen der Hölle er selbst sein, als Hilfe suchen.

Und wahrscheinlich ist es doch gerade nicht so ganz wahr, wenn gesagt wird, »daß es sich von selbst versteht, daß ein Leidender sich so gerne helfen lassen wolle, wenn ihm nur jemand helfen könnte« – das ist keineswegs so, wenn auch das Gegenteil nicht immer so verzweifelt ist wie hier. Die Sache ist diese: Ein Leidender hat gerne eine oder mehrere Weisen, auf welche er wünschen könnte, daß ihm geholfen werde; wird ihm so geholfen, ja, dann wird er sich gerne helfen lassen. Aber wenn es in einem tieferen Sinne Ernst damit wird, daß geholfen werden soll, besonders dann von einem Höheren oder dem Höch-

---

[1] Man wird übrigens, um doch daran zu erinnern, hier, gerade von diesem Gesichtspunkt aus, sehen, daß vieles von dem, was in der Welt unter dem Namen der Resignation herausgeputzt wird, eine Art Verzweiflung ist, die verzweifelt, sein abstraktes Selbst sein zu wollen, verzweifelt am Ewigen genug haben will, um dadurch entweder dem Leiden im Irdischen und Zeitlichen trotzen oder es ignorieren zu können. Die Dialektik der Resignation ist eigentlich diese: sein ewiges Selbst sein zu wollen, und somit in Hinsicht auf etwas Bestimmtes, woran das Selbst leidet, nicht es selbst sein zu wollen, sich damit tröstend,

sten – dieses Demütigende, die Hilfe auf jede Weise unbedingt annehmen zu müssen, wie ein Nichts in der Hand des »Helfers« zu werden, für den alles möglich ist, oder nur sich vor einem anderen Menschen beugen zu müssen, solange man die Hilfe sucht, aufgeben zu müssen, sich selbst zu sein: oh, da gibt es gewiß viel, sogar langwieriges und qualvolles Leiden, welches das Selbst doch nicht so schmerzt, und das es daher im Grunde vorzieht, mit dem Vorbehalt, es selbst sein zu dürfen.

Aber jemehr Bewußtsein in einem solchen Leidenden ist, der verzweifelt er selbst sein will, desto mehr potenziert sich auch die Verzweiflung und wird das Dämonische. Dessen Ursprung ist gerne dieser. Ein Selbst, das verzweifelt es selbst sein will, quält sich in der einen oder anderen Peinigung, die sich nun einmal nicht wegnehmen oder von seinem konkreten Selbst trennen läßt. Gerade auf diese Qual wirft er so seine ganze Leidenschaft, die zuletzt ein dämonisches Rasen wird. Ob es nun so wäre, ob Gott im Himmel und alle Engel ihm anböten, ihm darin zu helfen, nein, nun will er nicht, nun ist es zu spät, er hätte einst gerne alles hingegeben, um diese Qual los zu werden, man ließ ihn warten, nun ist es vorbei, nun, nun will er lieber gegen alles rasen, der von aller Welt, vom Dasein Benachteiligte sein, ihm ist es gerade von Wichtigkeit, darauf zu achten, seine Qual zur Hand zu haben, daß keiner sie von ihm nimmt – denn sonst kann er ja

---

daß es doch in der Ewigkeit wegfallen muß, und sich dafür berechtigt zu halten, es in der Zeitlichkeit nicht zu übernehmen, das Selbst will, obwohl es darunter leidet, doch nicht das Zugeständnis machen, daß es mit zum Selbst gehört, das heißt, es will sich nicht gläubig darunter demütigen. Resignation als Form der Verzweiflung betrachtet, ist so wesentlich verschieden von: verzweifelt nicht er selbst sein zu wollen, denn er will verzweifelt er selbst sein, doch mit Ausnahme von einem Einzigen, in Hinsicht auf das er verzweifelt nicht er selbst sein will.

nicht beweisen und sich selbst überzeugen, daß er recht hat; das setzt sich schließlich bei ihm so fest in den Kopf, daß er sich aus einem ganz eigenen Grund vor der Ewigkeit fürchtet, daß sie ihn nämlich von seinem, dämonisch verstanden, unendlichen Vorzug vor anderen Menschen trennen könnte, von seiner Berechtigung, dämonisch verstanden, der zu sein, der er ist. – Er selbst will er sein; er begann mit der unendlichen Abstraktion vom Selbst, und nun ist er schließlich so konkret geworden, daß es eine Unmöglichkeit sein würde, in diesem Sinne ewig zu werden, und doch will er verzweifelt er selbst sein. Oh, dämonischer Wahnsinn, der am heftigsten bei dem Gedanken tobt, daß es der Ewigkeit einfallen könnte, sein Elend von ihm zu nehmen.

Diese Art Verzweiflung wird selten in der Welt gesehen, solche Gestalten kommen eigentlich nur bei den Dichtern vor, bei den echten sozusagen, die immer ihren Geschöpfen die »dämonische« Idealität verleihen, dies Wort im rein griechischen Sinne gebraucht. Indessen kommt eine solche Verzweiflung doch auch in der Wirklichkeit vor. Wie ist dann das ihr entsprechende Äußere? Ja, da gibt es kein »entsprechendes«, wie könnte es da ein entsprechendes Äußere geben, entsprechend zur Verschlossenheit ist ein Selbstwiderspruch; denn das entsprechende ist dann ja das offenbare. Aber das Äußere ist hier das völlig Gleichgültige, hier wo es die Verschlossenheit zu beachten gilt, oder was man eine Innerlichkeit nennen könnte, die übergeschnappt ist, die so überwiegt. Die niedrigsten Formen der Verzweiflung, bei denen es eigentlich keine Innerlichkeit gibt, und wo es in jedem Falle nichts darüber zu sagen gäbe, die niedrigsten Formen der Verzweiflung müßte man so darstellen, daß man das Äußere eines solchen Verzweifelten beschreibt oder etwas davon berichtet. Aber je geistiger die Verzweiflung wird, um so mehr wird die Innerlichkeit eine eigene Welt für sich in Verschlossenheit, desto gleichgültiger ist es mit dem Äußeren, unter dem sich die Verzweiflung verbirgt. Aber gerade je geistiger die Verzweiflung wird, desto mehr ist er selbst mit dämonischer Klugheit darauf bedacht, die Verzweiflung in der Verschlossenheit verschlossen zu halten, und desto aufmerksamer dafür das Äußere in Indifferenz zu setzen, es so unbedeutend und gleichgültig wie möglich zu machen. Wie der Troll in den Erzählungen des Aberglaubens durch einen Spalt verschwindet, den niemand sehen kann, so ist es mit der Verzweiflung, je geistiger sie gerade ist, desto mehr ist sie darauf bedacht, in einer Äußerlichkeit zu wohnen, hinter der es gewöhnlich keinem einfallen würde sie zu suchen. Dieses Versteckspielen ist gerade etwas Geistiges und eines der Sicherheitsmittel, um sich zu versichern, hinter der Wirklichkeit gleichsam einen *Ver*schluß zu haben, eine Welt *aus*schließlich für sich selbst, eine Welt, darin das verzweifelte Selbst rastlos und tantalisch damit beschäftigt ist, es selbst sein zu wollen.

Wir begannen [*α*, 1] mit der niedrigsten Form von Verzweiflung, in der der Mensch verzweifelt nicht er selbst sein will. Die dämonische Verzweiflung ist die potenzierteste Form von Verzweiflung, in der er verzweifelt er selbst sein will. In dieser Verzweiflung will er auch nicht in stoischer Vergaffung in sich selbst und in Selbstvergötterung er selbst sein, will nicht als der, allerdings lügnerisch, aber doch in einem gewissen Sinne nach seiner Vollkommenheit er selbst sein; nein er selbst nach seinem Elendsein; er will auch nicht im Trotz oder trotzig, aber zum Trotz er selbst sein; er will auch nicht im Trotz sein Selbst von der Macht losreißen, die es setzte, er will sich zum Trotz ihr aufdrängen, sich ihr auftrotzen, will sich aus Malice zu ihr halten – und das versteht sich, ein bosheitsvoller Einwand muß sich ja auch vor allem an das wenden, woran es sich hält, wogegen es der Einwand ist. Er meint, indem er sich gegen das ganze Dasein wendet, einen Beweis dagegen geliefert zu haben, gegen seine Güte. Dieser Beweis meint der Verzweifelte selbst zu sein, und er ist es, der er sein will, darum will er er selbst sein, er selbst in seiner Qual, um mit dieser Qual gegen das ganze Dasein zu protestieren. Während der aus Schwachheit Verzweifelte nichts davon hören will, welchen Trost die Ewigkeit für ihn hat, ebenso will ein solcher Verzweifelter nicht davon hören, aber aus einem anderen Grunde: gerade dieser Trost würde ja sein Untergang sein – als Einwand gegen das ganze Dasein. Es ist, um es bildlich zu sagen, als wenn einem Verfasser ein Schreibfehler unterliefe, und dieser würde sich als solcher bewußt – vielleicht war es doch eigentlich kein Fehler, sondern gehörte in einem viel höheren Sinne wesentlich zur ganzen Darstellung hinzu – es ist, als wenn nun dieser Schreibfehler gegen den Verfasser sich zur Auflehnung bringen wollte, aus Haß ihm verwehrte, ihn richtigzustellen, und in wahnwitzigem Trotz zu ihm sagte: »Nein – ich will nicht ausgemerzt werden, ich will als ein Zeuge gegen dich dastehen, als Zeuge dafür, daß du ein mittelmäßiger Schriftsteller bist.«

VERZWEIFLUNG IST DIE SÜNDE

A

Verzweiflung ist die Sünde

Sünde ist: *Wenn der Mensch vor Gott oder mit der Vorstellung von Gott verzweifelt nicht er selbst sein will oder verzweifelt er selbst sein will.* Sünde ist also die potenzierte Schwachheit oder der potenzierte Trotz: Sünde ist die Potenzierung der Verzweiflung. Das, worauf der Nachdruck liegt, ist: *vor Gott*, oder daß die Gottesvorstellung dabei ist; das, was dialektisch, ethisch, religiös die Sünde zu dem macht, was die Juristen »qualifizierte« Verzweiflung nennen, ist die Gottes-Vorstellung.

Obgleich in diesem Abschnitt, mindestens unter A, kein Platz oder Raum für psychologische Beschreibung ist, muß doch hier als das besondere dialektische Confinium zwischen Verzweiflung und Sünde angeführt werden, was man eine Dichterexistenz in Richtung auf das Religiöse nennen kann; eine Existenz, die mit der Verzweiflung der Resignation etwas gemeinsam hat, nur daß die Gottes-Vorstellung dabei ist. Eine solche Dichterexistenz wird, was man aus der Verbindung und Stellung der Kategorien ersieht, die eminenteste Dichterexistenz sein. Christlich betrachtet, ist [trotz aller Ästhetik] jede Dichterexistenz Sünde, die Sünde: daß man dichtet statt zu sein, daß sich jemand zum Guten und Wahren durch Phantasie verhält, anstatt das zu sein, was er ist, existentiell danach zu streben, es zu sein. Die Dichterexistenz, von der wir hier sprechen, ist darin von der Verzweiflung verschieden, daß sie die Gottesvorstellung mit sich trägt oder vor Gott ist; aber sie ist ungeheuer dialektisch, und insoweit ein undurchdringlicher dialektischer

Wirrwarr, als sie dunkel sich dessen bewußt ist, Sünde zu sein. Ein solcher Dichter kann sehr tief religiöses Verlangen haben, und die Vorstellung von Gott ist in seine Verzweiflung mit aufgenommen. Er liebt Gott über alles, Gott ist ihm einziger Trost in seiner geheimen Qual, und doch liebt er die Qual, die er nicht aufgeben will. Er will so gerne er selbst vor Gott sein, doch nicht im Hinblick auf den bestimmten Punkt, worunter das Selbst leidet, da will er verzweifelt nicht er selbst sein; er hofft darauf, daß die Ewigkeit dies wegschaffen wird, und hier in der Zeitlichkeit kann er sich, wie sehr er auch darunter leidet, nicht entschließen, es zu übernehmen, sich nicht glaubend darunter demütigen. Und doch fährt er fort, sich zu Gott zu verhalten, und dies ist seine einzige Seligkeit; es würde ihm das Schrecklichste sein, Gott entbehren zu sollen, »das würde zum Verzweifeln sein«; und doch erlaubt er sich eigentlich, aber vielleicht unbewußt, Gott ein klein bißchen anders zu dichten, als Gott ist, ein wenig mehr nach Art eines lieben Vaters, der sich allzusehr – dem einzigen Wunsche – des Kindes fügt. Wie einer, der in der Liebe unglücklich wurde und dadurch Dichter wurde, nun holdselig das Glück der Liebe besingt: so wird er Dichter der Religiosität. Er wurde in der Religiosität unglücklich, er versteht dunkel, daß von ihm gefordert wird, diese Qual aufzugeben, das heißt, gläubig sich unter sie zu demütigen und sie als zum Selbst gehörend zu übernehmen – denn er will sie von sich fernhalten, und gerade dadurch hält er sie fest, obgleich er richtig genug [weil es ja, wie bei jedem Wort eines Verzweifelten, verkehrt ist, es richtig und also umgekehrt zu verstehen] meint, daß es bedeuten soll, sich damit von ihr zu trennen, so gut wie möglich, sie aufzugeben, so gut wie es einem Menschen möglich ist. Aber gläubig sie zu übernehmen, das kann er nicht, oder, hier endet sein Selbst in Dunkelheit. Aber wie die Beschreibung der Liebe jenes Dichters, so hat diese Beschreibung des Religiösen durch den Dichter einen Zauber, einen lyrischen Schwung, wie bei keinem Ehemann und bei keinem Hochwürden. Es ist auch nicht falsch, was er sagt, keineswegs, seine Darstellung ist gerade sein glücklicheres, sein besseres Ich. Er ist im Verhältnis zum Religiösen ein unglücklicher Liebhaber, das heißt: er ist nicht im strengen Sinne ein Glaubender; er hat nur das Erste des Glaubens: die Verzweiflung, und in ihr ein brennendes Verlangen nach dem Religiösen. Seine Kollision ist eigentlich diese: ist er der Berufene, ist der Pfahl im Fleische Ausdruck dafür, daß er zum Außerordentlichen benutzt werden soll, ist es vor Gott ganz in der Ordnung mit dem Außerordentlichen, das er wurde? oder ist der Pfahl im Fleische das, worunter er sich demütigen soll, um das allgemein Menschliche zu erreichen? – Doch genug hiervon, ich kann mit dem Nachdruck der Wahrheit sagen: zu wem rede ich? Solche psychologischen Untersuchungen in n^{ter} Potenz, wer kümmert sich darum; die Nürnberger-Bilderbogen, wie der Pfarrer sie malt, kann man besser verstehen, sie gleichen allem und jedem, täuschend, dem Volk, wie es zumeist ist, und, geistig verstanden, niemandem.

KAPITEL I

Die Stufen im Bewußtsein vom Selbst
[Die Bestimmung: vor Gott]

Im vorangegangenen Abschnitt wurde beständig eine Steigerung im Selbstbewußtsein nachgewiesen; zuerst kam die Unwissenheit darüber, ein ewiges Selbst zu haben [C, B, a], dann ein Wissen davon, ein Selbst zu haben, worin doch etwas Ewiges liegt [C, B, b], und innerhalb desselben [α, 1, 2, β] wurden wieder Steigerungen aufgewiesen. Diese ganze Betrachtung muß nun dialektisch eine neue Wendung bekommen. Die Sache verhält sich so. Die Stufe des Selbstbewußtseins, mit der wir uns beschäftigt haben, ist in der Bestimmung gegeben: das menschliche Selbst oder das Selbst, dessen Maßstab der Mensch ist. Aber eine neue Qualität und Qualifikation erhält das Selbst dadurch, daß es das Selbst Gott gegenüber ist. Dieses Selbst ist nicht mehr das bloß menschliche Selbst, sondern ist, was ich, in der Hoffnung nicht mißverstanden zu werden, das theologische Selbst nennen möchte, das Selbst Gott gegenüber. Und welche unendliche Realität bekommt das Selbst nicht dadurch, daß es sich bewußt wird, vor Gott da zu sein, wodurch es ein menschliches Selbst wird, dessen Maßstab Gott ist! Ein Hirte, der [wenn es möglich wäre] ein Selbst den Kühen gegenüber ist, ist ein sehr niedriges Selbst; ein Herrscher, der Sklaven gegenüber Selbst ist, desgleichen, und eigentlich kein Selbst – denn in beiden Fällen fehlt der Maßstab. Das Kind, das bisher bloß die Eltern zum Maßstab hatte, wird Selbst, indem es als Mann den Staat zum Maßstab bekommt; aber welcher unendliche Akzent fällt auf das Selbst dadurch, daß Gott zum Maßstab wird! Der Maßstab für das Selbst ist allzeit: was das ist, demgegenüber es Selbst ist, aber das ist ja wieder die Definition davon, was »Maßstab« ist. Wie man nur gleichartige Größen addieren kann, so ist ein jedes Ding qualitativ das, womit es gemessen wird; und das, was qualitativ sein Maßstab ist, ist ethisch sein Ziel; und der Maßstab und das Ziel sind qualitativ das, was etwas ist, außer im Verhältnis zur Welt der Freiheit, wo einer, wenn er qualitativ nicht das ist, was sein Ziel und Maßstab ist, diese Disqualifikation selbst verschuldet haben muß, doch Ziel und Maßstab bleiben so – verurteilend bleiben sie dasselbe, wodurch offenbar gemacht wird, was es ist, was der Mensch nicht ist, das nämlich, was sein Ziel und Maßstab ist.

Es war ein sehr richtiger Gedanke, auf den eine ältere Dogmatik so oft zurückkam, während eine spätere Dogmatik sich so oft darüber aufhielt, weil ihr Verständnis davon und Sinn dafür fehlte – es war ein sehr richtiger Gedanke, wenn er auch zuweilen verkehrte Anwendung fand: daß das, was die Sünde zu so etwas Furchtbarem macht, darin liegt, daß sie vor Gott geschieht. Dadurch bewies man dann die Ewigkeit der Höllenstrafen. Später wurde man klug und sagte: Sünde ist Sünde; die Sünde ist nicht größer, weil sie gegen Gott oder vor Gott geschieht. Sonderbar! Selbst die Juristen sprechen von qualifizierten Verbrechen, selbst Juristen machen Unterschiede, ob ein Verbrechen zum Beispiel gegen einen Beamten oder gegen einen Privatmann verübt wurde, sie machen bei der Strafe einen Unterschied zwischen einem Vatermord und einem gewöhnlichen Mord.

Nein, darin hatte die ältere Dogmatik recht, daß die Sünde gegen Gott etwas war, was sie unendlich potenzierte. Der Fehler lag darin, daß man Gott als etwas Äußeres betrachtete, und darin, daß es war, als nähme man an, daß man nur zuweilen gegen Gott sündige. Aber Gott ist nicht etwas Äußeres in dem Sinne wie ein Polizeibeamter. Was man da beachten muß, ist, daß das Selbst die Vorstellung von Gott hat, und daß es dann doch nicht will, wie er will, also ungehorsam ist. Auch sündigt man keineswegs nur bisweilen vor Gott; denn jede Sünde ist vor Gott, oder richtiger, was eigentlich die menschliche Schuld zur Sünde macht, ist, daß der Schuldige das Bewußtsein davon besaß, vor Gott da zu sein.

Die Verzweiflung potenziert sich im Verhältnis zum Selbstbewußtsein; aber das Selbst potenziert sich im Verhältnis zum Maßstab für das Selbst, und unendlich, wenn Gott der Maßstab ist. Je mehr Vorstellung von Gott, um so mehr Selbst; je mehr Selbst, um so mehr Gottesvorstellung. Erst wenn ein Selbst, als dieses bestimmte einzelne, sich bewußt ist, vor Gott da zu sein, erst dann ist es das unendliche Selbst; und dieses Selbst sündigt so vor Gott. Darum ist die Selbstsucht des Heidentums, trotz allem was man über sie sagen kann, doch nicht annähernd so qualifiziert wie die der Christenheit, insoweit auch hier Selbstsucht vorkommt; denn der Heide hat sein Selbst nicht vor Gott. Der Heide und der natürliche Mensch haben das nur menschliche Selbst als Maßstab. Man kann daher wohl darin recht haben, unter einem höheren Gesichtspunkt das Heidentum in Sünde liegend zu sehen; aber die Sünde des Heidentums war eigentlich die verzweifelte Unwissenheit um Gott, davon, daß der Mensch vor Gott steht, das heißt »ohne Gott in der Welt sein«. Andererseits ist es dagegen wahr, daß der Heide nicht im strengsten Sinne sündigte, denn er sündigte nicht vor Gott; und alle Sünde geschieht vor Gott. Es ist ferner auch in einer Hinsicht ganz gewiß, daß es manchmal einem Heiden gelang, ganz untadelig durch die Welt zu kommen, gerade weil seine pelagianisch-leichtsinnige Vorstellung ihn rettete; aber dann ist seine Sünde eine andere: diese pelagianisch-leichtsinnige Auffassung. Wiederum ist andererseits auch ganz gewiß, daß manchmal ein Mensch da war, der gerade wegen seiner strengen Erziehung im Christentum in einem gewissen Sinne in Sünde stürzte, weil die ganze christliche Auffassung zu ernst für ihn war, besonders in einer früheren Zeit seines Lebens; aber dann ist doch in einem anderen Sinne diese tiefere Vorstellung von dem, was Sünde ist, eine Hilfe für ihn.

Sünde ist: daß der Mensch vor Gott verzweifelt nicht er selbst sein will oder daß er vor Gott verzweifelt er selbst sein will. Aber ist diese Definition, mag sie auch in anderer Hinsicht doch vielleicht ihre Vorteile haben [und darunter den wichtigsten, die einzig schriftgemäße zu sein; denn die Schrift definiert immer die Sünde als Ungehorsam], ist sie nicht zu geistig? Darauf muß zuvörderst geantwortet werden: eine Definition der Sünde kann niemals zu geistig sein [wenn sie da nicht so geistig wird, daß sie die Sünde abschafft]; denn Sünde ist gerade eine Bestimmung von Geist. Und dann: warum sollte sie denn zu geistig sein? Weil sie nicht von Mord, Diebstahl, Unzucht und dergleichen spricht? Aber spricht sie denn nicht davon? Ist das nicht auch eine Eigenwilligkeit vor Gott, ein Ungehorsam, der seinem Gebote trotzt? Aber umgekehrt, wenn man beim Reden von Sünde nur von solchen Sünden spricht, wird so leicht vergessen, daß das alles bis zu einem gewissen Grad, menschlich gesprochen, in seiner Ordnung sein kann, und doch das ganze Leben Sünde, die bekannte Art Sünde: die glänzenden Laster, Eigenmächtigkeit, die entweder geistlos oder frech bleibt oder unwissend darüber sein will, in welch unendlich tieferem Sinne ein menschliches Selbst Gott verpflichtet ist, in Gehorsam hinsichtlich seiner geheimsten Wünsche und Gedanken, hinsichtlich des Feinsinnes, um zu verstehen und der Willigkeit, jedem geringsten Winke Gottes in bezug auf das zu folgen, was sein Wille mit diesem Selbst ist. Die Sünde des Fleisches ist die Eigenmächtigkeit des niederen Selbst; aber wie oft wird nicht ein Teufel mit Hilfe des Teufels ausgetrieben, und das Letzte wird schlimmer als das Erste sein. Denn so geht es ja gerade zu in der Welt: zuerst sündigt ein Mensch aus Gebrechlichkeit und Schwachheit; und dann – ja, dann lernt er vielleicht zu Gott Zuflucht zu nehmen, und ihm wird zum Glauben verholfen, der von aller Sünde erlöst; aber davon reden wir hier nicht – dann verzweifelt er über seine Schwachheit und wird entweder ein Pharisäer, der es verzweifelt zu einer gewissen legalen Gerechtigkeit bringt, oder er stürzt sich verzweifelt wieder in die Sünde.

Die Definition umfaßt darum gewiß jede denkbare und jede wirkliche Form der Sünde; sie hebt doch gewiß richtig das Entscheidende hervor, daß Sünde Verzweiflung ist [denn Sünde ist nicht die Wildheit von Fleisch und Blut, sondern das Einverständnis des Geistes dazu], und ist: vor Gott. Als Definition ist sie Buchstabenrechnung; es würde in dieser kleinen Schrift unrecht am Platze und zudem ein Versuch sein, der mißlingen müßte, wenn ich anfangen wollte, die einzelnen Sünden zu beschreiben. Die Hauptsache ist hier nur, daß die Definition wie ein Netz alle Formen umfaßt. Und das tut sie, wie man wohl sehen kann, wenn man darauf eine Probe macht dadurch, daß der Gegensatz aufgestellt wird, auf die Definition: Glaube, auf den ich in dieser ganzen Schrift zusteuere wie auf ein sicheres Seezeichen. Glaube ist: daß das Selbst, indem es es selbst ist und indem es es selbst sein will, durchsichtig in Gott gründet.

Aber es ist oft genug übersehen worden, daß der Gegensatz zur Sünde keineswegs Tugend ist. Das ist eine ziemlich heidnische Betrachtung, die sich mit einem nur menschlichen Maßstab begnügt, der gerade nicht weiß, was Sünde ist, daß alle Sünde vor Gott ist. *Nein, der Gegensatz zur Sünde ist der Glaube*, wie es hierzu in Röm. 14, 23 heißt: Alles, was nicht aus dem Glauben kommt, ist Sünde. Und dies ist eine der für das ganze Christentum entscheidendsten Bestimmungen, daß der Gegensatz zur Sünde nicht Tugend ist, sondern Glaube.

Beilage:

Daß die Definition der Sünde die Möglichkeit des Ärgernisses in sich hat; eine allgemeine Bemerkung über das Ärgernis

Der Gegensatz: Sünde – Glaube ist der christliche, der, christlich, alle ethischen Begriffsbestimmungen umbildet, ihnen eine größere Schärfe gibt. Für den Gegensatz liegt das entscheidend Christliche zugrunde: vor Gott, welche Bestimmung wieder das entscheidende Kriterium des Christlichen enthält: das Absurde, das Paradoxe, die Möglichkeit des Ärgernisses. Und daß dies bei jeder Bestimmung des Christlichen nachgewiesen werde, ist von äußerster Wichtigkeit, weil das Ärgernis die Abschirmung des Christlichen aller Spekulation gegenüber ist. Wo liegt nun hier die Möglichkeit des Ärgernisses? Darin, daß ein Mensch die Realität haben soll: als *einzelner* Mensch vor Gott da zu sein, und daß also wieder, was daraus folgt, die Sünde des Menschen Gott beschäftigen sollte. Dies vom einzelnen Menschen – vor Gott bekommt die Spekulation niemals in den Kopf; sie verallgemeinert nur die einzelnen Menschen phantastisch im Geschlecht. Gerade darum geschah es auch, daß ein ungläubiges Christentum herausfand, Sünde sei Sünde, ob sie vor Gott geschehe oder nicht, tue nichts davon noch hinzu. Das heißt, man wollte die Bestimmung weghaben: vor Gott, und dazu erfand man eine höhere Weisheit, die jedoch, sonderbar genug, weder mehr noch weniger war als das, was die höhere Weisheit allerdings häufig ist, das alte Heidentum.

Es ist nun so oft davon geredet worden, daß man sich am Christentum ärgere, weil es so düster und dunkel sei, sich an ihm ärgere, weil es so streng sei und so weiter; da wird es doch wohl am richtigsten sein, einmal zu erklären, daß der Grund dafür, warum der Mensch sich eigentlich am Christentum ärgert, darin liegt, daß es zu hoch ist, daß sein Maß kein Maß des Menschen ist, weil es den Menschen zu etwas so Außerordentlichem machen will, daß er es in seinem Kopf nicht fassen kann. Das wird auch eine ganz simple psychologische Entwicklung davon, was das Ärgernis ist, aufklären, und zugleich zeigen, wie unendlich töricht man sich benommen hatte, als man das Christentum dadurch verteidigte, daß man das Ärgernis fortnahm, wie dumm oder frech man Christi eigene Anweisung ignoriert hatte, die so oft und bekümmert vor dem Ärgernis warnt, das heißt, selbst darauf aufmerksam macht, daß seine Möglichkeit vorhanden ist und vorhanden sein soll; denn soll sie nicht da sein, gehört sie nicht wesentlich mit zum Christlichen, dann ist es ja, menschlich, Nonsens von Christus: statt das Ärgernis wegzunehmen, bekümmert hinzugehen, um davor zu warnen.

Wenn ich mir einen armen Tagelöhner denke und den mächtigsten Kaiser, der jemals gelebt hat, und dieser mächtigste Kaiser bekäme plötzlich den Einfall, nach dem Tagelöhner auszusenden, der es sich aber nie hatte träumen lassen, und »in dessen Herz es nie gekommen ist« [1. Korr. 2, 9], daß der Kaiser wüßte, er wäre da, der sich unbeschreiblich glücklich preisen würde, wenn er den Kaiser nur einmal sehen dürfte, was er in solchem Falle dann Kindern und Kindeskindern als die wichtigste Begebenheit in seinem Leben erzählen würde – wenn nun der Kaiser einen Boten zu ihm senden und ihn wissen ließe, daß er ihn zum Schwiegersohn haben wolle: was dann? Dann würde der Tagelöhner nach menschlicher Weise etwas oder sehr verlegen werden, befangen und betroffen dadurch, es würde [und das ist das Menschliche], menschlich, ihm als etwas höchst Sonderbares vorkommen, als etwas Verrücktes, wovon er am allerwenigsten zu einem anderen Menschen reden dürfe, da er selbst schon in seinem stillen Sinn nicht weit von der Erklärung wäre, worauf Nachbar und Gegenüber sehr bald verfallen werden: daß der Kaiser ihn zum Narren halten wolle, so daß der Tagelöhner zum Gelächter für die ganze Stadt werden würde, sein Bild in die Zeitungen käme und die Geschichte von seiner Vermählung mit der Tochter des Kaisers auf dem Jahrmarkt verkauft würde. Daß er des Kaisers Schwiegersohn werden soll, müßte bald zu einer äußeren Wirklichkeit werden, damit sich der Tagelöhner auf sinnliche Weise davon überzeugen könnte, wieweit es dem Kaiser ernst damit ist, oder ob er den armen Menschen nur zum besten halten wollte, um ihn für sein ganzes Leben unglücklich zu machen, und ihm dazu verhelfe, in einem Tollhaus zu enden; denn das quid nimis ist zur Stelle, das so unendlich leicht in sein Gegenteil umschlagen kann. Eine kleine Gunstbezeugung, die würde der Tagelöhner in seinem Kopf fassen können; sie würde in der Kleinstadt verstanden werden, von dem hochgeehrten gebildeten Publikum, von allen Marktweibern, kurz von den fünf mal hunderttausend Menschen, die in jener Kleinstadt wohnen, die hinsichtlich der Einwohnerzahl ja eine recht große Stadt war, was dagegen Verständnis und Sinn für das Außerordentliche betrifft, eine sehr kleine Kleinstadt – aber das, mit dem Schwiegersohn werden, ja, das wäre viel zu viel. Angenommen, daß nicht von einer äußeren Wirklichkeit, sondern von einer inneren die Rede wäre, so daß also nicht eine Faktizität dem Tagelöhner zur Gewißheit verhelfen könnte, sondern der Glaube selbst die einzige Faktizität wäre, und also alles dem Glauben überlassen bliebe, ob er genug demütigen Mut haben könnte, es zu glauben [denn frecher Mut kann nicht zum *Glauben* verhelfen]: wie viele Tagelöhner gäbe es dann wohl, die diesen Mut hätten? Wem aber dieser Mut fehlte, der würde sich ärgern; das Außerordentliche würde eher wie ein Spott über ihn kommen. Er würde so vielleicht ehrlich und geradezu eingestehen: so etwas ist für mich zu hoch, ich kann es nicht in meinen Kopf bekommen, es ist für mich, um es gerade herauszusagen, eine Torheit.

Und nun das Christentum! Das Christentum lehrt, daß dieser einzelne Mensch, und so ein jeder einzelne Mensch, was er sonst auch ist, Mann, Weib, Dienstmagd, Minister, Kaufmann, Barbier, Studiosus und so weiter, daß dieser einzelne Mensch *vor Gott* da ist – dieser einzelne Mensch, der vielleicht stolz sein würde, einmal in seinem Leben mit dem König gesprochen zu haben, dieser Mensch, der sich nicht wenig darauf einbildet, mit dem und dem auf einem vertraulichen Fuß zu leben, dieser Mensch ist vor Gott da, kann mit Gott reden, zu welcher Zeit er will, sicher von ihm gehört zu werden, kurz, diesem Menschen wird angeboten, auf vertrautestem Fuß mit Gott zu leben! Weiter, dieses Menschen wegen, sogar für die Schuld dieses Menschen kommt Gott auf die Welt, läßt sich gebären, leidet, stirbt; und dieser leidende Gott, er bittet und fleht beinahe diesen Menschen, doch die Hilfe anzunehmen, die ihm angeboten wird! Wahrhaftig, wenn es etwas gibt, den Verstand zu verlieren, dann doch wohl dieses! Jeder, der nicht den demütigen Mut hat, daß er das zu glauben wagt, ärgert sich daran. Aber weshalb ärgert er sich? Weil es für ihn zu hoch ist, weil er es in seinem Kopf nicht fassen kann, weil er hierfür nicht die Freimütigkeit gewinnen kann, und darum muß er es weghaben, zunichte machen, in Verrücktheit und Nonsens, denn es ist, als wollte es ihn ersticken.

Denn was ist Ärgernis? Ärgernis ist unglückliche Bewunderung. Es ist darum mit Mißgunst verwandt, aber es ist eine Mißgunst, die sich gegen einen selbst wendet, in noch strengerem Sinn: am schlimmsten gegen einen selbst. Die natürliche Engherzigkeit des Menschen kann sich selbst nicht das Außerordentliche gönnen, das Gott ihm zugedacht hat; darum nimmt er Ärgernis.

Der Grad des Ärgernisses beruht nun darauf, wieviel Leidenschaft ein Mensch im Verhältnis zur Bewunderung hat. Prosaischere Menschen, ohne Phantasie und Leidenschaft, die also auch nicht recht zum Bewundern taugen, ärgern sich wohl auch; aber sie beschränken sich darauf, zu sagen: So etwas kann ich einfach nicht in meinen Kopf bekommen, ich lass' es stehen. Das sind die Skeptiker. Aber je mehr Leidenschaft und Phantasie ein Mensch hat, je näher er also in gewissem Sinne, in der Möglichkeit nämlich, daran ist, ein Glaubender werden zu können – notabene indem er sich anbetend unter das Außerordentliche demütigt – desto leidenschaftlicher das Ärgernis, wo zuletzt nur noch hilft, daß es ausgerottet, vernichtet, in den Kot getreten wird.

Will man lernen, sich auf das Ärgernis zu verstehen, so studiere man die menschliche Mißgunst, ein Studium, das ich besonders aufgebe, und ich bilde mir ein, es gründlich betrieben zu haben, Mißgunst ist versteckte Bewunderung. Ein Bewunderer, der fühlt, daß er nicht glücklich werden kann, wenn er sich hingibt, wählt es, mißgünstig demgegenüber zu werden, was er bewundert. So spricht er eine andere Sprache; in seiner Sprache heißt es jetzt, daß das, was er eigentlich bewundert, ein Nichts ist, etwas Dummes und Fades und Sonderbares und Überspanntes. Bewunderung ist glückliche Selbsthingabe, Mißgunst hingegen unglückliche Selbstbehauptung.

So auch mit dem Ärgernis; denn was man im Verhältnis zwischen Mensch und Mensch nennt: Bewunderung – Mißgunst, das ist im Verhältnis zwischen Gott und Mensch: Anbetung – Ärgernis. Summa summarum aller menschlichen Weisheit ist dies »goldene« oder vielleicht richtiger dies vergoldete: ne quid nimis, zu wenig und zuviel verdirbt alles. Dies wird zwischen Mann und Mann als Weisheit genommen und gegeben, honoriert mit Bewunderung; sein Kurs schwankt nie, die ganze Menschheit garantiert seinen Wert. Dann lebt dazwischen einmal ein Genie, das ein klein wenig darüber hinausgeht, es wird für töricht erklärt – von den Klugen. Aber das Christentum macht einen ungeheuren Riesenschritt über dieses hinaus: ne quid nimis, hinein in das Absurde; dann beginnt das Christentum – und das Ärgernis.

Man sieht nun [damit doch etwas Außerordentliches bleiben könnte], wie außerordentlich dumm es ist, das Christentum zu verteidigen, wie wenig Menschenkenntnis das verrät, wie man, ob auch unbewußt, mit dem Ärgernis unter einer Decke steckt, wenn man das Christliche zu etwas so Kümmerlichem macht, daß es am Ende durch eine Verteidigung gerettet werden müßte. Darum ist es gewiß und wahr, daß derjenige, der zuerst erfand, in der Christenheit das Christentum zu verteidigen, de facto ein Judas Nummer zwei ist; auch er verrät mit einem Kuß, nur daß sein Verrat aus Dummheit geschieht. Etwas verteidigen heißt immer es disrekommandieren. Laß jemand ein Lagerhaus voll Gold haben, laß ihn bereit sein, jeden einzelnen Dukaten an Arme zu verteilen –

aber laß ihn dumm genug sein, dieses sein wohltätiges Vorhaben mit einer Verteidigung zu beginnen, worin er mit drei Gründen das Anrecht hierzu beweist: und es wird nicht viel fehlen, daß die Menschen es beinahe zweifelhaft finden, ob er etwas Gutes tue. Aber nun das Christliche! Ja, der, der es verteidigt, hat nie daran geglaubt. Glaubt er, dann ist die Begeisterung des Glaubens – nicht eine Verteidigung, nein, sie ist der Angriff und der Sieg; ein Glaubender ist ein Sieger.
So steht es mit dem Christlichen und dem Ärgernis. Dessen Möglichkeit ist da ganz richtig durch die christliche Definition der Sünde zur Stelle. Sie lautet: vor Gott. Ein Heide, der natürliche Mensch, ist sehr willig, einzuräumen, daß es Sünde gibt; aber dieses »vor Gott«, was doch eigentlich die Sünde zur Sünde macht, das ist ihm viel zu viel. Das heißt ihm [wenn auch auf eine andere Weise, als es hier dargelegt wurde] viel zuviel aus dem Menschsein zu machen; etwas weniger, so ist er bereit, darauf einzugehen – »aber zuviel ist zuviel«.

KAPITEL 2

Die sokratische Definition der Sünde

Sünde ist Unwissenheit. Dies ist, wie bekannt, die sokratische Definition, die wie alles Sokratische immer eine Instanz ist, die wert ist, beachtet zu werden. Indessen ist es im Verhältnis zu diesem Sokratischen gegangen wie im Verhältnis zu vielem anderem Sokratischen: man hat gelernt, einen Drang zu verspüren, weiterzugehen. Wie unzählig viele haben nicht einen Drang verspürt, weiterzugehen als die sokratische Unwissenheit – vermutlich weil sie fühlten, daß es eine Unmöglichkeit war, dabei stehenzubleiben; denn wie viele gibt es wohl in jeder Generation, die im Stande wären, es auch nur einen Monat auszuhalten, existentiell Unwissenheit über alles auszudrücken.

Die sokratische Definition will ich damit keineswegs abtun, daß man bei ihr nicht stehenbleiben könne; aber mit dem Christlichen in mente will ich sie dazu benutzen, dieses in seiner Schärfe darzustellen – gerade weil die sokratische Definition so echt griechisch ist; da ja immer jede andere Definition, die nicht im strengsten Sinne streng christlich ist, das heißt, jede Zwischendefinition, sich in ihrer Leere zeigt.

Das Mißliche an der sokratischen Definition ist nun, daß sie das unbestimmt läßt, wie Unwissenheit selbst näher zu verstehen sei, ihr Ursprung und so weiter. Das will besagen, selbst wenn Sünde Unwissenheit ist [oder was das Christentum vielleicht eher Dummheit nennen würde], was sich in einer Hinsicht gar nicht leugnen läßt: ist dies eine ursprüngliche Unwissenheit, ist der Zustand also der eines Menschen, der nicht gewußt hat und somit von der Wahrheit gar nichts wissen konnte; oder ist er eine hervorgebrachte, eine spätere Unwissenheit? Ist es das letztere, so muß ja die Sünde eigentlich in etwas anderem als in der Unwissenheit stecken, sie muß in der Wirksamkeit im Menschen stecken, wodurch er daran gearbeitet hat, seine Erkenntnis zu verdunkeln. Aber auch wenn das angenommen wird, kommt diese hartnäckige und sehr zählebige Mißlichkeit wieder, mit der Frage nämlich, ob der Mensch in dem Augenblick wohl, wo er seine Erkenntnis zu verdunkeln beginnt, sich dessen deutlich bewußt sei. Ist er sich dessen nicht deutlich bewußt, so ist ja die Erkenntnis schon etwas verdunkelt, ehe er damit begann; und die Frage stellt sich nur immer neu. Nimmt man dagegen an, daß er, als er die Erkenntnis zu verdunkeln begann, sich dessen deutlich bewußt gewesen sei, so liegt ja die Sünde [ob sie auch Unwissenheit ist, insofern diese das Resultat bildet] nicht in der Erkenntnis, sondern im Willen, und die Frage erhebt sich, die nun kommen mußte, wie das Verhältnis von Erkenntnis und Willen zueinander ist. Auf all dieses [und hier könnte man verhalten, um viele Tage hindurch zu fragen] läßt sich die sokratische Definition eigentlich nicht ein. Sokrates war gewiß ein Ethiker [was das Altertum ihm ja unbedingt zuerkennt, der Erfinder der Ethik], der erste, als der er auch der erste seines Schlages bleibt; aber er beginnt mit der Unwissenheit. Intellektuell tendiert er nach der Unwissenheit, dem Nichts-zu-wissen. Ethisch versteht er unter Unwissenheit etwas ganz anderes und beginnt dann mit ihr. Aber trotzdem ist, natürlicherweise, Sokrates kein wesentlich religiöser Ethiker, noch weniger, wie es dem Christlichen entspräche, ein Dogmatiker. Darum kommt er eigentlich gar nicht in die ganze Untersuchung hinein, mit der das Christentum beginnt, nicht in das Prius hinein, in dem die Sünde sich selbst voraussetzt, und das christlich im Dogma von der Erbsünde erklärt wird, zu welchem Dogma wir in dieser Untersuchung doch nur wie bis zur Grenze kommen.

Sokrates kommt daher eigentlich nicht zur Bestimmung der Sünde, was allerdings bei einer Definition der Sünde eine Mißlichkeit ist. Weshalb dieses? Ist nämlich Sünde Unwissenheit, so ist ja Sünde eigentlich nicht da; denn Sünde ist ja gerade Bewußtheit. Ist Sünde unwissend sein um das Richtige, so daß man deshalb das Unrichtige tut, so ist Sünde nicht da. Ist das Sünde, so wird ja vorausgesetzt, was Sokrates auch voraussetzte, daß der Fall nicht vorkomme, daß einer, das Rechte sehend, das Unrechte tat, oder wissend, daß es das Unrechte sei, das Unrechte tat. Also, ist die sokratische Definition richtig, so gibt es gar keine Sünde. Aber siehe, dies, gerade dies ist christlich ganz in seiner Ordnung, in einem tieferen Sinne ganz richtig, im christlichen Interesse das quod erat demonstrandum. Gerade der Begriff, durch den das Christentum sich qualitativ am stärksten vom Heidentum unterscheidet, ist: die Sünde, die Lehre von der Sünde; und darum nimmt auch das Christentum ganz konsequent an, daß weder das Heidentum noch der natürliche Mensch wissen, was Sünde sei, ja, es nimmt an, daß eine Offenbarung von Gott da sein muß, um offenbar zu machen, was Sünde ist. Es ist nämlich nicht so, wie eine oberflächliche Betrachtung annimmt, daß die Lehre von der Versöhnung die qualitative Differenz zwischen Heidentum und Christentum sei. Nein, man muß viel tiefer den Ansatz suchen mit der Sünde, mit der Lehre von der Sünde, wie es das Christentum auch tut. Was für ein gefährlicher Einwand wäre es gegen das Christentum, wenn das Heidentum eine Definition der Sünde hätte, die das Christentum als richtig anerkennen müßte.

Was ist das nun für eine Bestimmung, die Sokrates zum Bestimmen der Sünde fehlt? Das ist: der Wille, der Trotz. Die griechische Intellektualität war zu glücklich, zu naiv, zu ästhetisch, zu ironisch, zu witzig – zu sündig, um das in ihrem Kopfe erfassen zu können, daß einer mit seinem Wissen es unterlassen könnte, das Gute zu tun, oder mit seinem Wissen, mit dem Wissen um das Rechte, das Unrechte zu tun. Die Gräzität statuiert einen intellektuellen kategorischen Imperativ.

Die Wahrheit hierin darf man nun keineswegs übersehen und muß sie wohl notwendig in Zeiten wie diesen einschärfen, die sich in sehr viel aufgeblasenes und unfruchtbares Wissen verlaufen haben, so daß es gewiß nun, ganz wie zu Sokrates Zeiten, noch mehr erforderlich werden könnte, die Menschen ein klein bißchen sokratisch auszuhungern. Es ist gleichzeitig zum Lachen und zum Weinen, sowohl alle diese Versicherungen, das Höchste verstanden und begriffen zu haben, als auch die Virtuosität, mit der viele in abstracto es darzustellen wissen, in einem gewissen Sinne ganz richtig – es ist gleichzeitig zum Lachen und zum Weinen, wenn man so sieht, daß all dieses Wissen und Verstehen gar keine Macht über das Leben der Menschen ausübt, so daß dieses nicht entfernt ausdrückt, was sie verstanden haben, sondern eher das Gegenteil davon. Man ruft unwillkürlich beim Anblick dieser ebenso traurigen wie lächerlichen Welt aus: wie in aller Welt es doch möglich ist, daß sie es verstanden haben, ist es auch wahr, daß sie es verstanden haben? Hier antwortet jener alte Ironiker und Ethiker: Oh, mein Lieber, glaube das alles nicht; sie haben es nicht verstanden, denn hätten sie es in Wahrheit verstanden, so drückte ihr Leben es auch aus, so täten sie, was sie verstanden haben. Verstehen und verstehen ist also zweierlei? Ganz gewiß; und wer das verstanden hat – aber wohlbemerkt nicht in der Bedeutung der ersten Art des Verstehens, der ist eo ipso in alle Geheimnisse der Ironie eingeweiht. Dies ist eigentlich der Widerspruch, der die Ironie beschäftigt. Das komisch zu nehmen, daß ein Mensch wirklich etwas nicht weiß, ist eine sehr niedrige Art Komik und unter der Würde der Ironie. Etwas tiefere Komik liegt ja eigentlich nicht darin, daß da Menschen gelebt haben, die annahmen, daß die Erde stillstehe – wenn sie es nicht besser wußten. Es wird vermutlich unserer Zeit wieder in einer ähnlichen Weise ergehen im Verhältnis zu einer physikalisch mehr wissenden Zeit. Der Widerspruch liegt zwischen zwei verschiedenen Zeiten, denen ein tieferer Koinzidenzpunkt fehlt, ein solcher Widerspruch ist nicht wesentlich und also auch nicht wesentlich komisch. Nein, aber daß ein Mensch dasteht und das Richtige sagt – und es also verstanden hat; und wenn er so handeln soll, das Unrichtige tut – und also beweist, daß er es nicht verstanden hat: ja, das ist unendlich komisch. Es ist unendlich komisch, daß ein Mensch, bis zu Tränen gerührt, dergestalt, daß nicht nur der Schweiß, sondern die Tränen von ihm niederströmen, dasitzen und lesen kann, um die Darstellung von Selbstverleugnung zu vernehmen, vom Edelmut im Opfer seines Lebens für die Wahrheit – und dann im nächsten Augenblick, eins, zwei, drei, wupti, fast noch mit Tränen in den Augen, voll damit beschäftigt ist, im Schweiße seines Angesichts, mit seinen dürftigen Kräften, der Unwahrheit zum Siege zu verhelfen. Es ist unendlich komisch, daß ein Redner mit Wahrheit in Stimme und Mimik, tiefergriffen und tiefergreifend, das Wahre erschütternd darstellen kann, allem Bösen, allen Höllenmächten die Stirne bietet, mit seiner Sicherheit in der Haltung, mit seiner Unerschrockenheit im Blick, seiner Gewißheit im Auftreten bewundernswürdig ist – es ist unendlich komisch, daß er, fast im selben Augenblick, fast noch »mit der Adrienne angetan«, feige und furchtsam vor der geringsten Unannehmlichkeit davonlaufen kann. Es ist unendlich komisch, daß jemand die ganze Wahrheit verstehen kann, wie klein und erbärmlich die Welt ist und so weiter – daß er es verstehen kann, und es dann nicht wieder erkennen kann, was er verstanden hat; denn fast im selben Augenblick geht er selbst hin und ist mit hineingeraten in dieselbe Kleinlichkeit und Erbärmlichkeit, nimmt von ihr Ehren an und wird von ihr geehrt, das heißt, er anerkennt sie.

Oh, wenn man einen sieht, der versichert, alles verstanden zu haben, warum Christus in der Gestalt eines geringen Knechtes einherging, arm, verachtet, verspottet, wie die Schrift sagt: angespien – wenn ich den gleichen Menschen sich sorgsam dahin flüchten sehe, wo es weltlich gut ist, zu sein, sich hier einrichtet auf das sicherste, wenn ich ihn so besorgt sehe, als ginge es ums Leben, jedem ungünstigen Windstoß von rechts oder links auszuweichen, so glücklich, so hocherfreut, so vergnügt – ja, um es komplett zu machen, so überfroh ist, daß er sogar gerührt Gott dafür dankt – unbedingt geehrt zu sein und angesehen bei allen, allen: dann habe ich oft zu mir selbst und bei mir selbst gesagt: »Sokrates, Sokrates, Sokrates, sollte es möglich sein, daß dieser Mensch verstanden hat, was er vorgibt, verstanden zu haben?« So habe ich gesagt, ja, ich habe zugleich gewünscht, daß Sokrates recht haben möge. Denn es ist mir doch, als sei das Christentum zu streng, ich kann es gar nicht mit meiner Erfahrung in Zusammenhang bringen, einen solchen Menschen zu einem Heuchler zu machen. Nein, Sokrates, dich kann ich verstehen; du machst ihn zu einem Spaßmacher, zu einer Art Bruder Lustig, du machst ihn zu einer Beute für das Gelächter, du hast nichts dagegen, es findet sogar deinen Beifall, daß ich ihn komisch serviere und anrichte – das heißt, wenn ich es gut mache.

Sokrates, Sokrates, Sokrates! Ja, man muß deinen Namen wohl dreimal nennen, es wäre nicht zuviel, ihn zehnmal zu nennen, wenn das etwas helfen könnte. Man meint, die Welt brauche eine Republik, und man meint, eine neue Gesellschaftsordnung zu brauchen und eine neue Religion: aber niemand denkt daran, daß diese Welt doch noch einmal eines Sokrates bedarf, gerade wegen des vielen verwirrenden Wissens. Doch versteht sich, dächte jemand daran, oder, wenn viele daran dächten, so wäre es weniger nötig. Was eine Verirrung am meisten braucht, ist allzeit das, woran man am wenigsten denkt – natürlich, denn sonst wäre es ja keine Verirrung.

Also eine solche ironisch-ethische Korrektion könnte unsere Zeit sehr gut brauchen, ist vielleicht sogar das einzige, was not tut – denn, sie ist offenbar das, woran sie am wenigsten denkt; es wäre uns ungemein notwendig, daß wir, anstatt weiter zu gehen als Sokrates, nur zu diesem Sokratischen zurückkämen: daß verstehen und verstehen zweierlei ist – nicht als ein Resultat, das schließlich den Menschen in das tiefste Elend treibt, da es gerade den Unterschied zwischen Verstehen und Verstehen aufhebt, sondern als die ethische Auffassung vom täglichen Leben.

Die sokratische Definition hilft sich hier so: Wenn einer nicht das Rechte tut, so hat er es auch gar nicht verstanden; sein Verstehen ist eine Einbildung; seine Versicherung, es verstanden zu haben, eine Fehlleitung; seine wiederholte Versicherung, es zum Teufel doch verstanden zu haben, eine ungeheure, ungeheure Entfernung über den größtmöglichen Umweg. Aber dann ist ja die Definition richtig. Tut einer das Rechte, so sündigt er doch wohl nicht; und tut er nicht das Rechte, so hat er es gar nicht verstanden; hätte er es in Wahrheit verstanden, so würde es ihn bald bewegen, es auch zu tun, würde ihn bald zu einer Übereinstimmung mit seinem Verständnis bringen: ergo ist Sünde Unwissenheit.

Aber wo steckt da die Mißlichkeit? Sie steckt darin, worauf das Sokratische, aber nur zu einem bestimmten Grad, selber aufmerksam ist und dem dadurch abhilft, daß eine dialektische Bestimmung fehlt, die den Übergang betrifft vom Verstehen zum Tun. Bei diesem Übergang beginnt das Christliche; indem es sich so auf den Weg macht, kommt es dazu, nachzuweisen, daß die Sünde im Willen liegt, zum Begriff des Trotzes; und um so das Ende richtig festzumachen, fügt es das Dogma von der Erbsünde hinzu – ach, denn das Geheimnis der Spekulation über das Begreifen besteht gerade darin, zu nähen, ohne das Ende zu befestigen und ohne einen Knoten in den Faden zu schlingen, und darum kann sie, wunderbarerweise, fortfahren zu nähen und zu nähen, das heißt, den Faden durchzuziehen. Das Christentum hingegen befestigt das Ende mit Hilfe des Paradoxes.

In der reinen Idealität, wo vom einzelnen wirklichen Menschen nicht die Rede ist, da ist der Übergang notwendig [im System geht ja auch alles mit Notwendigkeit vor sich], oder es ist gar keine Schwierigkeit verbunden mit dem Übergang vom Verstehen zum Tun. Dies ist die Gräzität [doch nicht das Sokratische, denn dafür ist Sokrates zu sehr Ethiker]. Und ganz das gleiche ist eigentlich das Geheimnis der neueren Philosophie; denn es ist dieses: cogito ergo sum, Denken ist Sein; christlich hingegen heißt es: Dir geschehe, wie du glaubst [Matth. 9,29], oder, wie du glaubst, so bist du, Glauben ist Sein. Man wird also sehen, daß die neuere Philosophie weder mehr noch weniger als Heidentum ist. Das ist nun nicht einmal das Schlimmste; vom Geschlechte Sokrates' zu sein ist nicht das Geringste. Aber das gänzlich Unsokratische in der neueren Philosophie ist, daß sie sich und uns einbilden will, das sei Christentum.

In der Welt der Wirklichkeit dagegen, wo vom einzelnen Menschen die Rede ist, da ist dieser winzig kleine Übergang vom Verstandenhaben zum Tun; er ist nicht immer cito citissime, nicht, wenn ich, in Ermangelung philosophischer Ausdrücke, deutsch reden soll, »geschwind wie der Wind«. Im Gegenteil, hier beginnt eine sehr weitläufige Historie.

Im Geistesleben gibt es keinen Stillstand [eigentlich auch keinen Zustand, alles ist Aktualität]; wenn also ein Mensch nicht in derselben Sekunde, in der er das Rechte erkannte, es tut – ja, dann kommt nun die Erkenntnis fürs erste aus dem Kochen. Und darnach bleibt so die Frage, was der Wille vom Erkannten meint. Der Wille ist etwas Dialektisches und hat wieder unter sich die ganze niedere Natur im Menschen. Scheint diese nun keinen Gefallen am Erkannten zu finden, so folgt daraus wohl noch nicht, daß der Wille hingeht und das Gegenteil von dem tut, was die Erkenntnis verstand; so starke Gegensätze kommen gewiß seltener vor; aber der Wille läßt dann einige Zeit hingehen, es bleibt ein Interim, es heißt: wir wollen doch bis morgen abwarten. Indessen wird die Erkenntnis dunkler und dunkler, und das Niedere siegt mehr und mehr; ach, denn das Gute muß sofort getan werden, sofort, sobald es erkannt ist [und darum geht es in der reinen Idealität so leicht mit dem Übergang vom Denken zum Sein, denn dort geschieht alles sofort]; aber das Niedere hat seine Stärke im Hinausziehen. Nach und nach hat der Wille nichts dagegen, daß es geschehe, er sieht dabei schon fast durch die Finger. Und wenn so die Erkenntnis gehörig verdunkelt worden ist, so können sich Erkenntnis und Wille besser miteinander verstehen; zuletzt stimmen sie ganz überein, denn nun ist die Erkennt-

nis ganz auf die Seite des Willens übergegangen und erkennt, daß es ganz richtig ist, was dieser will. Und so leben vielleicht sehr viele Menschen; sie arbeiten so schrittweise daran, die ethische und ethisch-religiöse Erkenntnis zu verdunkeln, die sie in Entscheidungen und Konsequenzen führen würde, die das Niedere in ihnen nicht liebt; dagegen erweitern sie ihr ästhetisches und metaphysisches Erkennen, das, ethisch, Zerstreuung bedeutet.
Doch mit all diesem sind wir noch nicht weiter gekommen als zum Sokratischen; denn, so würde Sokrates sagen, daß dies geschieht, zeigt ja, daß ein solcher Mensch doch das Rechte nicht verstanden hat. Das will heißen, daß einer mit seinem Wissen das Unrechte tut, mit Wissen um das Rechte das Unrechte tut, hat die Gräzität nicht den Mut auszusprechen; darum hilft sie sich und sagt: wenn einer das Unrechte tut, hat er das Rechte nicht verstanden.
Ganz recht, und weiter kann ein *Mensch* auch nicht kommen; kein Mensch kann durch sich selbst und von sich selbst aus sagen, was Sünde ist, gerade weil er in der Sünde ist; all seine Rede um die Sünde ist im Grunde Beschönigung der Sünde, eine Entschuldigung, eine sündhafte Milderung. Darum beginnt das Christentum auch auf eine andere Weise damit, daß eine Offenbarung von Gott da sein muß, um den Menschen darüber aufzuklären, was Sünde ist, daß die Sünde doch nicht darin besteht, daß der Mensch das Rechte nicht verstanden hat, sondern darin, daß er es nicht verstehen will, und darin, daß er es nicht tun will.
Schon im Hinblick auf die Unterscheidung: nicht verstehen *können* und nicht verstehen *wollen*, erklärt Sokrates eigentlich nichts, während er dagegen der Großmeister für alle Ironiker ist im Operieren mit Hilfe der Unterscheidung zwischen Verstehen und Verstehen. Sokrates erklärt, daß der, der nicht das Rechte tut, es auch nicht verstanden hat; aber das Christentum geht etwas weiter

zurück und sagt, so ist es, weil er es nicht verstehen will, und das gerade, weil er das Rechte nicht tun will. Und dann lehrt es, daß ein Mensch das Unrechte tut [der eigentliche Trotz], ungeachtet dessen, daß er das Rechte versteht oder daß er es unterläßt, das Rechte zu tun, obwohl er es versteht; kurz, die christliche Lehre von der Sünde ist lauter Zudringlichkeit dem Menschen gegenüber, Beschuldigung auf Beschuldigung, sie ist der Angriff, den das Göttliche als Urheber sich erlaubt, gegen den Menschen zu unternehmen.

Aber kann irgendein Mensch dieses Christliche begreifen? Keineswegs, es ist ja auch das Christliche, also zum Ärgernis. Es muß geglaubt werden. Begreifen ist die Fähigkeit des Menschen im Verhältnis zum Menschlichen; aber Glauben ist das Verhältnis des Menschen zum Göttlichen. Wie erklärt denn das Christentum dieses Unbegreifliche? Ganz konsequent, auf eine ebenso unbegreifliche Weise, mit Hilfe dessen, daß es geoffenbart sei.

Christlich verstanden liegt die Sünde also im Willen, nicht in der Erkenntnis; und diese Verderbtheit des Willens geht über das Bewußtsein des Einzelnen hinaus. Das ist das ganz Konsequente; denn sonst müßte ja bei jedem Einzelnen die Frage aufkommen, wie die Sünde begonnen habe.

Hier ist nun wieder das Kennzeichen des Ärgernisses. Die Möglichkeit des Ärgernisses liegt darin: daß eine Offenbarung von Gott da sein muß, um den Menschen darüber aufzuklären, was Sünde ist und wie tief sie steckt. Der natürliche Mensch, der Heide, denkt etwa so: »nur zu, ich räume ein, daß ich nicht alle Dinge im Himmel und auf Erden verstanden habe, soll es eine Offenbarung darüber geben, so mag sie uns das Himmlische erklären; aber daß es eine Offenbarung geben soll, um zu erklären, was Sünde ist, das ist doch das Allerungereimteste. Ich gebe mich nicht für einen vollkommenen Menschen aus, weit entfernt, aber das weiß ich doch, und ich bin ja bereit, es einzugestehen, wie weit ich von der Vollkommenheit entfernt bin: sollte ich da nicht wissen, was Sünde ist?« Aber das Christentum antwortet: nein, das ist es, was du am allerwenigsten weißt, wie weit du von der Vollkommenheit entfernt bist, und was Sünde ist. – Sieh, in dem Sinne ist richtig, christlich, daß Sünde Unwissenheit ist, sie ist Unwissenheit darüber, was Sünde ist.

Die Definition der Sünde, die im vorigen Kapitel gegeben wurde, muß darum noch so vervollständigt werden: Sünde heißt, nachdem durch eine Offenbarung Gottes erklärt wurde, was Sünde ist, vor Gott verzweifelt nicht selbst sein zu wollen oder verzweifelt selbst sein zu wollen.

KAPITEL 3

Daß die Sünde keine Negation ist, sondern eine Position

Daß dies so ist, ist etwas, wofür die orthodoxe Dogmatik und die Orthodoxie überhaupt beständig gekämpft hat und als pantheistisch jede Definition der Sünde abgewiesen hat, die diese nur zu etwas bloß Negativem, zu Schwachheit, Sinnlichkeit, Endlichkeit, Unwissenheit und dergleichen machte. Die Orthodoxie hat sehr richtig gesehen, daß hier die Schlacht geschlagen werden muß, oder um an das Vorangegangene zu erinnern, daß hier das Ende befestigt werden muß, daß es hier gilt, zurückzuhalten; die Orthodoxie hat richtig gesehen, daß das ganze Christentum, wenn die Sünde negativ bestimmt wird, ohne Halt ist. Darum schärft die Orthodoxie ein, daß eine Offenbarung Gottes da sein muß, um den gefallenen Menschen zu lehren, was Sünde ist, welche Mitteilung dann, ganz konsequent, geglaubt werden muß, da sie ein Dogma ist. Und es versteht sich, das Paradox, der Glaube, das Dogma, diese drei Bestimmungen bilden eine Allianz und Übereinstimmung, die der sicherste Halt und ein Bollwerk gegen alle heidnische Weisheit sind.

So die Orthodoxie. Durch ein sonderbares Mißverständnis hat nun eine sogenannte spekulative Dogmatik, die sich allerdings auf eine bedenkliche Weise mit der Philosophie einläßt, gemeint, diese Bestimmung *begreifen* zu können, daß die Sünde eine Position ist. Aber wenn das wahr ist, dann ist die Sünde eine Negation. Das Geheimnis in allem Begreifen ist, daß dieses Begreifen selbst höher steht als alle Position, die es setzt. Der Begriff setzt eine Position, aber sie begreifen, heißt ja, sie negieren. Selbst jedoch bis zu einem gewissen Grade hierauf aufmerksam, hat nun die spekulative Dogmatik keine andere Hilfe gewußt als, was einer philosophischen Wissenschaft gewiß nur wenig ansteht, daß sie ein Detachement von Versicherungen auf den Punkt wirft, wo die Bewegung geschieht. Man versichert ein um das andere Mal feierlicher, mehr und mehr beschwörend und bannend, daß die Sünde eine Position sei, daß es Pantheismus und Rationalismus und Gott weiß was alles sei, aber jedenfalls etwas, was die spekulative Dogmatik abschwöre und verabscheue, wenn man sage, die Sünde sei nur eine Negation – und so geht man dazu über, es zu begreifen, daß die Sünde eine Position ist. Das will besagen, sie ist doch nur bis zu einem gewissen Grade Position, nicht mehr, als daß man sie doch noch begreifen kann.

Und diese ganze Doppelzüngigkeit der Spekulation zeigt sich nun auch noch in einem anderen Punkt, jedoch dasselbe betreffend. Die Bestimmung der Sünde oder wie die Sünde bestimmt wird, ist entscheidend für die Bestimmung: Reue. Da es nun so spekulativ ist mit der Negation der Negation, so gibt es nichts anderes mehr, als daß die Reue die Negation der Negation sein muß – und dann wird ja die Sünde die Negation. – Es wäre übrigens gewiß zu wünschen, daß einmal ein nüchterner Denker erklären würde, wieweit dies rein Logische, das an das erste Verhältnis der Logik zum Grammatikalischen erinnert [zwei Verneinungen bejahen] und an das Mathematische, wieweit dies Logische seine Gültigkeit in der Welt der Wirklichkeit hat, in der Welt der Qualitäten; ob die Dialektik der Qualitäten nicht überhaupt eine andere ist; ob »der Übergang« hier nicht eine andere Rolle spielt. Sub specie aeterni, aeterno modo und so weiter ist ja das Spatiierende gar nicht vorhanden, darum *ist* alles, und es gibt gar keinen Übergang. In diesem abstrakten Medium ist *Setzen* daher eo ipso dasselbe wie *Aufheben*. Aber die Wirklichkeit auf dieselbe Weise zu betrachten ist doch beinahe Wahnsinn. Man kann auch ganz in abstracto sagen: auf das Imperfekt folgt das Perfekt. Aber wenn jemand in der Welt der Wirklichkeit daraus schließen wollte, daß es aus sich selbst folgere und sofort folgere, daß ein Werk, das nicht vollendet [imperfectum] vollendet würde: so wäre er doch wohl verrückt. Aber genau so ist es auch mit der sogenannten Position der Sünde, wenn das Medium, worin sie poniert wird, das reine Denken ist; dieses Medium ist viel zu flüchtig, als daß es Ernst mit der Position werden kann.

Doch all dieses beschäftigt mich hier nicht. Ich halte beständig nur am Christlichen fest, daß die Sünde eine Position ist – jedoch nicht, als könnte es begriffen werden, sondern nur als Paradox, das geglaubt werden muß. Dies ist in meinem Denken das Richtige. Wenn man nur alle Versuche mit dem Begreifen als sich widersprechend offenbar machen kann, dann bekommt die Sache ihre rechte Stellung, dann wird es klar, daß es dem Glauben überlassen werden muß, ob einer glauben will oder nicht. – Ich kann gut begreifen [und dies ist dann keineswegs zu göttlich, um begriffen zu werden], daß einer, der nun einmal begreifen muß und scheinbar nur von dem etwas hält, was sich als begreifbar ausgibt, dies sehr armselig findet. Wenn aber das ganze Christentum daran hängt, daß es geglaubt werden soll und nicht begriffen, daß man *entweder* glauben soll *oder* sich an ihm ärgern muß: ist es dann so verdienstlich mit dem Begreifenwollen? Ist es verdienstlich oder nicht eher Unverschämtheit oder Gedankenlosigkeit, das begreifen zu wollen, was nicht begriffen werden will? Wenn ein König auf die Idee käme, ganz inkognito sein zu wollen, ganz als einfacher Mann behandelt zu werden, ist es dann auch, weil es Menschen im allgemeinen mehr Auszeichnung zu sein scheint, ihm königliche Huldigung zu erweisen, ist es dann auch das Richtige, es zu tun? Oder heißt es nicht gerade, sich selbst und seine Meinung dem Willen des Königs entgegenstellen, zu tun, was man selbst will, statt sich zu beugen? Oder würde es wohl dem Könige behagen, wenn ein solcher Mensch immer erfinderischer würde, ihm untertänliche Ehrerbietung zu bezeugen, obwohl der König so nicht behandelt werden will, was ja heißt, daß ein solcher Mensch mehr erfinderisch werden könnte, gegen den Willen des Königs zu handeln? – Mögen nun andere ihn bewundern und preisen, der vorgibt das Christliche begreifen zu können: ich betrachte es geradezu als eine ethische Aufgabe, die vielleicht nicht so wenig Selbstverleugnung fordert, in so spekulativen Zeiten, wenn alle »die anderen« damit beschäftigt sind zu begreifen, da zugestehen, daß man es weder begreifen kann noch soll. Doch ist es vielleicht gerade das, was die Zeit, was die Christenheit braucht: ein wenig sokratische Unwissenheit im Verhältnis zum Christlichen; aber wohlgemerkt, ein wenig »sokratische« Unwissenheit. Laßt uns niemals vergessen – doch wie viele sind ihrer wohl, die es jemals recht gewußt haben oder es dachten – laßt uns nie vergessen, daß Sokrates' Unwissenheit eine Art Gottesfurcht und Gottesdienst war, daß seine Unwissenheit darin bestand, auf griechisch das Jüdische zu sagen: daß Gottesfurcht der Weisheit Anfang ist. Laßt uns nie vergessen, daß er gerade aus Ehrfurcht vor der Gottheit unwissend war, daß er, soweit ein Heide dies konnte, als *Richter* Wache hielt an der Grenzscheide zwischen Gott – und Mensch, wachend darüber, daß die Tiefe des Qualitätsunterschieds dazwischen bestehen bliebe, zwischen Gott und Mensch, daß Gott – und Mensch nicht so philosophice, poetice und so weiter auf eins hinauslaufe. Seht, darum war Sokrates der Unwissende, und darum anerkannte die Gottheit ihn als den Weisesten von allen. – Aber das Christentum lehrt, daß alles Christliche nur für den Glauben da ist; darum wird es gerade eine sokratische, gottesfürchtige Unwissenheit sein, die durch Unwissenheit den Glauben vor der Spekulation behütet, darüber wachend, daß die Tiefe des Qualitätsunterschiedes zwischen Gott – und Mensch gesichert bleibe, wie es im Paradox und im Glauben geschieht, damit Gott und Mensch nicht noch fürchterlicher als jemals im Heidentum so philosophice, poetice und so weiter in eins zusammenlaufe – im System.

Nur von einer Seite aus kann hier die Sünde als eine Position beleuchtet werden. Im vorangegangenen Abschnitt wurde bei der Darstellung der Verzweiflung beständig eine Steigerung nachgewiesen. Ausdruck für diese Steigerung war einmal die Potenzierung des Selbstbewußtseins, dann die Potenzierung vom Erleiden zum bewußten Handeln. Beiden Ausdrücken ist wiederum gemeinsam der Ausdruck dafür, daß die Verzweiflung nicht von außen kommt, sondern von innen. Und im gleichen Grade ist sie ja auch mehr und mehr ponierend. Aber nach der aufgestellten Definition von Sünde gehört zur Sünde ein durch die Vorstellung von Gott unendlich potenziertes Selbst, und so wieder das größtmögliche Bewußtsein von der Sünde als einer Tat. – Das ist der Ausdruck dafür, daß die Sünde eine Position ist, dies, daß sie *vor Gott* ist, bedeutet gerade das Positive an ihr.

Im übrigen hat die Bestimmung, daß die Sünde eine Position ist, auch in einem ganz anderen Sinne die Möglichkeit des Ärgernisses, das Paradoxe in sich. Das Paradoxe ist nämlich die Konsequenz im Verhältnis zur Lehre von der Versöhnung. Zuerst geht das Christentum hin und setzt die Sünde so fest als Position, daß sie menschlicher Verstand nie begreifen kann; und so ist es dieselbe christliche Lehre, die es wieder auf sich nimmt, diese Position wegzuschaffen, so daß es der menschliche Verstand niemals begreifen kann. Die Spekulation, die sich die Paradoxa ausredet, schlägt auf beiden Seiten ein wenig ab, dann geht es leichter: sie macht die Sünde nicht gar so positiv – und desungeachtet kann sie es doch nicht in ihren Kopf bringen, daß die Sünde ganz vergessen werden sollte. Aber das Christentum, der erste Erfinder der Paradoxa, ist auch hier so paradox wie möglich; es arbeitet sich gleichsam selbst entgegen, indem es die Sünde als Position so fest setzt, daß es nun vollkommene Unmöglichkeit zu werden scheint, sie wieder wegzuschaffen – und so ist es gerade das Christentum, das, durch die Versöhnung, die Sünde wieder so ganz fortschaffen will, als wäre sie im Meere ertränkt.

Beilage zu A

Aber wird so nicht die Sünde in einem gewissen Sinne zu einer großen Seltenheit? [Die Moral]

Im ersten Abschnitt wurde daran erinnert, daß, je intensiver die Verzweiflung wird, sie um so seltener in der Welt vorkommt. Aber nun ist ja die Sünde noch einmal qualitativ potenzierte Verzweiflung, so muß sie auch wohl ganz selten sein? Sonderbare Schwierigkeit! Das Christentum unterwirft alles der Sünde; wir waren bestrebt, das Christliche so streng wie möglich darzustellen: und nun ergibt sich dieses sonderbare Resultat, daß es Sünde ja im Heidentum so gar nicht gibt, sondern nur im Judentum und Christentum, und da wohl wieder sehr selten.

Das ist jedoch, aber nur in einem Sinne, ganz richtig so. Sündigen heißt: »Nachdem durch eine Offenbarung Gottes erklärt wurde, was Sünde sei, vor Gott verzweifelt nicht er selbst sein zu wollen oder verzweifelt er selbst sein zu wollen« – und ganz gewiß, es ist selten, daß ein Mensch so entwickelt ist, sich selbst so durchsichtig, daß dies auf ihn passen kann. Aber was folgt dann daraus? Ja, man muß es wohl beachten, denn hier ist eine eigene dialektische Wendung. Es folgt ja nicht daraus, daß ein Mensch nicht in intensiverem Sinne verzweifelt ist, daraus folgt ja nicht, daß er nicht verzweifelt war. Im Gegenteil: es wurde gerade bewiesen, daß die meisten, weitaus, die allermeisten Menschen verzweifelt sind, aber in einem niederen Grade der Verzweiflung. Es ist ja auch kein Verdienst, verzweifelt in einem höheren Grade zu sein. Ästhetisch ist es ein Vorzug, denn ästhetisch wird ja nur auf Kraft gesehen; aber, ethisch ist die intensivere Verzweiflung weiter von der Rettung entfernt als die niedere.

Und so ist es auch mit der Sünde. Das Leben der meisten Menschen ist, indifferent – dialektisch bestimmt, so weit vom Guten [dem Glauben] entfernt, daß es fast zu geistlos ist, um Sünde genannt, ja, fast zu geistlos, um Verzweiflung genannt zu werden.

Im strengsten Sinne ein Sünder zu sein, ist nun freilich weit davon entfernt, etwas Verdienstliches zu sein. Aber andererseits, wo in aller Welt soll man in einem Leben ein wesentliches Sündenbewußtsein finden können [und siehe, das will das Christentum wohl haben], das so in Trivialität abgesunken ist, in platter Nachäffung »der anderen«, daß man es fast nicht so nennen kann, da es zu geistlos ist, um Sünde genannt zu werden, nur wert, wie die Schrift sagt, »ausgespien zu werden« [Off. 3,16].

Doch hiermit ist die Sache nicht abgetan, denn die Dialektik der Sünde fängt dann nur auf eine andere Weise an. Wie geht es nämlich zu, daß eines Menschen Leben so geistlos wird, daß es ist, als könnte das Christentum gar nicht im Verhältnis dazu angebracht werden, wie wenn eine Hebevorrichtung [und wie eine Hebekraft, so ist die Erhebung des Christentums] nicht angebracht werden kann, weil ja kein Grund da ist, sondern nur Moor und Sumpf? Ist es etwas, was einem Menschen widerfährt? Nein, es ist des Menschen eigene Schuld. Mit Geistlosigkeit wird kein Mensch geboren; und wie viele sie auch im Tode als einzige Ausbeute des Lebens mit sich bringen – es ist nicht Schuld des Lebens.

Aber es muß gesagt werden, und so vorbehaltlos wie möglich, daß die sogenannte Christenheit [in der so alle millionenweise so ohne weiteres Christen sind, so daß es genau so viele, gerade genau so viele Christen wie Menschen gibt] nicht nur eine elendige Ausgabe des Christlichen ist, voll sinnentstellender Druckfehler und gedankenloser Auslassungen und Zusätze, sondern daß sie ein Mißbrauch dessen ist, weil man das Christentum eitel genommen hat. In einem kleinen Lande werden wohl in jeder Generation kaum drei Dichter geboren; aber Pfarrer gibt es genug, viel mehr, als man befördern kann. Inbezug auf einen Dichter spricht man davon, daß er eine Berufung haben muß; um Pfarrer zu werden, genügt es, nach Ansicht einer Menge von Menschen [also von Christen], ein Examen gemacht zu haben. Und doch, doch ist ein wahrer Pfarrer etwas noch Selteneres als ein wahrer Dichter, und doch ist das Wort »Berufung« ursprünglich auf das Göttliche bezogen. Aber im Verhältnis zum Dichterischen hat man sich doch in der Christenheit noch eine Vorstellung davon bewahrt, daß es etwas ist, und daß es insofern etwas ist, daß es eine Berufung ist. Aber dagegen ein Pfarrer sein ist in den Augen der Menge von Menschen [also der Christen] von jeder erhebenden Vorstellung verlassen, ohne das geringste Mysteriöse in puris naturalibus ein Gewerbe. Was wird nicht alles aus dem Wort »Berufung« abgeleitet: »Beruf« bedeutet ein Amt; man redet davon, eine Berufung zu erhalten; aber eine Berufung zu haben – ja, davon redet man auch, wenn einer auf eine Pfründe berufen wird.

Ach, und das Schicksal dieses Wortes »Berufung« in der Christenheit ist wie ein Motto auf das ganze Christliche. Das Unglück ist nicht, daß das Christliche nicht verkündet wird [so ist das Unglück ja auch nicht, daß es nicht Pfarrer genug gäbe]; aber es wird so verkündet, daß von der Menge der Menschen zuletzt gar nichts dabei gedacht wird [genau so wie beim Pfarrersein von der Menge an gar nichts anders gedacht wird als an das Alltägliche wie Kaufmann, Rechtsanwalt, Buchbinder, Tierarzt und so weiter], so macht das Höchste und Heiligste gar keinen Eindruck, sondern klingt und hört sich wie etwas an, das nun einmal so, Gott weiß warum, Sitte und Brauch geworden ist wie so vieles andere. Was Wunder dann, daß man – in Ermangelung dessen, daß man sein eigenes Verhalten unverantwortlich findet – es nötig findet, das Christentum zu verteidigen. –

Ein Pfarrer sollte ja doch wohl ein Glaubender sein. Und ein Glaubender! Ein Glaubender ist doch wohl ein Verliebter; ja, der von allen Verliebten zumeist Verliebte, der ist doch eigentlich, im Hinblick auf Begeisterung, nur wie ein Jüngling im Vergleich mit einem Glaubenden. Denke dir nun einen Verliebten. Nicht wahr, er wäre wohl fähig, tagaus und tagein, so lang der Tag währt und die Nacht dazu, von seiner Liebe zu reden. Aber glaubst du, es könnte ihm einfallen, glaubst du, es wäre ihm möglich, glaubst du nicht, es würde ihm wie eine Abscheulichkeit sein, so davon zu reden, daß er aus drei Gründen zu beweisen suchte, daß doch etwas an dem Verliebtsein sei – ungefähr so, wie wenn der Pfarrer aus drei Gründen beweist, daß das Beten nützlich ist, so daß also das Beten so niedrig im Preise gesunken ist, daß es dreier Gründe bedarf, um ihm ein klein wenig zum Ansehen zu verhelfen. Oder wie wenn der Pfarrer, und dies ist dann dasselbe, nur noch lächerlicher, mit drei Gründen beweisen wollte, daß Beten eine Seligkeit sei, die allen Verstand übersteigt. Oh, unschätzbare Anticlimax, daß etwas allen Verstand übersteigt, bewiesen mit drei Gründen, die, wenn sonst sie etwas taugen, doch wohl nicht allen Verstand übersteigen, und gerade im Gegenteil dem Verstand einleuchtend machen, daß diese Seligkeit keineswegs allen Verstand übersteigt; denn »Gründe« liegen ja doch wohl innerhalb des Bereiches des Verstandes. Nein, für das, was allen Verstand übersteigt – und für den, der daran glaubt, bedeuten drei Gründe nicht mehr als drei Flaschen oder drei Hirsche! – Und nun weiter, glaubst du, es würde einem Verliebten einfallen, eine Verteidigung seiner Liebe zu führen, das heißt, einzugestehen, daß sie ihm nicht das Absolute wäre, unbedingt das Absolute, sondern daß er sie vielmehr mit den Einwänden zusammen denkt, und daraus die Verteidigung hervorginge, das heißt, glaubst du, er könnte oder wollte eingestehen, daß er nicht verliebt wäre, sich selbst verraten, daß er nicht verliebt wäre? Und wenn man einem Verliebten vorschlagen würde so zu reden, glaubst du nicht, er würde einen für verrückt ansehen; und wenn er, außer verliebt zu sein, ein wenig noch ein Beobachter wäre, glaubst du nicht, er würde Verdacht schöpfen, daß der, der ihm diesen Vorschlag machte, niemals gewußt habe, was Liebe ist, oder ihn dazu bringen wollte, seine Liebe zu verraten und zu verleugnen – indem er sie verteidigt. – Ist es denn nicht einleuchtend, daß dem, der wirklich verliebt ist, es niemals einfallen kann, mit drei Gründen beweisen zu wollen oder zu verteidigen; denn er ist es, was mehr ist als alle Gründe und jedwede Verteidigung: er ist verliebt. Und der, der es tut, der ist nicht verliebt; er gibt sich nur den Anschein, es zu sein, und unglücklicherweise – oder glücklicherweise – ist er so dumm, daß er nur sich selber ganz allein verrät, es nicht zu sein.

Aber gerade so wird über das Christentum – von gläubigen Pfarrern geredet, entweder man »verteidigt« das Christentum oder man übersetzt es in »Gründe«, sofern man nicht zugleich noch darin pfuscht, es spekulativ zu »begreifen«; das nennt man predigen, und man sieht es in der Christenheit schon für etwas Großes an, daß so gepredigt wird und daß so etwas angehört wird. Und gerade darum ist die Christenheit [das ist der Beweis dafür] so weit davon entfernt, zu sein, was sie sich nennt, daß das Leben der meisten Menschen, christlich verstanden, sogar zu geistlos ist, um im streng christlichen Sinne Sünde genannt zu werden.

B

Die Fortsetzung der Sünde

Jeder Zustand in Sünde ist neue Sünde; oder wie es genauer ausgedrückt werden müßte und im folgenden ausgedrückt werden wird, der Zustand in Sünde ist die neue Sünde, ist die Sünde. Dies erscheint vielleicht dem Sünder als eine Übertreibung; er erkennt höchstens jede aktuelle neue Sünde als eine neue Sünde an. Aber die Ewigkeit, die sein Konto führt, muß den Zustand in Sünde als neue Sünde buchen. Sie hat nur zwei Rubriken, und »alles, was nicht aus dem Glauben kommt, ist Sünde«; jede unbereute Sünde ist eine neue Sünde, und jeden Augenblick, den sie unbereut ist, ist neue Sünde. Aber wie selten ist ein Mensch, der Kontinuität im Verhältnis zu seinem Bewußtsein von sich selbst hat! Wie oft sind sich die Menschen nur augenblicksweise bewußt, bewußt in größeren Entscheidungen, aber das Alltägliche wird gar nicht veranschlagt; sie sind Geist so einmal in der Woche für eine Stunde – es versteht sich, daß das freilich eine ziemlich bestialische Weise ist, Geist zu sein. Doch die Ewigkeit ist die wesentliche Kontinuität, sie fordert diese vom Menschen, oder daß er sich als Geist bewußt sein soll und Glauben habe. Der Sünder hingegen ist so in der Gewalt der Sünde, daß er keine Vorstellung von ihrer totalen Bestimmung hat, daß er sich auf den Abwegen des Verderbens befindet. Er rechnet nur jede einzelne neue Sünde an, durch die er gleichsam neue Fahrt bekommt auf dem Weg des Verderbens, gerade als ginge er nicht im vorangegangenen Augenblick mit der Hast aller vorangegangenen Sünden auf dem Wege dahin. So natürlich ist ihm die Sünde geworden, oder die Sünde ist ihm zur zweiten Natur geworden, daß er das Alltägliche ganz in seiner Ordnung findet, und nur selbst einen Augenblick innehält, wenn er durch neue Sünde sozusagen neue Fahrt bekommt. Er ist in Verlorenheit blind dafür, daß sein Leben, anstatt die wesentliche Kontinuität des Ewigen zu haben, durch den Glauben vor Gott zu stehen, die Kontinuität der Sünde hat.

Doch, »die Kontinuierlichkeit der Sünde«, ist die Sünde nicht gerade das Nicht-Kontinuierliche? Sieh, da kommt es wieder, das, daß die Sünde nur eine Negation sei, die niemals zu einem Anrecht werden kann, wie auf gestohlenes Gut nie ein Anrecht erhoben werden kann, eine Negation, ein ohnmächtiger Versuch sich zu konstituieren, aber der doch, alle Qual der Ohnmacht im verzweifelten Trotz erleidend, dieses nicht vermag. Ja, so ist es spekulativ; aber christlich ist die Sünde [dies muß geglaubt werden, da es ja das Paradox ist, das kein Mensch begreifen kann] eine Position, die aus sich eine mehr und mehr ponierende Kontinuität entwickelt.

Und das Gesetz für dieses Wachstum dieser Kontinuierlichkeit ist auch ein anderes als das für das Wachsen einer Schuld oder einer Negation. Denn eine Schuld wächst nicht, weil sie nicht bezahlt wird, sie wächst jedesmal, wenn sie vermehrt wird. Die Sünde aber wächst mit jedem Augenblick, in welchem man nicht aus ihr herauskommt. Weit entfernt davon, daß der Sünder darin recht hätte, nur jede neue Sünde als eine Mehrung der Sünde anzusehen, so daß, christlich verstanden, eigentlich der Zustand in der Sünde die größere Sünde ist; sie ist die neue Sünde. Selbst ein Sprichwort sagt, daß Sündigen menschlich ist, aber in der Sünde zu bleiben sei teuflisch; christlich muß jedoch dieses Sprichwort sicherlich etwas anders verstanden werden. Die bloß desultorische Betrachtungsweise, die nur auf die neue Sünde blickt und das Zwischenstück überspringt, das Zwischenstück zwischen den einzelnen Sünden, ist eine genau so oberflächliche Betrachtung, wie wenn einer annehmen wollte, daß ein Eisenbahnzug sich nur dann bewege, wenn die Lokomotive schnauft. Nein, dieses Schnaufen und dieser Ruck, der darauf folgt, ist eigentlich nicht das, was man beachten soll, sondern die gleichmäßige Fahrt, mit der die Lokomotive fährt und die jenes Schnaufen auslöst. Und so ist es mit der Sünde. Der Zustand in der Sünde ist im tiefsten Sinne die Sünde; die einzelnen Sünden sind nicht die Fortsetzung der Sünde, sondern der Ausdruck für die Fortsetzung der Sünde; in der einzelnen neuen Sünde wird der Fortgang der Sünde nur sinnlich mehr bemerkbar.

Der Zustand in der Sünde ist die schlimmere Sünde als die einzelnen Sünden, ist die Sünde. Und so verstanden gilt, daß der Zustand in der Sünde die Fortsetzung der Sünde ist, neue Sünde ist. Im allgemeinen versteht man es anders, man versteht es so, daß die eine Sünde neue Sünde aus sich gebiert. Aber das hat einen weit tieferen Grund, den, daß der Zustand in der Sünde neue Sünde ist. Es ist psychologisch meisterhaft, was Shakespeare Macbeth sagen läßt [3. Akt, 2. Szene]: »Sündentsproßne Werke erlangen nur durch Sünde Kraft und Stärke.« Das will besagen, die Sünde sei in sich selbst eine Konsequenz, und in dieser Konsequenz des Bösen in sich selbst hat sie auch eine gewisse Kraft. Aber zu einer solchen Betrachtung kommt man nie, wenn man nur auf die einzelnen Sünden schaut.

Die meisten Menschen leben freilich mit allzu geringem Bewußtsein von sich selbst, um eine Vorstellung davon zu haben, was Konsequenz ist; das heißt, sie existieren nicht qua Geist. Ihr Leben besteht entweder in einer gewissen kindlichen, liebenswerten Naivität oder in Geschwätzigkeit, von etwas Handlung, etwas Erlebnis, diesem und jenem; hier tun sie etwas Gutes und dort wieder etwas Verkehrtes, und dann fangen sie wieder von vorn an; heute sind sie einen Nachmittag verzweifelt, dann vielleicht drei Wochen; aber dann sind sie wieder frischen Mutes, und dann wieder einen Tag lang verzweifelt. Sie spielen sozusagen im Leben mit; aber sie erleben es nie, alles auf einmal einzusetzen, kommen nie zu der Vorstellung von einer unendlichen Konsequenz in sich. Darum ist unter ihnen beständig nur vom Einzelnen die Rede, von einzelnen guten Tagen, einzelnen Sünden.

Jede Existenz, die unter der Bestimmung Geist steht, wenn auch nur auf eigene Verantwortung hin, hat wesentlich Konsequenz in sich und Konsequenz in einem Höheren, zum mindesten in einer Idee. Aber so ein Mensch fürchtet wieder unendlich jede Inkonsequenz, weil er eine unendliche Vorstellung von den möglichen Folgen hat, daß er aus dem Totalen herausgerissen werden könnte, worin er sein Leben hat. Die geringste Inkonsequenz ist ein ungeheurer Verlust, denn er verliert ja die Konsequenz; im selben Augenblick ist vielleicht der Zauber gelöst, die geheimnisvolle Macht, die alle Kräfte in Harmonie band, ermattet, die Sprungfeder entspannt, das Ganze vielleicht ein Chaos, worin die Kräfte in Aufruhr gegeneinander kämpfen, zum Leid des Selbst, aber worin es keine, keine Übereinstimmung mit sich selbst gibt, keine Fahrt, keinen impetus. Die ungeheure Maschinerie, die in der Konsequenz so gefügig war in ihrer Eisenstärke, so geschmeidig in all ihrer Kraft, ist in Unordnung; und je vorzüglicher, je grandioser die Maschinerie war, desto fürchterlicher ist der Wirrwarr. – Der Glaubende, der also darin verweilt, sein Leben in der Konsequenz des Guten hat, hat eine unendliche Furcht vor der geringsten Sünde; denn er hat unendlich zu verlieren. Die unmittelbaren, die kindlichen oder kindischen Menschen haben nichts Totales zu verlieren, sie verlieren oder gewinnen ständig nur im Einzelnen oder das Einzelne.

Aber wie mit dem Glaubenden, so auch mit dem Gegenbild, dem Dämonischen im Verhältnis zur Konsequenz der Sünde in sich. Wie der Trinker Tag für Tag den Rausch wiederholt, aus Furcht vor der Stockung, der Mattigkeit, die eintreten würde, und deren möglichen Folgen, wenn er einen Tag ganz nüchtern bliebe: so der Dämonische. Ja, wie der Gute, wenn einer ihn zu versuchen trachtete, ihm die Sünde in der einen oder anderen verlockenden Gestalt vor Augen stellend, er diesen bitten würde, »versuche mich nicht«: so hat man wohl Beispiele auf ganz gleiche Weise bei einem Dämonischen. In gleicher Weise kann der Dämonische einem gegenüber, der stärker als er im Guten ist, wenn jener ihm das Gute in seiner seligen Erhabenheit vor Augen stellen will, ihn anflehen, kann ihn mit Tränen für sich bitten, daß er nicht mit ihm reden möge, ihn nicht, wie er es ausdrückt, schwach machen wolle. Gerade weil der Dämonische konsequent in sich und in der Konsequenz des Bösen ist, gerade darum hat er auch eine Totalität zu verlieren. Einen einzigen Augenblick außerhalb seiner Konsequenz, eine einzige diätetische Unvorsichtigkeit, ein einziger Seitenblick, einen Augenblick nur das Ganze oder nur einen Teil davon auf eine andere Weise zu sehen und zu verstehen: und er würde vielleicht nie mehr er selbst sein, sagt er. Das heißt, das Gute hat er verzweifelt aufgegeben, das kann ihm ohnehin nicht helfen; aber wohl könnte es ihn stören, es ihm irgendwie unmöglich machen, je wieder die volle Fahrt der Konsequenz zu erlangen, ihn schwach machen. Nur in der Fortsetzung der Sünde ist er er selbst, nur in ihr lebt er, hat er den Eindruck von sich selbst. Aber was will das sagen? Es will besagen, der Zustand in der Sünde ist der, der ihn, tief unten, wohin er gesunken ist, zusammenhält, ihn durch die Konsequenz ungöttlich stärkend; es ist nicht die einzelne neue Sünde, die [ja, das ist entsetzlich wahnsinnig!] ihm hilft; aber die einzelne neue Sünde ist nur der Ausdruck für den Zustand in der Sünde, der eigentlich die Sünde ist.

Bei der »Fortsetzung der Sünde«, von der wir nun handeln wollen, ist also nicht so sehr an die einzelne neue Sünde zu denken, als vielmehr an den Zustand in der Sünde, der wiederum eine Potenzierung der Sünde in sich selbst ist, ein Verbleiben im Zustand der Sünde mit Bewußtsein davon, so daß das Gesetz für die Bewegung in der Potenzierung hier wie überall nach innen geht, in ein immer intensiveres Bewußtsein hinein.

a

Die Sünde, über seine Sünde zu verzweifeln

Sünde ist Verzweiflung; die Potenzierung ist die neue Sünde, über seine Sünde zu verzweifeln. Es ist doch leicht einzusehen, daß dies eine Bestimmung der Potenzierung ist; es ist nicht eine neue Sünde, wie wenn einer, der einmal hundert Reichstaler stahl, ein anderesmal tausend Reichstaler stiehlt. Nein, hier ist nicht von den einzelnen Sünden die Rede; der Zustand in der Sünde ist die Sünde, und dieser wird in einem neuen Bewußtsein potenziert.

Über seine Sünde verzweifeln ist der Ausdruck dafür, daß die Sünde in sich selbst konsequent geworden ist oder sein will. Sie will nichts mit dem Guten zu schaffen haben, nicht schwach genug sein, um zwischendurch einmal auf eine andere Rede zu hören. Nein, sie will nur sich selbst hören, nur mit sich selbst zu schaffen haben, sich mit sich selbst einschließen, ja, sich in einem Gehege abschließen und sich in der Verzweiflung über die Sünde gegen jeden Überfall oder jede Nachstellung des Guten sichern. Sie ist sich bewußt, die Brücke hinter sich abgebrochen zu haben, und so unzugänglich für das Gute wie das Gute für sie zu sein, so daß sie, selbst wenn sie in einem schwachen Augenblick es wollte, es doch unmöglich wäre. Die Sünde selbst ist die Losreißung vom Guten, aber die Verzweiflung über die Sünde ist die Losreißung zum zweiten Male. Das preßt natürlicherweise die äußerste Kraft des Dämonischen aus der Sünde heraus, erzeugt die gottlose Verhärtung oder Verstockung, daß man alles konsequent, was da Reue heißt, und alles, was da Gnade heißt, nicht nur für leer und nichtssagend ansehen muß, sondern für seinen eigentlichen Feind, gegen den man sich am meisten von allem wehren muß, ganz wie sich der Gute gegen die Versuchung wehrt. So verstanden, ist es eine richtige Replik von Mephistopheles [im Faust], daß nichts erbärmlicher ist als ein Teufel, der verzweifelt; denn unter Verzweiflung muß hier verstanden werden, daß er schwach genug wäre, etwas von Reue und Gnade zu hören. Um die Potenzierung im Verhältnis von Sünde und Verzweiflung zu bezeichnen, könnte man sagen, das eine sei der Bruch mit dem Guten, das andere der Bruch mit der Reue.

Verzweiflung über die Sünde ist ein Versuch, sich dadurch zu halten, daß man noch tiefer sinkt; wie einer, der in einen Luftballon steigt, dadurch aufsteigt, daß er Gewichte abwirft, so sinkt der Verzweifelte dadurch, daß er bestimmter und bestimmter all das Gute von sich wirft [denn die Last des Guten ist der Auftrieb], er sinkt, meint selbst sogar zu steigen – er wird ja auch leichter. Die Sünde selbst ist der Kampf der Verzweiflung; aber wenn so die Kräfte erschöpft sind, bedarf es einer neuen Steigerung, einer neuen dämonischen Verschlossenheit in sich selbst, eben der Verzweiflung über die Sünde. Dies ist der Fortschritt, ein Steigen in dem Dämonischen, natürlicherweise das Vertiefen in die Sünde. Es ist ein Versuch, der Sünde Ansehen und Interesse als einer Macht dadurch zu verleihen, daß es nun auf ewig entschieden sein soll, daß man nichts von Reue und nichts von Gnade mehr hören will. Indessen ist sich doch die Verzweiflung über die Sünde gerade ihrer eigenen Leere bewußt, daß sie nicht das Mindeste zu leben hat, nicht einmal ihr eigenes Selbst in der Vorstellung von diesem. Es ist eine psychologisch meisterhafte Replik von Macbeth [2. Akt, 2. Szene]: »Von jetzt [nachdem er den König ermordet hat – und nun über seine Sünde verzweifelt] gibt es nichts Ernstes mehr im Leben; alles ist Tand, gestorben Ruhm und Gnade.« Das Meisterhafte ist der Doppelschlag in den letzten Worten [*Ruhm* und *Gnade*]. Durch die Sünde, das heißt, durch die Verzweiflung über die Sünde, hat er jedes Verhältnis zur Gnade verloren – und zugleich zu sich selbst. Sein selbstisches Selbst kulminiert im Ehrgeiz. Jetzt ist er ja König geworden, und doch, indem er über seine Sünde und an der Realität der Reue verzweifelt, an der Gnade, hat er auch sich selbst verloren, er kann auch nicht sich selbst oben halten, und er ist gerade soweit entfernt, sein Selbst im Ehrgeiz genießen zu können, wie er davon entfernt ist die Gnade zu ergreifen.

—

Im Leben [soweit da Verzweiflung über die Sünde im Leben vorkommt; aber in jedem Falle gibt es etwas, was die Menschen so nennen] betrachtet man meist diese Verzweiflung über die Sünde falsch, vermutlich weil man in der Welt gewöhnlich nur mit Leichtsinn, Gedankenlosigkeit und reinem Geschwätz zu tun hat, und daher geradezu ganz feierlich wird, und ehrerbietig den Hut vor jeder Bemerkung von etwas Tieferem abnimmt. Entweder in verwirrter Unklarheit über sich selbst und seine Bedeutung oder mit einem Anstrich von Heuchelei oder mit Hilfe von Schlauheit und Sophistik, die alle Verzweiflung mit sich selbst treibt, ist die Verzweiflung über die Sünde nicht abgeneigt, sich den Schein zu geben, etwas Gutes zu sein. Sie soll dann ein Ausdruck dafür sein, daß es sich um eine tiefere Natur handelt, die sich daher ihre Sünde so zu Herzen nimmt. Ich möchte ein Beispiel anführen. Wenn ein Mensch, der dieser oder jener Sünde verfallen ist, aber dann für längere Zeit der Versuchung Widerstand geleistet und gesiegt hat – wenn er einen Rückfall erleidet und wieder der Versuchung erliegt: so ist die Verstimmung, die eintritt, keineswegs immer Trauer über die Sünde. Es kann vieles andere sein; es kann als Schicksalsschlag auch eine Verbitterung gegen die Fügung sein, als wäre sie es, die ihn in Versuchung fallen ließ, als hätte sie nicht so hart gegen ihn sein dürfen, da er nun seit längerer Zeit siegreich der Versuchung widerstanden hatte. Aber jedenfalls ist es ganz nach Art von Frauenzimmern, diesen Kummer ohne weiteres für gut zu halten, gar nicht auf die Doppelzüngigkeit zu achten, die in aller Leidenschaft liegt, worin wiederum das Ominöse liegt, welches dazu führen kann, daß der Leidenschaftliche bisweilen fast zum Wahnsinnigwerden hinterher versteht, daß er das Gegenteil von dem gesagt hat, was er zu sagen meinte. Ein solcher Mensch versichert vielleicht in stärkeren und stärkeren Ausdrücken, wie sehr es ihn peinige und plage, dieser Rückfall, wie sehr es ihn zur Verzweiflung bringe, »ich vergebe es mir selber nie«, sagte er. Und all das soll ein Ausdruck dafür sein, wieviel Gutes in ihm wohnt, eine wie tiefe Natur er ist. Das ist eine Mystifikation. Ich ließ absichtlich in die Darstellung ein Stichwort einfließen: »ich vergebe es mir selber nie«, ein Wort, das man besonders häufig in solchen Verbindungen hören kann. Und gerade an diesem Wort kann man sich auch zugleich dialektisch zurechtfinden. Er vergibt es sich selber nie – aber falls nun Gott es ihm vergeben wollte, dann könnte er ja doch wohl die Güte haben, sich selbst zu vergeben. Nein, seine Verzweiflung über die Sünde, und je mehr er in Leidenschaft ihr rasend Ausdruck verleiht, womit er [woran er am wenigsten denkt] sich selber anzeigt, wenn er »niemals sich selber vergeben will«, daß er so sündigen konnte [denn solche Rede ist fast genau das Gegenteil von bußfertiger Zerknirschung, die Gott um Vergebung bittet], ist recht weit davon entfernt, eine Bestimmung des Guten zu sein; sie ist intensivere Bestimmung von Sünde, deren Intensität Vertiefung in Sünde ist. Die Sache ist die, er ist in der Zeit, in der er der Versuchung siegreich Widerstand geleistet hat, sich selbst in den eigenen Augen besser erschienen, als er wirklich ist, er ist stolz auf sich selbst geworden. Dieses Interesse des Stolzes ist es nun, daß das Vergangene etwas gänzlich Zurückgelassenes sein soll. Aber im Rückfall wird das Vergangene plötzlich wieder ganz gegenwärtig. Diese Erinnerung kann sein Stolz nicht ertragen, und darum diese tiefe Betrübnis und so weiter. Aber die Richtung der Betrübnis führt offenbar von Gott weg, eine verborgene Selbstliebe und Hoffart, statt demütig damit zu beginnen, demütig Gott zu danken, daß er ihm so lange doch geholfen habe, der Versuchung zu widerstehen, vor Gott und sich selbst bekennend, daß es schon weit mehr ist als er verdient hatte, und sich so unter der Erinnerung, wie er gewesen war, zu demütigen.

Hier, wie alle Wege, ist, was die alten Erbauungsschriften erläutern, so tief, so erfahren, so wegweisend. Sie lehren, daß Gott es zuweilen zulasse, daß der Glaubende strauchle und in eine oder andere Versuchung falle – gerade um ihn zu demütigen und dadurch stärker im Guten zu festigen; der Gegensatz zwischen dem Rückfall und dem

---

1 Man bemerke den Unterschied, *über* seine Sünde verzweifeln;

vielleicht bedeutenden Fortschritt im Guten ist so demütigend, die Identität mit sich selbst so schmerzlich. Je besser ein Mensch ist, desto tiefer schmerzt natürlicherweise die einzelne Sünde, und desto gefährlicher, wenn er die Schwenkung nicht richtig macht, gefährlich schon das kleinste bißchen Ungeduld. Er kann vielleicht vor Kummer in die finsterste Schwermut sinken – und ein Narr von Seelsorger wäre nicht weit davon entfernt, seine tiefe Seele zu bewundern, und welche Macht das Gute in ihm habe – als sei dies vom Guten. Und seine Frau, ja, die fühlt sich tief gedemütigt im Vergleich mit einem so ernsthaften und heiligen Mann, der so über die Sünde traurig sein kann. Vielleicht ist auch seine Rede noch irreführender, er sagt vielleicht nicht: ich kann es mir selbst nie vergeben [als habe er sich vielleicht früher selbst die Sünden vergeben; eine Gotteslästerung], nein, er redet davon, daß Gott ihm das niemals vergeben kann. Ach, und das ist nur eine Mystifikation. Seine Sorge, seine Bekümmerung, seine Verzweiflung sind selbstisch [gleich wie die Angst vor der Sünde, die zuweilen einen Menschen fast in Sünde hinein ängstigt, weil sie Selbstliebe ist, die auf sich selbst stolz sein möchte, ohne Sünde zu sein] – und des Trostes bedarf er am wenigsten, weswegen auch die ungeheuren Quantitäten von Trostgründen, die die Seelsorger verordnen, nur die Krankheit schlimmer machen.

b

Die Sünde, an[1] der Vergebung der Sünden zu verzweifeln [Ärgernis]

Die Potenzierung im Selbstbewußtsein ist hier das Wissen um Christus, ein Selbst Christus gegenüber gestellt. Zuerst kam [im vorangegangenen Abschnitt] die Un-

---

und *an* der Vergebung der Sünden verzweifeln.

wissenheit darüber, ein ewiges Selbst zu haben; dann das Wissen davon, ein Selbst zu haben, worin doch etwas Ewiges ist. Darauf wurde gezeigt [beim Übergang zum zweiten Abschnitt], daß dieser Unterschied wie folgt zu fassen sei: das Selbst, das eine menschliche Vorstellung von sich selbst hat, oder dessen Maß der Mensch ist. Der Gegensatz hierzu war: ein Selbst gegenüber Gott, und dies wurde der Definition von Sünde zugrunde gelegt. Nun kommt ein Selbst Christus gegenüber – ein Selbst, das doch verzweifelt nicht es selbst sein will oder verzweifelt es selbst sein will. Denn die Verzweiflung an der Vergebung der Sünden muß entweder auf die eine oder die andere Formel für Verzweiflung zurückzuführen sein, auf die der Schwachheit oder des Trotzes; die der Schwachheit, die geärgert nicht zu glauben wagt, die des Trotzes, die geärgert nicht glauben will. Nur ist Schwachheit und Trotz hier [da es ja nicht ohne weiteres darum geht, er selbst zu sein, sondern, er selbst unter der Bestimmung Sünder zu sein, also er selbst unter der Bestimmung seiner Unvollkommenheit] das Umgekehrte als sonst. Sonst heißt Schwachheit: verzweifelt nicht er selbst sein wollen. Hier ist das Trotz; denn hier ist es ja Trotz, nicht der selbst sein zu wollen, der man ist, der Sünder, und aus diesem Grunde die Vergebung der Sünden entbehren zu wollen. Sonst ist Trotz: verzweifelt er selbst sein zu wollen. Hier ist es Schwachheit, verzweifelt er selbst sein zu wollen, Sünder zu sein, so, daß es keine Vergebung gibt. Ein Selbst Christus gegenüber ist ein potenziertes Selbst durch das ungeheure Zugeständnis Gottes, potenziert durch den ungeheuren Nachdruck, der dadurch auf es fällt, daß Gott um der Schuld des Selbst willen sich gebären ließ, Mensch wurde, litt und starb. Wie im Vorangegangenen gesagt wurde: je mehr Gottesvorstellung, um so mehr Selbst, so gilt hier: je mehr Vorstellung von Christus, um so mehr Selbst. Ein Selbst ist qualitativ, was sein Maßstab ist. Daß Christus der Maßstab ist, ist der von Seiten Gottes nachdrücklichste Ausdruck zur Bekundung dessen, welche ungeheure Realität ein Selbst hat; denn erst in Christo ist es wahr, daß Gott des Menschen Ziel und Maßstab oder Maßstab und Ziel ist. – Aber je mehr Selbst, um so intensiver auch die Sünde.

Auch von einer anderen Seite her kann die Potenzierung in der Sünde aufgezeigt werden. Sünde war Verzweiflung; die Potenzierung war Verzweiflung über die Sünde. Aber nun bietet Gott den Vergleich in der Sündenvergebung an. Doch der Sünder verzweifelt, und die Verzweiflung erfährt einen noch tieferen Ausdruck; er verhält sich nun auf eine Weise zu Gott, und doch ist er gerade, weil er noch weiter entfernt ist, noch intensiver versunken in Sünde. Indem der Sünder an der Vergebung der Sünden verzweifelt, ist es ja fast, als gehe er auf Gott unmittelbar zu, es klingt ja dialogisch, dieses: »Nein, es gibt keine Vergebung der Sünden, es ist eine Unmöglichkeit«; das sieht wie ein Handgemenge aus. Aber dennoch muß der Mensch sich eine qualitative Entfernung von Gott schaffen, um das sagen zu können, und damit es gehört werden kann, und um so cominus kämpfen zu können, muß er eminus sein; so wunderlich ist der Geisteszustand im akustischen Sinne konstruiert, so wunderlich sind die Distanzverhältnisse angelegt. Soweit wie möglich muß ein Mensch von Gott entfernt sein, um das Nein hören zu können, der doch in einer Weise Gott zuleibe rücken will; die größtmögliche Zudringlichkeit gegen Gott geschieht am weitesten entfernt; um gegen Gott zudringlich zu sein, muß man weit weggehen; ist man ihm näher, kann man nicht zudringlich werden, und ist man zudringlich, ist man eo ipso, bedeutet es, daß man weit entfernt ist. Oh, menschliche Ohnmacht gegenüber Gott! Wenn man gegen eine hochgestellte Person zudringlich ist, kann man vielleicht zur Strafe weit von ihr weggeschafft werden; aber um gegen Gott zudringlich werden zu können, muß man weit von ihm weggehen.

Im Leben wird diese Sünde meistens verkehrt betrachtet [an der Sündenvergebung zu verzweifeln], besonders seit man das Ethische abgeschafft hat, so daß man selten oder überhaupt kein gesundes ethisches Wort mehr hört. Ästhetisch-metaphysisch wird es als ein Zeichen einer tiefen Natur honoriert, an der Vergebung der Sünden zu verzweifeln, ungefähr wie wenn man es als ein Zeichen für eine tiefere Natur bei einem Kinde ansehen würde, daß es unartig ist. Überhaupt ist es nicht zu glauben, welche Konfusion in das Religiöse gekommen ist, seit man im Verhältnis des Menschen zu Gott das »Du sollst« abgeschafft hat, das das einzige Regulativ ist. Dieses »Du sollst« muß in jeder Bestimmung des Religiösen mit dabei sein; statt dessen hat man abenteuerlich die Gottesvorstellung oder die Vorstellung von Gott als ein Ingredienz in der menschlichen Wichtigkeit dazu gebraucht, sich selbst Gott gegenüber wichtig zu werden. Wie man im Staatsleben sich dadurch selbst wichtig wird, daß man zur Opposition gehört, und wohl zuletzt wünscht, daß eine Regierung dafür da ist, um doch etwas zu haben, wogegen man opponieren kann; so will man schließlich Gott nicht abschaffen – nur um sich selbst noch wichtiger zu werden dadurch, daß man in Opposition steht. Und all dies, was in alten Zeiten mit Schaudern als Ausdruck gottloser Aufsäßigkeit betrachtet wurde, das gilt nun als genial, als Zeichen einer tiefen Natur. »Du sollst *glauben*«, hieß es in alten Tagen, kurz und gut, so nüchtern wie möglich – nun ist es genial und Zeichen von einer tiefen Natur, nicht zu können. »Du sollst an die Vergebung der Sünden glauben«, hieß es, und als einzigen Kommentar zu diesem Text hieß es: »Du wirst ein Unglück erleiden, wenn du es nicht kannst; denn was man soll, das kann man« – nun ist es genial und Zeichen von einer tiefen Natur, es nicht glauben zu können. Vortreffliches Resultat, zu dem es die Christenheit gebracht hat!

Hörte man vom Christentum kein Wort, so würden die

Menschen wohl nicht, wie es das Heidentum auch nie gewesen ist, so eingebildet sein; aber dadurch, daß die christlichen Vorstellungen so unchristlich in der Luft liegen, werden diese zur potenziertesten Naseweisheit benutzt, falls sie nicht in einer anderen, aber ebenso frechen Weise mißbraucht werden. Denn ist es nicht epigrammatisch genug, daß es doch noch nicht im Heidentum Sitte war zu fluchen, während es aber im Christentum recht eigentlich zu Hause ist; daß das Heidentum mit einem gewissen Horror, mit Scheu vor dem Mysteriösen, meist mit großer Feierlichkeit den Namen Gottes nannte, während in der Christenheit wohl Gottes Namen das Wort ist, das am meisten in der täglichen Rede vorkommt, und unbedingt das Wort, das am wenigsten bedacht und am fahrlässigsten gebraucht wird, weil der arme offenbare Gott [der unvorsichtig und unklug genug war, statt sich verborgen zu halten, wie es sonst immer die Vornehmheit tut, offenbar zu werden] eine von der ganzen Bevölkerung nur allzu bekannte Persönlichkeit geworden ist, der man schon einen überaus großen Dienst erweist, indem man gelegentlich in die Kirche geht, wofür man auch vom Pfarrer gelobt wird, der einem im Namen Gottes für die Ehre des Besuches dankt, einen mit dem Titel »fromm« beehrt und ein wenig dafür gegen jene stichelt, die niemals Gott die Ehre erweisen, in die Kirche zu kommen.

Die Sünde, an der Vergebung der Sünden zu verzweifeln, ist *Ärgernis*. Darin hatten die Juden vollkommen recht, daß sie sich an Christus ärgerten, weil er Sünden vergeben wollte. Es gehört ein besonders hoher Grad von Geistlosigkeit dazu [das heißt der, den man gewöhnlich in der Christenheit findet], um, wenn man kein Glaubender ist [und in solchem Falle glaubt man ja, daß Christus Gott war] nicht daran Ärgernis zu nehmen, daß ein Mensch Sünden vergeben will. Und dann gehört noch eine ganz besondere Geistlosigkeit dazu, nicht daran Ärgernis zu nehmen, daß Sünde vergeben werden kann. Das ist für den menschlichen Verstand das Unmöglichste von allem – ohne daß ich es als Genialität anpriese, es nicht glauben zu können; denn es *soll* geglaubt werden. Im Heidentum konnte diese Sünde natürlicherweise sich nicht finden. Hätte der Heide [was er gar nicht konnte, weil ihm die Gottesvorstellung fehlte] die wahre Vorstellung von Sünde haben können: weiter als über seine eigene Sünde zu verzweifeln, hätte er nicht kommen können. Ja, was mehr ist [und hierin liegt all das Zugeständnis, das man dem menschlichen Verstand und Denken machen kann], man müßte den Heiden preisen, der wirklich soweit kam, nicht über die Welt zu verzweifeln, nicht über sich selbst im allgemeineren Sinne, sondern über seine Sünde[1]. Dazu gehören, menschlich gesprochen, sowohl Tiefsinn als auch ethische Bestimmungen. Weiter kann kein Mensch als solcher kommen, und selten genug kam einer soweit. Aber christlich ist alles verändert; denn du sollst an die Vergebung der Sünden glauben.

Und wo befindet sich die Christenheit im Hinblick auf die Vergebung der Sünden? Ja, der Zustand der Christenheit ist eigentlich Verzweiflung an der Vergebung der Sünden; das muß jedoch so verstanden werden: es ist soweit zurück, daß der Zustand nicht einmal als solcher offenbar ist. Man ist noch nicht bis zum Bewußtsein von der Sünde gekommen, man kennt nur die Art Sünden, die das Heidentum auch kannte, und lebt glücklich und wohl in heidnischer Sicherheit. Aber, da man in der Chri-

---

1 Man wird bemerken, daß so die Verzweiflung über die Sünde hier dialektisch in Richtung auf den Glauben aufgefaßt ist. Daß dies Dialektische da ist [ob auch diese Schrift die Verzweiflung nur als Krankheit behandelt], darf nie vergessen werden; es liegt ja darin, daß die Verzweiflung auch das erste Moment im Glauben ist. Wenn hingegen die Richtung vom Glauben, vom Gottesverhältnis wegführt, so ist Verzweiflung über die Sünde die neue Sünde. Im Geistesleben ist alles dia-

stenheit lebt, geht man weiter als das Heidentum, man geht hin und bildet sich ein, daß diese Sicherheit – ja, das kann in der Christenheit nicht anders sein – das Bewußtsein von der Vergebung der Sünden sei, worin die Pfarrer die Gemeinde bestärken.

Das Grundunglück der Christenheit ist eigentlich das Christentum, daß die Lehre vom Gott-Menschen [christlich verstanden wohl zu merken im Paradox und in der Möglichkeit des Ärgernisses gesichert] dadurch, daß sie immer und immer wieder gepredigt, eitel aufgefaßt wird, daß der Qualitätsunterschied zwischen Gott und Mensch pantheistisch [erst vornehm spekulativ, dann pöbelhaft auf Straßen und Gassen] aufgehoben wird. Nie hat irgendwann eine Lehre auf Erden Gott und Mensch wirklich so nah zusammengebracht wie das Christentum; das konnte auch nicht geschehen, nur Gott selber konnte es tun, jede menschliche Erfindung bliebe doch ein Traum, eine unsichere Einbildung. Aber niemals hat sich auch eine Lehre so sorgfältig gegen die scheußlichste aller Gotteslästerungen gewehrt, die, nachdem Gott diesen Schritt getan hat, darin besteht, daß es eitel so verstanden werden sollte, als laufe es doch auf das eine hinaus: Gott und Mensch – nie hat sich irgendeine Lehre so dagegen gewehrt wie das Christentum, das sich mit Hilfe des Ärgernisses wehrte. Wehe den schlaffen Rednern, wehe den leichtfertigen Denkern und wehe, wehe dem ganzen Anhang, der von ihnen gelernt und sie gepriesen hat!

Soll Ordnung im Dasein gehalten werden – und das will

---

lektisch, und das Ärgernis ist ja somit, als aufgehobene Möglichkeit, ein Moment im Glauben; das Ärgernis aber, mit der Richtung vom Glauben weg, ist Sünde. Man kann es einem Menschen zur Last legen, daß er sich am Christentum nicht einmal ärgern kann. Wenn man so redet, redet man ja, als ob es etwas Gutes daran wäre, sich zu ärgern. Und andererseits muß man ja sagen, daß es eben Sünde ist, Ärgernis zu nehmen.

doch Gott, denn er ist kein Gott der Verwirrung –, so muß zuerst darauf geachtet werden, daß jeder Mensch ein einzelner Mensch ist, sich bewußt wird, ein einzelner Mensch zu sein. Erhalten die Menschen erst die Erlaubnis zu dem zusammenzulaufen, was Aristoteles die Tierbestimmung nennt: zur Menge; wird darnach dieses Abstraktum [statt daß es weniger als nichts ist, weniger als der geringste einzelne Mensch] doch für etwas gehalten: so dauert es nicht lange, bis dieses Abstraktum Gott wird. Und so, so stimmt es ja philosophisch mit der Lehre vom Gott-Menschen überein. Wie man in den Staaten gelehrt hat, daß die Menge dem König imponiere und die Zeitungen den Regierungsräten, so entdeckt man schließlich, daß summa summarum alle Menschen Gott imponieren. Dies wird so die Lehre vom Gott-Menschen genannt, oder daß Gott und Mensch idem per idem sei. Es versteht sich, daß manche Philosophen, die diese Lehre vom Übergewicht der Generation über das Individuum mit verbreitet haben, sich mit Ekel abwenden, wenn ihre Lehre so tief gesunken ist, daß der Pöbel zum Gott-Menschen wird. Aber diese Philosophen vergessen, daß es doch ihre Lehre ist; sie übersehen, daß sie nicht wahrer war, als die Vornehmen sie annahmen, als die Elite der Vornehmen oder ein ausgewählter Kreis von Philosophen sich für die Inkarnation hielten.

Das will heißen, die Lehre vom Gott-Menschen hat die Christenheit frech gemacht. Es sieht fast so aus, als sei Gott zu schwach gewesen. Es ist, als sei es ihm wie dem Gutmütigen ergangen, der zu große Zugeständnisse macht und so mit Undankbarkeit belohnt wird. Gott ist es, der die Lehre vom Gott-Menschen erfand, und nun hat die Christenheit das frech umgedreht und duzt Gott als Verwandten, so daß das Zugeständnis, das Gott gemacht hat, ungefähr das bedeutet, was es in diesen Zeiten bedeutet, daß ein König eine freiere Verfassung gibt – und man weiß zur Genüge, was es bedeutet, »dazu war er doch wohl genötigt«. Es ist, als sei Gott in Verlegenheit gekommen; es ist, als habe der Kluge recht, wenn er zu Gott sagte: Du bist selbst schuld daran, warum hast du dich soweit mit dem Menschen eingelassen! Es wäre ja doch niemals irgendeinem Menschen eingefallen, nie in eines Menschen Herz gekommen, daß diese Gleichheit zwischen Gott und Mensch sein sollte. Du selbst warst es, der es verkündigen ließ, nun erntest du die Frucht.

Doch das Christentum hat sich von Anfang an gesichert. Es beginnt mit der Lehre von der Sünde. Die Kategorie der Sünde ist die Kategorie der Einzelheit. Die Sünde läßt sich gar nicht spekulativ denken. Der einzelne Mensch liegt nämlich unterhalb des Begriffes; man kann nicht einen einzelnen Menschen denken, sondern nur den Begriff Mensch. – Deshalb ist die Spekulation sogleich auf die Lehre von der *Übermacht* der Generation über das Individuum gekommen; denn daß die Spekulation die *Ohnmacht* des Begriffs im Verhältnis zur Wirklichkeit anerkennen sollte, ist nicht zu verlangen. – Aber wie man nicht einen einzelnen Menschen denken kann, so auch nicht einen einzelnen Sünder; man kann die Sünde denken [dann wird sie die Negation], aber nicht einen einzelnen Sünder. Doch gerade darum kann es auch nicht Ernst mit der Sünde werden, wenn sie nur gedacht werden soll. Denn der Ernst besteht gerade darin, daß du und ich Sünder sind; der Ernst ist nicht die Sünde überhaupt, sondern der Nachdruck des Ernstes liegt auf dem Sünder, der der Einzelne ist. Im Verhältnis zum »einzelnen Menschen« muß die Spekulation, wenn sie konsequent ist, eigentlich sehr geringschätzen, daß einer ein einzelner Mensch ist oder etwas ist, was nicht gedacht werden kann; sie müßte, wenn sie etwas in dieser Richtung tun wollte, zum Einzelnen sagen: »Ist das etwas, um damit Zeit zu vertreiben, so sieh zu, vor allem das zu vergessen, daß ein einzelner Mensch zu sein nichts sein heißt, denke

– so bist du die ganze Menschheit, cogito ergo sum. Vielleicht dürfte doch auch dies Lüge sein, dagegen der einzelne Mensch und ein einzelner Mensch zu sein das Höchste. Doch laß es nun sein, wie es will. Aber ganz konsequent müßte die Spekulation auch sagen: ein einzelner Sünder zu sein, das heißt nichts sein, es liegt unterhalb des Begriffes, vergeude damit nicht die Zeit und so weiter. Und was dann weiter, soll man so vielleicht statt ein einzelner Sünder zu sein [gleich wie wenn man aufgefordert würde, statt ein einzelner Mensch zu sein, den Begriff Mensch zu denken] die Sünde denken? Und was dann weiter, wird man so vielleicht dadurch, daß man die Sünde denkt, selbst »die Sünde« – cogito ergo sum? Ein vortrefflicher Vorschlag! Inzwischen braucht man nicht zu fürchten, so zur Sünde zu werden, zur – reinen Sünde; denn die Sünde läßt sich überhaupt nicht denken. Dies müßte doch wohl die Spekulation selbst zugeben, da die Sünde ja der Abfall vom Begriff ist. Um aber nicht länger e concessis zu disputieren – die Schwierigkeit ist hauptsächlich eine andere. Die Spekulation nimmt sich nicht davor in acht, daß im Verhältnis zur Sünde das Ethische hinzugehört, welches immer umgekehrt von der Spekulation pointiert wird und gerade den entgegengesetzten Schritt tut; denn das Ethische abstrahiert nicht von der Wirklichkeit, sondern, vertieft in die Wirklichkeit, operiert es wesentlich mit Hilfe der spekulativ übersehenen und verachteten Kategorie: der Einzelheit. Sünde

---

1 Die Lehre von der Sünde des Geschlechtes ist oft mißbraucht worden, weil man nicht darauf aufmerksam war, daß die Sünde, obwohl sie für alle gemeinsam ist, die Menschen nicht in einen gemeinsamen Begriff zusammenfaßt, in Gesellschaft oder Kompagnie [»so wenig wie draußen auf dem Kirchhof die Menge der Toten irgendeine Gesellschaft bilden«]; sondern die Menschen in Einzelne aufspaltet und jeden Einzelnen als Sünder festhält, welche Aufsplitterung in einem anderen Sinne sowohl in Übereinstimmung mit der Vollkommenheit

ist eine Bestimmung des Einzelnen; es ist Leichtfertigkeit und neue Sünde, zu tun als wäre es nichts, ein einzelner Sünder zu sein – wenn man selbst dieser einzelne Sünder ist. Hier schlägt das Christentum zu, schlägt ein Kreuz vor der Spekulation; es ist der Spekulation gerade so unmöglich aus dieser Schwierigkeit herauszukommen wie für ein Segelschiff, gegen starken Gegenwind zu segeln. Der Ernst der Sünde ist ihre Wirklichkeit im Einzelnen, ob du es bist oder ich, spekulativ soll man vom Einzelnen absehen: also kann man nur leichtsinnig spekulativ von der Sünde reden. Die Dialektik der Sünde läuft derjenigen der Spekulation genau entgegen.

Hier beginnt das Christentum mit der Lehre von der Sünde, und also mit dem Einzelnen[1]. Denn wohl ist es das Christentum, das dies vom Gott-Menschen gelehrt hat, von der Gleichheit zwischen Gott und Mensch; aber es ist ein großer Hasser leichtfertiger oder naseweiser Zudringlichkeit. Durch die Lehre von der Sünde und vom einzelnen Sünder hat Gott und Christus ein für allemal, ganz anders als irgendein König, sich gesichert gegen das Volk und die Leute und die Menge, das Publikum und so weiter und so weiter, item gegen jede Forderung nach einer freieren Verfassung. Alle jene Abstrakta sind vor Gott gar nicht da; vor Gott in Christo leben lauter einzelne Menschen [Sünder] – doch kann Gott das Ganze gut überblicken, er kann sich obendrein der Sperlinge annehmen. Gott ist überhaupt ein Freund der Ordnung; und

---

des Daseins ist als auch teleologisch in Richtung auf dieselbe. Darauf ist man nicht aufmerksam gewesen und hat das gefallene Geschlecht ein für allemal durch Christus wieder gut werden lassen. Und so ist man doch wieder Gott mit einem Abstraktum auf den Hals gerückt, das, als Abstraktum, in näherer Verwandtschaft mit ihm stehen will. Aber das ist ein Deckmantel, der die Menschen bloß frech macht. Wenn sich nämlich »der Einzelne« mit Gott verwandt fühlen soll [und das ist die Lehre des Christentums], so muß er auch den gan-

darum ist er selbst an jedem Punkt zugegen, in jedem Augenblick [was im Lehrbuch als einer der Titel aufgeführt wird, mit denen Gott genannt wird, und an welche die Menschen zwischenhinein einmal ein wenig denken, aber wohl nie den Versuch machen, jeden Augenblick daran zu denken], er ist allgegenwärtig. Sein Begriff ist nicht wie der des Menschen, unter den das Einzelne als das fällt, was im Begriff nicht aufgehen kann, sein Begriff umfaßt alles, und in einem anderen Sinne entspricht ihm kein Begriff. Gott hilft sich nicht mit einer Abbreviatur, er begreift [comprehendit] die Wirklichkeit selbst, all das Einzelne; für ihn liegt der Einzelne nicht unterhalb des Begriffes.

Die Lehre von der Sünde, davon daß du und ich Sünder sind, eine Lehre, die die »Menge« unbedingt aufsplittert, befestigt nun den Qualitätsunterschied zwischen Gott und Mensch so tief, wie er niemals befestigt wurde – denn dies vermag wiederum nur Gott; Sünde ist ja: *vor Gott* und so weiter. In nichts ist ein Mensch so verschieden von Gott wie darin, daß er, und das heißt jeder Mensch, ein Sünder ist, und es »vor Gott« ist, wodurch ja die Gegensätze in doppeltem Sinne zusammengehalten werden; sie werden zusammengehalten [continentur], sie dürfen nicht auseinanderfallen; aber weil sie so zusammenhalten, zeigt sich desto stärker die Verschiedenheit, wie wenn man davon spricht, daß zwei Farben zusammenhalten, opposita juxta se posita magis illucescunt. Sünde ist das einzige von all dem, was sonst von einem

---

zen Druck davon in Furcht und Zittern erfahren; er muß, wenn es nicht eine alte Entdeckung wäre, die Möglichkeit des Ärgernisses entdecken. Soll aber der Einzelne durch ein Abstraktum zu dieser Herrlichkeit kommen, so wird die Sache viel zu leicht und ist im Grunde eitel genommen. Der Einzelne erfährt dann nicht den ungeheuren Druck von Gott, der ebenso in Demütigung tief bedrückt wie daraus erhebt, der Einzelne bildet sich ein, alles ohne weiteres zu haben dadurch,

Menschen ausgesagt wird, was man auf keine Weise, weder via negationis noch via eminentiae, von Gott aussagen kann. Von Gott aussagen [im selben Sinne wie daß er nicht endlich sei, also via negationis, daß er unendlich sei], daß er kein Sünder sei, ist Gotteslästerung.

Als Sünder ist der Mensch von Gott durch abgründigste Tiefe der Qualität getrennt. Und selbstverständlich ist Gott wieder vom Menschen durch dieselbe abgründige Tiefe der Qualität getrennt, wenn er Sünden vergibt. Falls es sich nämlich sonst doch tun ließe, durch eine umgekehrte Art Akkommodation, das Göttliche auf das Menschliche zu übertragen: in einem wird es ewig niemals dazu kommen, Gott zu gleichen, im Vergeben der Sünden.

Hier liegt nun die äußerste Konzentration des Ärgernisses, welche die Lehre als notwendig erfunden hat, die gerade die Gleichheit zwischen Gott und Mensch gelehrt hat.

Aber Ärgernis ist die größtmögliche entscheidende Bestimmung der Subjektivität des einzelnen Menschen. Allerdings ist es nicht so unmöglich, ein Ärgernis ohne einen Geärgerten zu denken wie ein Flötenspiel, wenn kein Flötenspieler da ist; aber selbst das Denken muß doch gewiß zugeben, daß Ärgernis, noch mehr als Verliebtheit, ein unwirklicher Begriff ist, der erst wirklich wird, so oft einer da ist, ein Einzelner, der geärgert wird. Ärgernis verhält sich also zum Einzelnen. Und damit beginnt das Christentum, daß es jeden Menschen zu einem Einzelnen macht, einem einzelnen Sünder; und nun kon-

---

daß er an jenem Abstraktum partizipiert. Es ist mit dem Menschsein nicht so wie mit dem Tiersein, wo das Exemplar immer weniger ist als die Art. Der Mensch zeichnet sich vor den Tierarten nicht nur durch den Vorzug aus, der gewöhnlich genannt wird, sondern qualitativ dadurch, daß das Individuum, der Einzelne, mehr ist als die Art. Und diese Bestimmung ist wieder dialektisch; sie bedeutet, daß der Einzelne Sünder ist, aber wiederum so, daß es die Vollkommenheit ist, der Einzelne zu sein.

zentriert es alles, was Himmel und Erde von der Möglichkeit des Ärgernisses auftreiben kann [nur dafür sorgt Gott]: und das ist Christentum. Es sagt so zu jedem Einzelnen: du sollst glauben, das heißt, du sollst entweder geärgert werden oder du sollst glauben. Weiter kein Wort; da ist nichts weiter hinzuzufügen. »Nun habe ich gesprochen«, sagt Gott im Himmel, »in der Ewigkeit sprechen wir uns wieder. Du kannst in der Zwischenzeit tun, was du willst, aber das Gericht steht bevor.«

Ein Gericht! Ja, das haben wir Menschen ja gelernt, das lehrt ja die Erfahrung, daß, wenn auf einem Schiffe oder in einer Armee eine Meuterei ausbricht, der Schuldigen dann so viele sind, daß man die Bestrafung aufgeben muß; und wenn es das Publikum ist, das hochgeehrte gebildete Publikum oder das Volk, so ist es nicht nur kein Verbrechen, sondern laut Zeitung, auf die man bauen kann wie auf das Evangelium und die Offenbarung, Gottes Wille. Woher kommt das? Es kommt daher, daß der Begriff Gericht dem Einzelnen entspricht, man richtet nicht en masse; man kann Volk en masse totschlagen, es en masse bespritzen, ihm en masse schmeicheln, kurz, auf vielerlei Weise Volk wie Vieh behandeln; aber Volk wie Vieh richten kann man nicht, denn man kann Vieh nicht richten; ob man noch so viele richtet, wenn es Ernst und Wahrheit haben soll zu richten, wird jeder Einzelne gerichtet[1]. Wenn nun so viele Schuldige da sind, so läßt es sich menschlich nicht machen; darum gibt man das Ganze auf, man sieht ein, daß von irgendeinem Gericht keine Rede sein kann, es sind zu viele, um gerichtet werden zu können, man kann sie nicht fassen oder als Einzelne zu fassen suchen, darum muß man es aufgeben zu *richten*.

Und da man nun in unserer aufgeklärten Zeit, wo man alle anthropomorphistischen und anthropopathischen Vorstellungen von Gott unpassend findet, es doch nicht un-

---

1 Siehe darum ist Gott »der Richter«, weil für ihn keine Menge

passend findet, Gott zu denken als Richter, in Vergleich mit einem gewöhnlichen Amtsrichter oder General-Auditeur, der eine so weitläufige Sache nicht abwickeln kann – so schließt man, es wird in der Ewigkeit akkurat ebenso gehen. Laßt uns darum nur zusammenhalten, uns versichern, daß die Pfarrer auf diese Weise predigen. Und sollte ein Einzelner da sein, der anders zu reden wagte, ein Einzelner, der töricht genug wäre, sich selbst in Furcht und Zittern sein Leben bekümmert und verantwortlich zu machen, und so auch andere plagen wollte: dann wollen wir uns sichern und ihn für verrückt ansehen oder, falls es nötig würde, ihn totschlagen. Wenn wir bloß zu Vielen dabei sind, so ist das kein Unrecht. Es ist Nonsens und antiquiert, daß Viele Unrecht tun könnten; was die Vielen tun ist Gottes Wille. Vor dieser Weisheit, das wissen wir aus Erfahrung – denn wir sind keine unerfahrenen Jünglinge, wir werfen keine losen Worte hin, wir sprechen als Männer von Erfahrung – haben sich bislang alle Menschen gebeugt. Könige und Kaiser und Exzellenzen; mit Hilfe dieser Weisheit ist bislang allen unseren Kreaturen aufgeholfen worden: so muß auch Gott sich beugen lernen. Es gilt nur, daß wir zu Vielen werden, recht Viele, die zusammenhalten, wenn wir das tun, so sind wir gegen das Gericht der Ewigkeit gesichert. – Ja, sie wären gesichert, falls sie erst in der Ewigkeit Einzelne werden sollten. Aber sie waren und sind vor Gott beständig Einzelne; wer in einem Glasschrank sitzt, ist nicht so geniert wie jeder Mensch, der vor Gott durchsichtig ist. Das ist das Gewissensverhältnis. Mit Hilfe des Gewissens ist es so eingerichtet, daß der Rapport sofort auf jede Schuld folgt und daß der Schuldige es ist, der ihn selbst schreiben muß. Aber er wird mit sympathetischer Tinte geschrieben und wird dadurch erst recht deutlich, wenn er in der Ewigkeit vors Licht gehalten

---

da ist, sondern nur Einzelne.

wird, während die Ewigkeit die Gewissen prüft. Im Grunde kommt ein jeder in der Ewigkeit so an, daß er selbst die genaueste Anzeige über jede geringste Kleinigkeit mitbringt und abliefert, die er verbrochen oder unterließ. Daher könnte ein Kind in der Ewigkeit Gericht abhalten; für einen Dritten ist eigentlich nichts zu tun, alles, bis zum unbedeutendsten Wort, das gesprochen wurde, ist in Ordnung. Dem Schuldigen, der auf der Reise durchs Leben zur Ewigkeit ist, geht es, wie es jenem Mörder erging, der auf der Eisenbahn mit deren Geschwindigkeit vom Tatort flüchtete – und sein Verbrechen: ach, gerade unter dem Wagen, in dem er saß, lief der elektromagnetische Telegraph mit seinem Signalement und der Anweisung, ihn auf der ersten Station festzunehmen. Als er auf der Station ankam und aus dem Wagen stieg, war er Häftling – er hatte sozusagen die Anzeige selbst mitgebracht.

Also ist die Verzweiflung an der Vergebung der Sünden Ärgernis. Und Ärgernis ist Potenzierung der Sünde. Daran denkt man im allgemeinen gar nicht; man rechnet allgemein wohl das Ärgernis kaum zur Sünde, wovon man nicht redet, sondern man redet von Sünden, unter denen das Ärgernis keinen Platz findet. Noch weniger faßt man das Ärgernis als Potenzierung der Sünde auf. Das kommt daher, daß man nicht, christlich, den Gegensatz zwischen: Sünde–Glauben, sondern zwischen Sünde–Tugend setzt.

c

Die Sünde, das Christentum modo ponendo aufzugeben, es für Unwahrheit zu erklären

Dies ist Sünde wider den Heiligen Geist. Das Selbst ist hier am verzweifeltsten potenziert; es wirft nicht nur das ganze Christentum von sich, sondern macht es zu Lüge und Unwahrheit – welche ungeheuer verzweifelte Vor-

stellung von sich selbst muß in solcher Verfassung das Selbst haben!
Die Potenzierung der Sünde zeigt sich deutlich, wenn man die Sünde als einen Krieg zwischen Gott und Mensch auffaßt, in dem sich die Taktik verändert; die Potenzierung liegt im Übergang von der Defensive zur Offensive. Sünde ist Verzweiflung; hier wird evitierend gekämpft. So kam Verzweiflung über die eigene Sünde; da wird noch einmal evitierend gekämpft oder sich innerhalb seiner zurückgezogenen Stellung befestigend, aber beständig pedem referens. Nun wird die Taktik verändert; obwohl die Sünde sich mehr und mehr in sich selbst vertieft und sich so entfernt, kommt sie doch in einem anderen Sinne näher, wird mehr und mehr entschieden sie selbst. Verzweiflung an der Vergebung der Sünden ist eine bestimmte Position gegenüber einem Angebot von Gottes Barmherzigkeit; die Sünde ist nicht ganz die flüchtende, nicht nur defensiv. Aber die Sünde, das Christentum als Unwahrheit und Lüge aufzugeben, ist offensiver Krieg. Alles Vorangegangene macht doch in gewisser Weise seinem Widerpart das Zugeständnis, daß er der stärkere ist. Aber jetzt ist die Sünde angreifend. Sünde gegen den Heiligen Geist ist die positive Form des Geärgertseins.
Lehre des Christentums ist die Lehre vom Gott-Menschen, von der Verwandtschaft zwischen Gott und Mensch, aber wohlbemerkt so, daß die Möglichkeit des Ärgernisses, wenn ich so sagen darf, die Garantie ist, wodurch Gott sich sichert, daß der Mensch ihm nicht zu nahe kommen kann. Die Möglichkeit des Ärgernisses ist in allem Christlichen das dialektische Moment. Wird es fortgenommen, dann ist das Christliche nicht nur Heidentum, sondern etwas so Phantastisches, daß das Heidentum es für Gefasel erklären müßte. Gott so nahe zu sein, wie das Christentum es lehrt, daß der Mensch ihm nahe kommen kann und kommen darf und in Christo kommen

soll, ist niemals irgendeinem Menschen eingefallen: Soll das nun so wörtlich verstanden werden, so ganz ohne weiteres, ohne die geringste Reservation, völlig ungeniert, mutwillig: so ist das Christentum, wenn man die Dichtung der Heiden über die Götter menschlichen Wahnsinn nennen will, eines wahnsinnigen Gottes Erfindung; eine solche Lehre könnte nur einem Gott einfallen, der den Verstand verloren hat – so muß ein Mensch urteilen, der noch seinen Verstand bewahrt hat. Der inkarnierte Gott würde, wenn der Mensch so ohne weiteres mit ihm Kamerad sein sollte, ein Seitenstück zu Prinz Heinrich bei Shakespeare werden.

Gott und Mensch sind zwei Qualitäten, zwischen denen ein unendlicher Qualitätsunterschied ist. Jede Lehre, die diesen Unterschied übersieht, ist menschlich gesprochen wahnsinnig, göttlich verstanden, Gottes-Lästerung. Im Heidentum machte der Mensch Gott zum Menschen [Mensch–Gott]; im Christentum macht Gott sich zum Menschen [Gott–Mensch] – aber in dieser unendlichen Liebe seiner erbarmenden Gnade macht er doch eine Bedingung, er kann es nicht anders. Gerade das ist der Kummer in Christo, »er kann es nicht anders«; er kann sich selbst erniedrigen, eine Knechtsgestalt annehmen, leiden, sterben für die Menschen, alle einladen, zu ihm zu kommen, jeden Tag seines Lebens opfern – aber die Möglichkeit des Ärgernisses kann er nicht fortnehmen. Oh, einzige Tat der Liebe, oh, unergründlicher Kummer der Liebe, daß selbst Gott nicht kann – wie er auch in einem anderen Sinne wieder nicht will, nicht wollen kann – aber selbst wenn er wollte, es unmöglich tun kann, daß diese Tat der Liebe einem Menschen gerade zum Gegenteil werden kann, zum äußersten Elend! Denn das größtmögliche menschliche Elend, größer noch als die Sünde, ist, an Christus sich zu ärgern und im Ärgernis zu bleiben. Und dies kann Christus nicht, dies kann »die Liebe« nicht unmöglich machen. Sieh, darum sagt er: »Selig jener, der sich an mir nicht ärgert.« Mehr kann er nicht tun. Also kann er, das ist möglich, er kann durch seine Liebe dazu kommen, einen Menschen so elend zu machen, wie ein Mensch es niemals sonst werden könnte. Oh, unergründlicher Widerspruch in der Liebe! Aber dennoch kann er – aus Liebe es nicht über sein Herz bringen, das Werk der vollkommenen Liebe zu unterlassen; ach, wenn das dann einen Menschen doch so elend machte, wie er es sonst nie geworden wäre!

Laßt uns recht menschlich darüber reden. Oh, armselig ein Mensch, der nie den Drang verspürt hat zur Liebe, alles aus Liebe zu opfern, der das also nicht gekonnt hätte! Aber wenn er dann entdeckte, daß gerade diese seine Aufopferung aus Liebe, daß es möglich wäre, daß sie dem andern Menschen, dem Geliebten, zum größten Unglück werden könnte: was dann? Dann verlöre entweder die Liebe in ihm ihre Spannkraft, von einer Lebenskraft sänke sie zusammen zu einem verschlossenen Grübeln wehmütigen Gefühls; er ließe von der Liebe ab, er wagte nicht, dieses Werk der Liebe zu tun, er sänke hin, nicht unter dem Gewicht der Tat, sondern unter dem Gewicht jener Möglichkeit. Denn, wie ein Gewicht unendlich viel schwerer wird, wenn es am Ende einer Stange angebracht wird und der Tragende es am entgegengesetzten Ende halten soll, so wird jede Tat unendlich schwerer, wenn sie dialektisch wird, und am schwersten, wenn sie sympathetisch-dialektisch wird, so daß, was die Liebe anspornt, für den Geliebten zu tun, in einem anderen Sinne die Fürsorge für den Geliebten wieder abzuraten scheint. – Oder die Liebe siegte, und er wagte es aus Liebe. Oh, aber in der Freude der Liebe [wie die Liebe immer froh ist, vor allem, wenn sie alles opfert] war doch ein tiefer Kummer – denn es wäre ja möglich! Sieh, darum vollbrachte er diese Tat seiner Liebe, er brachte das Opfer [über das er, was ihn betraf, jubelte] nicht ohne Tränen: es schwebt über diesem, wie soll ich es nennen, diesem

Historiengemälde der Innerlichkeit, jene düstere Möglichkeit. Und doch, wenn dies nicht darüber geschwebt hätte, wäre seine Tat nicht die der wahren Liebe gewesen. – Oh, mein Freund, was hast du wohl im Leben versucht! Strenge dein Hirn an, reiß jedes Bedenken fort und lege die viscera des Gefühls in deiner Brust bloß, schleife jede Befestigung, die dich von dem trennt, was du liest, und dann lies Shakespeare – und du sollst schaudern vor den Kollisionen. Aber die eigentlich religiösen Kollisionen scheinen selbst Shakespeare zurückgeschreckt zu haben. Vielleicht lassen sich diese auch nur in der Sprache der Götter ausdrücken. Und diese Sprache kann kein Mensch sprechen; denn, wie schon ein Grieche so schön gesagt hat: von Menschen lernt der Mensch reden, von den Göttern schweigen.

Daß nun der unendliche Qualitätsunterschied zwischen Gott und Mensch besteht, ist die Möglichkeit des Ärgernisses, die nicht hinweggenommen werden kann. Aus Liebe wird Gott Mensch; er sagt: sieh hier, was es heißt, Mensch zu sein; aber, fügt er hinzu, oh, nimm dich in acht, denn ich bin zugleich Gott – selig, wer sich an mir nicht ärgert. Er nimmt als Mensch eine geringe Knechtsgestalt an, er drückt es aus, ein geringer Mensch zu sein, damit kein Mensch meinen soll, ausgeschlossen zu sein, oder meine, daß es das menschliche Ansehen und das Ansehen unter den Menschen sei, das einen näher zu Gott bringe. Nein, er ist der geringe Mensch. Sieh hier hin, sagt er, und überzeuge dich davon, was es heißt, Mensch zu sein; oh, aber nimm dich in acht, denn ich bin zugleich Gott –

---

1 Und das ist nun fast überall in der Christenheit der Fall, die, wie es scheint, *entweder* ganz ignoriert, daß Christus es selbst ist, der so eindringlich, so inständig vor dem Ärgernis warnte, noch gegen Ende seines Lebens, sagen seine treuen Apostel, die ihm von Anbeginn gefolgt waren und um Seinetwillen alles verlassen hatten: *oder* sie hält es wohl im stillen für eine Art

selig, wer sich an mir nicht ärgert. Oder umgekehrt: »Der Vater und ich sind eins, doch bin ich dieser einzelne, geringe Mensch, arm, verlassen, in die Gewalt der Menschen gegeben – selig, wer sich an mir nicht ärgert. Ich, dieser geringe Mensch, bin es, der macht, daß Taube hören, Blinde sehen, Lahme gehen, Aussätzige rein werden, Tote auferstehen – selig, wer sich an mir nicht ärgert.«

Unter Verantwortung an höchster Stelle erdreiste ich mich, zu sagen, daß dieses Wort: selig, wer sich an mir nicht ärgert, mit zur Verkündigung Christi gehört, wenn auch nicht in der gleichen Weise wie die Einsetzungsworte beim Abendmahl, so doch wie die Worte: jeder prüfe sich selbst. Es sind Christi eigene Worte, und sie müssen, besonders in der Christenheit, immer und immer wieder eingeschärft werden, wiederholt, jedem besonders gesagt werden. Überall[1] wo diese Worte nicht mitklingen, oder in jedem Falle, wo die Darstellung des Christlichen nicht in jedem Punkte von diesem Gedanken durchdrungen ist: dort ist das Christentum Blasphemie. Denn ohne Leibwache und ohne Diener, die ihm den Weg bereiten und Menschen darauf aufmerksam machen könnten, wer es sei, der da kommt, ging Christus hier auf Erden in eines geringen Knechtes Gestalt. Aber die Möglichkeit des Ärgernisses [oh, wie war sie in Seiner Liebe Seine Trauer!] schützte und schützt vor Ihm, setzt eine gähnende Tiefe zwischen Ihn und dem, der Ihm am nächsten war und Ihm am nächsten stand.

Wer sich nämlich nicht ärgert, der *betet* gläubig *an*. Aber anbeten, was der Ausdruck des Glaubens ist, heißt aus-

---

überspannter Ängstlichkeit Christi, da die Erfahrung von Tausenden und aber Tausenden belege, daß man den Glauben an Christus haben könne, ohne das mindeste von der Möglichkeit des Ärgernisses gemerkt zu haben. Aber dies dürfte ein Irrtum sein, der wohl offenkundig wird, wenn die Möglichkeit des Ärgernisses kommt, um die Christenheit zu richten.

drücken, daß eine unendlich gähnende Tiefe der Qualität dazwischen befestigt ist. Denn im Glauben ist wiederum die Möglichkeit des Ärgernisses das dialektische Moment[1].

Aber diese Art Ärgernis, von der hier die Rede ist, ist modo ponendo: sie sagt vom Christentum, daß es Unwahrheit und Lüge ist, und wieder dasselbe von Christus.

Um diese Art von Ärgernis zu beleuchten, wird es am besten sein, die verschiedenen Formen des Ärgernisses durchzugehen, das prinzipiell sich zum Paradox [Christus] verhält und darum bei jeder Bestimmung des Christlichen wiederkehrt, weil sich eine jede zu Christus verhält, Christus in mente hat.

Die niedrigste Form des Ärgernisses, die, menschlich gesprochen, unschuldigste, ist das Ganze mit Christus unentschieden dahin gestellt sein zu lassen, so zu urteilen: ich gestatte mir darüber nicht zu urteilen: ich glaube nicht, aber ich urteile nicht. Daß dies eine Form von Ärgernis ist, entgeht den meisten. Die Sache ist die, man hat völlig das Christliche: »Du sollst« vergessen. Daher kommt es, daß man nicht sieht, daß dies Ärgernis ist, dies Christus in Indifferenz zu setzen. Daß dir das Christentum verkündet wurde, bedeutet, du sollst eine Meinung über Christus haben; Er ist, oder daß Er da ist und daß Er da gewesen ist, ist die Entscheidung des ganzen Daseins. Ist dir Christus verkündet, so heißt es Ärgernis nehmen zu sagen: ich will keine Meinung darüber haben.

---

[1] Hier eine kleine Aufgabe für Beobachter. Falls man annimmt, daß alle die vielen Pfarrer hier und im Ausland, die Predigten halten und schreiben, gläubige Christen sind, wie läßt es sich dann erklären, daß man niemals das Gebet hört oder liest, das besonders in unseren Zeiten so nahe läge: Gott im Himmel, ich danke Dir, daß Du vom Menschen nicht gefordert hast, er solle das Christentum begreifen; denn wenn es gefordert würde, wäre ich der Elendeste von allen. Je mehr ich es zu be-

Doch muß dies heutzutage mit einer gewissen Einschränkung verstanden werden, da das Christentum so mäßig verkündet wird, wie es geschieht. Es leben gewiß viele Tausende, die die Verkündigung des Christentums gehört haben und die niemals etwas gehört haben von diesem »Du sollst«. Derjenige aber, der es gehört hat, wenn er dann so sagt: ich will keine Meinung darüber haben, der hat Ärgernis genommen. Er leugnet nämlich Christi Gottheit, daß diese ein Recht dazu habe, dies von einem Menschen zu fordern, daß er eine Meinung haben soll. Es hilft nichts, daß ein solcher Mensch sagt: »Ich sage ja nichts aus, weder ja noch nein zu Christus«; denn dann fragt man ihn nur: hast du auch darüber keine Meinung, inwieweit du eine Meinung über Ihn haben sollst oder nicht? Antwortet er darauf: ja, so fängt er sich selbst; und antwortet er: nein, so verurteilt ihn das Christentum gleichviel, daß er eine Meinung darüber haben soll und also über Christus, daß kein Mensch sich vermessen soll, Christi Leben als eine Kuriosität dahingestellt sein zu lassen. Wenn Gott sich gebären läßt und Mensch wird, so ist das kein müßiger Einfall, etwas worauf er verfällt, um sich doch etwas vorzunehmen, vielleicht um der Langeweile ein Ende zu bereiten, die, wie man frech gesagt hat, damit verbunden sein soll, Gott zu sein – es geschieht nicht, um Abenteuer zu erleben. Nein, wenn Gott es tut, so ist dies Faktum der Ernst des Daseins. Und dies ist wieder der Ernst in diesem Ernst: daß ein jeder eine Meinung darüber haben *soll*. Wenn ein König eine Provinzstadt

---

greifen suche, um so unbegreiflicher kommt es mir vor, um so mehr entdecke ich nur die Möglichkeit des Ärgernisses. Darum danke ich Dir, daß Du allein den Glauben forderst, und bitte Dich, daß Du ihn mir mehren wollest! Dieses Gebet wäre orthodox durchaus korrekt, und angenommen, daß es von dem Betenden aufrichtig gemeint wäre, würde es zugleich eine korrekte Ironie sein über die ganze Spekulation. Aber, ob dieser Glaube auf Erden zu finden ist!

besucht, sieht er es als eine Beleidigung an, wenn ein Beamter, ohne einen rechten Grund zu haben, es unterläßt, ihm seine Aufwartung zu machen; aber wie würde er urteilen, wenn jener das ganze Faktum ignorieren würde, daß der König in der Stadt ist, den Privatmann spielen würde, der in dieser Hinsicht »auf seine Majestät und das Königsgesetz pfeift«? Und so auch, wenn es Gott gefällt, Mensch zu werden – daß es dann einem Menschen gefällt [und was der Beamte für den König ist, das ist jeder Mensch für Gott], darüber zu sagen: ja, es ist etwas, worüber ich keine Meinung zu haben wünsche. So spricht man vornehm über das, was man im Grunde übersieht: also übersieht man vornehm Gott.

Die nächste Form des Ärgernisses ist die negative, aber leidende. Sie fühlt wohl, daß sie Christus nicht zu ignorieren vermag, nicht dazu imstande ist, das mit Christus auf sich beruhen zu lassen und dann im übrigen geschäftig im Leben zu stehen. Aber glauben kann sie auch nicht; sie verbleibt also dabei, auf den einen und selben Punkt zu stieren, auf das Paradox. Insofern ehrt sie doch das Christentum, sie drückt aus, daß diese Frage: was dünkt dich von Christus, wirklich das Entscheidenste ist. Ein so Geärgerter lebt dahin wie ein Schatten; sein Leben verzehrt sich, weil er in seinem Innersten beständig mit dieser Entscheidung beschäftigt ist. Und so drückt er aus [wie das Leiden unglücklicher Liebe im Verhältnis zur Liebe], welche Realität das Christentum hat.

Die letzte Form des Ärgernisses ist die, von der wir hier reden, die positive. Sie erklärt das Christentum für Unwahrheit und Lüge, sie leugnet Christus [daß er dagewesen ist und der ist, der er zu sein sagte] entweder doketisch oder rationalistisch, so daß Christus entweder nicht ein einzelner Mensch gewesen, sondern nur scheinbar, oder daß er nur ein einzelner Mensch war, so daß er entweder doketisch zu Poesie wird, zur Mythologie, die keinen Anspruch auf Wirklichkeit macht, oder rationalistisch

zu einer Wirklichkeit, die keinen Anspruch darauf macht, göttlich zu sein. In dieser Leugnung Christi als dem Paradox liegt natürlich auch die Leugnung alles Christlichen: der Sünde, der Vergebung der Sünden und so weiter.
Diese Form des Ärgernisses ist Sünde gegen den Heiligen Geist. Wie die Juden von Christus sagen, er treibe den Teufel mit Hilfe des Teufels aus, so macht dieses Ärgernis Christus zu einer Erfindung des Teufels.
Dieses Ärgernis ist die höchste Potenzierung der Sünde, was man meistens übersieht, da man nicht, christlich, den Gegensatz bildet zwischen Sünde–Glaube.
Dagegen ist dieser Gegensatz in dieser ganzen Schrift geltend gemacht, die sofort im ersten Abschnitt A die Formel für den Zustand aufstellte, worin sich gar keine Verzweiflung findet: im Verhältnis zu sich selbst und in dem Willen, es selbst zu sein, gründet das Selbst durchsichtig in der Macht, die es setzte. Welche Formel wiederum, es wurde oftmals daran erinnert, die Definition für Glauben ist.

zu einer Wirklichkeit, die keinen Anspruch darauf hat, gemacht zu sein. In dieser Leugnung Christi als dem Paradox liegt natürlich auch die Leugnung alles Christlichen, der Sünde, der Vergebung der Sünden und so weiter. Diese Form des Ärgernisses ist Sünde gegen den Heiligen Geist. Wie die Juden von Christus sagen, er treibe den Teufel mit Hilfe des Teufels aus, so macht dieses Ärgernis Christus zu einer Erfindung des Teufels.

Dieses Ärgernis ist die höchste Potenzierung der Sünde, was man meistens übersieht, da man nicht, christlich, den Gegensatz bildet zwischen Sünde – Glaube.

Dagegen ist dieser Gegensatz in dieser ganzen Schrift geltend gemacht, die sofort im ersten Abschnitt A die Formel für den Zustand aufstellt, worin sich gar keine Verzweiflung findet: im Verhältnis zu sich selbst und in dem Willen, es selbst zu sein, gründet das Selbst durchsichtig in der Macht, die es setzte. Welche Formel wiederum, es wurde oftmals daran erinnert, die Definition für Glauben ist.

SÖREN KIERKEGAARD
FURCHT UND ZITTERN
[DEUTSCH VON GÜNTHER JUNGBLUTH]

Was Tarquinius Superbus in seinem Garten
mit den Mohnköpfen sprach, verstand der Sohn,
aber nicht der Bote
Hamann

Dialektische Lyrik
von Johannes de silentio

NICHT NUR IN der Welt des Handels, sondern auch in der Welt der Ideen veranstaltet unsere Zeit einen wirklichen Ausverkauf. Alles kann man zu einem solchen Spottpreis bekommen, daß es fraglich ist, ob sich zuletzt noch jemand findet, der bieten mag. Jeder spekulative Marqueur, der gewissenhaft den bedeutungsvollen Gang der neueren Philosophie pointiert, jeder Privatdozent, Repetent, Student, jeder Ausmärker und Eingesessene in der Philosophie bleibt nicht dabei stehen, an allem zu zweifeln, sondern sie gehen weiter. Vielleicht wäre es unzeitig und unangebracht, sie zu fragen, wohin sie denn eigentlich kommen, aber höflich und bescheiden ist wohl, es für ausgemacht anzusehen, daß sie an allem gezweifelt haben, da es ja sonst sonderbar wäre zu sagen, sie seien weiter gegangen. Diese vorläufige Bewegung haben sie gewiß alle gemacht und vermutlich mit solcher Leichtigkeit, daß sie es nicht für nötig finden, ein Wort darüber zu verlieren wie; denn nicht einmal derjenige, der ängstlich und bekümmert nach einer kleinen Auskunft suchte, würde dergleichen finden, einen leitenden Wink, eine kleine diätetische Vorschrift, wie man sich bei dieser ungeheuren Aufgabe zu verhalten hat. »Aber Cartesius hat es doch getan?« Cartesius, ein ehrwürdiger, demütiger, redlicher Denker, dessen Schriften gewiß niemand ohne die tiefste Rührung lesen kann, er hat getan, was er gesagt hat, und gesagt, was er getan hat. Ach! Ach! Ach! das ist in unserer Zeit eine große Seltenheit! Cartesius hat, wie er selber oft genug wiederholt, im Verhältnis zum Glauben nicht gezweifelt. *[» Memores tamen, ut jam dictum est, huic lumini naturali tamdiu tantum esse credendum, quamdiu nihil contrarium a Deo ipso revelatur... Praeter caetera autem, memoriae nostrae pro summa regula est infigendum, ea quae nobis a Deo revelata sunt, ut omnium certissima esse credenda; et quamvis forte lumen rationis, quam maxime clarum et evidens, aliud quid nobis suggerere videretur, soli tamen auctoritati divinae potius quam proprio nostro judicio fidem esse adhibendam.* Vgl. *Principia philosophiae, pars prima §28 und § 76].* Er hat nicht den Alarmruf: Es brennt! erhoben und es allen zur Pflicht gemacht, zu zweifeln, denn Cartesius war ein stiller einsamer Denker, kein brüllender Wächter auf der Gasse; er hat bescheiden bekannt, daß seine Methode nur für ihn selber Bedeutung habe und teilweise in seinem ehedem verpfuschten Wissen begründet sei. *[Ne quis igitur putet, me hic traditurum aliquam methodum, quam unusquisque sequi debeat ad recte regendam rationem; illam enim tantum, quam ipsemet secutus sum, exponere decrevi... Sed simul ac illud studiorum curriculum absolvi (sc.juventutis), quo decurso mos est in eruditorum numerum cooptari, plane aliud coepi cogitare. Tot enim me dubiis totque erroribus implicatum esse animadverti, ut omnes discendi conatus nihil aliud mihi profuisse judicarem, quam quod ignorantiam meam magis magisque detexissem.* Vgl. *Dissertatio de methodo p. 2* und *3].* – Was jene alten Griechen, die sich doch auch ein wenig auf die Philosophie verstanden, als eine Aufgabe fürs ganze Leben angesehen haben, weil die Fertigkeit zu zweifeln nicht in Tagen und Wochen erworben wird, was dieser alte ausgediente Streiter erreicht hat, der durch alle Umgarnungen hindurch das Gleichgewicht des Zweifels bewahrt, unerschrocken die Gewißheit der Sinne und die Gewißheit des Gedankens verneint, unbestechlich der Angst der Eigenliebe und den Insinuationen des Mitgefühls getrotzt hatte – damit macht in unserer Zeit ein jeder den Anfang.

In unserer Zeit bleibt ein jeder nicht beim Glauben stehen, sondern geht weiter. Eine Frage danach, wohin sie kommen, würde vielleicht eine Tollkühnheit darstellen, indessen ist es wohl ein Zeichen von Höflichkeit und Bildung, wenn ich annehme, daß ein jeder den Glauben hat, da es sonst sonderbar wäre zu sagen: man gehe weiter. In jenen alten Zeiten war es anders, damals war der Glaube eine Aufgabe fürs ganze Leben, weil man annahm, die

Fertigkeit zu glauben lasse sich weder in Tagen noch in Wochen erwerben. Wenn sich dann der erfahrene Greis dem Tode näherte, den guten Kampf gekämpft und den Glauben bewahrt hatte, dann war sein Herz noch jung genug, nicht jenes Zittern und Beben vergessen zu haben, das den Jüngling gezüchtigt hat, dessen der Mann zwar Herr geworden ist, dem jedoch kein Mensch ganz entwächst – es sei denn, dieses sollte gelingen, indem man so früh wie möglich weitergeht. Wo jene ehrwürdigen Gestalten damals hingelangt sind, da macht in unserer Zeit ein jeder den Anfang, um weiterzugehen.

Der Verfasser der vorliegenden Schrift ist keineswegs Philosoph, er hat das System nicht verstanden, ob es da ist, ob es fertig ist, sein schwacher Kopf hat schon genug an dem Gedanken, welch ungeheuren Kopf ein jeder in unserer Zeit haben muß, da ein jeder einen solch ungeheuren Gedanken hat. Wenn man auch dazu imstande wäre, den ganzen Glaubensinhalt in die Form des Begriffs umzusetzen, so folgt daraus nicht, daß man den Glauben begriffen habe, begriffen, wie man in ihn hineinkommt oder wie er in einen hineinkommt. Der Verfasser der vorliegenden Schrift ist keineswegs Philosoph, er ist, *poetice et eleganter*, ein Extra-Schreiber, der weder das System schreibt noch das System verheißt, der sich weder am System verschreibt noch dem System. Er schreibt, weil dies für ihn einen Luxus darstellt, der an Behagen und Evidenz gewinnt, je weniger kaufen und lesen, was er schreibt. Er sieht leicht sein Schicksal in einer Zeit voraus, da man sich der Leidenschaft entschlagen hat, um der Wissenschaft zu dienen, in einer Zeit, da ein Verfasser, der Leser haben will, darauf achten muß, so zu schreiben, daß es sich bequem beim Mittagsschlaf durchblättern läßt, und darauf achten, sein äußeres Auftreten dem jenes höflichen Gärtnerburschen im Adressenblatt anzugleichen, der sich mit dem Hut in der Hand und mit guten Rekommendationen von der Stelle, wo er zuletzt gedient hat, einem höchstverehrlichen Publikum empfiehlt. Er sieht als sein Schicksal voraus, völlig ignoriert zu werden, er ahnt das Entsetzliche, daß dieser eifrige Kritiker ihn mehrmals Rede und Antwort stehen lassen wird; es graut ihm vor dem noch Entsetzlicheren, daß der eine oder andere betriebsame Registrator, ein Paragraphenschlucker [der, um die Wissenschaft zu retten, immer willig ist, den Schriften anderer anzutun, was Trop, »um den Geschmack zu retten«, hochmütig der »Vernichtung des Menschengeschlechts« angetan hat] – ihn in Paragraphen zerlegen wird, und das mit der gleichen Unbeugsamkeit wie jener Mann, der, um der Interpunktions-Wissenschaft zu dienen, seine Rede nach der Anzahl der Wörter einteilte, so daß fünfzig Wörter auf ein Punktum und fünfunddreißig auf ein Semikolon kamen. – Ich werfe mich in tiefster Untertänigkeit jedem systematischen Schnüffler zu Füßen: »Dies ist nicht das System, es hat nicht das Geringste mit dem System zu tun. Ich flehe alles Gute auf das System und auf die dänischen Interessenten an diesem Omnibus herab; denn es wird allerdings kaum ein Turm daraus werden. Ich wünsche ihnen insgemein und jedem im besonderen Glück und Segen«.

Ergebenst

JOHANNES DE SILENTIO

STIMMUNG

Es war einmal ein Mann, der hatte als Kind jene schöne Erzählung vernommen, wie Gott Abraham versuchte und wie dieser die Versuchung bestand, den Glauben bewahrte und wider Erwarten zum andernmal einen Sohn bekam. Als er älter wurde, las er dieselbe Erzählung mit noch größerer Bewunderung; denn das Leben hatte getrennt, was in der frommen Einfalt des Kindes vereint gewesen war. Je älter er wurde, um so öfter wandten sich seine Gedanken jener Erzählung zu, seine Begeisterung wurde stärker und stärker, und dennoch konnte er die Erzählung weniger und weniger verstehen. Zuletzt vergaß er darüber alles andere; seine Seele hatte nur den einen Wunsch, Abraham zu sehen, die eine Sehnsucht, Zeuge jener Begebenheit gewesen zu sein. Sein Verlangen stand nicht danach, die schönen Gegenden des Morgenlands zu sehen, des gelobten Landes irdische Herrlichkeit, jenes gottesfürchtige Ehepaar, dessen Alter Gott segnete, des betagten Patriarchen ehrwürdige Gestalt, die blühende Jugend des von Gott geschenkten Isaak – er hatte nichts dagegen, daß das gleiche auf einer unfruchtbaren Heide geschähe. Seine Begierde stand danach, auf jener dreitägigen Reise mit dabei zu sein, als Abraham mit der Sorge voran und mit Isaak an seiner Seite ritt. Sein Wunsch war, in jenem Augenblick zugegen zu sein, als Abraham seine Augen aufhob und von ferne den Berg Morija sah, in jenem Augenblick, als er die Esel zurückließ und allein mit Isaak auf den Berg stieg; denn das, was ihn beschäftigte, war nicht das kunstreiche Weben der Phantasie, sondern der Schauder des Gedankens.

Jener Mann war kein Denker, er fühlte kein Verlangen danach, über den Glauben hinauszukommen; ihn dünkte, das Herrlichste müsse sein, im Gedächtnis als der Vater des Glaubens fortzuleben, ein beneidenswertes Los, den Glauben zu besitzen, obgleich niemand anders davon wußte.

Jener Mann war kein gelehrter Exeget, er konnte kein Hebräisch; hätte er Hebräisch gekonnt, dann hätte er die Erzählung und Abraham vielleicht unschwer verstanden.

I

Und Gott versuchte Abraham und sprach zu ihm: »Nimm Isaak, deinen einzigen Sohn, den du liebhast, und gehe hin in das Land Morija und opfere ihn daselbst zum Brandopfer auf einem Berge, den ich dir sagen werde.«

Es war eines Morgens früh. Abraham stand zeitig auf; er ließ die Esel gürten, verließ sein Zelt, und Isaak zog mit ihm; aber Sara schaute ihnen aus dem Fenster nach, das Tal hinab, bis sie sie nicht mehr sah. Sie ritten drei Tage lang schweigend, nicht einmal am Morgen des vierten Tages sagte Abraham ein Wort, aber er hob seine Augen auf und sah von ferne den Berg Morija. Er ließ die Knechte zurück und stieg allein mit Isaak an der Hand den Berg hinan. Aber Abraham sagte zu sich selbst: »Ich will doch Isaak nicht verheimlichen, wohin dieser Gang ihn führt.« Er blieb stehen, er legte seine Hand segnend auf Isaaks Haupt, und Isaak beugte sich, den Segen zu empfangen. Und Abrahams Angesicht war Väterlichkeit, sein Blick war mild, seine Worte mahnend. Aber Isaak konnte ihn nicht verstehen, seine Seele konnte sich nicht erheben; er umfaßte Abrahams Knie, er fiel ihm flehend zu Füßen, er bat für sein junges Leben, für seine schönen Hoffnungen, er erinnerte an die Freuden in Abrahams Haus, er erinnerte an die Sorge und die Einsamkeit. Da hob Abraham den Knaben auf und ging mit ihm an der Hand, und seine Worte waren voll Trost und Ermahnung. Aber Isaak konnte ihn nicht verstehen. Er bestieg den Berg Morija, aber Isaak verstand ihn nicht. Da wandte er sich einen Augenblick von ihm ab; aber als Isaak zum andernmal Abrahams Angesicht erblickte, da war es verändert, sein Blick war wild, seine Gestalt war Schrecken. Er faßte Isaak bei der Brust, warf ihn zur Erde und sagte: »Dummer Knabe, glaubst du, ich sei dein Vater? Ich hänge Abgöttern an. Glaubst du, es sei Gottes Befehl? Nein, es ist meine Lust.« Da zitterte Isaak und rief in seiner Angst: »Gott im Himmel, erbarme Dich über mich, Abrahams Gott erbarme Dich über mich, habe ich keinen Vater auf Erden, dann sei Du mein Vater!« Aber Abraham sagte still bei sich: »Herr im Himmel, ich danke Dir; es ist doch besser, daß er glaubt, ich sei ein Unmensch, als daß er den Glauben an Dich verlieren sollte.«

*

Wenn das Kind entwöhnt werden soll, so schwärzt die Mutter ihre Brust; es wäre ja schade, sähe die Brust lieblich aus und das Kind dürfe sie nicht bekommen. Dann glaubt das Kind, die Brust habe sich verändert; aber die Mutter ist die gleiche, ihr Blick ist liebevoll und zärtlich wie immer. Wohl dem, der nicht entsetzlicherer Mittel bedurfte, um das Kind zu entwöhnen!

II

Es war eines Morgens früh. Abraham stand zeitig auf; er umarmte Sara, die Braut seines Alters, und Sara küßte Isaak, der die Schande von ihr genommen hatte, ihren Stolz, ihre Hoffnung für alle Geschlechter. So ritten sie schweigend ihres Wegs, und Abrahams Blick war auf die Erde geheftet, bis zum vierten Tage; da hob er die Augen auf und sah von ferne den Berg Morija; aber sein Blick wandte sich wieder der Erde zu. Schweigend legte er die Holzscheite zurecht, band Isaak, schweigend zückte er das Messer; da erblickte er den Widder, den Gott ausersehen hatte. Diesen opferte er und zog heimwärts. --- Von dem Tage an war Abraham alt; er konnte nicht vergessen, daß Gott solches von ihm gefordert hatte. Isaak gedieh wie vordem; Abrahams Augen aber waren verdunkelt, er sah die Freude nicht mehr.

★

Wenn das Kind groß geworden ist und entwöhnt werden soll, dann verbirgt die Mutter jungfräulich ihren Busen, dann hat das Kind keine Mutter mehr. Wohl dem Kind, das die Mutter nicht anders verloren hat!

III

Es war eines Morgens früh. Abraham stand zeitig auf; er küßte Sara, die junge Mutter, und Sara küßte Isaak, ihre Lust, ihre Freude für alle Zeiten. Und Abraham ritt gedankenvoll seines Wegs; er dachte an Hagar und den Sohn, den er in die Wüste hinausjagte. Er bestieg den Berg Morija, er zückte das Messer.

Es war an einem stillen Abend, da ritt Abraham allein aus, und er ritt zum Berge Morija; er warf sich auf sein Angesicht nieder, er bat Gott, ihm die Sünde zu vergeben, daß er Isaak hatte opfern wollen, daß der Vater seine Pflicht dem Sohn gegenüber vergessen hatte. Öfters ritt er seinen einsamen Weg, aber er fand keine Ruhe. Er konnte nicht begreifen, daß es eine Sünde war, wenn er Gott das Beste hatte opfern wollen, das er besaß, das, wofür er gerne selber viele Male das Leben gelassen hätte; und falls es eine Sünde war, wenn er Isaak nicht so geliebt hätte, so konnte er nicht verstehen, daß diese vergeben werden konnte; denn welche Sünde war entsetzlicher?

★

Wenn das Kind entwöhnt werden soll, dann ist auch die Mutter nicht ohne Betrübnis, daß sie und das Kind mehr und mehr voneinander geschieden werden; daß ihr das Kind, das erst unter ihrem Herzen gelegen, doch später an ihrer Brust geruht hat, nicht mehr so nahe sein soll.

Dann trauern sie gemeinsam jene kurze Trauer. Wohl dem, der das Kind so nahe behielte und nicht mehr zu trauern brauchte!

IV

Es war eines Morgens früh; in Abrahams Haus war alles zur Reise bereit. Er nahm von Sara Abschied, und Elieser, der treue Diener, begleitete ihn auf dem Wege, bis er wieder zurückkehrte. Sie ritten einträchtig zusammen, Abraham und Isaak, bis sie zum Berge Morija kamen. Abraham aber bereitete alles zum Opfer, ruhig und mild, aber indem er sich abwandte und das Messer zückte, sah Isaak, daß Abrahams Linke sich in Verzweiflung ballte, daß ein Zittern durch seinen Körper ging – aber Abraham zückte das Messer.

Dann kehrten sie wieder heim, und Sara eilte ihnen entgegen; aber Isaak hatte den Glauben verloren. In der Welt ist darüber niemals ein Wort verlautet, und Isaak hat nie zu einem Menschen darüber gesprochen, was er gesehen hatte, und Abraham ahnte nicht, daß jemand es gesehen hatte.

*

Wenn das Kind entwöhnt werden soll, dann hat die Mutter jene kräftigere Nahrung zur Hand, auf daß das Kind nicht umkommen soll. Wohl dem, der jene kräftigere Nahrung zur Hand hat!

—

Derart und in mancherlei ähnlicher Weise dachte jener Mann, von dem wir sprechen, über diese Begebenheit. Jedesmal, wenn er dann von einer Wanderung zum Berge Morija heimkehrte, sank er vor Müdigkeit zusammen, er faltete seine Hände und sprach: »Keiner war doch so groß wie Abraham; wer ist imstande, ihn zu verstehen?«

Falls ein Mensch nicht im Besitz eines ewigen Bewußtseins wäre, falls allem nur eine wild gärende Macht zugrundeläge, die sich in dunkeln Leidenschaften windend alles hervorbrächte, was es an Großem gibt und was es an Unbedeutendem gibt, falls sich unter allem eine bodenlose Leere, niemals gesättigt, verbärge, was wäre das Leben dann anders als Verzweiflung? Falls es sich so verhielte, falls kein heiliges Band wäre, das die Menschheit zusammenknüpfte, falls ein Geschlecht nach dem anderen erstünde, wie Blätter im Walde, falls ein Geschlecht das andere ablöste, wie der Vogelgesang im Walde, falls das Geschlecht durch die Welt zöge, wie das Schiff durchs Meer zieht, das Wetter durch die Wüste, ein gedankenloses und fruchtloses Tun, falls ein ewiges Vergessen immer hungrig auf seine Beute lauerte und keine Macht wäre, stark genug, sie ihm zu entreißen – wie leer und trostlos wäre dann das Leben! Aber darum ist es nicht so, und wie Gott Mann und Weib erschaffen hat, so hat er den Helden und den Dichter oder Redner gebildet. Dieser kann nichts von dem tun, was jener tut, er kann den Helden nur bewundern, lieben, sich an ihm freuen. Doch auch er ist glücklich, nicht minder als der andere; denn der Held ist gleichsam sein besseres Wesen, in das er verliebt ist, froh darüber, daß er es doch nicht selber ist, daß seine Liebe Bewunderung sein kann. Er ist der Genius der Erinnerung, kann nichts tun, ohne an das zu erinnern, was getan ist, nichts tun, ohne zu bewundern, was getan ist; er nimmt nichts von seinem Eigenen, aber er ist neidisch auf das Anvertraute. Er folgt der Wahl seines Herzens; aber wenn er das Gesuchte gefunden hat, dann zieht er mit seinem Lied und mit seiner Rede vor jedermanns Tür, auf daß alle den Helden bewundern mögen wie er, stolz auf den Helden sein mögen, wie er es ist. Das ist sein Tun, sein demütiges Wirken, das ist sein treuer Dienst im Hause des Helden. Bleibt er solchermaßen seiner Liebe treu, streitet er Tag und Nacht mit den Ränken des Vergessens, die ihm den Helden ablisten wollen, dann hat er sein Wirken erfüllt, dann wird er mit dem Helden vereint, der ihn ebenso treulich geliebt hat; denn der Dichter ist gleichsam des Helden besseres Wesen, kraftlos zwar, wie eine Erinnerung es ist, aber auch verklärt, wie eine Erinnerung es ist. Darum soll keiner vergessen sein, der groß gewesen ist, und währt es auch einmal länger, nimmt die Wolke des Mißverständnisses den Helden auch einmal mit sich fort, sein Liebhaber kommt doch, und je mehr Zeit vergangen ist, desto getreuer hängt er ihm an.

Nein! Keiner soll vergessen werden, der in der Welt groß gewesen ist; aber ein jeder war groß in seiner Weise, und ein jeder im Verhältnis zur Größe dessen, das *er geliebt hat*. Denn wer sich selbst geliebt hat, wurde groß durch sich selbst, und wer andere Menschen geliebt hat, wurde groß durch seine Hingabe; aber wer Gott geliebt hat, wurde größer als alle. Ein jeder soll im Gedächtnis fortleben, aber ein jeder wurde groß im Verhältnis zu seiner *Erwartung*. Der eine wurde groß, indem er das Mögliche erwartete; ein anderer, indem er das Ewige erwartete; aber wer das Unmögliche erwartet hat, wurde größer als alle. Ein jeder soll im Gedächtnis fortleben, aber ein jeder wurde groß je im Verhältnis zur Größe dessen, womit er *gerungen* hat. Denn wer mit der Welt gerungen hat, wurde groß, indem er die Welt überwand, und wer mit sich selbst gerungen hat, wurde größer, indem er sich selbst überwand; aber wer mit Gott gerungen hat, wurde größer als alle. Solchermaßen ist in der Welt gerungen worden, Mann gegen Mann, einer gegen tausend, aber wer mit Gott gerungen hat, war größer als alle. Solchermaßen ist auf Erden gerungen worden: da war der, der alles durch seine Kraft überwand, und da war der, der Gott durch seine Ohnmacht überwand. Da war der, der auf sich selbst vertraute und alles gewann, da war der, der

im Verlaß auf seine Stärke alles opferte, aber wer auf Gott vertraut hat, war größer als alle. Da war der, der groß war durch seine Kraft, und der, der groß war durch seine Weisheit, und der, der groß war durch seine Hoffnung, und der, der groß war durch seine Liebe; aber Abraham war größer als alle, groß durch jene Kraft, deren Stärke Ohnmacht ist, groß durch jene Weisheit, deren Geheimnis Torheit ist, groß durch jene Hoffnung, deren Form Wahnsinn ist, groß durch jene Liebe, die Haß gegen sich selber ist.
Vermöge des Glaubens verließ Abraham das Land seiner Väter und wurde zum Fremdling im Land der Verheißung. Er ließ Eines zurück, nahm Eines mit sich; er ließ seinen irdischen Verstand zurück und nahm den Glauben mit sich; sonst wäre er ja wohl nicht ausgewandert, sondern hätte gedacht, dies sei ja widersinnig. Vermöge des Glaubens war er ein Fremdling im Land der Verheißung, und da gab es nichts, das ihn an das Liebgewonnene erinnerte, sondern alles verlockte durch Neuheit seine Seele zu wehmütigem Sehnen. Und doch war er der Auserwählte Gottes, an dem der Herr Wohlgefallen hatte! Ja, wäre er ein Verworfener gewesen, aus Gottes Gnade verstoßen, dann hätte er es eher fassen können, jetzt war es ja wie ein Spott über ihn und über seinen Glauben. Da war in der Welt auch der, der aus dem Land seiner Väter verbannt lebte, das er liebte. Er ist nicht vergessen, auch nicht seine Klagelieder, wenn er in Wehmut das Verlorene suchte und fand. Von Abraham gibt es kein Klagelied. Es ist menschlich, zu klagen, menschlich, zu weinen mit dem Weinenden; aber größer ist, zu glauben, seliger, den Gläubigen zu betrachten.
Vermöge des Glaubens nahm Abraham die Verheißung entgegen, durch seinen Samen sollten alle Völker auf Erden gesegnet werden. Die Zeit rann dahin, die Möglichkeit war da, Abraham glaubte; die Zeit rann dahin, es ward widersinnig, Abraham glaubte. Da war in der

Welt der, der auch eine Erwartung hegte. Die Zeit rann dahin, der Tag neigte sich, er war nicht schnöde genug, seine Erwartung vergessen zu haben, darum soll er auch nicht vergessen werden. Da betrübte er sich, und die Betrübnis trog ihn nicht, wie es das Leben getan hatte, sie tat alles für ihn, was sie vermochte, in der Süßigkeit der Betrübnis war seine enttäuschte Erwartung sein eigen. Es ist menschlich, zu trauern, es ist menschlich, mit dem Trauernden zu trauern; aber größer ist, zu glauben, seliger, den Gläubigen zu betrachten. Von Abraham besitzen wir keinen Trauergesang. Er zählte nicht wehmütig die Tage, während die Zeit dahinrann; er betrachtete nicht Sara mit argwöhnischen Blicken, ob sie nicht alt werde; er hielt nicht den Lauf der Sonne auf, auf daß Sara nicht altern solle und mit ihr seine Erwartung; beschwichtigend sang er nicht Sara seine wehmütige Weise vor. Abraham wurde alt, Sara zum Gespött des Landes, und doch war er der Auserwählte Gottes und Erbe der Verheißung, durch seinen Samen sollten alle Völker der Erde gesegnet werden. Dann wäre es ja besser, er wäre nicht der Auserwählte Gottes? Was ist das, der Auserwählte Gottes zu sein? Heißt das, in der Jugend den Wunsch der Jugend verweigert zu bekommen, um ihn sich mit großer Beschwer im Alter erfüllen zu lassen? Aber Abraham glaubte und hielt an der Verheißung fest. Hätte Abraham geschwankt, dann hätte er sie dahingegeben. Er hätte zu Gott gesagt: »Dann ist es doch vielleicht nicht Dein Wille, daß es geschehen soll, dann will ich meinen Wunsch fahren lassen; er war mein Einzigstes, er war meine Seligkeit. Meine Seele ist aufrichtig, ich hege keinen heimlichen Groll, weil Du ihn mir versagt hast.« Er würde nicht vergessen sein, er würde viele durch sein Beispiel erlöst haben, aber nicht der Vater des Glaubens geworden sein; denn groß ist es, seinen Wunsch fahren zu lassen; aber größer ist, daran festzuhalten, nachdem man ihn hat fahren lassen; groß ist, das Ewige zu ergreifen; aber größer ist, am Zeitlichen festzuhalten, nachdem man es hat fahren lassen. – Dann kam die Fülle der Zeit. Hätte Abraham nicht geglaubt, dann wäre wohl Sara vor Kummer gestorben, und Abraham, in Gram abgestumpft, hätte die Erfüllung nicht verstanden, sondern darüber gelächelt wie über einen Traum der Jugend. Aber Abraham glaubte, deshalb war er jung; denn wer immer das Beste erhofft, wird alt, vom Leben betrogen, und wer immer auf das Ärgste vorbereitet ist, wird frühzeitig alt; aber wer glaubt, bewahrt eine ewige Jugend. Gelobt sei darum jene Erzählung! Denn Sara, obgleich betagt, war jung genug, nach der Lust der Mutter zu verlangen, und Abraham, obgleich ergraut, war jung genug, sich Vatersein zu wünschen. Äußerlich gesehen liegt das Wunderbare darin, daß es nach ihrer Erwartung geschah, in tieferem Verstande liegt das Wunder des Glaubens darin, daß Abraham und Sara jung genug waren zu wünschen, und daß der Glaube ihren Wunsch und damit ihre Jugend bewahrt hatte. Er empfing die Erfüllung der Verheißung, er empfing sie gläubig, und dies geschah nach der Verheißung und nach dem Glauben; denn Mose schlug den Fels mit seinem Stab, aber er glaubte nicht. Da war Freude in Abrahams Haus, als Sara am Tag der Goldenen Hochzeit Hochzeit hielt.

Jedoch so sollte es nicht bleiben; noch einmal sollte Abraham versucht werden. Er hatte mit jener schlauen Macht gekämpft, die alles erfindet, mit jenem wachsamen Feind, der niemals schlummert, mit jenem alten Mann, der alles überlebt – er hatte mit der Zeit gekämpft und den Glauben bewahrt. Nun ward alle Schrecknis des Streits in einen Augenblick gesammelt. Und Gott versuchte Abraham und sprach zu ihm: »Nimm Isaak, deinen einzigen Sohn, den du liebhast, und gehe hin in das Land Morija und opfere ihn daselbst zum Brandopfer auf einem Berge, den ich dir sagen werde.«

So war nun alles verloren, schrecklicher, als wenn es nie

geschehen wäre! So trieb nun der Herr nur seinen Spott mit Abraham! Wunderbarlich hatte er das Widersinnige wirklich gemacht, nun wollte er es wiederum zunichte gemacht sehen. Dies war ja eine Torheit, aber Abraham lachte nicht darüber wie Sara, als die Verheißung verkündet wurde. Alles war verloren! Siebzig Jahre treuer Erwartung, die kurze Freude, als der Glaube sich erfüllte. Wer ist denn der, der dem Greis den Stab entreißt; wer ist der, der fordert, daß er ihn selbst zerbrechen solle! Wer ist der, der eines Menschen grauen Haaren den Trost benimmt; wer ist der, der fordert, daß er es selber tun solle! Gibt es kein Mitleid mit dem ehrwürdigen Greise, keines mit dem unschuldigen Kind! Und doch war Abraham der Auserwählte Gottes, und der Herr war es, der die Prüfung auferlegte. Alles sollte nun verloren sein! Das herrliche Gedenken des Geschlechts, die Verheißung in Abrahams Samen, dies war nur ein Einfall, ein flüchtiger Gedanke, den der Herr gehabt hatte, den Abraham jetzt austilgen sollte. Jener herrliche Schatz, der ebenso alt war wie der Glaube in Abrahams Herzen, viele, viele Jahre älter als Isaak, die Frucht von Abrahams Leben, durch Gebete geheiligt, in Kämpfen gereift – der Segen auf Abrahams Lippen, diese Frucht sollte nun zur Unzeit ausgerissen und bedeutungslos werden; denn welche Bedeutung hatte sie, wenn Isaak geopfert werden sollte! Jene wehmütige, aber dennoch selige Stunde, da Abraham von allem Abschied nehmen sollte, was ihm teuer war, da er noch einmal sein ehrwürdiges Haupt erheben sollte, da sein Angesicht strahlen sollte wie das des Herrn, da er seine ganze Seele in einen Segen sammeln sollte, der vermögend war, Isaak für alle Tage gesegnet zu machen – diese Stunde sollte nicht kommen! Denn Abraham sollte zwar von Isaak Abschied nehmen, aber solchermaßen, daß er selber zurückbliebe; der Tod sollte sie trennen, aber solchermaßen, daß Isaak seine Beute würde. Der alte Mann sollte nicht, im Tode froh, segnend seine Hand auf Isaak legen, sondern, des Lebens müde, gewaltsam Hand an Isaak legen. Und es war Gott, der ihn versuchte. Ja, wehe! Wehe dem Boten, der mit einer solchen Botschaft vor Abraham erschienen wäre! Wer hätte es wagen mögen, dieser Trauerbote zu sein. Aber es war Gott, der Abraham versuchte.

Abraham jedoch glaubte und glaubte für dieses Leben. Ja, hätte sein Glaube bloß einem kommenden gegolten, dann hätte er wohl leichter alles von sich geworfen, um aus dieser Welt hinwegzueilen, der er nicht angehörte. Aber Abrahams Glaube war nicht von dieser Art, wenn es einen derartigen gibt; denn eigentlich ist es nicht Glaube, sondern des Glaubens fernste Möglichkeit, die zu äußerst im Gesichtskreis ihren Gegenstand erahnt, jedoch geschieden davon durch einen klaffenden Abgrund, worinnen die Verzweiflung ihr Spiel treibt. Aber Abraham glaubte gerade für dieses Leben, daß er im Lande alt werden solle, geehrt im Volke, gesegnet im Geschlecht, unvergeßlich in Isaak, seinem Teuersten im Leben, den er mit einer Liebe umfaßte, für die nur ein armseliger Ausdruck ist, daß er getreulich die Pflicht des Vaters erfüllte, den Sohn zu lieben, wie es ja auch in der Verheißung mitverlautet: den Sohn, den du liebhast. Jakob hatte zwölf Söhne und einen, den er liebte; Abraham hatte nur einen, den er liebhatte.

Aber Abraham glaubte und zweifelte nicht, er glaubte das Widersinnige. Hätte Abraham gezweifelt – dann würde er etwas anderes getan haben, etwas Großes und Herrliches; denn wie könnte Abraham etwas anderes tun, als was groß und herrlich ist! Er wäre zum Berge Morija hinausgezogen, er hätte das Brennholz gespalten, den Scheiterhaufen angezündet, das Messer gezückt – er hätte zu Gott gerufen: »Verschmähe nicht dieses Opfer, es ist nicht das Beste, das ich besitze, das weiß ich wohl; denn was ist ein alter Mann gegenüber dem Kind der Verheißung; aber es ist das Beste, das ich Dir geben kann. Laß es Isaak niemals erfahren, damit er sich mit seiner Jugend trösten kann.« Er hätte das Messer in seine eigene Brust gestoßen. Er wäre in der Welt bewundert worden, und sein Name würde nicht vergessen sein; aber eines ist, bewundert werden, ein anderes, zum Leitstern werden, der den Geängstigten erlöst.

Aber Abraham glaubte. Er bat nicht für sich, daß er den Herrn bewegen möge; nur als die gerechte Strafe über Sodom und Gomorra erging, da trat Abraham mit seinen Bitten hervor.

Wir lesen in jenen heiligen Schriften: »Und Gott versuchte Abraham und sprach zu ihm: „Abraham, Abraham, wo bist Du?" Und Abraham antwortete: „Hier bin ich".« Du, an den sich meine Worte richten, war es solchermaßen der Fall mit Dir? Wenn Du ganz von fern die schweren Schickungen sich nähern sahst, sagtest Du da nicht zu den Bergen, bedecket mich, zu den Hügeln, fallet über mich? Oder warst Du stärker, bewegte sich nicht dennoch der Fuß langsam seines Weges, war es nicht, als sehne er sich in die alte Spur zurück? Wenn nach Dir gerufen wurde, antwortetest Du dann oder antwortetest Du nicht, vielleicht leise, und flüsternd? Solchermaßen nicht Abraham, froh, unbefangen, voll Vertrauen, laut antwortete er: »Hier bin ich«. Wir lesen weiter: »Und Abraham stand des Morgens früh auf.« Als gelte es ein Fest, so beeilte er sich, und des Morgens früh war er an der verabredeten Stelle, auf dem Berge Morija. Er sagte nichts zu Sara, nichts zu Elieser, wer hätte ihn auch verstehen können; hatte ihm die Versuchung nicht kraft ihres Wesens das Gelübde des Schweigens auferlegt? »Er spaltete das Brennholz, er band Isaak, er zündete den Scheiterhaufen an, er zückte das Messer.« Mein Zuhörer! Es hat manch einen Vater gegeben, der in seinem Kind zu verlieren glaubte, was ihm das Teuerste auf Erden war, der jeder Zukunftshoffnung beraubt zu werden glaubte; aber es hat ja doch keines gegeben, das in dem Verstande Kind der Verheißung war, wie Isaak es für Abraham gewesen ist. Es hat manch einen Vater gegeben, der sein Kind verlor; aber dann war es ja Gott, der unveränderliche und unerforschliche Wille des Allmächtigen, seine Hand hat es genommen. Nicht so mit Abraham. Ihm war eine schwerere Prüfung vorbehalten, und mit dem Messer war Isaaks Geschick in Abrahams Hand gelegt. Und er stand da, der alte Mann, mit seiner einzigen Hoffnung! Aber er zweifelte nicht, er schaute nicht ängstlich nach rechts oder links, er forderte nicht durch seine Bitten den Himmel heraus. Er wußte, es war Gott der Allmächtige, der ihn versuchte, er wußte, es war das schwerste Opfer, das von ihm gefordert werden konnte; aber er wußte auch, daß kein Opfer zu schwer war, wenn Gott es forderte – und er zückte das Messer.

Wer stärkte Abrahams Arm, wer hielt seine Rechte aufrecht, daß sie nicht ohnmächtig herabsank! Wer darauf blickt, wird gelähmt. Wer stärkte Abrahams Seele, daß ihm nicht schwarz vor den Augen wurde, so daß er weder Isaak noch den Widder gewahrte! Wer darauf blickt, wird blind. – Und doch selten genug ist vielleicht der, der lahm und blind wird, noch seltener der, der würdig berichtet, was dort geschehen ist. Wir wissen es alle – es war nur eine Prüfung.

Hätte Abraham, als er auf dem Berge Morija stand, gezweifelt, hätte er sich ratlos umgesehen, hätte er, bevor er das Messer zog, durch einen Zufall den Widder entdeckt, hätte Gott ihm erlaubt, diesen an Stelle von Isaak zu opfern – so wäre er heimgezogen, alles wäre das gleiche, er hätte Sara, er behielte Isaak, und doch wie verändert! Denn sein Rückzug wäre eine Flucht, seine Rettung ein Zufall, sein Lohn Beschämung, seine Zukunft vielleicht Verdammnis. Dann hätte er weder Zeugnis für seinen Glauben noch für Gottes Gnade abgelegt, sondern dafür, wie schrecklich es ist, auf den Berg Morija zu ziehen. Dann würde Abraham nicht vergessen sein, auch nicht der Berg Morija. Dieser würde dann nicht wie der Ararat genannt werden, wo die Arche landete, sondern genannt werden wie ein Entsetzen, weil es hier geschah, daß Abraham zweifelte.

*

Ehrwürdiger Vater Abraham! Als du vom Berge Morija heimzogst, da bedurftest du keiner Lobrede, welche dich für das Verlorene trösten konnte; denn du gewannst ja alles und behieltest Isaak; war es nicht so? Der Herr nahm ihn nicht mehr von dir, sondern du saßest froh zu Tisch mit ihm in deinem Zelt, wie du es droben tust in alle Ewigkeit. Ehrwürdiger Vater Abraham! Jahrtausende sind seit jenen Tagen dahingeschwunden, aber du bedarfst keines späten Liebhabers, der dein Gedächtnis der Macht des Vergessens entreißen kann; denn jede Zunge gedenkt Deiner – und doch lohnst du deinem Liebhaber herrlicher als Irgendeiner, du machst ihn droben in deinem Schoß selig, du ziehst hier sein Auge und sein Herz durch das Wunderbarliche deines Tuns in Bann. Ehrwürdiger Vater Abraham! Zweiter Vater des Geschlechts! Du, der zuerst vernahm und Zeugnis ablegte von jener ungeheuren Leidenschaft, die den schrecklichen Kampf mit der Elemente Rasen und den Kräften der Schöpfung verschmäht, um mit Gott zu streiten, du, der zuerst jene höchste Leidenschaft gekannt hast, den heiligen, reinen, demütigen Ausdruck für den göttlichen Wahnsinn, den die Heiden bewunderten – vergib dem, der dir Lob sprechen wollte, wenn er es nicht richtig gemacht hat. Er sprach demütig, wie es seines Herzens Begehr war, er sprach kurz, wie es sich ziemt, aber er wird niemals vergessen, daß du hundert Jahre brauchtest, um wider Erwarten einen Sohn des Alters zu bekommen, daß du das Messer zücken mußtest, bevor du Isaak behieltest; er wird niemals vergessen, daß du in hundertdreißig Jahren nicht weiter als bis zum Glauben gekommen bist.

Vorläufige Expektoration

Ein altes Wort, der äußeren und sichtbaren Welt entnommen, lautet: »Nur wer arbeitet, bekommt sein Brot.« Sonderbar genug paßt das Wort nicht auf diejenige Welt, in der es am ehesten zu Hause ist; denn die äußere Welt unterliegt dem Gesetz der Unvollkommenheit, und hier wiederholt sich immer wieder, daß auch derjenige, der nicht arbeitet, sein Brot bekommt, daß derjenige, der schläft, es reichlicher bekommt als der, der arbeitet. In der äußeren Welt gehört alles dem, der es in der Hand hält; sie frönt unter dem Gesetz der Gleichgültigkeit, und wer den Ring hat, dem gehorcht der Geist des Rings, möge er nun ein Noureddin oder ein Aladin sein, und wer der Welt Schätze hat, der hat sie, gleich wie er sie erworben hat. In der Welt des Geistes ist es anders. Hier herrscht eine ewige göttliche Ordnung, hier regnet es nicht sowohl über Gerechte als über Ungerechte, hier scheint die Sonne nicht sowohl über Gute als über Böse, hier gilt, daß nur derjenige, der arbeitet, sein Brot bekommt, nur der, der in Ängsten war, Ruhe findet, nur der, der in die Unterwelt hinabsteigt, die Geliebte erlöst, nur der, der das Messer zückt, Isaak bekommt. Wer nicht arbeiten will, der bekommt sein Brot nicht, sondern wird betrogen, wie die Götter Orpheus mit einer luftigen Gestalt an Stelle der Geliebten betrogen haben, betrogen, weil er zärtlich, nicht mutig war, betrogen, weil er Zitherspieler, kein Mann war. Hier hilft es nichts, Abraham zum Vater zu haben oder siebzehn Ahnen, wer nicht arbeiten will, auf den trifft zu, was von Israels Jungfrauen geschrieben steht, er gebärt Wind, aber wer arbeiten will, der gebärt seinen eigenen Vater.

Es gibt ein Wissen, welches in die Welt des Geistes vermessen das gleiche Gesetz der Gleichgültigkeit einführen will wie dasjenige, unter dem die äußere Welt seufzt. Es

meint, es sei genug, das Große zu wissen, anderer Arbeit bedürfe es nicht. Aber deswegen bekommt es nicht sein Brot, es kommt um vor Hunger, während alles sich in Gold verwandelt. Und was weiß es denn schon? Viele Tausende hat es im damaligen Griechenland gegeben, unzählige in den späteren Geschlechtern, die alle Triumphe des Miltiades wußten; aber nur einer ist gewesen, der darüber schlaflos geworden ist. Zahllose Geschlechter hat es gegeben, die Wort für Wort die Erzählung von Abraham auswendig gewußt haben, wieviele hat sie schlaflos gemacht?
Nun hat die Erzählung von Abraham die merkwürdige Eigenschaft, daß sie immer herrlich wird, so ärmlich man sie auch verstehen mag; aber dennoch gilt hier wiederum, ob man arbeiten und beladen sein will. Aber arbeiten will man nicht, und doch will man die Erzählung verstehen. Man spricht zu Abrahams Ehren, aber wie? Man faßt das Ganze in ganz gewöhnliche Worte: »Das war das Große, daß er Gott so geliebt hat, daß er ihm das Beste opfern wollte.« Das ist sehr wahr; aber »das Beste« ist ein unbestimmter Ausdruck. Im Lauf des Gedankens und des Mundes identifiziert man ganz getrost Isaak mit dem Besten, und der Meditierende kann während der Meditation ruhig seine Pfeife rauchen, und der Hörende kann ruhig die Beine in aller Bequemlichkeit ausstrecken. Falls jener reiche Jüngling, den Christus auf seinem Wege traf, alles, was er hatte, verkauft und den Armen gegeben hätte, dann würden wir ihn preisen wie alles, was groß ist, und nicht einmal ihn verstehen, ohne zu arbeiten; aber er wäre doch nicht zu einem Abraham geworden, obgleich er das Beste geopfert hätte. Was man in Abrahams Geschichte ausläßt, ist die Angst; denn Geld gegenüber habe ich keine ethische Verpflichtung, aber dem Sohn gegenüber hat der Vater die höchste und heiligste. Angst ist jedoch ein gefährlich Ding für Weichlinge, deshalb vergißt man sie, und desungeachtet will man von

Abraham sprechen. So spricht man denn, im Lauf der Rede wechseln die beiden Ausdrücke: Isaak und das Beste, alles geht vorzüglich. Träfe es sich indessen so, daß unter den Zuhörern ein Mann wäre, der an Schlaflosigkeit leidet, dann liegt das entsetzlichste, das tiefste, tragische und komische Mißverständnis sehr nahe. Er würde nach Hause gehen, er würde es ebenso machen wie Abraham; denn der Sohn ist ja das Beste. Wenn jener Redner dies zu wissen bekäme, dann würde er vielleicht zu ihm hingehen; er würde all seine geistliche Würde zusammennehmen und rufen: »Abscheulicher Mensch, Ausschuß der Gesellschaft, welcher Teufel hat dich besessen, daß du deinen Sohn morden willst.« Und der Geistliche, der bei der Predigt von Abraham keine Wärme oder Transpiration verspürt hatte, er würde sich über sich selbst verwundern, über den zornigen Ernst, womit er jenen armen Menschen in Grund und Boden verdonnerte; er würde sich über sich selber freuen; denn niemals hatte er mit solchem Nachdruck und solcher Salbung gesprochen; er würde zu sich selbst und zu seiner Frau sagen: »Ich bin ein Redner, was gefehlt hat, war der Anlaß, als ich am Sonntag von Abraham gepredigt habe, habe ich mich ganz und gar nicht ergriffen gefühlt.« Besäße der gleiche Redner ein wenig überschüssigen Verstand, der sich verlieren ließe, ich denke, er würde ihn verlieren, wenn der Sünder ruhig und würdig antwortete: »Darüber hast du ja selber am Sonntag gepredigt«. Wie sollte der Geistliche auch solches in den Kopf hineinbekommen, und doch ist es ja so gewesen, und der Fehler bloß der, daß er nicht gewußt hatte, was er sagte. Daß es doch keinen Dichter gibt, der sich dazu entschließen könnte, solchen Situationen vor jenem dummen Zeug und Tand den Vorzug zu geben, womit man Komödien und Romane füllt! Das Komische und das Tragische berühren hier einander in absoluter Unendlichkeit. Des Geistlichen Worte waren vielleicht an und für sich schon lächerlich genug, unendlich lächerlich wurden sie jedoch durch ihre Wirkung, und dennoch war diese ganz natürlich. Oder wenn der Sünder wirklich, ohne einen Einwand zu erheben, durch die Strafpredigt des Geistlichen bekehrt worden wäre, wenn dieser eifrige Geistliche froh nach Hause gegangen wäre, froh im Bewußtsein, nicht nur von der Kanzel zu wirken, sondern vor allem mit unwiderstehlicher Macht als Seelsorger, insofern er am Sonntag die Gemeinde begeisterte, während er sich am Montag wie ein Cherub mit flammendem Schwert vor denjenigen stellte, der durch sein Tun jenes alte Wort zu Schanden machen wollte, daß es in der Welt nicht zugeht, wie der Pastor predigt[1].

Wäre der Sünder hingegen nicht überzeugt worden, so ist seine Situation recht tragisch. Dann wäre er vermutlich hingerichtet oder ins Irrenhaus gesteckt worden, kurz, er wäre unglücklich im Verhältnis zur sogenannten Wirklichkeit geworden, in einem anderen Verstande, denke ich freilich, würde Abraham ihn glücklich gemacht haben; denn der, der arbeitet, kommt nicht um.

Woraus erklärt sich ein solcher Widerspruch wie bei jenem Redner? Ist es, weil sich eingebürgert hat, Abraham für einen großen Mann anzusehen, so daß, was er tut, groß ist, und wenn ein anderer das gleiche tut, ist es Sünde, himmelschreiende Sünde? In diesem Fall wünsche ich nicht, an dergleichen gedankenlosem Lobpreisen teilzunehmen. Kann der Glaube es nicht zu einer heiligen Handlung machen, seinen Sohn morden zu wollen, dann möge über Abraham das gleiche Urteil ergehen wie über jedweden anderen. Fehlt es einem vielleicht an Mut, seinen Gedanken durchzuführen, zu sagen, Abraham sei ein Mörder gewesen, dann ist es wohl besser, diesen Mut

---

1 In alten Zeiten sagte man: es ist traurig, daß es in der Welt nicht zugeht, wie der Pastor predigt – vielleicht wird die Zeit kommen, insbesondere mit Hilfe der Philosophie, wo man

zu erwerben, als die Zeit mit unverdienten Lobreden zu vergeuden. Der ethische Ausdruck für das, was Abraham tat, ist, daß er Isaak morden wollte, der religiöse ist, daß er Isaak opfern wollte; aber in diesem Widerspruch liegt gerade die Angst, die einen Menschen wohl schlaflos machen kann, und doch wäre Abraham nicht der, der er ist, ohne diese Angst. Oder hat Abraham vielleicht gar nicht getan, was erzählt wird, ist es auf Grund der Verhältnisse in jenen Zeiten vielleicht etwas ganz anderes gewesen, dann laßt uns ihn vergessen; denn was ist es der Mühe wert, dasjenige Vergangene in die Erinnerung zu rufen, das nicht zu einem Gegenwärtigen werden kann. Oder hatte jener Redner vielleicht etwas vergessen, das jenem ethischen Vergessen entsprach, daß Isaak der Sohn war. Wenn nämlich der Glaube weggenommen wird, indem er zu null und nichts wird, dann bleibt nur das rohe Faktum übrig, daß Abraham Isaak morden wollte, was jeder leicht genug nachmachen kann, der nicht den Glauben hat, das heißt denjenigen Glauben, der es ihm schwer macht.

Mir für mein Teil fehlt es nicht an Mut, einen Gedanken ganz zu denken; bisher habe ich mich vor keinem gefürchtet, sollte ich auf einen solchen stoßen, so will ich hoffen, daß ich wenigstens aufrichtig genug sein werde, zu sagen, diesen Gedanken fürchte ich, der rührt etwas anderes in mir auf und deshalb will ich ihn nicht denken; tue ich damit unrecht, dann wird die Strafe wohl nicht ausbleiben. Hätte ich es als Urteil der Wahrheit anerkannt, daß Abraham ein Mörder sei, dann weiß ich nicht, ob ich meine Pietät ihm gegenüber zum Schweigen hätte bringen können. Hätte ich indessen so gedacht, dann hätte ich vermutlich damit geschwiegen; denn in solche

---

sagen kann: glücklicherweise geht es nicht so zu, wie der Pastor predigt; denn im Leben ist doch ein wenig Sinn, in seiner Predigt überhaupt keiner.

Gedanken soll man andere nicht einweihen. Aber Abraham ist kein Blendwerk, er ist nicht schlafend zu seiner Berühmtheit gekommen, er verdankt sie nicht einer Laune des Geschicks.

Kann man denn unvorbehalten von Abraham sprechen, ohne Gefahr zu laufen, daß ein Einzelner in Verwirrung hingehe und desgleichen tue? Sollte ich dies nicht wagen, dann will ich ganz von Abraham schweigen, und vor allem will ich ihn nicht derart herabsetzen, daß er gerade dadurch zu einer Schlinge für die Schwachen wird. Macht man nämlich den Glauben zu allem, d. h. zu dem, was er ist, dann, möchte ich meinen, darf man wohl ohne Gefahr davon sprechen in unserer Zeit, die im Glauben nicht eben extravagant ist, und nur durch den Glauben gewinnt man Ähnlichkeit mit Abraham, nicht durch den Mord. Macht man aus der Liebe eine flüchtige Stimmung, eine wollüstige Rührung in einem Menschen, dann legt man nur Schlingen für den Schwachen aus, wenn man von den Taten der Liebe sprechen will. Eine vorübergehende Bewegung kennt wohl jeder; aber wenn jeder deshalb jenes Entsetzliche tun würde, das die Liebe als unsterbliche Tat geheiligt hat, dann ist alles verloren, sowohl die Tat als auch der Verirrte.

Es ließe sich somit sehr wohl von Abraham sprechen; denn das Große kann niemals schaden, wenn es in seiner Größe aufgefaßt wird; es ist wie ein zweischneidiges Schwert, das tötet und erlöst. Fiele mir das Los zu, davon zu sprechen, dann würde ich damit anfangen zu zeigen, welch ein frommer und gottesfürchtiger Mann Abraham gewesen ist, würdig, der Auserwählte Gottes genannt zu werden. Nur einem solchen kann eine solche Prüfung auferlegt werden; aber wer ist ein solcher? Dann würde ich schildern, wie Abraham Isaak geliebt hat. Zu dem Zweck würde ich alle guten Geister bitten, mir beizustehen, auf daß meine Worte glühend werden möchten, wie die Vaterliebe es ist. Ich hoffe, sie dann so schildern zu können, daß kaum ein Vater in des Königs Reichen und Landen wäre, der zu behaupten wagte, er liebe solchermaßen. Aber würde er nicht wie Abraham lieben, dann wäre ja jeder Gedanke daran, Isaak zu opfern, eine Anfechtung. Davon könnte man bereits etliche Sonntage sprechen, man braucht sich ja nicht zu übereilen. Dann würde die Folge sein, wenn in der rechten Weise gesprochen würde, daß es eine Reihe von Vätern gar nicht danach verlangen würde, mehr zu hören, sondern daß sie bis auf weiteres froh wären, wenn es ihnen gelingen sollte, so zu lieben, wie Abraham geliebt hat. Gäbe es dann einen, der, nachdem er das Große, aber auch das Entsetzliche in Abrahams Tat vernommen hätte, sich getraute, diesen Weg weiterzugehen, dann würde ich mein Pferd satteln und mit ihm reiten. Auf jeder Station, bis wir zum Berge Morija kämen, würde ich ihm erklären, daß er noch umkehren könne, das Mißverständnis bereuen könne, daß er dazu berufen sei, in solchem Streit versucht zu werden, bekennen könne, daß es ihm an Mut fehle, so daß Gott sich Isaak selber nehmen müsse, wenn er ihn haben wolle. Es ist meine Überzeugung, daß ein solcher Mensch nicht verworfen ist, daß er mit allen anderen selig werden kann, aber in der Zeit wird er es nicht. Würde man, selbst in den gläubigsten Zeiten, nicht solchermaßen von einem solchen Menschen urteilen? Ich habe einen Menschen gekannt, der mir einmal das Leben gerettet haben könnte, wäre er großmütig gewesen. Er sagte geradeheraus: »Ich sehe wohl, was ich tun könnte; aber ich wage es nicht, ich fürchte, daß es mir später an Kraft gebrechen wird, daß ich es bereuen werde.« Er war nicht großmütig; aber wer würde doch deshalb aufhören, ihn zu lieben?

Wenn ich dann auf diese Weise gesprochen hätte, die Zuhörer bewegt hätte, so daß sie die dialektischen Kämpfe des Glaubens und seine gigantische Leidenschaft doch vernommen hätten, dann möchte ich keinen Irrtum von Seiten der Zuhörenden verschulden, so daß sie denken

sollten: »Er hat nun den Glauben in einem sehr hohen Grad, uns ist es schon genug, uns an seine Rockschöße zu hängen.« Ich würde nämlich hinzufügen: »Ich habe keineswegs den Glauben. Ich bin von Natur ein kluger Kopf, und ein jeder solcher hat immer große Schwierigkeiten, die Bewegung des Glaubens zu machen, ohne daß ich doch an und für sich *jener Schwierigkeit einen Wert beimessen möchte, der den klugen Kopf, indem er sie überwindet, weiter brächte als bis zu dem Punkt, wo der simpelste und einfältigste Mensch leichter hingelangt.«*
Die Liebe hat doch in den Dichtern ihre Priester, und zuweilen hört man eine Stimme, die sie in Ehren zu halten weiß; aber über den Glauben hört man kein Wort, wer spricht dieser Leidenschaft zu Ehren? Die Philosophie geht weiter. Die Theologie sitzt geschminkt am Fenster und buhlt um ihre Gunst, bietet ihre Schönheit der Philosophie feil. Es soll schwierig sein, Hegel zu verstehen, aber Abraham zu verstehen, das ist ein leichtes Ding. Über Hegel hinausgehen, das ist ein Wunderwerk; aber über Abraham hinauskommen, das ist das leichteste von allem. Ich für mein Teil habe etliche Zeit darauf verwendet, die Hegelsche Philosophie zu verstehen, glaube, sie auch einigermaßen verstanden zu haben, bin tollkühn genug, zu meinen, daß, wenn ich ihn, trotz angewandter Mühe, an einzelnen Stellen nicht verstehen kann, er selber wohl nicht ganz klar gewesen ist. All dies tue ich leicht, natürlich, mein Kopf leidet nicht darunter. Wenn ich mich indessen daranmachen soll, über Abraham nachzudenken, dann bin ich wie vernichtet. Jeden Augenblick gewahre ich jenes ungeheure Paradoxon, das der Inhalt von Abrahams Leben darstellt, jeden Augenblick werde ich zurückgestoßen, und mein Gedanke vermag, trotz all seiner Leidenschaft, nicht in es einzudringen, nicht um Haaresbreite weiterzukommen. Ich strenge jeden Muskel an, um die Sicht zu erlangen, im gleichen Augenblick werde ich paralytisch.

Mir ist nicht unbekannt, was in der Welt als groß und großmütig bewundert worden ist, meine Seele fühlt sich dem verwandt, sie ist in aller Demut dessen gewiß, daß es auch meine Sache war, für die der Held gestritten hat, im Augenblick der Betrachtung rufe ich mir selber zu: *jam tua res agitur*. In den Helden *denke* ich mich *hinein*, in Abraham kann ich mich nicht hineindenken, wenn ich den Gipfel erreicht habe, stürze ich herab, weil das, was mir geboten wird, ein Paradoxon ist. Deshalb meine ich jedoch keineswegs, der Glaube sei etwas Geringes, sondern ganz im Gegenteil, er sei das Höchste, sowie es sei unredlich von der Philosophie, statt dessen etwas anderes zu geben und den Glauben gering zu schätzen. Die Philosophie kann und soll nicht den Glauben geben, sondern sie soll sich selbst verstehen und wissen, was sie bietet, und den Menschen nichts nehmen und am allerwenigsten ein Etwas abschwindeln, als ob es ein Nichts sei. Mir sind des Lebens Not und Gefahren nicht unbekannt, ich fürchte sie nicht und trete ihnen keck entgegen. Das Entsetzliche ist mir nicht fremd, mein Gedächtnis ist ein getreues Weib, und meine Phantasie ist, was ich selber nicht bin, ein fleißiges kleines Mädchen, das den ganzen Tag still an seiner Arbeit sitzt und mir am Abend dermaßen hübsch vorzuschwatzen versteht, daß ich darauf schauen muß, obgleich es nicht gerade immer Landschaften oder Blumen oder Schäfereien sind, die sie malt. Ich habe ihr in die Augen gesehen, ich fliehe sie nicht furchtsam; aber ich weiß sehr wohl, daß, wenn ich ihr auch mutig entgegentrete, mein Mut dennoch nicht der Mut des Glaubens ist und nichts im Vergleich zu diesem. Ich vermag die Bewegung des Glaubens nicht zu machen, ich kann nicht die Augen schließen und mich vertrauensvoll in das Absurde stürzen, es ist mir eine Unmöglichkeit, aber ich rühme mich dessen nicht. Ich bin davon überzeugt, daß Gott Liebe ist; dieser Gedanke hat für mich eine ursprüngliche lyrische Gültigkeit. Ist er mir nahe, bin ich unsäglich selig, ist er fern, sehne ich mich heftiger danach als der Liebende nach seinem Gegenstand; aber ich glaube nicht, an diesem Mut fehlt es mir. Gottes Liebe ist für mich, sowohl in direktem als auch in umgekehrtem Verstande, der ganzen Wirklichkeit inkommensurabel. Ich bin nicht feig genug, deshalb zu jammern und zu klagen, aber auch nicht hinterhältig genug zu leugnen, daß der Glaube etwas weit Höheres ist. Ich kann gut aushalten auf meine Weise zu leben, ich bin froh und zufrieden; aber meine Freude ist nicht die des Glaubens und ist doch im Vergleich zu dieser unglücklich. Ich bekümmere Gott nicht mit meinen kleinen Sorgen, das Einzelne bekümmert mich nicht, ich starre bloß auf meine Liebe und halte deren jungfräuliche Flamme rein und klar; der Glaube ist davon überzeugt, daß Gott sich um das Kleinste bekümmert. Ich bin es zufrieden, in diesem Leben linker Hand angetraut zu sein, der Glaube ist demütig genug, die rechte zu begehren; denn daß dies Demut ist, das leugne ich nicht und werde ich niemals leugnen.

Ob wirklich ein jeder meiner Zeitgenossen dazu imstande ist, die Bewegungen des Glaubens zu machen? Falls ich mich nicht sehr in ihnen geirrt habe, so sind sie eher geneigt, stolz darauf zu sein, zu tun, wozu sie mich wohl nicht imstande glauben, d. h. das Unvollkommene. Es ist meiner Seele zuwider zu tun, was so oft geschieht, unmenschlich von dem Großen zu sprechen, als wären einige Jahrtausende ein ungeheurer Abstand; ich spreche am liebsten menschlich davon, als ob es gestern geschehen sei, und lasse nur die Größe selber den Abstand sein, der entweder erhebt oder verurteilt. Wäre ich dann [*in der Qualität als tragischer Held*, denn höher vermag ich nicht zu kommen] zu einer solchen extraordinären Königsreise wie zu jener zum Berge Morija befohlen worden, ich weiß wohl, was ich getan hätte. Ich wäre nicht feig genug gewesen, daheim zu bleiben, hätte mich auch nicht auf der Landstraße herumgetrieben, hätte auch das Messer nicht vergessen, damit es etwas Verspätung gegeben hätte, ich bin dessen ziemlich gewiß, daß ich mit dem Glokkenschlag pünktlich gewesen wäre, alles in Ordnung gehabt hätte – vielleicht wäre ich eher zu früh gekommen, damit es bald überstanden sein konnte. Aber ich weiß zugleich, was ich weiter getan hätte. Ich hätte im gleichen Augenblick, als ich aufs Pferd stieg, zu mir gesagt: jetzt ist alles verloren, Gott fordert Isaak, ich opfere ihn, mit ihm all meine Freude – dennoch ist Gott Liebe und wird es weiterhin für mich sein; denn in der Zeitlichkeit können Gott und ich nicht zusammen sprechen, wir haben keine Sprache miteinander gemein. Vielleicht wird der eine oder andere in unserer Zeit töricht genug, neidisch genug auf das Große sein, sich und mir einreden zu wollen, wenn ich dies wirklich getan hätte, dann hätte ich etwas noch Größeres getan, als was Abraham getan hat; denn meine ungeheure Resignation sei weit mehr ideal und poetisch als Abrahams Kleinlichkeit. Und doch ist dies die größte Unwahrheit; denn meine ungeheure Resignation war das Surrogat für den Glauben. Ich könnte denn auch nicht mehr als die unendliche Bewegung machen, um mich selbst zu finden und wieder in mir zu ruhen. Ich hätte denn auch Isaak nicht geliebt, so wie Abraham geliebt hat. Daß ich resolut war, die Bewegung zu machen, könnte menschlich gesprochen meinen Mut beweisen, daß ich ihn von ganzer Seele liebte, ist die Voraussetzung, ohne die das Ganze zu einer Untat wird; aber dennoch hätte ich nicht wie Abraham geliebt, denn dann hätte ich selbst in der letzten Minute gezögert, ohne daß ich deswegen zu spät auf den Berg Morija gekommen wäre. Ich hätte weiterhin durch mein Verhalten die ganze Geschichte verdorben; denn hätte ich Isaak wieder bekommen, dann wäre ich in Verlegenheit geraten. Was Abraham am leichtesten gefallen ist, würde mir schwer fallen, dies sich wieder an Isaak zu freuen; denn wer mit der Unendlichkeit seiner ganzen Seele, *proprio motu et propriis auspiciis*, die unendliche Bewegung gemacht hat und nicht mehr zu tun vermag, der behält Isaak nur im Schmerz.

Aber was tat Abraham? Er kam weder zu *früh* noch zu spät. Er bestieg den Esel, er ritt langsam seines Wegs. In all dieser Zeit glaubte er; er glaubte, Gott werde Isaak nicht von ihm fordern, während er doch willig war, ihn zu opfern, wenn es verlangt wurde. Er glaubte kraft des Absurden; denn von menschlicher Berechnung konnte da nicht die Rede sein, und es war ja das Absurde, daß Gott, der dies von ihm forderte, im nächsten Augenblick die Forderung widerrufen sollte. Er bestieg den Berg; noch in dem Augenblick, als das Messer blinkte, glaubte er – daß Gott Isaak nicht fordern werde. Er wurde dann zwar vom Ausfall überrascht; aber er war durch eine Doppelbewegung zu seinem ersten Zustand zurückgelangt, und deshalb empfing er Isaak froher als das erstemal. Laßt uns weitergehen. Lassen wir Isaak wirklich geopfert werden. Abraham glaubte. Er glaubte nicht, daß er einmal drüben selig werden sollte, sondern daß er hier in der Welt glückselig werden sollte. Gott konnte ihm einen neuen Isaak schenken, den Geopferten ins Leben zurückrufen. Er glaubte kraft des Absurden; denn alle menschliche Berechnung hatte ja längst aufgehört. Daß Sorge einen Menschen wahnwitzig machen kann, das sieht man, und es ist schwer genug; daß es eine Willensstärke gibt, die sich dem Wind so gewaltig entgegenstemmen kann, daß sie den Verstand rettet, wenn auch der Mensch etwas wunderlich wird, das sieht man auch; ich beabsichtige nicht, es herabzusetzen; aber seinen Verstand verlieren können und damit jene ganze Endlichkeit, deren Wechselmakler er ist, und dann kraft des Absurden eben jene gleiche Endlichkeit zu gewinnen, das erschreckt meine Seele; aber deshalb sage ich nicht, es sei etwas Geringes, da es im Gegenteil das einzigste Wunder ist. Man meint im allgemeinen, was der Glaube hervorbringe, sei kein Kunstwerk, es sei grobe und plumpe Arbeit, allein für die klobigeren Naturen; es ist jedoch ganz anders. Die Dialektik des Glaubens ist das Feinste und Merkwürdigste von allem; sie besitzt eine Elevation, von der ich mir zwar eine Vorstellung bilden kann, aber auch nicht mehr. Ich kann den großen Trampolinsprung machen, womit ich in die Unendlichkeit übergehe; mein Rücken ist wie der eines Seiltänzers, in meiner Kindheit verrenkt; deshalb fällt es mir leicht; ich kann im Dasein eins, zwei, drei auf dem Kopf gehen, aber das nächste vermag ich nicht; denn das Wunderbare kann ich nicht vollbringen; sondern mich nur dadurch in Erstaunen setzen lassen. Ja, falls Abraham in dem Augenblick, als er sein Bein über den Rücken des Esels schwang, zu sich gesagt hätte: nun ist Isaak verloren, ich könnte ihn ebensowohl hier zu Hause opfern, als den langen Weg nach Morija reisen – dann bedürfte ich Abrahams nicht, während ich mich jetzt siebenmal vor seinem Namen und siebenzigmal vor seiner Tat verneige. Dies hat er nämlich nicht getan, was ich dadurch beweisen kann, daß er sich freute, Isaak zu empfangen, recht innerlich freute, daß er keiner Vorbereitung bedurfte, keiner Zeit, um sich auf die Endlichkeit und ihre Freude zu sammeln. Hätte es nicht solchermaßen um Abraham gestanden, dann hätte er vielleicht Gott geliebt, aber nicht geglaubt; denn wer Gott ohne Glauben liebt, der reflektiert auf sich selbst; wer Gott gläubig liebt, der reflektiert auf Gott.

Auf dieser Spitze steht Abraham. Das letzte Stadium, das er aus dem Auge verliert, ist die unendliche Resignation. Er geht wirklich weiter und gelangt zum Glauben; denn alle diese Zerrbilder des Glaubens, jene jämmerliche laue Trägheit, die denkt: es hat wohl keine Not, es lohnt sich nicht, vor der Zeit zu sorgen; jene erbärmliche Hoffnung, die spricht: man kann nicht wissen, was geschehen wird, es wäre doch möglich – diese Zerrbilder haben ihre

Heimstätte im Elend des Lebens, und schon die unendliche Resignation hat sie unendlich verachtet.
Abraham kann ich nicht verstehen, in einem gewissen Verstande kann ich nichts von ihm lernen, ohne in Erstaunen zu geraten. Wenn man sich einbildet, daß man sich durch den Gedanken an den Ausfall jener Geschichte bewegen lassen sollte, zu glauben, so betrügt man sich selbst und will Gott um die erste Bewegung des Glaubens betrügen; man will Lebensweisheit aus dem Paradoxon saugen. Vielleicht gelingt es dem einen oder anderen; denn unsere Zeit bleibt nicht beim Glauben stehen, nicht bei seinem Wunder, daß er Wasser in Wein verwandelt; sie geht weiter, sie verwandelt Wein in Wasser.
Wäre es nicht doch am besten, beim Glauben stehenzubleiben, und ist es nicht empörend, daß ein jeder weitergehen will? Wenn man in unserer Zeit, und das wird ja auf verschiedene Weise verkündet, nicht bei der Liebe stehenbleiben will, wo kommt man dann hin? Zu irdischer Klugheit, kleinlicher Berechnung, zu Erbärmlichkeit und Elend, zu alledem, was des Menschen göttliche Herkunft zweifelhaft machen kann. Wäre es nicht besser, daß man beim Glauben stehen bliebe und daß der, der dort steht, zusähe, daß er nicht falle; denn die Bewegung des Glaubens muß ständig kraft des Absurden gemacht werden, doch wohlgemerkt derart, daß man die Endlichkeit nicht verliert, sondern ganz und gar gewinnt. Ich für mein Teil kann zwar die Bewegungen des Glaubens beschreiben, aber ich kann sie nicht vollziehen. Wenn man lernen will, die Schwimmbewegungen zu machen, dann kann man sich in Riemen an die Decke hängen lassen; man beschreibt zwar die Bewegungen, aber man schwimmt nicht; so kann ich die Bewegungen des Glaubens beschreiben; aber wenn ich ins Wasser hinausgeworfen werde, dann schwimme ich zwar [denn ich gehöre nicht zu den Watern], aber ich mache andere Bewegungen,

ich mache die Bewegungen der Unendlichkeit, während der Glaube das Entgegengesetzte tut, nämlich, nachdem er die Bewegungen der Unendlichkeit gemacht hat, die der Endlichkeit vollführt. Wohl dem, der diese Bewegungen machen kann; er tut das Wunderbare, und ich werde es nie müde, ihn zu bewundern, ob es Abraham oder ob es der Knecht in Abrahams Haus ist, ob es ein Philosophieprofessor oder ein armes Dienstmädchen ist, ist mir absolut gleichgültig; ich blicke nur auf die Bewegungen. Aber darauf blicke ich auch und lasse mich nicht narren, weder von mir selbst noch von irgendeinem Menschen. Die Ritter der unendlichen Resignation erkennt man leicht, ihr Gang ist schwebend, kühn. Die hingegen, welche das Kleinod des Glaubens tragen, enttäuschen leicht, weil ihr Äußeres eine auffällige Ähnlichkeit mit dem hat, was sowohl die unendliche Resignation als auch der Glaube tief verachten – mit Spießbürgerlichkeit.

Ich gestehe aufrichtig, ich habe in meiner Praxis kein sicheres Exemplar gefunden, ohne daß ich deshalb leugnen möchte, daß vielleicht jeder zweite Mensch ein solches Exemplar sei. Indessen habe ich doch mehrere Jahre vergebens danach gefahndet. Im allgemeinen reist man in der Welt herum, um Flüsse und Berge zu sehen, neue Sterne, buntscheckige Vögel, mißgestaltete Fische, lächerliche Menschenrassen; man gibt sich dem tierischen Stupor hin, der auf das Dasein glotzt, und man glaubt, etwas gesehen zu haben. Dies beschäftigt mich nicht. Wüßte ich indessen, wo ein solcher Ritter des Glaubens wohnte, so würde ich stehenden Fußes zu ihm wandern; denn dies Wunder beschäftigt mich absolut. Ich würde ihn keinen Augenblick loslassen, jede Minute aufpassen, wie er es mit den Bewegungen anstellte; ich würde mich selbst als fürs Leben versorgt ansehen und meine Zeit darein teilen, ihm zuzusehen und selbst Übungen zu machen, und so all meine Zeit darauf verwenden, ihn zu bewundern. Wie gesagt, habe ich keinen solchen gefunden, indessen vermag ich ihn gleichwohl zu denken. Hier ist er. Die Bekanntschaft wird gestiftet, ich werde ihm vorgestellt. In dem Moment, in dem ich ihn erstmals ins Auge fasse, werfe ich ihn im gleichen Nu von mir, mache selbst einen Sprung zurück, schlage die Hände zusammen und sage halblaut: »Herrgott! ist das der Mensch, ist er's wirklich, der sieht ja aus wie ein Steuereinnehmer.« Indessen ist er's jedoch. Ich schließe mich ihm näher an, achte auf die kleinste Bewegung, ob sich nicht eine kleine ungleichartige Bruchtelegraphie aus dem Unendlichen zeigen sollte, ein Blick, eine Miene, ein Gestus, eine Wehmut, ein Lächeln, welches das Unendliche in seiner Ungleichartigkeit mit dem Endlichen verriete. Nein! Ich examiniere seine Gestalt von Kopf bis Fuß, ob nicht ein Riß vorhanden sein sollte, durch den das Unendliche herausguckte. Nein! Er ist durch und durch solide. Seine Haltung? ist kraftvoll, gehört ganz der Endlichkeit an, kein geputzter Bürger, der am Sonntagnachmittag auf Frederiksberg spazieren geht; er tritt gründlicher auf die Erde, er gehört ganz der Welt an; kein Spießbürger kann ihr mehr angehören. Nichts von jenem fremden und vornehmen Wesen ist zu entdecken, woran man den Ritter der Unendlichkeit erkennt. Er freut sich an allem, nimmt teil an allem und jedesmal, wenn man ihn am Einzelnen teilnehmen sieht, geschieht es mit einer Ausdauer, die den irdischen Menschen bezeichnet, dessen Seele an dergleichen festhält. Er geht seiner Beschäftigung nach. Wenn man ihn so sieht, sollte man glauben, er sei ein Schreiberling, der seine Seele an die italienische Buchhaltung verloren hätte, so pünktlich ist er. Er hält frei am Sonntag. Er geht in die Kirche. Kein himmlischer Blick oder ein Anzeichen des Inkommensurabeln verraten ihn; würde man ihn nicht kennen, wäre es unmöglich, ihn aus der übrigen Menge auszusondern; denn sein gesundes kräftiges Kirchenliedersingen beweist höchstens, daß er eine gute Brust hat. Am Nachmittag geht er in den Wald. Er freut sich über alles, was er sieht, über das Menschengewimmel, die neuen Omnibusse, den Sund – begegnet man ihm auf dem Strandweg, sollte man glauben, es sei eine Krämerseele, die sich austobe, gerade so freut er sich; denn er ist kein Dichter, und ich habe vergebens versucht, ihm die poetische Inkommensurabilität abzulauern. Gegen Abend geht er nach Haus; sein Gang ist unverdrossen wie der eines Postboten. Unterwegs denkt er daran, daß seine Frau gewiß ein hübsches, kleines warmes Gericht für ihn bereit hält, wenn er heimkommt, zum Beispiel einen gebratenen Lammskopf und Gemüse dazu. Träfe er einen Gleichgesinnten, dann könnte er wohl bis Österport fortfahren, sich mit ihm über dies Gericht mit einer Leidenschaft zu unterhalten, die sich für einen Restaurateur schicken würde. Zufälligerweise besitzt er nicht vier Schillinge, und doch glaubt er voll und fest daran, daß seine Frau jenes leckere Gericht für ihn bereit hält. Tut sie es, dann soll es ein beneidenswerter Anblick für vornehme Leute, begeisternd für den einfachen Mann sein, ihn speisen zu sehen; denn sein Appetit ist stärker als der Esaus. Tut seine Frau es nicht – sonderbar genug, er ist genau der gleiche. Unterwegs kommt er an einem Bauplatz vorbei, er trifft einen anderen Mann. Sie sprechen einen Augenblick miteinander, er führt im Nu ein Gebäude auf, er disponiert über alle Kräfte dazu. Der Fremde verläßt ihn mit dem Gedanken, es sei gewiß ein Kapitalist gewesen, während mein bewunderter Ritter denkt: ja, käme es darauf an, könnte ich es leicht bekommen. Er liegt in einem offenen Fenster und betrachtet den Platz, an dem er wohnt, alles was vorgeht, daß eine Ratte unter ein Brett des Rinnsteins schlüpft, daß die Kinder spielen; alles beschäftigt ihn mit einer Daseinsruhe, als sei er ein Mädchen von sechzehn Jahren. Und dennoch ist er kein Genie; denn die Inkommensurabilität des Genies habe ich vergebens bei ihm auszuspionieren versucht. In der Abendstunde raucht er seine Pfeife; wenn man ihn sieht, sollte man darauf schwören, es sei der Fleischhöker von gegenüber, der in der Dämmerung vegetiert. Er läßt mit einer Sorglosigkeit fünf eine gerade Zahl sein, als sei er ein leichtsinniger Taugenichts, und doch kauft er in jedem Augenblick, den er lebt, die passende Zeit zum teuersten Preis; denn er tut nicht das geringste außer kraft des Absurden. Und doch, doch, ja, ich könnte rasend darüber werden, wenn nicht aus einem anderen Grunde, dann aus Neid, und doch hat dieser Mensch die Bewegung der Unendlichkeit gemacht und macht sie in jedem Augenblick. Er entleert des Daseins tiefe Wehmut in die unendliche Resignation, er kennt die Seligkeit der Unendlichkeit, er hat den Schmerz empfunden, allem zu entsagen, dem Teuersten, das man in der Welt besitzt, und doch schmeckt ihm die Endlichkeit genau so gut wie dem, der nie etwas Höheres gekannt hat, denn sein Verbleiben in der Endlichkeit trug nicht die Spur einer verzagten geängsteten Dressur, und doch ist ihm jene Sicherheit eigen, sich daran zu freuen, als sei sie das Gewißeste von allem. Und doch, doch ist die ganze irdische Gestalt, die er hervorbringt, eine neue Schöpfung kraft des Absurden. Er hat auf alles unendlich resigniert, und dann hat er alles wiederum kraft des Absurden ergriffen. Er macht ständig die Bewegung der Unendlichkeit; aber er tut es mit einer solchen Korrektheit und Sicherheit, daß er ständig die Endlichkeit dabei herausbekommt, und keine Sekunde ist, wo man etwas anderes erahnte. Für einen Tänzer soll es die schwierigste Aufgabe sein, sich in eine bestimmte Stellung zu springen, derart, daß keine Sekunde bleibt, in der er nach

---

1 Es folgt aus sich selbst, daß jedwelches andere Interesse, worin ein Individuum die ganze Realität der Wirklichkeit für sich konzentriert hat, wenn es sich als nicht realisierbar erweist, die Bewegung der Resignation veranlassen kann. Ich habe indessen

dieser Stellung greift, sondern im Sprung selbst in der Stellung steht. Vielleicht kann kein Tänzer dies tun – jener Ritter tut es. Die Menge der Menschen lebt in Trauer und Freude verloren, dies sind die Sitzengebliebenen, die nicht mit zum Tanz kommen. Die Ritter der Unendlichkeit sind Tänzer und haben Elevation. Sie machen die Bewegung nach oben und fallen wieder herab, und auch dies ist kein unseliger Zeitvertreib und nicht unschön anzusehen. Aber jedesmal, wenn sie herabfallen, vermögen sie nicht gleich die Stellung einzunehmen, sie schwanken einen Augenblick, und dies Schwanken zeigt, daß sie doch Fremde in der Welt sind. Es ist mehr oder weniger auffällig, da sie Kunst besitzen; aber selbst der kunstvollste dieser Ritter kann dies Schwanken dennoch nicht verbergen. Man braucht sie nicht in der Luft zu sehen, man braucht sie bloß in dem Augenblick zu sehen, wo sie die Erde berühren und berührt haben – und man erkennt sie. Aber so herabfallen können, daß es in der gleichen Sekunde aussieht, als ob man stünde und ginge, den Sprung im Leben in Gang zu verwandeln, das Sublime absolut im Pedestrischen auszudrücken – das vermag nur jener Ritter –, und das ist das alleinige Wunder.

Doch dies Wunder kann so leicht enttäuschen. Ich will deshalb die Bewegungen in einem bestimmten Fall beschreiben, der ihr Verhältnis zur Wirklichkeit beleuchten kann; denn darum dreht sich alles. Ein Jüngling verliebt sich in eine Prinzessin, und seines ganzen Lebens Inhalt liegt in dieser Liebe, und doch ist das Verhältnis so beschaffen, daß es sich unmöglich realisieren läßt, sich unmöglich aus der Idealität in die Realität umsetzen läßt[1]. Die Knechte des Elends, die Frösche im Sumpf des Le-

---

eine Verliebtheit gewählt, um daran die Bewegungen zu zeigen, weil dieses Interesse wohl leichter verstanden wird und mich somit aller vorläufigen Überlegungen entbindet, die in tieferem Verstande nur ganz Einzelne beschäftigen können.

bens schreien natürlich: eine solche Liebe sei Torheit, und die reiche Brauerswitwe sei eine genau so gute und solide Partie. Laßt sie ungestört im Sumpf quaken. So handelt der Ritter der unendlichen Resignation nicht, er gibt die Liebe nicht auf, nicht für aller Welt Herrlichkeit. Er ist kein Geck. Er vergewissert sich erst, daß sie für ihn wirklich der Inhalt des Lebens ist, und seine Seele ist zu gesund und zu stolz, um das geringste an einen Rausch zu verschwenden. Er ist nicht feig, er ist nicht bange davor, sie sich in sein Geheimstes einschleichen zu lassen, in seine entlegensten Gedanken, sie sich in unzähligen Verschlingungen um jedes Ligament in seinem Bewußtsein winden zu lassen – wird die Liebe unglücklich, dann wird er sich nie von ihr losreißen können. Er empfindet eine selige Wollust dabei, die Liebe jeden Nerv durchschauern zu lassen, und dennoch ist seine Seele weihevoll wie die desjenigen, der den Giftbecher geleert hat und fühlt, wie der Saft jeden einzelnen Blutstropfen durchtränkt – denn dieser Augenblick ist Leben und Tod. Wenn er dann so die ganze Liebe in sich eingesaugt hat und sich in sie vertieft hat, dann fehlt es ihm nicht an Mut, alles zu versuchen und zu wagen. Er überblickt die Verhältnisse des Lebens, er ruft die schnellen Gedanken zusammen, die wie an den Schlag gewöhnte Tauben jedem seiner Winke gehorchen, er schwingt den Stab darüber, und sie stürzen sich in alle Richtungen. Aber wenn sie nun zurückkehren, alle als Trauerboten[1], und ihm erklären, es sei eine Un-

[1] *Dazu gehört Leidenschaft. Jede Bewegung der Unendlichkeit geschieht durch Leidenschaft, und keine Reflexion kann eine Bewegung zustandebringen. Dies ist der fortwährende Sprung im Dasein, der die Bewegung erklärt, indes die Mediation eine Chimäre ist, die bei Hegel alles erklären soll, und die zugleich das einzige ist, das er nie zu erklären versucht hat.* Selbst um die bekannte sokratische Distinktion zu machen zwischen dem, was man versteht, und dem, was man nicht versteht, ist Leidenschaft vonnöten, noch mehr natürlich, um die eigentliche sokratische Bewegung zu

möglichkeit, so wird er still, er entläßt sie, er ist allein, und dann macht er die Bewegung. Falls, was ich hier sage, eine Bedeutung haben soll, dann gilt es, daß die Bewegung normal geschieht[1]. Dann wird zum ersten der Ritter die Kraft haben, den ganzen Lebensinhalt und die Bedeutung der Wirklichkeit in einen einzigen Wunsch zu konzentrieren. Fehlt es einem Menschen an dieser Konzentration, dieser Geschlossenheit, ist seine Seele von Anfang an in Vielfalt zersplittert, dann kommt er niemals dazu, die Bewegung zu machen; er wird im Leben klug wie die Geldleute handeln, die ihr Kapital in allerlei verschiedenen Papieren anlegen, um am einen zu gewinnen, was am anderen verlorengeht – kurz, dann ist er nicht Ritter. Sodann wird der Ritter die Kraft haben, das ganze Resultat der Gedankenoperation in einem Bewußtseinsakt zu konzentrieren. Fehlt es ihm an dieser Geschlossenheit, ist seine Seele von Anfang an in Vielfalt zersplittert, dann wird er niemals Zeit finden, die Bewegung zu machen; er wird fortwährend im Leben Geschäfte betreiben, niemals in die Ewigkeit eingehen; denn selbst in dem Augenblick, wo er am nächsten daran ist, wird er plötzlich entdecken, daß er etwas vergessen hat, weswegen er zurück muß. Im nächsten Augenblick, mag er denken, ist es möglich, und das ist auch ganz wahr; aber bei solchen Betrachtungen kommt man nie dazu, die Bewegung zu machen, sondern mit ihrer Hilfe sinkt man tiefer und tiefer in den Schlamm hinab.

---

machen, nämlich die der Unwissenheit. Aber was der Zeit fehlt, ist nicht Reflexion, sondern Leidenschaft. Daher ist die Zeit eigentlich in einem gewissen Sinne zu zählebig, um sterben zu können, denn Sterben ist einer der merkwürdigsten Sprünge, und die kleine Strophe eines Dichters hat mir immer sehr gefallen, weil er, nachdem er sich in den fünf, sechs vorhergehenden Zeilen schön und einfältig gute Dinge im Leben gewünscht hat, folgendermaßen schließt: ein seliger Sprung in die Ewigkeit.

Der Ritter macht also die Bewegung, aber welche? Wird er das Ganze vergessen; denn auch darin liegt ja eine Art Konzentration? Nein! denn der Ritter widerspricht sich nicht selbst, und es ist ein Widerspruch, seinen ganzen Lebensinhalt zu vergessen und doch der gleiche zu bleiben. Ein anderer zu werden, danach spürt er kein Verlangen und sieht dies keineswegs als das Große an. Nur die niedrigeren Naturen vergessen sich selbst und werden zu etwas Neuem. So hat der Schmetterling ganz vergessen, daß er Kohlwurm gewesen ist; vielleicht kann er es wiederum so ganz vergessen, Schmetterling gewesen zu sein, daß er zu einem Fisch werden kann. Die tieferen Naturen vergessen sich niemals selber und werden nie zu etwas anderem, als was sie gewesen sind. Der Ritter wird sich somit an alles erinnern; aber dies Erinnern ist gerade der Schmerz, und dennoch ist er in der unendlichen Resignation mit dem Dasein versöhnt. Die Liebe zu jener Prinzessin ist für ihn zum Ausdruck einer ewigen Liebe geworden, hat einen religiösen Charakter angenommen, hat sich zu einer Liebe zum ewigen Wesen verklärt, das zwar die Erfüllung versagt, ihn jedoch wiederum versöhnt hat in jenem ewigen Bewußtsein ihrer Gültigkeit in einer Ewigkeitsform, deren keine Wirklichkeit ihn zu berauben vermag. Toren und junge Leute schwatzen davon, für einen Menschen sei alles möglich. Das ist indessen ein großer Irrtum. Geistig gesprochen ist alles möglich, aber in der Welt der Endlichkeit gibt es vieles, das nicht möglich ist. Dieses Unmögliche macht der Ritter jedoch dadurch möglich, daß er es geistig ausdrückt; aber geistig drückt er es dadurch aus, daß er darauf Verzicht leistet. Der Wunsch, der ihn in die Wirklichkeit hinausführen wollte, aber an der Unmöglichkeit gestrandet ist, nimmt nun seine Richtung nach innen, ist jedoch deshalb nicht verloren, auch nicht vergessen. Bald ist es das dunkle Rühren des Wunsches in ihm, das die Erinnerung weckt, bald weckt er sie selber; denn er ist zu stolz, zu wollen, Sache eines flüchtigen Moments solle gewesen sein, was seines Lebens Inhalt war. Er hält diese Liebe jung, und mit ihm nimmt sie an Jahren und an Schönheit zu. Indessen bedarf es keiner Veranlassung der Endlichkeit zu ihrer Entwicklung. Von dem Augenblick an, in dem er die Bewegung gemacht hat, ist die Prinzessin verloren. Er bedarf nicht jenes erotischen Nervenzitterns beim Anblick der Geliebten und so weiter, er braucht auch nicht in endlichem Verstande für immer Abschied von ihr zu nehmen, weil er sich ihrer in ewigem Verstande erinnert, und er weiß sehr wohl, daß die Liebenden, die so versessen darauf sind, einander noch einmal zum letztenmal zum Abschied zu sehen, recht haben, versessen zu sein, recht zu glauben, es sei das letztemal; denn sie vergessen einander sehr bald. Er hat das tiefe Geheimnis erfaßt, daß man sich auch in der Liebe zu einem anderen Menschen selber genug sein muß. Er nimmt keine endliche Rücksicht mehr darauf, was die Prinzessin tut, und eben dies beweist, daß er die Bewegung unendlich gemacht hat. Hier bietet sich Gelegenheit, zu sehen, ob die Bewegung beim Einzelnen wahr oder erlogen ist. Da war einer, der auch glaubte, die Bewegung gemacht zu haben; aber siehe, die Zeit verging, die Prinzessin tat etwas anderes, sie verheiratete sich zum Beispiel mit einem Prinzen; da büßte seine Seele die Elastizität der Resignation ein. Er zeigte dadurch, daß er die Bewegung nicht richtig gemacht hatte; denn wer unendlich resigniert hat, der ist sich selber genug. Der Ritter hebt seine Resignation nicht auf, er bewahrt seine Liebe ebenso jung, wie sie es im ersten Augenblick gewesen ist, er läßt sie niemals von sich, gerade weil er die Bewegung unendlich gemacht hat. Was die Prinzessin tut, vermag ihn nicht zu beirren, nur die niederen Naturen haben das Gesetz ihrer Handlungen in einem anderen Menschen, die Prämissen ihrer Handlungen außerhalb ihrer selbst. Ist die Prinzessin hingegen eine Gleichgesinnte, dann wird das Schöne in Erscheinung treten. Dann wird sie sich selbst in den Ritterorden einführen, in den man nicht durch Ballotage aufgenommen wird, sondern dessen Mitglied ein jeder ist, der den Mut besitzt, sich selbst einzuführen, jener Ritterorden, der dadurch seine Unsterblichkeit beweist, daß er keinen Unterschied zwischen Mann und Frau macht. Auch sie wird ihre Liebe jung und gesund bewahren, auch sie wird ihre Not verwunden haben, wenn sie auch nicht, wie es im Liede heißt: jede Nacht an ihres Herren Seite liegt. Diese beiden werden dann in alle Ewigkeit zueinander passen, mit einer solchen taktfesten *harmonia praestabilita*, daß, wenn einmal der Augenblick käme, ein Augenblick, der sie jedoch nicht endlich beschäftigt, denn dann altern sie, wenn einmal der Augenblick käme, der vergönnte, der Liebe ihren Ausdruck in der Zeit zu geben, dann würden sie imstande sein, eben da anzufangen, wo sie angefangen haben würden, wenn sie ursprünglich vereint gewesen wären. Wer dies versteht, es sei Mann oder Frau, kann niemals betrogen werden, denn nur die niederen Naturen bilden sich ein, betrogen zu sein. Kein Mädchen, das nicht so stolz ist, versteht eigentlich zu lieben; aber ist sie so stolz, dann vermag keine List und Klugheit der Welt sie zu betrügen.

In der unendlichen Resignation ist Friede und Ruhe; jeder Mensch, der es will, der sich nicht selber dadurch erniedrigt hat, daß er sich geringschätzte – was noch entsetzlicher ist, als zu stolz zu sein –, kann sich dazu erziehen, diese Bewegung zu machen, die in ihrem Schmerz mit dem Dasein versöhnt. Die unendliche Resignation ist jenes Hemd, von dem in einer alten Volkssage die Rede ist. Der Faden ist unter Tränen gesponnen, mit Tränen gebleicht, das Hemd unter Tränen genäht; aber dann beschützt es auch besser als Eisen und Stahl. Das Unvollkommene in der Volkssage ist, daß ein Dritter dieses Linnen verarbeiten kann. Das Geheimnis im Leben ist, daß ein jeder es sich selbst nähen muß, und das Merkwürdige ist, daß ein Mann es gerade so gut wie eine Frau nähen kann. In der unendlichen Resignation ist Friede und Ruhe und Trost im Schmerz, das heißt, wenn die Bewegung normal gemacht ist. Es würde mir indessen nicht schwer fallen, ein ganzes Buch zu schreiben, wollte ich die verschiedenen Mißverständnisse, die verkehrten Stellungen, die nachlässigen Bewegungen durchgehen, auf die ich bloß in meiner kleinen Praxis gestoßen bin. Man glaubt sehr wenig an Geist, und doch kommt es gerade auf Geist an, um diese Bewegung zu machen; es kommt darauf an, daß sie nicht ein einseitiges Resultat einer *dira necessitas* ist, und je mehr diese zur Stelle ist, um so zweifelhafter ist immer, ob die Bewegung normal ist. Will man etwa meinen, die kalte, unfruchtbare Notwendigkeit müsse notwendig zur Stelle sein, so sagt man damit, daß keiner den Tod erleben könne, bevor er wirklich stirbt, was mir als krasser Materialismus vorkommt. In unserer Zeit jedoch bekümmert man sich weniger darum, reine Bewegungen zu machen. Falls einer, der tanzen lernen sollte, sagen würde: nun hat man jahrhundertelang ein Geschlecht nach dem anderen Positionen gelehrt, es ist höchste Zeit, daß ich mir daraus einen Vorteil mache und ohne weiteres mit Françaisen beginne, so würde man wohl ein wenig über ihn lächeln; aber in der Welt des Geistes findet man es äußerst plausibel. Was ist denn Bildung? Ich glaubte, es sei ein Cursus, den der Einzelne durchliefe, um sich selber einzuholen; und wer diesen Cursus nicht durchmachen will, dem hilft es außerordentlich wenig, in dem aufgeklärtesten Zeitalter geboren zu sein.

Die unendliche Resignation ist das letzte Stadium, das dem Glauben vorausgeht, so daß ein jeder, der diese Bewegung nicht gemacht hat, nicht den Glauben hat; denn erst in der unendlichen Resignation werde ich mir selber in meiner ewigen Gültigkeit klar, und erst dann kann

davon die Rede sein, kraft des Glaubens das Dasein zu ergreifen.
Wir wollen nun den Ritter des Glaubens in dem behandelten Fall auftreten lassen. Er tut genau das gleiche wie jener andere Ritter; er leistet unendlich auf jene Liebe Verzicht, die seines Lebens Inhalt ist; er ist versöhnt im Schmerz; aber dann geschieht das Wunder; er macht noch eine Bewegung, erstaunlicher als alles, denn er sagt: ich glaube doch, daß ich sie bekomme, nämlich kraft des Absurden, kraft dessen, daß bei Gott alle Dinge möglich sind. Das Absurde gehört nicht zu den Differenzen, die innerhalb des eigenen Umfangs des Verstandes liegen. Es ist nicht mit der Unwahrscheinlichkeit, dem Unerwarteten, dem Unvermuteten identisch. In dem Augenblick, als der Ritter resignierte, da vergewisserte er sich der Unmöglichkeit, menschlich gesprochen, dies war das Resultat des Verstandes, und er hatte Energie genug, es zu denken. In unendlichem Verstand hingegen war es möglich, nämlich durch Resignieren darauf; aber dieses Besitzen ist ja zugleich ein Aufgeben, aber dennoch ist dieses Besitzen für den Verstand keine Absurdität; denn der Verstand behielte weiterhin darin recht, daß es in der Welt der Endlichkeit, wo er herrscht, eine Unmöglichkeit wäre und bliebe. Das gleiche klare Bewußtsein ist dem Ritter des Glaubens eigen; das einzige also, das ihn retten kann, ist das Absurde, und dies ergreift er durch den Glauben. Er erkennt also die Unmöglichkeit, und im gleichen Augenblick glaubt er das Absurde; denn will er, ohne mit der ganzen Leidenschaft seiner Seele und von ganzem Herzen die Unmöglichkeit zu erkennen, sich einbilden, den Glauben zu haben, dann betrügt er sich selbst, und sein Zeugnis ist nichtig, da er nicht einmal bis zur unendlichen Resignation gekommen ist.
Der Glaube ist daher kein ästhetisches Rühren, sondern etwas weit Höheres, gerade weil er die Resignation voraus hat; er ist kein unmittelbarer Trieb des Herzens,

sondern das Paradoxon des Daseins. Wenn sich somit ein junges Mädchen trotz aller Schwierigkeiten doch die Gewißheit erhält, daß ihr Wunsch erfüllt wird, so ist diese Gewißheit keineswegs die des Glaubens, und das obgleich sie von christlichen Eltern erzogen und vielleicht ein ganzes Jahr beim Pastor in die Lehre gegangen ist. Sie ist in all ihrer kindlichen Naivität und Unschuld gewiß; auch diese Gewißheit adelt ihr Wesen und verleiht ihr eine übernatürliche Größe, so daß sie wie ein Thaumaturg die endlichen Kräfte des Daseins zu beschwören vermag und selbst Steine weinen machen kann, während sie es auf der anderen Seite in ihrer Verlegenheit gut fertigbringt, von Pontius zu Pilatus zu laufen und alle Welt durch ihre Bitten zu rühren. Ihre Gewißheit ist besonders liebenswert, und man kann viel von ihr lernen; aber ein Ding lernt man nicht von ihr, man lernt nicht Bewegungen machen; denn ihre Gewißheit getraut sich nicht, im Schmerz der Resignation der Unmöglichkeit in die Augen zu schauen.

Einsehen kann ich somit, daß Kraft, Energie und Freiheit des Geistes dazu gehören, die unendliche Bewegung der Resignation zu machen; ich kann zugleich einsehen, daß sie sich machen läßt. Das Nächste versetzt mich in Erstaunen, das Gehirn dreht sich mir im Kopf; denn nachdem man die Bewegung der Resignation gemacht hat, jetzt kraft des Absurden alles zu bekommen, das Gewünschte zu erhalten, ganz, unbeschnitten; das geht über menschliche Kräfte, das ist ein Wunder. Aber das kann ich einsehen, daß des jungen Mädchens Gewißheit nur Leichtsinn ist im Vergleich zu der Unerschütterlichkeit des Glaubens, obgleich dieser die Unmöglichkeit eingesehen hat. Jedesmal wenn ich diese Bewegung machen will, wird es mir schwarz vor den Augen; im gleichen Augenblick bewundere ich es absolut, und im gleichen Augenblick ergreift meine Seele eine ungeheure Angst; denn was ist denn das, Gott zu versuchen? Und doch ist dies die Bewegung des Glaubens und fährt fort, es zu sein, ob uns auch die Philosophie, um die Begriffe zu verwirren, einreden will, sie habe den Glauben, ob ihn auch die Theologie als Billigware feilhalten will.

Zum Resignieren gehört kein Glaube, denn das, was ich in der Resignation gewinne, ist mein ewiges Bewußtsein, und dies ist eine rein philosophische Bewegung, die zu machen ich mich tröste, wenn sie verlangt wird, und die zu machen ich mich selber züchtigen kann; denn jedesmal wenn mir eine Endlichkeit über den Kopf wachsen will, dann hungere ich mich selbst aus, bis ich die Bewegung mache; denn mein ewiges Bewußtsein ist meine Liebe zu Gott, und sie ist für mich höher als alles. Zum Resignieren gehört kein Glaube; aber das Allergeringste mehr zu bekommen als mein ewiges Bewußtsein, dazu gehört Glaube, denn dieses ist das Paradoxe. Man verwechselt oft die Bewegungen. Man sagt, man bedürfe des Glaubens, um auf alles Verzicht zu leisten, ja, man hört das noch Merkwürdigere, daß ein Mensch darüber klagt, den Glauben verloren zu haben, und wenn man auf der Skala nachprüft, um festzustellen, wo er sich befindet, sieht man seltsamerweise, daß er nur bis zu dem Punkt gelangt ist, wo er die unendliche Bewegung der Resignation machen soll. Durch die Resignation leiste ich auf alles Verzicht, diese Bewegung mache ich durch mich selbst, und wenn ich es nicht tue, dann deshalb, weil ich feige und weichlich und ohne Begeisterung bin und nicht die Bedeutung der hohen Würde fühle, die jedem Menschen zugewiesen ist, sein eigener Zensor zu sein, was viel vornehmer ist, als Generalzensor der ganzen römischen Republik zu sein. Diese Bewegung mache ich durch mich selbst, und deshalb gewinne ich mich selbst in meinem ewigen Bewußtsein, in seligem Verstehen mit meiner Liebe zum ewigen Wesen. Durch den Glauben leiste ich nicht auf etwas Verzicht, im Gegenteil bekomme ich durch den Glauben alles, eben in dem Verstand, in dem es heißt, daß der, wer Glauben hat wie ein Senfkorn, Berge versetzen kann. Es gehört ein rein menschlicher Mut dazu, auf die ganze Zeitlichkeit Verzicht zu leisten, um die Ewigkeit zu gewinnen; aber diese gewinne ich und kann in aller Ewigkeit nicht Verzicht darauf leisten – dies ist ein Widerspruch in sich; aber es gehört ein paradoxer und demütiger Mut dazu, nun die ganze Zeitlichkeit kraft des Absurden zu ergreifen, und dieser Mut ist der des Glaubens. Durch den Glauben leistete Abraham nicht Verzicht auf Isaak, sondern durch den Glauben bekam Abraham Isaak. Kraft der Resignation sollte jener reiche Jüngling alles weggegeben haben; aber hätte er es dann getan, so sollte der Ritter des Glaubens zu ihm gesagt haben: Kraft des Absurden sollst du jeden Heller wiederbekommen, darauf kannst du dich verlassen. Und diese Worte sollen dem vormals reichen Jüngling keineswegs gleichgültig sein; denn hätte er seine Habe weggegeben, weil er ihrer überdrüssig war, so wäre es schlecht um seine Resignation bestellt gewesen.

Die Zeitlichkeit, die Endlichkeit ist das, worum sich alles dreht. Ich kann durch eigene Kraft auf alles resignieren und dann im Schmerz Frieden und Ruhe finden; ich kann mich in alles schicken, selbst wenn jener furchtbare Dämon, entsetzlicher als der Knochenmann, der die Menschen erschreckt, selbst wenn der Wahnsinn mir die Narrentracht vor Augen hielte und ich aus seiner Miene läse, daß ich es wäre, der sie anlegen sollte; noch kann ich meine Seele retten, falls es mir im übrigen mehr darum zu tun ist, daß meine Liebe zu Gott in mir siegt als mein irdisches Glück. Ein Mensch kann noch in diesem letzten Augenblick seine ganze Seele in einen einzigen Blick zum Himmel sammeln, von wo jede gute Gabe kommt, und dieser Blick soll für ihn und für den, den er sucht, verständlich sein, nämlich, daß er doch seiner Liebe treu geblieben ist. Dann kann er ruhig die Tracht anlegen. Wessen Seele nicht diese Romantik besitzt, hat seine Seele verkauft, ob er nun ein Königreich dafür bekommen hat oder armselige Silberlinge. Aber aus eigener Kraft kann ich nicht das Geringste von dem bekommen, was der Endlichkeit angehört; denn ich brauche immerzu meine Kraft, um auf alles zu resignieren. Aus eigener Kraft kann ich die Prinzessin aufgeben, und ich werde nicht schmollen, sondern Freude und Frieden und Ruhe in meinem Schmerz finden; aber aus eigener Kraft kann ich sie nicht wieder bekommen, denn ich brauche ja gerade meine Kraft dazu, zu resignieren. Aber durch den Glauben, sagt jener wunderbare Ritter, durch den Glauben sollst du sie bekommen, kraft des Absurden.

Siehe, diese Bewegung kann ich nicht machen. Sobald ich damit anfangen will, dreht sich mir alles, und ich flüchte zurück in den Schmerz der Resignation. Ich kann im Leben schwimmen, aber für dieses mystische Schweben bin ich zu schwer. Derart existieren, daß mein Gegensatz zur Existenz sich in jedem Augenblick als die schönste und verläßlichste Harmonie mit ihr ausdrückt, das vermag ich nicht. Und doch muß es herrlich sein, die Prinzessin zu bekommen, das sage ich jeden Augenblick, und derjenige Ritter der Resignation, der es nicht sagt, ist ein Betrüger, er hat nicht einen einzigen Wunsch gehabt, und er hat den Wunsch nicht in seinem Schmerz jung erhalten. Vielleicht gibt es jemanden, der es recht bequem fände, daß der Wunsch nicht mehr lebendig wäre, daß der Schmerzenspfeil stumpf geworden wäre; aber ein solcher ist kein Ritter. Eine freigeborene Seele, die sich dabei ertappte, sie würde sich selbst verachten und von vorn anfangen und vor allem ihrer Seele nicht erlauben, durch sich selbst betrogen zu sein. Und doch muß es herrlich sein, die Prinzessin zu bekommen, und doch ist der Ritter des Glaubens der einzig Glückliche, der Stammherr der Endlichkeit, während der Ritter der Resignation ein Fremder und Ausländer ist. So die Prinzessin zu bekommen, froh und glücklich zu leben, tagaus tagein mit ihr zusammen [denn auch dies ließe sich ja denken, daß der Ritter der Resignation die Prinzessin bekommen könnte, aber daß seine Seele die Unmöglichkeit ihres zukünftigen Glücks durchschaut hätte], so jeden Augenblick kraft des Absurden froh und glücklich zu leben, jeden Augenblick das Schwert über dem Haupt der Geliebten schweben zu sehen und doch nicht im Schmerz der Resignation Ruhe zu finden, sondern Freude kraft des Absurden – das ist wunderbar. Wer das tut, ist groß, der einzig Große, der Gedanke daran bewegt meine Seele, die niemals damit gegeizt hat, das Große zu bewundern.

Falls nun wirklich ein jeder in meiner Mitwelt, die nicht beim Glauben stehenbleiben will, ein Mann wäre, der die Schrecken des Lebens erfaßt hat, der verstanden hat, was Daub meint, wenn er sagt, ein Soldat, der mit scharfgeladenem Gewehr auf einsamem Posten steht, bei einem Pulverturm, in einer Unwetternacht, bekomme sonderbare Gedanken; falls nun wirklich ein jeder, der nicht beim Glauben stehenbleiben will, ein Mann wäre, dem Kraft der Seele eignete, zu erfassen, und der sich dann Zeit ließe, einsam mit dem Gedanken zu werden, daß der Wunsch eine Unmöglichkeit wäre; falls ein jeder, der nicht beim Glauben stehenbleiben will, ein Mann wäre, der sich im Schmerz versöhnte und durch den Schmerz versöhnte, ein Mann wäre, der dann [und hat er all das Vorhergehende nicht getan, dann soll er sich nicht bemühen, wenn vom Glauben die Rede ist] das Wunderbare täte, das ganze Dasein kraft des Absurden ergriffe – dann ist, was ich schreibe, die höchste Lobrede auf die Mitwelt, vom Geringsten in ihr, der nur die Bewegung der Resignation machen konnte. Aber warum will man denn nicht bei ihm stehenbleiben, warum hört man bisweilen, daß Leute sich scheuen, zu bekennen, daß sie den Glauben haben? Das vermag ich nicht zu fassen. Falls ich es jemals dahinbringen könnte, diese Bewegung zu machen, dann würde ich in Zukunft nur noch vierspännig fahren.

Ist es wirklich so, ist all die Spießbürgerlichkeit, die ich im Leben sehe, über die ich nicht mein Wort, sondern meine Tat richten lasse, ist sie wirklich nicht, was sie zu sein scheint, ist sie das Wunder? Dies wäre ja denkbar; denn jener Held des Glaubens hatte ja eine auffällige Ähnlichkeit damit; denn jener Held des Glaubens war nicht einmal Ironiker und Humorist, sondern etwas noch Höheres. In unserer Zeit ist viel von Ironie und Humor die Rede, besonders von seiten solcher Leute, die nie darin zu praktizieren vermocht haben, aber desungeachtet alles zu erklären wissen. Mir sind diese beiden Leidenschaften nicht ganz fremd, ich weiß etwas mehr darüber, als was in deutschen und deutsch-dänischen Kompendien steht. Ich weiß deshalb, daß diese beiden Leidenschaften von der Leidenschaft des Glaubens wesentlich verschieden sind. Ironie und Humor reflektieren auch auf sich selbst und sind deshalb in der Sphäre der unendlichen Resignation zu Hause, ihre Elastizität besteht darin, daß das Individuum der Wirklichkeit inkommensurabel ist.

Die letzte Bewegung, die paradoxale Bewegung des Glaubens, kann ich nicht machen, es sei nun Pflicht oder was es sei, obgleich ich es lieber als gern möchte. Ob es einem Menschen erlaubt ist, dies zu sagen, muß ihm überlassen bleiben; es bleibt eine Sache zwischen ihm und dem ewigen Wesen, das Gegenstand des Glaubens ist, ob er in dieser Hinsicht eine gütliche Vereinbarung treffen kann. Was jeder Mensch kann, das ist, er kann die Bewegung der unendlichen Resignation machen, und ich meinerseits würde kein Bedenken tragen, einen jeden für feig zu erklären, der sich einbilden will, er könne es nicht. Mit dem Glauben ist es eine andere Sache. Aber was jedem Menschen nicht erlaubt ist, das ist, anderen einzureden, der Glaube sei etwas Geringes oder er sei ein leichtes Ding, während er das Größte und Schwerste ist.

Man versteht die Erzählung von Abraham auf eine andere Weise. Man preist Gottes Gnade, daß er ihm Isaak wiedergeschenkt hat, das Ganze war bloß eine Prüfung. Eine Prüfung: dies Wort kann viel und wenig besagen, und doch ist das Ganze so schnell verklungen wie es gesagt ist. Man steigt auf ein geflügeltes Pferd, im gleichen Nu ist man auf dem Berge Morija, im gleichen Nu erblickt man den Widder; man vergißt, daß Abraham nur auf einem Esel ritt, der langsam des Weges trottet, daß die Reise drei Tage währte, daß er einige Zeit brauchte, um Brennholz zu spalten, Isaak zu binden und um das Messer zu wetzen.

Und doch preist man Abraham. Derjenige, der davon reden soll, kann gut bis zur letzten Viertelstunde schlafen, bevor er reden soll; die Zuhörer können während der Rede gut in Schlaf fallen; denn alles geht recht bequem, ohne Beschwer von beiden Seiten. Wäre ein Mann zugegen, der an Schlaflosigkeit litte, so würde er vielleicht heimgehen, sich in einen Winkel hocken und denken: das Ganze ist Sache eines Augenblicks, warte nur eine Minute, dann erblickst du den Widder, und die Prüfung ist vorbei. Würde ihn der Redner in diesem Zustand antreffen, so würde er, denke ich, in all seiner Würde vor ihn hintreten und sagen: »Elender, daß du deine Seele in dergleichen Torheit versenken kannst; es geschieht kein Wunder, und das ganze Leben ist eine Prüfung.« Fortfahrend in seinem Erguß, würde der Redner mehr und mehr in Affekt geraten, froher und froher über sich selbst werden, und während er keine Blutkongestion wahrgenommen hatte, als er von Abraham sprach, würde er jetzt fühlen, wie ihm die Stirnader schwölle. Vielleicht würde er Mund und Nase verlieren, wenn der Sünder ruhig und würdig erwiderte: »Das war's ja, worüber du am letzten Sonntag gepredigt hast.«

Laßt uns so entweder Abraham ad acta legen oder laßt uns lernen, uns bei dem ungeheuren Paradoxon zu entsetzen, das seines Lebens Bedeutung ausmacht, so daß wir verstehen mögen, daß unsere Zeit, wie jede Zeit, froh sein kann, wenn sie den Glauben hat. Falls Abraham keine Nullität ist, ein Phantom, irgendein Krempel, womit man sich die Zeit vertreibt, dann kann der Fehler nie darin liegen, daß der Sünder desgleichen tun wollte, sondern es gilt zu erkennen, wie groß das war, was Abraham getan hat, damit der Mann sich selbst prüfen kann, ob er berufen ist und Mut hat, sich in dergleichen zu versuchen. Der komische Widerspruch im Verhalten des Redners war, daß er Abraham zu einer Bedeutungslosigkeit gemacht hat und doch dem anderen verwehren wollte, sich auf die gleiche Weise anzustellen.

Sollte man somit von Abraham nicht sprechen dürfen? Das glaube ich jedoch gewiß. Wenn ich von ihm sprechen sollte, dann würde ich zunächst den Schmerz der Prüfung schildern. Zu dem Zweck würde ich wie ein Blutegel alle Angst und Not und Qual aus eines Vaters Leiden saugen, um beschreiben zu können, was Abraham gelitten hat, während er doch bei alledem glaubte. Ich würde daran erinnern, daß die Reise drei Tage und ein gut Stück in den vierten hinein gedauert hat, ja, diese dreieinhalb Tage sollten unendlich viel länger werden als das paar tausend Jahre, die mich von Abraham trennen. Dann würde ich daran erinnern, wie es meine Ansicht ist, daß jeder Mensch noch umkehren darf, ehe er mit dergleichen anfängt, und jeden Augenblick reuig zurückkehren kann. Tut man dies, so befürchte ich keine Gefahr, auch fürchte ich nicht, bei Leuten Lust zu erwekken, sich ebenso wie Abraham zu versuchen. Aber will man eine wohlfeile Ausgabe von Abraham auf den Markt bringen und doch einem jeden verwehren, ein Gleiches zu tun, dann ist es lächerlich.

Ich beabsichtige nunmehr, der Erzählung von Abraham in Form von Problemata das Dialektische zu entnehmen, das darinnen steckt, um zu erkennen, welch ungeheures

Paradoxon der Glaube ist, ein Paradoxon, das einen Mord zu einer heiligen und gottwohlgefälligen Handlung zu machen vermag, ein Paradoxon, das Abraham Isaak wiedergibt, dessen kein Denken sich bemächtigen kann, weil der Glaube eben da anfängt, wo das Denken aufhört.

Gibt es eine teleologische Suspension des Ethischen?

Das Ethische ist als solches das Allgemeine, und als das Allgemeine dasjenige, das für einen jeden gilt, welches sich von einer anderen Seite her so ausdrücken läßt, daß es in jedem Augenblick gilt. Es ruht immanent in sich selbst, hat nichts außer sich, das sein τέλος wäre, ist aber selber τέλος für alles, was es außer sich hat, und wenn das Ethische dieses in sich aufgenommen hat, dann kommt es nicht weiter. Unmittelbar sinnlich und seelisch bestimmt ist der Einzelne der Einzelne, der sein τέλος im Allgemeinen hat, und seine ethische Aufgabe ist, sich selbst immerzu in diesem auszudrücken, sein Einzelsein aufzuheben, um das Allgemeine zu werden. Sobald sich der Einzelne dem Allgemeinen gegenüber in seinem Einzelsein geltend machen will, dann sündigt er und kann sich nur durch Anerkennung dessen wiederum mit dem Allgemeinen versöhnen. Jedesmal wenn der Einzelne, nachdem er in das Allgemeine eingetreten war, einen Trieb verspürt, sich als der Einzelne geltend zu machen, so befindet er sich in der Anfechtung, woraus er sich nur herausarbeitet, indem er reuig sich selbst als der Einzelne im Allgemeinen aufgibt. Wenn dies das Höchste ist, was sich über den Menschen und über sein Dasein sagen läßt, dann hat das Ethische die gleiche Beschaffenheit wie eines Menschen ewige Seligkeit, welche in aller Ewigkeit und in jedem Augenblick sein τέλος ist, da es ein Widerspruch wäre, daß sie aufgegeben werden könnte [d. h. teleologisch suspendiert], da sie, sobald sie suspendiert wird, verscherzt ist, während, was suspendiert wird, nicht verscherzt ist, sondern eben in jenem Höheren bewahrt, das sein τέλος ist.

Verhält es sich so, dann hat Hegel recht, wenn er den Menschen im Guten und im Gewissen nur als den Ein-

zelnen bestimmt sein läßt, er hat recht, diese Bestimmtheit als eine »moralische Form des Bösen« [vgl. besonders die Rechtsphilosophie] anzusehen, die in der Teleologie des Sittlichen aufgehoben werden soll, so daß der Einzelne, der in jenem Stadium verbleibt, entweder sündigt oder der Anfechtung unterliegt. Womit Hegel hingegen nicht recht hat, ist, vom Glauben zu sprechen, Unrecht damit, nicht laut und vernehmlich dagegen zu protestieren, daß Abraham als ein Vater des Glaubens geehrt und gefeiert wird, indes er als Mörder nach Hause geschickt und aus dem Lande verwiesen werden müßte.
Der Glaube ist nämlich jenes Paradoxon, daß der Einzelne höher ist als das Allgemeine, jedoch wohlgemerkt solchermaßen, daß die Bewegung sich wiederholt, daß er also, nachdem er im Allgemeinen gewesen ist, sich jetzt als der Einzelne als höher als das Allgemeine isoliert. Falls dieses nicht der Glaube ist, so ist Abraham verloren, so ist der Glaube niemals in der Welt vorhanden gewesen, gerade weil er immer vorhanden gewesen ist. Denn wenn das Ethische, d. h. das Sittliche das Höchste ist, und im Menschen nichts Inkommensurables auf andere Weise übrigbleibt, als daß dies Inkommensurable das Böse, d. h. das Einzelne ist, das im Allgemeinen ausgedrückt werden soll, dann bedarf es keiner anderen Kategorien als derjenigen, welche die griechische Philosophie besessen hat, oder was sich diesen durch konsequentes Denken entnehmen läßt. Dies sollte Hegel nicht verheimlicht haben; denn er hatte doch griechische Studien betrieben.
Nicht selten hört man Leute, die sich in Ermangelung von Hingabe an Studien in Phrasen vertiefen, sagen, über der christlichen Welt scheine ein Licht, während Finsternis über der Heidenschaft walte. Solche Worte sind mir immer sonderbar vorgekommen, da sich doch jeder gründlichere Denker, jeder ernstlichere Künstler an der ewigen Jugend des griechischen Volkes verjüngt. Eine solche Behauptung läßt sich daraus erklären, daß man

nicht weiß, was man sagen soll, sondern bloß, daß man etwas sagen soll. Es ist in seiner Ordnung, zu sagen, die Heidenschaft habe den Glauben nicht gehabt; aber wenn man damit etwas gesagt haben soll, so muß man sich ein wenig mehr darüber klar sein, was man unter dem Glauben versteht, da man sonst auf dergleichen Phrasen zurückverfällt. Das ganze Dasein erklären, den Glauben dazu, ohne eine Vorstellung davon zu besitzen, was der Glaube ist, ist leicht, und der kalkuliert nicht am schlechtesten im Leben, der auf Bewunderung rechnet, wenn er eine solche Erklärung hat; denn es ist wie Boileau sagt: *un sot trouve toujours un plus sot qui l'admire.*

Der Glaube ist eben dieses Paradoxon, daß der Einzelne als der Einzelne höher ist als das Allgemeine, diesem gegenüber berechtigt ist, nicht subordiniert, sondern übergeordnet, doch wohlgemerkt solchermaßen, daß der Einzelne, nachdem er als der Einzelne dem Allgemeinen untergeordnet gewesen ist, jetzt durch das Allgemeine zu dem Einzelnen wird, der ihm als der Einzelne übergeordnet ist; daß der Einzelne als der Einzelne in einem absoluten Verhältnis zum Absoluten steht. Dieser Standpunkt läßt sich nicht mediieren; denn alle Mediation geschieht gerade kraft des Allgemeinen; es ist und bleibt in aller Ewigkeit ein Paradoxon, dem Denken unzugänglich. Und doch ist der Glaube dieses Paradoxon oder auch [dies sind die Konsequenzen, die ich den Leser bei jedem Punkt im Sinn zu behalten bitten möchte, wenngleich es für mich zu weitläufig sein würde, sie allerorten zu Papier zu bringen] es ist niemals Glaube vorhanden gewesen, gerade weil er immer vorhanden gewesen ist, oder auch Abraham ist verloren.

Daß dieses Paradoxon für den Einzelnen leicht mit einer Anfechtung verwechselt werden kann, ist zwar wahr; aber deshalb soll man kein Geheimnis daraus machen. Daß viele so veranlagt sein können, daß es sie von sich stößt, ist zwar wahr; aber deshalb soll man nicht den

Glauben zu etwas anderem machen, um ihn auch haben zu können, sondern lieber eingestehen, daß man ihn nicht hat, während die, welche den Glauben haben, darauf bedacht sein sollten, einige Kennzeichen aufzustellen, damit man das Paradoxon von einer Anfechtung unterscheiden könnte.

Die Erzählung von Abraham enthält nun eine solche teleologische Suspension des Ethischen. Es hat nicht an scharfsinnigen Köpfen und gründlichen Forschern gefehlt, die Analogien dazu gefunden haben. Ihre Weisheit läuft auf den schönen Satz hinaus, daß im Grund alles dasselbe sei. Will man etwas näher zusehen, zweifle ich sehr daran, daß man in der ganzen Welt eine einzige Analogie finden wird, ausgenommen eine spätere, die nichts beweist, wenn feststeht, daß Abraham den Glauben repräsentiert und daß dieser normal ausgedrückt ist in ihm, dessen Leben nicht bloß das Paradoxeste ist, das sich denken läßt, sondern so paradox, daß es sich überhaupt nicht denken läßt. Er handelt kraft des Absurden; denn das ist gerade das Absurde, daß er als der Einzelne höher als das Allgemeine ist. Dies Paradoxon läßt sich nicht mediieren; denn sobald er damit anfängt, muß er eingestehen, daß er sich in einer Anfechtung befand, und wenn es so ist, kommt er nie dazu, Isaak zu opfern, oder wenn er Isaak geopfert hätte, müßte er reuig zum Allgemeinen zurückkehren. Kraft des Absurden bekommt er Isaak zurück. Abraham ist deshalb in keinem Augenblick ein tragischer Held, sondern etwas ganz anderes, entweder ein Mörder oder ein Gläubiger. Jene Zwischenbestimmung, die den tragischen Held rettet, ist Abraham nicht eigen. Darum kann ich einen tragischen Helden verstehen, aber nicht Abraham verstehen, wenngleich ich ihn in einem gewissen tollen Verstande mehr bewundere als alle anderen.

Abrahams Verhältnis zu Isaak ist ethisch ausgedrückt ganz simpel dies, daß der Vater den Sohn höher lieben soll als sich selbst. Dies Ethische hat jedoch innerhalb seines eigenen Umfangs etliche Gradationen; wir werden sehen, ob sich in dieser Erzählung ein solcher höherer Ausdruck für das Ethische findet, der ethisch sein Verhalten erklären, ihn ethisch dazu berechtigen kann, die ethische Verpflichtung dem Sohn gegenüber zu suspendieren, ohne sich jedoch dadurch über die Teleologie des Ethischen hinauszubewegen.

Wenn ein Vorhaben, dem die Sorge eines ganzen Volkes gilt, verhindert wird, wenn eine solche Tat durch die Ungnade des Himmels aufgehalten wird, wenn die erzürnte Gottheit eine Windstille sendet, die aller Anstrengungen spottet, wenn der Seher sein schweres Geschäft vollführt und verkündigt, Gott fordere ein junges Mädchen als Opfer – dann soll der Vater heldenmütig dieses Opfer bringen. Großmütig soll er seinen Schmerz verhehlen, wenn er gleich wünschen könnte, er sei »der geringe Mann, der weinen darf«, nicht der König, der königlich handeln muß. Und dringt ihm der Schmerz auch einsam in die Brust, hat er nur drei Mitwisser unter dem Volke, bald wird das ganze Volk Mitwisser seines Schmerzes, aber auch Mitwisser seiner Tat sein, daß er um des Wohls des Ganzen willen sie, die Tochter, opfern wird, das junge schöne Mädchen. O Busen! o holde Wangen, lichtblondes Haar [v. 687]. Und die Tochter soll ihn durch ihre Tränen rühren, und der Vater soll sein Angesicht abwenden, aber der Held soll das Messer zücken. – Wenn dann die Nachricht davon das Vaterland erreicht, dann sollen Griechenlands schöne Mädchen vor Begeisterung erröten, und war die Tochter Braut, dann soll der Bräutigam nicht zürnen, sondern stolz darauf sein, an der Tat des Vaters teilzunehmen, weil ihm das Mädchen inniger angehört hat als es dem Vater angehörte.

Wenn der mutige Richter, der Israel in der Stunde der Not errettete, in einem Atemzug Gott und sich selbst durch das gleiche Gelübde bindet, dann soll er heldenmütig des jungen Mädchens Jubel, der geliebten Tochter

Freude in Trauer verwandeln, und ganz Israel soll mit ihr über ihre jungfräuliche Jugend trauern; aber jeder freigeborene Mann soll Jephtah verstehen, jede beherzte Frau ihn bewundern, und jede Jungfrau in Israel soll den Wunsch hegen, wie seine Tochter zu handeln; denn was hülfe es, daß Jephtah durch sein Gelübde siegte, wenn er es nicht hielte, würde dann der Sieg dem Volk nicht wieder genommen werden?

Wenn ein Sohn seiner Pflicht vergißt, wenn der Staat dem Vater das Richterschwert anvertraut, wenn die Gesetze die Strafe von des Vaters Hand fordern, dann soll der Vater heldenmütig vergessen, daß der Schuldige sein Sohn ist; er soll großmütig seinen Schmerz verhehlen; aber nicht ein Einziger soll unter dem Volke sein, nicht einmal der Sohn, der nicht den Vater bewunderte, und jedesmal, wenn Roms Gesetze ausgelegt werden, soll dessen gedacht werden, daß manch einer sie gelehrter, aber niemand sie herrlicher ausgelegt hat als Brutus.

Hätte hingegen Agamemnon, während ein günstiger Wind die Flotte mit vollen Segeln ihrem Ziel zuführte, jenen Boten ausgeschickt, Iphigenia zu holen, damit sie geopfert werde; hätte Jephtah, ohne durch ein Gelübde gebunden zu sein, welches über das Geschick des Volkes entschied, zur Tochter gesagt: betrauere nun zwei Monate lang deine kurze Jugend, dann werde ich dich opfern; hätte Brutus einen gerechten Sohn gehabt und doch die Liktoren herbeigerufen, ihn hinzurichten – wer würde sie dann verstanden haben? Hätten diese drei Männer auf die Frage, warum sie es täten, geantwortet: es ist eine Prüfung, in der wir versucht werden, würde man sie dann besser verstanden haben?

Wenn Agamemnon, Jephtah, Brutus im entscheidenden Augenblick heldenmütig den Schmerz überwinden, heldenmütig das Geliebte verloren haben und nur das Äußere der Tat vollführen sollen, so soll es nie eine adlige Seele in der Welt geben, die nicht Tränen des Mitleids für ihren

Schmerz hätte, Tränen der Bewunderung für ihre Tat. Würden hingegen diese drei Männer im entscheidenden Augenblick zu dem Heldenmut, mit dem sie den Schmerz ertrugen, das kleine Wort hinzufügen: es geschieht ja doch nicht – wer würde sie dann verstehen? Fügten sie als eine Erklärung hinzu: das glauben wir kraft des Absurden, wer würde sie dann besser verstehen, denn wer würde nicht leicht verstehen, daß es absurd wäre, aber wer würde verstehen, daß man es dann glauben könnte?

Der Unterschied zwischen dem tragischen Helden und Abraham ist recht augenfällig. Der tragische Held verbleibt noch innerhalb des Ethischen. Er läßt einen Ausdruck des Ethischen sein τέλος in einem höheren Ausdruck des Ethischen haben; er mindert das ethische Verhältnis zwischen Vater und Sohn oder Tochter zu einem Gefühl herab, das seine Dialektik in seinem Verhältnis zur Idee der Sittlichkeit hat. Von einer teleologischen Suspension des Ethischen selber kann hier somit nicht die Rede sein.

Mit Abraham verhält es sich anders. Durch seine Handlung schritt er über das ganze Ethische hinaus und hatte ein höheres τέλος außerhalb, im Verhältnis wozu er jenes suspendierte. Denn ich möchte doch wohl wissen, wie man Abrahams Handlung in ein Verhältnis zum Allgemeinen bringen will, ob sich irgendeine andere Berührung zwischen dem, was Abraham getan hat, und dem Allgemeinen ausfindig machen läßt als die, daß er darüber hinausgeschritten ist. Nicht um ein Volk zu erretten, nicht um die Idee des Staates zu behaupten, tut Abraham solches, nicht um erzürnte Götter zu versöhnen. Könnte die Rede davon sein, die Gottheit sei erzürnt gewesen, so war sie ja nur auf Abraham erzürnt, und Abrahams ganzes Handeln steht in keinem Verhältnis zum Allgemeinen, ist ein rein privates Unternehmen. Ist deshalb der tragische Held groß durch seine sittliche Tugend, so ist Abraham groß durch eine rein persönliche

Tugend. In Abrahams Leben findet sich kein höherer Ausdruck des Ethischen als der, daß der Vater den Sohn lieben soll. Vom Ethischen in Bedeutung des Sittlichen kann überhaupt nicht die Rede sein. Soweit das Allgemeine zugegen war, war es ja in Isaak gekrochen, sozusagen in Isaaks Lende verborgen, und hätte dann mit Isaaks Mund rufen müssen: »Tue es nicht, du zerstörst alles.«
Warum tut es Abraham denn? Gottes wegen und völlig identisch hiermit seiner selbst wegen. Gottes wegen tut er es, weil Gott diesen Beweis seines Glaubens fordert, seiner selbst wegen tut er es, damit er den Beweis führen kann. Die Einheit dessen ist völlig richtig in jenem Wort ausgedrückt, womit man immer dieses Verhältnis bezeichnet hat: es ist eine Prüfung, eine Versuchung. Eine Versuchung; aber was soll das heißen? Was sonst einen Menschen versucht, ist ja das, was ihn abhalten will, seine Pflicht zu tun; aber hier ist die Versuchung das Ethische selber, das ihn abhalten will, Gottes Willen zu tun. Aber was ist denn die Pflicht? Die Pflicht ist ja gerade der Ausdruck für Gottes Willen.
Hier erweist sich die Notwendigkeit einer neuen Kategorie, um Abraham zu verstehen. Ein solches Verhältnis zur Gottheit kennt das Heidentum nicht. Der tragische Held tritt in kein privates Verhältnis zur Gottheit, sondern das Ethische ist das Göttliche, und deshalb läßt sich das Paradoxale darin im Allgemeinen mediieren.
Abraham läßt sich nicht mediieren, was auch solchermaßen ausgedrückt werden kann: er kann nicht sprechen. Sobald ich spreche, drücke ich das Allgemeine aus, und wenn ich es nicht tue, dann kann mich niemand verstehen. Sobald Abraham sich somit im Allgemeinen ausdrücken will, so muß er sagen, seine Situation sei eine Anfechtung, denn er besitzt keinen höheren Ausdruck desjenigen Allgemeinen, das über dem Allgemeinen steht, über das er hinausschreitet.
Während Abraham daher meine Bewunderung erweckt,

entsetzt er mich zugleich. Wer sich selbst verleugnet und sich der Pflicht aufopfert, der gibt das Endliche auf, um das Unendliche zu ergreifen, er ist recht sicher; der tragische Held gibt das Gewisse um des noch Gewisseren willen auf, und die Augen des Betrachters ruhen sorglos auf ihm. Aber wer das Allgemeine aufgibt, um etwas noch Höheres zu ergreifen, das nicht das Allgemeine ist, was tut der? Ist es möglich, daß dies etwas anderes als eine Anfechtung sein kann? Und wenn es möglich ist, aber der Einzelne nun daneben gegriffen hat, welche Rettung gibt es dann für ihn? Er leidet den ganzen Schmerz des tragischen Helden, er macht seine Freude in der Welt zunichte, er entsagt allem, und vielleicht versperrt er sich im gleichen Augenblick jene erhabene Freude, die ihm so kostbar erschien, daß er sie um jeden Preis erwerben wollte. Ihn vermag der Betrachter überhaupt nicht zu verstehen, kann auch sein Auge nicht sorglos auf ihm ruhen lassen. Vielleicht läßt es sich gar nicht machen, was der Gläubige beabsichtigt, da es ja undenkbar ist. Oder wenn es sich machen ließe, falls der Einzelne nun die Gottheit mißverstanden hätte, welche Rettung gäbe es für ihn? Der tragische Held braucht Tränen, und er fordert Tränen, und wo fände sich das neidische Auge, das so unfruchtbar wäre, daß es nicht mit Agamemnon weinen könnte; aber wo fände sich der, dessen Seele so verirrt wäre, daß er sich über Abraham zu weinen vermäße. Der tragische Held vollführt seine Tat in einem bestimmten Zeitaugenblick; aber im Lauf der Zeiten tut er, was nicht geringer ist, er besucht den, dessen Seele von Trauer befangen ist, dessen Brust nicht Luft bekommen kann vor erstickten Seufzern, dessen Gedanken schwerevoll über ihm hängen, schwanger von Tränen; er zeigt sich ihm, er bricht den Zauber der Trauer, er löst den Schnürleib, er entlockt die Träne, indem der Leidende die eigenen Leiden in den seinigen vergißt. Über Abraham kann man nicht weinen. Ihm nähert man sich mit einem *horror religiosus*, wie Israel sich dem Berge Sinai genähert hat. – Wenn dann der einsame Mann, der den Berg Morija besteigt, welcher mit seiner Spitze himmelhoch über den Ebenen von Aulis ragt, wenn er kein Nachtwandler ist, der sicher über dem Abgrund schreitet, während der, der am Fuß des Berges steht und es sieht, vor Angst zittert, vor Ehrerbietung und Entsetzen ihn nicht einmal anzurufen wagt, wenn er in sich selbst irregemacht wird, wenn er sich getäuscht hätte! – Dank! abermals Dank einem Manne, der dem, den die Sorgen des Lebens überfielen und nackt zurückließen, den Ausdruck reicht, das Blatt des Wortes, womit er sein Elend bedecken kann; Dank dir, großer Shakespeare, du, der alles sagen kann, alles, alles, alles, gerade wie es ist – und doch, warum hast du niemals diese Qual ausgesprochen? hast du sie vielleicht dir selber vorbehalten? wie die Geliebte, von der man nicht ertragen kann, daß die Welt ihren Namen nennt; denn ein Dichter erkauft diese Macht des Wortes, aller anderen schwere Geheimnisse auszusprechen, für ein kleines Geheimnis, das er nicht aussprechen kann, und ein Dichter ist kein Apostel, er treibt nur Teufel durch Macht des Teufels aus.

Aber wenn nun das Ethische solchermaßen teleologisch suspendiert ist, wie existiert dann der Einzelne, in dem es suspendiert ist? Er existiert als der Einzelne im Gegensatz zum Allgemeinen. Sündigt er dann? denn dies ist die Form der Sünde, der Idee nach betrachtet, derart, daß wenngleich das Kind nicht sündigt, weil es sich einer Existenz als solcher nicht bewußt ist, so ist doch der Idee nach betrachtet seine Existenz Sünde, und das Ethische fordert sich in jedem Augenblick selber von ihm. Will man leugnen, daß diese Form sich solchermaßen wiederholen läßt, daß sie nicht Sünde ist, so ist das Urteil über Abraham gefällt. Wie hat denn Abraham existiert? Er glaubte. Dies ist das Paradoxon, wodurch er an der Spitze bleibt, das er nicht für einen anderen deutlich machen kann, denn das Paradoxon ist, daß er sich als Einzelner in ein absolutes Verhältnis zum Absoluten setzt. Ist er dazu berechtigt? Seine Berechtigung ist abermals das Paradoxe; denn falls er es ist, ist er es nicht kraft dessen, etwas Allgemeines zu sein, sondern kraft dessen, daß er der Einzelne ist.

Wie vergewissert sich denn der Einzelne dessen, ob er berechtigt ist? Es ist recht einfach, das ganze Dasein auf die Idee des Staates oder auf die Idee einer Gesellschaft zu nivellieren. Tut man dies, so kann man auch mit Leichtigkeit mediieren; denn dann kommt man gar nicht bis zu jenem Paradoxon, daß der Einzelne als der Einzelne höher ist als das Allgemeine, was ich auch sinnfällig durch einen Satz des Pythagoras ausdrücken kann, wonach die ungerade Zahl vollkommener ist als die gerade Zahl. Soweit man in unserer Zeit gelegentlich eine Antwort in Richtung auf das Paradoxon vernimmt, so lautet sie gern folgendermaßen: darüber entscheidet der Ausfall. Ein Held, der seiner Mitwelt zum σκανδαλον geworden ist, im Bewußtsein dessen, daß er ein Paradoxon ist, das sich nicht verständlich machen kann, ruft der Mitwelt tröstlich zu: der Ausfall soll wohl dartun, daß ich berechtigt gewesen bin. In unserer Zeit vernimmt man diesen Ruf seltener; denn wie sie keine Helden hervorbringt, was ihr Gebrechen ist, so hat sie das Gute, daß sie auch wenige Karikaturen hervorbringt. Wenn man somit in unserer Zeit diese Worte hört: darüber wird der Ausfall entscheiden, so ist man sich gleich darüber im klaren, mit wem zu sprechen man die Ehre hat. Die so sprechen, sind ein zahlreiches Völkchen, das ich mit einem gemeinsamen Namen die Dozenten nennen möchte. Sie leben in ihren Gedanken im Dasein gesichert, sie haben eine *feste* Stellung und *sichere* Aussichten in einem wohlorganisierten Staat, zwischen ihnen und den Erschütterungen des Daseins liegen Jahrhunderte oder wohl gar Jahrtausende, sie befürchten nicht, dergleichen könnte sich wiederholen, was würden auch die Polizei und die Zeitungen sagen? Ihr Geschäft im Leben ist, über die großen Männer zu Gericht zu sitzen, und zwar nach dem Ausfall zu Gericht zu sitzen. Ein solches Verfahren dem Großen gegenüber verrät eine sonderbare Mischung von Hochmut und Elend, Hochmut, weil man sich zu richten berufen wähnt, Elend, weil man sein Leben auch nicht im entferntesten mit dem der Großen verwandt empfindet. Jeder, der nur ein Gran *erectioris ingenii* ist, ist doch nicht zu einem völlig kalten und klammen Weichtier geworden, und indes er sich dem Großen nähert, kann ihm doch nie aus dem Sinn kommen, daß seit der Schöpfung der Welt Brauch und Sitte gewesen ist, daß der Ausfall zuletzt kommt, und daß man, wenn man in Wahrheit vom Großen etwas lernen will, gerade auf den Anfang aufmerksam sein muß. Falls der, der handeln soll, sich selbst nach dem Ausfall beurteilen will, so gelangt er nie dahin, anzufangen. Wenn gleich dann der Ausfall die ganze Welt erfreuen mag, dem Helden hilft es nichts; denn den Ausfall bekam er erst zu wissen, als das Ganze schon vorüber war, und nicht dadurch ist er zum Helden geworden, sondern er war es dadurch, daß er anfing.

Außerdem ist der Ausfall [soweit er die Antwort der Endlichkeit auf die unendliche Frage ist] in seiner Dialektik ganz ungleichartig mit der Existenz des Helden. Oder soll das beweisen können, daß Abraham berechtigt war, sich als der Einzelne zum Allgemeinen zu verhalten, daß er durch ein *Wunder* Isaak bekam? Wenn Abraham Isaak wirklich geopfert hätte, sollte er deshalb weniger berechtigt gewesen sein?

Aber auf den Ausfall ist man neugierig wie auf den Ausgang eines Buches; von der Angst, der Not, dem Paradoxon will man nichts wissen. Mit dem Ausfall liebäugelt man ästhetisch; er kommt ebenso unerwartet, aber auch ebenso leicht wie ein Gewinn in der Lotterie; und wenn man den Ausfall vernommen hat, dann hat man sich erbaut. Und doch ist kein Tempelräuber, der sich in Ketten und Banden quält, auf eine so niedrige Weise Verbrecher wie der, der solchermaßen das Heilige plündert, und doch ist Judas, der seinen Herren für dreißig Sekel verkauft hat, nicht verächtlicher als der, der solchermaßen das Große verkauft.

Es ist meiner Seele zuwider, unmenschlich vom Großen zu sprechen, es in einem ungeheuren Abstand in unbestimmter Gestalt dämmern zu lassen, es groß sein zu lassen, ohne daß doch das Menschliche darin hervorträte, wodurch es dann aufhört, groß zu sein; denn nicht, was mir zustößt, macht mich groß, sondern was ich tue, und es gibt doch wohl keinen, der meint, ein Mann sei groß geworden, weil er in der Lotterie das große Los gezogen habe. Ob ein Mensch auch in kleinen Verhältnissen geboren ist, so fordere ich doch von ihm, daß er nicht so unmenschlich gegen sich selbst sein soll, daß er sich nicht des Königs Schloß sollte denken können, ohne auf Abstand und unbestimmt von seiner Größe zu träumen und sie zugleich erhöhen und dadurch aufheben zu wollen, daß er sie auf eine niedrige Weise erhöhte; ich fordere von ihm, daß er Mensch genug sein soll, auch dort zuversichtlich und würdig aufzutreten. Er soll nicht Unmensch genug sein, alles unverschämt kränken zu wollen, indem er gleich von der Gasse in des Königs Säle stürmen möchte, dadurch verliert er mehr als den König; im Gegenteil soll er Freude daran finden, jedes Gebot der Schicklichkeit mit froher und zuversichtlicher Schwärmerei einzuhalten, die gerade ihn freimütig machen wird. Dies ist nur ein Bild; denn jener Unterschied ist nur ein besonders unvollkommener Ausdruck für den Abstand des Geistes. Ich fordere von jedem Menschen, daß er nicht so unmenschlich von sich selber denken soll, daß er nicht in jene Paläste einzutreten wagt, wo nicht bloß das Gedächtnis der Auserwählten wohnt, sondern wo sie selber wohnen. Er soll sich nicht unverschämt vordrängen und jenen Verwandtschaft mit ihm unterstellen, er soll jedesmal selig sein, wenn er sich vor ihnen neigt, aber er soll freimütig und zuversichtlich und immer etwas mehr als eine Scheuerfrau sein; denn will er nicht mehr sein, dann kommt er dort niemals hinein. Und was ihm helfen soll, ist eben die Angst und die Not, worin die Großen versucht worden sind, denn sonst würden diese, hätte er nur eine Spur Mark in sich, bloß seinen gerechten Neid erwecken. Und was nur auf Abstand groß sein kann, was man mit Hilfe leerer und hohler Phrasen zu etwas Großem machen will, das macht man selber zunichte.

Wer war in der Welt groß wie jene gebenedeite Frau, Gottes Mutter, Jungfrau Maria? Und doch, wie spricht man davon? Daß sie gebenedeit unter den Weibern war, macht sie nicht groß, und falls es sich so sonderbar träfe, daß die, welche hören, ebenso unmenschlich denken könnten wie jene, welche sprechen, dann müßte wohl jedes junge Mädchen fragen, warum bin nicht auch ich die Gebenedeite geworden? Und wenn ich nichts anderes zu sagen hätte, dann würde ich eine solche Frage keineswegs als dumm zurückweisen; denn einer Begünstigung gegenüber, abstrakt gesehen, ist jeder Mensch gleich berechtigt. Man läßt die Not, die Angst, das Paradoxon beiseite. Mein Gedanke ist rein wie der irgendeines, und wer solches zu denken vermag, dessen Gedanke wird gewiß rein werden, und er hätte auch das Entsetzliche zu erwarten, wenn dem nicht so wäre; denn wer einsam diese Bilder hervorgeholt hat, kann sie nicht wieder los werden, und sündigt er dagegen, so rächen sie sich entsetzlich durch stillen Zorn, entsetzlicher als zehn reißender Rezensenten laute Stimmentfaltung. Zwar gebar Maria das Kind wunderbar, aber es ging ihr doch nach der Weiber Weise, und diese Zeit ist die Zeit der Angst, der Not und des Paradoxons. Zwar war der Engel ein dienender Geist; aber er war kein dienstfertiger Geist, der zu den anderen jungen Mädchen in Israel ging und sagte: verachtet Maria nicht, ihr geschieht das Außerordentliche. Sondern der Engel kam nur zu Maria, und keiner konnte sie verstehen. Welche Frau ist doch gekränkt worden wie Maria, und ist es nicht auch wahr, daß Gott den, den er segnet, im gleichen Atemzug verflucht? Dies ist die Auffassung des Geistes von Maria, und sie ist keineswegs, was mich zu sagen empört, aber mehr noch, daß man sie gedankenlos und liebäugelnd so aufgefaßt hat, sie ist keineswegs eine Dame, die geschmückt dasitzt und mit einem Gotteskind spielt. Wenn sie dann desungeachtet sagte: »Siehe, ich bin des Herrn Magd«, so ist sie groß, und es wird, denke ich, nicht schwer fallen zu erklären, warum sie Gottesmutter geworden ist. Sie bedarf keiner weltlichen Bewunderung, ebensowenig wie Abraham der Tränen bedarf, denn sie war keine Heldin und er kein Held; aber beide wurden keineswegs dadurch größer als diese, daß sie der Not und der Qual und des Paradoxons enthoben waren, sondern sie wurden es durch diese Not und Qual.

Es ist groß, wenn der Dichter, indem er seinen tragischen Helden den Menschen zur Bewunderung vorführt, zu sagen wagt: »Weint über ihn, denn er verdient es.« Denn es ist groß, deren Tränen zu verdienen, die es verdienen, Tränen zu vergießen; es ist groß, daß der Dichter die Menge im Zaum zu halten wagt, die Menschen zu züchtigen wagt, damit ein jeder sich selbst prüfe, ob er würdig sei, über den Helden zu weinen, denn die Abwässer der Flenner sind eine Erniedrigung des Heiligen. – Doch größer als all dieses ist, daß der Ritter des Glaubens sogar zu dem edeln Menschen, der über ihn weinen will, zu sagen wagt: weine nicht über mich, sondern weine über dich selber.

Man ist gerührt, es verlangt einen zurück in jene schönen Zeiten; süße, zärtliche Sehnsüchte führen einen ans Ziel der Wünsche, Christus im gelobten Lande umherwandeln zu sehen. Man vergißt die Angst, die Not, das Paradoxon. War es ein so leichtes Ding, sich nicht zu irren? War es nicht entsetzlich, daß dieser Mensch, der unter den anderen umging, daß er Gott war; war es nicht entsetzlich, mit ihm zu Tisch zu sitzen? War es ein so leichtes Ding, Apostel zu werden? Aber der Ausfall, achtzehn Jahrhunderte, das hilft, das verhilft zu jenem schnöden Betrug, womit man sich selbst und andere betrügt. Ich verspüre nicht den Mut, zu wünschen, gleichzeitig mit solchen Ereignissen zu sein; aber deshalb urteile ich nicht streng über die, die sich geirrt haben, nicht gering von denen, die das Richtige erkannt haben.

Doch ich kehre zu Abraham zurück. In der Zeit vor dem Ausfall war Abraham entweder in jeder Minute ein Mörder, oder wir stehen vor jenem Paradoxon, das höher ist als alle Mediationen.

Abrahams Geschichte birgt also eine teleologische Suspension des Ethischen. Er ist als der Einzelne höher ge-

---

1 Lessing hat an einer Stelle etwas Ähnliches von einem rein ästhetischen Standpunkt aus geäußert. Er will eigentlich an dieser Stelle zeigen, daß die Trauer sich auch einen witzigen Ausdruck geben kann. Er führt zu diesem Zweck eine Replik des unglücklichen englischen Königs Eduards II. in einer bestimmten Situation an. Im Gegensatz dazu führt er nach Diderot eine Erzählung von einer Bäuerin und eine Replik von ihr an. Nun fährt er fort: Auch das war Witz, und noch dazu Witz einer Bäuerin; aber die Umstände machten ihn unvermeidlich. Und folglich auch muß man die Entschuldigung der witzigen Ausdrücke des Schmerzes und der Betrübnis nicht darin suchen, daß die Person, welche sie sagt, eine vornehme, wohlerzogene, verständige, und auch sonst witzige Person sei; *denn die Leidenschaften machen alle Menschen wieder gleich:* sondern darin, daß wahrscheinlicherweise ein jeder Mensch ohne Unterschied in den nämlichen Umständen das nämliche sagen würde. Den Gedanken der Bäuerin hätte eine Königin haben können und haben müssen: so wie das, was dort der

worden als das Allgemeine. Dies ist das Paradoxon, das sich nicht mediieren läßt. Ebenso unerklärlich ist, wie er hineinkam, als unerklärlich ist, was drinnen aus ihm wird. Verhält es sich nicht so mit Abraham, dann ist er nicht einmal ein tragischer Held, sondern ein Mörder. Ihn weiterhin Vater des Glaubens nennen zu wollen, davon zu anderen Menschen zu sprechen, die sich um nichts anderes als um Worte bekümmern, wäre gedankenlos. Zum tragischen Helden kann ein Mensch aus eigener Kraft werden, aber zum Ritter des Glaubens nicht. Wenn ein Mensch den in einem gewissen Verstande schweren Weg des tragischen Helden antritt, dann sollten viele ihm raten können; wer den schmalen Pfad des Glaubens geht, dem kann niemand raten, niemand kann ihn verstehen. Der Glaube ist ein Wunder, und doch ist kein Mensch davon ausgeschlossen; denn das, worin alles Menschenleben eins wird, ist in Leidenschaft[1], und der Glaube ist eine Leidenschaft.

König sagt, auch ein Bauer hätte sagen können und ohne Zweifel würde gesagt haben. Vgl. Sämtlich. W., 30. B, p.223.

Gibt es eine absolute Pflicht gegen Gott?

Das Ethische ist das Allgemeine und als solches wiederum das Göttliche. Deshalb kann man mit Recht sagen, daß jede Pflicht im Grunde Pflicht gegen Gott ist; aber kann man nicht mehr sagen, so sagt man zugleich, daß ich eigentlich keine Pflicht gegen Gott habe. Die Pflicht wird zur Pflicht, indem sie auf Gott bezogen wird; aber in der Pflicht selbst trete ich in kein Verhältnis zu Gott. So ist es Pflicht, seinen Nächsten zu lieben. Es ist dadurch Pflicht, daß es auf Gott bezogen wird; aber in der Pflicht trete ich nicht in ein Verhältnis zu Gott, sondern zum Nächsten, den ich liebe. Sage ich dann in dieser Verbindung, es sei meine Pflicht, Gott zu lieben, so spreche ich eigentlich nur eine Tautologie aus, insofern »Gott« hier in einem gänzlich abstrakten Verstande als das Göttliche, d.h. das Allgemeine, d.h. die Pflicht gefaßt wird. Das ganze Dasein des Menschengeschlechtes rundet sich somit vollkommen kugelförmig in sich selbst, und das Ethische stellt zugleich das Begrenzende und das Ausfüllende dar. Gott wird zu einem unsichtbaren, schwindenden Punkt, zu einem ohnmächtigen Gedanken, seine Macht beruht nur in jenem Ethischen, welches das Dasein ausfüllt. Sofern einer somit darauf verfallen sollte, Gott in einer anderen als der hier angegebenen Bedeutung lieben zu wollen, so ist er überspannt, er liebt ein Phantom, welches, falls ihm nur soviel Kraft eigen wäre, sprechen zu können, zu ihm sagen würde: ich verlange deine Liebe nicht, bleibe nur, wo du hingehörst. Sofern einer darauf verfallen sollte, Gott anders lieben zu wollen, so macht sich diese Liebe verdächtig gleich jener Liebe, von der Rousseau spricht, mit welcher ein Mensch die Kaffern liebt anstatt seinen Nächsten.

Falls es sich nun mit dem hier Entwickelten richtig verhält, falls es in einem Menschenleben nichts Inkommensurables gibt, sondern das vorhandene Inkommensurable nur durch einen Zufall inkommensurabel ist, woraus nichts folgt, soweit das Dasein unter der Idee betrachtet wird, dann hat Hegel recht; aber womit er nicht recht hat, das ist, vom Glauben zu sprechen oder zu erlauben, daß Abraham als dessen Vater angesehen wird; denn durch dies zweite hat er sowohl über Abraham als auch über den Glauben das Urteil gesprochen. In der Hegelschen Philosophie ist das Äußere [die Entäußerung] höher als das Innere. Dies wird oft durch ein Beispiel erhellt. Das Kind ist das Innere, der Mann das Äußere; daher kommt, daß das Kind gerade durch das Äußere bestimmt ist, und umgekehrt der Mann als das Äußere gerade durch das Innere bestimmt ist. Der Glaube hingegen stellt jenes Paradoxon dar, daß die Innerlichkeit höher ist als die Äußerlichkeit, oder um an eine Wendung im Vorhergehenden zu erinnern, daß die ungerade Zahl höher ist als die gerade.

Für die ethische Betrachtung des Lebens ist es dann Aufgabe des Einzelnen, sich selbst der Bestimmung der Innerlichkeit zu entäußern und sie in einem Äußeren auszudrücken. Jedesmal wenn der Einzelne sich dagegen sträubt, jedesmal wenn er sich zurückhalten will oder wieder in die Bestimmung der Innerlichkeit von Gefühl, Stimmung und so weiter hinabschlüpfen will, so versündigt er sich, so unterliegt er einer Anfechtung. Das Paradoxon des Glaubens ist, daß es eine Innerlichkeit gibt, die dem Äußeren inkommensurabel ist, eine Innerlichkeit, die wohlgemerkt nicht mit jener ersten identisch, sondern eine neue Innerlichkeit ist. Dies darf nicht übersehen werden. Die neuere Philosophie hat sich erlaubt, an Stelle von »Glauben« ohne weiteres das Unmittelbare zu substituieren. Wenn man dies tut, dann wäre es lächerlich, zu leugnen, daß der Glaube zu allen Zeiten dagewesen ist. Auf diese Weise kommt der Glaube nun in ziemlich simple Gesellschaft mit Gefühl, Stimmung, Idiosynkrasie, vapeurs und so weiter. Insofern kann die Philosophie recht darin haben, daß man dabei nicht stehenbleiben sollte. Aber es gibt nichts, das die Philosophie zu diesem Sprachgebrauch berechtigte. Dem Glauben voran geht eine Bewegung der Unendlichkeit; erst dann tritt, *nec opinate*, kraft des Absurden der Glaube ein. Dies kann ich wohl verstehen, ohne deshalb zu behaupten, ich hätte den Glauben. Wenn der Glaube nichts anderes ist, als für was ihn die Philosophie ausgibt, so ist schon Sokrates weiter gegangen, viel weiter, anstatt daß es sich umgekehrt verhielte, daß er nicht bis zu ihm hingekommen wäre. Er hat in intellektueller Hinsicht die Bewegung der Unendlichkeit gemacht. Diese Aufgabe schon ist menschlichen Kräften angemessen, obgleich man sie in unserer Zeit verschmäht; aber erst wenn sie gemacht ist, erst wenn der Einzelne sich selbst ins Unendliche entleert hat, erst dann ist der Punkt erreicht, wo der Glaube hervorbrechen kann.

Das Paradoxon des Glaubens ist somit dies, daß der Einzelne höher ist als das Allgemeine, daß der Einzelne, um an eine jetzt seltenere dogmatische Distinktion zu erinnern, sein Verhältnis zum Allgemeinen durch sein Verhältnis zum Absoluten bestimmt, nicht sein Verhältnis zum Absoluten durch sein Verhältnis zum Allgemeinen. Das Paradoxon kann auch so ausgedrückt werden, daß es eine absolute Pflicht gegen Gott gibt; denn in diesem Pflichtverhältnis verhält sich der Einzelne als der Einzelne absolut zum Absoluten. Wenn es dann in dieser Verbindung heißt, es sei eine Pflicht, Gott zu lieben, so wird damit etwas anderes ausgesagt als im Vorhergehenden; denn wenn diese Pflicht absolut ist, dann ist das Ethische zum Relativen erniedrigt. Hieraus folgt jedoch nicht, daß dieses zunichte gemacht werden sollte; aber es erhält einen ganz anderen Ausdruck, den paradoxalen Ausdruck, so daß zum Beispiel die Liebe zu Gott den Ritter

des Glaubens dahin bringen kann, seiner Liebe zum Nächsten den entgegengesetzten Ausdruck von dem zu geben, was ethisch gesprochen Pflicht ist.
Verhält es sich nicht so, dann hat der Glaube im Dasein keinen Platz, dann ist der Glaube eine Anfechtung, und Abraham ist verloren, weil er ihm nachgegeben hat.
Dies Paradoxon läßt sich nicht mediieren; denn es beruht gerade darauf, daß der Einzelne nur der Einzelne ist. Sobald dieser Einzelne seine absolute Pflicht im Allgemeinen ausdrücken will, sich ihrer in diesem bewußt werden will, dann erkennt er sich selbst als in Anfechtung befindlich, und gelangt dann, wenn er diesen Widerstand überhaupt leistet, nicht dahin, jene sogenannte absolute Pflicht zu erfüllen, und wenn er es nicht tut, dann sündigt er, wenngleich seine Handlung *realiter* zu dem wird, was seine absolute Pflicht war. Was sollte somit Abraham tun? Wenn er zu einem anderen Menschen hätte sagen wollen: Isaak liebe ich höher als alles in der Welt, und darum ist es mir so schwer, ihn zu opfern, so würde der andere wohl den Kopf geschüttelt und gesagt haben: warum willst du ihn dann opfern; oder wenn der andere ein pfiffiger Kopf gewesen wäre, so würde er wohl Abraham sogar durchschaut haben, daß er Gefühle zur Schau trug, die in einem himmelschreienden Gegensatz zu seiner Handlung standen.
In der Erzählung von Abraham finden wir ein solches Paradoxon. Sein Verhältnis zu Isaak ist ethisch gesprochen dies, daß der Vater den Sohn lieben soll. Dies ethische Verhältnis wird im Gegensatz zum absoluten Verhältnis zu Gott zum Relativen erniedrigt. Auf die Frage warum? hat Abraham keine andere Antwort, als daß es eine Prüfung, eine Versuchung sei, was, wie oben bemerkt, die Einheit dessen ist, daß es Gottes wegen und seiner selbst wegen geschieht. Diese beiden Bestimmungen entsprechen auch im Sprachgebrauch einander. Sieht man somit einen Menschen etwas tun, das nicht im All-

gemeinen aufgeht, so sagt man, das hat er nun kaum Gottes wegen getan, und bezeichnet damit, daß er es seiner selbst wegen getan hat. Das Paradoxon des Glaubens hat das Dazwischenliegende, d. h. das Allgemeine eingebüßt. Er hat auf der einen Seite den Ausdruck des höchsten Egoismus [das Entsetzliche, das er tut, seiner selbst wegen zu tun], auf der anderen Seite den Ausdruck der absolutesten Ergebenheit, es Gottes wegen zu tun. Der Glaube selbst kann nicht in das Allgemeine hinein mediiert werden, denn damit wird er aufgehoben. Der Glaube ist dieses Paradoxon, und der Einzelne kann sich in keiner Weise für irgendwen verständlich machen. Man bildet sich zwar ein, der Einzelne könne sich für einen anderen Einzelnen verständlich machen, der sich im gleichen Kasus befindet. Eine solche Betrachtung wäre undenkbar, wenn man sich nicht in unserer Zeit auf so manche Weise hinterlistig in das Große hineinzuschleichen suchte. Der eine Ritter des Glaubens kann dem anderen überhaupt nicht helfen. Entweder wird der Einzelne dadurch selber zum Ritter des Glaubens, daß er das Paradoxon auf sich nimmt, oder er wird es nie. In diesen Regionen ist Kompagnieschaft völlig unmöglich. Jede nähere Explikation dessen, was unter Isaak verstanden werden soll, kann sich der Einzelne immerzu nur selber geben. Und sogar, wenn man noch so genau bestimmen könnte, allgemein gesprochen, was unter Isaak verstanden werden sollte [was im übrigen der lächerlichste Widerspruch wäre, den Einzelnen, der gerade außerhalb des Allgemeinen steht, allgemeinen Bestimmungen unterwerfen zu wollen, da er gerade wie derjenige Einzelne handeln soll, der außerhalb des Allgemeinen steht], so wird sich der Einzelne dessen doch niemals durch andere vergewissern können, sondern allein durch sich selbst als den Einzelnen. Wenngleich deshalb ein Mensch feig und erbärmlich genug wäre, auf fremde Verantwortung zum Ritter des Glaubens werden zu wollen, er wird es dennoch nicht; denn nur der Einzelne wird es als der Einzelne, und dies ist das Große, das ich zwar verstehen kann, jedoch ohne hineingelangen zu können, weil es mir an Mut fehlt; aber dies ist auch das Entsetzliche, das ich noch besser zu fassen vermag.

Lukas 14,26 wird bekanntlich eine merkwürdige Lehre von der absoluten Pflicht gegen Gott vorgetragen: »So jemand zu mir kommt und hasset nicht seinen Vater, Mutter, Weib, Kinder, Brüder, Schwestern, auch dazu sein eigen Leben, der kann nicht mein Jünger sein.« Dies ist ein strenges Wort, wer kann ertragen, es zu hören? Man hört es aus diesem Grunde auch sehr selten. Jedoch dies Schweigen ist nur eine Ausflucht, die nichts hilft. Der theologische Student bekommt indessen zu wissen, daß diese Worte im Neuen Testament begegnen, und im einen oder anderen exegetischen Hilfsmittel findet er die Auskunft, daß *μισειν* an dieser und ein paar anderen Stellen per *μειωσιν* bedeutet: *minus diligo, posthabeo, non colo, nihili facio*. Die Verbindung, in der diese Worte vorkommen, scheinen diese geschmackvolle Erklärung jedoch nicht zu bekräftigen. Im folgenden Vers findet sich nämlich eine Geschichte, wie einer, der einen Turm bauen will, zuerst die Kosten überschlägt, ob er dazu imstande ist, damit man seiner später nicht spotten solle. Die enge Verbindung dieser Geschichte mit dem zitierten Vers scheint gerade darauf hinzudeuten, daß die Worte so entsetzlich wie möglich genommen werden sollen, auf daß sich ein jeder selber prüfen möge, ob er das Bauwerk errichten kann.

Falls es jenem frommen und schmeichelnden Exegeten, der durch solches Feilschen das Christentum in die Welt hineinzuschmuggeln wähnt, gelingen würde, einen Menschen davon zu überzeugen, daß jenes sowohl grammatisch, linguistisch als auch *κατ' αναλογιαν* der Sinn jener Stelle wäre, so wird es ihm hoffentlich im gleichen Augenblick auch gelingen, den gleichen Menschen davon zu überzeugen, daß das Christentum etwas vom Erbärmlichsten in der Welt ist. Denn eine Lehre, die in einem ihrer lyrischsten Ausbrüche, wo das Bewußtsein ihrer ewigen Gültigkeit am stärksten in ihr schwillt, nichts anderes zu sagen hat als ein paar lärmende Worte, die nichts bedeuten, sondern nur angeben, daß man weniger wohlwollend, weniger aufmerksam, gleichgültiger sein solle; eine Lehre, die in jenem Augenblick, da sie Miene macht, das Entsetzliche sagen zu wollen, damit endet, zu geifern anstatt zu entsetzen – diese Lehre ist gewiß nicht der Mühe wert, daß man sich vor ihr erhebe.

Die Worte sind entsetzlich, jedoch möchte ich glauben, daß man sie verstehen kann, ohne daß doch daraus folgt, daß wer sie verstanden hat, deshalb den Mut besitzt, danach zu handeln. So redlich sollte man doch sein, einzuräumen, was dasteht, zuzugeben, daß es das Große ist, wenngleich man selber nicht den Mut dazu hat. Wer sich so verhält, der soll sich nicht selber von der Teilhabe an jener schönen Geschichte ausschließen, denn sie enthält ja doch in einer Weise Trost für den, der nicht den Mut hatte, mit dem Bau des Tempels anzufangen. Aber ehrlich muß man sein, und diesen Mangel an Mut nicht als Demut erklären, da er im Gegenteil Stolz ist, während der Mut des Glaubens der einzige demütige Mut ist.

Man begreift nun leicht, daß, wenn sie Sinn haben soll, die Stelle wortwörtlich verstanden werden muß. Gott ist derjenige, der absolute Liebe fordert. Wer nun, indem er eines Menschen Liebe fordert, meinen will, diese müsse sich zugleich dadurch beweisen, daß er all dem gegenüber lau werde, was ihm sonst teuer gewesen ist, der ist nicht nur ein Egoist, sondern er ist zugleich dumm, und wer eine solche Liebe fordert, der unterschreibt im gleichen Augenblick sein eigenes Todesurteil, soweit sein Leben in der begehrten Liebe bestanden hat. So fordert ein Mann, daß sein Weib Vater und Mutter verlassen solle; aber wollte er es als einen Beweis ihrer außerordentlichen

Liebe zu ihm ansehen, daß sie um seinetwegen eine laue, träge Tochter würde und so weiter, dann ist er dümmer als der Dümmste. Hätte er eine Vorstellung davon, was Liebe ist, so würde er gewahr zu werden wünschen und darin eine Gewähr dafür erblicken, daß sein Weib ihn liebte, wie keinen Zweiten im Reiche, wenn er gewahr würde, daß sie als Tochter und Schwester in der Liebe vollkommen wäre. Was man somit bei einem Menschen als ein Zeichen von Egoismus und Dummheit ansehen würde, das soll man mit Hilfe eines Exegeten als eine würdige Vorstellung von der Gottheit ansehen.

Aber wie sie dann hassen? Ich erinnere hier nicht an die menschliche Distinktion zwischen lieben und hassen, nicht weil ich so viel dagegen hätte, denn sie ist doch leidenschaftlich, aber weil sie egoistisch ist und hier nicht paßt. Sehe ich hingegen die Aufgabe als ein Paradoxon an, dann verstehe ich sie, d. h. ich verstehe sie solchermaßen, wie man ein Paradoxon verstehen kann. Die absolute Pflicht kann dazu bringen, zu tun, was die Ethik verbieten würde; aber sie kann keineswegs den Ritter des Glaubens dazu bringen, zu unterlassen, zu lieben. Dies zeigt Abraham. In dem Augenblick, in dem er Isaak opfern will, ist der ethische Ausdruck für sein Tun: er haßt Isaak. Aber falls er wirklich Isaak haßt, so kann er dessen gewiß sein, daß Gott es nicht von ihm verlangt; denn Kain und Abraham sind nicht miteinander identisch. Isaak muß er von ganzer Seele lieben; indem Gott ihn fordert, muß er ihn wo möglich noch höher lieben, und nur dann kann er ihn *opfern;* denn diese Liebe zu Isaak ist es ja, die durch ihren paradoxalen Gegensatz zu seiner Liebe zu Gott seine Handlung zu einem Opfer macht. Aber das ist die Not und die Angst im Paradoxon, daß er sich menschlich gesprochen ganz und gar nicht verständlich machen kann. Nur in dem Augenblick, in dem seine Handlung in absolutem Gegensatz zu seinem Gefühl steht, nur dann opfert er Isaak; aber die Realität seiner Handlung ist das, wodurch er dem Allgemeinen angehört, und da ist er und wird er zum Mörder.

Die Stelle bei Lukas muß weiterhin so verstanden werden, daß man begreift, daß der Ritter des Glaubens keinerlei höheren Ausdruck des Allgemeinen [als des Ethischen] erhält, worin er sich retten kann. Ließe man demnach die Kirche dies Opfer von einem ihrer Mitglieder fordern, so hätten wir nur einen tragischen Helden. Die Idee der Kirche nämlich ist qualitativ nicht von der des Staates verschieden, sobald der Einzelne durch eine einfache Mediation in sie hineinkommen kann, und sobald der Einzelne in das Paradoxon hineingekommen ist, kommt er nicht zur Idee der Kirche; er kommt nicht aus dem Paradoxon heraus, sondern muß entweder seine Seligkeit oder seine Verdammnis darin finden. Solch ein kirchlicher Held drückt in seinem Handeln das Allgemeine aus, und es soll niemanden in der Kirche geben, auch nicht seinen Vater und seine Mutter und so weiter, ohne daß diese ihn verstünden. Ritter des Glaubens hingegen ist er nicht und hat auch eine andere Antwort als diejenige Abrahams; er sagt nicht, es sei eine Prüfung oder Versuchung, in der er auf die Probe gestellt werden solle.

Im allgemeinen enthält man sich der Anführung solcher Stellen wie der bei Lukas. Man fürchtet sich davor, die Menschen loszulassen, man fürchtet, das Schlimmste werde geschehen, wenn sich der Einzelne erst einmal darin gefalle, sich als der Einzelne zu gebärden. Ferner ist man der Ansicht, als der Einzelne zu existieren sei das Leichteste von allem, und deshalb solle man die Leute gerade dazu zwingen, das Allgemeine zu werden. Ich vermag weder jene Furcht noch diese Ansicht zu teilen, und zwar aus dem gleichen Grund. Wer gelernt hat, daß als der Einzelne zu existieren das Entsetzlichste von allem ist, der soll nicht bange sein zu sagen, es sei das Größte; aber er soll es auch derart sagen, daß seine Worte einem Verirrten nicht zur Schlinge werden, sondern ihm eher in das Allgemeine hinein verhelfen, wenn gleich seine Worte auch etwas Raum für das Große schaffen. Wer sich solche Stellen nicht anzuführen getraut, der getraut sich auch nicht, Abraham zu nennen, und die Ansicht, als der Einzelne zu existieren sei recht bequem, enthält eine sehr bedenkliche indirekte Konzession im Hinblick auf einen selber; denn wer wirklich Achtung vor sich selbst und Besorgnis für seine Seele hat, der ist dessen gewiß, daß derjenige, der unter seiner eigenen Aufsicht in der ganzen Welt allein lebt, strenger und eingezogener lebt als ein Mädchen in seiner jungfräulichen Klause. Daß es solche geben kann, denen Zwang nottut, solche, die auf freien Fuß gesetzt wie unbändige Tiere sein würden, ist zwar wahr, aber man soll gerade zeigen, daß man nicht zu ihnen gehört, indem man mit Angst und Zittern zu sprechen weiß, und sprechen soll man aus Ehrerbietung vor dem Großen, auf daß es nicht aus Furcht vor dem Schaden vergessen wird, der wohl ausbleiben mag, wenn so gesprochen wird, daß man weiß, es ist das Große, seine Schrecken kennt, und ohne das kennt man auch nicht seine Größe.

Laßt uns somit die Not und Angst im Paradoxon des Glaubens etwas näher erwägen. Der tragische Held resigniert im Hinblick auf sich selbst, um das Allgemeine auszudrücken, der Ritter des Glaubens resigniert im Hinblick auf das Allgemeine, um zum Einzelnen zu werden. Wie gesagt beruht alles darauf, wie man eingestellt ist. Wer glaubt, es sei recht bequem, der Einzelne zu sein, kann immer dessen gewiß sein, daß er nicht Ritter des Glaubens ist; denn lose Vögel und landfahrende Genies sind nicht Männer des Glaubens. Dessen Ritter hingegen weiß, daß es herrlich ist, dem Allgemeinen anzugehören. Er weiß, daß es schön und wohltuend ist, der Einzelne zu sein, der sich selbst in das Allgemeine überträgt, einer, der sozusagen selber eine reine und zierliche und soweit möglich fehlerfreie Ausgabe seiner selbst besorgt, leserlich für alle; er weiß, daß es erquickend ist, sich selbst im Allgemeinen verständlich zu werden, so daß man selber es versteht, und daß jeder Einzelne, der einen versteht, in einem wiederum das Allgemeine versteht, und beide sich an der Sicherheit des Allgemeinen freuen. Er weiß, daß es schön ist, als der Einzelne geboren zu werden, der im Allgemeinen sein Heim hat, seine freundliche Bleibe, die ihn gleich mit offenen Armen empfängt, wenn er in ihr verbleiben will. Aber er weiß zugleich, daß sich höher als dieses ein einsamer Pfad schlängelt, schmal und steil; er weiß, daß es entsetzlich ist, einsam aus dem Allgemeinen herausgeboren zu werden, zu gehen, ohne einem einzigen Wanderer zu begegnen. Er weiß sehr wohl, wo er sich befindet und wie er sich zu den Menschen verhält. Menschlich gesprochen ist er wahnsinnig und kann sich niemandem verständlich machen. Und doch ist wahnsinnig sein der mildeste Ausdruck. Wird er nicht so angesehen, so ist er ein Heuchler, und je höher er den Pfad hinansteigt, ein um so schrecklicherer Heuchler.

Der Ritter des Glaubens weiß, daß es begeisternd ist, sich selber des Allgemeinen wegen aufzugeben, daß Mut dazu gehört, aber daß auch eine Sicherheit darin liegt, eben weil es um des Allgemeinen wegen geschieht; er weiß, daß es herrlich ist, von jedem Edeln verstanden zu werden, und solchermaßen, daß der Betrachter selber dadurch veredelt wird. Dies weiß er, und er fühlt sich gleichsam gebunden, er könnte wünschen, dies sei die Aufgabe, die ihm gesetzt sei. So könnte sich Abraham wohl ab und zu gewünscht haben, die Aufgabe sei, Isaak zu lieben, wie es sich für einen Vater schickt und gebührt, für alle verständlich, unvergessen durch die Zeiten; er konnte wünschen, die Aufgabe sei, Isaak für das Allgemeine zu opfern, auf daß er Väter zu ruhmvoller Tat begeistern könnte – und er entsetzte sich fast bei dem Gedanken, daß solche Wünsche für ihn nur Anfechtungen sind und als solche behandelt werden müssen; denn er weiß, daß er einen einsamen Weg antritt und daß er nichts für das Allgemeine ausrichtet, sondern nur selber versucht und geprüft wird. Oder was hat Abraham für das Allgemeine ausgerichtet? Laßt mich menschlich davon sprechen, recht menschlich! Er braucht siebenzig Jahre, um einen Sohn des Alters zu bekommen. Was andere rasch genug bekommen und woran sie lange Zeit Freude haben, dazu braucht er siebenzig Jahre; und warum? weil er geprüft und versucht wird. Ist das nicht Wahnsinn! Aber Abraham glaubte, und nur Sara schwankte und brachte ihn dazu, Hagar zur Beischläferin zu nehmen; aber deshalb mußte er sie ja auch fortjagen. Er bekommt Isaak – da soll er wiederum geprüft werden. Er wußte, daß es herrlich ist, das Allgemeine auszudrücken, herrlich, mit Isaak zu leben. Aber das ist nicht die Aufgabe. Er wußte, daß es königlich war, einen solchen Sohn dem Allgemeinen zu opfern, er selbst würde Ruhe darin gefunden haben, und alle würden rühmend in seiner Tat geruht haben, wie der Vokal in seinem Ruhebuchstaben ruht; aber das ist nicht die Aufgabe – er wird geprüft. Jener römische Feldherr, der unter dem Beinamen Cunctator berühmt ist, er hielt den Feind durch sein Zaudern auf – aber welch ein Zauderer ist nicht Abraham im Vergleich zu ihm – aber er rettet den Staat nicht. Dies ist der Inhalt von hundertdreißig Jahren. Wer kann es ertragen, würde nicht seine Mitwelt, wenn von einer solchen die Rede sein könnte, sagen: »mit Abraham ist's ein ewiges Zaudern; endlich bekam er einen Sohn, es hat lange gedauert; so will er ihn opfern – ist er nicht verrückt? Und könnte er wenigstens erklären, warum er es will; aber immer ist's eine Prüfung.« Mehr könnte auch Abraham nicht erklä-

1 Den Unterschied zwischen der Kollision, wie sie dem tragischen Helden und dem Ritter des Glaubens gesetzt ist, will ich noch einmal beleuchten. Der tragische Held vergewissert

ren; denn sein Leben ist wie ein Buch, das unter göttlichen Beschlag gelegt und das nicht *publici juris* ist.

Dies ist das Entsetzliche. Wer dies nicht wahrnimmt, kann immer dessen sicher sein, daß er kein Ritter des Glaubens ist; aber wer es wahrnimmt, der wird nicht leugnen wollen, daß selbst der am meisten geprüfte tragische Held wie in einem Tanz daherschreitet im Vergleich zum Ritter des Glaubens, der nur langsam und kriechend vorankommt. Und wenn er es eingesehen und sich vergewissert hat, daß ihm der Mut mangelt, es zu verstehen, dann wird er wohl die wunderbare Herrlichkeit erahnen, die jener Ritter erlangt, nämlich daß er zum Vertrauten Gottes wird, zum Freund des Herrn, daß er, um recht menschlich zu sprechen, Du zu Gott in den Himmeln sagt, während selbst der tragische Held ihn nur in der dritten Person anredet.

Der tragische Held ist bald fertig und hat bald seinen Streit beendet; er macht die unendliche Bewegung und ist jetzt sicher im Allgemeinen aufgehoben. Der Ritter des Glaubens hingegen wird schlaflos gehalten; denn er wird fortwährend geprüft, und in jedem Augenblick besteht eine Möglichkeit, reumütig zum Allgemeinen zurückzukehren, und diese Möglichkeit kann ebensowohl eine Anfechtung wie Wahrheit sein. Aufschluß darüber kann er nicht bei irgendeinem Menschen holen; denn dann befindet er sich außerhalb des Paradoxons.

Dem Ritter des Glaubens eignet dann vor allem Leidenschaft, in einen einzigen Moment jenes ganze Ethische zu konzentrieren, das er bricht, auf daß er sich selbst die Gewißheit geben kann, daß er Isaak wirklich aus ganzer Seele liebt[1]. Vermag er das nicht, dann befindet er sich in Anfechtung. Ferner eignet ihm Leidenschaft, in einem

---

sich dadurch, daß die ethische Verpflichtung in ihm total zugegen ist, daß er sie in einen Wunsch verwandelt. So kann Agamemnon sagen: dies ist für mich der Beweis dafür, daß

Nu diese ganze Gewißheit hervorzuziehen, und dies solchermaßen, daß sie ebenso vollgültig ist wie im ersten Augenblick. Vermag er das nicht, so kommt er nicht von der Stelle; denn dann muß er immer wieder von vorn anfangen. Auch der tragische Held konzentriert das Ethische, über das er teleologisch hinausgeschritten ist, in einen Moment; aber er hat in dieser Hinsicht Zuflucht beim Allgemeinen. Der Ritter des Glaubens hat nur einzig und allein sich selbst, und darin liegt das Entsetzliche. Die meisten Menschen leben in einer ethischen Verpflichtung auf die Weise, daß sie von Tag zu Tag sorgen, sie gelangen jedoch auch niemals zu jener leidenschaftlichen Konzentration, jenem energischen Bewußtsein. Um dies zu erlangen, kann dem tragischen Helden in gewissem Verstande das Allgemeine behilflich sein; aber der Ritter des Glaubens hat es mit allem allein zu tun. Der tragische Held tut das Allgemeine und findet Ruhe darin, der Ritter des Glaubens wird immerzu in Spannung gehalten. Agamemnon gibt Iphigenia auf und hat dadurch Ruhe im Allgemeinen gefunden, schreitet nun dazu, sie zu opfern. Hätte Agamemnon nicht die Bewegung gemacht, wäre seine Seele im entscheidenden Augenblick anstatt leidenschaftlicher Konzentration in gewöhnliches Gewäsch des Inhalts verloren gewesen, daß er noch mehr Töchter habe und daß vielleicht noch das Außerordentliche geschehen könne – dann wäre er natürlich kein Held, sondern Hospitalsinsasse. Die Konzentration des Helden

---

ich meine Vaterpflicht nicht kränke, daß das, was meine Pflicht ist, mein einziger Wunsch ist. Wir haben also hier Wunsch und Pflicht einander gegenüber. Das Glückliche im Leben ist, daß zusammenfällt, daß mein Wunsch meine Pflicht ist und umgekehrt, und der meisten Menschen Aufgabe im Leben ist eben, in ihrer Pflicht zu bleiben und sie durch ihre Begeisterung in ihren Wunsch zu verwandeln. Der tragische Held gibt seinen Wunsch auf, um seine Pflicht zu vollführen. Auch für den Ritter des Glaubens sind Wunsch und Pflicht miteinander

hat Abraham auch, obgleich sie in ihm weit schwieriger ist, da er gar keine Zuflucht beim Allgemeinen hat; aber er macht noch eine Bewegung, wodurch er seine Seele zurück auf das Wunder sammelt. Hätte Abraham das nicht getan, so wäre er nur ein Agamemnon, sofern man dann überhaupt erklären kann, wie es sich rechtfertigen läßt, Isaak opfern zu wollen, wenn man dadurch nicht dem Allgemeinen nützt.

Ob der Einzelne sich nun wirklich in einer Anfechtung befindet oder ob er Ritter des Glaubens ist, das kann nur der Einzelne selber entscheiden. Indessen lassen sich doch aus dem Paradoxon heraus einige Kennzeichen konstruieren, die auch der verstehen kann, der sich nicht darinnen befindet. Der wahre Ritter des Glaubens ist immer die absolute Isolation, der unechte ist sektiererisch. Dies ist ein Versuch, vom schmalen Pfad des Paradoxons abzuspringen und auf wohlfeile Weise zum tragischen Helden zu werden. Der tragische Held drückt das Allgemeine aus und opfert sich dafür. Statt dessen hat der sektiererische Hanswurst ein Privattheater, ein paar gute Freunde und Kameraden, die das Allgemeine ungefähr ebensogut repräsentieren, wie die Stockmänner in der Golddose die Gerechtigkeit repräsentieren. Der Ritter des Glaubens hingegen ist das Paradoxon, er ist der Einzelne, absolut nur der Einzelne ohne alle Konnexionen und Weitläufigkeiten. Dies ist das Entsetzliche, das der sektiererische Schwächling nicht ertragen kann. Anstatt

---

identisch, aber es wird von ihm gefordert, daß er beides aufgeben solle. Wenn er dann durch Aufgabe seines Wunsches resignieren möchte, so findet er keine Ruhe; denn dieser Wunsch ist ja seine Pflicht. Möchte er in der Pflicht und in seinem Wunsch verbleiben, so wird er nicht zum Ritter des Glaubens; denn die absolute Pflicht würde gerade fordern, daß er diesen Wunsch aufgeben solle. Dem tragischen Helden wurde zwar ein höherer Ausdruck von Pflicht, aber keine absolute Pflicht zuteil.

nämlich daraus zu lernen, daß er nicht dazu imstande ist, das Große zu tun, und dies dann geradeheraus zuzugeben, etwas, das ich natürlich nicht anders als billigen kann, da es das ist, was ich selbst mache, wähnt der Stümper, er werde es durch Vereinigung mit ein paar anderen Stümpern tun können. Aber das geht ganz und gar nicht an; in der Welt des Geistes wird kein Betrug geduldet. Ein Dutzend Sektierer greifen einander unter die Arme, sie wissen nicht das Geringste von jenen einsamen Anfechtungen, die den Ritter des Glaubens erwarten und die er sich nicht zu fliehen getraut, gerade weil es noch entsetzlicher wäre, wenn er sich vermessen vordrängte. Die Sektierer übertäuben einander durch Geräusch und Lärm, halten die Angst durch ihre Schreie fern, und eine solche spektakelnde Tiergartengesellschaft wähnt den Himmel zu stürmen und wähnt den gleichen Weg zu gehen wie der Ritter des Glaubens, der in der Einsamkeit des Universums nie eine menschliche Stimme vernimmt, sondern allein mit seiner entsetzlichen Verantwortung wandelt.

Der Ritter des Glaubens ist nicht bloß allein auf sich selbst angewiesen, er fühlt den Schmerz, sich für andere nicht verständlich machen zu können; aber er verspürt keine eitle Lust danach, andere leiten zu wollen. Der Schmerz ist für ihn die Verbannung, die eitle Lust kennt er nicht, dafür ist seine Seele zu ernst. Der unechte Ritter verrät sich leicht durch diese Meisterschaft, die er in einem Augenblick erworben hat. Er faßt gar nicht, wovon die Rede ist, daß sofern ein anderer Einzelner den gleichen Weg gehen will, er auf genau die gleiche Weise zum Einzelnen werden muß und dazu keiner Anleitung bedarf, am wenigsten von seiten eines, der sich aufnötigen will. Hier springt man wiederum ab, man kann das Martyrium der Unverständlichkeit nicht ertragen, und statt dessen wählt man dann recht bequem die weltliche Bewunderung der Meisterschaft. Der wahre Ritter des Glaubens ist Zeuge, niemals Lehrer, und darin liegt das tiefe Humane, womit es etwas weiter her ist als mit jener albernen Teilnahme für anderer Menschen Wohl und Wehe, die unter dem Namen Sympathie geehrt wird, während es in Wirklichkeit nichts anderes als Eitelkeit ist. Wer nur Zeuge sein will, bekennt dadurch, daß kein Mensch, auch der geringste nicht, eines anderen Menschen Teilnahme bedarf, oder dadurch erniedrigt werden soll, daß der andere erhoben werden kann. Aber wie er selber, was er gewonnen hat, nicht wohlfeil gewonnen hat, so verkauft er es auch nicht wohlfeil; er ist nicht erbärmlich genug, der Menschen Bewunderung entgegenzunehmen und ihnen als Entgelt seine stille Verachtung zu überlassen; er weiß, daß, was in Wahrheit groß ist, gleich zugänglich für alle ist.

Entweder gibt es somit eine absolute Pflicht gegen Gott, und gibt es eine solche, so ist sie das beschriebene Paradoxon, daß der Einzelne als der Einzelne höher als das Allgemeine ist und als der Einzelne in einem absoluten Verhältnis zum Absoluten steht – oder auch es hat niemals den Glauben gegeben, weil es ihn immer gegeben hat, oder auch ist Abraham verloren, oder auch man muß die Stelle bei Lukas 14 so erklären, wie es jener geschmackvolle Exeget getan hat, und auf gleiche Weise die entsprechenden Stellen erklären und die ähnlichen.

Konnte Abraham es ethisch rechtfertigen, Sara, Elieser, Isaak sein Vorhaben zu verschweigen?

Das Ethische ist als solches das Allgemeine, als das Allgemeine ist es wiederum das Offenbare. Der Einzelne ist als unmittelbar sinnlich und seelisch bestimmt der Verborgene: Dann ist seine ethische Aufgabe, sich aus seiner Verborgenheit herauszuwickeln und im Allgemeinen offenbar zu werden. Immer wenn er dann im Verborgenen bleiben will, so versündigt er sich und befindet sich in Anfechtung, aus der er nur herausgelangt, indem er sich offenbart.

Hier stehen wir wiederum bei dem gleichen Punkt. Gibt es keine Verborgenheit, die ihren Grund darin hat, daß der Einzelne als der Einzelne höher ist als das Allgemeine, dann läßt Abrahams Verhalten sich nicht rechtfertigen; denn er hat die ethischen Zwischeninstanzen übersehen. Gibt es hingegen eine solche Verborgenheit, dann stehen wir beim Paradoxon, das sich nicht mediieren läßt, da es gerade darauf beruht, daß der Einzelne als der Einzelne höher ist als das Allgemeine; aber das Allgemeine ist eben die Mediation. Die Hegelsche Philosophie nimmt keine berechtigte Verborgenheit, keine berechtigte Inkommensurabilität an. Sie ist sich dann zwar selber konsequent, wenn sie Offenbarung fordert, aber es stimmt mit ihr etwas nicht, wenn sie Abraham als Vater des Glaubens ansehen und vom Glauben sprechen will. Der Glaube nämlich ist nicht die erste Unmittelbarkeit, sondern eine spätere. Die erste Unmittelbarkeit ist das Ästhetische, und hier mag die Hegelsche Philosophie wohl im Recht sein. Aber der Glaube ist nicht das Ästhetische oder auch es hat nie den Glauben gegeben, weil es ihn immer gegeben hat.

Das Beste ist, die Sache hier rein ästhetisch zu betrachten und zu dem Zweck eine ästhetische Erwägung einzuleiten, der ich den Leser sich momentweise ganz hinzugeben bitte, indes ich, um das Meinige dazu beizutragen, meine Darstellung in Ansehung der Gegenstände modifizieren werde. Die Kategorie, die ich jetzt etwas näher betrachten will, ist: das *Interessante*, eine Kategorie, die vornehmlich in unserer Zeit, gerade weil die Zeit *in discrimine rerum* lebt, große Bedeutung erlangt hat; denn es ist eigentlich die Kategorie des Wendepunkts. Man sollte sie deshalb nicht, wie es bisweilen geschieht, nachdem man sie *pro virili* selbst geliebt hat, geringschätzen, weil sie einem entwachsen ist, aber man sollte auch nicht allzu gierig danach sein; denn sicher ist, daß interessant zu werden, oder daß eines Leben interessant ist, keine kunstgewerbliche Aufgabe darstellt, sondern ein verhängnisvolles Privilegium, das wie jedes Privilegium in der Welt des Geistes nur in tiefem Schmerz erkauft wird. So war Sokrates der interessanteste Mensch, der je gelebt hat; sein Leben ist das interessanteste, das geführt worden ist; aber diese Existenz war ihm von Gott angewiesen worden, und soweit er sie sich selbst erringen mußte, sind ihm auch Mühsal und Schmerz nicht fremd gewesen. Eine solche Existenz eitel zu ergreifen, ziemt sich nicht für jemand, der ernstlicher über das Leben nachdenkt, und doch geschieht es in unserer Zeit nicht selten, daß man Exempel für ein solches Bestreben wahrnimmt. Das Interessante ist im übrigen eine Grenzkategorie, ein Konfinium zwischen der Ästhetik und der Ethik. Insofern muß die Erwägung immerzu auf das Gebiet der Ethik hinüberstreifen, indes sie, um Bedeutung erlangen zu können, das Problem mit ästhetischer Innerlichkeit und Konkupiszenz ergreifen muß. Auf dergleichen läßt sich in unserer Zeit die Ethik seltener ein. Der Grund soll sein, daß dafür im System kein Platz vorhanden ist. Dann könnte man es ja in Monographien behandeln, und außerdem, will man es nicht weitläufig machen, so kann man es kurz machen und doch das gleiche erreichen, falls man nämlich das

Prädikat in seiner Gewalt hat; denn ein oder zwei Prädikate können eine ganze Welt verraten. Sollte im System auch für solche Kleinwörter kein Platz sein?

Aristoteles sagt in seiner unsterblichen Poetik: *δυο μεν ουν του μυθου μερη, περι ταυτ' εστι, περιπετεια και αναγνωρισις* [vgl. cap. 11]. Es ist natürlich nur das zweite Moment, das mich hier beschäftigt: *αναγνωρισις* das Wiedererkennen. Überall, wo von einem Wiedererkennen gesprochen werden kann, ist *eo ipso* von einer vorausgehenden Verborgenheit die Rede. Wie dann das Wiedererkennen zum Lösenden, zum Entspannenden wird, so ist die Verborgenheit das Spannende im dramatischen Leben. Was Aristoteles voraus im gleichen Kapitel in bezug auf den unterschiedlichen Wert der Tragödie entwickelt, ganz im Hinblick darauf, wie *περιπετεια* und *αναγνωρισις* karambolieren, sowie zum einfachen und doppelten Wiedererkennen, kann ich hier nicht berücksichtigen, wenngleich es durch seine Innerlichkeit und seine stille Vertiefung insbesondere den anlocken könnte, den die oberflächliche Allwissenheit der Leute des Überblicks lange genug ermüdet hat. Eine allgemeinere Bemerkung muß hier ihren Platz finden. In der griechischen Tragödie ist die Verborgenheit [und infolgedessen das Wiedererkennen] ein epischer Rest, der seinen Grund in einem Fatum hat, worin die dramatische Handlung verschwindet, woher sie ihren dunkeln, rätselhaften Ursprung hat. Daher kommt, daß die Wirkung, welche eine griechische Tragödie hervorruft, eine Ähnlichkeit mit dem Eindruck einer Marmorstatue hat, der die Kraft des Auges fehlt. Die griechische Tragödie ist blind. Deshalb gehört eine gewisse Abstraktion dazu, sich von ihr richtig beeindrucken zu lassen. Ein Sohn ermordet seinen Vater; aber erst hinterher bekommt er zu wissen, daß es sein Vater ist. Eine Schwester will ihren Bruder opfern; aber im entscheidenden Augenblick bekommt sie es zu wissen. Dies Tragische vermag unsere *reflektie-*

rende Zeit weniger zu beschäftigen. Das neuere Drama hat das Schicksal aufgegeben, hat sich dramatisch emanzipiert, ist sehend, blickt in sich selbst hinein, nimmt das Schicksal in sein dramatisches Bewußtsein auf. Die Verborgenheit und die Offenbarung sind somit freies Handeln des Helden, für das er verantwortlich ist.

Auch zum neueren Drama gehören das Wiedererkennen und die Verborgenheit als ein wesentliches Element. Beispiele dafür anzuführen, würde zu weitläufig sein. Ich bin so höflich, anzunehmen, daß ein jeder in unserer Zeit, die so ästhetisch wollüstig ist, so potent und angefeuert, daß ihr die Empfängnis ebenso leicht fällt wie dem Rebhuhn, das nach Aristoteles' Erklärung an der Stimme des Männchens genug hat oder an dessen Flug über seinen Kopf hin; ich nehme an, daß ein jeder, wenn er bloß das Wort »Verborgenheit« hört, mit Leichtigkeit ein Dutzend Romane und Komödien wird aus dem Ärmel schütteln können. Ich kann mich deshalb kurz fassen und somit sogleich nur eine allgemeinere Bemerkung andeuten. Falls derjenige, der Verstecken spielt und dadurch die dramatische Gärung im Stück erzeugt, einen Nonsens verbirgt, dann erhalten wir eine Komödie, steht er indessen im Verhältnis zur Idee, dann kann er sich dem nähern, zu einem tragischen Helden zu werden. Hier bloß ein Exempel für das Komische. Ein Mann schminkt sich und geht mit Perücke. Eben dieser Mann möchte gern beim schönen Geschlecht sein Glück machen; er ist mit Hilfe von Schminke und Perücke, die ihn unbedingt unwiderstehlich erscheinen lassen, des Sieges sicher. Er ergattert sich ein Mädchen und steht auf des Glückes Zinnen. Nun kommt die Pointe: kann er es zum Geständnis bringen, büßt er nicht seine ganze betörende Macht ein, wenn er sich als eine ganz gewöhnliche, ja, sogar kahlköpfige Mannsperson zeigt, verliert er nicht dadurch die Geliebte wieder. – Die Verborgenheit ist seine freie Handlung, für die ihn auch die Ästhetik verantwortlich macht.

Diese Wissenschaft ist kein Freund kahlköpfiger Heuchler, sie gibt ihn dem Gelächter preis. Dies mag genug sein, bloß um anzudeuten, was ich meine; das Komische kann in dieser Untersuchung nicht Gegenstand des Interesses sein.

Der Weg, den ich zu gehen habe, ist, die Verborgenheit dialektisch durch Ästhetik und Ethik hindurchzuführen; denn es kommt darauf an, daß die ästhetische Verborgenheit und das Paradoxon sich in ihrer absoluten Verschiedenheit darstellen.

Ein paar Exempel: Ein Mädchen ist heimlich in jemand verliebt, ohne daß sie einander doch definitiv ihre Liebe gestanden hätten. Die Eltern zwingen sie, einen anderen zu heiraten [es kann außerdem eine Pietätsrücksicht sein, die sie bestimmt]; sie gehorcht den Eltern, sie verbirgt ihre Liebe, »um den anderen nicht unglücklich zu machen, und keiner soll jemals zu wissen bekommen, was sie leidet«. – Ein Jüngling kann durch ein einziges Wort in den Besitz des Gegenstands seiner Sehnsüchte und seiner unruhigen Träume gelangen. Indessen wird dies kleine Wort eine ganze Familie kompromittieren, ja, vielleicht [wer weiß es?] zugrunde richten; er beschließt großmütig, in seinem Versteck zu bleiben, »das Mädchen soll es niemals zu wissen bekommen, so daß sie vielleicht an der Hand eines anderen glücklich werden kann«. Schade, daß dieses Paar Menschen, die beide jeder für sich den respektiven Geliebten verborgen sind, auch füreinander verborgen sind, hier ließe sich sonst eine bemerkenswerte höhere Einheit zuwegebringen. – Ihre Verborgenheit ist eine freie Handlung, für die sie auch für die Ästhetik verantwortlich sind. Die Ästhetik indessen ist eine höfliche und empfindsame Wissenschaft, die mehr Auswege kennt als irgendein Pfandhausverwalter. Was macht sie also? Sie macht für die Liebenden alles möglich. Mit Hilfe eines Zufalls erhalten die respektiven Partner in der projektierten Ehe über den großmütigen Entschluß des anderen

Teils einen Wink, es kommt zu einer Erklärung, sie bekommen einander und zugleich den Rang wirklicher Helden; denn ungeachtet ihnen nicht einmal die Zeit beschieden gewesen ist, ihren heldenmütigen Entschluß zu beschlafen, so sieht sie die Ästhetik doch solchermaßen an, als ob sie viele Jahre hindurch ihren Vorsatz mutig durchgekämpft hätten. Die Ästhetik macht nämlich nicht viel Wesens mit der Zeit, ob Scherz oder Ernst, für sie verläuft sie gleich schnell.
Die Ethik aber weiß weder etwas von jenem Zufall noch von jener Empfindsamkeit, auch hat sie keinen so schnellen Begriff von der Zeit. Hierdurch gewinnt die Sache ein anderes Aussehen. Mit der Ethik läßt sich nicht gut disputieren, denn sie hat reine Kategorien. Sie beruft sich nicht auf die Erfahrung, die denn auch von allen lächerlichen Dingen so ungefähr das allerlächerlichste ist, und weit davon entfernt, einen Mann klug zu machen, macht sie ihn eher verrückt, wenn er nichts Höheres kennt als sie. Die Ethik hat keinen Zufall, also kommt es nicht zu einer Erklärung, sie spaßt nicht mit Würden, sie legt eine ungeheure Verantwortung auf die schmächtigen Schultern des Helden, sie verurteilt es als etwas Vermessenes, durch sein Tun Vorsehung spielen zu wollen; aber sie verurteilt es auch, dies durch sein Leiden tun zu wollen. Sie gebietet, an die Wirklichkeit zu glauben und den Mut zu haben, mit allen Drangsalen der Wirklichkeit zu kämpfen anstatt mit diesen blutlosen Leiden, die man sich auf eigene Verantwortung auferlegt hat, sie warnt davor, an die schlauen Berechnungen des Verstandes zu glauben, die treuloser sind als die Orakel im Altertum. Sie warnt vor jeder unzeitigen Großmut, laß die Wirklichkeit es wegnehmen, dann ist es an der Zeit, Mut zu bekunden; aber dann bietet die Ethik selber jeden möglichen Beistand an. Wäre es indessen etwas Tieferes, das sich in diesen Beiden rührte, wäre Ernst vorhanden, die Aufgabe wahrzunehmen, Ernst, anzufangen, so würde wohl et-

was aus ihnen werden; aber die Ethik kann ihnen nicht helfen, sie ist beleidigt; denn sie haben ein Geheimnis vor ihr, ein Geheimnis, das sie auf eigene Verantwortung übernommen haben.

Die Ästhetik forderte also Verborgenheit und belohnte sie, die Ethik forderte Offenbarung und bestrafte die Verborgenheit.

Zuweilen fordert indessen die Ästhetik selber Offenbarung. Wenn der Held in der ästhetischen Illusion befangen durch sein Schweigen einen anderen Menschen retten zu können meint, dann fordert sie Schweigen und belohnt es. Wenn der Held hingegen durch sein Tun störend in eines anderen Menschen Leben eingreift, dann fordert sie Offenbarung. Ich stehe hier beim tragischen Helden. Ich will einen Augenblick Euripides' Iphigenia in Aulis betrachten. Agamemnon soll Iphigenia opfern. Die Ästhetik fordert nun insofern Schweigen von Agamemnon, als es des Helden unwürdig sein würde, bei einem anderen Menschen Trost zu suchen, gleichwie er es auch aus Rücksicht auf die Frauen diesen so lange wie möglich verheimlichen soll. Andererseits muß der Held, gerade um Held zu sein, auch in jener entsetzlichen Anfechtung versucht werden, die Klytämnestras und Iphigenias Tränen ihm bereiten werden. Was macht die Ästhetik? Sie hat einen Ausweg, sie hält einen alten Diener in Bereitschaft, der Klytämnestra alles offenbart. Jetzt ist alles in Ordnung.

Die Ethik hingegen hat keinen Zufall und keinen alten Diener bei der Hand. Die ästhetische Idee widerspricht sich selbst, sobald sie in der Wirklichkeit ausgeführt werden soll. Deshalb fordert die Ethik Offenbarung. Der tragische Held beweist seinen ethischen Mut gerade dadurch, daß er, nicht in einer ästhetischen Illusion befangen, selber der ist, der Iphigenia ihr Schicksal verkündet. Tut er es, dann ist der tragische Held der Ethik liebenswürdiger Sohn, an dem sie Wohlgefallen hat. Schweigt er, so kann es deshalb sein, weil er es dadurch für andere leichter zu machen glaubt; aber es kann auch deshalb sein, weil er es dadurch für sich selber leichter macht. Doch davon weiß er sich frei. Schweigt er, so übernimmt er als der Einzelne eine Verantwortung, insofern er ein Argument übersieht, das von außen kommen kann. Dies kann der tragische Held nicht tun; denn gerade darum liebt ihn die Ethik, weil er immerzu das Allgemeine ausdrückt. Seine Heldentat erfordert Mut; aber zu diesem Mut gehört auch, daß er sich keiner Argumentation entzieht. Nun ist es sicher, daß Tränen ein entsetzliches *argumentum ad hominem* sind, und es hat wohl einen gegeben, den nichts zu rühren vermochte und den doch Tränen bewegt haben. Im Stück wird es Iphigenia vergönnt, zu weinen, in Wirklichkeit sollten ihr wie Jephtahs Tochter zwei Monate eingeräumt werden, nicht in Einsamkeit, sondern zu Füßen des Vaters zu weinen, und all ihre Kunst zu gebrauchen, »die nur Tränen ist«, und sich selbst statt eines Ölzweigs um seine Knie zu winden [vgl. v. 1224]. Die Ästhetik forderte Offenbarung, half sich jedoch mit einem Zufall, die Ethik forderte Offenbarung und fand im tragischen Helden ihre Befriedigung.

Trotz der Strenge, womit die Ethik Offenbarung fordert,

---

1 Diese Bewegungen und Stellungen könnten zwar noch Gegenstand ästhetischer Behandlung werden, wieweit hingegen die des Glaubens und des ganzen Glaubenslebens es werden können, lasse ich hier unentschieden. Nur will ich, weil es mir immer eine Freude ist, demjenigen Dank abzustatten, dem ich etwas schulde, Lessing für einzelne Winke über ein christliches Drama danken, die sich in seiner Hamburgischen Dramaturgie finden. Er hat indessen den Blick auf die rein göttliche Seite dieses Lebens [den vollendeten Seher] geheftet, deshalb ist er verzweifelt; vielleicht hätte er anders geurteilt, wenn er in höherem Grade auf die rein menschliche Seite aufmerksam gewesen wäre [Theologia viatorum]. Was er sagt, ist unzweifelhaft sehr kurz, teils ausweichend, aber da ich immer beson-

läßt sich jedoch nicht leugnen, daß eigentlich Geheimnis und Schweigen einen Menschen zum Großen machen, gerade weil sie Bestimmungen der Innerlichkeit sind. Als Amor Psyche verläßt, sagt er zu ihr: »Du wirst ein Kind gebären, es ist ein Gotteskind, wenn du schweigst; aber ein Mensch, wenn du das Geheimnis verrätst«. Der tragische Held, der der Liebling der Ethik ist, er ist der reine Mensch, ihn kann ich auch verstehen, und all sein Tun vollzieht sich im Offenbaren. Gehe ich weiter, dann stoße ich mich immerzu am Paradoxon, dem göttlichen und dem dämonischen; denn Schweigen ist beides. Schweigen ist Betörung durch den Dämon; und je mehr geschwiegen wird, um so entsetzlicher wird der Dämon; aber Schweigen ist auch das Einverständnis der Gottheit mit dem Einzelnen.

Ehe ich indessen zur Erzählung von Abraham übergehe, will ich ein paar Individualitäten heranziehen. Kraft der Dialektik halte ich sie im Zaum, und indem ich die Disziplin der Verzweiflung über ihnen schwinge, werde ich sie schon daran hindern, stillezustehen, so daß sie wenn möglich in ihrer Angst das eine oder andere gewahr werden könnten[1].

Aristoteles erzählt in seiner Politik eine Geschichte von

---

ders froh bin, Gelegenheit zu finden, Lessing mitzunehmen, ergreife ich ihn gleich. Lessing war nicht nur einer der umfassendsten Köpfe, die Deutschland gekannt hat; er war nicht nur im Besitz einer ganz seltenen Promptheit des Wissens, was bewirkt, daß man sich getrost auf ihn und seine Autopsie verlassen kann, ohne fürchten zu müssen, durch lose Zitate genarrt zu werden, die nirgendswohin gehören, halbverstandene Phrasen, unverläßlichen Kompendien entnommen, oder desorientiert durch ein dummes Ausposaunen von Neuheiten, die die Älteren weit besser vorgebracht haben – sondern er besaß zugleich eine höchst ungewöhnliche Gabe, zu erklären, was er selber verstanden hatte. Dabei blieb er stehen, in unserer Zeit geht man weiter und erklärt mehr, als man selbst verstanden hat.

politischen Unruhen in Delphi, die ihren Grund in einer Heiratsangelegenheit hatten. *Der Bräutigam, dem die Auguren ein Unglück voraussagen, das aus seiner Heirat entspringen wird, ändert plötzlich in dem entscheidenden Augenblick, als er die Braut holen kommt, seinen Plan* – er will nicht Hochzeit halten. Mehr brauche ich nicht[1]. In Delphi ist diese Katastrophe sicher nicht ohne Tränen abgegangen; wollte sich ein Dichter ihrer annehmen, so dürfte er allerdings auf Teilnahme rechnen. Ist es nicht entsetzlich, daß die Liebe, die oft genug im Leben landflüchtig gewesen ist, nun auch des himmlischen Beistands beraubt wird? Ist das alte Wort, daß Ehen im Himmel gestiftet werden, hier nicht zuschanden geworden? Sonst sind es alle Drangsale und Schwierigkeiten der Endlichkeit, die wie böse Geister die Liebenden trennen wollen; aber die Liebe hat den Himmel auf ihrer Seite, und deshalb besiegt diese heilige Alliance alle Feinde. Hier ist es der Himmel selber, der trennt, was der Himmel ja doch selber vereinigt hat. Wer hätte dies auch ahnen können? Am wenigsten wohl die junge Braut. Noch vor einem Augenblick saß sie in all ihrer Schönheit in ihrer Stube, und die liebenswürdigen Mädchen hatten sie gewissenhaft geschmückt, so daß sie es vor aller Welt rechtfertigen konnten, so daß sie nicht bloß Freude davon hatten, sondern Neid, ja Freude dadurch, daß es ihnen unmöglich war, neidischer zu werden, weil es ihr unmöglich war, schöner zu werden. Sie saß allein auf ihrer Stube und wurde von Schönheit in Schönheit verwandelt; denn alles, was weibliche Kunst vermochte, war in Gebrauch genommen, die Würdige zu schmücken; aber etwas fehlte doch noch, wovon die

---

[1] Die historische Katastrophe war nach Aristoteles die folgende: um sich zu rächen, schmuggelt die Familie ein Tempelgefäß unter seinen Hausrat, und er wird als Tempelräuber verurteilt. Dies ist indessen gleichgültig; denn die Frage ist nicht, ob die Familie es schlau oder dumm macht, indem sie Rache nimmt; die Familie gewinnt nur ideale Bedeutung, soweit sie in die

jungen Mädchen sich nicht hatten träumen lassen; ein Schleier, feiner, leichter und doch verhüllender als der, worein die jungen Mädchen sie eingehüllt hatten; ein Brautkleid, womit kein junges Mädchen Bescheid wußte oder ihr damit behilflich sein konnte, ja, die Braut verstand nicht einmal, sich selbst zu helfen. Es war eine unsichtbare, eine freundliche Macht, die ihre Freude daran hat, eine Braut zu schmücken, die sie darein einhüllte, ohne daß sie etwas davon wußte; denn sie sah nur, wie der Bräutigam vorbeiging und sich zum Tempel hinauf begab. Sie sah die Pforte sich hinter ihm schließen, und sie wurde noch ruhiger und seliger; denn sie wußte, daß er ihr mehr als je gehörte. Die Pforte des Tempels öffnete sich, er trat heraus; aber sie schlug jungfräulich die Augen nieder und daher sah sie nicht, daß sein Angesicht verwirrt war; aber er sah, daß der Himmel wohl auf die Herrlichkeit der Braut und auf sein Glück neidisch war. Die Pforte des Tempels tat sich auf, die jungen Mädchen sahen den Bräutigam heraustreten; aber sie sahen nicht, daß sein Angesicht verwirrt war; denn sie hatten damit zu tun, die Braut zu holen. Da trat sie hervor in all ihrer jungfräulichen Demut und doch wie eine Herrscherin, umgeben von ihrem Stab junger Mädchen, die sich vor ihr neigten, wie sich das junge Mädchen immer vor einer Braut neigt. So stand sie an der Spitze der schönen Schar und wartete – es war nur ein Augenblick; denn der Tempel lag gleich dabei – und der Bräutigam kam –, aber er ging an ihrer Tür vorüber.

Jedoch ich breche hier ab; ich bin kein Dichter und gehe bloß dialektisch zu Werke. Zum ersten ist zu bemerken,

---

Dialektik des Helden hineingezogen wird. Im übrigen ist es verhängnisvoll genug, daß er sich, indem er durch Verzicht auf die Heirat der Gefahr entfliehen will, in sie hineinstürzt, sowie daß sein Leben in zweifacher Weise in Berührung mit dem Göttlichen kommt, erst durch den Spruch der Auguren, dann dadurch, daß er als Tempelräuber verurteilt wird.

daß es im entscheidenden Augenblick geschieht, daß der Held jene Auskunft erhält, er ist rein und reuelos, hat sich nicht leichtsinnig an die Geliebte geknüpft. Ferner hat er einen göttlichen Ausspruch für oder, richtiger, gegen sich; er läßt sich nicht wie jene schmächtigen Liebhaber und Geliebten von eigener Klugheit lenken. Es folgt weiter aus sich selbst, daß jener Ausspruch ihn ebenso unglücklich macht wie die Braut, ja, ein wenig mehr, da er doch der Anlaß ist. Zwar ist es nämlich wahr, daß die Auguren nur *ihm* ein Unglück vorausgesagt haben; aber die Frage ist, ob dies Unglück nicht so beschaffen ist, daß es, indem es ihn trifft, zugleich ihr eheliches Glück treffen wird. Was soll er nun tun? 1. Soll er schweigen und Hochzeit halten und denken, das Unglück kommt vielleicht nicht gleich, in jedem Fall habe ich auf der Liebe bestanden und mich nicht gefürchtet, mich selbst unglücklich zu machen; aber schweigen muß ich, denn sonst ist der kurze Augenblick verscherzt. Dies erscheint plausibel, ist es jedoch keineswegs; denn in diesem Fall hat er das Mädchen gekränkt. Er hat durch sein Schweigen in gewisser Weise das Mädchen schuldig gemacht; denn falls sie es gewußt hätte, hätte sie wohl niemals ihr Einverständnis mit einer solchen Verbindung erklärt. Er wird dann in der Stunde der Not nicht nur das Unglück zu ertragen haben, sondern auch die Verantwortung da-

---

1 Im übrigen könnte man von diesem Punkt aus in eine andere Richtung dialektischer Bewegungen hineingelangen. Der Himmel sagt ihm aus der Ehe ein Unglück voraus, dann könnte er es ja sein lassen, Hochzeit zu halten, aber das Mädchen deshalb nicht aufgeben, sondern mit ihr in einer romantischen Verbindung leben, die für die Liebenden beruhigender wäre. Dies enthält jedoch eine Kränkung des Mädchens, weil er in seiner Liebe zu ihr nicht das Allgemeine ausdrückt. Indessen stellte es eine Aufgabe sowohl für einen Dichter als auch für einen Ethiker dar, welche die Ehe verteidigen wollen. Überhaupt würde die Poesie, wenn sie auf das Religiöse und die Inner-

für, daß er geschwiegen hat, ihren gerechten Zorn darüber, daß er geschwiegen hat. 2. Soll er schweigen und von der Hochzeit abstehen? In diesem Fall muß er eine Mystifikation auf sich nehmen, wodurch er sich selbst im Verhältnis zu ihr zunichte macht. Die Ästhetik würde dies vielleicht billigen. Die Katastrophe könnte dann ähnlich der wirklichen angelegt werden, nur daß es im letzten Augenblick zu einer Erklärung käme, die jedoch hintennach hinkte, da es ästhetisch gedacht eine Notwendigkeit darstellt, ihn sterben zu lassen, es sei denn diese Wissenschaft sehe sich dazu imstande, jene unheilschwangere Prophezeiung aufzuheben. Indessen enthält dies Verhalten, so großmütig es auch ist, eine Kränkung des Mädchens und der Realität ihrer Liebe. 3. Soll er sprechen? Man darf natürlich nicht vergessen, daß unser Held ein wenig zu poetisch ist, als daß der Verzicht auf seine Liebe für ihn keine andere Bedeutung als die einer mißglückten Handelsspekulation haben sollte. Spricht er, so wird das Ganze zu einer unglücklichen Liebesgeschichte im gleichen Stil wie Axel und Valborg[1]. Sie werden ein Paar, das der Himmel selber trennt. Doch muß man sich im vorliegenden Fall diese Trennung etwas anders denken, da sie zugleich aus dem freien Handeln der Individuen resultiert. Das besonders Diffizile beim Dialektischen in dieser Sache ist nämlich, daß das Unglück bloß

---

lichkeit der Individualität aufmerksam wird, weit bedeutungsvollere Aufgaben erhalten, als womit sie sich jetzt abgibt. Immer wieder stößt man ja in der Poesie auf folgende Geschichte: ein Mann ist an ein Mädchen gebunden, das er einmal geliebt hat oder nie richtig geliebt hat, denn jetzt hat er ein anderes Mädchen gesehen, welches das Ideal ist. Ein Mann irrt sich im Leben, die Straße war richtig, aber es war das verkehrte Haus, denn gerade gegenüber auf dem zweiten Stock wohnt das Ideal – dies hält man für eine Aufgabe der Poesie. Ein Liebhaber irrt sich, er hat die Geliebte bei Licht gesehen und glaubt, sie habe dunkles Haar, aber sieh da! bei näherer Prüfung hatte

ihn treffen soll. Ihnen wird nicht wie Axel und Valborg ein gemeinsamer Ausdruck ihres Leidens zuteil, indes der Himmel Axel und Valborg gleich weit trennt, weil sie einander gleich nahe sind. Wäre dies hier der Fall, so wäre ein Ausweg denkbar. Da der Himmel sich nämlich keiner sichtbaren Macht bedient, um sie zu trennen, sondern es ihnen überläßt, so ließe sich ja denken, daß sie sich entschlössen, vereint dem Himmel mitsamt seinem Unglück zu trotzen.

Die Ethik indessen wird von ihm fordern, daß er spreche solle. Er wird seinen Heldenmut dann wesentlich daransetzen müssen, die ästhetische Großmut aufzugeben, von der doch *in casu* nicht leicht anzunehmen wäre, sie enthielte einen Zusatz von jener Eitelkeit, die darin liegt, verborgen zu sein, da es ihm ja klar sein muß, daß er das Mädchen doch unglücklich macht. Die Realität dieses Heldenmuts beruht indessen darauf, daß er seine Voraussetzung gehabt und aufgehoben hat; denn sonst könnte man besonders in unserer Zeit Helden genug bekommen, in unserer Zeit, die es zu einer unvergleichlichen Virtuosität in jenem Betrug gebracht hat, der das Höchste dadurch vollbringt, daß man das Dazwischenliegende überspringt.

Aber wozu nun diese Skizze, da ich doch nicht weiterkomme als bis zum tragischen Helden? Weil es dennoch möglich wäre, daß sie Licht auf das Paradoxon werfen könnte. Alles beruht dann darauf, in welchem Verhältnis er zum Spruch der Auguren steht, der auf die eine oder andere Weise für sein Leben entscheidend ist. Ist dieser Spruch *publici juris* oder ist er ein *Privatissimum*? Die

---

sie blondes – aber die Schwester ist das Ideal. Dies hält man für eine Aufgabe der Poesie. Nach meiner Ansicht ist ein jeder solcher Mann ein Laban, der schon im Leben unerträglich sein kann, aber augenblicklich ausgepfiffen werden sollte, wenn er sich in der Poesie wichtig machen will. Nur Leidenschaft gegen Leidenschaft ergibt eine poetische Kollision, nicht dies

Szene ist Griechenland; ein Spruch des Auguren ist für alle verständlich, ich meine nicht bloß, daß der Einzelne lexikalisch den Inhalt verstehen kann, sondern der Einzelne kann verstehen, daß ein Augur dem Einzelnen den Beschluß des Himmels verkündigt. Der Spruch des Auguren ist somit nicht nur für den Helden verständlich, sondern für alle, und aus ihm resultiert kein privates Verhältnis zur Gottheit. Er kann tun, was er will, was vorausgesagt ist, wird geschehen, und weder durch Tun noch durch Unterlassen tritt er in ein engeres Verhältnis zur Gottheit, wird weder Gegenstand ihrer Gnade noch ihres Zorns. Den Ausfall wird jeder Einzelne ebensogut verstehen können wie der Held, und es gibt keine heimliche Schrift, die nur der Held lesen kann. Insofern er dann sprechen will, kann er es vorzüglich, denn er kann sich verständlich machen; insofern er schweigen will, so darum, weil er kraft dessen, daß er der Einzelne ist, höher sein will als das Allgemeine, sich selbst allerhand phantastische Vorstellungen vorgaukeln will, wie daß er diese Sorge bald wieder vergessen wird und so weiter. Falls ihm hingegen der Wille des Himmels nicht durch einen Augur verkündigt worden wäre, falls er ganz privat zu seiner Kenntnis gelangt wäre, falls er in ein ganz privates Verhältnis zu ihm getreten wäre, dann stehen wir beim Paradoxon, falls es dies überhaupt gibt [denn meine Erwägung ist dilemmatisch], dann könnte er nicht sprechen, und wenn er es noch so gerne möchte. Er würde sich dann nicht im Schweigen genießen, sondern er würde Schmerz leiden; aber dieser wäre für ihn gerade die Gewähr dafür, berechtigt zu sein. Sein Schweigen hätte

---

Rumoren der Einzelheiten innerhalb der gleichen Leidenschaft. Wenn sich ein Mädchen zum Beispiel im Mittelalter, nachdem sie sich verliebt hat, davon überzeugt, daß irdische Liebe Sünde ist, und eine himmlische vorzieht, dann liegt hier eine poetische Kollision vor, und das Mädchen ist poetisch; denn sie lebt in der Idee.

dann nicht seinen Grund darin, daß er sich als der Einzelne in ein absolutes Verhältnis zum *Allgemeinen* stellen wollte, sondern daß er als der Einzelne in ein absolutes Verhältnis zum *Absoluten* gestellt wäre. Er würde dann, soweit ich mir vorstellen kann, auch Ruhe darin finden können, während sein großmütiges Schweigen immerzu von den Forderungen des Ethischen beunruhigt sein würde. Es wäre überhaupt zu wünschen, die Ästhetik wolle einmal den Versuch machen, damit anzufangen, womit sie so viele Jahre hindurch geendigt hat, mit der illusorischen Großmut. Sobald sie dies täte, würde sie dem Religiösen gerade in die Hand arbeiten; denn diese Macht ist die einzige, die das Ästhetische aus seinem Kampf mit dem Ethischen erretten kann. Königin Elisabeth opfert dem Staat ihre Liebe zu Essex durch Unterzeichnung seines Todesurteils. Dies war eine Heldentat, wenngleich ein wenig persönliche Kränkung mit im Spiele gewesen ist, nämlich daß er ihr den Ring nicht gesandt hatte. Wie bekannt hatte er es getan, aber durch die Bosheit einer Hofdame war der Ring zurückgehalten worden. Elisabeth erhielt, wie *ni fallor* erzählt wird, die Nachricht davon; dann saß sie zehn Tage lang mit einem Finger im Mund und nagte daran, ohne ein Wort zu sagen, und dann starb sie. Dies wäre eine Aufgabe für einen Dichter, der den Mund aufzuzwängen verstünde; sonst ist es höchstens für einen Balletmeister brauchbar, mit dem sich der Dichter in unserer Zeit oft genug verwechselt.

Nun will ich eine Skizze in Richtung des Dämonischen folgen lassen. Dazu kann ich die Sage von Agnete und dem Triton brauchen. Der Triton ist ein Verführer, der aus dem Versteck des Abgrunds heraufschießt, in wilder Lust jene unschuldige Blume ergreift und bricht, die in all ihrem Liebreiz am Ufer stand und gedankenvoll ihr Haupt nach dem Brausen des Meeres neigte. Dies ist in-

---

1 Auch auf eine andere Weise kann man jene Sage behandeln.

dessen die Ansicht des Dichters gewesen. Laßt uns eine Änderung vornehmen. Der Triton war ein Verführer. Er hat Agnete angerufen, er hat durch seine heuchlerische Rede das Verborgene in ihr heraufgelockt, sie hat im Triton gefunden, was sie suchte, wonach sie auf den Grund des Meeres niederstarrte. Agnete will ihm folgen. Der Triton hat sie auf den Arm genommen, Agnete schlingt die Arme um seinen Hals; sie gibt sich aus ganzer Seele vertrauensvoll dem Stärkeren hin; er steht schon am Ufer, er beugt sich übers Meer hinaus, sich mit seiner Beute hinabzustürzen – da blickt Agnete ihn noch einmal an, nicht furchtsam, nicht zweifelnd, nicht stolz auf ihr Glück, nicht von Lust berauscht; sondern absolut gläubig, sondern absolut demütig wie die geringe Blume, für die sie sich selber hielt, absolut vertrauensvoll vertraut sie ihm mit diesem Blick ihr ganzes Schicksal an. – Und siehe! Das Meer braust nicht mehr, seine wilde Stimme verstummt, die Leidenschaft der Natur, welche die Stärke des Tritons ist, läßt ihn im Stich, eine Windstille tritt ein – und immer noch blickt ihn Agnete solchermaßen an. Da sinkt der Triton zusammen, er kann der Macht der Unschuld nicht widerstehen, sein Element wird ihm untreu, er kann Agnete nicht verführen. Er führt sie wieder zurück, er erklärt ihr, er habe ihr nur die Schönheit des Meeres zeigen wollen, wenn es still daliege, und Agnete glaubt ihm. – Dann kehrt er allein zurück, und das Meer stürmt; aber wilder stürmt die Verzweiflung im Triton. Er kann Agnete verführen, er kann Hunderte von Agneten verführen, er kann jedwelches Mädchen betören – aber Agnete hat gesiegt, und der Triton hat sie verloren. Nur als Beute kann sie die Seine werden; treu kann er keinem Mädchen angehören; denn er ist ja bloß ein Triton. Ich habe mir eine kleine Veränderung[1] mit dem Triton erlaubt, im Grunde habe ich auch Agnete ein

---

Der Triton will Agnete nicht verführen, wenngleich er früher

wenig verändert; denn in der Sage ist Agnete nicht ganz ohne Schuld, wie es überhaupt *Nonsens* und Liebäugelei und Beleidigung des weiblichen Geschlechts ist, sich eine Verführung vorzustellen, wobei das Mädchen ganz und gar keine, keine, keine Schuld träfe. Agnete ist in der Sage, um meinen Ausdruck ein wenig zu modernisieren, eine Frau, die es nach dem Interessanten verlangt, und eine jede solche kann immer sicher sein, daß sich ein Triton in der Nähe befindet; denn dergleichen werden die Tritonen mit halbem Auge gewahr und dem streben sie nach wie der Hai seiner Beute. Darum ist es auch sehr dumm, oder es ist nur ein Gerücht, das ein Triton hat ausstreuen lassen, die sogenannte Bildung sichere ein Mädchen gegen Verführung. Nein, das Dasein ist gerechter und billiger, es gibt nur ein Mittel, nämlich Unschuld.

Wir wollen nun dem Triton ein menschliches Bewußtsein verleihen, und daß er Triton ist, eine menschliche Präexistenz bezeichnen lassen, in deren Konsequenz sein Leben verstrickt war. Nichts hindert daran, daß er zu einem Helden werden könne; denn der Schritt, den er nun tut, ist versöhnend. Er ist durch Agnete erlöst worden, der Verführer ist zunichte gemacht, er hat sich vor der Macht

---

viele verführt hat. Er ist kein Triton mehr, oder er ist, wenn man so will, ein armer Triton, der schon lange auf dem Grund des Meeres gesessen und getrauert hat. Er weiß jedoch, wie es ja die Sage lehrt, daß er durch eines unschuldigen Mädchens Liebe erlöst werden kann. Aber er hat im Hinblick auf Mädchen ein schlechtes Gewissen und wagt nicht, sich ihnen zu nähern. Da erblickt er Agnete. Viele Male hat er sie schon, im Schilf verborgen, am Ufer wandeln sehen. Ihre Schönheit, ihr stilles Insichgekehrtsein fesselt ihn an sie; aber alles ist Wehmut in seiner Seele, keine wilde Lust rührt sich darin. Und wenn der Triton seinen Seufzer in das Flüstern des Schilfs mischt, so kehrt sie das Ohr dorthin, so bleibt sie stehen und versinkt in Träume, herrlicher als irgendeine Frau und doch schön wie ein rettender Engel, der dem Triton Zutrauen ein-

der Unschuld gebeugt, er kann niemals mehr verführen. Aber im gleichen Nu streiten zwei Mächte um ihn: die Reue und Agnete und die Reue. Ergreift ihn allein die Reue, so ist er verborgen, ergreifen ihn Agnete und die Reue, so ist er offenbar.

Sofern nun die Reue den Triton ergreift und er verborgen bleibt, dann hat er Agnete zwar unglücklich gemacht; denn Agnete liebte ihn in all ihrer Unschuld; sie glaubte, es sei die Wahrheit, daß er ihr in jenem Augenblick, als er sogar ihr verändert erschien, wie gut er es auch verbarg, bloß die schöne Stille des Meeres habe zeigen wollen. Indessen wird der Triton in Richtung auf Leidenschaft noch unglücklicher; denn er liebte Agnete mit einer Vielzahl von Leidenschaften und hat außerdem an einer neuen Schuld zu tragen. Das Dämonische an der Reue wird ihm nun wohl erklären, daß dies gerade seine Strafe ist, und je mehr sie ihn martert, um so besser.

Gibt er sich diesem Dämonischen hin, so macht er vielleicht noch einen Versuch, Agnete zu erlösen, so wie man in einem gewissen Verstande einen Menschen mit Hilfe des Bösen erlösen kann. Er weiß, daß Agnete ihn liebt. Könnte er Agnete diese Liebe entreißen, so wäre sie in

---

flößt. Der Triton schöpft Mut, er nähert sich ihr, er erringt ihre Liebe, er hofft auf Erlösung. Aber Agnete war kein stilles Mädchen, sie mochte das Brausen des Meeres gern, und der wehmütige Seufzer am Meer gefiel ihr nur darum, weil es dann um so stärker in ihrem Inneren brauste. Sie will davon, davon, wild will sie ins Unendliche hinausstürmen mit dem Triton, den sie liebt – da erhitzt sie ihn. Sie hat seine Demut verschmäht, jetzt erwacht der Stolz. Und das Meer braust, und die Woge schäumt, und der Triton umfängt Agnete und stürzt sich mit ihr in den Abgrund. Niemals ist er so wild gewesen, niemals so voll Verlangen; denn mit ihrer Hilfe hatte er seine Erlösung erhofft. Bald wird er Agnetens müde, doch hat man nie ihren Leichnam gefunden; denn sie ist zu einer Meerfrau geworden, die die Männer mit ihren Liedern verlockte.

gewisser Weise erlöst. Aber wie? Damit zu rechnen, ein offenherziges Geständnis werde ihren Abscheu erwecken, dazu ist der Triton zu verständig. Er wird somit vielleicht zusehen, alle dunkeln Leidenschaften in ihr zu erhitzen, sie zu verhöhnen, ihre Liebe lächerlich zu machen, wenn möglich ihren Stolz zu reizen. Er wird sich selber nicht vor Qual aller Art schonen; denn dies ist der tiefe Widerspruch im Dämonischen, und in einem gewissen Verstande wohnt unendlich mehr Gutes in einem dämonischen als in den triviellen Menschen. Je selbstischer Agnete ist, um so leichter läßt sie sich betrügen [denn nur sehr unerfahrene Leute wähnen, es sei leicht, die Unschuld zu betrügen, das Dasein sei besonders tiefsinnig, und es sei für den Klugen das Leichteste, die Klugen zu narren]; aber um so entsetzlicher würden die Leiden des Tritonen sein. Je gerissener sein Betrug angelegt ist, um so weniger wird Agnete ihm schamvoll ihr Leid verbergen; sie wird sich jedes Mittels bedienen, was dann auch nicht ohne Wirkung bleiben wird, das heißt, nicht ihn zu erschüttern, sondern ihn zu martern.

Mit Hilfe des Dämonischen würde der Triton also der Einzelne sein, der als der Einzelne höher wäre als das Allgemeine. Das Dämonische hat die gleiche Eigenschaft wie das Göttliche, nämlich daß der Einzelne in ein absolutes Verhältnis dazu treten kann. Dies ist die Analogie, das Gegenstück zu jenem Paradoxon, von dem wir sprechen. Daher weist es eine gewisse Ähnlichkeit damit auf,

---

1 Die Ästhetik behandelt bisweilen etwas Ähnliches mit ihrer gewöhnlichen Liebäugelei. Der Triton wird durch Agnete erlöst, und das Ganze endigt mit einer glücklichen Ehe. Eine glückliche Ehe! das ist reichlich bequem. Sollte die Ethik hingegen bei der Trauung die Rede halten, dann, denke ich, würde die Sache anders aussehen. Die Ästhetik breitet den Mantel der Liebe über den Triton, dann ist alles vergessen. Sie ist zugleich fahrlässig genug, zu meinen, bei einer Ehe gehe es zu wie auf einer Auktion, wo alles in dem Zustand verkauft wird,

die täuschen kann. So besitzt der Triton anscheinend einen Beweis dafür, daß sein Schweigen berechtigt ist, nämlich, daß er in ihm seinen ganzen Schmerz leidet. Indessen besteht kein Zweifel darüber, daß er sprechen kann. Zum tragischen Helden kann er dann werden, in meinen Gedanken zu einem grandios tragischen Helden, wenn er spricht. Wenige werden vielleicht nur erfassen, worin das Grandiose liegt[1]. Er wird dann Mut haben, sich selbst aus jederlei Selbstbetrug der Art zu reißen, er könne Agnete durch seine Kunst glücklich machen; er wird Mut haben, Agnete menschlich gesprochen zu zermalmen. Im übrigen will ich hier nur eine psychologische Bemerkung machen. Je selbstischer Agnete veranlagt gewesen ist, um so blendender wird der Selbstbetrug sein, ja, es ist nicht undenkbar, daß es in der Wirklichkeit vorkommen könnte, daß ein Triton durch seine dämonische Klugheit menschlich gesprochen Agnete nicht nur erlöst, sondern etwas Außerordentliches aus ihr gemacht haben könnte; denn ein Dämon versteht selbst aus dem schwächsten Menschen Kräfte herauszupeinigen, und er kann es auf seine Weise mit einem Menschen sehr gut meinen.

Der Triton steht auf einer dialektischen Spitze. Wird er in der Reue von dem Dämonischen erlöst, so sind zwei Wege möglich. Er kann sich zurückhalten, im Verborgenen bleiben, aber nicht auf seine Klugheit bauen. Er gelangt dann nicht als der Einzelne in ein absolutes Verhältnis zum Dämonischen, sondern findet in jenem Gegen-

---

in dem es sich beim Hammerschlag befindet. Sie sorgt bloß dafür, daß die Liebenden sich bekommen, um das übrige bekümmert sie sich nicht. Sie sollte nur einmal sehen, was hinterher geschieht; aber dazu hat sie keine Zeit, sie ist gleich in vollem Gange damit, ein neues liebendes Paar zusammenzufügen. Die Ästhetik ist die treuloseste von allen Wissenschaften. Jeder, der sie recht geliebt hat, wird in einem gewissen Verstande unglücklich; aber wer sie nie geliebt hat, der ist und bleibt ein *pecus*.

paradoxon Ruhe, daß die Gottheit Agnete erlösen will. [So würde wohl das Mittelalter die Bewegung machen; denn nach dessen Begriffen ist der Triton offenbar dem Kloster anheimgefallen.] Oder er kann durch Agnete erlöst werden. Dies darf nun nicht so verstanden werden, als solle er durch Agnetes Liebe davon erlöst werden, in Zukunft ein Verführer zu sein [dies ist ein ästhetischer Rettungsversuch, der immer um die Hauptsache herumgeht, nämlich die Kontinuität im Leben des Tritonen]; denn in dieser Hinsicht ist er erlöst; er wird erlöst, sofern er offenbar wird. Er heiratet dann Agnete. Indessen muß er seine Zuflucht zum Paradoxon nehmen. Wenn nämlich der Einzelne durch seine Schuld außerhalb des Allgemeinen geraten ist, dann kann er nur kraft dessen dazu zurückkehren, daß er als der Einzelne in ein absolutes Verhältnis zum Absoluten getreten ist. Hier will ich nun eine Bemerkung machen, mit der ich mehr sage, als an irgendeinem Punkt im Vorhergehenden gesagt ist[1]. Die Sünde ist nicht die erste Unmittelbarkeit, die Sünde ist eine spätere Unmittelbarkeit. In der Sünde ist der Einzelne bereits in Richtung des dämonischen Paradoxons höher als das Allgemeine, weil es ein Widerspruch des Allgemeinen wäre, sich selbst von dem fordern zu wollen, welcher der *conditio sine qua non* ermangelt. Falls die Philosophie auch daran dächte, daß es einem Menschen einfallen könnte, nach ihrer Lehre handeln zu wollen, so würde daraus eine sonderbare Komödie entstehen. Eine Ethik, welche die Sünde ignoriert, ist eine ganz unnütze Wissenschaft; macht sie aber die Sünde geltend, so ist sie *eo ipso* über sich selbst hinaus. Die Philosophie lehrt, das Unmittelbare solle aufgehoben werden. Das ist sehr

---

1 Im Vorhergehenden habe ich mich mit Fleiß jeder Rücksicht auf die Frage nach der Sünde und ihrer Realität enthalten. Das Ganze ist auf Abraham ausgerichtet, und ihn kann ich noch in unmittelbaren Kategorien erreichen, das heißt, soweit ich

wahr; aber nicht wahr ist, die Sünde sei ohne weiteres das Unmittelbare, ebensowenig wie der Glaube ohne weiteres das Unmittelbare ist.

Sobald ich mich in diesen Sphären bewege, geht alles leicht; aber was hier gesagt ist, erklärt auch nicht Abraham; denn Abraham wäre nicht durch die Sünde zum Einzelnen geworden; er war hingegen der gerechte Mann, welcher der Auserwählte Gottes ist. Die Analogie wird sich somit erst zeigen, nachdem der Einzelne in den Stand versetzt worden ist, das Allgemeine machen zu können, und das Paradoxon sich nun wiederholt.

Die Bewegungen des Tritonen kann ich daher verstehen, während ich Abraham nicht verstehen kann; denn der Triton kommt gerade durch das Paradoxon dazu, das Allgemeine realisieren zu wollen. Bleibt er nämlich verborgen und weiht sich allen Qualen der Reue, so wird er zu einem Dämon und ist als solcher zunichte gemacht. Bleibt er verborgen, meint jedoch klüglich, dadurch daß er sich selbst in der Knechtschaft der Reue martern läßt, Agnete nicht losarbeiten zu können, so bekommt er wohl Frieden, aber er ist für diese Welt verloren. Wird er offenbar, läßt er sich durch Agnete erlösen, so ist er der größte Mensch, den ich mir vorstellen kann; denn nur die Ästhetik wähnt leichtsinnigerweise die Macht der Liebe dadurch zu preisen, daß sie den Verdammten von einem unschuldigen Mädchen geliebt und dadurch erlöst werden läßt; nur die Ästhetik irrt sich und glaubt, das Mädchen sei die Heldin, während statt dessen der Triton der Held ist. Der Triton kann somit Agnete nicht angehören, ohne daß er nach Vollzug der unendlichen Bewegung der Reue noch eine Bewegung macht, die Be-

---

ihn zu verstehen vermag. Sobald die Sünde auftaucht, geht die Ethik zugrunde, gerade an der Reue; denn die Reue ist der höchste ethische Ausdruck, aber gerade als solcher der tiefste ethische Widerspruch.

wegung kraft des Absurden. Aus eigener Kraft kann er die Bewegung der Reue machen; aber dazu braucht er auch absolut seine ganze Kraft, und deshalb kann er unmöglich wiederum aus eigener Kraft zurückkommen und die Wirklichkeit ergreifen. Wenn man nicht genug Leidenschaft hat, weder die eine noch die andere Bewegung zu machen, wenn man sich durch das Leben pfuscht, ein wenig Reue empfindet und meint, das übrige werde sich schon machen, dann hat man ein für allemal darauf verzichtet, in der Idee zu leben, und dann kann man es leicht erreichen, anderen zum Höchsten zu verhelfen, d. h. sich selbst und andere in der Vorstellung betören, in der Welt des Geistes gehe es zu wie bei einem gewissen Kartenspiel, wo alles aufs Geratewohl verläuft. Man kann sich dann selbst bei dem Gedanken vergnügen, wie wunderlich es doch ist, daß gerade in einer Zeit, wo ja ein jeder das Höchste zu tun vermag, der Zweifel an der Unsterblichkeit der Seele so verbreitet sein kann; denn wer wirklich nur die Bewegung der Unendlichkeit gemacht hat, der zweifelt kaum. Die Schlüsse der Leidenschaften sind die einzig verläßlichen, d. h. die einzig überzeugenden. Glücklicherweise ist das Dasein hier liebevoller, treuer als wie weise Leute behaupten, denn es schließt keinen Menschen, auch den geringsten nicht, aus, es hält niemanden zum Narren; denn in der Welt des Geistes wird nur der zum Narren gehalten, der sich selber zum Narren hält. Es ist die Ansicht aller, und soweit ich mir ein Urteil darüber erlauben darf, ist es auch meine Ansicht, daß es nicht das Höchste darstellt, ins Kloster zu gehen; aber deshalb ist es keineswegs meine Ansicht, daß in unserer Zeit, da kein Mensch ins Kloster geht, ein

---

1 Daran glaubt man nicht in unserer ernsten Zeit, und doch ist es recht sonderbar, daß selbst in dem, seinem Wesen gemäß, leichtsinnigeren und weniger durchreflektierten Heidentum die beiden eigentlichen Repräsentanten der griechischen An-

jeder größer sei als die tiefen und ernsten Seelen, die Ruhe in einem Kloster gefunden haben. Wie viele haben in unserer Zeit Leidenschaft genug, diesen Gedanken zu denken und sich dann aufrichtig selbst zu beurteilen. Allein die Vorstellung davon, solchermaßen die Zeit auf sein Gewissen zu nehmen, ihm Zeit zu geben, in seiner schlaflosen Unermüdlichkeit jeden heimlichen Gedanken zu erforschen, so daß man, wenn man nicht jeden Augenblick kraft des Edelsten und Heiligsten in einem Menschen die Bewegung macht, mit Angst und Grauen jenes dunkle Rühren entdecken[1] und wenn nicht anders, dann durch Angst hervorlocken kann, das sich doch in jedem Menschen verbirgt, während man, in Gemeinschaft mit anderen lebend, so leicht vergißt, so leicht davonkommt, auf so viele Art aufrecht gehalten wird, Gelegenheit bekommt, aufs neue anzufangen – allein diese Vorstellung, mit gehöriger Ehrerbietung aufgefaßt, könnte, dächte ich, eine Zuchtrute für manchen Einzelnen in unserer Zeit darstellen, der schon zum Höchsten gelangt zu sein wähnt. Doch darum bekümmert man sich wenig in unserer Zeit, die zum Höchsten gelangt ist, während doch keine Zeit wie gerade diese dem Komischen anheimgefallen gewesen ist. Und unbegreiflich erscheint, daß es nicht schon geschehen ist, daß die Zeit selbst durch eine *generatio aequivoca* ihren Helden geboren hat, jenen Dämon, der schonungslos das entsetzliche Schauspiel aufführen wird, die ganze Zeit zum Lachen zu bringen und sie dazu zu bringen, zu vergessen, daß sie über sich selber lacht. Oder was ist das Dasein mehr wert, als darüber zu lachen, wenn man schon in seinem zwanzigsten Jahr zum Höchsten gelangt ist. Und doch, welche höhere Bewe-

---

schauung vom Dasein *γνωτι σαυτον* jeder auf seine Art angedeutet haben, daß man durch Vertiefung in sich selbst vor allem die Disposition zum Bösen entdeckt. Daß ich an Pythagoras und Sokrates denke, brauche ich wohl nicht zu sagen.

gung hat die Zeit ausfindig gemacht seit der Stunde, als man aufgab, ins Kloster zu gehen? Ist es nicht eine jämmerliche Lebensweisheit, Klugheit, Mutlosigkeit, die obenan sitzt, die feig den Menschen einredet, sie hätten das Höchste getan, und sie heimtückisch davon abhält, das Geringere wenigstens zu versuchen? Wer die Klosterbewegung gemacht hat, dem ist nur eine Bewegung übriggeblieben: die des Absurden. Wie viele verstehen in unserer Zeit, was das Absurde ist, wie viele leben in unserer Zeit solchermaßen, daß sie auf alles verzichtet haben oder alles bekommen haben, wie viele sind nur so redlich, zu wissen, was sie können und was sie nicht können? Und stimmt es nicht, daß man, sofern man solche findet, sie ehestens unter den weniger Gebildeten und teils unter Frauen findet? In einer Art Clairvoyance offenbart die Zeit, so wie ein Dämonisches sich immer offenbart, ohne sich selber zu verstehen, ihr Gebrechen; denn sie fordert immer wieder das Komische. Sollte es wirklich dieses sein, dessen die Zeit bedarf, sollte das Theater vielleicht eines neuen Stücks bedürfen, wo lächerlich gemacht würde, daß einer aus Liebe stirbt, oder würde es nicht eher eine Rettung für die Zeit bedeuten, wenn solches unter uns geschähe, wenn die Zeit Zeuge einer solchen Begebenheit würde, damit sie einmal Mut fassen könnte, an die Macht des Geistes zu glauben, Mut, davon abzustehen, feig das Bessere in sich selbst zu ersticken, es neidisch bei anderen zu ersticken – durch Gelächter. Sollte die Zeit wirklich der lächerlichen Erscheinung eines Erweckten bedürfen, um etwas zum Auslachen zu haben, oder sollte sie nicht eher dessen bedürfen, daß eine solche begeisterte Gestalt sie an das erinnerte, was vergessen war?

Möchte man einen Ansatz in einem ähnlichen Stil haben, der jedoch, weil die Leidenschaft der Reue nicht in Bewegung gesetzt wurde, in höherem Grade rührend sein würde, so könnte man dazu eine Erzählung verwenden, die im Buch Tobiä vorkommt. Der junge Tobias will Raguels und Ednas Tochter Sara heiraten. Mit diesem Mädchen hat es eine traurige Bewandtnis. Sie ist sieben Männern gegeben worden, die alle im Haus der Braut umgekommen sind. Dies ist in Richtung meines Ansatzes ein Fleck auf der Erzählung; denn die komische Wirkung ist fast unumgänglich, wenn der Gedanke an sieben fruchtlose Versuche eines Mädchens, sich zu verheiraten, erweckt wird, obgleich sie ganz nahe daran war, ebenso nahe wie ein Student, der siebenmal im Examen durchgefallen ist. Im Buch Tobiä liegt der Akzent auf einer anderen Stelle, und deshalb ist die hohe Zahl von Wichtigkeit und in gewissem Verstande sogar ein tragisches mitwirkendes Moment; denn um so größer ist des jungen Tobias Großmut, teils sofern er der einzige Sohn der Eltern ist [6, 15], teils weil das Abschreckende sich in höherem Maße aufzwingt. Dies muß also beiseite bleiben. Sara ist somit ein Mädchen, das nie geliebt hat, das noch die Seligkeit eines jungen Mädchens birgt, die Obligation ihrer ungeheuren Priorität im Dasein, ihren »Vollmachtbrief zum Glücke« – einen Mann von ganzem Herzen zu lieben. Und doch ist sie unglücklicher als irgendeiner, denn sie weiß, daß der böse Dämon, der sie liebt, den Bräutigam in der Hochzeitsnacht töten wird. Ich habe von manchem Kummer gelesen, aber ich bezweifele, daß es irgendwo einen so tiefen Kummer gibt wie den, der im Leben dieses Mädchens liegt. Wenn das Unglück von außen kommt, so läßt sich doch Trost finden. Hat das Dasein einem Menschen nicht gebracht, was ihn glücklich gemacht haben könnte, so ist es doch ein Trost, daß er es hätte entgegennehmen können. Aber dieser unergründliche Kummer, den keine Zeit verscheuchen kann, keine Zeit heilen, zu wissen, daß es nichts hülfe, ob auch das Dasein alles täte! Ein griechischer Autor verbirgt in seiner simplen Naivität so unendlich viel, wenn er sagt: *πάντως γὰϱ ουδεις ῎Εϱωτα ἔφυγεν ἢ* γεύξεται, μέχρι ἂν κάλλος ᾖ καὶ ὀφθαλμοὶ βλέπωσιν [vgl. Longi Pastoralia]. Es hat manch ein Mädchen gegeben, das in der Liebe unglücklich geworden ist, aber sie ist es doch *geworden;* Sara *war* es, bevor sie es wurde. Es ist schwer, den nicht zu finden, dem man sich hingeben kann; aber es ist *unsäglich* schwer, sich nicht hingeben zu können. Ein junges Mädchen gibt sich hin, und dann sagt man: nun ist sie nicht mehr frei; aber Sara war niemals frei, und doch hatte sie sich niemals hingegeben. Es ist schwer, gäbe ein Mädchen sich hin und würde betrogen; aber Sara war betrogen, bevor sie sich hingab. Welche riesige Trauer liegt nicht im folgenden, als Tobias sie endlich heiraten will? Welche Hochzeitszeremonien, welche Vorbereitungen! Kein Mädchen ist wie Sara betrogen worden; denn sie wurde um das Seligste von allem betrogen, jenen absoluten Reichtum, den selbst das ärmste Mädchen besitzt, betrogen um die sichere, unbegrenzte, ungebundene, zügellose Vertiefung der Hingabe; denn erst mußte ja geräuchert werden, indem das Herz des Fisches und die Leber auf glühende Asche gelegt wurden. Und wie muß nicht die Mutter Abschied von der Tochter nehmen, die, gleich wie sie selber um alles betrogen ist, in Kontinuität hiermit die Mutter um das Schönste betrügen muß. Man lese bloß die Erzählung. Edna richtete die Kammer, und sie führte Sara hinein und weinte, und sie empfing die Tränen ihrer Tochter. Und sie sagte zu ihr: mein Kind, sei unbefangen! Der Herr Himmels und der Erde möge dir Freude für diese deine Sorge schenken! Tochter, sei unbefangen. Und nun der Augenblick der Hochzeit, man lese, wenn man es überhaupt vor Tränen vermag: aber da sie beide hinter verschlossener Tür beisammen waren, erhob sich Tobias aus dem Bett und sagte: »Stehe auf, Schwester! und laß uns beten, daß der Herr sich über uns erbarmen möge [8,4].«

Falls ein Dichter diese Erzählung läse, falls er sie benutzen wollte, ich wette hundert gegen eins, er würde alles auf den jungen Tobias anlegen. Dieser Heldenmut, sein Leben in einer so offenkundigen Gefahr wagen zu wollen, woran die Erzählung noch einmal erinnert; denn Raguel sagt am Morgen nach der Hochzeit zu Edna: »Sende eines der Mädchen hin und laß sie zusehen, ob er lebt, wenn aber nicht, daß ich ihn begraben kann, und niemand soll es wissen [vgl. 8,13]« – dieser Heldenmut wäre die Aufgabe. Ich erlaube mir, eine andere vorzuschlagen. Es ist mutig und beherzt und ritterlich von Tobias gehandelt; aber jeder Mann, der dazu nicht den Mut hat, ist ein rechtes altes Weib, das weder weiß, was Liebe ist, noch was es heißt, Mann zu sein, noch was es der Mühe wert ist, zu leben; er hat nicht einmal das kleine Mysterium erfaßt, daß Geben besser ist als Nehmen, und hat keine Ahnung von dem großen: daß Nehmen weit schwerer ist als Geben; das will besagen, wenn man den Mut gehabt hat, zu entbehren und in der Stunde der Not nicht feige geworden ist. Nein, Sara ist die Heldin. Ihr will ich mich nähern, wie ich mich nie einem Mädchen genähert habe, oder mich in Gedanken versucht gefühlt habe, mich einem zu nähern, von dem ich gelesen habe. Denn welche Liebe zu Gott gehört nicht dazu, sich heilen lassen zu wollen, wenn man solchermaßen von Anfang an schuldlos mißraten ist, von Anfang an ein verunglücktes Exemplar eines Menschen! Welche ethische Reife, die Verantwortung auf sich zu nehmen, dem Geliebten ein solches Wagnis zu erlauben! Welche Demut einem anderen Menschen gegenüber! Welcher Glaube an Gott, daß sie nicht im nächsten Augenblick den Mann hassen werde, dem sie alles verdankte!

Laßt Sara einen Mann sein, und das Dämonische liegt gleich auf der Hand. Die stolze, edle Natur kann alles ertragen; aber ein Ding kann sie nicht ertragen, sie kann nicht Mitleid ertragen. Darin liegt eine Kränkung, die ihr nur von einer höheren Macht zugefügt werden kann;

denn durch sich selbst kann sie nie Gegenstand dafür werden. Hat dieser Mann gesündigt, so kann er die Strafe tragen, ohne zu verzweifeln; aber schuldlos vom Mutterleibe an als Opfer des Mitleids ausersehen zu sein, ein süßer Geruch in dessen Nase, das kann er nicht aushalten. Mitleid hat eine sonderbare Dialektik, es fordert im einen Augenblick Schuld, im nächsten will es nichts davon wissen, und daher nimmt das Entsetzliche dessen, für Mitleid prädestiniert zu sein, immer mehr zu, je mehr das Unglück des Individuums in Richtung des Geistigen liegt. Aber Sara hat keine Schuld, sie ist allen Leiden wie ein Raub hingeworfen und soll dazu noch vom Mitleid der Menschen gemartert werden; denn sogar ich, der ich sie doch höher bewundere, als Tobias sie geliebt hat, sogar ich vermag ihren Namen nicht zu nennen, ohne zu sagen: das arme Mädchen. Laßt einen Mann an Saras Stelle sein, laßt ihn wissen, daß, falls er ein Mädchen lieben wird, ein Höllengeist kommt und die Geliebte in der Hochzeitsnacht ermordet, dann wäre es wohl möglich, daß er das Dämonische wählte; er verschlösse sich in sich selbst und sagte auf jene Weise, in der eine dämonische Natur im Verborgenen spricht: »Danke, ich bin kein Freund von Zeremonien und Weitläufigkeiten, es verlangt mich ganz und gar nicht nach Liebeslust, ich kann ja ein Blaubart werden, der ich meine Freude daran habe, die Mädchen in der Hochzeitsnacht umsinken zu sehen.« Im allgemeinen bekommt man über das Dämonische sehr wenig zu wissen, ungeachtet dies Gebiet gerade in unserer Zeit einen gültigen Anspruch darauf hat, entdeckt zu werden, und ungeachtet der Beobachter, wenn er es überhaupt versteht, sich zum Dämon ein wenig in Rapport zu setzen, wenigstens momentweise fast jeden Menschen gebrauchen kann. Shakespeare ist und bleibt in dieser Richtung immerzu ein Heros. Jener fürchterliche Dämon, die dämonischste Figur, die Shakespeare geschildert hat, jedoch auch unvergleichlich geschildert hat: Gloster [nachmals Richard III.], was hat ihn zum Dämon gemacht? Offenbar dies, daß er Mitleid nicht ertragen konnte, dem er von Kind an preisgegeben war. Sein Monolog im ersten Akt von Richard III. ist mehr wert als ganze Moralsysteme, die keine Ahnung von den Schrecken des Daseins oder der Erklärung haben.

... Ich, roh geprägt, und aller Reize baar,
Vor leicht sich dreh'nden Nymphen mich zu brüsten;
Ich, so verkürzt um schönes Ebenmaß,
Geschändet von der tückischen Natur,
Entstellt, verwahrlost, vor der Zeit gesandt
In diese Welt des Athmens, halb kaum fertig
Gemacht, und zwar so lahm und ungeziemend
Daß Hunde bellen, hink' ich wo vorbei.

Solche Naturen wie die Glosters kann man nicht erlösen, indem man sie in die Idee einer Gemeinschaft hinein mediiert. Die Ethik hält sie eigentlich bloß zum Narren, wie es ja ein Spott über Sara sein würde, wollte sie zu ihr sagen, warum drückst du nicht das Allgemeine aus und verheiratest dich. Solche Naturen befinden sich von Grund auf im Paradoxon, und sie sind keineswegs unvollkommener als andere Menschen, nur daß sie entweder im dämonischen Paradoxon verdammt oder im göttlichen erlöst werden. Man hat sich nun tagaus tagein daran gefreut, daß Hexen, Kobolde, Berggeister und so weiter Mißgeburten wären, und unstreitig neigt jeder Mensch dazu, wenn er eine Mißgeburt sieht, gleich die Vorstellung einer moralischen Depravation damit zu verbinden. Welch ungeheure Ungerechtigkeit, da das Verhältnis eher umgekehrt werden müßte, nämlich daß das Dasein selbst sie verdorben hat, so wie eine Stiefmutter die Kinder entarten läßt. Dieses: ursprünglich durch Natur oder Geschichtsverhältnisse aus dem Allgemeinen herausgenommen worden zu sein, das ist der Anfang zum Dämonischen, woran das Individuum doch keine Schuld trägt.

Cumberlands Jude ist somit auch ein Dämon, wenngleich er das Gute tut. So kann das Dämonische sich auch als Menschenverachtung äußern, eine Verachtung, die jedoch wohlgemerkt den Dämonischen selber nicht dazu bringt, verächtlich zu handeln; im Gegenteil liegt seine Stärke darin, zu wissen, daß er besser als alle ist, die ihn verurteilen. – All dergleichen betreffend, sollten die Dichter beinahe zuerst Alarm schlagen. Gott weiß, welche Schriften die jetzt lebenden jüngeren Reimschmiede lesen! Ihr Studium besteht wohl darin, Reime auswendig zu lernen. Gott weiß, welche Bedeutung sie im Dasein haben! In diesem Augenblick wüßte ich nicht, daß sie anders von Nutzen wären, als daß sie einen erbaulichen Beweis für die Unsterblichkeit der Seele führen, indem man von ihnen getrost zu sich sagen kann, was Baggesen vom Stadtdichter Kildevalle sagt: wird er unsterblich, dann werden wir es alle. – Was hier aus Anlaß von Sara ehestens in Richtung auf dichterische Hervorbringung und deshalb mit einer phantastischen Voraussetzung bemerkt ist, erhält seine volle Bedeutung, wenn man sich mit psychologischem Interesse in den Sinn des alten Satzes vertiefen wollte: *nullum unquam exstitit magnum ingenium sine aliqua dementia.* Denn diese Dementia ist das Leiden des Genies im Dasein, ist Ausdruck für, wenn ich so sagen darf, den göttlichen Neid, während das Geniale Ausdruck der Vorliebe ist. So ist das Genie von Anfang an im Ver-

---

1 Will man keinen Zweifler verwenden, könnte man eine ähnliche Figur wählen, einen Ironiker zum Beispiel, dessen scharfer Blick die Lächerlichkeit des Daseins von Grund auf entdeckt hat, den ein heimliches Verständnis mit den Kräften im Leben dessen vergewissert, was der Patient wünscht. Er weiß, daß er die Macht des Lachens besitzt, wenn er davon Gebrauch machen will, er ist seines Sieges sicher, ja, mehr noch seines Glücks. Er weiß, eine einzelne Stimme wird sich erheben, die ihn zurückhalten möchte, aber er weiß, er ist stärker, er weiß, daß man noch einen Augenblick die Männer dazu bringen

hältnis zum Allgemeinen desorientiert und in ein Verhältnis zum Paradoxon versetzt, ob es nun in Verzweiflung über seine Grenze, die in seinen Augen seine Allmacht in Ohnmacht verwandelt, eine dämonische Beruhigung sucht, und daher dies weder vor Gott noch Menschen einräumen will, oder sich religiös in der Liebe zur Gottheit beruhigt. Hier liegen psychologische Aufgaben, denen man mit Freude, scheint mir, ein ganzes Leben opfern könnte, und doch hört man so selten ein Wort davon. In welchem Verhältnis stehen Wahnsinn und Genie zueinander, kann man das eine aus dem anderen konstruieren; in welchem Verstande und wie weit ist das Genie seines Wahnsinns Herr; denn es folgt aus sich selbst, daß es bis zu einem gewissen Grade Herr darüber ist, da es ja sonst wirklich wahnsinnig wäre. Zu solchen Beobachtungen gehören indessen Klugheit in höchstem Grade und Liebe; denn den Überlegenen zu beobachten ist besonders schwierig. Wenn man bei der Lektüre einzelner der genialsten Autoren die Aufmerksamkeit hierauf richten würde, wäre es doch vielleicht möglich, ganz vereinzelt, wenngleich mit viel Mühe, etwas zu entdecken.

Noch einen Fall will ich mir ausdenken, daß ein Einzelner durch seine Verborgenheit und durch sein Schweigen das Allgemeine erlösen möchte. Dazu kann ich die Sage von *Faust* gebrauchen. Faust ist ein Zweifler [1], ein Apostat des Geistes, der den Weg des Fleisches geht. Dies ist

---

kann, ernst zu scheinen, aber er weiß auch, daß sie sich verstohlen danach sehnen, mit ihm zu lachen; er weiß, daß man noch einen Augenblick die Frau dazu bringen kann, den Fächer vor die Augen zu halten, wenn er spricht; aber er weiß, daß sie hinter dem Fächer lacht, er weiß, daß der Fächer nicht absolut undurchsichtig ist, er weiß, daß man eine unsichtbare Schrift darauf eintragen kann, er weiß, daß wenn eine Frau mit dem Fächer nach ihm schlägt, so deshalb, weil sie ihn verstanden hat, er weiß untrüglich Bescheid damit, wie das Lachen sich einschleicht und verborgen in einem Menschen

die Ansicht des Dichters, und während immer wieder wiederholt wird, jede Zeit habe ihren Faust, geht doch ein Dichter nach dem anderen unverdrossen der ausgefahrenen Landstraße nach. Laßt uns eine kleine Veränderung vornehmen. Faust ist der Zweifler κατ' εξοχην; aber er ist eine sympathetische Natur. Selbst in Goethes Auffassung von Faust vermisse ich einen tieferen psychologischen Einblick in die heimlichen Gespräche des Zweifels mit sich selbst. In unserer Zeit, da alle ja den Zweifel erlebt haben, hat noch kein Dichter einen Schritt dahin unternommen. Ich denke mir denn auch, ich könnte ihnen gern königliche Obligationen anbieten, um darauf zu schreiben, um all das Viele zu schreiben, was sie in dieser Hinsicht erlebt haben – sie würden kaum mehr schreiben, als was auf dem vordersten Rande Platz finden kann.

Nur wenn man Faust solchermaßen in sich hineinbeugt, nur dann kann sich der Zweifel poetisch ausnehmen, nur dann entdeckt er eigentlich auch selber in Wirklichkeit alle dessen Leiden. Er weiß dann, daß es der Geist ist, der das Dasein trägt; aber er weiß auch, daß jene Sicherheit und Freude, in der die Menschen leben, nicht in der Macht des Geistes gegründet ist, sondern leicht erklärlich als eine

---

wohnt, und wenn es einmal sich eingenistet hat, auf der Lauer liegt und wartet. Laßt uns einen solchen Aristophanes, einen solchen Voltaire in leichter Veränderung denken; denn er ist zugleich eine sympathetische Natur, er liebt das Dasein, er liebt die Menschen und er weiß, daß wenngleich der Fluch des Lachens vielleicht ein erlöstes junges Geschlecht aufziehen wird, so werden im gleichzeitigen eine Menge Menschen zugrunde gehen. So schweigt er und vergißt, soweit möglich, zu lachen. Aber wagt er zu schweigen? Vielleicht gibt es etliche, welche die Schwierigkeit gar nicht verstehen, von der ich spreche. Sie meinen wohl, es sei eine bewunderungswürdige Großmut zu schweigen. Dies ist keineswegs meine Ansicht, denn ich meine, eine jede solche Natur, wenn sie nicht die Großmut zu

unreflektierte Glückseligkeit. Als Zweifler, als der Zweifler ist er höher als all dies, und wenn einer ihn betrügen will, indem er ihm einredet, er habe den Zweifel durchgemacht, so durchschaut er ihn leicht; denn wer eine Bewegung in der Welt des Geistes gemacht hat, also eine unendliche Bewegung, der vernimmt gleich aus der Replik, ob ein erprobter Mann spricht oder ein Münchhausen. Was ein Tamerlan mit seinen Hunnen vermag, das vermag Faust, wie er weiß, mit seinem Zweifel – die Menschen entsetzt aufzuschrecken, das Dasein unter ihren Füßen wanken zu machen, die Menschen auseinanderzuscheuchen, den Schrei der Angst allerorten zum Erschallen zu bringen. Und wenn er es tut, so ist er dennoch kein Tamerlan, er ist in einem gewissen Verstande ermächtigt und hat die Vollmacht des Gedankens. Aber Faust ist eine sympathetische Natur, er liebt das Dasein, seine Seele kennt keinen Neid, er sieht ein, er kann das Rasen nicht aufhalten, das er wohl zu erwecken vermag, er verlangt nicht nach herostratischem Ruhm – er schweigt, er verbirgt den Zweifel sorgfältiger in seiner Seele als jenes Mädchen die Frucht einer sündigen Liebe unter ihrem Herzen verbirgt, er sucht so gut wie möglich gleichen Schritt mit anderen Menschen zu halten; aber was in ihm

---

schweigen besessen hat, sei ein Verräter am Dasein. Ich fordere somit also diese Großmut von ihm; aber wenn er sie hat, wagt er dann zu schweigen. Die Ethik ist eine gefährliche Wissenschaft, und es wäre wohl möglich, daß Aristophanes, rein ethisch bestimmt, sich dazu entschlossen hätte, das Lachen über die verirrte Zeit richten zu lassen. Ästhetische Großmut kann nicht helfen; denn auf diesem Konto wagt man dergleichen nicht. Soll er schweigen, dann muß er ins Paradoxon hinein. – Noch einen Ansatz will ich andeuten, daß zum Beispiel ein Mensch eine Erklärung vom Leben eines Heros besitzt, welche dieses auf eine traurige Weise erklärt, und doch ruht eine ganze Mitwelt absolut zuversichtlich in diesem Heros, ohne derartiges zu ahnen.

vorgeht, das verzehrt er in sich selbst, und so bringt er sich selbst dem Allgemeinen zum Opfer.

Man kann zuweilen Menschen Klage erheben hören, wenn ein exzentrischer Kopf die Wirbel des Zweifels erregt, sie sagen dann: hätte er doch geschwiegen. Diese Idee realisiert Faust. Wer eine Vorstellung davon hat, was es besagen will, daß ein Mensch von Geist lebt, der weiß auch, was Hunger des Zweifels besagen will, und daß es den Zweifler ebensosehr nach dem täglichen Brot des Lebens hungert wie nach der Nahrung des Geistes. Ungeachtet dann, daß all der Schmerz, den Faust leidet, ein recht gutes Argument dafür sein kann, daß es nicht Stolz ist, der ihn besessen hat, so werde ich mich doch eines kleinen Vorsichtsmittels bedienen, das ich mir leicht erfinde; denn wie Gregorius Rimini *tortor infantium* genannt wurde, weil er die Verdammnis der kleinen Kinder annahm, so könnte ich mich versucht fühlen, mich selber: *tortor heroum* zu nennen; denn ich bin sehr erfinderisch, wenn es Helden zu peinigen gilt. Faust erblickt Margarete, nicht nachdem er die Lust erwählt hat; denn mein Faust erwählt überhaupt nicht die Lust, er erblickt Margarete nicht in Mephistopheles' Hohlspiegel, sondern in all ihrer liebenswerten Unschuld, und da seine Seele die Liebe zu den Menschen bewahrt hat, kann er sich auch sehr wohl in sie verlieben. Aber er ist Zweifler, sein Zweifel hat die Wirklichkeit für ihn zunichte gemacht; denn so ideal ist mein Faust, daß er nicht zu diesen wissenschaftlichen Zweiflern gehört, die in jedem Semester eine Stunde auf dem Katheder zweifeln, aber im übrigen alles andere tun können, wie denn auch dieses ohne Beistand des Geistes oder kraft des Geistes. Er ist Zweifler, und den Zweifler hungert es ebensosehr nach dem täglichen Brot der Freude wie nach der Nahrung des Geistes. Doch bleibt er seinem Entschluß treu und schweigt und spricht zu keinem Menschen von seinem Zweifel und auch nicht zu Margarete von seiner Liebe.

Es folgt aus sich selbst, daß Faust eine zu ideale Figur ist, um sich an einem Geplauder genügen zu lassen, und wenn er spräche, so würde er eine allgemeine Diskussion veranlassen, oder das Ganze würde ohne Folgen verlaufen oder vielleicht oder vielleicht. [Hier schlummert, wie jeder Dichter leicht erkennen wird, das Komische im Ansatz, dadurch daß Faust in ein ironisches Verhältnis zu diesem niedrigkomischen Gecken gebracht wird, die in unserer Zeit dem Zweifel nachlaufen, ein äußeres Argument dafür beibringen, daß sie wirklich gezweifelt haben, zum Beispiel ein Doktorattest, oder einen Eid darauf schwören, daß sie an allem gezweifelt haben, oder es damit beweisen, daß sie auf ihrer Reise mit einem Zweifler zusammengetroffen seien, diese Eilboten und Schnellläufer in der Welt des Geistes, die in großer Hast bei dem einen Menschen einen kleinen Wink über den Zweifel bekommen, bei einem anderen über den Glauben, und jetzt auf beste Weise wirtschaften, je nachdem ob die Gemeinde feinen Sand oder groben Sand haben will.] Faust ist eine zu ideale Figur, um im Schlepptau zu gehen. Wer nicht eine unendliche Leidenschaft hat, der ist nicht ideal, und wer eine unendliche Leidenschaft hat, der hat seine Seele längst aus solchem Gefasel errettet. Er schweigt, um sich selber zu opfern – oder er spricht im Bewußtsein dessen, daß er alles verwirren wird.

Schweigt er, so verurteilt ihn die Ethik; denn die besagt: »Du sollst das Allgemeine anerkennen, und das erkennst du gerade dadurch an, daß du sprichst und du darfst mit dem Allgemeinen kein Mitleid haben«. Diese Betrachtung sollte man nicht vergessen, wenn man zuweilen einen Zweifler streng beurteilt, weil er spricht. Ich bin nicht geneigt, ein solches Verhalten mild zu beurteilen; aber hier wie überall gilt, daß die Bewegungen normal geschehen. Im schlimmsten Fall ist doch ein Zweifler, und wenn er auch durch Sprechen alles mögliche Unglück über die Welt brächte, bei weitem jenen elenden Leckermäulern vorzuziehen, die an allem schmecken und die den Zweifel heilen wollen, ohne ihn zu kennen, und die deshalb im allgemeinen die nähere Veranlassung dafür darstellen, daß der Zweifel wild und unbändig hervorbricht. – Spricht er, so verwirrt er alles; denn ob es nicht geschieht, das bekommt er erst hinterher zu wissen, und der Ausfall kann niemandem helfen, weder im Augenblick des Handelns noch im Hinblick auf die Verantwortung.

Schweigt er auf eigene Verantwortung, so mag er zwar großmütig handeln, aber er wird seinem sonstigen Schmerz eine kleine Anfechtung hinzufügen; denn das Allgemeine wird ihn immerzu peinigen und sagen: du solltest gesprochen haben, wo willst du Gewißheit finden, daß es nicht dennoch verborgener Hochmut gewesen ist, der deinen Entschluß lenkte?

Kann der Zweifler hingegen zum Einzelnen werden, der als der Einzelne in einem absoluten Verhältnis zum Absoluten steht, dann kann er eine Vollmacht für sein Schweigen erhalten. In diesem Falle muß er seinen Zweifel zu Schuld machen. In diesem Fall befindet er sich im Paradoxon; aber in diesem Fall ist sein Zweifel geheilt, wenngleich ihm ein anderer Zweifel zuteil werden kann.

Selbst das Neue Testament würde ein solches Schweigen anerkennen. Es kommen sogar Stellen im Neuen Testament vor, welche Ironie anpreisen, bloß muß sie dazu verwendet werden, das Bessere zu verbergen. Diese Bewegung ist indessen diejenige der Ironie wie jedwede andere, die ihren Grund darin hat, daß die Subjektivität höher als die Wirklichkeit ist. Davon will man in unserer Zeit nichts wissen, man will überhaupt nichts mehr von Ironie wissen, als was Hegel gesagt hat, der sich sonderbarerweise nicht besonders darauf verstand und einen Groll gegen sie hegte, den unsere Zeit aus guten Gründen nicht aufgeben mag; denn sie soll sich bloß vor der Ironie hüten. In der Bergpredigt heißt es: wenn du fastest, so salbe dein Haupt und wasche dein Angesicht, auf daß du nicht scheinest vor den Leuten mit deinem Fasten. Diese Stelle zeugt geradezu dafür, daß die Subjektivität der Wirklichkeit inkommensurabel ist, ja, daß es ihr erlaubt ist, zu betrügen. Wenn bloß die Leute, die in unserer Zeit mit losem Geschwätz von der Idee der Gemeinde umherstreifen, das Neue Testament lesen würden, dann kämen sie vielleicht auf andere Gedanken.

Aber nun Abraham, wie hat er gehandelt? denn ich habe es nicht vergessen, und der Leser wird jetzt vielleicht belieben, daran zu erinnern, daß ich mich, um im Hinblick darauf Anstoß zu erwecken, in die ganze vorausgehende Untersuchung eingelassen habe, nicht als ob Abraham dadurch verständlicher würde, sondern auf daß die Unverständlichkeit desultorischer werden könnte; denn wie gesagt, Abraham kann ich nicht verstehen, ihn kann ich nur bewundern. Es ist auch bemerkt worden, daß keines der beschriebenen Stadien eine Analogie zu Abraham enthielt; sie sind nur entwickelt worden, damit sie, während sie innerhalb ihrer eigenen Sphäre gezeigt wurden, im Augenblick der Mißweisung gleichsam die Grenze des unbekannten Landes andeuten könnten. Sofern von einer Analogie die Rede sein sollte, müßte es das Paradoxon der Sünde sein; aber dieses liegt wiederum in einer anderen Sphäre und kann Abraham nicht erklären und ist selbst viel leichter zu erklären als Abraham.

Abraham sprach also nicht, er sprach nicht zu Sara, nicht zu Elieser, nicht zu Isaak; er überging die drei ethischen Instanzen; denn das Ethische hatte für Abraham keinen höheren Ausdruck als das Familienleben.

Die Ästhetik erlaubte, ja, forderte Schweigen vom Einzelnen, wenn er durch Schweigen einen anderen retten konnte. Dies zeigt schon zu Genüge, daß Abraham nicht innerhalb des Bereichs der Ästhetik liegt. Sein Schweigen ist keineswegs da, um Isaak zu retten, wie überhaupt seine ganze Aufgabe, Isaak seiner selbst und Gottes wegen zu opfern, für die Ästhetik ein Ärgernis darstellt; denn sie kann zwar verstehen, daß ich mich selber opfere, nicht aber, daß ich einen anderen meinetwegen opfere. Der ästhetische Held war schweigsam. Die Ethik verurteilte ihn indessen, weil er kraft seines zufälligen Einzelseins schweigsam war. Seine menschliche Voraussicht war es, die ihn zu schweigen bestimmte. Dies kann die Ethik nicht verzeihen, jedes solche menschliche Wissen ist nur eine Illusion. Die Ethik fordert eine unendliche Bewegung, sie fordert Offenbarung. Der ästhetische Held kann dann sprechen, will aber nicht.

Der eigentliche tragische Held opfert sich selbst und alles Seinige für das Allgemeine; seine Tat, jedes Rühren in ihm gehört dem Allgemeinen an, er ist offenbar, und in dieser Offenbarkeit der Ethik liebenswürdiger Sohn. Dies paßt nicht auf Abraham, er tut nichts für das Allgemeine und er ist verborgen.

So stehen wir nun beim Paradoxon. Entweder kann der Einzelne als der Einzelne in einem absoluten Verhältnis zum Absoluten stehen, und dann ist das Ethische nicht das Höchste, oder Abraham ist verloren, er ist weder ein tragischer Held noch ein ästhetischer Held.

Insofern könnte es hier wiederum scheinen, das Paradoxon sei das Leichteste und Bequemste von allem. Indessen muß ich wiederholen, daß wer diese Überzeugung hegt, nicht Ritter des Glaubens ist, denn die Not und die Angst sind die einzig denkbare Berechtigung, wenngleich sie im allgemeinen nicht gedacht werden können; denn dann wird das Paradoxon aufgehoben.

Abraham schweigt – aber er *kann* nicht sprechen, darin liegt die Not und die Angst. Wenn ich mich nämlich, indem ich spreche, nicht verständlich machen kann, so spreche ich nicht, wenn ich gleich ununterbrochen Tag und Nacht spräche. Dies ist mit Abraham der Fall. Er kann alles sagen; aber eines kann er nicht sagen, und doch wenn er es nicht sagen kann, d.h. es so sagen, daß ein anderer es versteht, dann spricht er nicht. Das Lindernde der Sprache ist, daß sie mich ins Allgemeine überträgt. Abraham kann nun das Schönste sagen, was eine Sprache aufzubringen vermag, wie er Isaak liebt. Aber dies ist es nicht, was ihm am Herzen liegt, es ist das Tiefere, daß er ihn opfern will, weil es eine Prüfung ist. Dies letztere kann niemand verstehen, und so kann ein jeder das erstere nur mißverstehen. Diese Not kennt der tragische Held nicht. Er hat zum ersten den Trost, daß jedem Gegenargument sein Recht widerfahren ist, daß er Klytemnästra, Iphigenia, Achilleus, Choret, jedem lebenden Wesen, jeder Stimme aus dem Herzen der Menschheit, jedem klugen, jedem beängstigenden, jedem anklagenden, jedem mitleidenden Gedanken Gelegenheit hat geben können, sich wider ihn zu erheben. Er kann sicher sein, daß alles, was sich gegen ihn sagen ließ, gesagt worden ist, schonungslos, unbarmherzig – und gegen die ganze Welt zu streiten ist tröstlich, mit sich selbst zu streiten ist entsetzlich –; er soll nicht fürchten, etwas übersehen zu haben, so daß er später einmal vielleicht wie König Edward IV. bei der Nachricht von Clarence' Ermorderung rufen müßte:

Wer bat für ihn? Wer kniet' in meinem Grimm
Zu Füßen mir und bat mich überlegen?
Wer sprach von Bruderpflicht? Wer sprach von Liebe[1].

Der tragische Held kennt nicht die entsetzliche Verantwortung der Einsamkeit. Außerdem hat er den Trost, daß er mit Klytemnästra und Iphigenia weinen kann – und Tränen und Schreie lindern, aber unaussprechliche Seufzer martern. Agamemnon kann seine Seele rasch in der Gewißheit sammeln, daß er handeln will, und dann hat er noch Zeit zu trösten und zu ermuntern. Dies kann

[1] Vgl. 2. Akt, 1. Szene.

Abraham nicht. Wenn sein Herz bewegt ist, wenn seine Worte einen seligen Trost für die ganze Welt enthalten würden, so darf er nicht trösten, denn würde nicht Sara, würde nicht Elieser, würde nicht Isaak zu ihm sagen: »Warum willst du es dann tun, du kannst es ja sein lassen.« Und falls er sich in seiner Not Luft machen möchte, alles umarmen möchte, was ihm teuer gewesen ist, bevor er zum Letzten schritte, dann würde er vielleicht das Entsetzliche bewirken, daß Sara, daß Elieser, daß Isaak Ärgernis an ihm nähmen und glaubten, er sei ein Heuchler. Sprechen kann er nicht, er spricht keine menschliche Sprache. Wenn er selbst alle Zungen der Erde verstünde, wenn auch die Geliebten sie verstünden, dennoch kann er nicht sprechen – er spricht mit einer göttlichen Zunge, er spricht mit Zungen.

Diese Not kann ich zwar verstehen, ich kann Abraham bewundern, ich befürchte nicht, daß sich einer durch diese Erzählung dazu verlocken lassen würde, leichtsinnig der Einzelne sein zu wollen; aber ich gebe auch zu, daß ich nicht den Mut dazu habe und daß ich mit Freude auf jede Aussicht Verzicht leiste, weiter zu kommen, falls es bloß möglich wäre, daß ich jemals, und sei es noch so spät, so weit käme. In jedem Augenblick kann Abraham abbrechen, er kann das Ganze bereuen als eine Anfechtung, dann könnte er sprechen, dann könnten ihn alle verstehen – aber dann ist er nicht mehr Abraham.

Abraham *kann* nicht sprechen; denn das alles Erklärende kann er nicht sagen [d. h. so daß es verständlich ist], daß es eine Prüfung ist, wohlgemerkt eine solche, wo das Ethische die Versuchung darstellt. Wer so gestellt ist, der ist ein Emigrant aus der Sphäre des Allgemeinen. Aber das Nächste kann er noch weniger sagen. Abraham macht nämlich, wie früher hinreichend entwickelt, zwei Bewegungen. Er macht die unendliche Bewegung der Resignation und gibt Isaak auf; dies kann niemand verstehen, weil es ein privates Unternehmen ist; aber darauf macht er in jedem Moment die Bewegung des Glaubens. Dies ist sein Trost. Er sagt nämlich: doch wird es nicht geschehen, oder wenn es geschieht, dann wird der Herr mir nämlich kraft des Absurden einen neuen Isaak geben. Der tragische Held bringt die Geschichte doch zu Ende. Iphigenia beugt sich dem Beschluß des Vaters, sie macht selber die unendliche Bewegung der Resignation, und nun befinden sie sich in Verständnis miteinander. Sie kann Agamemnon verstehen, weil sein Unternehmen das Allgemeine ausdrückt. Würde Agamemnon indessen zu ihr sagen: »Ungeachtet Gott dich als Opfer fordert, so wäre es doch möglich, daß er es nicht forderte, kraft des Absurden nämlich«, so würde er im gleichen Augenblick für Iphigenia unverständlich werden. Könnte er es kraft menschlicher Berechnung sagen, so würde ihn Iphigenia zwar verstehen; aber dann würde daraus folgen, daß Agamemnon nicht die unendliche Bewegung der Resignation gemacht hätte, und dann ist er nicht Held, dann ist der Spruch des Weissagers ein Schiffermärchen und die ganze Begebenheit ein Vaudeville.

Abraham sprach somit nicht. Nur ein einziges Wort von ihm ist bewahrt, jene einzige Replik zu Isaak, welche dann auch hinreichend beweist, daß er zuvor nicht gesprochen hatte. Isaak stellt Abraham die Frage, wo das Schaf zum Brandopfer sei. »Und Abraham antwortete: „Gott wird sich ersehen ein Schaf zum Brandopfer, mein Sohn!"«

Dieses letzte Wort Abrahams werde ich hier etwas näher betrachten. Falls dies Wort nicht wäre, so würde es der ganzen Begebenheit an etwas fehlen, falls es anders wäre, würde sich alles vielleicht in Verwirrung auflösen.

Es ist oft Gegenstand meiner Überlegung gewesen, wieweit ein tragischer Held, ob er nun in einem Erleiden oder in einem Handeln zur Kulmination gelangt, eine letzte Replik haben soll. Meines Erachtens beruht dies darauf, welcher Lebenssphäre er angehört, wie weit sein

Leben intellektuelle Bedeutung hat, wie weit sein Erleiden oder Handeln in Beziehung zu Geist stehen.

Es folgt aus sich selbst, daß der tragische Held im Augenblick seiner Kulmination, gleich wie jeder andere Mensch, der der Sprache nicht beraubt ist, ein paar Worte sagen kann, vielleicht ein paar passende Worte; aber die Frage ist, wieweit es für ihn passend ist, sie zu sagen. Liegt die Bedeutung seines Lebens in einer äußeren Handlung, so hat er nichts zu sagen, so ist alles, was er sagt, wesentlich Geplauder, wodurch er nur den Eindruck seiner selbst schwächt, wohingegen das tragische Zeremoniell gebietet, daß er seine Aufgabe schweigend vollführt, ob sie nun in einem Handeln oder einem Erleiden besteht. Um nicht zu weit zu gehen, will ich bloß nach dem allernächst Liegenden greifen. Wenn Agamemnon selber, nicht Kalchas, das Messer gegen Iphigenia gezückt haben würde, dann hätte er sich dadurch nur erniedrigt, hätte er im letzten Augenblick ein paar Worte sagen wollen; denn die Bedeutung seiner Tat war ja allen offenkundig, die Prozedur der Pietät, des Mitleids, des Gefühls, der Tränen war beendet, und im übrigen hatte sein Leben kein Verhältnis zu Geist, d.h. er war nicht Lehrer oder Zeuge des Geistes. Beruht die Lebensbedeutung eines Helden hingegen in Richtung auf Geist, so würde das Fehlen der Replik den Eindruck von ihm schwächen. Was er dann zu sagen hat, sind nicht ein paar passende Worte, ein kleines Deklamationsstück, sondern seine Replik hat die Bedeutung, daß er sich selber im entscheidenden Augenblick durchführt. Ein solcher intellektueller tragischer Held muß haben, was sonst oft genug auf lächerliche Weise erstrebt wird, er muß das letzte Wort haben und behalten. Man fordert von ihm die gleiche verklärte

---

1 Welche Replik von Sokrates als die entscheidende angesehen werden muß, darüber können die Ansichten geteilt sein, weil Sokrates auf so manche Weise durch Platon poetisch ver-

Haltung, wie sie jedem tragischen Helden ansteht, aber dann fordert man noch ein Wort. Sofern dann ein solcher intellektueller tragischer Held in einem Leiden [im Tode] kulminiert, so wird er in diesem letzten Wort unsterblich, bevor er stirbt, während der gewöhnliche tragische Held hingegen erst nach seinem Tod unsterblich wird.

Als eines Beispiels kann man sich Sokrates' bedienen. Er war ein intellektueller tragischer Held. Sein Todesurteil wird ihm verkündet. In diesem Augenblick stirbt er, denn wer nicht versteht, daß zum Sterben die ganze Kraft des Geistes erfordert wird und daß der Held immer stirbt, bevor er stirbt, der kann in seiner Betrachtung des Lebens nicht sonderlich weit kommen. Als von einem Helden wird nun von Sokrates gefordert, daß er still in sich ruhe; aber als von einem intellektuellen tragischen Helden wird von ihm gefordert, daß er in diesem letzten Augenblick Geistesstärke genug besitze, sich selber durchzuführen. Er kann sich dann nicht wie der gewöhnliche tragische Held darauf konzentrieren, sich dem Tod gegenüberzuhalten, sondern er muß dann rasch eine solche Bewegung machen, daß er im gleichen Augenblick mit seinem Bewußtsein über diesen Streit hinaus ist und sich selbst behauptet. Falls somit Sokrates in der Krisis des Todes verstummt wäre, so hätte er die Wirkung seines Lebens geschwächt, einen Verdacht dahingehend erweckt, die Elastizität der Ironie in ihm sei keine Weltkraft, sondern ein Spiel, dessen Beweglichkeit im entscheidenden Augenblick nach umgekehrtem Maßstab dazu verwendet werden mußte, um ihn pathetisch aufrechtzuerhalten[1].

Was hier in Kürze angedeutet ist, kann zwar keine Anwendung auf Abraham finden, soweit man mit Hilfe

---

flüchtigt worden ist. Ich schlage folgendes vor: Das Todesurteil wird ihm verkündet, im gleichen Augenblick stirbt er, im gleichen Augenblick überwindet er den Tod und führt sich

einer Analogie ein passendes letztes Wort für Abraham ausfindig machen zu sollen wähnt, aber wohl insofern, als man die Notwendigkeit dessen einsieht, daß Abraham im letzten Augenblick sich selber durchführen muß, nicht schweigend das Messer zücken, sondern ein Wort zu sagen haben muß, da er als Vater des Glaubens absolute Bedeutung in Richtung auf Geist hat. Was er sagen soll, davon kann ich mir im voraus keine Vorstellung bilden; nachdem er es gesagt hat, kann ich es zwar verstehen, zwar in einem gewissen Verstande Abraham in dem Gesagten verstehen, jedoch ohne ihm dadurch nähergekommen zu sein, als ich es im Vorhergehenden gewesen bin. Falls keine letzte Replik von Sokrates existiert hätte, so hätte ich mich in ihn hineindenken und eine solche bilden können, hätte ich es nicht tun können, so hätte es ein Dichter vermocht, aber Abraham ist für keinen Dichter erreichbar.

Ehe ich dazu übergehe, Abrahams letzte Worte näher zu betrachten, muß ich erst auf die Schwierigkeit dessen aufmerksam machen, daß Abraham überhaupt dazu kommen kann, etwas zu sagen. Die Not und die Angst im Paradoxon lagen, wie oben entwickelt, gerade im Schweigen, Abraham kann nicht sprechen[1]. Insofern ist es somit ein Widerspruch, zu fordern, daß er sprechen solle, es sei denn, man wolle ihn aus dem Paradoxon wieder heraus haben, so daß er es im entscheidenden Augenblick suspendiert, womit er dann aufhört, Abraham zu sein, und das ganze Vorhergehende annulliert. Falls somit Abraham nun im entscheidenden Augenblick zu Isaak sagen würde: du bist es, dem es gilt, so wäre dies nur eine Schwäche.

---

selber in der berühmten Replik durch: es wundere ihn, daß er mit einer Majorität von drei Stimmen verurteilt worden sei. Mit keiner freien und zügellosen Rede auf dem Markt, mit keiner törichten Bemerkung eines Idioten könnte er ironischer gescherzt haben als mit jenem Todesurteil, das ihm selbst das Leben aburteilte.

Denn könnte er überhaupt sprechen, so müßte er lange vorher gesprochen haben, und die Schwäche würde dann darin liegen, daß er nicht die Reife und Konzentration des Geistes besessen hätte, den ganzen Schmerz vorauszudenken, sondern Etwas von sich geschoben hätte, so daß der wirkliche Schmerz ein Mehr als der gedachte war. Außerdem würde er durch derartige Worte aus dem Paradoxon herausfallen, und wollte er wirklich mit Isaak sprechen, müßte er seinen Zustand in eine Anfechtung verwandeln; denn sonst könnte er doch nichts sagen, und tut er dies, dann ist er nicht einmal ein tragischer Held.

Indessen ist doch ein letztes Wort von Abraham erhalten, und soweit ich das Paradoxon verstehen kann, kann ich Abrahams totale Anwesenheit in diesem Wort verstehen. Er sagt vor allem nichts, und in dieser Form sagt er, was er zu sagen hat. Seine Antwort an Isaak hat die Form der Ironie, denn es ist immer Ironie, wenn ich etwas sage und doch nichts sage. Isaak fragt Abraham in der Annahme, Abraham sei wissend. Würde Abraham nun geantwortet haben: ich weiß nichts, dann hätte er eine Unwahrheit gesagt. Etwas sagen kann er nicht; denn was er weiß, kann er nicht sagen. So antwortet er: Gott wird sich ersehen ein Schaf zum Brandopfer, mein Sohn! Man erkennt hieraus die Doppelbewegung in Abrahams Seele, wie sie im Vorhergehenden beschrieben ist. Hätte Abraham bloß auf Isaak resigniert und nicht mehr getan, so hätte er eine Unwahrheit gesagt; denn er weiß ja, daß Gott Isaak zum Opfer fordert, und er weiß, daß er selber gerade in diesem Augenblick willig ist, ihn zu opfern. Er hat somit in jedem Augenblick, nachdem er diese Bewe-

---

1 Sofern von einer Analogie die Rede sein kann, ergibt sich eine solche aus der Todessituation des Pythagoras, denn er mußte das von ihm immer betonte Schweigen in seinem letzten Augenblick durchführen, und deshalb *sagte* er: es ist besser, getötet zu werden als zu sprechen. Vgl. Diogenes 8. Buch, §39.

gung gemacht hat, die nächste gemacht, die Bewegung des Glaubens kraft des Absurden gemacht. Insofern sagt er keine Unwahrheit; denn kraft des Absurden wäre es ja möglich, daß Gott etwas ganz anderes machen könnte. Er sagt somit keine Unwahrheit, aber er sagt somit auch nichts; denn er spricht in einer fremden Zunge. Dies wird noch evidenter, wenn wir bedenken, daß es Abraham selber war, der Isaak opfern sollte. Wäre die Aufgabe eine andere gewesen, hätte der Herr Abraham befohlen, Isaak zum Berge Morija zu bringen, so würde er selber seinen Blitz Isaak haben treffen lassen und sich ihn als Opfer genommen haben, dann könnte Abraham in einfachem Verstande recht haben, so änigmatisch zu sprechen, wie er es tut; denn dann könnte er ja selber nicht wissen, was geschehen würde. Aber so wie die Aufgabe Abraham gestellt ist, soll er ja selber handeln, er muß im entscheidenden Augenblick also wissen, was er selber tun wird, und also muß er wissen, daß Isaak geopfert werden soll. Hat er das nicht mit Bestimmtheit gewußt, so hat er die unendliche Bewegung der Resignation nicht gemacht, so sind seine Worte zwar nicht Unwahrheit, aber er ist zugleich sehr weit davon, Abraham zu sein, er ist unbedeutender als ein tragischer Held, ja, er ist ein unentschlossener Mann, der sich weder zum einen noch zum anderen entschließen kann, und der auf Grund dessen immer dazu kommen wird, in Rätseln zu sprechen. Aber ein solcher Hesitator stellt gerade die Parodie auf den Ritter des Glaubens dar.

Es zeigt sich somit hier wiederum, daß man Abraham zwar verstehen kann, aber nur so verstehen, wie man das Paradoxon versteht. Ich meinerseits kann zwar Abraham verstehen, aber erfasse zugleich, daß ich nicht den Mut besitze, so zu sprechen, ebensowenig wie ich den Mut besitze, wie Abraham zu handeln; aber deswegen sage ich keineswegs, es sei etwas Geringes, wo es hingegen das einzige Wunderbare ist.

Und wie beurteilte nun die Mitwelt den tragischen Helden? Daß er groß sei, und sie bewunderte ihn. Und jene ehrwürdige Versammlung von Edeln, jene Jury, die jedes Geschlecht konstituiert, um über das vergangene Geschlecht zu urteilen, sie hat ebenso geurteilt. Aber Abraham konnte niemand verstehen. Und doch, was hat er erreicht? Daß er seiner Liebe treu blieb. Aber wer Gott liebt, der bedarf nicht der Tränen, nicht der Bewunderung, er vergißt das Leiden in der Liebe, ja, so völlig hat er es vergessen, daß hintennach auch nicht die geringste Ahnung seines Schmerzes vorhanden sein würde, wenn nicht Gott selbst daran erinnerte; denn er sieht in das Verborgene und kennt die Not und zählt die Tränen und vergißt nichts.

Entweder gibt es somit ein Paradoxon, daß der Einzelne als der Einzelne in einem absoluten Verhältnis zum Absoluten steht, oder Abraham ist verloren.

EPILOG

Als in Holland einmal eine Flaute in den Preisen für Gewürze eintrat, da ließen die Kaufleute ein paar Ladungen ins Meer versenken, um den Preis heraufzuschrauben. Das war ein verzeihlicher, vielleicht ein notwendiger Betrug. Haben wir etwas Ähnliches in der Welt des Geistes nötig, sind wir dermaßen davon überzeugt, zum Höchsten gelangt zu sein, daß nichts anderes übrig bleibt als uns einzubilden, wir seien nicht so weit gekommen, um doch die Zeit mit etwas ausfüllen zu können? Hat das gegenwärtige Geschlecht einen solchen Selbstbetrug nötig, soll es hierin zu einer Virtuosität gebildet werden, oder ist es nicht eher hinreichend perfektioniert in dieser Kunst, sich selbst zu betrügen? Oder tut ihm nicht eher ein redlicher Ernst not, der unerschrocken und unbestechlich auf die Aufgaben hinweist, ein redlicher Ernst, der liebevoll die Aufgaben hegt, der nicht die Menschen dazu ängstigt, übereilt nach dem Höchsten zu greifen, sondern die Aufgaben jung und schön erhält und herrlich anzusehen und allen winkend und doch dazu schwierig und begeisternd für die Edeln; denn die edle Natur läßt sich nur vom Schwierigen begeistern! Was auch ein Geschlecht vom anderen lernen mag, das eigentlich Humane lernt kein Geschlecht von einem vorhergehenden. Im Hinblick darauf beginnt jedes Geschlecht primitiv, hat keine andere Aufgabe als jedes vorhergehende Geschlecht, kommt auch nicht weiter, insoweit das vorhergehende nicht die Aufgabe im Stich ließ und sich selbst betrog. Dies eigentlich Humane ist die Leidenschaft, in der auch das eine Geschlecht das andere vollkommen versteht und sich selbst versteht. Zu lieben hat somit kein Geschlecht von einem anderen gelernt, keinem Geschlecht ist gegeben, an einem anderen Punkt anzufangen als am Anfang, kein späteres Geschlecht hat eine kürzere Aufgabe als das vorhergehende, und wenn man hier nicht, wie die vorhergehenden Geschlechter, stehenbleiben will, indem man

liebt, sondern weiter gehen will, so ist dies nur unnützes und elendiges Geschwätz.
Aber die höchste Leidenschaft in einem Menschen ist der Glaube, und kein Geschlecht fängt hier an einem anderen Punkt an als das vorhergehende, jedes Geschlecht fängt von vorn an, das nachfolgende Geschlecht kommt nicht weiter als das vorhergehende, sofern dieses seiner Aufgabe treugeblieben ist und sie nicht im Stich gelassen hat. Daß dies ermüdend sein sollte, kann das Geschlecht natürlich nicht sagen, denn das Geschlecht hat ja die Aufgabe und hat damit nichts zu schaffen, daß das vorhergehende Geschlecht die gleiche Aufgabe hatte, es sei denn, das einzelne Geschlecht oder die Einzelnen im Geschlecht wollten vermessen den Platz einnehmen, der nur jenem Geist zukommt, der die Welt lenkt und der Geduld hat, nicht müde zu werden. Fängt das Geschlecht mit dergleichen an, so ist es selbst verkehrt, und was Wunder dann, daß ihm das ganze Dasein verkehrt erscheint; denn niemand hat gewiß das Dasein verkehrter gefunden als jener Schneider, der nach dem Märchen lebendig in den Himmel hinaufkam und die Welt von diesem Standpunkt aus betrachtete. Sobald das Geschlecht sich nur um seine Aufgabe bekümmert, welche das Höchste ist, so kann es nicht müde werden; denn die Aufgabe reicht immer für ein Menschenleben hin. Wenn die Kinder an einem freien Tage schon vor zwölf Uhr alle Spiele gespielt haben und jetzt ungeduldig sagen: ist denn keiner da, dem ein neues Spiel einfällt; ist dies dann ein Beweis dafür, daß diese Kinder mehr entwickelt und fortgeschritten sind als die Kinder aus dem gleichzeitigen oder aus einem vorhergehenden Geschlecht, die sich an den bekannten Spielen für den ganzen Tag genügen lassen konnten? Oder ist es nicht eher ein Beweis dafür, daß jenen ersten Kindern mangelt, was ich den liebenswürdigen Ernst nennen möchte, der zum Spielen gehört?
Der Glaube ist die höchste Leidenschaft in einem Men-

schen. Vielleicht gibt es in jedem Geschlecht viele, die nicht einmal bis zu ihm gelangen, aber keiner kommt weiter. Ob es auch in unserer Zeit viele gibt, die ihn nicht entdecken, entscheide ich nicht; ich wage mich nur auf mich selbst zu berufen, der nicht verheimlicht, daß es lange Aussichten mit ihm hat, ohne daß er doch deshalb sich selber oder das Große dadurch betrügen möchte, indem er es zu etwas Unbedeutendem macht, zu einer Kinderkrankheit, die man so bald wie möglich überstanden wünschen muß. Aber auch für den, der nicht bis zum Glauben gelangt, hat das Leben Aufgaben genug, und wenn er diese redlich liebt, dann wird das Leben auch nicht vertan sein, wenngleich es niemals dem jener gleich wird, die das Höchste vernommen und ergriffen haben. Aber wer zum Glauben gelangt [es sei der hervorragend Begabte oder der Einfältige, das tut nichts zur Sache], der bleibt nicht beim Glauben stehen, ja, er würde sich entrüsten, wenn jemand es zu ihm sagte, gleich wie der Liebende sich empören würde, wenn man sagte, er bliebe bei der Liebe stehen; denn, so würde er antworten, ich bleibe keineswegs stehen, da ich darin mein Leben habe. Doch kommt er auch nicht weiter, nicht zu etwas anderem; denn wenn er dies entdeckt, so hat er eine andere Erklärung.

»Man muß weitergehen, man muß weitergehen.« Dieser Drang, weiterzugehen, ist alt in der Welt. Der dunkle Heraklit, der seine Gedanken in seine Schriften und seine Schriften in Dianas Tempel niederlegte [denn seine Gedanken waren seine Rüstung im Leben gewesen, und deshalb hängte er sie im Tempel des Gottes auf], der dunkle Heraklit hat gesagt: man kann nicht zweimal durch den gleichen Fluß schreiten[1]. Der dunkle Heraklit

---

[1] *Και ποταμον ϱοῃ απεικαζων τα οντα λεγει ώς δις ες τον αυτον ποταμον ουκ εμβαιης*. Vgl. Platos Cratyllus § 402, Ast. 3. Bd., pag. 158.

hatte einen Schüler, der blieb nicht dabei stehen, er ging weiter und fügte hinzu: man kann es auch nicht einmal tun[1]. Armer Heraklit, einen solchen Schüler zu haben! Der heraklitische Satz wurde durch diese Verbesserung in einen eleatischen Satz verbessert, welcher die Bewegung verneint, und doch wünschte jener Schüler nur Heraklits Schüler zu sein, der weiterging, nicht zurück zu dem, was Heraklit verlassen hatte.

---

[1] Vgl. Tennemann Gesch. d. Philos 1. Bd., pag. 220.

SÖREN KIERKEGAARD
DIE WIEDERHOLUNG
[DEUTSCH VON GÜNTHER JUNGBLUTH]

Bei wilden Bäumen sind die Blüten wohlriechend,
bei edlen die Früchte
[vgl. Flavius Philostratus des Älteren
Heldenerzählungen]

Ein Versuch
in der Experimentalpsychologie
von Constantin Constantius

DIE WIEDERHOLUNG

ALS DIE ELEATEN die Bewegung leugneten, trat, wie jedermann weiß, Diogenes als Opponent auf; er trat wirklich auf; denn er sagte kein Wort; sondern ging nur ein paarmal auf und ab, wodurch er jene hinreichend widerlegt zu haben glaubte. Als ich mich längere Zeit hindurch wenigstens gelegentlich mit dem Problem beschäftigt hatte, ob eine Wiederholung möglich sei und welche Bedeutung sie hat, ob eine Sache durch Wiederholung gewinnt oder verliert, fiel mir plötzlich ein: du kannst ja nach Berlin reisen, da bist du früher einmal gewesen, und dich jetzt davon überzeugen, ob eine Wiederholung möglich ist und was sie zu bedeuten hat. Bei mir zuhause war ich über diesem Problem nahezu ins Stocken geraten. Man sage dazu, was man wolle, es wird in der neueren Philosophie eine besonders wichtige Rolle zu spielen haben; denn *Wiederholung* ist ein entscheidender Ausdruck für das, was bei den Griechen »*Erinnerung*« gewesen ist. Wie diese einst gelehrt haben, alles Erkennen sei ein Erinnern, so wird die neuere Philosophie lehren, das ganze Leben sei eine Wiederholung. Der einzige neuere Philosoph, der eine Ahnung davon gehabt hat, ist Leibniz. Wiederholung und Erinnerung stellen die gleiche Bewegung dar, nur in entgegengesetzter Richtung; denn woran man sich als Gewesenes erinnert, das wird in rückwärtiger Richtung wiederholt; wohingegen die eigentliche Wiederholung Erinnerung in Richtung nach vorn ist. Deshalb macht die Wiederholung, wenn sie möglich ist, einen Menschen glücklich, während die Erinnerung ihn unglücklich macht, unter der Voraussetzung nämlich, daß er sich Zeit zu leben läßt und nicht gleich in seiner Geburtsstunde einen Vorwand zu finden trachtet, sich aus dem Leben wieder hinauszuschleichen, zum Beispiel den, daß er etwas vergessen habe.

Die Liebe der Erinnerung ist die einzig glückliche, hat ein Schriftsteller gesagt. Darin hat er auch vollständig recht, wenn man nur daran denkt, daß sie einen Menschen zuerst unglücklich macht. Die Liebe der Wiederholung ist in Wahrheit die einzig glückliche. Sie hat nicht wie die der Erinnerung die Unruhe der Hoffnung, nicht die beängstigende Abenteuerlichkeit der Entdeckung, aber auch nicht die Wehmut der Erinnerung, sie hat die selige Gewißheit des Augenblicks. Die Hoffnung ist ein neues Kleid, steif und straff und glänzend, doch hat man es noch nie angehabt und weiß daher nicht, wie es einen kleiden wird, oder wie es sitzt. Die Erinnerung ist ein abgelegtes Kleid, das, wie schön es auch sein mag, doch nicht paßt, weil man ihm entwachsen ist. Die Wiederholung ist ein unverwüstliches Kleid, das fest und zart umschließt, nicht drückt und nicht lose hängt. Die Hoffnung ist ein entzückendes Mädchen, das einem zwischen den Händen entschlüpft; die Erinnerung ist eine schöne alte Frau, mit der einem doch nie im Augenblick gedient ist; die Wiederholung ist ein geliebtes Eheweib, dessen man nie überdrüssig wird; denn überdrüssig wird man nur des Neuen. Des Alten wird man nie überdrüssig; und wenn man es vor sich hat, wird man glücklich; und nur der wird recht glücklich, der sich nicht selber in der Einbildung betrügt, die Wiederholung solle etwas Neues sein; denn dann wird man ihrer überdrüssig. Zum Hoffen gehört Jugend, zum Erinnern gehört Jugend, aber es gehört Mut dazu, die Wiederholung zu wollen. Wer nur hoffen will, ist feig; wer nur erinnern will, ist wollüstig; aber wer die Wiederholung will, ist ein Mann, und je nachdrücklicher er sie sich klarzumachen verstanden hat, ein um so tieferer Mensch ist er. Aber wer nicht faßt, daß das Leben eine Wiederholung ist und daß darin des Lebens Schönheit besteht, der hat sich selbst gerichtet und verdient nichts anderes als – was ihm auch widerfahren wird – zugrunde zu gehen; denn die Hoffnung winkt wie eine Frucht, die nicht sättigt, die Erinnerung ist ein kümmerliches Zehrgeld, das nicht sättigt; aber die Wiederholung ist das tägliche Brot, das mit Segen sättigt. Hat man das Dasein umschifft, dann wird sich zeigen, ob man den Mut hat zu verstehen, daß das Leben eine Wiederholung ist, und die Lust, sich darauf zu freuen. Wer das Leben nicht umschifft hat, bevor er zu leben begann, der gelangt niemals dahin, zu leben; wer es umschifft hat, aber satt geworden ist, der besaß eine schlechte Konstitution; wer die Wiederholung erwählt hat, der lebt. Er läuft nicht wie ein Knabe Schmetterlingen nach oder stellt sich auf die Zehen, um nach der Welt Herrlichkeiten auszuschauen, denn er kennt sie; er hockt auch nicht da wie eine alte Frau und spinnt am Rocken der Erinnerung; sondern er geht ruhig seinen Gang, der Wiederholung froh. Ja, wenn es keine Wiederholung gäbe, was wäre dann auch das Leben? Wer möchte wünschen, eine Tafel zu sein, worauf die Zeit jeden Augenblick eine neue Schrift eintrüge oder eine Gedenkschrift an Vergangenes? Wer möchte wünschen, sich von all dem Flüchtigen, Neuen bewegen zu lassen, das immer neu die Seele weidlich ergötzt? Falls Gott nicht selber die Wiederholung gewollt hätte, so wäre die Welt niemals entstanden. Er wäre entweder der Hoffnung leichten Plänen gefolgt, oder er hätte alles widerrufen und es in der Erinnerung bewahrt. Dies hat er nicht getan; daher besteht die Welt fort und besteht dadurch, daß sie eine Wiederholung ist. Die Wiederholung ist die Wirklichkeit und der Ernst des Daseins. Wer die Wiederholung will, der ist im Ernst gereift. Dies ist mein Separatvotum, der ich zugleich meine, es sei keineswegs des Lebens Ernst, auf dem Sofa zu sitzen und sich in den Zähnen zu stochern – und etwas zu sein, zum Beispiel Justizrat; oder gesetzt durch die Straßen zu gehen – und etwas zu sein, zum Beispiel Wohlehrwürden; ebensowenig wie es des Lebens Ernst ist, königlicher Bereiter zu sein. Dergleichen ist alles in meinen Augen nur Scherz, und als solcher zuweilen schlecht genug.

Die Liebe der Erinnerung ist die einzig glückliche, sagt ein Schriftsteller, der, soweit ich ihn kenne, zuweilen etwas trügerisch ist, jedoch nicht derart, daß er eins sagte und etwas anderes meinte, sondern wohl derart, daß er den Gedanken auf die Spitze treibt, so daß dieser sich, wenn er nicht mit der gleichen Energie ergriffen wird, im nächsten Moment als etwas anderes erweist. Er hat jenen Satz in einer Weise vorgebracht, daß man sich leicht versucht fühlt, ihm recht zu geben, und dann zu vergessen, daß der Satz selbst Ausdruck für die tiefste Melancholie ist, so daß eine tiefe Schwermut, in einer einzigen Replik verdichtet, sich nicht leicht besser ausdrücken könnte.

Es ist ungefähr ein Jahr her, daß ich recht im Ernst auf einen jungen Menschen aufmerksam wurde, mit dem ich schon früher öfters in Berührung gekommen war, weil sein schönes Äußere, der seelenvolle Ausdruck seiner Augen mich fast in Erregung versetzten, eine gewisse Bewegung des Kopfes, ein Mutwille in den Äußerungen mich dessen gewiß machten, er sei eine tiefere Natur, die über mehr als ein Register verfüge, indes eine gewisse Unsicherheit in der Modulation andeutete, er befinde sich in jenem verführerischen Alter, wo sich die Reife des Geistes, gleichwie die des Körpers zu einer weit früheren Zeit, dadurch kundtut, daß die Stimme oft überschlägt. Mit Hilfe jener lässigen, zutraulichen Konditor-Inklinationen hatte ich ihn schon an mich herangezogen und ihn in mir einen Vertrauten sehen gelehrt, dessen Worte auf manche Weise das Melancholische in ihm in Form eines Ringens anreizten, indem ich wie ein Farinelli den geistesschwachen König aus seinem dunklen Versteck herauslockte, etwas, das sich, da mein Freund noch jung und geschmeidig war, machen ließ, ohne die Zange zu gebrauchen. So war unser Verhältnis, da kommt er, wie gesagt, vor ungefähr einem Jahr zu mir herauf, ganz außer sich. Sein Auftreten war kraftvoller als gewöhnlich, seine Formen schöner, seine großen strahlenden Augen hatten sich geweitet, kurz, er war wie verklärt. Als er mich wissen ließ, er sei verliebt, kam mir unwillkürlich der Gedanke, dies Mädchen müsse glücklich sein, das dermaßen geliebt werde. Er sei schon eine Zeitlang verliebt gewesen, habe es aber sogar vor mir verheimlicht; jetzt sei er am Ziel seiner Wünsche, habe das Geständnis getan und Gegenliebe gefunden. Ungeachtet ich sonst dazu neige, mich Menschen gegenüber beobachtend zu verhalten, so war es mir unmöglich, es ihm gegenüber zu tun. Man sage, was man wolle, ein tief verliebter junger Mensch ist etwas so Schönes, daß man, wenn man es gewahr wird, über der Freude des Anblicks das Beobachten vergißt. Überhaupt entwaffnen alle tiefen humanen Rührungen in einem Menschen den Beobachter. Nur wo innerhalb dieser eine Leere vorhanden ist oder wo sie kokett verheimlicht werden, will man beobachten. Falls man Zeuge dessen würde, wie ein Mensch recht aus ganzer Seele betete, wer könnte dann ein solcher Unmensch sein, beobachten zu wollen, wer würde sich nicht eher von einer Ausströmung von des Betenden Andacht her durchdrungen fühlen. Hört man indessen einen Pastor eine wohleinstudierte Predigt herunterdeklamieren, worin er mehrmals in einem künstlich geschraubten und verschraubten Passus, ohne Aufforderung von Seiten der Gemeinde, bezeugt, was er sage, sei der einfältige Glaube, der sich nicht auf zierliche Redensarten verstehe, sondern ihm im Gebet verschaffe, was er, seinem Wort nach und vermutlich aus guten Gründen, in Poesie, Kunst und Wissenschaft vergebens gesucht habe, dann nimmt man ganz ruhig das Mikroskop vors Auge, dann läßt man das Ohr das Gesagte nicht schlucken, sondern zieht die Jalousie vor, das Gitter der Kritik, das jeden Laut und jedes Wort prüft. Der junge Mensch, von dem ich spreche, war tief und innerlich und schön und demütig verliebt; ich war lange Zeit hindurch nicht so froh gewesen als wie ich ihn anschaute; denn es ist oft recht traurig, Beobachter zu sein; es macht einen ebenso melancholisch, wie Polizeibeamter zu sein; und wenn ein Beobachter seinen Beruf gut erfüllt, dann ist er als Polizeispion in höherem Dienst anzusehen; denn die Kunst des Beobachters besteht darin, das

Verborgene ans Licht zu bringen. Der junge Mensch sprach von dem Mädchen, in das er verliebt war, er machte nicht viel Worte; sein Reden war keine fade Kritik, wie es die Lobreden von Liebenden oft genug sind; es war keine Wichtigkeit in ihm, als sei er ein schlauer Bursche, daß er sich ein solches Mädchen ergattert habe, kein Selbstvertrauen – seine Liebe war gesund, ganz unverdorben. Er vertraute mir mit liebenswürdiger Offenherzigkeit an, der Grund seines Besuchs bei mir sei, daß er eines Vertrauten bedürfe, in dessen Gegenwart er laut mit sich selber sprechen könne sowie daß der nächstliegende Grund sei, er fürchte, den ganzen Tag bei dem Mädchen hockenzubleiben und ihr auf diese Weise lästigzufallen. Er sei bereits mehrere Male vor ihrer Wohnung gewesen, habe sich jedoch dazu gezwungen, umzukehren. Er bat mich nun, mit ihm eine Tour hinauszufahren, um ihn zu zerstreuen und um Zeit vergehen zu lassen. Dazu war ich auch willig; denn von dem Augenblick an, in dem er sich mir anvertraut hatte, konnte er dessen sicher sein, daß ich ihm unbedingt zu Diensten sein würde. Ich benutzte die halbe Stunde, bevor der Wagen kam, dazu, ein paar Geschäftsbriefe zu schreiben, bat ihn, sich inzwischen eine Pfeife zu stopfen oder ein wenig in einem hervorgeholten Album zu blättern. Aber solcher Beschäftigung bedurfte er nicht, er war mit sich beschäftigt genug, fand nicht einmal Ruhe dazu, sich niederzulassen, sondern ging in der Stube ruhelos auf und ab; sein Gang, seine Bewegung, sein Gestus – alles war Wohlberedtheit, er selber glühte vor Liebe. Wie eine Traube, im Höhepunkt ihrer Entwicklung, durchsichtig und klar wird, während der Saft aus den feinen Adern hervorsickert, wie die Schale einer Frucht aufbricht, wenn die Frucht in ihrer ganzen Fülle herangereift ist, so brach die Liebe geradezu sichtbarlich aus seiner Gestalt hervor. Ich konnte es nicht lassen, ihm ab und zu verstohlen einen fast verliebten Blick zuzuwerfen; denn ein solcher Jüngling ist gewiß ebenso verführerisch anzuschauen wie ein junges Mädchen.

Wie es dann oft zugeht, daß die Liebenden ihre Zuflucht zu Worten des Dichters nehmen, um die süße Beängstigung der Liebe in selige Freude ausbrechen zu lassen, so war es auch mit ihm der Fall. Während er in der Stube auf und ab ging, wiederholte er immer wieder einen Vers von Poul Möller:

Ein Traum aus dem Lenz meiner Jugend streift
Im Lehnstuhl mein Gesicht,
Nach dir mich ein innerlich Sehnen ergreift,
Der Frauen Sonn' und Licht!

Seine Augen füllten sich mit Tränen, er warf sich auf einen Stuhl, er wiederholte den Vers immer wieder. Auf mich machte diese Szene einen erschütternden Eindruck. Großer Gott! dachte ich, eine solche Melancholie ist mir in meiner Praxis noch nie vorgekommen. Daß er melancholisch war, wußte ich zwar, aber daß eine Verliebtheit dermaßen auf ihn wirken konnte! Und doch, wie konsequent ist nicht jeder selbst abnorme seelische Zustand, wenn er normal zur Stelle ist. Die Menschen lassen oft den Ruf ertönen, ein Melancholiker solle zusehen, sich zu verlieben, dann schwinde alles. Falls er wirklich melancholisch ist, wie sollte es dann möglich sein, daß seine Seele nicht dahin gelangte, sich melancholisch mit dem zu beschäftigen, was für ihn das wichtigste von allem ist. Er war tief und innerlich verliebt, das war klar, und dennoch war er imstande, sich gleich an einem der ersten Tage seiner Liebe zu erinnern. Er war im Grunde mit dem ganzen Verhältnis fertig. Indem er anfängt, hat er einen so entsetzlichen Schritt getan, daß er das Leben übersprungen hat. Ob das Mädchen morgen stirbt, das wird keine wesentliche Veränderung hervorrufen, er wird sich wieder hinwerfen, seine Augen werden sich wieder mit Tränen füllen, er wird wieder die Worte des Dichters wiederholen. Welch absonderliche Dialektik! Er sehnt sich nach dem Mädchen, er muß sich Gewalt antun, um nicht den ganzen Tag bei ihr herumzuhocken, und doch ist er im ersten Augenblick in Hinsicht auf das ganze Verhältnis zu einem alten Mann geworden. Da mußte ein Mißverständnis zugrundeliegen. Seit langer Zeit hat mich nichts so sehr wie dieser Auftritt bewegt. Daß er unglücklich würde, das war ganz klar, daß das Mädchen es auch würde, war nicht weniger klar, wenn es auch nicht gleich möglich erschien, vorauszusehen, auf welche Weise es geschehen werde. Soviel indessen ist gewiß, kann jemand von der Liebe der Erinnerung ein Wort mitreden, dann ist er es. Die Erinnerung hat den großen Vorteil, daß sie mit dem Verlust beginnt, daher ist sie sicher, denn sie hat nichts zu verlieren.

Der Wagen war gekommen. Wir fuhren zum Strandweg hinaus, um später in die eigentlichen Waldgebiete abzubiegen. Da ich wider meinen Willen dazu gekommen war, mich ihm gegenüber beobachtend zu verhalten, konnte ich nicht unterlassen, durch allerhand Experimente die Fahrt seiner Melancholie zu loggen, wie die Seeleute sagen. Ich schlug alle möglichen erotischen Stimmungen an – nein. Ich ging der Wirkung der Veränderung der Umgebungen nach, umsonst: nicht die weite Keckheit des Meeres, nicht die einschläfernde Stille des Waldes, nicht die winkende Einsamkeit des Abends vermochten, ihn aus der schwermütigen Sehnsucht herauszubringen, in der er sich der Geliebten nicht so sehr näherte, als daß er sie verließ. Sein Fehler war unheilbar, und sein Fehler war der, daß er am Schluß stand, statt am Anfang; aber ein solcher Fehler ist und bleibt eines Menschen Untergang.

Und doch halte ich auf die Richtigkeit seiner Stimmung als erotischer Stimmung, und wer diese in seiner Liebe nicht gerade am Anfang erlebt hat, hat nie geliebt. Nur muß er eine andere Stimmung daneben haben. Dies potenzierte Erinnern ist der ewige Ausdruck der Liebe am Anfang, ist Zeichen wirklicher Liebe. Aber auf der anderen Seite gehört eine ironische Elastizität dazu, um sich ihrer bedienen zu können. Diese fehlte ihm, dafür war seine Seele zu weich. Es muß Wahrheit sein, daß im ersten Augenblick eines Menschen Leben vorbei ist, aber es muß auch Lebenskraft vorhanden sein, um diesen Tod zu töten und in Leben zu verwandeln. Im ersten Morgengrauen der Liebe streiten das Gegenwärtige und das Künftige miteinander darum, einen ewigen Ausdruck zu erlangen, und dies Erinnern stellt eben das Zurückströmen der Ewigkeit in das Gegenwärtige dar, das heißt, wenn das Erinnern gesund ist.

Wir kehrten heim, ich nahm Abschied von ihm; aber meine Sympathie war fast allzustark in Bewegung geraten, ich konnte den Gedanken nicht quitt werden, es müsse in sehr kurzer Zeit zu einer entsetzlichen Explosion kommen.

Im Verlauf von etwa vierzehn Tagen sah ich ihn ab und zu bei mir. Er selbst fing an, das Mißverständnis zu begreifen, das junge angebetete Mädchen war ihm schon fast lästig. Und doch war sie die Geliebte, die einzige, die er geliebt hatte, die einzige, die er jemals lieben werde. Auf der anderen Seite liebte er sie jedoch nicht; denn er sehnte sich bloß nach ihr. Mit ihm selber geschah währenddem alledem eine merkwürdige Veränderung. Eine dichterische Produktivität erwachte in ihm in einem Maßstab, den ich nie für möglich gehalten hätte. Jetzt begriff ich alles leicht. Das junge Mädchen war nicht seine Geliebte, sie war der Anlaß, der das Poetische in ihm erweckte und ihn zum Dichter machte. Daher konnte er nur sie lieben, sie nie vergessen, nie eine andere lieben wollen und sich doch immerzu bloß nach ihr sehnen. Sie war in sein ganzes Wesen mit hineingezogen, die Erinnerung an sie war ewig frisch. Sie hatte viel für ihn bedeutet, sie hatte ihn zum Dichter gemacht, und gerade dadurch hatte sie ihr eigenes Todesurteil unterschrieben.

Wie die Zeit hinging, wurden seine Umstände immer

qualvoller. Seine Schwermut gewann mehr und mehr die Oberhand, seine körperlichen Kräfte verzehrten sich in seelischen Kämpfen. Er sah ein, daß er sie unglücklich gemacht hatte, und doch war er sich keiner Schuld bewußt; aber gerade dies, ganz unschuldig an ihrem Unglück schuldig zu sein, gereichte ihm zum Ärgernis und versetzte seine Leidenschaft in wildeste Bewegung. Ihr zu gestehen, wie es zusammenhing, schien ihm soviel zu bedeuten, wie sie auf das tiefste zu kränken. Das hieße ja, ihr sagen, sie sei zu einem unvollkommeneren Wesen geworden, er sei ihr entwachsen, er bedürfe der Sprosse nicht mehr, auf der er hinangestiegen war. Was würde auch die Folge sein? Da sie doch wußte, daß er keine andere mehr lieben werde, so mußte sie zu seiner trauernden Witwe werden, die nur in der Erinnerung an ihn und ihr Verhältnis lebte. Er konnte kein Geständnis machen, dazu war er um ihretwillen zu stolz. Er verstrickte sich mehr und mehr in Schwermut, und er beschloß, den Betrug fortzusetzen. Die ganze poetische Ursprünglichkeit in ihm wurde nun dazu verwendet, sie zu erfreuen und zu ergötzen; womit er viele versorgt haben könnte, das wurde alles an sie gewandt; sie war und blieb die Geliebte, die eine Angebetete, wenngleich er nahe daran war, den Verstand aus Angst vor der ungeheuren Unwahrheit zu verlieren, welche sie bloß inniger und inniger fesselte. Ihr Dasein oder Nicht-Dasein war in einem gewissen Verstande für ihn ohne Bedeutung, nur fand seine Schwermut Freude daran, ihr das Leben zu verzaubern. Daß sie selig war, versteht sich; denn sie ahnte nichts, und die Kost war nur allzu wohlschmeckend. Produktiv in strengerem Verstande wollte er nicht sein, denn dann hätte er sie verlassen müssen; daher hielt er, wie er sagte, die Produktivität unter dem Messer und schnitt alles zu einem Bukett für sie zurecht. Sie ahnte nichts. Das glaube ich, und es wäre auch empörend, wenn ein junges Mädchen so eigenlieb sein könnte, eines Menschen Schwermut zu mißbrauchen. Derlei kann indessen vorkommen, und ich bin einmal nahe daran gewesen, ein solches Verhältnis zu entdecken. Es gibt auch nichts so Verführerisches für ein Mädchen, als von einer poetisch-schwermütigen Natur geliebt zu werden. Und wenn sie nur Eigenliebe genug hat, sich einzubilden, sie bekunde dadurch ihre treue Liebe, daß sie sich an ihn klammere, anstatt dadurch, daß sie ihn preisgebe, so hat sie eine sehr bequeme Aufgabe im Leben, wodurch sie die Ehre und das gute Bewußtsein dessen genießt, treu zu sein wie gleichzeitig die allerfeinst destillierte Liebe. Gott bewahre jedweden Menschen vor einer solchen Treue!

Eines Tages kam er zu mir herauf; seine dunkeln Leidenschaften hatten völlig die Oberhand gewonnen. In den wildesten Ausbrüchen verfluchte er das Dasein, seine Liebe, das geliebte Mädchen. Von diesem Augenblick an kam er niemals mehr zu mir. Einem anderen Menschen gestanden zu haben, das Mädchen sei ihm zur Plage, konnte er sich vermutlich selbst nicht verzeihen; jetzt hatte er alles verdorben, sogar jene Freude, ihren Stolz aufrechtzuerhalten und eine Göttin aus ihr zu machen. Wenn er mir begegnete, ging er mir aus dem Wege, stießen wir aufeinander, sprach er niemals mit mir, indes er sich sichtlich bestrebte, sich froh und zuversichtlich zu gebärden. Ich war darauf bedacht, ihm etwas näher zu folgen, und hatte zu diesem Zweck begonnen, seine subalterne Umgebung zu erkunden. Wenn man es mit einem Schwermütigen zu tun hat, bekommt man oft mit Hilfe der Subalternen am meisten zu wissen. Einem Diener, einem Dienstmädchen, einem alten übersehenen Inventarium in einer Familie eröffnet sich ein Schwermütiger oft mehr als den ihm durch Bildung und äußere Lebensumstände nächsten Umgebungen. Ich habe einen Schwermütigen gekannt, der wie ein Tänzer durchs Leben schritt und jeden betrog, mich dazu, bis ich über einen Barbier auf eine andere Spur geriet. Dieser Barbier war ein älterer

Mann, der in bedrängten Verhältnissen lebte und der selbst seine Kunden bediente. Mitgefühl mit der Not dieses Barbiers brachte ihn dazu, seine Schwermut hervorbrechen zu lassen, und dieser Barbier wußte, was sonst niemand ahnte. Der junge Mensch ersparte mir indessen diese Mühe; denn er wandte sich wiederum an mich, fest entschlossen jedoch, nie mehr einen Fuß in mein Haus zu setzen. Er schlug mir vor, ihn zu bestimmten Zeiten an entlegenen Orten zu treffen. Ich war willig und kaufte zu diesem Zweck zwei Zulassungsscheine fürs Fischen im Wallgraben. Hier trafen wir uns zu früher Morgenstunde. Zu jener Stunde, da der Tag mit der Nacht kämpft, da selbst zur Mittsommerzeit ein kalter Schauer durch die Natur geht, da trafen wir uns drunten im klammen Morgennebel und im betauten Gras, und die Vögel flogen bei seinen Schreien erschreckt auf. Zu jener Stunde, da der Tag gesiegt hat, da alles Lebendige sich des Daseins freut, zu jener Stunde, da das geliebte junge Mädchen, das er durch seinen Schmerz verhätschelte, den Kopf aus den Kissen aufrichtete und die Augen aufschlug, weil der Gott des Schlafs, der an ihrem Lager gesessen hatte, sich erhob, zu jener Stunde, da der Gott der Träume ihr den Finger auf die Augenlider legte, so daß sie wieder zu kurzem Schlummer zurücksank, während er ihr erzählte, wovon sie nie etwas geahnt hatte, und es so sanft und hinatmend erzählte, daß sie alles vergessen hatte, als sie erwachte – zu jener Stunde trennten wir uns wieder. Und was auch der Gott der Träume ihr anvertraut hatte, davon ließ sie sich jedoch nicht träumen, was sich zwischen uns abspielte. Kein Wunder, daß der Mann blaß wurde! Kein Wunder, daß ich es bin, der sein und mehrerer Ähnlicher Vertrauter war!

Wieder verging einige Zeit. Ich litt wirklich sehr mit dem jungen Menschen, der von Tag zu Tag dahinschwand. Und doch bereute ich keineswegs, an seinem Leiden zu partizipieren; denn in seiner Liebe war doch die Idee in

Bewegung. [Und eine solche Liebe bemerkt man doch, Gott sei Dank! zuweilen im Leben, im Roman und in der Novelle sucht man vergebens danach.] Nur wo dies der Fall ist, hat die Liebe Bedeutung, und wer nicht begeistert davon überzeugt ist, daß die Idee das Lebensprinzip in der Liebe darstellt und daß man, falls erforderlich, das Leben für sie opfern muß, ja mehr noch, die Liebe selbst, mag auch die Wirklichkeit sie noch so sehr begünstigt haben, der ist von der Poesie ausgeschlossen. Wo hingegen die Liebe in der Idee ist, da ist jede Bewegung, sogar jedes flüchtige Rühren, nicht ohne Bedeutung, weil die Hauptsache immer zugegen ist, die poetische Kollision, die dann, soviel ich weiß, weit entsetzlicher sein kann als diejenige, die ich hier beschreibe. Aber der Idee dienen wollen, was dann im Verhältnis zur Liebe nicht zwei Herren dienen bedeutet, ist auch ein anstrengender Dienst; denn keine Schönheit kann so berechnend sein, wie die Idee es ist, und keines Mädchens Mißbilligung kann so schwer sein wie das Zürnen der Idee, das sich vor allem unmöglich vergessen läßt.

Wenn ich die Stimmungen in jenem jungen Menschen, so wie ich sie kennengelernt habe, ausführlich verfolgen wollte, geschweige denn, wenn ich nach Dichterart eine Menge nicht hergehöriger Dinge mitnehmen wollte: Wohnstuben und Kleidung, schöne Gegenden, Angehörige und Freunde, dann könnte aus dieser Geschichte eine ellenlange Novelle werden. Dazu habe ich indessen keine Lust. Ich esse wohl Salat, aber ich esse immer nur das Herz, die Blätter sind, denke ich, für die Schweine; ich ziehe mit Lessing die Lust der Zeugung den Mühen der Geburt vor. Hat jemand dagegen etwas einzuwenden, dann bitte schön, mir soll es gleich sein.

Die Zeit verging. Wenn es mir möglich war, stellte ich mich zu dieser nächtlichen Andacht ein, wo er sich durch wilde Schreie Motion für den ganzen Tag verschaffte; denn den Tag benutzte er dazu, das Mädchen zu verzaubern. Wie Prometheus, an die Klippe genagelt, während ihm der Greif die Leber zerhackt, die Götter durch seine Weissagung fesselt, so fesselte er die Geliebte. An jedem Tage wurde alles aufgeboten, weil jeder Tag der letzte war. Doch so konnte es nicht bleiben, er biß in die Kette, die ihn band; aber je mehr seine Leidenschaft schäumte, desto seliger war sein Gesang, desto zarter seine Worte, desto fester wurde die Kette. Aus diesem Mißverständnis ein wirkliches Verhältnis zu gestalten, war ihm unmöglich, das hätte ja geheißen, sie einem ewigen Betrug preiszugeben. Ihr die Verwechslung zu erklären, daß sie nur die sichtbare Gestalt war, während sein Denken, seine Seele etwas anderes suchten, das er auf sie übertrug, das hätte geheißen, sie so tief zu kränken, daß sein Stolz sich dagegen empörte. Das war eine Methode, die er tiefer als alles verachtete. Darin hatte er auch recht. Es ist verächtlich, ein Mädchen zu betrügen und zu verführen; aber es ist verächtlicher, ein Mädchen auf die Weise zu verlassen, daß man nicht einmal zu einem Schlingel wird, sondern eine glanzvollere Retraite vornimmt, indem man sie mit der Erklärung abspeist, sie sei nicht das Ideal gewesen, und sie damit tröstet, sie sei die Muse gewesen. Derlei läßt sich wohl machen, wenn man etwas Übung darin hat, ein Mädchen zu beschwätzen, in der Stunde der Not nimmt sie wohl auch die Erklärung an, man kommt gut davon, wird zu einem anständigen Menschen, sogar liebenswürdig, und hinterher ist sie im Grunde tiefer gekränkt als eine, die sich betrogen *weiß*. Daher ist in jedem Liebesverhältnis, das sich nicht realisieren läßt, obgleich es begonnen ist, Delikatesse das Beleidigendste von allem, und wer einen erotischen Blick besitzt und nicht feige ist, erkennt leicht, daß undelikat sein das einzige Mittel ist, das ihm übrigbleibt, um das Mädchen in Ehren zu halten.

Um, wo möglich, diesen Leiden ein Ende zu bereiten, forderte ich ihn auf, mit Kraft das Äußerste zu wagen. Es galt bloß, einen Einheitspunkt zu finden. Ich machte ihm somit folgenden Vorschlag: »Zerstören Sie alles, verwandeln Sie sich in einen verächtlichen Menschen, der nur seine Freude daran hat, zum Narren zu halten und zu betrügen. Vermögen Sie dies, dann ist Gerechtigkeit zuwegegebracht; in diesem Fall kann dann nicht mehr von ästhetischen Differenzen die Rede sein, die Ihnen ihr gegenüber ein höheres Recht verliehen haben, etwas, das Menschen nur allzuoft einer sogenannten ungewöhnlichen Individualität einzuräumen geneigt sind; sie ist die Siegerin, sie hat absolut recht, Sie haben absolut unrecht. Tun Sie es indessen nicht gar zu plötzlich; denn das würde nur ihre Liebe entflammen. Sehen Sie zuerst zu, ihr wo möglich etwas unbehaglich zu werden. Necken Sie sie nicht, das erhitzt. Nein! Seien Sie wankelmütig, faselhaft, tun Sie am einen Tag das, am anderen etwas anderes, jedoch ohne Leidenschaft, in einem vollkommenen Schlendrian, der jedoch nicht in Unaufmerksamkeit ausartet, da im Gegenteil die äußere Aufmerksamkeit ebenso groß sein muß wie je, aber in ein Amtsgeschäft verwandelt, dem es an Innerlichkeit gebricht. Bringen Sie immerzu anstelle aller Liebeslust eine gewisse widerliche *quasi*-Liebe hervor, die weder Gleichgültigkeit noch Begierde ist; lassen Sie Ihr ganzes Auftreten ebenso unangenehm sein, wie wenn man einen Menschen geifern sieht; fangen Sie indessen nicht damit an, ohne daß Sie die Kraft haben, es zu vollführen, sonst ist der Teufel los; denn niemand ist so klug wie ein Mädchen, das heißt, wenn es sich um die Frage handelt, ob sie geliebt wird oder nicht, und es gibt keine so schwierige Operation, als selber den Exstirpator anwenden zu sollen, ein Instrument, das im allgemeinen nur die Zeit richtig zu hantieren versteht. Wenn dann alles im Gang ist, so brauchen Sie sich bloß an mich zu wenden, ich werde dann das übrige besorgen. Sie lassen das Gerücht ausstreuen, Sie hätten eine neue Liebesgeschichte, *et quidem* von ziemlich unpoetischer Art;

denn anders würden Sie sie bloß reizen. Daß Ihnen dergleichen nicht einfallen könnte, weiß ich wohl; denn unter uns steht fest, daß sie die einzige ist, die Sie lieben, wenngleich es Ihnen unmöglich ist, das rein poetische Verhältnis in eine wirkliche Liebe umzusetzen. Dem Gerücht muß etwas Wahres zugrundeliegen, dafür werde ich sorgen. Ich suche mir hier in der Stadt ein Mädchen aus, mit dem ich eine Abrede treffe.«

Es war nicht bloß Rücksicht auf den jungen Menschen, die mich bewog, diesen Plan auszuhecken; aber ich kann nicht leugnen, daß ich allmählich seine Geliebte mit scheelen Augen ansah. Daß sie gar nichts merken sollte, daß sie von seinem Leiden gar nichts ahnen sollte, und was ihm wohl zugrunde liegen könnte, daß sie in diesem Falle gar nichts unternahm, nichts versuchte, um ihn durch das zu retten, was er brauchte und was sie ihm geben konnte – durch die Freiheit, die eben dann ihn retten würde, wenn sie es wäre, die sie ihm gäbe; denn dann gewönne sie durch ihre Großmut wiederum die Oberhand über ihn, sie wäre nicht gekränkt! Ich kann einem Mädchen alles verzeihen; aber ich kann ihm nie verzeihen, wenn es sich in seiner Liebe in der Aufgabe der Liebe irrt. Ist eines Mädchens Liebe nicht aufopfernd, dann ist sie keine Frau, sondern ein Mann, und dann werde ich mir immer ein Vergnügen daraus machen, sie der Rache oder dem Gelächter anheimfallen zu lassen. Und welche Aufgabe stellte es nicht für einen komischen Dichter dar, eine solche Geliebte, die erst dem Geliebten durch ihre Liebe das Blut ausgesaugt hat, bis er in Not und Verzweiflung mit ihr bricht, eine solche Geliebte als eine Elvire auftreten zu lassen, die in dieser Rolle Bravour macht, von teilnehmenden Verwandten und Freunden beweint wird, eine Elvire, die von der Treulosigkeit der Männer sprechen kann, daß es seine Art hat, eine Treulosigkeit, die sie offenbar das Leben kosten wird, eine Elvire, die all dies mit einem Aplomb und mit einer Sicherheit tut, daß es ihr auch nicht eine halbe Sekunde lang in den Sinn kommt, ihre Treue sei wohl mehr darauf bedacht gewesen, den Geliebten umzubringen. Groß ist die weibliche Treue, insbesondere wenn sie verbeten ist, unergründlich und unbegreiflich ist sie nach allen Seiten hin. Die Situation würde unbezahlbar werden, wenn ihr Liebhaber trotz all seiner Not doch soviel Humor bewahrt hätte, kein Wort des Zorns an sie zu vergeuden, sondern sich auf eine tiefsinnigere Rache beschränkte, nämlich sie zu düpieren und sie in der Einbildung zu bestärken, sie sei schamlos von ihm betrogen worden. Wäre dies mit ihr der Fall, so kann ich ihr verheißen, daß die Rache, falls der junge Mensch imstande ist, meinen Plan auszuführen, sie entsetzlich treffen wird, und dennoch bloß mit poetischer Berechtigung. Denn er ist davon überzeugt, das Beste zu tun, was er vermag, und dennoch wird dies, wenn sie eigenlieb ist, die härteste Züchtigung darstellen. Er behandelt sie mit aller möglichen erotischen Fürsorge, und dennoch wird seine Methode gerade den größten Schmerz bewirken, wenn sie eigenlieb ist.

Er war willig und stimmte meinem Plan völlig zu. In einem Modeladen fand ich, was ich suchte, ein junges, recht hübsches Mädchen, für dessen Zukunft ich zu sorgen versprach, wenn sie dafür auf meinen Plan einging. Mit ihr sollte er sich an öffentlichen Stellen zeigen, sie sollte er zu Zeiten besuchen, so daß kein Zweifel möglich war, daß sie im Einvernehmen miteinander lebten. Zu diesem Zweck ließ ich ihr Wohnung in einem Hause mit Durchgang nach zwei Straßen hin anweisen, so daß er bloß spät am Abend durchs Haus zu gehen brauchte, um dadurch Dienstmädchen und so weiter Gewißheit zu verschaffen und den Klatsch in Gang zu bringen. Wenn alles in Ordnung war, wollte ich schon dafür Sorge tragen, daß der Geliebten seine neue Verbindung nicht verborgen bliebe. Die Näherin war nicht übel; aber im übrigen gerade so, daß sich die Geliebte ohne alle mögliche

Jalousie darüber wundern konnte, daß ihr ein solches Mädchen vorgezogen wurde. Insoweit ich es auf die Geliebte abgesehen hatte, hätte die Näherin wohl anders sein müssen; aber da ich in dieser Hinsicht nichts mit Sicherheit wissen konnte, und da ich ferner an dem jungen Menschen nicht hinterlistig handeln wollte, traf ich meine Wahl ganz im Interesse seiner Methode.

Die Näherin war für ein Jahr engagiert; so lange mußte das Verhältnis aufrechterhalten bleiben, um die Geliebte völlig zu düpieren. In dieser Zeit sollte er zugleich daran arbeiten, seine Dichterexistenz wo möglich zu durchstoßen. Gelang es ihm, dann mußte eine *redintegratio in statum pristinum* zuwege gebracht werden. Im Laufe des Jahres hatte zugleich das junge Mädchen, was von großer Wichtigkeit war, Gelegenheit gehabt, sich selbst aus dem Verhältnis herauszuarbeiten, er hatte sie nicht mit einer unsicheren Anweisung auf das Resultat einer solchen Operation honoriert. Sollte es geschehen, daß sie, wenn der Augenblick der Wiederholung kam, müde geworden war, nun wohl, dann hatte er jedoch großmütig gehandelt.

Auf diese Weise war alles in Ordnung gebracht. Ich hielt schon an den Schnüren, und meine Seele war auf den Ausfall ungewöhnlich gespannt. Er blieb aus; ich sah ihn niemals wieder. Er hatte nicht die Kraft besessen, den Plan zu vollführen. Seine Seele ermangelte der Elastizität der Ironie. Er hatte nicht die Kraft, das Schweigegelübde der Ironie abzulegen, nicht die Kraft, es zu halten, und nur wer schweigt, aus dem wird etwas. Nur wer wirklich lieben kann, ist ein Mensch, nur wer seiner Liebe jeden beliebigen Ausdruck verleihen kann, ist Künstler. In einem gewissen Verstande war es vielleicht richtig, daß er nicht damit anfing; denn er hätte kaum die Schrecken des Abenteuers ausgehalten, und schon von Anfang an war mir ein wenig bange, weil er eines Vertrauten bedurfte. Wer zu schweigen versteht, entdeckt ein Alphabet, das ebenso viele Buchstaben hat wie das gemeinhin gebräuchliche, so daß er alles in seiner Diebessprache auszudrücken vermag, so daß kein Seufzer so tief ist, ihm stehe nicht das Lachen zu Gebote, das diesem in der Diebessprache entspricht, und kein Gebet so dringlich, ihm stehe nicht der Witz zu Gebote, der die Forderung einlöst. Für ihn wird ein Augenblick kommen, wo ihm ist, als solle er den Verstand verlieren. Doch ist dies bloß ein Moment, obgleich er entsetzlich ist. Er ist wie das Fieber, das man in der Nacht zwischen elf und zwölf bekommt, um ein Uhr arbeitet man unbekümmerter als je zuvor. Hält man den Wahnsinn aus, so wird man schon den Sieg davontragen.

Doch ich sitze hier und erzähle weit und breit, was eigentlich nur angeführt worden ist, um zu zeigen, daß die Liebe der Erinnerung einen Menschen gerade unglücklich macht. Mein junger Freund hat die Wiederholung nicht verstanden, er hat nicht daran geglaubt und wollte sie nicht mit Kraft. Das Schwere an seinem Geschick war, daß er das Mädchen wirklich liebte; aber um sie wirklich zu lieben, mußte er erst aus der dichterischen Verwirrung herausgelöst werden, in die er geraten war. Er hätte dem Mädchen dies Geständnis machen können; wenn man ein junges Mädchen abdanken will, stellt es ja eine ziemlich anständige Bedingung dar. Das wollte er indessen nicht. Daß es unrichtig wäre, darin war ich auch ganz mit ihm einig. Er hätte sie damit der Möglichkeit beraubt, inzwischen unter eigenen Auspizien zu existieren, und sich selbst davon entbunden, vielleicht zum Gegenstand ihrer Verachtung zu werden, und entbunden von jener beflügelnden Angst, ob es ihm jemals gelingen werde, das Vertane einzuholen.

Hätte der junge Mensch an die Wiederholung geglaubt, was hätte da nicht aus ihm werden können? Welche Innerlichkeit hätte er nicht im Leben erlangen können?

Ich bin indessen der Zeit weiter vorausgeschritten, als ich

es eigentlich wollte. Meine Absicht war nur, den ersten Moment darzustellen, wo klar wurde, daß der junge Mensch in großem Verstande der traurige Ritter der einen glücklichen Liebe der Erinnerung war. Der Leser vergönnt mir vielleicht, daß ich noch einmal an den Augenblick zurückdenke, als er, von Erinnerung berauscht, in meine Stube trat, als ihm bei jenem Vers von Poul Möller immerzu das Herz überging, als er mir anvertraute, er müsse sich selbst verleugnen, um nicht den ganzen Tag bei der Geliebten zu hocken. Den gleichen Vers wiederholte er an jenem Abend, als wir uns trennten. Es wird mir nie möglich sein, den Vers zu vergessen, ja, die Erinnerung an sein Verschwinden werde ich leichter auslöschen können als das Gedenken an jenen Augenblick, wie mich auch die Kunde davon weit weniger geängstigt hat als jene Situation. So bin ich nun eimal beschaffen; im ersten Schaudern der Ahnung hat meine Seele im gleichen Augenblick alle Konsequenzen durchlaufen, die oft lange dazu brauchen, um in der Wirklichkeit sichtbar zu werden. Die Konzentration der Ahnung vergißt man nie. So glaube ich jedoch, muß ein Beobachter beschaffen sein; aber wenn er so beschaffen ist, dann wird er auch viel zu leiden haben. Der erste Moment muß ihn fast bis zur Ohnmacht überwältigen; aber in diesem Erbleichen hat ihn die Idee geschwängert, und von nun an befindet er sich in entdeckendem Rapport zur Wirklichkeit. Wenn ein Mensch diese Weiblichkeit nicht besitzt, so daß die Idee in das rechte Verhältnis zu ihm gelangen kann, was immer ein Beschlafen ist, dann taugt er nicht zur Beobachtung, denn wer nicht das Totale entdeckt, entdeckt eigentlich nichts.

Als wir uns an jenem Abend trennten und er mir noch einmal dankte, weil ich ihm dabei behilflich gewesen war, die Zeit zu vertreiben, die seiner Ungeduld nur allzu langsam verstrich, da dachte ich bei mir, vermutlich ist er offenherzig genug, dem jungen Mädchen alles zu

erzählen, und dann liebt sie ihn noch höher. Ob sie es getan hat? Hätte er mich um Rat gefragt, so würde ich ihm abgeraten haben. Ich hätte zu ihm gesagt: »Halten Sie sich im Anfang steif, rein erotisch gesprochen ist das das klügste; es sei denn, Ihre Seele sei so ernst, daß Sie den Gedanken auf etwas weit Höheres hinlenken können.« Hat er es gesagt, so hat er nicht klug gehandelt.
Wer einige Gelegenheit dazu gehabt hat, junge Mädchen zu beobachten, ihre Gespräche zu belauern, hat wohl oft diese Formeln gehört: »N.N. ist ein guter Mensch, aber er ist langweilig; dagegen F.F., er ist so interessant und pikant.« Immer wenn ich diese Worte aus dem Mund eines Jüngferchens vernehme, denke ich: Schande über dich; ist es denn nicht traurig, daß ein junges Mädchen in dieser Weise spricht. Wenn sich ein Mann im Interessanten verirrt hätte, wer sollte ihn dann retten, wenn nicht eben ein Mädchen. Und versündigt sie sich nicht auch dadurch? Entweder ist der Betreffende nicht imstande dazu, es zu vollbringen, und dann ist es undelikat, es zu fordern; oder er kann es, und dann...., denn ein junges Mädchen sollte gerade so vorsichtig sein, nie das Interessante hervorzulocken; das Mädchen, das es tut, verliert immer, der Idee nach gesehen; denn das Interessante läßt sich nie wiederholen; welche es nicht tut, die trägt immer den Sieg davon.
Vor etwa sechs Jahren befand ich mich auf einer Reise, ungefähr acht Meilen aufs Land hinaus, und machte in einer Wirtschaft halt, wo ich zu Mittag aß. Ich hatte eine angenehme und wohlschmeckende Mahlzeit eingenommen, war ein wenig aufgeräumt, stand eben mit einer Tasse Kaffee in der Hand, dessen Duft ich einsaugte, als im gleichen Augenblick ein junges hübsches Mädchen, leicht und lieblich, am Fenster vorübergeht, in den Hof einbiegt, der zur Wirtschaft gehörte, woraus ich den Schluß zog, sie wolle in den Garten hinuntergehen. Man ist jung – also, ich schluckte meinen Kaffee hinunter, zün-

dete eine Zigarre an und war gerade dabei, dem Wink des Schicksals und des Mädchens Spur zu folgen, als es an meine Tür klopft, und herein tritt – das junge Mädchen. Sie knickst freundlich vor mir, fragt mich, ob es nicht mein Wagen sei, der im Hof halte, ob ich nicht nach Kopenhagen müsse, ob ich ihr nicht mitzufahren erlaube. Die bescheidene und doch echt weiblich würdige Art und Weise, in der sie es tat, genügte, um mich im gleichen Nu das Interessante und Pikante außer Sicht verlieren zu lassen. Und doch ist es ja weit interessanter, als ein junges Mädchen in einem Garten zu treffen, acht Meilen mit ihr allein im eigenen Wagen zu fahren, mit Kutscher und Diener, sie ganz in seiner Macht habend. Nichtsdestoweniger hege ich die Überzeugung, daß selbst ein leichtsinnigerer Mensch als ich sich nicht versucht gefühlt haben würde. Das Zutrauen, womit sie sich meiner Gewalt anvertraut hatte, ist ein besserer Schutz als alle Klugheit und Schläue eines Mädchens. Wir fuhren zusammen. Sie könnte nicht sicherer gefahren sein, wäre sie mit einem Bruder oder einem Vater gefahren. Ich verhielt mich schweigsam und zurückhaltend, nur wenn sie etwas bemerken zu wollen schien, war ich zuvorkommend. Mein Kutscher erhielt Ordre zu eilen. Fünf Minuten wurde auf jeder Station Rast gemacht. Ich stieg aus, den Hut in der Hand fragte ich, ob ihr eine Erfrischung genehm wäre; mein Diener stand, den Hut in der Hand, hinter mir. Als wir uns der Hauptstadt näherten, ließ ich den Kutscher einen Umweg über eine Seitenstraße machen; da stieg ich aus, ging eine halbe Meile bis Kopenhagen, damit keine Begegnung oder dergleichen sie stören sollte. Ich habe mich nie danach erkundigt, wer sie war, wo sie wohnte, was der Anlaß ihrer plötzlichen Reise war; aber sie ist mir eine immer angenehme Erinnerung gewesen, die ich mir durch keinerlei selbst unschuldige Neugier zu kränken erlaubt habe. – Ein Mädchen, das das Interessante will, wird zur Schlinge, in der sie sich selbst fängt. Ein Mädchen, das das Interessante nicht will, glaubt an die Wiederholung. Ehre sei dem, der ursprünglich so gewesen ist; Ehre dem, der im Lauf der Zeit so geworden ist.

Doch muß ich immerzu wiederholen, daß ich dies alles aus Anlaß der Wiederholung sage. Die Wiederholung ist jene neue Kategorie, die es zu entdecken gilt. Wenn man etwas von der neueren Philosophie kennt und mit der griechischen nicht ganz unbekannt ist, dann wird man leicht gewahr, daß diese Kategorie gerade das Verhältnis zwischen Eleaten und Heraklit erklärt und daß die Wiederholung eigentlich das ist, was man irrtümlich als Mediation bezeichnet hat. Es ist unglaublich, wieviel Wesens man in der Hegelschen Philosophie von der Mediation gemacht und wieviel törichtes Geschwätz sich unter dieser Firma des Ruhms und der Ehren erfreut hat. Man sollte lieber versuchen, die Mediation durchzudenken und dann den Griechen ein wenig Recht widerfahren lassen. Die griechische Entwicklung der Lehre vom Sein und Nichts, die Entwicklung des »Augenblicks«, des »Nicht-Seienden« und so weiter läßt Hegel weit hinter sich. Mediation ist ein ausländisches Wort, Wiederholung ist ein gut dänisches Wort, und ich gratuliere der dänischen Sprache zu einem philosophischen Terminus. In unserer Zeit wird nicht erklärt, wie die Mediation zustandekommt, ob sie aus der Bewegung jener zwei Momente resultiert, und in welchem Verstande sie dann schon im voraus darin enthalten ist, oder ob sie etwas Neues darstellt, das hinzutritt, und dann wie. In dieser Hinsicht ist die griechische Betrachtung des Begriffes *κίνησις*, welcher der modernen Kategorie »Übergang« entspricht, in hohem Grade zu beachten. Die Dialektik der Wiederholung ist leicht; denn was wiederholt wird, ist gewesen, sonst könnte es nicht wiederholt werden, aber gerade daß es gewesen ist, macht die Wiederholung zu etwas Neuem. Wenn die Griechen sagten, alles Erkennen sei Erinnern, dann sagten sie, das ganze Dasein, das ist, sei gewesen; wenn man sagt, das Leben sei eine Wiederholung, dann sagt man: das Dasein, das gewesen ist, entsteht jetzt. Hat man die Kategorie der Erinnerung oder Wiederholung nicht, dann löst sich das ganze Leben in einen leeren und inhaltslosen Lärm auf. Die Erinnerung ist die ethnische Lebensbetrachtung, die Wiederholung die moderne; die Wiederholung ist das *Interesse* der Metaphysik; und zugleich jenes Interesse, an dem die Metaphysik scheitert, die Wiederholung ist die Lösung innerhalb jeder ethnischen Anschauung, die Wiederholung ist *conditio sine qua non* für jedes dogmatische Problem.

Ein jeder mag über das hier die Wiederholung betreffend Gesagte urteilen, wie er wolle, er mag auch wie er wolle darüber urteilen, daß ich es hier und auf diese Weise sage, indem ich nach Hamanns Exempel »mit mancherlei Zungen mich ausdrücke, und die Sprache der Sophisten, der Wortspiele, der Creter und Araber, Weißen und Mohren und Creolen rede, Critik, Mythologie, rebus und Grundsätze durcheinander schwatze, und bald *κατ' ἄνθρωπον* bald *κατ' ἐξοχήν* argumentire«. Vorausgesetzt, daß, was ich sage, nicht reiner Schwindel ist, täte ich vielleicht am richtigsten daran, meinen Gedankensplitter einem systematischen Taxator einzusenden, vielleicht könnte etwas daraus werden, eine Anmerkung im System – großer Gedanke! – dann hätte ich nicht umsonst gelebt!

Was die Bedeutung betrifft, welche die Wiederholung für eine Sache hat, so läßt sich da vieles sagen, ohne sich einer Wiederholung schuldig zu machen. Als Professor Ussing seinerzeit in der Gesellschaft vom 28. Mai eine Rede hielt und eine Äußerung darin keinen Gefallen erweckte, was machte da der Professor, der damals immer resolut und gewaltig auftrat? Er schlug auf den Tisch und sagte: ich wiederhole. Er erwartete also damals, daß das, was er sagte, durch Wiederholung gewönne. Vor einigen Jahren hörte ich einen Pastor bei zwei festlichen Gelegenheiten ganz die gleiche Rede halten. Wäre er der gleichen Ansicht wie der Professor gewesen, dann hätte er das zweitemal, als er die Kanzel bestieg, auf das Pult geschlagen und gesagt: ich wiederhole, was ich schon vorigen Sonntag gesagt habe. Dies tat er nicht und ließ sich überhaupt nichts anmerken. Er war nicht Professor Usings Ansicht, und wer weiß, vielleicht ist der Herr Professor selber dieser Ansicht nicht mehr, es sei gut für seine Rede, daß sie wiederholt werde. Als die Königin bei einem Hoffest eine Geschichte erzählt hatte und alle Hofleute darüber gelacht hatten, inklusive eines tauben Ministers, da erhob sich dieser und bat sich die Gnade aus, auch eine Geschichte erzählen zu dürfen, und erzählte die gleiche. Frage: welche Auffassung hatte er von der Bedeutung der Wiederholung? Wenn ein Lehrer in einer Schule sagt: jetzt wiederhole ich zum zweitenmal, daß Jespersen ruhig sitzen soll; und eben dieser Jespersen wird wegen wiederholter Unruhe ins Klassenbuch eingetragen, dann ist die Bedeutung der Wiederholung völlig entgegengesetzt.

Aber bei solchen Exempeln will ich mich nicht weiter aufhalten, sondern dazu übergehen, ein wenig von der Entdeckungsreise zu berichten, die ich unternommen habe, um die Möglichkeit und Bedeutung der Wiederholung zu erproben. Ohne eines Menschen Wissen [auf daß nämlich alles mögliche Geschwätz mich nicht für das Experiment untauglich und in anderer Weise der Wiederholung überdrüssig machen sollte] begab ich mich mit dem Dampfer nach Stralsund und verschaffte mir einen Platz in der Schnellpost nach Berlin. Unter den Gelehrten gibt es verschiedene Meinungen darüber, welcher Platz der bequemste in einer Diligence ist; meine Ansicht ist die: es steht samt und sonders erbärmlich darum. Voriges Mal hatte ich einen äußeren Platz in Fahrtrichtung im Wagen drinnen [ein solcher wird von vielen als das große Los angesehen] und wurde nun sechsund-

dreißig Stunden lang mit meinen Nachbarn dermaßen durcheinandergeschüttelt, daß ich bei der Ankunft in Hamburg nicht nur den Verstand, sondern die Beine dazu verloren hatte. Wir sechs Personen, die drinnen im Wagen saßen, wurden in diesen sechsunddreißig Stunden dermaßen zu einem Körper zusammengearbeitet, daß ich eine Vorstellung davon bekam, was den Molboern passiert ist, die, nachdem sie lange zusammengesessen hatten, nicht mehr herausfinden konnten, welches ihre eigenen Beine waren. Um falls möglich zumindest Bein an einem kleineren Körper zu werden, wählte ich einen Platz im Coupé. Das war eine Veränderung. Indessen wiederholte sich alles. Der Postillon blies ins Horn, ich schloß die Augen, gab mich der Verzweiflung anheim und dachte, wie ich bei einer solchen Gelegenheit zu tun pflege: Gott weiß, ob du es aushältst, ob du wirklich nach Berlin kommst und wenn ja, ob du jemals wieder Mensch wirst, imstande, dich in der Vereinzelung der Isolation zu befreien, oder ob du eine Erinnerung daran behältst, daß du ein Glied an einem größeren Körper bist.
Immerhin kam ich nach Berlin. Gleich eilte ich zu meinem alten Logis, um mich zu vergewissern, wieweit eine Wiederholung möglich sei. Ich darf jedem teilnehmenden Leser versichern, daß es mir das vorige Mal geglückt war, eine der angenehmsten Wohnungen in Berlin zu bekommen, das kann ich nun um so bestimmter versichern, nachdem ich etliche mehr gesehen habe. Der Gend'armes Platz ist gewiß der schönste in Berlin, das Schauspielhaus, die beiden Kirchen nehmen sich, zumal bei Mondschein, von einem Fenster aus gesehen, vorzüglich aus. Die Erinnerung daran hatte viel dazu beigetragen, daß ich mich auf die Reise begab. Man steigt in einem von Gas erleuchteten Haus in die erste Etage hinauf, man öffnet eine kleine Tür, man steht im Entrée. Zur Linken hat man eine Glastür, die in ein Kabinett führt. Man geht geradeaus weiter, man befindet sich in einem Vorzimmer. In-

nerhalb von diesem sind zwei Zimmer, ganz gleichförmig, ganz gleich möbliert, derart, daß man das Zimmer im Spiegel doppelt sieht. Das innerste Zimmer ist geschmackvoll erleuchtet. Auf einem Arbeitstisch steht ein Armleuchter, ein leichter Lehnstuhl, mit rotem Sammet bezogen, steht daneben. Das vordere Zimmer ist nicht erleuchtet. Hier vermischt sich das bleiche Licht des Mondes mit der stärkeren Beleuchtung aus dem inneren Zimmer. Man setzt sich auf einen Stuhl am Fenster hin, man betrachtet den großen Platz, man sieht die Schatten der Vorübergehenden über die Mauern huschen. Alles verwandelt sich in eine szenische Dekoration. Eine verträumte Wirklichkeit dämmert im Hintergrund der Seele. Man verspürt die Lust, den Mantel umzuwerfen, sich sachte mit spähenden Blicken die Mauer entlang zu schleichen, auf jeden Laut aufmerksam. Man tut es nicht, man sieht sich es bloß verjüngt tun. Man hat seine Zigarre geraucht; man zieht sich in das innere Zimmer zurück, man fängt zu arbeiten an. Mitternacht ist vorüber. Man löscht die Kerzen, man zündet ein kleines Nachtlicht an. Das Mondlicht siegt ungemischt. Ein einzelner Schatten erweist sich noch dunkler, ein einzelner Fußtritt braucht lange Zeit, um zu verschwinden. Die wolkenlose Wölbung des Himmels sieht so wehmütig und träumerisch aus, als sei der Weltuntergang vorbei und der Himmel ungestört mit sich selbst beschäftigt. Man geht wieder in das Vorzimmer hinaus, ins Entrée, hinein in jenes kleine Kabinett, man schläft – wenn man zu den Glücklichen gehört, die schlafen können. – Ach! aber hier war keine Wiederholung möglich. Mein Wirt, der Drogist, er hatte sich verändert, in jenem prägnanten Verstand, in dem der Deutsche dieses Wort nimmt, und, soviel ich weiß, wird »sich verändern« in ähnlicher Weise in einzelnen Straßen Kopenhagens gebraucht: er hatte sich verheiratet. Ich wollte ihm gratulieren; aber da ich der deutschen Sprache nicht so mächtig bin, daß ich mir jeweils auf der Stelle zu helfen weiß, auch nicht die bei einer solchen Gelegenheit gebräuchlichen Redensarten parat hatte, so beschränkte ich mich auf eine pantomimische Bewegung. Ich legte die Hand aufs Herz und sah ihn an, während zärtliche Teilnahme in meinem Gesicht lesbar geschrieben stand. Er drückte mir die Hand. Nachdem wir einander auf diese Weise verstanden hatten, ging er dazu über, die ästhetische Gültigkeit der Ehe zu beweisen. Dies gelang ihm außerordentlich gut, just ebenso gut, wie er voriges Mal die Vollkommenheit der Junggesellen bewiesen hatte. Wenn ich deutsch spreche, bin ich der gefügigste Mensch auf der Welt.

Mein voriger Wirt wollte mir jedoch gern zu Diensten sein, und ich wollte gern bei ihm wohnen; also, ich erhielt ein Zimmer und das Entrée. Als ich am ersten Abend nach Hause kam, als ich die Kerzen angezündet hatte, dachte ich: Ach! Ach! Ach! ist das die Wiederholung. Ich war ganz verstimmt, oder wenn man so will, gerade so gestimmt, wie der Tag es erforderte; denn das Geschick hatte es so absonderlich eingerichtet, daß ich am allgemeinen Buß- und Bettag nach Berlin gekommen war. Berlin war zerknirscht. Zwar warf man einander nicht Staub in die Augen mit den Worten: *memento homo, quia pulvis es et in pulverem reverteris;* aber nichtsdestoweniger war die ganze Stadt in Staub gehüllt. Ich glaubte zuerst, es sei eine Veranstaltung der Regierung; später aber überzeugte ich mich davon, daß es der Wind war, der diese Mühe auf sich nahm, und ohne Ansehung der Person seiner Laune oder seiner bösen Gewohnheit folgte; denn in Berlin ist wenigstens jeder zweite Tag Aschermittwoch. Aber dies hat weniger mit meinem Vorhaben zu tun. Diese Entdeckung betraf nicht »die Wiederholung«; denn als ich voriges Mal in Berlin war, hatte ich dies Phänomen nicht bemerkt, vermutlich weil es Winter war.

Wenn man sich in seiner Wohnung bequem und gemütlich eingerichtet hat, wenn man somit einen festen Punkt besitzt, woraus man hervorbrechen kann, ein gesichertes Versteck, wohin man sich zurückziehen kann, um in Einsamkeit seine Beute zu verzehren, etwas, worauf ich besonders Wert lege, da ich gleich gewissen Raubtieren nicht essen kann, wenn jemand zusieht – dann macht man sich mit dem bekannt, was die Stadt an Merkwürdigkeiten zu bieten hat. Ist man Reisender *ex professo*, ein Eilbote, der reist, um an allem zu riechen, woran andere gerochen haben, oder um die Namen von Merkwürdigkeiten in sein Tagebuch einzutragen und dafür seinen eigenen in das große Stammbuch der Reisenden, dann nimmt man sich einen Lohndiener und kauft das ganze Berlin für vier Groschen. Bei dieser Methode wird man zum unparteiischen Beobachter, dessen Aussagen für jedes Polizeiprotokoll Glaubwürdigkeit besitzen sollten. Befindet man sich dagegen nicht in notwendigen Geschäften auf Reisen, dann läßt man die Dinge gehen; bekommt zuweilen etwas zu sehen, das andere nicht sehen; übersieht das Wichtigste; erlangt einen zufälligen Eindruck, der nur für einen selber Bedeutung hat. Ein solcher sorgloser Einzelgänger hat dann im allgemeinen anderen nichts Sonderliches mitzuteilen, und tut er es, läuft er leicht Gefahr, die guten Gedanken zu beeinträchtigen, die gute Menschen von seiner Moralität und Sittlichkeit hegen könnten. Wenn ein Mensch längere Zeit im Ausland gereist, aber nie auf der Eisenbahn gewesen ist, sollte er dann nicht aus jedweder besseren Gesellschaft ausgestoßen sein! Was ist mit einem Menschen, der in London gewesen und niemals im Tunnel gefahren ist! Was mit einem Menschen, der nach Rom gekommen ist, sich in eine kleine Partie der Stadt verliebt hat, die ihm unerschöpflichen Anlaß zur Freude gewährte, Rom verlassen hat, ohne eine einzige Merkwürdigkeit gesehen zu haben! Berlin hat drei Theater. Was in der Oper an Oper und Ballett geleistet wird, soll großartig sein; was im

Schauspielhaus geleistet wird, soll belehrend, bildend, nicht bloß zur Lust sein. Ich weiß es nicht. Hingegen weiß ich, daß es in Berlin ein Theater gibt, das Königstädter Theater heißt. Dieses Theater besuchen die offiziellen Reisenden seltener, obgleich doch etwas öfter als, was auch seine Bedeutung hat, jene gemütlichen Unterhaltungsstätten, die mehr abseits liegen, und wo ein Däne Gelegenheit finden kann, die Erinnerung an Lars Mathiesen und Kehlet aufzufrischen. Als ich nach Stralsund kam und in der Zeitung las, auf jenem Theater solle »Der Talismann« aufgeführt werden, wurde mir gleich wohl zumute. Die Erinnerung daran erwachte in meiner Seele, und als ich zum erstenmal dort war, war es, als riefe dieser erste Eindruck nur eine Erinnerung in meiner Seele wach, die weit in der Zeit zurückreichte.

Es gibt wohl keinen jungen Menschen mit etwas Phantasie, der sich nicht einmal vom Zauber des Theaters gefesselt gefühlt und gewünscht hätte, selber mit in jene künstliche Wirklichkeit hineingerissen zu sein, um sich wie einen Doppelgänger selber zu sehen und zu hören, sich selber in seine all-mögliche Verschiedenheit von sich selber zu zersplittern und dennoch auf eine solche Weise, daß jede Verschiedenheit wieder man selber ist. Natürlich äußert sich eine solche Lust in einem sehr jungen Alter. Nur die Phantasie ist zu ihrem Traum von der Persönlichkeit erwacht, alles andere schläft ruhig weiter. In einer solchen Selbstanschauung der Phantasie ist das Individuum keine wirkliche Gestalt, sondern ein Schatten, oder richtiger, die wirkliche Gestalt ist unsichtbar zugegen und begnügt sich daher nicht damit, einen einzigen Schatten zu werfen, sondern das Individuum hat eine Mannigfalt von Schatten, die ihm alle gleichen und die momentweise gleichberechtigt sind, es selber zu sein. Die Persönlichkeit ist noch nicht entdeckt, ihre Energie kündigt sich nur in der Leidenschaft der Möglichkeit an; denn es geht im geistigen Leben wie es mit vielen Pflanzen geht – das

Herzblatt kommt zuletzt. Aber diese Schattenexistenz verlangt auch nach einer Befriedigung, und es ist einem Menschen niemals zuträglich, wenn er nicht Zeit dazu bekommt, sich auszuleben, während es andererseits traurig oder komisch ist, wenn das Individuum irrt und sich selber dahinein auslebte. Eines solchen Menschen Prätentionen, ein wirklicher Mensch zu sein, werden dann ebenso zweifelhaft wie die Forderung derjenigen nach Unsterblichkeit, die nicht einmal dazu imstande sind, sich persönlich zum Jüngsten Gericht einzufinden, sondern sich durch eine Deputation guter Vorsätze, Eintragsbeschlüsse, Halbstundenpläne und ähnliches vertreten lassen. Die Hauptsache ist, daß alles zu seiner rechten Zeit geschieht. Alles in der Jugend hat seine Zeit, und was dann da seine Zeit gehabt hat, bekommt sie später wieder; und es ist für den Älteren ebenso gesund, etwas Vergangenes in seinem Leben zu haben, wodurch er dem Lachen zu Dank verpflichtet ist, wie etwas Vergangenes, das Tränen fordert.

Wenn man in einer Berggegend den Wind tagaus tagein unerschütterlich, unverändert das gleiche Thema vortragen hört, dann ist man vielleicht versucht, für einen Augenblick von der Unvollkommenheit zu abstrahieren und sich dann an diesem Bild der Konsequenz und Sicherheit der menschlichen Freiheit zu erfreuen. Man denkt vielleicht nicht daran, daß es einen Augenblick gegeben hat, da der Wind, der jetzt seit vielen Jahren zwischen diesen Bergen haust, als Unbekannter in diese Gegenden kam, sich verirrt, sinnlos in die Klüfte hineinstürzte, in die Berghöhlen hinab, jetzt ein Kreischen hervorbrachte, wovor er fast selber stutzte, jetzt ein hohles Brüllen, wovor er flüchtete, jetzt einen Klageton, von dem er selber nicht wußte, woher er kam, jetzt einen Seufzer aus abgründiger Angst, so tief, daß dem Wind selber bange wurde und er einen Augenblick zweifelte, ob er sich in diesen Gegenden zu wohnen getraute, jetzt ein lyrisch ausgelassenes Hopsassa, bis er, nachdem er sein Instrument kennengelernt hatte, all dies zu jener Melodie zusammenfügte, die er von Tag zu Tag unverändert vorträgt. So verirrt sich die Möglichkeit des Individuums in seiner eigenen Möglichkeit, entdeckt jetzt eines, jetzt etwas anderes. Aber die Möglichkeit des Individuums will nicht nur gehört sein, sie ist nicht wie die des Wetters hinziehend, sie ist zugleich gestaltend, daher will sie gleichzeitig gesehen sein. Jede seiner Möglichkeiten ist daher ein tönender Schatten. Das verborgene Individuum glaubt ebensowenig an die großen lärmenden Gefühle wie an das schlaue Flüstern der Bosheit, ebensowenig an den seligen Jubel der Freude wie an das unendliche Seufzen der Trauer; das Individuum will bloß pathetisch sehen und hören, aber wohlgemerkt, sich selbst. Doch will es sich selbst nicht wirklich hören. Das geht nicht an. Im gleichen Nu kräht der Hahn, und die Gestalten des Zwielichts flüchten, die nächtlichen Stimmen verstummen. Bleiben sie, dann befinden wir uns auf einem ganz anderen Gebiet, wo all dies unter der beängstigenden Aufsicht der Verantwortung vor sich geht, dann befinden wir uns beim Dämonischen. Um dann keinen Eindruck von seinem wirklichen Selbst zu bekommen, fordert das Individuum die Umgebung leicht und flüchtig, wie die Gestalten es sind, wie das schäumende Brausen der Worte es ist, die ohne Widerhall tönen. Eine solche Umgebung ist die szenische, die sich gerade deshalb für das Schattenspiel des verborgenen Individuums eignet. Unter den Schatten, in denen es sich selbst entdeckt, deren Stimme seine Stimme ist, befindet sich vielleicht ein Räuberhauptmann. Es muß sich selbst in diesem Spiegelbild erkennen, der männlichen Gestalt des Räubers, seinem schnellen und doch durchbohrenden Blick, der Schrift der Leidenschaft in seinem gefurchten Gesicht, alles muß da sein. Es muß am Bergpaß auf der Lauer liegen, es muß auf die Bewegung von Reisenden lauschen, es muß den Pfiff tun, die Bande stürzt herbei; seine Stimme muß den Lärm übertönen; es muß grausam sein, alles niedermetzeln lassen und sich gleichgültig davon abwenden, es muß dem geängstigten Mädchen gegenüber ritterlich sein und so weiter und so weiter. Ein Räuber ist ja in den düsteren Wäldern zuhause. Würde man jenen Helden der Phantasie in einen solchen hineinversetzen, ihm alles Zubehör mitgeben und ihn jetzt bloß bitten, sich so lange ruhig zu verhalten, bis man sich ein paar Meilen von ihm entfernt hat, damit er sich dann ganz seinem leidenschaftlichen Rasen überlassen könne – so würde er, glaube ich, völlig verstummen. Vielleicht würde es ihm ergehen, wie es einem Mann ergangen ist, der mich vor einigen Jahren mit seinem literarischen Vertrauen beehrte. Er kam zu mir, beklagte sich darüber, er werde in solchem Grade von Ideenfülle überwältigt, daß es ihm unmöglich sei, etwas zu Papier zu bringen, weil er nicht schnell genug schreiben könne; er bat mich, die Mühe auf mich zu nehmen, sein Sekretär zu sein und nach Diktat zu schreiben. Ich witterte gleich Unrat und tröstete ihn deshalb damit, ich könne mit einem durchgegangenen Pferd um die Wette schreiben, da ich bloß einen Buchstaben von jedem Wort schriebe und doch dafür einstünde, alles lesen zu können, was ich geschrieben habe. Meine Dienstbereitschaft kannte keine Grenzen. Ich ließ einen großen Tisch heranrücken, numerierte mehrere Bogen Papier, so daß ich nicht einmal Zeit damit zu vergeuden brauchte, das Blatt zu wenden, legte ein Dutzend Stahlfedern mit Schaft zurecht, tunkte die Feder ein – und der Mann begann seine Rede folgendermaßen: »Ja! sehen Sie, Hochgeehrte, was ich eigentlich sagen wollte, war…« Als er mit dieser Rede fertig war, las ich sie ihm vor, und seither hat er mich nie wieder als Sekretär verlangt. – Jener Räuber würde vermutlich den Maßstab zu groß und dennoch in einem anderen Verstande zu klein finden. Nein, man male ihm eine Kulisse mit einem Baum, man hänge eine Lampe davor, welche die Beleuchtung noch sonderbarer macht, und dieser Wald ist dennoch größer als jener wirkliche, größer als Nordamerikas Urwälder, und dennoch kann er ihn mit seiner Stimme durchdringen, ohne heiser zu werden. Dies ist die sophistische Lust der Phantasie, so die ganze Welt in einer Nußschale zu haben, die größer ist als die ganze Welt, und dennoch nicht größer, als daß das Individuum sie auszufüllen vermöchte.

Eine solche Lust an theatralischem Auftreten und Expektorieren verrät in keinerlei Weise einen Beruf zu szenischer Kunst. Wo der vorhanden ist, zeigt das Talent sich gleich als Disposition zum Einzelnen, und selbst das reichste erwachende Talent besitzt nicht einen solchen Umfang. Diese Lust ist nur die Unreife der Phantasie; denn es ist eine andere Sache, wenn sie ihren Grund in Eitelkeit und in dem Verlangen, glänzen zu wollen, hat. Dann hat das Ganze keinen tieferen Grund als Eitelkeit, ein Grund, der dann, um so schlimmer, tief genug sein kann.

Wenn nun auch dieses Moment im individuellen Leben verschwindet, so wird es doch in einem reiferen Alter reproduziert, nämlich dann, wenn die Seele sich in Ernst gesammelt hat. Ja, wenn die Kunst dann auch dem Individuum vielleicht nicht ernsthaft genug erscheint, kann es Lust danach verspüren, gelegentlich zu jenem ersten Zustand zurückzukehren und ihn in eine Stimmung aufzunehmen. Es hegt dann den Wunsch, sich komisch beeindrucken zu lassen und sich selbst komisch produktiv zu der theatralischen Leistung zu verhalten. Während ihm daher weder die Tragödie noch Komödie noch das Lustspiel zusagen wollen, gerade auf Grund ihrer Vollkommenheit, wendet es sich der Posse zu. Das gleiche Phänomen wiederholt sich auch in anderen Sphären. Man bemerkt zuweilen, daß die reifere Individualität, die sich an der starken Kost der Wirklichkeit sättigt, nicht eigentlich von einem gelungenen Kunstgemälde beeindruckt wird. Hingegen kann es sie bewegen, ein Nüremberger-Stück zu sehen, ein Bild, gleich denen, wie es sie vor nicht langer Zeit auf der Börse gegeben hat. Da sieht man eine Landschaft, die eine ländliche Gegend überhaupt vorstellt. Diese Abstraktion läßt sich künstlerisch nicht ausführen. Das Ganze ist daher durch den Gegensatz erreicht, nämlich durch eine zufällige Konkretion. Und doch möchte ich einen jeden fragen, ob er von einer solchen Landschaft nicht den Eindruck einer ländlichen Gegend überhaupt empfängt und ob diese Kategorie nicht von Kind an bei ihm zurückgeblieben ist. Von Kind an, da man solch ungeheure Kategorien hatte, daß einem jetzt fast schwindlig dabei wird, da man aus einem Stück Papier einen Mann und eine Frau ausschnitt, die in noch strengerem Verstande Mann und Frau überhaupt gewesen sind, als Adam und Eva es waren. Ein Landschaftsmaler, ob er nun durch treue Wiedergabe oder durch ideale Reproduktion zu wirken strebt, läßt das Individuum vielleicht kalt, ein solches Bild ruft eine unbeschreibliche Wirkung hervor, indem man nicht weiß, ob man lachen oder weinen soll, und die ganze Wirkung beruht auf der Stimmung des Betrachters. Es gibt wohl keinen Menschen, der nicht eine Periode gehabt hätte, da ihm kein Reichtum der Sprache, keine Leidenschaft der Interjektion genug war, da kein Ausdruck, keine Gestikulation ihn befriedigte, da nichts Genugtuung gab, außer dem einen: in die absonderlichsten Sprünge und Purzelbäume auszubrechen. Vielleicht hat dasselbe Individuum tanzen gelernt, vielleicht hat es oft Balletts gesehen und die Kunst des Tänzers bewundert, vielleicht ist eine Zeit gekommen, da das Ballett es nicht mehr affizierte, und dennoch hatte es Augenblicke, wo es sich auf seine Stube zurückziehen, sich ganz sich selbst überlassen und eine unbeschreiblich humoristische Linderung dabei verspüren konnte, in malerischer Stellung auf einem Bein zu

stehen oder auf die ganze Welt zu pfeifen und alles mit einem Entrechat abzumachen.
Im Königstädter Theater wird die Posse aufgeführt und sammelt dort, wie natürlich, ein höchst unterschiedliches Publikum; ja, wer pathologisch die Unterschiedlichkeit des Lachens nach Ständen und Temperamenten studieren will, sollte die Gelegenheit nicht versäumen, welche die Aufführung einer Posse bietet. Der Jubel und das gellende Gelächter der Galerie und des zweiten Rangs sind etwas ganz anderes als der Applaus eines gebildeten und kritischen Publikums, da gibt es immerzu ein Akkompagnement, ohne das die Posse überhaupt nicht aufgeführt werden könnte. Die Posse bewegt sich im allgemeinen in den niederen Lebenssphären, und daher erkennen die Galerie und der zweite Rang sich gleich wieder, und ihr Lärmen und ihre Bravorufe sind nicht eine ästhetische Wertung des einzelnen Künstlers, sondern ein rein lyrischer Ausbruch ihres Wohlgefühls, sie werden sich ihrer gar nicht als Publikum bewußt, sondern wollen mit herab auf die Straße oder wo sich die Szene im übrigen befindet. Da dies sich indessen des Abstands wegen nicht durchführen läßt, so gebärden sie sich gleich Kindern, denen bloß erlaubt ist, vom Fenster aus einem Straßenauflauf zuzusehen. Auch den ersten Rang und das Parkett erregt sie zum Lachen, obgleich dieses wesentlich verschieden von jenem zimbrisch-teutonischen Volksgeschrei ist, und selbst innerhalb dieser Sphäre sind die Unterschiede des Lachens unendlich nuanciert, in einem ganz anderen Verstande als bei der Aufführung des vortrefflichsten Lustspiels. Man sehe es als eine Vollkommenheit oder Unvollkommenheit an, es ist nun einmal so. Jede üblichere ästhetische Bestimmung scheitert an der Posse, und diese vermag bei dem gebildeteren Publikum keineswegs eine Uniformität der Stimmung zuwegezubringen; denn da die Wirkung großenteils auf Selbsttätigkeit und der Produktivität des Zuschauers beruht,

kann sich die einzelne Individualität in einem ganz anderen Verstande geltend machen und ist in ihrem Genuß jeder ästhetischen Verpflichtung, traditionell zu bewundern, zu lachen, gerührt zu sein und so weiter entbunden. Eine Posse sehen, ist für den Gebildeten dasselbe wie in einer Lotterie spielen, nur hat man nicht die Unannehmlichkeit dabei, Geld zu gewinnen. Aber mit einer solchen Unsicherheit ist dem gewöhnlichen theaterbesuchenden Publikum nicht gedient, und daher negligiert es gern die Posse oder sieht vornehm auf sie herab, was für es selbst das Schlimmste darstellt. Ein eigentliches Theaterpublikum besitzt im allgemeinen einen gewissen bornierten Ernst, es will, oder will sich dies wenigstens einbilden, daß es im Theater veredelt und gebildet werde; es will, oder will sich dies wenigstens einbilden, daß es einen seltenen Kunstgenuß gehabt habe, es will, sobald es das Plakat gelesen hat, im voraus wissen können, wie es den Abend zu verbringen hat. Eine solche Übereinkunft läßt sich mit der Posse nicht treffen; denn die gleiche Posse kann einen höchst verschiedenartigen Eindruck machen, und es kann so absonderlich zugehen, daß sie einmal die geringste Wirkung hinterläßt, wenn sie am besten ausgeführt wurde. Man kann sich da nicht auf Nachbarn und Leute von gegenüber und Zeitungsberichte verlassen, ob es einem Spaß gemacht hat oder nicht. Das muß der Einzelne mit sich selbst abmachen; und es ist bisher kaum einem Rezensenten gelungen, einem gebildeten Theaterpublikum ein Zeremoniell dafür vorzuschreiben, wie es einer Posse beizuwohnen hat; in dieser Hinsicht kann sich überhaupt kein *bon ton* etablieren. Die sonst so beruhigende gegenseitige Achtung zwischen Theater und Publikum ist aufgehoben; man kann beim Ansehen einer Posse in die unberechenbarste Stimmung geraten und kann daher nie mit Sicherheit wissen, ob man sich im Theater als ein würdiges Mitglied der Gesellschaft aufgeführt, also jeweils an den passenden Stelle gelacht und geweint hat. Man kann nicht als gewissenhafter Zuschauer die feine Charakterzeichnung bewundern, die das Drama aufweisen soll; denn die Personen der Posse sind alle nach dem abstrakten Maßstab »überhaupt« entworfen. Situation, Handlung, Replik, alles ist nach diesem Maßstab. Man kann daher ebensowohl wehmütig gestimmt werden wie oben hinaus lachlustig. In der Posse wird keine Wirkung durch Ironie erzeugt, alles ist Naivität, der Zuschauer muß daher ganz als Einzelner selbsttätig sein; denn die Naivität der Posse ist dennoch so illusorisch, daß es dem Gebildeten unmöglich ist, sich naiv dazu zu verhalten; aber in diesem seinem Sich-Verhalten zur Posse liegt großenteils das Vergnügen, das er dann selbst wagen muß, während er zur Rechten und Linken oder in den Zeitungen vergebens nach einer Garantie dafür suchen wird, daß er sich wirklich vergnügt habe. Für denjenigen Gebildeten hingegen, der zugleich Ungeniertheit genug besitzt, sich zu getrauen, sich ganz solo zu amüsieren, Selbstvertrauen genug, bei sich selbst zu wissen, ohne mit eines anderen Menschen Wissen zu Rat zu gehen, ob er sich amüsiert hat oder nicht, für den wird die Posse vielleicht eine ganz eigene Bedeutung haben, indem sie bald durch die Geräumigkeit des Abstrakten, bald durch Anbringen einer handgreiflichen Wirklichkeit seine eigene Stimmung verschieden berührt. Nur wird er natürlich keine Stimmung fix und fertig mitbringen, um alles im Verhältnis dazu wirken zu lassen, sondern er wird sich in Stimmung perfektioniert haben und sich in dem Zustand halten, wo nicht eine einzige zugegen ist, aber die Möglichkeit zu allen.

Im Königstädter Theater wird die Posse gegeben, und meiner Ansicht nach vortrefflich. Meine Ansicht ist natürlich völlig individuell, ich zwinge die meinige niemandem auf und verbitte mir alles Aufzwingen. Damit eine Posse mit vollkommenem Erfolg aufgeführt werden kann, muß das spielende Personal auf eine eigene

Weise zusammengesetzt sein. Es dürfen zwei, höchstens drei ganz entschiedene Talente oder richtiger produktive Genies darunter sein. Diese müssen Kinder der Laune sein, vom Lachen berauscht, Tänzer des Humors, die sich, obgleich sie zu anderen Zeiten, ja sogar noch im Augenblick vorher, ganz wie andere Menschen sind, im gleichen Nu, in dem sie die Glocke des Regisseurs vernehmen, verwandeln, indem sie gleich jenem edeln arabischen Hengst zu stöhnen und prusten anfangen, während ihre geblähten Nüstern von jenem Schnauben des Geistes zeugen, der in ihnen steckt, weil sie hinaus wollen, sich in Wildheit tummeln wollen. Sie sind nicht so sehr reflektierende Künstler, die das Lachen studiert haben, als Lyriker, die sich selber in den Abgrund des Lachens hinabstürzen und sich von dessen vulkanischer Gewalt nun auf die Bühne schleudern lassen. Sie haben daher nicht so sehr berechnet, was sie tun wollen, als daß sie den Augenblick und die Naturkraft des Lachens über alles bestimmen lassen. Sie haben Mut, zu wagen, wozu sich der Einzelne nur erkühnt, wenn er allein mit sich ist, was Wahnsinnige in aller Gegenwart tun, was das Genie mit der Befugnis des Genies zu tun versteht, des Lachens sicher. Sie wissen, daß ihre Ausgelassenheit keine Grenzen kennt, daß der Fonds des Komischen in ihnen unerschöpflich ist und sie fast alle Augenblicke selbst überrascht; sie wissen, daß sie dazu imstande sind, den ganzen Abend lang das Lachen in Gang zu halten, ohne daß es sie mehr Anstrengung kostet als mich, dies aufs Papier zu schmieren.

Wenn ein Possentheater zwei solche Genies hat, ist es genug; drei ist die größte Anzahl, die vom Guten ist; denn sonst wird die Wirkung abgeschwächt, gleich wie ein Mensch an Hypersthenie stirbt. Das übrige Personal brauchen keine Talente zu sein, es ist nicht einmal gut, wenn sie es sind. Das übrige Personal braucht auch nicht nach dem Reglement der Schönheit ausgehoben zu sein, es soll eher zufällig zusammengebracht sein. Das übrige Personal darf ebenso zufällig sein wie jene Gesellschaft, die nach einer Zeichnung von Chodowiecki Rom angelegt hat. Man braucht nicht einmal jemanden wegen körperlicher Gebrechen auszuschließen; ein solcher Zufall würde im Gegenteil vorzüglich mit hineinpassen. Ob jemand o-beinig oder x-beinig oder zu aufgeschossen oder vor der Zeit im Wuchs steckengeblieben wäre; kurz, ein im einen oder anderen Kasus defektes Exemplar, kann er in der Posse gut gebraucht werden, und die Wirkung, die er hervorruft, kann unberechenbar sein. Nach dem Idealen kommt nämlich als Nächstes das Zufällige. Ein witziger Kopf hat gesagt, man könne die Menschheit in Offiziere, Dienstmädchen und Schornsteinfeger einteilen. Diese Bemerkung ist meiner Ansicht nach nicht nur witzig, sondern zugleich tiefsinnig, und es gehört ein großes spekulatives Talent dazu, eine bessere Einteilung vorzunehmen. Wenn eine Einteilung ihren Gegenstand nicht ideell erschöpft, dann ist die zufällige unter allen Umständen vorzuziehen, weil sie die Phantasie in Bewegung setzt. Eine nur einigermaßen richtige Einteilung vermag den Verstand nicht zu befriedigen, bedeutet der Phantasie überhaupt nichts, weshalb sie völlig zu verwerfen ist, wenngleich sie sich zum täglichen Gebrauch großer Ehren erfreut, weil die Menschen teils sehr dumm sind und teils sehr wenig Phantasie besitzen. Wenn man in einem Theater einen Menschen dargestellt haben will, dann muß man entweder ein in der Idealität absolut durchgeführtes konkretes Geschöpf verlangen, oder das Zufällige. Jene Theater, die nicht nur zur Lust sind, sollten das erstere liefern. Indessen begnügt man sich hier damit, daß ein Schauspieler ein schöner Kerl mit einem vorteilhaften Äußern und einem guten Theatergesicht ist, eine gute Stimme. Mich befriedigt dies selten; denn seine Leistung ruft *eo ipso* die Kritik hervor, und sobald sie hervorgerufen ist, fällt nicht leicht zu entscheiden, was dazu gehört, ein Mensch zu sein, auch nicht dazu, unsere Forderungen zu erfüllen, etwas, worin man mir wohl recht geben wird, wenn man bedenkt, daß Sokrates, dessen besondere Stärke doch Menschenkenntnis und Selbsterkenntnis gewesen sind, »nicht mit Bestimmtheit wußte, ob er ein Mensch war oder ein in noch höherem Grade veränderliches Tier als Typhon«. In der Posse hingegen wirkt das untergeordnete Personal durch jene abstrakte Kategorie überhaupt und erreicht dies durch eine zufällige Konkretion. Insofern ist man dann nicht weiter als bis zur Wirklichkeit gekommen. Das soll man auch nicht; aber der Zuschauer versöhnt sich komisch damit, diese Zufälligkeit die Forderung erheben zu sehen, die Idealität zu sein, was sie durch ihren Eintritt in die Kunstwelt der Bühne tut. Sollte in bezug auf einen aus dem untergeordneten Personal eine Ausnahme gemacht werden, so müßte dies die Liebhaberin sein. Sie darf natürlich in keinerlei Weise Künstlerin sein; aber man könnte bei ihrer Wahl doch darauf achten, daß sie anmutig ist, daß ihr ganzes Auftreten, ihre Bewegung auf der Bühne freundlich und wohltuend ist, daß sie angenehm anzusehen ist, angenehm, sozusagen, um sich zu haben.

Das Personal des Königstädter-Theaters ist einigermaßen nach meinen Wünschen zusammengesetzt; sollte ich einen Einwand machen, dann würde dieser das untergeordnete Personal betreffen: denn gegen *Beckmann* und *Grobecker* habe ich kein Wort einzuwenden. Beckmann ist ein entschieden komisches Genie, das rein lyrisch im Komischen durchgeht, sich nicht durch Charakterzeichnung auszeichnet, sondern durch übersprudelnde Stimmung. Er ist im künstlerisch Kommensurabeln nicht groß, aber bewunderungswürdig im individuellen Inkommensurabeln. Er bedarf keiner Unterstützung durch Zusammenspiel, Szenerie und Arrangement; gerade weil er in Stimmung ist, bringt er alles selber mit; indes er sich vor Mutwillen nicht zu lassen weiß, malt er sich gleichzeitig besser als irgendein Theatermaler seine Szene. Was Baggesen von

Sara Nickels sagt, sie komme mit einer ländlichen Gegend im Gefolge auf die Bühne gestürzt, das gilt in gutem Sinne von B., nur daß er gehend kommt. An einem eigentlichen Kunsttheater sieht man selten genug einen Schauspieler, der wirklich gehen und stehen kann. Indessen habe ich doch einen ganz vereinzelten Fall beobachtet; aber was B. fertigbringt, habe ich nie zuvor gesehen. Er kann nicht bloß gehen, sondern er kann *gehend kommen*. Dieses Gehend-Kommen ist etwas ganz anderes, und dank dieser Genialität improvisiert er zugleich die ganze szenische Umgebung. Er kann nicht nur einen wandernden Handwerksburschen darstellen, er kann wie ein solcher gehend kommen, und dies auf eine Weise, daß man alles erlebt, vom Staub der Landstraße aus das lächelnde Dörfchen eräugt, sein stilles Lärmen vernimmt, den Fußpfad sieht, der unten um den Dorfteich herumläuft, wenn man dort beim Schmied abbiegt – wo man B. mit seinem kleinen Bündel auf dem Nacken gehend kommen sieht, den Stock in der Hand, sorglos und unverdrossen. Er kann mit Gassenjungen, die man nicht sieht, auf die Bühne gegangen kommen. Selbst Dr. Ryge in König Salomon und Jörgen Hattemager könnten keine solche Wirkung hervorbringen. Ja, Herr B. erspart einem Theater viel Geld; denn hat man ihn, braucht man weder Gassenjungen noch Kulissen. Dieser Handwerksbursch ist jedoch keine Charakterzeichnung, dazu ist er in seinen in Wahrheit meisterlichen Konturen zu lose hingeworfen, er ist ein Inkognito, in dem der Dämon der wahnwitzigen Komik wohnt, der sich bald herauswickeln und alles in Zügellosigkeit hinreißen wird. In dieser Hinsicht ist B.s Tanz unvergleichlich. Er hat sein Couplet gesungen, nun fängt der Tanz an. Was sich B. hier getraut, ist halsbrecherisch; denn er vertraut vermutlich nicht darauf, in strengerem Verstand durch seine tänzerischen Stellungen zu wirken. Er ist nun ganz oben hinaus. Weder Gestalt noch Replik vermögen den Wahnsinn des Lachens in ihm mehr zu behausen, nur dies, wie Münchhausen, sich selbst beim Nacken nehmen und sich in tollen Bocksprüngen hinjubeln, ist der Stimmung gemäß. Der Einzelne kann, wie gesagt, gut wissen, welche Linderung darin liegt, aber es auf der Szene auszuführen, dazu gehört ein ausgeprägtes Genie, dazu gehört die Befugnis des Genies, sonst wird es zum Widerlichsten von allem.

Jeder burleske Komiker muß eine Stimme haben, die man gleich hinter den Kulissen erkennt, damit er sich auf diese Weise den Weg bereiten kann. B. hat eine vorzügliche Stimme, was natürlich nicht identisch ist mit einem guten Organ. *Grobeckers* Stimme ist mehr schnarrend; aber ein Wort von ihm hinter den Kulissen tut die gleiche Wirkung wie drei Trompetenstöße auf dem Rummelplatz im Tiergarten; man ist für das Lächerliche empfänglich. In dieser Beziehung gebe ich Gr. sogar den Vorzug vor B. Das in B. Zugrundeliegende ist eine gewisse mutwillig-unbändige Verständigkeit, und durch sie erreicht er den Wahnwitz. Gr. hingegen steigt zuweilen durch das Sentimentale und Schmachtende zum Wahnwitz auf. So erinnere ich mich, ihn in einer Posse einen Gutsverwalter darstellen gesehen zu haben, der wegen seiner Ergebenheit für die Herrschaft, und in seinem Glauben an die Bedeutung festlicher Arrangements, um der Herrschaft das Leben zu verschönern, nur daran denkt, bei der allerhöchsten Ankunft der Herrschaft mit ländlichen Vergnügungen aufzuwarten. Alles ist fertig, Gr. hat sich dafür entschieden, Mercurius darzustellen. Er hat sein Verwalterkostüm nicht verändert, nur hat er Flügel an den Füßen angebracht und einen Helm aufgesetzt; er stellt sich in malerischer Stellung auf einem Beine hin und will nun mit seiner Rede an die Herrschaft anheben. Ein so großer Lyriker wie B. ist Gr. wohl nicht, indessen befindet jedoch auch er sich in lyrischem Einvernehmen mit dem Lachen. Er hat eine gewisse Neigung zu Korrektheit und vollbringt in dieser Hinsicht oft Meisterliches, insbesondere im Trocken-Komischen; aber er stellt kein so fermentierendes Ingredienz in der ganzen Posse dar wie B. Genie besitzt er jedoch, und zwar Genie für die Posse. Man tritt ein in das Königstädter-Theater. Man wählt sich einen Platz im ersten Rang, denn dahin kommen verhältnismäßig weniger Leute; und soll man eine Posse sehen, muß man bequem sitzen und sich nicht im entferntesten durch jene Kunst-Wichtigkeit genieren lassen, die bewirkt, daß viele sich in ein Theater pferchen lassen, um ein Stück zu sehen, so als sei dies eine Sache der ewigen Seligkeit. Die Luft im Theater ist auch ziemlich rein, nicht vom Schweiß eines kunstfühlenden Publikums oder von den Ausdünstungen eines kunstbegeisterten Publikums infiziert. Im ersten Rang kann man recht sicher sein, eine Loge für seine Person allein zu erhalten. Ist das nicht der Fall, dann wage ich dem Leser, auf daß er doch aus dem, was ich schreibe, etwas an Wissen mitnehmen kann, die Loge Nummer fünf und sechs zur Linken zu empfehlen. Da findet sich zuhinterst in einem Winkel ein Platz, nur für eine Person berechnet, wo man unvergleichlich gut sitzt. Da sitzt man allein in seiner Loge, das Theater ist leer; das Orchester spielt eine Ouvertüre, die Musik hallt durch den Raum, etwas unheimlich, weil er so öde daliegt. Man ist nicht als Reisender ins Theater gegangen, nicht als Ästhetiker und Kritiker, sondern, wo möglich, als überhaupt nichts, und ist damit zufrieden, daß man gut und bequem sitzt, fast ebensogut wie in seiner eigenen Stube. Das Orchester ist fertig, der Vorhang hebt sich schon ein bißchen, da fängt jenes andere Orchester an, das nicht dem Stock des Konzertmeisters gehorcht, sondern einem inneren Trieb folgt, jenes andere Orchester, der Naturlaut der Galerie, die B. bereits in den Kulissen erahnt hat. Im allgemeinen habe ich in der Loge weit zurück gesessen, konnte deshalb den zweiten Rang und die Galerie überhaupt nicht sehen, die wie ein Mützenschirm über meinen Kopf hinausragten. Um so abenteuerlicher wirkt dies Lärmen. Wohin ich blicken konnte, war überall großenteils Leere; der große Raum des Theaters verwandelte sich mir in den Bauch jenes Meeresungeheuers, in dem Jonas gesessen hat; das Lärmen auf der Galerie war wie eine Bewegung in des Ungeheuers *viscera*. Von dem Augenblick an, wo die Galerie zu musizieren begonnen hat, bedarf es keines Akkompagnements; denn B. animiert sie und sie B.

Mein unvergeßliches Kindermädchen, du flüchtige Nymphe, die in dem Bach wohnte, der an meines Vaters Hof vorüberfloß, und immer hilfreich am Spiel des Kindes teilnahm, wenngleich du dich nur um dich bekümmert hast! Du, meine getreue Trösterin, du, die du im Lauf der Jahre deine unschuldige Reinheit bewahrt hast; die nicht älter geworden ist, indes ich alt wurde; du stille Nymphe, zu der ich wieder meine Zuflucht genommen habe, der Menschen müde, meiner selbst müde, so daß ich eine Ewigkeit brauchte, um auszuruhen, traurig, so daß ich eine Ewigkeit brauchte, um zu vergessen. Du hast mir nicht versagt, was die Menschen mir versagen wollten, indem sie die Ewigkeit ebenso geschäftig und noch entsetzlicher als die Zeit gemacht haben. Da lag ich an deiner Seite und verschwand mir selbst im ungeheuern Raum des Himmels über mir und vergaß mich selbst in deinem einschläfernden Murmeln! Du mein glücklicheres Selbst, du flüchtiges Leben, das in jenem Bach wohnt, der am Hof meines Vaters vorüberfließt, wo ich hingestreckt liege, als sei meine Gestalt ein hingelegter Wanderstab; aber ich bin erlöst und befreit in deinem wehmütigen Rieseln! – So lag ich in meiner Loge, weggeworfen wie die Kleider eines Badenden, hingestreckt an jenen Strom des Lachens und Mutwillens und Jubels, der ohne Unterlaß an mir vorüberbrauste; ich konnte nichts sehen als des Theaters Raum, nichts hören als den Lärm, in dem ich wohnte. Nur dann und wann erhob ich mich, sah Beckmann zu und lachte mich so müde, daß ich vor

Mattigkeit wieder am Rande des brausenden Flusses niedersank. Schon dies war selig, und doch fehlte mir etwas. Da entdeckte ich in der Öde, von der ich mich überall umgeben sah, eine Gestalt, die mich mehr erfreute, als Freitag Robinson erfreut hat. In einer Loge mir gegenüber saß in der dritten Reihe ein junges Mädchen, halbverborgen hinter einem älteren Herrn und einer Dame, die in der ersten Reihe saßen. Das junge Mädchen befand sich kaum deshalb im Theater, um gesehen zu werden, wie man überhaupt in diesem Theater aller widerlichen weiblichen Präsentationen überhoben ist. Sie saß in der dritten Reihe, sie war einfach und dürftig gekleidet, beinahe häuslich. Sie war nicht in Zobel und Marder gehüllt, sondern gehüllt in ein großes Tuch, und aus dieser Umhüllung neigte sich ihr demütiger Kopf heraus, wie sich die oberste Glocke auf dem Stengel eines Maiglöckchens aus der Umhüllung des großen Blatts herausneigt. Wenn ich dann Beckmann zugesehen hatte, das Lachen meinen ganzen Körper hatte durchschüttern lassen, wenn ich vor Mattigkeit zurücksank und mich nun vom Strom des Jubels und der Lust forttragen ließ und aus dem Bade aufstieg und zu mir selbst zurückkehrte, dann suchte mein Auge sie, und ihr Anblick erquickte mein ganzes Wesen mit seiner freundlichen Milde. Oder wenn in der Posse selbst ein mehr pathetisches Gefühl hervorbrach, dann sah ich sie an, und ihr Wesen ergab sich mir darein, denn sie saß bei alledem in sich selber ruhend mit ihrem stillen Lächeln in kindlicher Verwunderung. Sie kam, wie ich, jeden Abend dorthin. Zuweilen versank ich dann in Gedanken, was wohl der Anlaß sein mochte; aber auch diese Gedanken wurden nur zu Stimmungen, welche zu ihr hinübersuchten, so daß es mir einen Augenblick schien, sie müsse ein Mädchen sein, das viel gelitten habe und sich nun ganz fest in ihren Schal einhüllte und mit der Welt nichts mehr zu tun haben wollte, bis dann der Ausdruck ihrer Miene mich davon überzeugte, sie sei ein glückliches Kind, welches das Tuch so fest zusammenzog, um sich recht zu ergötzen. Sie ahnte nicht, daß sie gesehen war, noch weniger, daß mein Auge auf sie Obacht gab; denn das wäre auch Unrecht an ihr gewesen und am schlimmsten für mich selber; denn es gibt eine Unschuld, eine Unbewußtheit, die selbst der reinste Gedanke zu stören vermag. Selber entdeckt man dergleichen nicht; aber wenn der gute Genius einem anvertraut, wo eine solche ursprüngliche Gestalt sich verbirgt, dann kränke man diese doch nicht und betrübe nicht seinen Genius. Hätte sie meine stumme halbverliebte Freude bloß geahnt, so wäre alles verdorben gewesen und nicht zu ersetzen, nicht durch ihre ganze Liebe. Ich weiß, wo einige Meilen von Kopenhagen ein junges Mädchen wohnt; ich kenne den großen schattigen Garten mit den vielen Bäumen und Büschen. Ich weiß, wo ein kleines Stück davon ein Abhang liegt, mit Gesträuch bewachsen, von dem aus man in den Garten hinabschauen kann, selber im Gesträuch verborgen. Ich habe es niemandem anvertraut, nicht einmal mein Kutscher weiß davon; denn ihn betrüge ich, indem ich etwas entfernt davon aussteige und nach rechts anstatt nach links gehe. Wenn dann meine Seele schlaflos ist und der Anblick meines Bettes mich mehr ängstigt als eine Torturmaschine, mehr als der Kranke das Spannbett fürchtet, dann fahre ich die ganze Nacht hindurch. Früh am Morgen liege ich im Gesträuch verborgen. Wenn dann das Leben sich zu rühren anfängt, wenn die Sonne die Augen aufschlägt, wenn der Vogel sein Gefieder schüttelt, wenn der Fuchs aus seiner Höhle herausschleicht, wenn der Landmann in der Tür steht und über das Feld hinausschaut, wenn die Melkerin mit ihrem Eimer zur Weide hinabgeht, wenn der Mäher die Sichel klingen läßt und sich an diesem Vorspiel vergnügt, das zum Kehrreim des Tags und des Tuns werden soll – dann tritt auch das junge Mädchen heraus. Wenn man doch schlafen könnte! Wenn man doch leicht schlafen könnte! so daß der Schlaf selber nicht zu einer schwereren Bürde würde als die des Tages! Wenn man sich doch vom Lager erheben könnte, als habe niemand darauf geruht, so daß das Lager selbst kühl und lieblich und erquickend anzusehen bliebe, als hätte der Schlafende nicht darauf geruht, sondern sich nur darüber gebeugt, um alles zurechtzulegen! Wenn man doch solchermaßen sterben könnte, daß selbst das Totenbett im gleichen Nu, in dem man davon weggenommen wird, einladender anzusehen wäre, als hätte eine sorgsame Mutter des Bettes gehütet und darauf gepustet, damit das Kind ruhiger schlafen könne. Nun kommt das junge Mädchen heraus, nun geht sie voll Verwunderung umher [wer wundert sich am meisten, das Mädchen oder die Bäume!], nun hockt sie sich nieder und pflückt von den Büschen, nun hüpft sie leicht umher, nun steht sie gedankenvoll still. Welch wundersame Überredung liegt doch nicht in alledem! Da findet meine Seele schließlich Ruhe. Glückliches Mädchen! sollte je ein Mann deine Liebe gewinnen, so mögest du ihn ebenso glücklich machen, indem du für ihn alles bist, wie du mich glücklich machst, indem du für mich nichts tust.

»Der Talisman« sollte im Königstädter-Theater aufgeführt werden; die Erinnerung daran erwachte in meiner Seele, alles stand mir so lebendig vor Augen, wie es das vorige Mal gewesen war. Ich eilte zum Theater hinaus. Es war keine Loge für mich allein zu bekommen, nicht einmal der Platz in Nummer fünf und sechs zur Linken. Ich mußte auf die rechte Seite gehen. Da traf ich eine Gesellschaft, die nicht mit Bestimmtheit wußte, ob sie sich unterhalten oder ennuieren sollte, und eine solche Kompagnie kann man mit Bestimmtheit als langweilig ansehen. Es gab fast keine einzige leere Loge. Das junge Mädchen war nicht zu entdecken, oder wenn sie dagewesen ist, habe ich sie nicht erkennen können, weil sie in Gesellschaft war. Beckmann vermochte mich nicht zum Lachen zu bringen. Eine halbe Stunde hielt ich aus, dann verließ ich das Theater und dachte: es gibt überhaupt keine Wiederholung. Dies machte einen tiefen Eindruck auf mich. Ich bin nicht so ganz jung, nicht ganz unbekannt mit dem Leben, hatte mir schon, lange bevor ich letztesmal nach Berlin gekommen war, abgewöhnt, ins Blaue hinein zu kalkulieren. Indessen glaubte ich doch, der Genuß, den ich in jenem Theater gehabt hatte, sei von einer dauerhafteren Art, gerade weil man gelernt haben müßte, sich vom Dasein auf mancherlei Weise reduzieren zu lassen und sich doch zu helfen, bevor man eigentlich Sinn dafür bekommt; aber um so sicherer müßte es wohl auch sein. Sollte das Dasein noch betrügerischer sein als ein Fallent! Er gewährt doch fünfzig Prozent oder dreißig; etwas gibt er doch. Das Komische ist doch das Wenigste, was man verlangen kann, sollte sich auch das nicht wiederholen lassen!

Mit diesen Gedanken ging ich nach Hause. Mein Arbeitstisch war bereitgestellt. Der Sammetlehnstuhl existierte noch. Aber als ich ihn sah, wurde ich so verbittert, daß ich ihn beinahe in Stücke geschlagen hätte, um so mehr als alle im Haus ins Bett gegangen waren und niemand ihn wegnehmen konnte. Was kann ein Lehnstuhl aus Sammet helfen, wenn die übrige Umgebung nicht dazu paßt, das wäre ja, als wolle ein Mann nackt mit einem Zweispitz umherlaufen. Als ich zu Bett gegangen war, ohne einen einzigen vernünftigen Gedanken gehabt zu haben, war es in der Stube so hell, daß ich in einem fort den Sammetlehnstuhl sah, teils wachend, teils im Traum, bis ich am Morgen aufstand und ernst damit machte, was ich beschlossen hatte, nämlich ihn in einen Winkel werfen zu lassen.

Mein Zuhause war mir unheimlich geworden, gerade weil es eine verkehrte Wiederholung war, mein Denken war unfruchtbar, meine bekümmerte Phantasie zauberte unaufhörlich zu tantalischem Vergnügen Erinnerungen daran hervor, wie sich mir voriges Mal die Gedanken angeboten hatten, und das Unkraut dieser Erinnerung erstickte jeden Gedanken in der Geburt. Ich ging aus, zum Konditor, zu dem ich voriges Mal täglich gekommen war, um ein Getränk zu genießen, das, wenn es nach des Dichters Vorschrift, »rein und warm und stark und unmißbraucht« ist, sich immer dem an die Seite stellen kann, womit der Dichter es vergleicht – der Freundschaft nämlich; ich halte zumindest auf den Kaffee. Vielleicht war der Kaffee ebenso gut wie voriges Mal, man sollte es wohl glauben; mir schmeckte er nicht. Die Sonne brannte glühend auf die Ladenfenster herab, das Lokal war dumpf, fast wie die Luft in einem Schmortopf, ganz, um darin eingekocht zu werden; ein Zugwind, der wie ein leichter Passat alles durchbohrte, verwehrte jedweden Gedanken an Wiederholung, selbst wenn sich sonst Gelegenheit dazu geboten haben sollte.

Am Abend ging ich in das Restaurant, wo ich voriges Mal zu verkehren pflegte und mich vermutlich aus Gewohnheit wohl befunden hatte. Da ich jeden Abend dorthin kam, kannte ich alles auf das genaueste; ich wußte, wann die zeitigen Gäste aufbrachen, wie ihr Gruß an die Bruderschaft war, die sie verließen, ob sie den Hut im innersten Raum oder im äußersten aufsetzten oder erst, indem sie die Tür öffneten, oder erst außerhalb der Tür. Niemand entging meiner Aufmerksamkeit; wie Proserpina zupfte ich ein Haar von jedem Haupt, sogar von den kahlen. – Es war ganz und gar das gleiche, die gleichen Witze, die gleichen Höflichkeiten, die gleiche Anteilnahme, das Lokal ganz das gleiche – kurz, das gleiche im gleichen. Salomon sagt, einer Frau Zank sei wie eine Dachtraufe, was würde er wohl von diesem Stilleben gesagt haben. Entsetzlicher Gedanke, hier war eine Wiederholung möglich.

Am nächsten Abend war ich im Königstädter-Theater. Das einzige, was sich wiederholte, war die Unmöglichkeit einer Wiederholung. Unter den Linden war der Staub unerträglich; jeder Versuch, sich unter die Menschen zu mischen und auf diese Weise ein Menschenbad zu nehmen, wirkte höchst abschreckend. Wie ich auch mich drehte und wendete, alles war vergebens. Die kleine Tänzerin, die mich voriges Mal durch eine Anmut bezaubert hatte, welche sozusagen im Sprung begriffen war, hatte den Sprung getan; der blinde Mann vor dem Brandenburger Tor, mein Harfenspieler – denn ich war wohl der einzige, der sich um ihn bekümmerte – hatte einen graumelierten anstelle des hellgrünen Mantels bekommen, der meiner Wehmut Sehnsucht war, in dem er wie eine Trauerweide aussah, er hatte für mich verloren und für das Allgemeinmenschliche gewonnen; die bewunderte Nase des Pedells war bleich geworden; Professor A.A. hatte ein Paar neue Hosen bekommen, die fast militärisch ansaßen.

Als sich dies einige Tage wiederholt hatte, wurde ich so verbittert, der Wiederholung so überdrüssig, daß ich wieder nach Hause zu reisen beschloß. Meine Entdeckung war nicht bedeutend und doch war sie sonderbar; denn ich hatte entdeckt, daß es die Wiederholung überhaupt nicht gab, und dessen hatte ich mich vergewissert, indem ich es mir auf alle mögliche Weise wiederholen ließ.

Meine Hoffnung stand nach daheim. Justinus Kerner erzählt an einer Stelle von einem Mann, der seines Zuhause so überdrüssig wurde, daß er sein Pferd satteln ließ, um in die weite Welt hinauszureiten. Als er ein kleines Stück Wegs geritten war, warf ihn das Pferd ab. Diese Wendung wurde für ihn entscheidend; denn indem er sich umwandte, um sein Pferd zu besteigen, fiel sein Auge noch einmal auf jenes Zuhause, das er verlassen wollte, und er sah, und siehe! es war so schön, daß er gleich umkehrte. In meinem Zuhause glaubte ich ziemlich sicher darauf rechnen zu können, alles zur Wiederholung bereit zu finden. Ich bin immer von einem großen Mißtrauen in alle

Umwälzungen beseelt gewesen, ja, es geht so weit, daß ich aus diesem Grunde sogar alles mögliche Reinemachen hasse, und vor allem das häusliche Abseifen. Ich hatte somit die strengsten Weisungen hinterlassen, meine konservativen Prinzipien auch während meiner Abwesenheit in Ehren zu halten. Aber was geschieht? Mein treuer Diener war anderer Ansicht. Er rechnete damit, wenn er ganz kurz nach meiner Abreise mit dieser Erschütterung anfange, werde sie bis zu meiner Rückkehr wohl abgeschlossen sein, und er war gewiß der Mann dazu, alles aufs pünktlichste in Ordnung zu bringen. Ich komme, ich klingele an meiner Tür, mein Diener öffnet. Das war ein bedeutsamer Augenblick. Mein Diener wurde blaß wie eine Leiche, durch die halbgeöffnete Tür zu den Stuben hin bemerkte ich das Entsetzliche: allerorten war das Unterste zu oberst gekehrt. Ich versteinerte. In seiner Bestürzung wußte er nicht, was er tun sollte, sein böses Gewissen peinigte ihn und – er schlug mir die Tür vor der Nase zu. Das war zuviel; meine Not hatte ihren Gipfel erreicht, meine Prinzipien erlagen, ich mußte das Schlimmste befürchten, nämlich, gleich wie Kommerzienrat Grönmeyer als Gespenst behandelt zu werden. Ich sah ein, daß es keine Wiederholung gibt, und meine frühere Anschauung vom Leben hatte den Sieg davongetragen.

Wie beschämt fühlte ich mich, daß ich, der ich jenem jungen Menschen gegenüber den Mund so voll genommen hatte, jetzt ebensoweit gebracht worden war, ja, es schien mir, ich selber sei jener junge Mensch, als seien meine großen Worte, die ich nun um keinen Preis wiederholen mochte, nur ein Traum gewesen, aus dem ich erwacht war, um das Leben unaufhörlich und treulos alles *wieder nehmen* zu lassen, was es gegeben hatte, ohne eine *Wiederholung* zu geben. Und ist es nicht so, je älter man wird, um so trügerischer erweist sich das Leben; je klüger man wird, auf so mehr Weisen man sich zu helfen lernt, desto schlimmer kommt man davon, desto mehr hat man zu leiden! Ein kleines Kind kann sich überhaupt nicht selbst helfen und kommt immer gut davon. Ich entsinne mich, einmal auf der Straße ein Kindermädchen gesehen zu haben, das einen Wagen vor sich her schob, in dem zwei Kinder saßen. Das eine davon war wohl kaum ein Jahr alt, war in Schlaf gefallen und lag nicht wie ein lebendiges Wesen im Wagen. Das andere war ein kleines Mädchen von ungefähr zwei Jahren, dick, rundlich, mit kurzen Armen, ganz wie eine kleine Madame. Es hatte sich im Wagen vorgedrängt, nahm gut bemessen zwei Drittel des Platzes ein, und das kleinere Kind lag an seiner Seite, als sei es eine Tüte, die Madame mit in den Wagen genommen hatte. Mit einem bewunderungswürdigen Egoismus schien es sich aus keinem Menschen als aus sich selbst etwas zu machen oder aus irgendeiner menschlichen Unternehmung, wenn es nur einen guten Platz erwischen konnte. Da kam eine Kutsche gefahren, der Kinderwagen befand sich sichtlich in Gefahr, Leute liefen hinzu, durch eine rasche Drehung bekam die Amme ihn in ein Tor gesteuert; alle Anwesenden waren ängstlich, ich mit. Während alledem saß die Madame ganz ruhig da; ohne eine Miene zu verziehen fuhr sie fort, sich in der Nase zu bohren. Vermutlich dachte sie, was geht mich das Ganze an, das ist Sache der Amme. Einen solchen Heldenmut sucht man bei einem Älteren vergebens.

Je älter man wird, je mehr Verstand man fürs Leben bekommt und Geschmack für das Angenehme und Fähigkeit zu goutieren, kurz, je kompetenter man wird, um so unzufriedener. Zufrieden, völlig, absolut und auf jede Weise zufrieden wird man nie, und einigermaßen zufrieden sein, ist nicht der Mühe wert, dann ist es besser, ganz unzufrieden zu sein. Jeder, der diese Sache gründlich erwogen hat, wird mir gewiß darin recht geben, daß es einem Menschen nie vergönnt ist, nicht einmal soviel wie eine halbe Stunde lang in seinem ganzen Leben, absolut in jeder erdenklichen Weise zufrieden zu sein. Daß dazu nämlich etwas mehr erforderlich ist, als Nahrung und Kleidung zu haben, brauche ich wohl nicht zu sagen. Ich bin einmal nahe daran gewesen. Ich stand eines Morgens auf und befand mich ungewöhnlich wohl; dies Wohlbefinden nahm entgegen jeder Analogie auf den Vormittag hin zu; präzis um ein Uhr stand ich auf dem Höhepunkt und erahnte jenes schwindelnde Maximum, das sich auf keinem Gradmesser des Wohlbehagens angezeigt findet, nicht einmal auf einem poetischen Thermometer. Der Körper hatte seine irdische Schwere eingebüßt; es war, als hätte ich keinen Körper, gerade weil jede Funktion ihre volle Befriedigung erlebte; jeder Nerv freute sich seiner selbst und für das Ganze, während jeder Pulsschlag als Unruhe des Organismus nur die Wollust des Augenblicks kundtat und anzeigte. Mein Gang war schwebend, nicht wie der Flug des Vogels, der die Luft durchschneidet und die Erde hinter sich läßt, sondern wie das Wogen des Windes über der Saat, wie das sehnsuchtsselige Wiegen des Meeres, wie das träumerische Hingleiten der Wolke. Mein Wesen war Durchsichtigkeit, wie das tiefe Grübeln des Meeres, wie das selbstzufriedene Schweigen der Nacht, wie die monologische Stille des Mittags. Jede Stimmung ruhte mit melodischer Resonanz in meiner Seele. Jeder Gedanke bot sich an, und jeder Gedanke bot sich mit der Festlichkeit der Seligkeit an, der dümmste Einfall nicht minder als die reichste Idee. Jeder Eindruck war erahnt, ehe er kam, und erwachte daher in mir selber. Das ganze Dasein war wie verliebt in mich, und alles bebte in schicksalsschwangerem Rapport zu meinem Sein, alles in mir war ominös und alles rätselhaft verklärt in meiner mikrokosmischen Seligkeit, die alles in sich verklärte, selbst das Unangenehme, die langweiligste Bemerkung, den Anblick des Widerlichen, den fatalsten Zusammenstoß. Wie gesagt, befand ich mich um ein Uhr auf dem Höhepunkt, wo ich das Allerhöchste erahnte; da fängt plötzlich etwas in meinem einen Auge zu scheuern an, ob es ein Wimpernhaar war, ein Flöckchen, ein Staubkorn, ich weiß es nicht; aber das weiß ich, daß ich im gleichen Augenblick fast in den Abgrund der Verzweiflung hinabstürzte, etwas, das ein jeder leicht verstehen wird, der sich so hoch droben wie ich befunden hat, und indem er sich auf diesem Punkt befand, zugleich mit der prinzipiellen Frage beschäftigt gewesen ist, wie weit sich absolute Befriedigung überhaupt erreichen läßt. Seit der Zeit habe ich jede Hoffnung aufgegeben, mich absolut und in jeder Weise zufrieden zu fühlen, habe die Hoffnung aufgegeben, die ich einmal nährte, zwar nicht zu allen Zeiten absolut zufrieden zu sein, aber doch in einzelnen Augenblicken, gleich ob dieser Einheiten von Augenblicken auch nicht mehr wären, als daß, wie Shakespeare sagt, »eines Bierzapfers Rechenkunst hinreichte, sie aufzuzählen«.

Soweit war ich bereits gekommen, ehe ich jenen jungen Menschen kennenlernte. Sobald ich mich fragte, oder die Frage der vollkommenen Zufriedenheit auch nur für eine halbe Stunde auftauchte, zeigte ich immerzu Renonce an. Da geschah es, daß ich von Zeit zu Zeit jene Idee der Wiederholung aufnahm und mich dafür begeisterte, wodurch ich wiederum Opfer meines Prinzipieneifers wurde; denn ich bin ganz und gar davon überzeugt, daß, wenn ich nicht in der Absicht gereist wäre, mich ihrer zu vergewissern, ich mich bei ganz den gleichen Dingen köstlich amüsiert haben würde. Daß ich mich doch nicht innerhalb des Üblichen halten kann, daß ich Prinzipien haben will, daß ich doch nicht wie andere Menschen gekleidet gehen kann, daß ich in steifen Stiefeln gehen will! Sind sich nicht sowohl geistliche als weltliche Redner, sowohl Dichter als Prosaisten, sowohl Schiffer als Leichenbestatter darin einig, daß das Leben ein Strom ist. Wie kann man eine so törichte Idee bekommen, und was noch törichter ist, ein Prinzip daraus machen wollen. Mein junger Freund dachte: mir kann's recht sein, und dabei stand er sich besser, als wenn er mit der Wiederholung angefangen hätte. So würde er wohl die Geliebte wiederbekommen haben gleich wie jener Liebhaber im Volkslied, der ja die Wiederholung wollte, nämlich als die Nonne mit abgeschnittenen Haaren und bleichen Lippen. Er wollte ja die Wiederholung, deshalb bekam er sie, und die Wiederholung brachte ihn um.

Das Nönnlein kam gegangen
In einem schneeweißen Kleid;
Ihr Härl war abgeschnitten,
Ihr rother Mund war bleich.

Der Knab, er setzt sich nieder,
Er saß auf einem Stein:
Er weint die hellen Thränen,
Brach ihm sein Herz entzwei[1].

Es lebe das Posthorn! das ist mein Instrument, aus vielen Gründen und vornehmlich aus dem, daß man diesem Instrument nie mit Sicherheit den gleichen Ton entlokken kann; denn es liegt eine unendliche Möglichkeit in einem Posthorn, und wer es sich vor den Mund setzt und seine Weisheit darein legt, wird sich nie einer Wiederholung schuldig machen, und wer seinem Freund anstelle einer Antwort ein Posthorn zu freundlicher Benutzung überreicht, sagt nichts, aber erklärt alles. Gepriesen sei das Posthorn! Das ist mein Symbol. Wie die alten Asketen einen Totenkopf auf den Tisch gestellt haben, dessen Beschauung ihre Lebensbetrachtung war, so soll mich das Posthorn auf meinem Tisch immer daran erinnern, was des Lebens Bedeutung ist. Es lebe das Posthorn! Aber

---

1 Vgl. Herders Volkslieder, herausgegeben von Falk, Leipzig

die Reise lohnt der Mühe nicht; denn man braucht sich nicht von der Stelle zu rühren, um sich davon zu überzeugen, daß es keine Wiederholung gibt. Nein, man sitzt ruhig in seiner Stube, falls alles Eitelkeit ist und dahinfähret, so reist man dennoch schneller als mit der Eisenbahn, ungeachtet, daß man selbst stille stitzt. Daran soll alles mich erinnern, mein Diener soll Postlivrée tragen, und ich selbst will zu keiner Mittagsgesellschaft fahren, außer per Extrapost. Lebewohl! Lebewohl! Du reiche Hoffnung der Jugend, warum eilst du so schleunig; wonach du jagst, das gibt es ja doch nicht, dich selbst ebensowenig! Lebewohl! Du männliche Kraft! warum stampfst du so kräftig auf die Erde, das, worauf du trittst, ist eine Einbildung! Lebewohl, du siegreicher Vorsatz, du kommst gewiß ans Ziel, denn du kannst ja die Wiederholung nicht mit dir nehmen, ohne dich umzuwenden, und das kannst du nicht! Lebewohl! Du Schönheit des Waldes, als ich dich anschauen wollte, warst du verwelkt! Fahr hin! Du flüchtiger Fluß! der einzige, der recht weiß, was er will; denn du willst bloß rinnen, dich ins Meer verlieren, das nie voll wird! Fahre fort, du Schauspiel des Lebens, das niemand eine Komödie nennt, niemand eine Tragödie, weil niemand das Ende gesehen hat! Fahr fort, du Schauspiel des Daseins, wo das Leben ebensowenig zurückgegeben wird wie das Geld! Warum ist nie jemand von den Toten zurückgekehrt? Weil das Leben nicht zu fesseln versteht, wie der Tod es versteht, weil das Leben nicht jene Überredung besitzt wie der Tod. Ja, der Tod überredet vortrefflich, wenn man ihm bloß nicht widersprechen will, sondern ihn das Wort führen läßt, dann überzeugt er im gleichen Augenblick, so daß nie jemand ein Wort einzuwenden gehabt oder sich nach der Wohlberedtheit des Lebens gesehnt hat. Oh! Tod! groß ist deine Überredung, und nächst dir gibt es keinen, der so schön

---

1825, 1. Bd., p. 57.

reden kann wie jener Mann, dessen Wohlberedtheit ihm den Namen *πεισιθανατος* eintrug, weil er mit Kraft der Überzeugung von dir geredet hat.

Einige Zeit verstrich; mein Diener hatte wie eine häusliche Eva wieder gutgemacht, was er früher verschuldet hatte. In meiner Ökonomie war eine monotone und einförmige Ordnung zuwegegebracht. Alles, was nicht gehen konnte – das stand an seiner bestimmten Stelle, und was gehen konnte, ging seinen berechneten Gang: meine Stubenuhr, mein Diener und ich selbst, der ich mit abgemessenen Schritten in der Stube auf und ab ging. Obgleich ich mich nämlich davon überzeugt hatte, daß es keine Wiederholung gibt, bleibt doch immer gewiß und wahr, daß man durch Unerschütterlichkeit und zugleich durch Abstumpfung seines Beobachtungsvermögens eine Einförmigkeit erreichen kann, der eine weit betäubendere Macht eignet als den launischsten Zerstreuungen und die zugleich im Laufe der Zeit wie ein Beschwörungsformular stärker und stärker wird. Bei der Ausgrabung von Herculanum und Pompeji hat man alles auf seinem Platz gefunden, so wie die respektiven Besitzer es zurückgelassen haben; falls ich zu jener Zeit gelebt hätte, so würden die Altertumsforscher vielleicht zu ihrem Erstaunen auf einen Menschen gestoßen sein, der mit abgemessenen Schritten in der Stube auf und ab ging. Um diese bestehende und beständige Ordnung aufrechtzuerhalten, bediente ich mich jedes Mittels, ging sogar zu gewissen Zeiten wie Kaiser Domitian mit einer Fliegenklappe bewaffnet in der Stube herum, jede revolutionäre Fliege verfolgend. Hingegen wurden drei Fliegen, die zu bestimmten Zeiten surrend durch die Stube flogen, unter Schutz gestellt. So spielte ich, wie ich glaubte, weltvergessend und vergessen, als ich eines Tages einen Brief von meinem jungen Freund erhielt. Darauf folgten mehrere, immer mit ungefähr einem Monat Zwischenraum, ohne daß ich mich daraus jedoch einen Schluß im Hinblick auf den Abstand von seinem Aufenthaltsort zu ziehen getraue. Selber hat er darüber nichts verlauten lassen wollen, und es könnte sich wohl um eine Mystifikation handeln, die dann insofern vorsichtig durchgeführt wäre, als er die Zeit zwischen fast fünf Wochen und nur einem Tag mehr als drei Wochen fluktuieren ließ. Er wünscht mich nicht mit einer Korrespondenz zu belasten, und selbst wenn ich willig wäre, seine Briefe zu beantworten oder doch darauf zu antworten, wünscht er nichts dergleichen zu empfangen – er will sich bloß ergießen.

Aus seinem Brief ersehe ich, was ich schon im voraus gewußt habe, daß er ziemlich reizbar und trotz dieser Irritabilität sowie auf Grund davon in ständigem Widerspruch mit sich selbst ist. Er wünscht, ich solle sein Vertrauter sein, und doch wünscht er es nicht, ja, es ängstigt ihn, daß ich es bin; er fühlt sich bei meiner sogenannten Überlegenheit sicher, und doch ist sie ihm unangenehm; er vertraut sich mir an, und doch wünscht er keine Antwort, ja, will mich nicht sehen; er verlangt Schweigen von mir, unverbrüchliches Schweigen »bei allem, was heilig ist«, und doch ist er wie rasend beim Gedanken daran, daß ich diese Macht, zu schweigen, habe. Daß ich sein Vertrauter bin, darf niemand wissen, keine Seele, er selbst will es daher nicht wissen, und ich darf es nicht wissen. Um diese Konfusion zu gegenseitigem Kontentement und Vergnügen zu erklären, ist er so freundlich, auf höfliche Weise anzudeuten, daß er mich eigentlich für wahnsinnig ansieht. Wie sollte ich den Mut haben, eine Ansicht in betreff der Kühnheit dieser Deutung zu äußern! Das würde ja – in meinen Gedanken – die Richtigkeit seiner Bezichtigung nur weiterhin beweisen, während meine Zurückhaltung wohl in seinen Augen gerade ein neues Indizium für jene Ataraxie und Geistesschwäche sein würde, die sich nicht persönlich affizieren, nicht einmal kränken läßt. Das ist nun der Dank, den man dafür hat, daß man sich seit Jahr und Tag dazu erzogen hat, bloß objektives Ideen-Interesse für Menschen zu hegen, aber es auch, womöglich, für einen jeden zu hegen, in dem die Idee in Bewegung ist! Ich suchte seinerzeit der Idee in ihm zu Hilfe zu kommen, jetzt ernte ich den Lohn, daß ich Sein und Nichts sowohl sein und nicht sein soll, ganz wie es ihm gefällt, und nicht die mindeste Anerkennung dafür haben soll, daß man es zu sein und ihm auf diese Weise aus dem Widerspruch herauszuhelfen imstande ist. Dächte er daran, wieviel indirekte Anerkennung in einer solchen Zumutung liegt, so würde er vermutlich wieder rasend werden. Sein Vertrauter zu sein, ist schwieriger als das Schwierigste, und er vergißt ganz, daß ich ihn durch ein einziges Wort, zum Beispiel indem ich mir seine Korrespondenz verbitte, auf das tiefste kränken könnte. Nicht nur derjenige, der die eleusinischen Mysterien verriet, wurde bestraft, sondern auch derjenige, der dies Institut verschmähte, indem er sich nicht einweihen lassen wollte. Dieses letztere war, nach dem Bericht eines griechischen Schriftstellers, mit einem Mann namens Daimonax der Fall, der jedoch dank seiner sinnreichen Verteidigung mit heiler Haut davonkam. Meine Stellung als Vertrauter ist noch kritischer; denn er ist noch jungfräulicher mit seinen Mysterien; er wird sogar böse, wenn ich tue, was er auf das inständigste fordert – wenn ich schweige.

Wenn er indessen glaubt, ich habe ihn ganz vergessen, so tut er mir wiederum Unrecht. Bei seinem plötzlichen Verschwinden befürchtete ich wirklich, er habe sich in der Verzweiflung ein Leid angetan. Ein solches Ereignis pflegt selten lange verborgen zu bleiben, als ich daher nichts hörte oder las, schloß ich, er müsse wohl noch am Leben sein, wo er auch immer stecken mochte. Das Mädchen, das er im Stich ließ, wußte überhaupt nichts. Eines Tages blieb er aus und ließ nichts mehr von sich hören. Der Übergang zum Schmerz ging bei ihr nicht plötzlich vonstatten; denn erst sukzessive erwachte jene bange Ahnung, und erst sukzessive besann der Schmerz sich auf sich selbst, was bewirkte, daß sie sänftiglich in ein unklares Träumen davon entschlummerte, was vorgefallen war und was es zu bedeuten haben könnte. Das Mädchen gab mir einen neuen Stoff für die Beobachtung ab. Mein Freund gehörte nicht zu jenen, die alles aus der Geliebten herauszuquälen verstehen und sie dann wegwerfen; im Gegenteil befand sie sich bei seinem Verschwinden im wünschenswertesten Zustand, gesund, schwellend, um seinen ganzen poetischen Ertrag bereichert, kräftig durch die köstliche Herzstärkung der dichterischen Illusion genährt. Es stellt den selteneren Fall dar, ein verlassenes Mädchen in diesem Zustand anzutreffen. Als ich sie einige Tage später sah, war sie noch munter wie ein frisch gefangener Fisch; sonst ist ein solches Mädchen gern ausgehungert wie ein Fisch, der in einem Behälter gelebt hat. In meinem Gewissen war ich somit davon überzeugt, er müsse noch am Leben sein, und war nun recht froh, daß er nicht zu dem verzweifelten Mittel gegriffen hatte, sich für tot auszugeben. Es ist unglaublich, wieviel Verwirrung in das Erotische hineinkommen kann, wenn es dem einen Teil gefällt, vor Kummer tot sein zu wollen, oder tot sein zu wollen, um dem Ganzen zu entrinnen. Ein Mädchen würde seiner eigenen feierlichen Erklärung zufolge aus Kummer darüber sterben, daß ihr Geliebter ein Betrüger wäre. Siehe! er war kein Betrüger und hat es vielleicht viel besser gemeint, als sie begriff. Aber was er sonst vielleicht in der Fülle der Zeit getan haben würde, dazu konnte er sich jetzt nicht entschließen, bloß weil sie sich einmal erlaubt hatte, ihn mit jener Versicherung zu ängstigen, weil sie, wie er sagte, einen oratorischen Kniff ihm gegenüber angewendet hatte oder jedenfalls gesagt, was ein Mädchen niemals sagen darf, gleichwohl ob sie nun glaubt, daß er wirklich ein Betrüger sei; denn dann muß sie zu stolz dazu sein oder noch Glauben an ihn haben, denn dann muß sie einsehen, daß sie ihm himmelschreiendes Unrecht zufügen kann. Tot sein wollen, um dem Ganzen zu entrinnen, ist das abscheulichste

Mittel, das man sich vorstellen kann, und enthält die kränkendste Beleidigung einem Mädchen gegenüber. Sie glaubt, er sei tot, sie legt Trauer an, sie weint und beweint den Verstorbenen ehrlich und aufrichtig. Sie muß ja geradezu einen Abscheu vor ihren eigenen Gefühlen bekommen, wenn sie später einmal entdeckt, daß er lebt und am wenigsten von allem aufs Sterben bedacht gewesen ist. Oder wenn sie erst in einem anderen Leben Mißtrauen schöpft, nicht ob er wirklich tot sei; denn das ist ja unbestreitbar; aber ob er gestorben ist, damals als er es sagte und als sie trauerte. Eine solche Situation würde eine Aufgabe für einen Apokalyptiker darstellen, der seinen Aristophanes verstanden hat [ich meine den griechischen, nicht die einzelnen Leute, die gleich wie *doctores cerei* im Mittelalter dazu ernannt werden], und seinen Lukian. Man könnte die Verwechslung eine Zeitlang aufrechterhalten; denn tot wäre er ja, und tot bliebe er. Das trauernde Mädchen würde dann dazu erwachen, da anzufangen, wo sie aufgehört haben, bis sie entdeckte, daß es einen kleinen Zwischensatz gegeben hat.

Beim Empfang seines Briefes erstand die Erinnerung lebendig in meiner Seele, und ich zog seine Geschichte keineswegs kalten Blutes hervor. Als ich im Brief zu der nicht übeln Erklärung gelangte, ich sei wahnsinnig, fiel mir gleich ein, jetzt hat er gewiß ein Geheimnis, das innerlicher als das Innerlichste ist, und dies Geheimnis wird von einer Jalousie behütet, die mehr als hundert Augen hat. Als ich persönlich mit ihm Umgang pflog, entging mir nicht, wie er mit großer Vorsicht, ehe er mit der Sprache herausrückte, die Bemerkung insinuierte; ich sei ein Sonderling. Na! darauf muß ein Beobachter vorbereitet sein. Er muß es verstehen, dem Beichtenden eine kleine Garantie bieten zu können. Ein beichtendes Mädchen fordert immer eine positive Garantie, ein Mann eine negative; dies hat seinen Grund in der weiblichen Hingabe und Demut und im männlichen Stolz und Eigenwillen. Welch ein Trost liegt dann nicht darin, daß der, bei dem man Rat und Erklärung sucht – daß der wahnsinnig ist! Dann braucht man sich nicht zu schämen. Mit einem solchen Menschen sprechen heißt ja ebensoviel, wie mit einem Baum sprechen, »etwas, das man bloß der Kuriosität wegen tut«, falls der eine oder andere danach fragen sollte. Ein Beobachter muß sich leicht zu machen verstehen, sonst eröffnet sich keiner; vor allem hüte er sich davor, ethisch streng zu sein oder sich selbst als den moralisch richtigen Menschen hinzustellen. Es ist ein verdorbener Mensch, sagt man, er ist mit dabei gewesen, hat tolle Geschichten gehabt – *ergo* kann ich mich ihm gut anvertrauen, ich, der ich viel besser bin! Nun, dem mag sein wie ihm wolle, ich verlange von den Menschen nichts als ihren Bewußtseinsinhalt. Den lege ich auf die Waage, und je nachdem er Gewichtfülle hat, ist mir kein Preis zu hoch.

Schon bei flüchtigem Durchgehn seines Briefes wurde mir klar, daß seine Liebesgeschichte einen weit tieferen Eindruck hinterlassen hatte, als ich vermutete. Er muß mir da einige Stimmungen verheimlicht haben; das versteht sich, damals war ich ja auch nur ein »Sonderling«, jetzt bin ich wahnsinnig, das ist was anderes. Hängt es so zusammen, dann bleibt ihm nichts übrig, als eine religiöse Bewegung zu machen. So führt die Liebe einen Menschen weiter und weiter. Was ich so oft als Wahrheit empfunden habe, das mußte ich hier wiederum als Wahrheit empfinden: »Das Dasein ist doch unendlich tiefsinnig, und seine lenkende Macht versteht ganz anders zu intrigieren als sämtliche Dichter *in uno*.« Der junge Mensch war so konstruiert und so von Natur begabt, daß ich darauf gewettet hätte, er hätte sich nicht im Garn der Liebe verfangen. In dieser Hinsicht gibt es nämlich Ausnahmen, die sich nicht in den üblichen Kasusformen beugen lassen. Er hatte ungewöhnlich viel Geist, zumal Phantasie. Sobald seine Produktivität geweckt war, hatte er fürs ganze Leben genug, insbesondere wenn er sich selbst richtig verstand und sich auf gemütliche häusliche Belustigung mit des Geistes Wirken und der Phantasie Zeitvertreib beschränkte, was den vollkommensten Entgelt für alle Liebe darstellt und bei weitem nicht die Mühen und Fatalitäten der Liebe mit sich führt und eine ausgesprochene Ähnlichkeit mit dem Schönsten in der Seligkeit der Liebe hat. Jedwede solche Natur bedarf der Frauenliebe nicht, was ich mir dadurch zu erklären pflege, daß er in einem früheren Leben selber Frau gewesen und nun, da er Mann geworden ist, die Erinnerung daran bewahrt hat. Sich in ein Mädchen verlieben, stört ihn bloß, und er wird seine Aufgabe immer verpfuschen; denn er kann ihre *partes* nahezu mit übernehmen. Dies ist sowohl für sie als auch für ihn selber unangenehm. Andererseits war er eine sehr melancholische Natur. Wie das erstere ihn davon abhalten würde, sich fürderhin einem Mädchen zu nähern, so würde das letztere ihn sichern, falls es einer schlauen Schönheit gefallen sollte, ihm nachzustellen. Eine tiefe Melancholie im sympathetischen Stil ist und bleibt für alle weibliche Kunst eine vollendete Demütigung. Wenn es einem Mädchen gelänge, ihn an sich zu ziehen; in dem Augenblick, wo sie bereits über den Sieg jubelt, würde ihm einfallen: begehst du nicht Sünde und Unrecht an ihr, indem du dich diesen Gefühlen hingibst, wirst du ihr nicht nur im Wege stehen, und dann adieu alle weiblichen Intrigen. Jetzt ist die Stellung auf eine absonderliche Weise verändert, er ist auf ihre Seite übergegangen, er wird sich besonders willig zeigen, all das Vortreffliche bei ihr zu sehen, wird es vielleicht besser als sie selber darzustellen verstehen, wird es mehr bewundern, als sie vielleicht verlangt; aber weiter bekommt sie ihn nie.

Daß er in einer Liebesgeschichte hängen bleiben würde, hatte ich nun nie erwartet. Aber das Dasein ist gerissen. Was ihn einfängt, ist gar nicht des Mädchens Liebenswürdigkeit, sondern die Reue darüber, daß er ihr Unrecht angetan hat, indem er ihr Leben durcheinander bringt. Er hat sich unüberlegt genähert, er vergewissert sich, daß die Liebe sich nicht realisieren läßt, er kann ohne sie so glücklich werden, wie er es überhaupt werden kann, zumal mit dieser neuen Zugabe, er bricht ab; aber jetzt kann er nicht vergessen, daß er Unrecht begangen hat, gerade als sei es unrecht, abzubrechen, wenn etwas sich nicht durchführen läßt. Falls er unbefangen wäre, falls es hieße: »Hier ist dieses Mädchen, willst du dich ihr nähern, willst du dich verlieben«, so würde er mit ziemlicher Sicherheit antworten: »Nicht für alles in der Welt; ich habe einmal erfahren, was dabei herauskommt; dergleichen vergißt man nicht. Und so müßte die Sache ja doch hingestellt werden, wenn er sich nicht selber betrügen will. Noch steht für ihn fest, daß sich seine Liebe menschlich gesprochen nicht realisieren läßt. Er ist da bis an die Grenze des Wunderbaren gelangt, und insofern es also geschehen soll, muß es kraft des Absurden geschehen. An die Schwierigkeit denkt er gar nicht, oder ist mein schlauer Kopf vielleicht zu erfinderisch! Liebt er das Mädchen wirklich, oder ist sie hier nicht wieder der Anlaß, der ihn bloß bewegt? Es ist unzweifelhaft wiederum nicht der Besitz in strengerem Verstande und der während des Besitzes sich entwickelnde Inhalt, der ihn beschäftigt; es ist bloß die Rückkehr rein formal gedacht. Ob sie am Tage danach stürbe, das würde ihn nicht weiter stören, er würde nicht eigentlich einen Verlust fühlen; denn sein Wesen wäre in Ruhe. Der Zwiespalt, der durch die Berührung mit ihr in ihm hervorgerufen war, wäre dadurch versöhnt, daß er wirklich zu ihr zurückgekehrt wäre. Das Mädchen stellt dann wiederum keine Wirklichkeit dar, sondern einen Reflex der Bewegungen in ihm und deren Ansporn. Das Mädchen hat eine ungeheure Bedeutung, er wird es niemals vergessen können; aber das, wodurch sie Bedeutung hat, ist nicht sie selbst, sondern das Verhältnis zu ihm. Sie ist gleichsam die Grenze seines Wesens; aber ein solches Verhältnis ist nicht erotisch. Religiös gesprochen könnte man sagen, es sei, als habe sich Gott selber dieses Mädchens bedient, um ihn damit zu fangen, und doch ist das Mädchen selber keine Wirklichkeit, sondern den Flor-Fliegen gleich, die man an einem Angelhaken anbringt. Ich bin völlig davon überzeugt, daß er das Mädchen nicht im geringsten kennt, ungeachtet er an sie geknüpft gewesen und sie ihm seither wohl nie aus dem Sinn gekommen ist. Sie ist das Mädchen, damit Punktum; ob sie, konkreter gesprochen, diese oder jene ist, die Herrlichkeit, die Liebenswürdigkeit, die Treue, die aufopfernde Liebe, um deretwillen man alles wagt und Himmel und Erde in Bewegung setzt, daran denkt er gar nicht. Wenn er sich Rechenschaft ablegen wollte, welche Freude, welche Seligkeit er sich doch eigentlich von einem wirklich erotischen Verhältnis erwarte, so würde er vermutlich kein Wort zu sagen haben. Was ihn beschäftigt, das ist im gleichen Augenblick erreicht – daß es ihm möglich ist, seine Ehre und seinen Stolz einzulösen! Gleich wie es auch eine Sache der Ehre und des Stolzes gewesen ist, solcher kindischen Furchtsamkeit zu trotzen! Er erwartet vielleicht sogar die Verpfuschung seiner eigenen Persönlichkeit; aber das ist nichts, wenn er sich nur gleichsam am Dasein rächen kann, das seiner gespottet hat, indem es ihn schuldig machte, wo er unschuldig war, indem es sein Verhältnis zur Wirklichkeit in diesem Punkte für ihn sinnlos gemacht hat, so daß er sich darein schicken muß, daß jeder wirkliche Liebhaber in ihm einen Betrüger erblickt. Sollte es nicht eine Aufgabe sein, dies zu tragen! Aber vielleicht verstehe ich ihn nicht ganz, vielleicht verbirgt er etwas, vielleicht liebt er in Wahrheit dennoch. Dann wird das Ende der Geschichte wohl sein, daß er mich einmal dafür totschlägt, daß er mir das Allerheiligste anvertraut hat. Man sieht, es ist eine gefährliche Stellung,

Beobachter zu sein. Indessen möchte ich doch wünschen, ich könnte bloß meines psychologischen Interesses wegen das Mädchen einen Augenblick beiseite schaffen, ihn in Einbildung wiegen, sie sei verheiratet, ich wette, mir würde eine andere Erklärung zuteil; denn seine Sympathie ist so melancholisch, daß er sich, glaube ich, in Faveur des Mädchens selber einbildet, er liebe sie.

Das Problem, vor dem er Halt gemacht hat, ist nicht mehr und nicht weniger als die Wiederholung. Daß er sich nicht in der griechischen Philosophie Aufklärung darüber zu verschaffen sucht, auch nicht in der neueren, daran tut er recht; denn die Griechen machen die entgegengesetzte Bewegung, und ein Grieche würde hier das Erinnern wählen, ohne daß ihn sein Gewissen beunruhigte; die neuere Philosophie macht keine Bewegung, sie macht im allgemeinen nur Aufhebungen, und soweit sie eine Bewegung macht, liegt diese immer in der Immanenz, die Wiederholung hingegen ist und bleibt eine Transzendenz. Ein Glück ist, daß er bei mir keine Erklärung sucht; denn ich habe meine Theorie aufgegeben, ich faulenze. Die Wiederholung ist auch mir zu transzendent. Ich kann um mich selbst herumsegeln; aber ich kann nicht über mich hinauskommen, diesen archimedischen Punkt kann ich nicht ausfindig machen. Mein Freund sucht sich denn glücklicherweise auch nicht bei irgendeinem weltberühmten Philosophen oder bei irgendeinem *professor publicus ordinarius* Aufklärung zu verschaffen, er nimmt seine Zuflucht zu einem privatisierenden Denker, der einmal aller Welt Herrlichkeit besessen, sich aber später vom Leben zurückgezogen hat – er hat mit anderen Worten seine Zuflucht zu *Hiob* genommen, der nicht auf einem Katheder figuriert und durch beruhigende Gestikulationen für die Wahrheit seiner Sätze einsteht, sondern der an der Feuerstätte hockt und sich mit Scherben kratzt und, ohne diese Handarbeit zu unterbrechen, flüchtige Winke und Bemerkungen hinwirft. Hier meint er gefunden zu haben, was er suchte, in diesem kleinen Kreis von Hiob und Weib samt drei Freunden klingt, seiner Meinung nach, die Wahrheit herrlicher und fröhlicher und wahrer als in einem griechischen Symposion.

Selbst wenn er meine Anleitung noch suchen sollte, es ist umsonst. Eine religiöse Bewegung kann ich nicht machen, das ist wider meine Natur. Deshalb leugne ich jedoch nicht deren Realität, oder daß man von einem jungen Menschen besonders viel lernen könne. Gelingt es ihm, dann ist er in seinem Verhältnis zu mir von allem jenem Reizbaren befreit. Nur kann ich nicht leugnen, daß ich, je mehr ich die Sache betrachte, aufs neue einen Verdacht gegen das Mädchen geschöpft habe, daß sie sich auf die eine oder andere Weise erlaubt hat, ihn in seiner Melancholie fangen zu wollen. In diesem Fall möchte ich nicht an ihrer Stelle sein. Es geht schief. Das Dasein rächt ein solches Verhalten immer auf das strengste.

BRIEFE

Den 15. August

Mein stiller Mitwisser!

Es wird Sie doch vielleicht verwundern, jetzt plötzlich einen Brief von dem zu empfangen, der wohl für Sie längst tot und so gut wie vergessen war oder vergessen und so gut wie tot. Auf weitere Verwunderung wage ich nicht zu rechnen. Ich stelle mir vor, daß Sie in diesem Augenblick meine Geschichte gleichsam hervorholen werden und sagen: richtig, das war ja der mit der unglücklichen Liebe; wo waren wir doch stehengeblieben? Na, na ja! dann werden die Symptome wohl folgende sein. Es ist wahrhaft entsetzlich mit Ihrer Ruhe! Wenn ich daran denke, siedet mir das Blut, und doch vermag ich mich nicht loszureißen; mit einer sonderbaren Macht fesseln Sie mich an Sie. Mit Ihnen sprechen, hat etwas unbeschreiblich Linderndes und Wohltuendes; denn es ist, als spräche man mit sich selber oder mit einer Idee. Wenn man sich dann ausgesprochen und Erquickung in dieser Entleerung gefunden hat und dann plötzlich Ihre unveränderte Miene gewahrt und bedenkt, daß es ein Mensch ist, der vor einem steht, ein ungeheuer kluger Mensch, mit dem man gesprochen hat, dann wird einem ganz bange. Herrgott, der Trauernde ist in bezug auf seine Trauer immer ein wenig ehrliebend. Er mag sich nicht jedermann anvertrauen, er verlangt Schweigen. Dessen kann man nun bei Ihnen sicher genug sein. Und dennoch, wenn man sich recht dabei getröstet hat, wird einem wieder angst; denn dieses Ihr Schweigen, das schweigsamer als das Grab ist, besitzt vermutlich viele ähnliche Deposita. Über alles wissen Sie Bescheid, Sie lassen sich nicht verwirren, können in der nächsten Sekunde ein anderes Geheimnis hervorholen und anfangen, wo Sie stehengeblieben sind. Dann bereut man, sich Ihnen anvertraut zu haben. Herrgott! der Trauernde ist in bezug auf seine Trauer ein wenig ehrliebend. Er will, daß derjenige, den er darein einweiht, ihre ganze Last und Bedeutung fühle. Sie enttäuschen die Erwartungen nicht; denn Sie erfassen die feinste Nuance besser als man selbst. Im nächsten Augenblick gerate ich in Verzweiflung angesichts der Überlegenheit, die dazu gehört, derart über alles Bescheid zu wissen, daß nichts neu oder unbekannt ist. Falls ich Selbstu herrscher aller Menschen wäre, dann gnade Ihnen Gott-Ich würde Sie in einen Käfig eingesperrt mit mir führen! auf daß Sie allein mir gehörten. Und dann würde ich mir vermutlich, indem ich Sie täglich sehe, selber die peinlichste Angst bereiten. Sie haben eine dämonische Macht, die einen Menschen dazu verlocken kann, alles wagen zu wollen, Kräfte haben zu wollen, die er sonst nicht hat, wonach es ihn sonst nicht verlangt, bloß solange Sie ihn ansehen, scheinen zu wollen, was er nicht ist, bloß um dies anerkennende Lächeln zu erkaufen, das unbeschreiblich belohnt. Ich hätte Lust, Sie den ganzen Tag zu sehen, die Nacht dazu Ihnen zuzuhören, und dennoch, wenn ich handeln sollte, würde ich es um keinen Preis in Ihrer Anwesenheit tun. Sie könnten mit einem Wort alles verwirren. Ich habe nicht den Mut, Ihnen gegenüber meine Schwäche einzugestehen; hätte ich es einmal getan, so würde ich zum feigsten Menschen von allen, weil mir schiene, als hätte ich alles verloren. So fesseln Sie mich mit einer unbeschreiblichen Macht, und die gleiche Macht ängstigt mich, so bewundere ich Sie, und doch ist mir zuweilen, als wären Sie wahnsinnig. Oder ist es nicht eine Art von Wahnsinn, in solchem Grade jede Leidenschaft, jede Rührung des Herzens, jede Stimmung dem kalten Regiment der Reflexion unterworfen zu haben! Ist es nicht Wahnsinn, in solcher Weise normal zu sein, nur Idee, nicht Mensch, nicht wie wir anderen, biegsam und nachgiebig, verloren und sich verlierend! Ist es nicht Wahnsinn, in solcher Weise immer wach zu sein, immer bewußt, niemals dunkel und träumend! – In diesem Augenblick getraute ich mich nicht, Sie zu sehen, und doch kann ich Sie nicht entbehren. Deshalb schreibe ich und bitte Sie darum, sich beileibe nicht der Mühe einer Antwort zu unterziehen. Sicherheitshalber enthält mein Brief keine Adresse. So möchte ich es, so tut es wohl, Ihnen zu schreiben, so bin ich ruhig und Ihrer froh.

Ihr Plan war vortrefflich, ja, unvergleichlich. Noch vermag ich in einzelnen Augenblicken wie ein Kind nach jener heroischen Gestalt zu greifen, die Sie einmal meinem bewundernden Blick vorgehalten haben mit der Erklärung, es sei meine Zukunft, jene heroische Gestalt, die aus mir selber einen Heros gemacht haben würde, falls ich Kraft besessen hätte, sie mir überzustreifen. Seinerzeit haben Sie mich mit aller Macht der Illusion in einen vollkommenen Phantasierausch hingerissen. Solchermaßen sein ganzes Leben zu beschließen um eines einzigen Mädchens willen! Einen Schurken, einen Betrüger aus sich machen, allein um zu zeigen, wie hoch man sie geschätzt habe, denn einer Geringfügigkeit opfert man nicht seine Ehre! Sich selbst brandmarken, das eigene Leben verscherzen! Das Werk der Rache auf sich nehmen und es ganz anders vollführen, als es das leere Geschwätz der Menschen vermag! Solchermaßen Heros sein, nicht in den Augen der Welt, sondern vor sich selbst, sich den Menschen gegenüber auf nichts berufen können, sondern eingemauert in seine Persönlichkeit leben, in sich selber den eigenen Zeugen, den eigenen Richter, den eigenen Ankläger und in sich den einzigen haben! Sein künftiges Leben jenem Kreuzen der Gedanken preisgeben, das wohl die Folge eines solchen Schrittes sein müßte, wodurch man in einer Weise menschlich gesprochen auf den Verstand Verzicht leistete. Dies alles eines Mädchens wegen tun! Und wenn eine Umkehrung möglich wäre, dann, wie Sie bemerkt haben, einem Mädchen das ritterlichste und erotischste Kompliment gemacht haben, das jede, selbst die abenteuerlichste Tat überträfe, gerade weil man nur sich selbst gebraucht hat. Diese Äußerung hat einen tiefen Eindruck auf mich gemacht. Sie war natürlich nicht mit Schwärmerei getan – Sie und Schwärmerei! – Sie war mit ruhiger und kalter Verständigkeit getan, mit einem offiziellen Wissen, als hätten Sie allein dieser Sache wegen sämtliche Rittererzählungen durchgelesen. Was die Entdeckung einer neuen Kategorie für einen Denker darstellen muß, das ist es für mich gewesen, eine Entdeckung im erotischen Bereich zu machen.

Unglücklicherweise war ich indessen nicht der Künstler, der die Kraft zu einer solchen Leistung besaß, oder die Ausdauer; glücklicherweise sah ich Sie nur an entlegenen Orten und selten. Sollte ich Sie zur Seite gehabt haben, könnten Sie im Zimmer gesessen sein, und sei es nur in einer Ecke, lesend, schreibend, sich das Nichthergehörige vornehmend und doch, das weiß ich nur zu gut, und doch auf alles aufmerksam – ich hätte, glaube ich, damit begonnen. Wäre es geschehen, es wäre entsetzlich gewesen. Oder ist es nicht entsetzlich, so mit kalter Ruhe Tag für Tag die Geliebte in eine Unwahrheit hineinzuhexen! Und gesetzt, sie hätte zu Mitteln gegriffen, die ihr zu Gebote standen – jene weiblichen Beschwörungen; gesetzt, sie hätte mich unter Tränen angefleht, bei meiner Ehre, meinem Gewissen, meiner Seligkeit, meinem Frieden in Leben und Tod, meinem Frieden hüben und drüben beschworen! Mich schaudert bloß beim Gedanken daran. Ich habe die einzelnen Winke nicht vergessen, die Sie hingeworfen haben, wie ich denn überhaupt nicht zu opponieren wagte und nur allzu verzaubert war. »Falls ein Mädchen das Recht auf seiner Seite hat und sie sich dieser Mittel bedient, so soll man sie auf sich wirken lassen, ja mehr noch, ihr in der Anwendung behilflich sein. Inbezug auf ein Mädchen ist man ritterlich genug, nicht bloß man selber zu sein, sondern zugleich Aktor in ihrem Namen. Ist sie nicht im Recht, so hat das nichts zu bedeuten, man läßt sie an sich abgleiten.« Das ist wahr, absolut, vollkommen wahr; aber diese Verständigkeit besitze ich nicht. »Welchem törichten Widerspruch begegnet man nicht oft in Feigheit und Mut der Menschen. Man fürchtet sich davor, das Entsetzliche zu sehen, aber man hat den Mut, es zu tun. Sie verlassen das Mädchen; dies ist das Entsetzliche. Dazu haben Sie den Mut; aber sie erblassen zu sehen, ihre Tränen zu zählen, Zeuge ihrer Not zu sein, dazu haben Sie nicht den Mut. Und doch ist dies ja nichts dem anderen gegenüber. Wissen Sie, was Sie wollen, warum und in wieweit, dann sollen Sie jedes Argument sehen, sollen es respektieren und sich nicht von etwas fortstehlen in der Hoffnung, Ihre Phantasie sei stumpfer als die Wirklichkeit. Hierdurch betrügen Sie sich denn auch selber; denn Ihre lebendige Phantasie wird sich ganz anders erheben, wenn einmal die Zeit kommt, da Sie sich ihre Not vorstellen sollen, und wenn Sie diese gesehen haben, ihr dazu verholfen haben, alles so beängstigend und schrecklich für Sie zu machen wie möglich. Das ist wahr, jedes Wort ist wahr; aber es ist eine Wahrheit, als sei die Welt tot, so kalt und konsequent ist sie. Sie überzeugt mich nicht, sie bewegt mich nicht. Ich gestehe, ich bin schwach, ich war schwach, ich werde niemals so stark und unerschrocken sein. Bedenken Sie doch alles, denken Sie sich an meine Stelle; aber vergessen Sie nicht, daß Sie wirklich so hoch lieben, wie ich sie geliebt habe. Ich bin davon überzeugt, Sie würden siegen, Sie würden durchdringen, Sie würden alle Schrecken überwinden, Ihnen würde gelingen, sie in Ihrem Falsum zu betören. Was würde geschehen? Falls nicht das Glücklichste geschähe, daß im gleichen Augenblick, wo die Anstrengung vorüber ist, Ihr Haar ergraut wäre und Ihre Seele eine Stunde später ausgeatmet hätte, so müßte ja, worauf Ihr Plan auch hinauslief, dies Falsum fortgesetzt werden. Es würde Ihnen gelingen, davon bin ich überzeugt. Befürchten Sie nicht, den Verstand zu verlieren? Befürchten Sie nicht, sich in einer entsetzlichen Leidenschaft zu verirren, die man Menschenverachtung nennt? Solchermaßen recht zu haben, treu zu sein und sich doch für einen Schurken auszugeben und nun in seinem Betrug all der Erbärmlichkeit, die sich oft genug brüstet, zu höhnen, aber dem Besseren in der Welt zu spotten! Daß ein Kopf dergleichen sollte aushalten können! Glauben Sie nicht, es würde notwendig werden, oft in der Nacht aufzustehen und ein Glas kaltes Wasser zu trinken oder neben seinem Lager zu sitzen und nachzurechnen! Gesetzt, ich hätte damit angefangen, die Fortsetzung ließe sich unmöglich ertragen. Ich habe ein anderes Mittel gewählt, habe in aller Stille Kopenhagen verlassen und mich nach Stockholm begeben. Ihrem Plan nach wäre dies unrichtig gewesen. Ich sollte in aller Öffentlichkeit gereist sein. Denken Sie sich, sie hätte an Toldboden gestanden; mir schaudert. Denken Sie sich, ich hätte sie erst in jener Sekunde erblickt, als sich die Maschinerie in Gang setzte. Ich hätte, glaube ich, den Verstand verloren. Ich bezweifele nicht, daß Sie die Kraft besessen hätten, ruhig zu bleiben. Wäre es vonnöten gewesen, hätten Sie erwartet, sie werde sich an Toldboden zeigen, hätten Sie die Näherin mitgenommen und wären mit ihr gereist. Wäre es vonnöten gewesen, hätten Sie nicht nur ein Mädchen bestochen, sondern nur um der Geliebten zu dienen, ein Mädchen verführt, wirklich verführt, gesengt und verbrannt, wenn es erforderlich gewesen wäre. Aber gesetzt, Sie wären einmal plötzlich in der Nacht aufgewacht und hätten sich selber nicht zu kennen vermocht, hätten sich mit jener Gestalt verwechselt, deren Sie sich zu Ihrem frommem Betrug bedienten. Denn das muß ich gestehen, Sie haben sicherlich nicht gemeint, man solle sich leichtsinnig auf dergleichen einlassen, Sie haben sogar ein Wort darüber fallen lassen, diese Methode könne ohne eigene Schuld des Mädchens niemals absolut notwendig werden, sei es nun, sie sei gedankenlos genug gewesen, das Nachlassen der Sympathie nicht zu bemerken, oder eigenlieb genug, dies sich wieder verziehen zu lassen. Aber gerade dies – würde dann nicht ein Augenblick kommen, wo sie verstehen würde, was sie getan haben sollte, verzweifeln würde angesichts der Folgen dessen, daß sie es unterlassen hat, Folgen, die jedoch nicht so sehr ihren Grund in ihrer Härte als in der ganzen Persönlichkeit des anderen hatten. Wäre es ihr nicht ergangen, wie es mir ergangen ist? Sie hatte nicht geahnt, sich nicht träumen lassen, welche Kräfte sie in Bewegung setzte, auf welchen Leidenschaften sie spielte, und so wäre sie ja an allem schuldig geworden, obgleich unschuldig. Hieße das nicht zu streng gegen sie sein? Sollte ich in dieser Hinsicht etwas tun, dann würde ich lieber schimpfen, zornig werden; aber diese stille objektive Verdammung!

Nein! Nein! Nein! ich könnte es nicht, ich kann nicht, ich will nicht, nicht um alles in der Welt würde ich es tun. Nein! Nein! Nein! ich könnte angesichts dieser Schriftzeichen verzweifeln, die kalt und wie müssige Tagediebe nebeneinander stehen, und das eine Nein besagt nicht mehr als das andere. Sie sollten die Leidenschaft in mir sie modulieren hören. Stünde ich doch neben Ihnen, könnte ich mich mit meinem letzten Nein von Ihnen losreißen, wie Don Juan vom Kommandanten, dessen Hand nicht kälter ist als jene Verständigkeit, mit der Sie mich unwiderstehlich hinreißen. Und stünde ich vor Ihnen, würde ich wohl kaum mehr als einmal Nein sagen; denn bevor ich weiter gelangte, hätten Sie mich wohl mit der kalten Antwort: ja! ja! unterbrochen.

Was ich getan habe, war etwas sehr Mäßiges und Pfuscherhaftes. Lächeln Sie nur über mich. Wenn ein Schwimmer, der vom Mast eines Schiffes hinauszuspringen und Salto mortale zu machen gewöhnt ist, bevor er das Wasser erreicht, einen anderen auffordert, dem Exempel zu folgen, und dieser andere statt dessen zur Treppe geht, erst das eine Bein hinausstreckt, dann das andere, und sich dann erst hineinplumpsen läßt – dann, ja dann brauche ich mir nicht erzählen zu lassen, was der erste tut. Eines Tages blieb ich aus, ohne ihr ein Wort gesagt zu haben; ich ging an Bord des Dampfschiffs nach Stockholm, entfloh, mich vor allen verbergend. Gott im Himmel möge ihr beistehen, selber eine Erklärung zu finden! Haben Sie sie nicht gesehen – das Mädchen, das ich niemals bei Namen nenne, dessen Namen ich nicht der Mann bin, niederzuschreiben, denn meine Hand würde vor Entsetzen zittern. Haben Sie sie gesehen? Ist sie bleich oder vielleicht tot, trauert sie, hat sie eine Erklärung geschmiedet, die sie tröstet, ist ihr Gang noch leicht, oder ist ihr Haupt gebeugt und ihre Gestalt beschwert? Großer Gott, meine Phantasie kann mir zu allem dienen. Sind ihre Lippen blaß, diese Lippen, die ich bewundert habe, wenn gleich ich mir nur ihre Hand zu küssen erlaubte. Ist sie müde und gedankenvoll, sie, die selig wie ein Kind gewesen ist! Schreiben Sie, ich bitte Sie. Nein, schreiben Sie nicht, ich will keinen Brief von Ihnen haben, nichts von ihr hören, ich glaube nichts, nicht einem Menschen, nicht ihr selber. Ob sie auch leibhaftig vor mir stünde, ob sie unbekümmerter wäre als je zuvor, ich würde nicht froh, ich glaubte ihr nicht, ich würde glauben, es sei Betrug, um meiner zu spotten oder um mich zu trösten. Haben Sie sie gesehen? Nein! ich hoffe, Sie haben sich verwehrt, sie zu sehen oder sich in meine Liebesgeschichte einzumischen. Falls ich es zu wissen bekomme! Wenn ein Mädchen unglücklich wird, so kommen gleich all diese hungerigen Ungeheuer herbei, die ihren psychologischen Hunger und Durst stillen wollen oder Novellen schreiben. Getraute ich mich nur hervorzustürzen und zumindest diese Schmeißfliegen von der Frucht fernzuhalten, die mir süßer als alles gewesen ist, feiner, zarter anzuschauen als ein Pfirsich, wenn er sich in seinem glücklichsten Augenblick herrlichst in Seide und Sammet schmückt.

Was ich jetzt mache? Ich fange von vorn an, und dann fange ich von hinten an. Ich fliehe jede äußere Erinnerung an das Ganze, während sich meine Seele Tag und Nacht, wach und in Träumen, unaufhörlich damit beschäftigt. Ihren Namen nenne ich nie, und ich danke dem Geschick dafür, daß ich durch ein Mißverständnis einen falschen Namen erhalten habe. Einen Namen, mein Name – der gehört ja eigentlich ihr. Könnte ich ihn nur loswerden. Mein eigener Name genügt, mich an alles zu erinnern, und das ganze Dasein scheint mir nur Allusionen an dies Vergangene zu enthalten. Am Tage vor meiner Abreise las ich in der Adressenzeitung: »16 Ellen schwerer schwarzer Seide auf Grund anderer Bestimmung zu verkaufen.« Was mochte die erste Bestimmung sein, vielleicht ein Brautkleid! Daß ich nicht auch meinen Namen auf Grund veränderter Bestimmung in der Zeitung verkaufen kann. Wenn ein gewaltiger Geist mir meinen

Namen wegnähme und ihn mir wieder anböte, in unsterblichem Ruhm prangend, ich würde ihn weg, weit weg, werfen, ich würde um den geringfügigsten, den am meisten nichtssagenden betteln, darum, wie einer der Waisenhauszöglinge Nummer vierzehn geheißen zu werden. Was hülfe mir ein Name, der nicht mein ist, was hülfe mir ein herrlicher Name, ob er auch mein wäre;

Denn was ist des Ruhmes schmeichelnde Lust
Gegen den Seufzer der Lieb' aus einer Jungfrau Brust.

Was ich jetzt mache? Ich nachtwandele bei Tag und liege wach bei Nacht. Ich bin fleißig und strebsam, ein Muster an Häuslichkeit und Heimarbeit, ich netze den Finger, ich trete mit dem Fuß, ich halte das Rad an, setze die Spindel in Gang – ich spinne. Aber wenn ich am Abend den Rocken wegstellen soll, so war keiner da, und wo das Gesponnene geblieben ist, das weiß meine Katze. Ich bin rastlos und geschickt, unverdrossen, aber wo bleibt alles; wer Kessel flickt, vollbringt Mirakel mir gegenüber. Kurz, wenn Sie verstehen wollen, wenn Sie sich eine Vorstellung von meinem unfruchtbaren Tun bilden wollen, dann suchen Sie die Worte des Dichters geistig in bezug auf meine Gedanken zu verstehen, das ist alles, was ich sagen kann:

Die Wolken treiben hin und her,
Sie sind so matt, sie sind so schwer;
Da stürzen rauschend sie herab,
Der Schoß der Erde wird ihr Grab.

Mehr brauche ich Ihnen wohl nicht zu sagen oder richtiger, ich brauchte eher Sie, um mehr sagen zu können, um verständig und klar ausdrücken zu können, was mein tastender Gedanke nur toll verstehen lassen kann.

Wenn ich alles vollständig erzählen wollte, würde mein Brief unendlich lang werden, zumindest ebensolang wie ein böses Jahr und wie jene Zeiten, von denen es heißt:

sie gefallen mir nicht [Prediger 12,1]. Den Vorteil habe ich jedoch, daß ich überall gleich gut abbrechen kann, so wie ich jeden Augenblick den Faden durchschneiden kann, an dem ich spinne. Hiermit Gott befohlen! Wer an das Dasein glaubt, der ist gut assuriert, er erreicht alles, ebenso gewiß wie derjenige Mann sein Gefühl verbirgt, der einen Hut ohne Deckel vor sein betendes Angesicht hält.

Mein Herr! ich habe die Ehre usw. – ja, ob ich will oder nicht, verbleibe ich doch

Ihr ergebener, namenloser Freund.

Den 19. September

Mein stiller Mitwisser!

Hiob! Hiob! Oh! Hiob! Hast du wirklich nichts anderes gesagt als jene schönen Worte: Der Herr hat's gegeben, der Herr hat's genommen, der Name des Herrn sei gelobt? Hast Du nicht mehr gesagt? Bist Du in all Deiner Not nur dabei geblieben, sie zu wiederholen? Weshalb hast Du sieben Tage und Nächte lang geschwiegen, was ist da in Deiner Seele vor sich gegangen? Als das ganze Dasein über Dir zusammenstürzte und wie Scherben um Dich herumlag, hattest Du da gleich jene übermenschliche Fassung, hattest Du gleich die Deutung der Liebe, die Freimütigkeit des Vertrauens und des Glaubens? Ist auch Deine Tür dem Trauernden verschlossen, kann er bei Dir keine andere Linderung erwarten, als was weltliche Weisheit kümmerlich anbietet, indem sie einen Paragraphen über die Vollkommenheit des Lebens vorliest? Weißt Du nicht mehr zu sagen, wagst Du nicht mehr zu sagen, als was die bestellten Tröster dem Einzelnen wortkarg zumessen, was die bestellten Tröster wie steife Zeremonienmeister dem Einzelnen vorschreiben, daß es in der Not passend sei, zu sagen, der Herr hat's gegeben, der Herr hat's genommen, der Name des Herrn sei gelobt, weder mehr noch weniger, gleichwie man Prosit zu jemandem sagt, der niest! Nein, Du, der Du in deinen glücklichen Tagen das Schwert des Unterdrückten und der Stab des Greises und die Stütze des Gebeugten warst, Du hast die Menschen nicht betrogen, als alles zerbrach – da bist Du des Leidenden Mund und des Zerknirschten Ruf und des Geängstigten Schrei und zu einer Linderung für alle jene geworden, die in Qualen verstummt sind, ein getreuer Zeuge aller der Not und Zerrissenheit, die in einem Herzen wohnen können, ein untrüglicher Fürsprecher, der »in der Seele Bitternis« zu klagen und mit Gott zu streiten wagte. Warum verheimlicht man dies? Wehe dem! der Witwen und Vaterlose auffrißt und sie um ihr Erbe betrügt, aber wehe auch dem, der den Trauernden hinterlistig um den zeitweiligen Trost der Trauer betrügen will, sich Luft zu verschaffen, und »mit Gott zu hadern«. Oder ist die Gottesfurcht in unserer Zeit vielleicht so groß, daß der Trauernde dessen nicht bedarf, was in jenen alten Zeiten Brauch gewesen ist? Getraut er sich vielleicht nicht, Klage vor Gott zu erheben? Ist denn die Gottesfurcht größer geworden oder die Furcht und die Feigheit? Heutzutage meint man, der eigentliche Ausdruck der Trauer, die verzweifelte Sprache der Leidenschaft müsse Dichtern überlassen bleiben, die dann wie Prokuratoren am Untergericht die Sache des Leidenden vor dem Gerichtshof des menschlichen Mitleids vertreten. Weiter getraut sich niemand. Sprich darum Du, unvergeßlicher Hiob! wiederhole alles, was Du gesagt hast, Du gewaltiger Fürsprecher, der unerschrocken wie ein brüllender Löwe vor den Gerichtsstuhl des Höchsten tritt! In Deinen Worten ist Nachdruck, in Deinem Herzen ist Gottesfurcht, selbst wenn Du klagst, wenn Du Deine Verzweiflung gegen Deine Freunde beschützt, die wie Räuber aufstehen und Dich mit ihren Gedanken überfallen, selbst wenn Du, von Deinen Freunden erhitzt, ihre Weisheit zertrittst und ihre Verteidigung des Herrn verachtest, als sei es eines verlebten Hofdieners oder eines staatsklugen Regierungsmanns armselige Weisheit. Deiner bedarf ich, eines Mannes, der laut zu klagen versteht, daß es im Himmel widerhallt, wo Gott sich mit dem Teufel beratschlagt, Pläne gegen einen Menschen auszuhecken. Klage, der Herr fürchtet sich nicht, er weiß sich schon zu verteidigen; aber wie sollte er sich verteidigen können, wenn niemand sich zu klagen getraut, wie es sich für einen Menschen geziemt. Sprich, erhebe Deine Stimme, sprich laut, Gott kann wohl lauter sprechen, er hat ja den Donner – aber auch der ist eine Antwort, eine Erklärung, verläßlich, treu, ursprünglich, eine Antwort von Gott selber, die, wenngleich sie einen Menschen zerschmetterte, herrlicher als der Stadtklatsch und das Gerede von der Gerechtigkeit der Lenkung sind, von menschlicher Weisheit erfunden, von alten Weibern und Halbmännern ausgestreut.

Mein unvergeßlicher Wohltäter, geplagter Hiob! darf ich mich Deiner Gemeinschaft anschließen, darf ich Dir zuhören. Stoß mich nicht weg, ich stehe nicht betrügerisch an Deiner Feuerstätte, meine Tränen sind nicht falsch, wenngleich ich nicht mit Dir bloß zu weinen vermag. Wie der Frohe die Freude sucht, an ihr teilnimmt, wenngleich das, was ihn zunächst freut, jene Freude ist, die in ihm selber wohnt, so sucht der Trauernde die Trauer. Ich habe die Welt nicht mein eigen genannt, nicht sieben Söhne und drei Töchter gehabt; aber auch der kann ja alles verloren haben, der nur wenig besessen hat, auch der kann ja gleichsam Söhne und Töchter verloren haben, der die Geliebte verlor, und auch der kann ja gleichsam mit bösen Schwären geschlagen sein, der die Ehre und den Stolz verloren hat und damit die Lebenskraft und den Sinn.

Ihr namenloser Freund.

Den 11. Oktober

Mein stiller Mitwisser!

Mein Leben ist bis zum Äußersten gebracht; ich ekele mich vor dem Dasein, es ist geschmacklos ohne Salz und Sinn. Wenn ich hungriger als Pierrot wäre, gelüstete es mich dennoch nicht danach, jene Erklärung zu fressen, welche die Menschen anbieten. Man steckt den Finger in die Erde, um zu riechen, in welchem Land man sich befindet, ich stecke den Finger ins Dasein – es riecht nach nichts. Wo bin ich? Was will das besagen: die Welt? Was bedeutet dieses Wort? Wer hat mich in das Ganze hineingenarrt und läßt mich nun da stehen? Wer bin ich? Wie bin ich in die Welt hineingekommen; warum bin ich nicht gefragt worden, warum nicht mit Bräuchen und Regeln bekannt gemacht worden, sondern ins Glied gesteckt, als sei ich von einem Seelenverkooper gekauft? Wie bin ich Interessent in jener großen Entreprise geworden, die man die Wirklichkeit nennt? Warum soll ich Interessent sein? Ist das nicht freigestellt? Und soll ich es notwendig sein, wo ist denn der Verhandlungsleiter, ich habe eine Bemerkung zu machen? Gibt es keinen Verhandlungsleiter? Wo soll ich mich mit meiner Klage hinwenden? Das Dasein ist ja eine Debatte, darf ich darum bitten, daß meine Betrachtung mit in Erwägung gezogen wird? Soll man das Dasein nehmen als was es ist, wäre es dann nicht am besten, daß man zu wissen bekäme, wie es ist? Was heißt das: ein Betrüger? Sagt Cicero nicht, man finde einen solchen heraus, indem man frage: *cui bono?* Ich lasse einen jeden fragen und frage jeden danach, ob es mir etwas genützt hat, mich selber und ein Mädchen unglücklich zu machen? Schuld – was soll das heißen? Ist das Hexerei? Weiß man nicht mit Bestimmtheit, wie es zugeht, daß ein Mensch schuldig wird? Will niemand antworten? Ist denn dies nicht für alle die Herren Teilnehmer von äußerster Wichtigkeit?

Mein Verstand steht still oder richtiger, er bleibt mir weg? Im einen Augenblick bin ich müde und matt, ja, wie tot vor Gleichgültigkeit, im anderen Augenblick rase ich und fahre verzweifelt vom einen Ende der Welt zum anderen, um jemand zu finden, an dem ich meinen Zorn auslassen könnte. Der ganze Inhalt meines Wesens schreit in Widerspruch mit sich selbst. Wie ist es zugegangen, daß ich schuldig wurde? Oder bin ich nicht schuldig? Warum werde ich dann in allen Zungen so genannt? Was ist die menschliche Sprache für eine jämmerliche Erfindung, daß sie eines sagt und ein anderes meint.

Ist mir nicht etwas zugestoßen, ist das Ganze nicht eine Begebenheit? Konnte ich im voraus wissen, mein ganzes Wesen würde eine Veränderung erfahren, ich werde ein anderer Mensch werden? Brach vielleicht hervor, was dunkel in meiner Seele gelegen hatte? Aber wenn es dunkel da gelegen hatte, wie hätte ich es denn voraussehen können? Aber konnte ich es nicht voraussehen, dann bin ich ja unschuldig. Wenn ich einen Nervenschlag erhalten hätte, wäre ich dann auch schuldig gewesen? Was ist jenes Mitmenschlicher-Zunge-Reden, das man Sprache nennt, für ein jämmerliches Kauderwelsch, das nur von einer Clique verstanden wird! Sind die Stummen nicht weiser, daß sie nie von derlei reden? – Bin ich treulos? Wenn sie dabei bliebe, mich zu lieben, und nie jemand anders lieben würde, dann wäre sie mir ja treu. Wenn ich dabei bleibe, sie lieben zu wollen, bin ich dann treulos? Wir tun ja beide das gleiche, wieso werde ich denn zum Betrüger, weil ich meine Treue dadurch beweise, daß ich betrüge? Weshalb soll sie recht haben, ich unrecht? Wenn wir beide treu sind, weshalb wird dies dann in der menschlichen Sprache so ausgedrückt, daß sie treu sei, ich ein Betrüger?

Wenn sich die ganze Welt gegen mich erhöbe, wenn alle Scholastiker mit mir disputieren möchten, wenn es mein Leben gälte, ich habe dennoch recht. Das soll niemand mir entreißen, wenngleich es keine Sprache gibt, in der ich es ausdrücken kann. Ich habe richtig gehandelt. Meine Liebe läßt sich nicht in einer Ehe zum Ausdruck bringen. Tue ich es, ist sie zerschmettert. Vielleicht ist die Möglichkeit ihr lockend erschienen. Dafür kann ich nicht, sie ist es auch für mich gewesen. Im gleichen Augenblick, wo es Wirklichkeit wird, ist alles verloren, dann ist es zu spät. Die Wirklichkeit, in der sie ihre Bedeutung haben soll, wird für mich bloß zu einem Schatten, der neben meiner eigentlichen Geistes-Wirklichkeit herläuft, ein Schatten, der mich bald zum Lachen bringen, bald störend in meine Existenz eingreifen wird. Es wird damit enden, daß ich sie anfasse, tastend, als griffe ich einen Schatten, oder als streckte ich meine Hand nach einem Schatten aus. Ist ihr Leben dann nicht vertan? Sie wäre für mich ja wie tot, ja, sie könnte die Versuchung in meiner Seele erwecken, sie tot zu wünschen. Wenn ich sie dann zerschmettere, sie gerade in dem Augenblick verflüchtige, in dem ich sie zu Wirklichkeit machen will, anstatt daß ich sie im anderen Fall in einer wahren, wenngleich in anderem Verstande beängstigenden Wirklichkeit behalte – was dann? Dann sagt die Sprache, ich sei schuldig; denn ich müßte es vorausgesehen haben. – Welche Macht ist dies, die mir meine Ehre und meinen Stolz nehmen und es auf eine so sinnlose Weise tun will? Bin ich denn preisgegeben? Soll ich denn schuldig und ein Betrüger sein, was auch immer ich tue, selbst wenn ich nichts tue? – Oder bin ich vielleicht verrückt? Dann wäre es wohl das beste, mich einzusperren, denn die menschliche Feigheit fürchtet sich insbesondere vor den Erklärungen der Wahnsinnigen und Sterbenden. Was heißt das: wahnsinnig? Was soll ich tun, um mich jener bürgerlichen Achtung zu erfreuen, für klug angesehen zu werden? Warum antwortet man nicht? Ich setze eine angemessene Belohnung aus, wenn jemand ein neues Wort erfindet! Ich habe die Alternativen bezeichnet. Ist jemand so klug, daß er mehr als zwei weiß? Aber weiß er nicht mehr, dann ist es ja Nonsens, daß ich wahnsinnig, treulos und ein Betrüger sein soll, während das Mädchen treu und vernünftig und von den Menschen geachtet ist. Oder soll mir zur Last gelegt werden, daß ich die erste so schön wie möglich gemacht habe? Besten Dank! Als ich ihre Freude gewahrte, geliebt zu werden, da habe ich mich und alles, worauf sie wies, der Zaubermacht der Liebe unterworfen. Ist es Schuld, daß ich es vermocht, oder Schuld, daß ich es getan habe? Wer trägt Schuld daran außer ihr selber und jenem Dritten, wovon niemand weiß, woher es kam, jenes, das mich mit seinem Schlag berührt und verwandelt hat? Was ich getan habe, rühmt man ja bei anderen. – Oder ist dies mein Entgelt, daß ich zum Dichter wurde? Ich verbitte mir jedes Entgelt, ich fordere mein Recht: meine Ehre. Ich habe nicht darum gebeten, es zu werden, und will es nicht um diesen Preis erkaufen. – Oder, wenn ich schuldig bin, dann muß ich ja meine Schuld bereuen können und sie wiedergutmachen. Man erkläre mir auf welche Weise. Soll ich vielleicht obendrein bereuen, daß die Welt sich mit mir zu spielen erlaubt wie das Kind mit einem Maikäfer? – Oder wäre es vielleicht das beste, das Ganze zu vergessen? Vergessen, ich habe ja aufgehört zu sein, falls ich es vergesse, oder was für ein Leben ist das, wenn ich mit der Geliebten Ehre und Stolz verloren habe, und derart verloren, daß keiner weiß, wie es zugegangen ist, weshalb ich es denn nie wieder aufrichten kann? Soll ich mich solchermaßen herauspuffen lassen; warum bin ich denn hineingepufft worden, ich habe nicht darum gebeten?

Wer eingesperrt bei Wasser und Brot sitzt, hat es besser, als ich es habe. Meine Betrachtungen sind, menschlich gesprochen, die knappste Diät, die man sich vorstellen kann, und doch empfinde ich eine Befriedigung dabei, mich so in all meiner Mikrokosmischheit so makrokosmisch wie möglich zu gebärden.

Mit den Menschen spreche ich nicht, um jedoch nicht

jede Kommunikation mit ihnen abzubrechen, sowie um sie nicht mit Geschwätz abzuspeisen, habe ich einen Haufen Verse, kernvolle Äußerungen, Sprichwörter, kurze Sentenzen jener unsterblichen griechischen und römischen Skribenten gesammelt, die zu allen Zeiten bewundert worden sind. Zu dieser Anthologie habe ich mehrere vorzügliche Zitate aus dem unter dem Privilegium des Waisenhauses herausgegebenen Balleschen Lehrbuch hinzugefügt. Fragt man mich nach etwas, so habe ich meine Antwort parat. Ich zitiere die Klassiker ebensogut wie Peer Degn und zitiere obendrein Balles Lehrbuch. »Wenn wir auch alle erwünschte Ehre erreicht hätten, sollen wir uns nicht zu Übermut oder Hoffart hinreißen lassen.« Ich betrüge dann niemanden. Wie viele gibt es wohl, die immer eine Wahrheit oder eine gute Bemerkung sagen. »Unter dem Namen Welt werden im allgemeinen Himmel und Erde zusammengefaßt, mit allem, was sich dort befindet.«

Was könnte es auch helfen, wenn ich etwas sagen wollte, es gibt niemanden, der mich versteht; mein Schmerz und mein Leiden sind namenlos, wie ich es selbst bin, der, obgleich er keinen Namen hat, vielleicht doch immer für Sie etwas bleibt, und jedenfalls verbleibt

Ihr Ergebener

Den 15. November

Mein stiller Mitwisser!

Wenn ich Hiob nicht hätte! Es ist unmöglich zu beschreiben und zu nuancieren, welche und wie mannigfache Bedeutung er für mich hat. Ich lese ihn nicht, wie man ein anderes Buch liest, mit dem Auge, sondern ich lege mir das Buch gleichsam aufs Herz, und lese es mit dem Auge des Herzens, verstehe in *clairvoyance* das Einzelne auf die verschiedenste Weise. Wie sich das Kind das Lehrbuch unter den Kopf legt, um sicher zu sein, daß es seine Lektion nicht vergessen hat, wenn es am Morgen aufwacht, so nehme ich das Buch zur Nacht mit mir ins Bett. Jedes Wort daraus ist Nahrung und Kleidung und Medizin für meine erbärmliche Seele. Bald erweckt mich ein Wort daraus aus meiner Lethargie, so daß ich zu neuer Unruhe erwache, bald stillt es das fruchtlose Rasen in meinem Inneren, beendet das Schreckliche im stummen Erbrechen der Leidenschaft. Sie haben doch Hiob gelesen? Lesen Sie ihn, lesen Sie ihn immer wieder. Ich kann es nicht über mich bringen, in einem Brief an Sie einen einzigen Ausbruch abzuschreiben, obgleich ich meine Freude daran habe, immer wieder eine Abschrift von allem zu nehmen, was er gesagt hat, bald mit dänischen, bald mit lateinischen Buchstaben, bald im einen Format, bald im anderen. Eine jede solche Abschrift legt sich wie ein Heilpflaster aus Gottes Hand auf mein krankes Herz. Und auf wem hat wohl Gottes Hand gelegen wie auf Hiob! Aber ihn zitieren – das kann ich nicht. Das hieße, meinen Senf mit dazugeben wollen, das hieße, seine Worte in Anwesenheit eines anderen zu den meinigen machen wollen. Wenn ich allein bin, dann tue ich es, eigne mir alles an; aber sobald jemand zugegen ist, dann weiß ich gut, was ein junger Mensch zu tun hat, wenn alte Leute sprechen.

Im ganzen Alten Testament gibt es keine Gestalt, der man sich mit soviel menschlichem Vertrauen und Freimütigkeit und Zuversicht näherte wie Hiob, gerade weil alles bei ihm so menschlich ist, weil er in einem Konfinium zur Poesie liegt. Nirgends in der Welt hat die Leidenschaft des Schmerzes einen solchen Ausdruck gefunden. Was ist Philoktet mit seinen Klagen, die doch immer an der Erde haften und die Götter nicht entsetzen. Was ist die Situation Philoktets, verglichen mit derjenigen Hiobs, wo die Idee immerzu in Bewegung ist.

Verzeihen Sie, daß ich alles erzähle, Sie sind ja mein Vertrauter, und Sie können nicht antworten. Wenn irgendein Mensch es zu wissen bekäme, das würde mich unbeschreiblich ängstigen. Zur Nacht kann ich die Kerzen in meiner Stube anzünden, das ganze Haus illuminieren lassen. Dann stehe ich auf, lese mit lauter Stimme, fast schreiend, den einen oder anderen Passus von ihm. Oder ich öffne mein Fenster und schreie seine Worte in die Welt hinaus. Ist Hiob eine poetische Figur, hat es nie jemanden gegeben, der so gesprochen hat, dann mache ich seine Worte zu den meinigen und nehme die Verantwortung auf mich. Mehr kann ich nicht; denn wer besitzt eine solche Wohlberedtheit wie Hiob oder ist imstande, etwas von dem Gesagten zu verbessern.

Obgleich ich das Buch immer wieder gelesen habe, ist jedes Wort für mich immerzu neu. Immer wenn ich dazu komme, erlebt es eine ursprüngliche Geburt und wird ursprünglich in meiner Seele. Jeden Rausch der Leidenschaft sauge ich nach und nach wie ein Trinker ein, bis ich durch dies langsame Nippen fast sinnlos betrunken werde. Andererseits haste ich ihm mit unbeschreiblicher Ungeduld entgegen. Ein halbes Wort, so eilt meine Seele in seinen Gedanken, in seine Ausbrüche hinein; schneller als das ausgeworfene Lot den Grund des Meeres sucht, schneller als der Blitz den Blitzableiter sucht, schlüpft meine Seele hinein und verbleibt darinnen.

Zu anderen Zeiten bin ich stiller. Dann lese ich nicht, dann sitze ich zusammengesunken wie eine alte Ruine und schaue alles. Dann ist mir, als sei ich ein kleines Kind, das umhergeht und in der Stube kramt oder das mit seinem Spielzeug in einem Winkel hockt. Dann wird mir so wunderlich zumute. Ich kann nicht verstehen, was es ist, das die Älteren so leidenschaftlich macht, ich kann nicht daraus klug werden, worüber sie sich zanken, und doch kann ich nicht unterlassen zu lauschen. Dann glaube ich, daß es böse Menschen sind, die Hiob all die Trauer

verursacht haben, daß es seine Freunde sind, die jetzt dasitzen und ihn anbellen. Dann weine ich ganz laut, eine unnennbare Angst vor der Welt und dem Leben und den Menschen und allem preßt mir die Seele zusammen.
Dann erwache ich und fange ihn wieder laut mit aller Macht und von ganzem Herzen zu lesen an. Dann verstumme ich plötzlich; ich höre nichts mehr, sehe nichts, nur in dunkeln Umrissen erahne ich Hiob, der an der Feuerstätte sitzt, und seine Freunde; aber keiner sagt ein Wort, aber dies Schweigen birgt alle Schrecken in sich wie ein Geheimnis, das keiner sich zu nennen getraut.
Dann wird das Schweigen gebrochen, und Hiobs geplagte Seele bricht in gewaltige Schreie aus. Die verstehe ich, diese Worte mache ich zu den meinigen. Im gleichen Augenblick empfinde ich den Widerspruch, dann lächele ich über mich selbst, wie man über ein kleines Kind lächelt, das des Vaters Kleider angezogen hat. Oder ist es nicht, um darüber zu lächeln, wenn jemand anders als Hiob sagen würde: »Ach! könnte ein Mann mit Gott ins Gericht gehen wie ein Menschenkind mit seinesgleichen.« Und doch kommt die Angst über mich, als verstünde ich es noch nicht, aber als werde ich einmal dahin gelangen, zu verstehen, als lauerte bereits das Entsetzen auf mich, von dem ich lese, als zöge ich es auf mich, indem ich davon lese, gleich wie man an der Krankheit erkrankt, von der man liest.

Den 14. Dezember

Mein stiller Mitwisser!

Alles hat seine Zeit, des Fiebers Rasen ist vorüber, ich bin wie ein Rekonvaleszent.
Das Geheimnis bei Hiob, die Lebenskraft, der Nerv, die Idee, ist: daß Hiob ungeachtet alles dessen recht hat. Durch diese Behauptung stellt er jeder menschlichen Be-

trachtung gegenüber eine Ausnahme dar, seine Ausdauer und Kraft erweisen die Autorität und die Befugnis. Jede menschliche Erklärung stellt für ihn nur ein Mißverständnis dar, und all seine Not ist im Verhältnis zu Gott für ihn nur ein Sophismus, den er zwar nicht selber zu lösen vermag, angesichts dessen er sich jedoch darauf vertröstet, Gott werde ihn lösen können. Jedes *argumentum ad hominem* ist ihm gegenüber in Anwendung gebracht worden, aber er erhält seine Überzeugung keck aufrecht. Er behauptet, sich in gutem Einvernehmen mit dem Herrn zu befinden; er weiß sich im innersten Herzen unschuldig und rein, wie er es zugleich vor Gott tut, und doch widerlegt ihn das ganze Dasein. Darin liegt das Große bei Hiob, daß die Freiheit der Leidenschaft bei ihm nicht erstickt oder in einem verkehrten Ausdruck beruhigt wird. Diese Leidenschaft ist unter ähnlichen Umständen oft in einem Menschen erstickt worden, indem eine Kleinmut und kleinliche Angst einen Menschen zu glauben veranlaßt haben, er leide um seiner Sünden willen, wo er es überhaupt nicht tat. Seiner Seele gebrach es an Ausdauer, einen Gedanken durchzuführen, wenn ihm die Gedanken der Welt immerfort entgegen waren. Wenn ein Mensch glaubt, ein Unglück treffe ihn seiner Sünden wegen, so kann das schön und wahr und demütig sein; aber es kann auch darum sein, weil er Gott dunkel als Tyrannen begreift, was der Mensch auf sinnlose Weise solchermaßen ausdrückt, daß er ihn im gleichen Augenblick ethischen Bestimmungen unterwirft. – Hiob ist auch nicht dämonisch. So kann ein Mensch zum Beispiel Gott recht geben wollen, obgleich er selber recht zu haben glaubt. Er möchte gleichsam zeigen, daß er Gott liebt, selbst wenn Gott den Liebenden in Versuchung führen will. Oder Gott kann nicht seinetwegen die Welt verändern, dann will er so großmütig sein, in der Liebe fortzufahren. Dies ist eine völlig dämonische Leidenschaft, die eine gesonderte psychologische Behandlung verdiente, ob sie nun humoristisch gleichsam den Streit abbricht, um nicht weiter Aufhebens zu machen, oder in einem selbstischen Pochen auf die Stärke seines Gefühls kulminiert.

Hiob bleibt bei seiner Behauptung, er habe recht. Er tut es auf die Weise, daß er dadurch von der edlen menschlichen Freimut Zeugnis ablegt, die dennoch weiß, was ein Mensch ist, daß er, obgleich gebrechlich und bald verwelkt wie einer Blume Leben, dennoch in Richtung auf Freiheit etwas Großes darstellt, ein Bewußtsein hat, daß ihm nicht einmal Gott selber entreißen kann, obgleich er es ihm verliehen hat. Hiob hält in der Weise an seiner Behauptung fest, daß man in ihm jene Liebe und jenes Vertrauen gewahrt, das dessen gewiß ist, Gott werde schon alles erklären können, wenn man bloß bis zu ihm selber vordringe.

Die Freunde machen Hiob genug zu schaffen; der Streit mit ihnen ist ein Fegefeuer, worin der Gedanke sich läutert, daß er dennoch recht hat. Sollte es ihm an Kraft und Ausdauer gebrechen, sein Gewissen zu ängstigen und seine Seele zu erschrecken, an Phantasie gebrechen, vor sich selber bange zu werden, vor der Schuld und dem Vergehen, die heimlich in seinem Innersten hausen könnten, dann helfen ihm die Freunde durch ihre deutlichen Hinweise, durch ihre aufdringlichen Beschuldigungen, die gleich neidischen Wünschelruten müßten hervorrufen können, was zutiefst verborgen lag. Sein Unglück ist ihr Hauptargument, und somit steht alles für sie fest. Man sollte glauben, Hiob müsse entweder den Verstand verlieren oder vor Elend ermattet zusammensinken, auf Gnade und Ungnade kapitulieren. Eliphas, Bildad, Zophar und vor allem Elihu, der sich *integer* erhebt, als die anderen müde geworden sind, variieren das Thema, sein Unglück sei eine Züchtigung, er solle bereuen, um Vergebung bitten, dann werde alles wieder gut.

Hiob indessen beharrt auf dem Seinigen. Seine Behauptung ist wie ein Passierschein, mit dem er die Welt und die Menschen verläßt, sie ist eine Forderung, welche die Menschen zu Protest gehen lassen, die Hiob jedoch nicht tilgt. Er bedient sich jeden Mittels, um seine Freunde zu bewegen. Er sucht sie zu Mitleid zu rühren [»Erbarmet Euch mein«], er entsetzt sie durch seine Stimme [»Ihr deutet's fälschlich«]. Umsonst. Seine Schmerzensschreie werden heftiger und heftiger, je nachdem sich durch den Widerspruch der Freunde die Reflexion gerade in seine Leiden vertieft. Doch dies bewegt die Freunde nicht, und darum dreht sich die Sache ja nicht. Sie möchten ihm gern darin recht geben, daß er leidet, daß er Grund zu schreien hat, daß »der Waldesel nicht schreit, wenn er Gras hat«; aber sie fordern, er solle die Züchtigung darin erkennen.

Wie erklärt man nun Hiobs Behauptung? Die Erklärung ist die: Das Ganze ist eine *Prüfung*. Diese Erklärung schafft indessen neue Schwierigkeiten, die ich mich auf folgende Weise deutlich zu machen bestrebt habe. Die Wissenschaft behandelt und erklärt ja das Dasein und im Dasein des Menschen Verhältnis zu Gott. Welche Wissenschaft nun ist so beschaffen, daß sie Raum für ein Verhältnis hat, das als Prüfung bestimmt ist, etwas, das es unendlich gesprochen gar nicht gibt, sondern nur für das Individuum gibt? Eine solche Wissenschaft existiert nicht und kann unmöglich existieren. Dazu kommt: Wie erfährt das Individuum, daß es eine Prüfung ist? Dasjenige Individuum, das überhaupt eine Vorstellung von einer Gedankenexistenz und vom Sein eines Bewußtseins hat, sieht leicht ein, daß dies nicht so rasch getan wie gesagt oder so rasch vorüber wie gesagt oder so rasch ergriffen wie gesagt ist. Zuerst muß das Ereignis ja aus den kosmischen Umständen herausgelotst werden und eine religiöse Taufe und einen religiösen Namen erhalten, dann soll man sich der Ethik zur Visitation vorstellen und dann kommt der Ausdruck: eine Prüfung. In der Zeit vorher existiert das Individuum offenbar nicht in Kraft des Gedankens. Jede

Erklärung ist möglich, und der Leidenschaft Wirbel ist entbunden. Nur diejenigen Menschen, die keine oder doch nur eine unwürdige Vorstellung vom Leben kraft des Geistes besitzen, sind in dieser Hinsicht rasch fertig, sie vertrösten mit einer halben Stunde Lektüre, so wie viele philosophische Lehrlinge ein Resultat der Eile anzubieten haben.

Das Große bei Hiob ist deshalb nicht, daß er gesagt hat: Der Herr hat's gegeben, der Herr hat's genommen, der Name des Herrn sei gelobt – was er ja auch zu Anfang gesagt und später nicht wiederholt hat – sondern Hiobs Bedeutung beruht darin, daß die Grenzstreitigkeiten mit dem Glauben in ihm ausgekämpft sind, daß jener ungeheure Aufstand der wilden und kampflustigen Kräfte der Leidenschaft hier dargestellt ist.

Daher beruhigt Hiob nicht wie ein Glaubensheld, sondern er gewährt zeitweilige Linderung. Hiob stellt gleichsam den ganzen inhaltsreichen Diskussionsbeitrag von Seiten des Menschen in der großen Rechtssache zwischen Gott und Menschen dar, jenem weitläufigen und entsetzlichen Prozeß, der seinen Grund darin hatte, daß Satan Zwietracht zwischen Gott und Hiob gesät hat, und der damit endet, daß das Ganze eine Prüfung war.

Jene Kategorie: Prüfung ist weder eine ästhetische, ethische noch dogmatische, sie ist völlig transzendent. Erst ein Wissen von der Prüfung, daß es eine Prüfung ist, würde seine Stelle in einer Dogmatik finden. Aber sobald dies Wissen vorhanden ist, ist die Elastizität der Prüfung geschwächt und die Kategorie eigentlich eine andere. Diese Kategorie ist absolut transzendent und versetzt den Menschen in ein rein persönliches Gegensatzverhältnis zu Gott, in ein solches Verhältnis, daß er sich nicht an einer Erklärung aus zweiter Hand genügen lassen kann.

Daß es etliche Menschen gibt, welche diese Kategorie gleich bei jeder Gelegenheit, wo der Brei angebrannt ist, parat haben, beweist nur, daß sie sie nicht erfaßt haben.

Wer ein entwickeltes Weltbewußtsein sein eigen nennt, hat einen besonders langen Umweg vor sich, ehe er sie erreicht. Dies ist mit Hiob der Fall, der den Umfang seiner Weltanschauung durch die Unerschütterlichkeit dartut, womit er allen schlauen ethischen Ausflüchten und listigen Anläufen zu entgehen weiß. Hiob ist nicht der Held des Glaubens, er gebiert die Kategorie der »Prüfung« unter ungeheuren Schmerzen, gerade weil er so entwickelt ist, daß er sie nicht in kindlicher Unmittelbarkeit besitzt.

Daß diese Kategorie intendieren könnte, die ganze Wirklichkeit dadurch auszustreichen und zu suspendieren, daß sie sie als eine Prüfung im Verhältnis zur Ewigkeit bestimmt, sehe ich wohl. Doch hat dieser Zweifel über mich nicht Macht gewonnen; denn da Prüfung eine *zeitweilige* Kategorie darstellt, so ist sie *eo ipso* im Verhältnis zu Zeit bestimmt und muß daher in der Zeit aufgehoben werden. Soviel sehe ich jetzt ein, und wie ich mir in allem erlaubt habe, Sie zum Eingeweihten zu machen, so schreibe ich Ihnen auch dies für mich selbst. Von Ihnen, das wissen Sie, verlange ich nichts, außer daß es mir vergönnt sein möge, zu verbleiben

Ihr Ergebener.

Den 13. Januar

Mein stiller Mitwisser!

Die Stürme haben ausgetobt – das Gewitter ist vorüber – Hiob ist vor der Front der Menschheit zurechtgewiesen worden – der Herr und Hiob haben einander verstanden, sie sind versöhnt, »und Gottes Geheimnis wohnt wieder in Hiobs Hütten wie in früheren Tagen« – die Menschen haben Hiob verstanden, *jetzt* kommen sie zu ihm und essen Brot mit ihm und bedauern und trösten ihn, seine Brüder und Schwestern verehren ihm jeder einen Groschen und ein goldenes Schmuckstück – Hiob ist gesegnet und hat alles *zwiefach* bekommen. – Das nennt man eine *Wiederholung*.

Wie tut ein Gewitter doch so wohl! Wie selig muß es sein, von Gott zurechtgewiesen zu werden! Während sich sonst ein Mensch bei einer Zurechtweisung so leicht verhärtet; wenn Gott richtet, dann verliert er sich selbst und vergißt den Schmerz in jener Liebe, die erziehen will.

Wer könnte sich nun diesen Schluß gedacht haben? Und doch ist kein anderer Schluß denkbar, indes auch dieser nicht denkbar ist. Wenn alles ins Stocken gerät, wenn der Gedanke steckenbleibt, wenn die Sprache verstummt, wenn die Erklärung verzweifelt heimkehrt – dann muß ein Gewitter kommen. Wer vermag das zu verstehen? Und dennoch, wer vermag etwas anderes ausfindig zu machen.

Bekam Hiob denn unrecht? Ja! für ewig; denn höher kann er nicht kommen als bis zu dem Gerichtshof, der ihn gerichtet hat. Bekam Hiob recht? Ja! für ewig, dadurch, daß er *vor Gott* unrecht bekam.

So gibt es denn eine Wiederholung. Wann tritt sie ein? Ja, das läßt sich in einer menschlichen Sprache nicht gut ausdrücken. Wann trat sie für Hiob ein? Als alle *erdenkliche* menschliche Gewißheit und Wahrscheinlichkeit für die Unmöglichkeit bestand. Nach und nach verliert er alles; damit verschwindet sukzessive die Hoffnung, indes die Wirklichkeit, weit davon entfernt, milder gestimmt zu werden, eher strengere und strengere Behauptungen gegen ihn vorbringt. Unmittelbar gesprochen ist alles verloren. Nur einen Ausweg wissen seine Freunde, zumal Bildad, daß er, indem er sich der Strafe unterwerfe, auf eine Wiederholung in Überfluß hoffen dürfe. Das will Hiob nicht. Damit strafft sich der Knoten und die Verwicklung, und nur ein Donnerschlag vermag sie zu lösen.

Für mich enthält diese Erzählung einen unbeschreiblichen Trost. Was war es doch für ein Glück, daß ich Ihrem bewunderten Plan nicht gefolgt bin, der klug war. Vielleicht ist es menschlich gesprochen Feigheit von mir gewesen; aber vielleicht kann mir die Lenkung nun um so leichter zu Hilfe kommen.

Nur eines bereue ich, daß ich das Mädchen nicht darum gebeten habe, mir meine Freiheit zu schenken. Ich bin davon überzeugt, daß sie es getan hätte. Wer begreift wohl eines Mädchens Großmut? Und doch kann ich es nicht richtig bereuen; denn ich weiß, daß ich es getan habe, weil ich um ihretwillen zu stolz dazu war.

Wenn ich Hiob nicht hätte! Mehr sage ich nicht, um Sie nicht mit meinem ewigen Kehrreim zu behelligen.

Ihr Ergebener.

Den 17. Februar

Mein stiller Mitwisser!

Hier sitze ich. Auf Unschuld? wie es in der Diebessprache heißt; oder auf des Königs Gnade? Ich weiß es nicht; nur das weiß ich, daß ich sitze und daß ich mich nicht vom Fleck rühre. Hier stehe ich, auf dem Gipfel oder am Fuß? das weiß ich nicht; nur das weiß ich, daß ich stehe und *suspenso gradu* nun einen ganzen Monat lang stehe, ohne den Fuß an mich zu ziehen oder eine einzige Bewegung zu machen.

Ich warte auf ein Gewitter – und auf die Wiederholung. Und doch, wenn bloß das Gewitter kommt, schon dafür bin ich froh und unbeschreiblich selig, selbst wenn mein Urteil lautete, daß keine Wiederholung möglich sei.

Was soll dies Gewitter bewirken? Es soll mich tauglich machen, Ehemann zu sein. Es wird meine ganze Persönlichkeit zerschmettern, ich bin bereit, es wird mich mir selber fast unkenntlich machen, ich schwanke nicht, obgleich ich auf einem Bein stehe. Meine Ehre ist gerettet, mein Stolz eingelöst; und wie es mich auch verwandeln mag, ich hege doch die Hoffnung, die Erinnerung daran werde wie ein unerschöpflicher Trost bei mir bleiben, bleiben, wenn das geschehen ist, was ich in gewissem Verstande mehr als einen Selbstmord fürchte, weil es mich in einem ganz anderen Maßstab stören wird. Kommt das Gewitter nicht, dann werde ich hinterhältig; dann sterbe ich ganz und gar nicht, aber tue einmal so, als ob ich tot wäre, auf daß Verwandte und Freunde mich begraben können. Wenn man mich dann in den Sarg legt, so stecke ich in aller Stille meine Erwartung zu mir. Das erfährt niemand, denn sonst würde man sich wohl hüten, einen Menschen zu begraben, in dem noch Leben ist.

Im übrigen tue ich alles, was in meiner Macht steht, um mich zum Ehemann zu bilden. Ich sitze und beschneide mich selbst, nehme all das Inkommensurable fort, um kommensurabel zu werden. Allmorgendlich lege ich all meiner Seele Ungeduld und unendliches Streben ab, das hilft nicht, im nächsten Augenblick ist es wieder da. Allmorgendlich nehme ich den Bart all meiner Lächerlichkeiten ab, das hilft nicht, am nächsten Morgen ist der Bart wieder ebenso lang. Ich revoziere mich selbst, wie die Bank ihren Zettel aufruft, um einen neuen in Zirkulation zu bringen; es will nicht gelingen. Ich setze mein ganzes Ideeneigentum, meine Prioritäten in eheliches Taschengeld um – ach! ach! in dieser Münze wird mein Reichtum zu besonders wenig.

Aber ich fasse mich kurz, meine Stellung und meine Situation erlauben mir nicht, viele Worte zu machen.

Ihr Ergebener.

Obgleich ich mich schon längst der Welt entschlagen und allem Theoretisieren abgeschworen hatte, kann ich doch nicht leugnen, daß mich der junge Mensch wiederum etwas aus der Perpendikelbewegung meines Interesses für ihn herausbekam. Soviel wurde mir ohne weiteres klar, daß er sich in einem vollständigen Mißverständnis befindet. Er leidet an einer unzeitigen melancholischen Großmut, die nirgendswo hingehört als in eines Dichters Hirn. Er wartet auf ein Gewitter, das einen Ehemann aus ihm machen soll, vielleicht einen Nervenschlag. Das ist ganz die umgekehrte Welt. Er gehört auch zu denen, die sagen: das ganze Bataillon kehrt, anstatt selber kehrt zu machen, was hier auf andere Weise dadurch ausgedrückt werden kann: das Mädchen muß weg. Wenn ich nicht selbst so alt wäre, würde ich mir ein Vergnügen daraus machen, sie mir zu nehmen, allein um dem Menschen zu helfen.

Er freut sich darüber, meinem »klüglichen« Plan nicht gefolgt zu sein. Das sieht ihm völlig ähnlich. Daß er noch in diesem Augenblick nicht einsehen kann, daß es das einzig Richtige gewesen wäre. Mit ihm kann man sich unmöglich einlassen, und insofern trifft es sich sehr glücklich, daß er keine Antwort haben möchte; denn mit einem Menschen zu korrespondieren, der einen solchen Trumpf wie ein Gewitter in der Hand hält, würde lächerlich sein. Hätte er bloß meine Klugheit. Etwas anderes sage ich nicht. Ob er dann, falls einträte, womit er gerechnet hat, diesem einen religiösen Ausdruck verliehe, das bleibt seine Sache; dagegen habe ich nichts einzuwenden. Aber es ist immer gut, alles getan zu haben, was menschliche Klugheit vorschreiben kann. Ich sollte es gewesen sein, ich würde dem Mädchen besser geholfen haben. Nun wird es ihr vielleicht viel schwerer fallen, ihn zu vergessen. Sie ist nicht dahin gelangt zu schreien, das ist das Unglück. Schreie gehören dazu, das ist gut, ebenso wie daß bei einer Kontusion Blut kommt. Man muß ein Mädchen schreien lassen, dann hat sie hinterher nichts, worüber sie schreien kann, sondern vergißt rasch.

Er ist meinem Rat nicht gefolgt, nun sitzt sie vermutlich da und trauert. Daß ihm dies äußerst fatal sein muß, sehe ich wohl ein. Wenn es ein Mädchen gäbe, das so dasitzen und mir treu sein wollte, so würde ich sie mehr als alles in der Welt fürchten, mehr als Freiheitshelden einen Tyrannen fürchten. Sie würde mich ängstigen, alle Augenblicke würde ich mich ihrer wie eines wehen Zahns bewußt werden. Sie würde mich ängstigen, weil sie ideal wäre und ich zu stolz auf Gefühl, wenn es darauf ankommt, zu ertragen, daß ein einziger Mensch dieses stärker und ausdauernder hat als ich. Verbliebe sie auf diesem idealen Gipfel, so müßte ich mich damit abfinden, daß mein Leben, anstatt voranzugehen, *in pausa* stehenbliebe. Vielleicht könnte es jemanden geben, der diese peinliche Bewunderung nicht zu ertragen vermöchte, die sie ihm abnötigt, und so neidisch auf sie würde, daß er sich jedes Mittels bediente, um sie zu stürzen, d. h. verheiratet zu bekommen.

Wenn sie dann nämlich sagen würde, wie oft genug gesagt und geschrieben und gedruckt und gelesen und vergessen und wiederholt worden ist, »ich habe dich geliebt, jetzt gestehe ich es« [»*jetzt*«, ungeachtet, daß sie es vermutlich hundertmal vorher gesagt hat]; »ich habe dich höher als Gott geliebt« [das ist nicht wenig gesagt... auch nicht viel in unseren gottesfürchtigen Zeiten, wo Gottesfurcht wohl ein noch selteneres Phänomen wäre] – so würde ihn dies wohl nicht stören. Das Ideale ist nicht, vor Trauer zu sterben, sondern sich gesund und wo möglich froh zu erhalten und dennoch sein Gefühl zu retten. Einen anderen nehmen können, ist nichts Großes. Es ist eine Schwäche, eine sehr simple und plebejische Virtuosität, wovor nur die Bürger ins Gewehr rufen. Jeder, der mit künstlerischem Blick aufs Leben schaut, erkennt leicht, daß es ein Fehlgriff ist, der sich auch nicht dadurch wiedergutmachen läßt, daß man sich siebenmal verheiratet.

Wenn er im übrigen bereut, sie nicht um seine Freiheit gebeten zu haben, dann kann er sich diese Mühe gern ersparen; es hätte ihm nicht viel geholfen, nach aller menschlichen Wahrscheinlichkeit hätte er sie gerade gegen sich gewappnet; denn eigentlich um die Freiheit zu bitten ist etwas anderes, als einem Mädchen mit der Erklärung dienen, sie sei die Muse. Hier sieht man wieder, daß er Dichter ist. Ein Dichter ist gleichsam dazu geboren, den Mädchen zum Narren zu gereichen. Wenn das Mädchen ihn mitten ins Gesicht hinein zum Narren machte, würde er glauben, es sei Großmut. Er soll sich eher glücklich preisen, daß er nicht damit angefangen hat. Sie hätte sich dann vermutlich ernsthaft ins Zeug gelegt. Sie hätte sich nicht bloß im kleinen Einmaleins der Erotik versucht, das ist legal, und sie im Recht, sondern auch im großen Einmaleins der Ehe. Sie hätte Gott zum Trauzeugen erwählt, alles heraufbeschworen, was heilig ist, jede teuere Erinnerung mit Beschlag belegt, die in seiner Seele wohnen mochte. In dieser Hinsicht bedient sich manch ein Mädchen, wenn die Gelegenheit sich bietet, ganz ungeniert eines Falsums, wie es sich nicht einmal ein Verführer erlaubt. Wer in erotischer Hinsicht mit Gottes Hilfe wirkt und Gottes wegen geliebt sein will, hört auf, er selber zu sein, und strebt danach, stärker als der Himmel und bedeutungsvoller als die eigene Seligkeit zu werden. – Gesetzt, das Mädchen habe ihn auf diese Weise in die Schule genommen, er hätte dies vielleicht nie vergessen oder verwunden, da er vermutlich ritterlich genug gewesen wäre, auf kein vernünftiges Wort von mir zu hören, sondern jeden Ausbruch ihrerseits als das hätte gelten lassen, wofür er sich ausgab und ihn als ewige Wahrheit bewahrt. Gesetzt, er habe sich hinterher als Übertreibung erwiesen, ein kleines lyrisches Impromptu, ein empfindsames Divertissement. ... Nun ja, vielleicht hätte ihm seine Großmutidee auch hier geholfen.

Mein Freund ist Dichter, und einem Dichter gehört jener schwärmerische Glaube an die Frau wesentlich an. Ich bin mit Respekt zu sagen Prosaist. Was das andere Geschlecht betrifft, habe ich meine eigene Ansicht, oder richtiger, ich habe überhaupt keine, da ich nur sehr selten ein Mädchen gesehen habe, dessen Leben sich in einer Kategorie begreifen ließ. Ihm gebricht es meist an jener Konsequenz, die vonnöten ist, damit man einen Menschen bewundern oder verachten soll. Eine Frau ist zuerst durch sich selbst betrogen, bevor sie einen anderen betrügt, und deshalb hat man gar keinen Maßstab.

Mein junger Freund mag nun zusehen. Ich habe kein rechtes Vertrauen in sein Gewitter, ich glaube, er hätte nicht übel gehandelt, meinem Rat zu folgen. In des jungen Menschen Liebe war die Idee in Bewegung, deshalb hat er mich beschäftigt. Der Plan, den ich vorschlug, legte die Idee als Maßstab an. Das ist das Sicherste auf der Welt. Wenn man darauf in der Welt achtet, so wird jeder zum Narren, der einen betrügen will. Die Idee war angelegt, das war er meiner Meinung nach der Geliebten und sich selber schuldig. War sie imstande, auf diese Weise zu leben, wozu es keiner außerordentlichen Fähigkeiten, sondern der Innerlichkeit bedarf, so hätte sie sich im gleichen Augenblick, da er sie verließ, gesagt: »Ich habe nun nichts weiter mit ihm zu schaffen, ob er nun ein Betrüger gewesen ist oder nicht, ob er zurückkehren wird oder nicht; was ich behalte, ist die Idealität meiner eigenen Verliebtheit, diese werde ich fürder in Ehren zu halten wissen.« Hätte sie dies getan, so wäre meines Freundes Stellung recht peinlich geworden, denn er wäre dann in jenem sympathetischen Schmerz und Kummer verharrt. Aber wer möchte sich damit nicht abfinden, wenn er inmitten aller Trauer die Freude gehabt hat, die Geliebte zu bewundern. Sein Leben wäre dann gleich dem ihren stehengeblieben, aber stehengeblieben wie ein Fluß stehenbleibt, von der Macht der Musik verzaubert. – War sie imstande dazu, sich der Idee als Regulativ für ihr Leben zu bedienen, dann galt es für ihn, sie darin nicht durch seinen Schmerz beim Gebrauch einer anderen Art von Beförderung zu stören.

Den 31. Mai

Mein stiller Mitwisser!

Sie ist verheiratet; mit wem weiß ich nicht; denn als ich es in der Zeitung las, war ich wie von einem Schlag gerührt und ließ das Blatt fallen und habe seither nicht die Geduld zu einer näheren Prüfung gehabt. Ich bin wieder ich selbst; hier habe ich die Wiederholung; ich verstehe alles, und das Dasein kommt mir schöner vor als je. Dies kam ja auch wie ein Gewitter, wenngleich ich es ihrer Großmut verdanke, daß es geschah. Wer es auch sein mag, den sie gewählt hat, ich will nicht einmal sagen: vorgezogen; denn in Qualität eines Ehemanns verdient ein jeder den Vorzug vor mir, sie hat mir doch Großmut erwiesen. Wenn es der schönste Mann der Welt wäre, ein Inbegriff von Liebenswürdigkeit, imstande, jedes Mädchen zu verzaubern, wenn sie das ganze Geschlecht dadurch in Verzweiflung bringen könnte, daß sie ihm ihr Ja gibt, sie hat dennoch großmütig gehandelt, wenn nicht durch anderes, so, weil sie mich so völlig vergessen hat. Was ist doch so schön wie weibliche Großmut. Möge die irdische Schönheit dahinwelken, möge der Augen Glanz verlöschen, möge sich ihre ranke Gestalt mit den Jahren beugen, mögen die Locken die betörende Macht einbüßen, wenn die demütige Haube sie verbirgt, möge ihr königlicher Blick, der die Welt beherrschte, mit mütterlicher Liebe nur jenen Kreis umschließen und hüten, den sie umhegt – ein Mädchen, das solchermaßen großmütig gewesen ist, altert nie. Laß das Dasein ihr lohnen, wie es dies getan hat. Laß es ihr schenken, was sie mehr geliebt hat, es hat auch mir geschenkt, was ich mehr geliebt habe – mich selber, und hat mir dies durch ihre Großmut geschenkt.

Ich bin wieder ich selbst. Dieses »Selbst«, das ein anderer nicht von der Landstraße aufheben möchte, nenne ich wieder mein eigen. Die Zwietracht, die in meinem Wesen geherrscht hat, ist aufgehoben; ich schließe mich wieder zusammen. Die Ängste der Sympathie, die Stütze und Nahrung in meinem Stolz gefunden haben, drängen sich nicht mehr hinein, um zu zersplittern und zu separieren. Gibt es also nicht eine Wiederholung? Habe ich nicht alles zwiefach bekommen? Habe ich nicht mich selbst wiederbekommen, gerade auf solche Weise, daß ich dessen Bedeutung zwiefach fühlen mußte? Und was ist eine Wiederholung irdischer Güter, die der Bestimmung des Geistes gegenüber gleichgültig sind, im Vergleich mit einer solchen Wiederholung? Nur die Kinder bekam Hiob nicht zwiefach, weil sich ein Menschenleben nicht derart verdoppeln läßt. Hier ist nur die Wiederholung des Geistes möglich, wenngleich sie in der Zeitlichkeit nie so vollkommen werden kann wie in der Ewigkeit, welche die wahre Wiederholung darstellt.

Ich bin wieder ich selbst; die Maschinerie ist in Bewegung gebracht. Durchhauen sind die Bestrickungen, in die ich verfangen war; gebrochen ist die Zauberformel, die sich in mich hineingehext hatte, so daß ich nicht zu mir selbst zurückkommen konnte. Niemand mehr erhebt seine Hände gegen mich, meine Befreiung ist gewiß, ich bin zu mir selbst geboren, denn so lange Ilithya ihre Hände faltet, kann die Gebärende nicht gebären.

Es ist vorüber, meine Jolle ist flott, in der nächsten Minute bin ich wieder da, wonach meiner Seele Trachten stand, da, wo die Ideen mit elementarischem Rasen brausen, wo die Gedanken lärmend aufstehen wie die Nationen bei der Völkerwanderung, da, wo zu anderer Zeit eine Stille herrscht wie das tiefe Schweigen der Südsee, eine Stille, so daß man sich selber reden hört, wenngleich die Bewegung nur im eigenen Inneren vor sich geht; da, wo man alle Augenblicke das Leben einsetzt, es alle Augenblicke verliert und wiedergewinnt.

Ich gehöre der Idee. Wenn sie mir winkt, so folge ich, gibt sie mir ein Stelldichein, so warte ich Tage und Nächte, niemand ruft mich zum Mittagessen, niemand wartet mit dem Abendbrot auf mich. Wenn die Idee ruft, verlasse ich alles oder richtiger, ich habe nichts zu verlassen, ich lasse keinen im Stich, ich betrüge keinen, indem ich ihm treu bin, mein Geist betrübt sich nicht darüber, einen anderen betrüben zu müssen. Wenn ich heimkehre, so liest keiner in meinen Mienen, keiner erforscht meine Gestalt. Keiner entlockt meinem Wesen eine Erklärung, die ich nicht einmal selber einem anderen geben kann, ob ich selig vor Freude oder in Kummer gebeugt bin, ob ich das Leben gewonnen oder verloren habe.

Der berauschende Becher wird mir wieder gereicht, schon atme ich seinen Duft ein, vernehme schon seine schäumende Musik – doch zuerst eine Libation für sie, die eine Seele gerettet hat, welche in der Einsamkeit der Verzweiflung hockte: gepriesen sei weibliche Großmut! – Es lebe der Flug der Gedanken, es lebe die Lebensgefahr im Dienst der Idee, es lebe die Not des Kampfes, es lebe der festliche Jubel des Siegs, es lebe der Tanz im Wirbel des Unendlichen, es lebe der Wellenschlag, der mich im Abgrund verbirgt, es lebe der Wellenschlag, der mich über die Sterne hinaus schleudert.

An
Euer Wohlgeboren Herrn N.N.
den wirklichen Leser dieses Buches.

Kopenhagen, im August 1843

Mein lieber Leser!

Verzeih, daß ich so vertraulich zu Dir spreche, aber wir sind ja unter uns. Obgleich Du nämlich eine poetische Person bist, bist Du für mich jedoch keineswegs eine Mehrzahl, sondern nur einer, so sind wir doch bloß Du und ich.

Wenn man annehmen wollte, jeder, der ein Buch aus dem einen oder anderen zufälligen, das Buch selbst nicht betreffenden Grund liest, sei nur ein uneigentlicher Leser, so blieben selbst für diejenigen Autoren vielleicht nicht viele eigentliche Leser übrig, deren Leserwelt sehr zahlreich ist; denn wem fällt es in unserer Zeit ein, einen Augenblick an den schnurrigen Gedanken zu vergeuden, es sei eine Kunst, ein guter Leser zu sein, geschweige denn Zeit darauf zu verwenden, es zu werden? Dieser bedauerliche Zustand übt natürlich seinen Einfluß auf einen Verfasser, der meiner Ansicht nach mit Clemens Alexandrinus am richtigsten daran tut, so zu schreiben, daß die Ketzer es nicht verstehen können.

Eine neugierige Leserin, die den Schluß jedes Buchs, das sie auf dem Nachttisch findet, liest, um festzustellen, ob die Liebenden sich bekommen, wird enttäuscht sein; denn zwar bekommen zwei Liebende sich; aber mein Freund, der doch auch eine Mannsperson ist, bekommt keine. Da nun zu erkennen ist, daß dies seinen Grund in einem winzigen Zufall hat, stellt sich die Sache für jene heiratsfähigen und heiratslustigen Mädchen bedenklich genug dar, deren Aussichten, nur indem sie ein einziges männliches Individuum ausstreichen sollen, etwas an Wahrscheinlichkeit einbüßen. – Ein bekümmerter Familienvater wird vielleicht befürchten, sein Sohn könne auf den gleichen Weg wie mein Freund geraten, und meint deshalb, das Buch hinterlasse keinen harmonischen Eindruck, weil es keine fertiggenähte Montierung ist, die jedem Musketier paßt. – Ein vorläufiges Genie wird vielleicht finden, die Ausnahme mache sich allzuviel Mühe und nehme die Sache zu ernst. – Ein gemütlicher Hausfreund wird vergebens nach einer Erklärung der Trivialitäten des Wohnzimmers oder nach einer Verherrlichung des Teewassergeschwätzes Ausschau halten. – Ein handfester Verfechter der Wirklichkeit wird vielleicht meinen, das Ganze drehe sich um nichts. – Eine erfahrene Dame, die Partien stiftet, hält das Buch für verfehlt, da das Interessante gerade gewesen wäre, herauszufinden, wie ein Mädchen beschaffen sein müsse, »um einen solchen Mann glücklich zu machen«; denn daß es ein solches Mädchen geben oder zumindest gegeben haben muß, davon überzeugt sie sich auf eine für sie höchst angenehme Weise. – Eine Wohlehrwürden statuiert, es sei zuviel Philosophie im Buch; der Gedankenblick einer Hochwohlehrwürden sucht vergebens, wessen die Gemeinde gerade in unserer Zeit so höchlichst bedarf, das echte Spekulative. – Mein lieber Leser! wir können ja gern unter uns so darüber sprechen; denn Du kannst wohl begreifen, daß ich nicht daran glaube, daß alle diese Urteile in der Wirklichkeit in Erscheinung treten würden, weil das Buch nicht viele Leser bekommt.

Einem gewöhnlichen Rezensenten würde das Buch vielleicht erwünschte Gelegenheit bieten, ausführlich darzutun, daß es keine Komödie, Tragödie, Roman, Epos, Epigramm, Novelle sei, sowie es unverzeihlich zu finden, daß man vergebens erstens, zweitens, drittens zu sagen versucht. Seinen Gang wird er kaum verstehen, da er invers ist; das Bestreben des Buchs wird auch nicht nach seinem Geschmack sein; denn Rezensenten im allgemeinen erklären das Dasein auf die Weise, daß sowohl das Allgemeine als auch das Einzelne zunichte wird. Vor allem wäre es von einem gewöhnlichen Rezensenten zuviel verlangt, er solle Interesse für jenen dialektischen Kampf haben, in dem die Ausnahme in das Allgemeine einbricht, jenes weitläufige und besonders verwickelte Prozedieren, in dem die Ausnahme sich durchkämpft und als berechtigt behauptet; denn die unberechtigte Ausnahme ist gerade daran erkennbar, daß sie um das Allgemeine herumgehen will. Dieser Streit ist ungemein dialektisch und unendlich nuanciert, er setzt als Bedingung absolute Promptheit in der Dialektik des Allgemeinen voraus, erfordert Schnelligkeit darin, Bewegungen nachzumachen; er ist mit einem Wort ebenso schwierig, wie einen Mann tot zu schlagen und ihn leben zu lassen. Auf der einen Seite steht die Ausnahme, auf der anderen das Allgemeine, und der Streit selbst ist ein wunderlicher Konflikt zwischen dem Zorn und der Ungeduld des Allgemeinen angesichts des Spektakels, den die Ausnahme bewirkt, und ihrer zärtlichen Vorliebe für die Ausnahme; denn das Allgemeine freut sich zu guter Letzt doch ebensosehr über eine Ausnahme wie der Himmel über einen Sünder, der sich bekehrt, mehr als über neunundneunzig Gerechte. Auf der anderen Seite kämpfen der Ausnahme Aufsäßigkeit und Trotz, ihre Schwäche und Kränklichkeit. Das Ganze ist ein Ringen, in dem das Allgemeine mit der Ausnahme ringt, im Kampf damit ringt, und sie durch dies Ringen bestärkt. Kann die Ausnahme die Not nicht durchstehen, so hilft ihr das Allgemeine nicht, ebensowenig wie der Himmel einem Sünder hilft, der den Schmerz der Reue nicht durchstehen kann. Die energische und geschlossene Ausnahme, die, obgleich im Streit mit dem Allgemeinen, doch einen Schößling davon darstellt, bewahrt sich. Das Verhältnis ist dies. Indem die Ausnahme sich selbst durchdenkt, denkt sie zugleich an das Allgemeine, indem sie sich selbst durchwirkt, wirkt sie für das Allgemeine, indem sie sich selbst erklärt, erklärt sie das Allgemeine. Die Ausnahme erklärt also das Allgemeine und sich selbst, und wenn man das Allgemeine recht studieren will, braucht man sich bloß nach einer berechtigten Ausnahme umzusehen; sie tut das Allgemeine bei weitem deutlicher dar als das Allgemeine selbst. Die berechtigte Ausnahme ist im Allgemeinen versöhnt; das Allgemeine ist von Grund auf polemisch der Ausnahme gegenüber; denn es will sich seine Vorliebe dafür nicht merken lassen, bevor die Ausnahme es gleichsam zu diesem Eingeständnis zwingt. Hat die Ausnahme nicht die Macht dazu, ist sie nicht berechtigt, und daher ist es vom Allgemeinen sehr klug, sich nicht zu früh etwas merken zu lassen. Wenn der Himmel einen Sünder mehr liebt als neunundneunzig Gerechte, dann weiß der Sünder dies von Anfang an gewiß nicht; er hingegen vernimmt bloß des Himmels Zorn, bis er zuletzt den Himmel gleichsam nötigt, mit der Sprache herauszurücken.

Im Lauf der Zeit wird man des ewigen Geschwätzes vom Allgemeinen und Allgemeinen überdrüssig, das bis zur langweiligsten Fadheit wiederholt wird. Es gibt Ausnahmen. Kann man sie nicht erklären, kann man auch das Allgemeine nicht erklären. Gewöhnlich wird man die Schwierigkeit nicht gewahr, weil man nicht einmal mit Leidenschaft an das Allgemeine denkt, sondern mit unvergleichlicher Oberflächlichkeit. Die Ausnahme hingegen denkt das Allgemeine mit energischer Leidenschaft.

Tut man dies, dann entsteht eine neue Rangordnung, und die arme Ausnahme, wenn sie im übrigen zu etwas taugt, gelangt, wie das stiefmütterlich vernachlässigte Mädchen im Märchen, wieder zu Ruhm und Ehre.

Eine solche Ausnahme ist ein Dichter, der den Übergang zu den eigentlichen aristokratischen Ausnahmen bildet, zu den religiösen Ausnahmen. Ein Dichter ist gewöhnlich eine Ausnahme. Man freut sich oft genug über einen solchen und über seine Hervorbringungen. Somit dachte ich, es könne wohl der Mühe lohnen, einmal einen solchen entstehen zu lassen. Der junge Mensch, den ich entstehen ließ, ist Dichter. Mehr kann ich nicht tun; denn ich kann höchstens soweit kommen, daß ich mir einen Dichter denken und ihn durch mein Denken hervorbringen kann, selber kann ich nicht Dichter werden, wie denn auch meine Interessen andernorts beruhen. Meine Aufgabe hat mich rein ästhetisch und psychologisch beschäftigt. Ich habe mich selber mit angebracht; aber wenn Du, mein lieber Leser! näher zusiehst, wirst Du leicht erkennen, daß ich nur ein dienender Geist bin, und besonders weit davon entfernt, dem jungen Menschen gegenüber, wie er befürchtet, gleichgültig zu sein. Dies war ein Mißverständnis, das ich veranlaßt habe, um ihn auch auf diese Weise herauszustellen. Jede Bewegung, die ich gemacht habe, dient bloß dazu, ihn zu beleuchten; ihn habe ich immerzu im Sinne gehabt, jedes Wort von mir ist entweder Bauchrednerei oder im Verhältnis zu ihm gesagt. Selbst wo Scherz und Mutwillen sich ganz rücksichtslos zu tummeln scheinen, ist auf ihn Rücksicht genommen, selbst wo alles in Schwermut endet, stellt es einen Wink über ihn, über einen Zustand in ihm dar. Aus diesem Grund vollziehen sich alle Bewegungen rein lyrisch, und was ich sage, soll man dunkel in ihm verstehen, oder man soll ihn durch das, was ich sage, besser verstehen. So habe ich für ihn getan, was ich konnte, gleich wie ich nun Dir, lieber Leser, zu dienen strebe, indem ich wieder ein anderer bin.

Eines Dichters Leben hebt im Streit mit dem ganzen Dasein an, es gilt, eine Beruhigung oder eine Berechtigung zu finden; denn in jenem ersten Streit muß er immer verlieren, und will er sofort siegen, dann ist er nicht berechtigt. Mein Dichter findet nun eine Berechtigung, eben dadurch, daß das Dasein ihn in dem Augenblick absolviert, als er sich gleichsam selber zunichte machen will. Seine Seele gewinnt nun einen religiösen Anklang. Dies ist, was ihn eigentlich trägt, obgleich es nie zum Durchbruch gelangt. Seine dithyrambische Freude im letzten Brief ist ein Exempel dafür; denn diese Freude ist unzweifelhaft in einer religiösen Stimmung fundiert, welche jedoch eine Innerlichkeit verbleibt. Er behält eine religiöse Stimmung wie ein Geheimnis, das er nicht erklären kann, indes dies Geheimnis ihm dazu verhilft, die Wirklichkeit zu erklären. Er erklärt das Allgemeine als die Wiederholung, und doch versteht er selber die Wiederholung auf eine andere Weise; denn während die Wirklichkeit zur Wiederholung wird, wird für ihn die zweite Potenz seines Bewußtseins zur Wiederholung. Er hat, was wesentlich zu einem Dichter gehört, eine Verliebtheit gehabt; aber diese ist ganz und gar zweideutig: glücklich, unglücklich, komisch, tragisch. In Richtung des Mädchens kann alles komisch werden, denn da er vornehmlich sympathetisch affiziert gewesen ist, hat sein Leiden großenteils darin bestanden, daß die Geliebte litt. Befand er sich in dieser Hinsicht im Irrtum, so wird das Komische das Hervortretende. Sieht er auf sich selbst, so bietet sich das Tragische an, wie auch dann, wenn er in einem anderen Verstande die Geliebte ideal denkt. Er hat von der ganzen Verliebtheit eine Idealität zurückbehalten, der er jeden beliebigen Ausdruck geben kann, aber immer durch Stimmung, weil er keine Faktizität besitzt. Er besitzt dann ein Bewußtseins-Faktum oder richtiger, er besitzt kein Bewußtseins-Faktum, sondern eine dialektische Elastizität, die ihn in Stimmung produktiv machen wird. Während diese Produktivität seine äußere Seite darstellt, wird er von etwas unaussprechlich Religiösem getragen. So war die Bewegung in den früheren Briefen, insbesondere in einzelnen davon, einem eigentlich religiösen Ausgang weit näher, aber in dem Augenblick, wo die zeitweilige Suspension aufgehoben wird, bekommt er sich selber wieder, aber als Dichter, und das Religiöse geht zugrunde: bleibt als unaussprechlicher Untergrund. Hätte er einen tieferen religiösen Hintergrund besessen, so wäre er nicht Dichter geworden. Dann hätte alles religiöse Bedeutung erlangt. Dann hätte das Ereignis, in das er verstrickt wurde, zwar Bedeutung für ihn erlangt, aber der Anstoß wäre dann von höheren Stellen gekommen, er hätte dann auch eine ganz andere Autorität besessen, selbst wenn diese durch noch schmerzlicheres Leiden erkauft worden wäre; er hätte dann mit einer ganz anderen eisernen Konsequenz und Unerschütterlichkeit gehandelt, er hätte dann ein Bewußtseins-Faktum gewonnen, an das er sich immer hätte halten können und das nie zweideutig für ihn geworden wäre, sondern reiner Ernst, weil es kraft eines Gottesverhältnisses durch ihn selber gesetzt worden wäre. Im gleichen Augenblick wäre die ganze Frage nach der Endlichkeit indifferent geworden; die eigentliche Wirklichkeit würde ihm in tieferem Verstande ganz gleichgültig sein. Er hätte dann religiös alles ausgeschöpft, was an entsetzlicher Konsequenz in jenem Ereignis lag. Wenn die Wirklichkeit sich anders gezeigt hätte, hätte ihn dies wesentlich nicht verändert, ebensowenig wie, wenn das Schlimmste eingetroffen wäre, dies ihn wesentlich mehr entsetzt haben würde, als es schon getan hatte. Er würde dann mit religiöser Furcht und Zittern, aber auch mit Glauben und Vertrauen verstehen, was er von Anfang an getan hatte, und was er in Konsequenz davon später zu tun verpflichtet war, selbst wenn diese Verpflichtung das Absonderliche veranlassen sollte. Für den jungen Menschen ist gerade als Dichter charakteristisch, daß er nie recht darüber ins klare kommen kann, was er getan hat, gerade weil er es im Äußeren und Sichtbaren sowohl sehen als nicht sehen will, oder es im Äußeren und Sichtbaren sehen will, und es deshalb sehen und nicht sehen will. Ein religiöses Individuum hingegen ruht in sich selbst und verschmäht alle Knabenstreiche der Wirklichkeit.

Mein lieber Leser! Du wirst nun verstehen, daß das Interesse dem jungen Menschen gilt, während ich eine verschwindend winzige Person bin, wie eine Wöchnerin im Verhältnis zu dem Kind, das sie gebiert. Und so ist es auch; denn ich habe ihn gleichsam geboren und führe als der Ältere das Wort. Meine Persönlichkeit ist eine Bewußtseins-Voraussetzung, die gerade nötig ist, ihn hinauszuzwingen, wohingegen meine Persönlichkeit nie dahin gelangen könnte, wohin er gelangt, denn die Ursprünglichkeit, in der er in Erscheinung tritt, ist das andere Moment. Er ist daher gleich von Anfang an in guten Händen gewesen, selbst wenn ich ihn oft habe necken müssen, damit er selber zum Vorschein kommen konnte. Beim ersten Blick erkannte ich, daß er Dichter sei, wenn

an nichts anderem dann daran, daß ein Ereignis, das, hätte es einen trivialen Menschen betroffen, in Ruhe und Frieden zu nichts geworden wäre, für ihn zu einem Weltereignis aufschwellte.
Obgleich nun ich oft das Wort führe, so wirst Du doch, mein lieber Leser [denn Du verstehst Dich auf die innerlichen seelischen Zustände und Rührungen, und deshalb nenne ich Dich »lieb«], so wirst Du doch überall von ihm lesen. Du wirst dann die Unterschiedlichkeit der Übergänge verstehen, und wenn Dir dabei auch ab und zu, wenn das Brausebad der Stimmung plötzlich über Dich kommt, etwas wunderlich zumute wird, wirst Du doch hinterher erkennen, daß alles verschieden modifiziert ist, das eine im Verhältnis zum anderen, sowie daß die einzelne Stimmung ziemlich korrekt ist, was eine Hauptsache darstellt, da das Lyrische hier so wichtig ist. Du wirst Dich vielleicht ein einzelnes Mal von einem anscheinend unnützen Witz oder von indolentem Trotz distrahieren lassen, aber hinterher wirst Du Dich vielleicht damit versöhnen. Dein ergebener

Constantin Constantius.

SÖREN KIERKEGAARD

DER BEGRIFF DER ANGST

[DEUTSCH VON ROSEMARIE LÖGSTRUP]

*Eine schlecht und recht
psychologisch-hinweisende Überlegung
in Richtung auf das dogmatische
Problem der Erbsünde
von Vigilius Haufniensis
1844*

SØREN KIERKEGAARD

DER BEGRIFF DER ANGST

(DEUTSCH VON ROSEMARIE LØGSTRUP)

Eine schlicht und recht
psychologisch-hinweisende Überlegung
in Richtung auf das dogmatische
Problem der Erbsünde
von Vigilius Haufniensis
1844

Die Zeit der Distinktion ist vorbei, das System hat sie überwunden. Wer sie in unseren Tagen liebt, ist ein Sonderling, dessen Seele an längst Entschwundenem hängt. Mag dem so sein; doch bleibt *Sokrates*, was er war, der einfältige Weise, durch seine merkwürdige Distinktion, die er selbst aussprach und vollkommen darstellte, die erst der sonderbare *Hamann* zwei Jahrtausende später bewundernd wiederholte: »denn Sokrates war dadurch groß, daß er unterschied zwischen dem, was er verstand, und dem, was er nicht verstand.«

Dem verstorbenen
Professor Poul Martin Möller,

dem glücklichen Liebhaber des Griechentums, dem Bewunderer Homers, dem Mitwisser des Sokrates, dem Ausleger des Aristoteles – die Freude Dänemarks in seiner Freude über Dänemark, das obwohl er »weit verreist«, seiner stets »gedenkt im dänischen Sommer« – den ich bewundere, den ich entbehre, sei diese Schrift gewidmet.

VORWORT

WER EIN BUCH schreiben will, tut meines Erachtens wohl daran, einiges über die Sache nachzudenken, über die er schreiben will. Auch tut er nicht übel daran, soweit möglich, Bekanntschaft mit dem zu machen, was früher über die gleiche Sache geschrieben ist. Sollte er auf seinem Wege einen Einzelgänger treffen, der die eine oder andere Partie erschöpfend und befriedigend behandelt hat, so tut er wohl daran, sich zu freuen wie der Freund des Bräutigams, wenn er dasteht und auf die Stimme des Bräutigams hört. Hat er das getan, in aller Stille und mit der Verliebtheit der Schwärmerei, die stets die Einsamkeit sucht, so braucht es nichts weiter; da schreibe er frischweg sein Buch, wie der Vogel sein Lied singt, findet sich jemand, den es erfreut oder fördert, dann um so besser; gebe er es nur sorglos und unbekümmert heraus, ohne jede Wichtigtuerei, als brächte er alles zum Abschluß, oder als sollten alle Geschlechter der Erde in seinem Buche gesegnet werden. Jedes Geschlecht hat seine Aufgabe und braucht sich nicht so ungeheuer darum zu bemühen, den vorausgegangenen und den nachfolgenden alles zu sein. Jeder einzelne im Geschlecht hat, wie jeglicher Tag, seine Plage und genug damit zu tun, sich um sich selbst zu kümmern; er braucht nicht gleich die ganze Mitwelt mit seiner landesväterlichen Fürsorglichkeit zu umfassen oder Ära und Epoche mit seinem Buche beginnen zu lassen, noch weniger mit dem Neujahrsfeuer seiner Versprechungen oder mit den weitaussehenden Verheißungen seiner Andeutungen oder mit dem Hinweis seiner Versicherungen auf eine zweifelhafte Valuta. Nicht jeder, der einen krummen Rücken hat, ist deshalb ein Atlas, oder hat ihn bekommen, weil er eine Welt getragen hat, nicht jeder, der Herr, Herr! sagt, kommt deshalb ins Himmelreich, nicht jeder, der sich erbietet, für die gesamte Mitwelt Bürgschaft zu leisten, hat damit bewiesen, daß er ein solider Mann ist, der für sich selber einstehen kann, nicht jeder, der »Bravo, schwere Not, Gottsblitz, bravissimo« ruft, hat deshalb sich selbst und seine Bewunderung verstanden. Was meine Wenigkeit anbelangt, so gestehe ich in aller Aufrichtigkeit, daß ich als Schriftsteller ein König ohne Land bin, aber auch in Furcht und vielem Zittern ein Schriftsteller ohne alle Ansprüche. Dünkt es einer edlen Mißgunst, einer eifrigen Kritik zu viel, daß ich einen lateinischen Namen trage, so werde ich mit Freuden den Namen: Christen Madsen annehmen, am liebsten mich als Laien betrachtet wissen, der wohl spekuliert, aber doch weit außerhalb der Spekulation steht, wenn ich gleich in meinem Autoritätsglauben devot bin, wie der Römer tolerant war in seiner Gottesfurcht. Was menschliche Autorität anbelangt, bin ich ein Fetischdiener und bete gleich fromm jedweden an, wenn es nur hinlänglich mit Trommelschlag bekannt gemacht wird, daß ich gerade den anbeten soll, daß gerade der für dieses Jahr die Autorität und das Imprimatur ist. Die Entscheidung geht über meinen Verstand, mag sie nun durch Los und Abstimmung getroffen werden, oder mag die Würde selbst der Reihe nach umgehen und der Einzelne seine Zeit als Autorität absitzen, so wie ein Bürgerschaftsvertreter seine Zeit in der Schlichtungskommission absitzt.

Weiter habe ich nichts hinzuzufügen, außer, daß ich jedem, der meine Anschauung teilt, wie auch jedem, der sie nicht teilt, jedem, der das Buch liest, wie auch jedem, der genug am Vorwort hat, ein ehrlich gemeintes Lebewohl wünsche!

Kopenhagen Ehrerbietigst

Vigilius Haufniensis.

EINLEITUNG

In welchem Sinne der Gegenstand der Überlegung eine Aufgabe für das Interesse der Psychologie ist, und in welchem Sinne er, nachdem er Aufgabe und Interesse der Psychologie gewesen ist, eben auf die Dogmatik hinweist.

—

Daß jedes wissenschaftliche Problem innerhalb des weiten Gebietes der Wissenschaft seinen bestimmten Platz hat, sein Ziel und seine Grenze und eben damit sein harmonisches Einschmelzen im Ganzen, sein berechtigtes Mittönen in dem, was das Ganze aussagt, diese Betrachtung ist nicht nur ein *pium desiderium*, das mit seiner begeisternden oder wehmütigen Schwärmerei den Mann der Wissenschaft adelt, ist nicht nur eine heilige Pflicht, die ihn bindet im Dienst des Ganzen und ihm gebietet, daß er der Gesetzlosigkeit entsage wie auch der Lust, abenteuerlich das Festland aus den Augen zu verlieren – sie ist vielmehr zugleich im Interesse jeder spezielleren Überlegung. Wenn diese vergißt, wo ihr Platz ist, so geschieht, was die Sprache mit sicher treffender Zweideutigkeit durch dasselbe Wort auszudrücken pflegt: sie vergißt sich selbst, wird ein anderes, erreicht eine bedenkliche Fertigkeit stets werden zu können, was immer es sei. Wird so nicht wissenschaftlich zur Ordnung gerufen, wird nicht darüber gewacht, daß die einzelnen Probleme nicht aneinander vorbeihasten, als gälte es, zuerst zu einem Maskenball zu kommen, so erzielt man wohl bisweilen eine gewisse Geistreichigkeit, verblüfft bisweilen mit dem Schein, etwas erfaßt zu haben, wovon man doch noch weit entfernt ist, kommt bisweilen unverbindlich überein in dem Verschiedenen. Dieser Gewinn rächt sich mittlerweile hinterher wie jeder ungesetzliche Erwerb, der sich weder bürgerlich noch wissenschaftlich als Eigentum besitzen läßt.

Überschreibt man so den letzten Abschnitt der Logik:

die Wirklichkeit, so gewinnt man damit den Vorteil, daß es aussieht, als sei man bereits in der Logik zum Höchsten oder, wenn man so will, zum Niedersten gelangt. Die Einbuße ist indessen auffallend; denn weder der Logik noch der Wirklichkeit ist damit gedient. Der Wirklichkeit nicht, denn die Zufälligkeit, die wesentlich mit zur Wirklichkeit gehört, kann von der Logik nicht zugelassen werden. Der Logik ist nicht damit gedient, denn wenn sie die Wirklichkeit gedacht hat, so hat sie etwas in sich aufgenommen, das sie nicht assimilieren kann, sie hat vorweggenommen, was sie lediglich prädisponieren soll. Die Strafe ist deutlich die, daß jede Überlegung, was Wirklichkeit sei, erschwert, ja, vielleicht eine Zeitlang unmöglich gemacht ist, weil dem Wort erst einmal gleichsam Zeit gelassen werden muß, sich auf sich selbst zu besinnen, Zeit, den Fehler zu vergessen. – Nennt man so in der Dogmatik den *Glauben* das *Unmittelbare* ohne jede nähere Bestimmung, so gewinnt man den Vorteil, daß man jedermann von der Notwendigkeit überzeugt, nicht beim Glauben stehenzubleiben, ja, selbst dem Rechtgläubigen kann man wohl dieses Zugeständnis abgewinnen, da er vielleicht nicht gleich das Mißverständnis durchschaut, daß es nämlich seinen Grund nicht in etwas Späterem hat, sondern in jenem πρῶτον ψεῦδος. Die Einbuße ist unverkennbar; der Glaube büßt etwas dabei ein, weil ihm genommen wird, was ihm rechtmäßig zugehört: seine geschichtliche Voraussetzung; die Dogmatik büßt etwas dabei ein, weil sie, anstatt eher anzufangen, an einer Stelle anfängt, wo sie gar nicht anzufangen hat. Anstatt einen früheren Anfang zu präsupponieren, ignoriert sie diesen und fängt frischweg an, als sei sie die Logik; denn diese fängt ja eben mit dem durch die allerfeinste Abstraktion zustandegebrachten Flüchtigsten, das heißt, mit dem Unmittelbaren an; was also logisch gedacht richtig ist, daß das Unmittelbare *eo ipso* aufgehoben ist, das wird in der Dogmatik Geschwätz, denn wem könnte es wohl einfallen, beim Unmittelbaren [ohne nähere Bestimmung] stehen zu bleiben, da es ja doch im selben Augenblick aufgehoben ist, in dem man es nennt, wie ein Schlafwandler im selben Augenblick erwacht, in dem sein Name genannt wird. – Findet man so bisweilen in so gut wie nur propädeutischen Untersuchungen das Wort *Versöhnung* gebraucht, um das spekulative Wissen zu bezeichnen, oder die Identität des erkennenden Subjektes und des Erkannten, das Subjekt-Objektive und so weiter, so sieht man leicht, daß der Betreffende geistreich ist und daß er mit Hilfe dieser Geistreichigkeit alle Rätsel gelöst hat, insbesondere für alle die, die in der Wissenschaft nicht einmal die Vorsicht anwenden, die man doch im täglichen Leben anwendet: des Rätsels Wort genau zu hören, ehe man es rät. Andernfalls erwirbt man sich das unvergleichliche Verdienst, mit seiner Erklärung ein neues Rätsel aufgegeben zu haben: wie je irgendein Mensch darauf verfallen konnte, daß dies die Erklärung sein solle. Daß das Denken überhaupt Realität habe, war die Voraussetzung der gesamten antiken Philosophie und des Mittelalters. Durch Kant wurde diese Voraussetzung zweifelhaft gemacht. Nun einmal angenommen, die Hegelsche Philosophie habe wirklich Kants Skepsis *durchdacht* [was mittlerweile immer noch als große Frage dahingestellt sein dürfte, trotz aller Bemühungen Hegels und seiner Schule, mit Hilfe des Stichwortes »Methode« und »Manifestation« zu verhüllen, was Schelling mit dem Stichwort »intellektuelle Anschauung« und »Konstruktion« offenkundiger zugab: daß es ein neuer Ausgangspunkt war] und habe so in höherer Form das Frühere rekonstruiert, so daß das Denken also nicht in Kraft einer Voraussetzung Realität hätte – ist denn diese bewußt zustandegebrachte Realität des Denkens eine Versöhnung? Die Philosophie ist ja doch nur dahin gebracht, wo man in alten Tagen anfing, in alten Tagen, da eben die Versöhnung ihre ungeheure Bedeutung hatte. Man hat eine alte respektable philosophische Terminologie: Thesis, Antithesis, Synthesis. Man wähle eine neuere, wo die Mediation den dritten Platz einnimmt, soll das ein so außerordentlicher Fortschritt sein? Die Mediation ist zweideutig; denn sie deutet zugleich das Verhältnis zwischen den zweien an und das Resultat des Verhältnisses, das, worin sie sich ineinander verhalten als die, die sich zueinander verhalten haben; sie bezeichnet die Bewegung, zugleich aber auch die Ruhe. Ob dies eine Vollkommenheit ist, wird erst eine weit tiefere dialektische Prüfung der Mediation entscheiden; aber auf die wartet man unglücklicherweise noch. Man schaffe also die Synthesis ab und sage Mediation – das mag hingehen. Die Geistreichigkeit aber will höher hinaus, man sagt »Versöhnung«. Was ist die Folge hiervon? Seine propädeutischen Untersuchungen fördert man nicht; denn diese gewinnen natürlich ebensowenig wie die Wahrheit an Klarheit oder die Seele des Menschen an Seligkeit dadurch, daß sie einen Titel bekommen. Dagegen bringt man zwei Wissenschaften von Grund aus durcheinander: die Ethik und die Dogmatik, insbesondere da man, nachdem man das Wort Versöhnung hineingemischt hat, nun auch noch darauf hindeutet, daß Logik und λόγος [der

---

1 Exempli gratia: Wesen ist, was ist gewesen; ist gewesen ist ein *tempus praeteritum* von sein, *ergo* ist Wesen das aufgehobene Sein, das Sein, das gewesen ist. Dies ist eine logische Bewegung. Falls ein Mensch sich die Mühe nehmen wollte, in der Hegelschen Logik [so wie diese ursprünglich und mit den Verbesserungen durch die Schule ist] alle unternehmungsvollen Heinzelmännchen und Kobolde, die als emsige Gehilfen der logischen Bewegung voranhelfen, anzuhalten und zu sammeln, so würde eine spätere Zeit vielleicht mit Erstaunen erfahren, daß das, was dann als abgedankte Witze dastehen wird, einstmals eine große Rolle in der Logik spielte, nicht als beiläufige Erklärungen und geistreiche Bemerkungen, sondern als Bewegungsmeister, die Hegels Logik zu einem Wunder-

dogmatische] einander entsprechen, und daß die Logik die eigentliche Lehre vom λόγος sei. Die Ethik und die Dogmatik streiten in einem verhängnisvollen *confinium* um die Versöhnung. Die Reue und die Schuld zwingen ethisch die Versöhnung hervor, während die Dogmatik in der Rezeptivität für die angebotene Versöhnung die geschichtlich konkrete Unmittelbarkeit hat, mit der sie ihre Rede in dem großen Zwiegespräch der Wissenschaft beginnt. Was wird nun die Folge sein? Daß die Sprache vermutlich ein großes Sabbathjahr feiern muß, indem man Rede und Gedanken ruhen läßt, damit man mit dem Anfang anfangen kann. – Man braucht in der Logik *das Negative* als die treibende Macht, die in alles Bewegung bringt. Und Bewegung muß man ja haben in der Logik, egal wie man es anstellt, wenn nicht mit dem Guten, dann mit dem Bösen. Hier hilft das Negative, und was das Negative nicht schafft, das machen Wortspiele und Redensarten, wie denn das Negative selbst zum Wortspiel geworden ist[1]. In der Logik darf keine Bewegung *werden;* denn die Logik *ist* und alles Logische[2] *ist* nur, und eben diese Ohnmacht des Logischen ist der Übergang der Logik zum Werden, wo Dasein und Wirklichkeit hervortreten. Wenn also die Logik sich in die Kon-

---

werk verwandelten und dem logischen Gedanken Füße zum Gehen gaben, ohne daß jemand etwas merkte, da der lange Mantel der Bewunderung die Maschinerie verbarg, wie wenn Lulu angelaufen kommt, ohne daß jemand das Laufwerk sieht. Die Bewegung in der Logik, das ist Hegels Verdienst, im Vergleich damit lohnt es sich nicht, das unvergeßliche Verdienst zu nennen, das Hegel hat und verschmäht hat um aufs Ungewisse zu laufen, das Verdienst auf mannigfache Weise die kategorischen Bestimmungen und ihre Anordnung berichtigt zu haben.

2 Der ewige Ausdruck der Logik ist, was die Eleaten durch ein Mißverständnis auf die Existenz übertragen haben: nichts entsteht, alles ist.

kretion der Kategorien vertieft, so ist dies ständig das gleiche, das von Anfang an war. Jede Bewegung, falls man diesen Ausdruck einen Augenblick gebrauchen will, ist eine immanente Bewegung, was im tieferen Sinne keine Bewegung ist, wovon man sich leicht überzeugen wird, wenn man bedenkt, daß der Begriff Bewegung selbst eine Transzendenz ist, die in der Logik keinen Platz finden kann. Das Negative ist nun die Immanenz der Bewegung, ist das Verschwindende, ist das Aufgehobene. Geschieht alles auf diese Art, so geschieht überhaupt nichts, und das Negative wird zum Phantom. Um aber doch etwas in der Logik geschehen zu lassen, wird das Negative etwas mehr, es wird das den Gegensatz Hervorbringende und nicht eine Negation, sondern eine Contra-Position. Das Negative ist nun nicht die Lautlosigkeit der immanenten Bewegung, es ist das »*notwendige Andere*«, das gewiß für die Logik höchst notwendig sein mag, um die Bewegung in Gang zu bringen, was aber eben nicht das Negative ist. Verläßt man die Logik, um sich der Ethik zuzuwenden, so trifft man auch hier das in der ganzen Hegelschen Philosophie unermüdlich tätige Negative. Hier erfährt man zu seinem Erstaunen, daß das Negative das Böse ist. Nun ist die Konfusion in vollem Gange; die Geistreichigkeit geht über alle Grenzen, und was Madame Staël-Holstein von der Schellingschen Philosophie sagte, daß sie einen Menschen für sein ganzes Leben geistreich mache, das gilt vollauf von der Hegelschen. Man sieht, wie unlogisch die Bewegungen in der Logik sein müssen, da ja das Negative das Böse ist, wie unethisch sie in der Ethik sein müssen, da ja das Böse das Negative ist. In der Logik ist es zuviel, in der Ethik zu wenig, nirgends paßt es, wenn es an beiden Orten pas-

---

1 Daß auch die Wissenschaft ebenso stark wie Poesie und Kunst Stimmung sowohl beim Produzierenden als auch beim Rezipierenden voraussetzt, daß ein Fehler in der Modulation eben-

sen soll. Hat die Ethik keine andere Transzendenz, so ist sie wesentlich Logik; soll die Logik soviel Transzendenz haben, als immerhin die Ethik anstandshalber braucht, so ist sie nicht mehr Logik.

Was hier entwickelt wurde, ist vielleicht etwas weitschweifig im Verhältnis zu der Stelle, an der es steht [im Verhältnis zur Sache, die es abhandelt, ist es weit entfernt davon, zu ausführlich zu sein], aber es ist dennoch keineswegs überflüssig, da das einzelne mit Hinblick auf den Gegenstand der Schrift gewählt ist. Die Beispiele sind von dem Größeren hergenommen, aber was im Großen geschieht, kann sich im Geringeren wiederholen, und das Mißverständnis ist ein ähnliches, wenn auch die schädliche Folge geringer ist. Wer Miene macht, das System zu schreiben, hat seine Verantwortung im Großen; wer aber eine Monographie schreibt, kann und muß auch über Wenigem treu sein.

Vorliegende Schrift hat sich zur Aufgabe gesetzt, den Begriff der »Angst« psychologisch in der Weise abzuhandeln, daß sie das Dogma von der Erbsünde *in mente* und vor Augen hat. Insofern wird sie auch, wenngleich nur stillschweigend, mit dem Begriff der Sünde zu tun haben. Die Sünde ist indessen keine Aufgabe für das Interesse der Psychologie, und würde man sie als solche behandeln, so hieße das nur, sich in den Dienst einer mißverstandenen Geistreichigkeit zu stellen. Die Sünde hat ihren bestimmten Ort oder richtiger, sie hat gar keinen Ort, dies ist aber eben ihre Bestimmung. Indem man sie an einem anderen Ort behandelt, alteriert man sie, dadurch daß man sie in einer unwesentlichen Reflexionsbrechung auffaßt. Ihr Begriff wird alteriert und zugleich wird damit die Stimmung, die als die rechte dem richtigen Begriff entspricht[1],

---

so störend ist wie ein Fehler in der Gedankenentwicklung, hat man in unserer Zeit völlig vergessen, in der man die Innerlichkeit und die Bestimmung der Aneignung völlig vergessen hat

gestört, und man erhält statt der Beständigkeit der wahren Stimmung das flüchtige Gaukelspiel der unwahren Stimmungen. Wenn so die Sünde in die Ästhetik hineingezogen wird, wird die Stimmung entweder leichtsinnig oder schwermütig; denn die Kategorie, in der die Sünde liegt, ist der Widerspruch, und dieser ist entweder komisch oder tragisch. Die Stimmung ist folglich alteriert; denn die der Sünde entsprechende Stimmung ist der Ernst. Ihr Begriff wird ebenfalls alteriert; denn, ob sie nun komisch oder tragisch wird, sie wird jedenfalls ein Bestehendes oder ein unwesentlich Aufgehobenes, während ihr Begriff ist, überwunden zu werden. Für das Komische und das Tragische gibt es im tieferen Sinne keinen Feind, nur einen Butzemann, der einen zum Weinen, oder einen Butzemann, der einen zum Lachen bringt. – Wird die Sünde in der Metaphysik behandelt, so wird die Stimmung die dialektische Gleichheit und Gleichgültigkeit, die die Sünde als das durchdenkt, was dem Gedanken nicht widerstehen kann. Der Begriff wird alteriert; denn die Sünde soll wohl überwunden werden, aber nicht als das, dem der Gedanke kein Leben verleihen kann, sondern als das, was da ist und als solches jeden angeht. – Wird die Sünde in der Psychologie behandelt, so wird die Stimmung die beobachtende Ausdauer, die spionierende Unerschrockenheit, nicht des Ernstes sieghafte Flucht aus ihr heraus. Der Begriff wird ein anderer, denn die Sünde wird ein Zustand. Aber die Sünde ist kein Zustand. Ihre Idee ist, daß ihr Begriff ständig aufgehoben wird. Als Zustand [*de potentia*] ist sie nicht, während sie *de actu* oder *in actu* ist und wieder ist. Die Stimmung der Psychologie würde antipathetische Neugierde sein, die rechte Stimmung aber ist des Ernstes beherztes Wider-

---

aus Freude über all die Herrlichkeit, die man zu besitzen meinte oder die man fahren ließ in Begehrlichkeit wie der Hund, der den Schatten vorzog. Doch jeder Fehler erzeugt seinen

streben. Die Stimmung der Psychologie ist aufspürende Angst und in ihrer Angst zeichnet sie die Sünde ab, während sie sich ängstigt und ängstigt vor der Zeichnung, die sie selbst hervorbringt. Wenn die Sünde so behandelt wird, so wird sie die Stärkere; denn die Psychologie verhält sich eigentlich weiblich zu ihr. Daß dieser Zustand seine Wahrheit hat, ist gewiß, daß er im Leben jedes Menschen mehr oder weniger vorkommt, ehe das Ethische durchdringt, ist ebenfalls gewiß. Bei einer solchen Behandlung aber wird die Sünde nicht was sie ist, sondern mehr oder weniger.

Man kann daher, sobald man das Problem der Sünde behandelt sieht, gleich an der Stimmung sehen, ob der Begriff der rechte ist. Sobald zum Beispiel von der Sünde als einer Krankheit, einer Abnormität, einem Gift, einer Disharmonie gesprochen wird, so ist auch ihr Begriff verfälscht.

Eigentlich gehört die Sünde in gar keine Wissenschaft hinein. Sie ist der Gegenstand der Predigt, wo der Einzelne als der Einzelne zum Einzelnen spricht. In unserer Zeit hält die wissenschaftliche Wichtigtuerei die Pfarrer zum Narren, so daß sie als eine Art Professorendiener auftreten, die ebenfalls der Wissenschaft huldigen und es unter ihrer Würde finden, zu predigen. Insofern ist es also kein Wunder, daß das Predigen für keine sonderliche Kunst angesehen worden ist. Predigen ist mittlerweile die schwierigste aller Künste und es ist eigentlich die von Sokrates gepriesene Kunst: ein Gespräch führen zu können. Es versteht sich von selbst, daß ein solches Gespräch nicht etwa verlangt, einer aus der Gemeinde solle antworten oder ein ständiger Gesprächspartner sei einzuführen. Was Sokrates mit seiner Unterscheidung, daß sie wohl

---

eigenen Feind. Der Denkfehler hat die draußenstehende Dialektik, das Ausbleiben oder das Verfälschen der Stimmung hat das draußenstehende Komische zum Feinde.

reden, aber kein Gespräch führen könnten, an den Sophisten eigentlich auszusetzen hatte, war dies, daß sie viel über jeden Gegenstand sagen konnten, aber des Moments der Aneignung ermangelten. Die Aneignung ist ja eben das Geheimnis des Gesprächs.

Dem Begriff der Sünde entspricht der Ernst. Die Wissenschaft, in der die Sünde am ehesten ihren Platz haben könnte, wäre wohl die Ethik. Indessen hat das doch seine große Schwierigkeit. Die Ethik ist noch eine ideale Wissenschaft, nicht nur in dem Sinne, in dem jede Wissenschaft dies ist. Sie will die Idealität in die Wirklichkeit hineintragen, dagegen ist es nicht ihre Bewegung, die Wirklichkeit in die Idealität emporzutragen[1]. Die Ethik zeigt die Idealität als Aufgabe und setzt voraus, daß der Mensch im Besitze der Bedingungen sei. Hierdurch entwickelt die Ethik einen Widerspruch, indem sie gerade die Schwierigkeit und Unmöglichkeit deutlich macht. Von der Ethik gilt, was vom Gesetz gesagt wird, daß sie ein Zuchtmeister ist, der, indem er fordert, mit seiner Forderung nur richtet, nicht Leben hervorbringt. Nur die griechische Ethik machte eine Ausnahme, was daher kam, daß sie nicht im eigentlichsten Sinne Ethik war, sondern ein ästhetisches Moment beibehielt. Das zeigt sich deutlich in ihrer Definition der Tugend und in dem,

---

1 Wenn man dies näher bedenkt, so wird einem reichlich Gelegenheit gegeben, einzusehen, welche Geistreichigkeit es doch ist, den letzten Abschnitt der Logik: »Die Wirklichkeit« zu überschreiben, da noch nicht einmal die Ethik diese erreicht. Die Wirklichkeit, mit der die Logik endigt, bedeutet daher in Richtung auf die Wirklichkeit nicht mehr als das Sein, mit dem sie beginnt.

2 Diesen Punkt betreffend, wird man verschiedene Bemerkungen in der von Johannes de Silentio herausgegebenen Schrift »Furcht und Zittern« [Kopenhagen 1843] finden. Hier läßt der Verfasser mehrere Male die erwünschte Idealität der Ästhetik an der geforderten Idealität der Ethik stranden, um in

was Aristoteles öfters, so auch in der *Nikomachischen Ethik*, mit liebenswerter griechischer Naivität ausspricht, daß die Tugend allein einen Menschen nicht glücklich und zufrieden mache, sondern er müsse Gesundheit haben, Freunde, irdisches Gut, müsse in seiner Familie glücklich sein. Je idealer die Ethik ist, desto besser. Sie soll sich nur nicht stören lassen von dem Geschwätz, daß es doch nichts helfe, das Unmögliche zu fordern; denn schon auf eine solche Rede zu hören, ist unethisch, ist etwas, wozu die Ethik weder *Zeit* noch *Gelegenheit* hat. Die Ethik gibt sich nicht mit Feilschen ab, und damit erreicht man auch nicht die Wirklichkeit. Soll diese erreicht werden, so muß die ganze Bewegung neu ansetzen. Es ist diese Eigenschaft der Ethik, nämlich, daß sie in der beschriebenen Weise ideal ist, die dazu verführt, bei ihrer Behandlung bald metaphysische, bald ethische, bald psychologische Kategorien zu gebrauchen. Aber ganz besonders die Ethik muß natürlich Versuchungen widerstehen und deshalb ist es auch unmöglich, daß jemand eine Ethik schreiben kann, ohne ganz andere Kategorien im Rückhalt zu haben.

Die Sünde gehört also nur insofern in die Ethik, als es dieser Begriff ist, an dem diese mit Hilfe der Reue strandet[2]. Soll die Ethik die Sünde in sich aufnehmen, so ist

---

diesem Zusammenstoß die religiöse Idealität sichtbar werden zu lassen als die, die eben die Idealität der Wirklichkeit ist und daher ebenso wünschenswert ist wie die der Ästhetik und nicht unmöglich wie die der Ethik - doch so, daß diese Idealität hervorbricht im dialektischen Sprung und in der positiven Stimmung: »Siehe, es ist alles ist neu«, sowie in der negativen Stimmung, die die Leidenschaft des Absurden ist und der der Begriff der »Wiederholung« entspricht. Entweder ist das ganze Dasein in der Forderung der Ethik zu Ende, oder die Bedingung wird herbeigeschafft und das ganze Leben und Dasein beginnt von vorn, nicht in immanenter Kontinuität mit dem Vorhergehenden, was ein Widerspruch wäre, sondern durch

ihre Idealität vorbei. Je mehr sie in ihrer Idealität verbleibt, und doch niemals so unmenschlich wird, die Wirklichkeit aus dem Gesicht zu verlieren, vielmehr mit dieser in Beziehung tritt, indem sie sich als Aufgabe für jeden Menschen so hinstellt, daß sie ihn zum wahren, zum ganzen Menschen, dem Menschen κατ' ἐξοχήν macht, desto höher spannt sie die Schwierigkeit. Im Kampfe, die Aufgabe der Ethik zu verwirklichen, zeigt sich die Sünde nicht als etwas, das nur zufällig zu einem zufälligen Individuum gehört, sondern die Sünde zieht sich tiefer und tiefer zurück als eine tiefere und tiefere Voraussetzung, die über das Individuum hinausgeht. Nun ist für die Ethik alles verloren und die Ethik hat dazu verholfen, daß alles verloren ging. Es ist eine Kategorie hervorgetreten, die ganz und gar außerhalb ihres Bereiches liegt.

---

eine Transzendenz, die die Wiederholung vom ersten Dasein durch einen Abgrund scheidet; so wäre es denn nur eine bildliche Rede, wenn man sagen würde, das Vorhergehende und das Nachfolgende verhielten sich zueinander wie sich die Totalität der Lebewesen des Meeres zu der in der Luft und auf der Erde verhält, obgleich nach der Meinung einiger Naturforscher jene in ihrer Unvollkommenheit prototypisch alles präformiert, was diese offenbart. Was diese Kategorie betrifft, so kann man »Die Wiederholung« [Kopenhagen 1843] von Constantin Constantius zum Vergleich heranziehen. Dieses Buch ist gewiß ein schnurriges Buch, was ja sein Verfasser auch gewollt hat; aber er ist doch, soweit ich weiß, der erste, der mit Energie die »Wiederholung« erfaßt und sie in der Prägnanz ihres Begriffes vor Augen gestellt hat, um das Verhältnis zwischen dem Ethnischen und dem Christlichen zu klären, indem er die unsichtbare Spitze und das *discrimen rerum* aufweist, wo Wissenschaft sich bricht an Wissenschaft, bis die neue Wissenschaft hervortritt. Aber was er entdeckt hat, das hat er wieder versteckt, indem er den Begriff der entsprechenden Vorstellung scherzhaft verkleidet hat. Was ihn hierzu bewogen hat, ist schwer zu sagen oder vielmehr schwer zu verstehen; denn er sagt ja selbst, daß er so schreibe, »damit die Ketzer ihn nicht

Die *Erbsünde* macht alles noch verzweifelter, das heißt, sie behebt die Schwierigkeit, doch nicht mit Hilfe der Ethik, sondern mit der *Dogmatik*. Wie alles antike Erkennen und Spekulieren in der Voraussetzung wurzelte, daß der Gedanke Realität habe, so wurzelt auch alle antike Ethik in der Voraussetzung, daß die Tugend realisierbar sei. Die Skepsis der Sünde ist dem Heidentum völlig fremd. Die Sünde ist für das ethische Bewußtsein, was der Irrtum für seine Erkenntnis ist: die einzelne Ausnahme, die nichts beweist.

Mit der Dogmatik beginnt die Wissenschaft, die im Gegensatz zu jener *stricte* so genannten idealen Wissenschaft von der Wirklichkeit ausgeht. Sie beginnt mit dem Wirklichen, um es in die Idealität emporzuheben. Sie leugnet nicht das Vorhandensein der Sünde, im Gegenteil, sie

---

verstehen«. Da er sich nur ästhetisch und psychologisch damit hat beschäftigen wollen, so mußte alles humoristisch angelegt werden, und die Wirkung wird dadurch erzielt, daß das Wort bald alles bedeutet, bald das Unbedeutendste von allem, und der Übergang, oder besser das fortwährende Aus-den-Wolken-fallen, wird durch seinen burlesken Gegensatz motiviert. Mittlerweile hat er doch auf p. 34 ziemlich bestimmt das Ganze angegeben: »Die Wiederholung ist das *Interesse* der Metaphysik und zugleich das Interesse, an dem die Metaphysik strandet; die Wiederholung ist die Losung in jeder ethischen Anschauung; die Wiederholung ist die *conditio sine qua non* für jedes dogmatische Problem.« Der erste Satz enthält eine Hindeutung auf den Satz, daß die Metaphysik interesselos sei, wie Kant dies von der Ästhetik sagte. Sobald das Interesse zum Vorschein kommt, tritt die Metaphysik zur Seite. Darum ist das Wort Interesse kursiv gedruckt. In der Wirklichkeit kommt das Interesse der ganzen Subjektivität zum Vorschein, und nun strandet die Metaphysik. Falls die Wiederholung nicht gesetzt ist, wird die Ethik eine bindende Macht, darum sagt er vermutlich, daß sie die Losung in der ethischen Anschauung sei. Wenn die Wiederholung nicht gesetzt ist, kann die Dogmatik gar nicht existieren; denn im Glauben beginnt die Wiederho-

setzt sie voraus und erklärt sie, indem sie die Erbsünde voraussetzt. Da mittlerweile die Dogmatik überaus selten rein behandelt wird, so wird man oft die Erbsünde so in ihren Bereich einbezogen finden, daß der Eindruck von der heterogenen Herkunft der Dogmatik nicht in die Augen springt, sondern verschwimmt, was ebenfalls geschieht, wenn man in ihr ein Dogma von Engeln, von der heiligen Schrift und so weiter zu finden meint. Die Dogmatik soll darum die Erbsünde nicht erklären, sondern sie erklärt sie, indem sie sie voraussetzt, gleich jenem Wirbel, von dem in der griechischen Naturspekulation soviel die Rede war als einem bewegenden Etwas, das für keine Wissenschaft erfaßbar ist.

Daß es sich mit der Dogmatik in der Tat so verhält, wird man einräumen, wenn man wieder einmal Zeit findet, Schleiermachers unsterbliche Verdienste um diese Wissenschaft zu verstehen. Ihn hatte man längst verlassen, als man Hegel erkor, und doch war Schleiermacher ein Den-

---

lung, und der Glaube ist das Organ für die dogmatischen Probleme. – In der Sphäre der Natur steht die Wiederholung in ihrer unerschütterten Notwendigkeit. In der Sphäre des Geistes ist die Aufgabe nicht, der Wiederholung eine Veränderung abzugewinnen und sich einigermaßen wohl unter der Wiederholung zu befinden, als stünde der Geist nur in einem äußerlichen Verhältnis zu den Wiederholungen des Geistes [denen zufolge Gut und Böse wechseln wie Sommer und Winter], sondern die Aufgabe ist, die Wiederholung in etwas Innerliches zu verwandeln, in die eigene Aufgabe der Freiheit, in ihr höchstes Interesse, ob sie wirklich, während alles wechselt, die Wiederholung realisieren kann. Hier verzweifelt der endliche Geist. Dies hat Constantin Constantius angedeutet, indem er selbst zur Seite tritt und nun in dem jungen Menschen die Wiederholung in Kraft des Religiösen hervorbrechen läßt. Deshalb sagt Constantin mehrmals, daß die Wiederholung eine religiöse Kategorie sei, ihm zu transzendent, die Bewegung in Kraft des Absurden, und auf p. 142 heißt es, daß die Ewigkeit die wahre Wiederholung sei. All dies hat Herr Prof. Heiberg

ker im schönen griechischen Sinn, der nur von dem redete, was er wußte, während Hegel trotz all seiner ausgezeichneten Eigenschaften und seiner kolossalen Gelehrsamkeit doch mit seiner Leistung immer wieder daran erinnert, daß er im deutschen Sinne des Wortes ein Professor der Philosophie großen Kalibers war, da er *à tout prix* alles erklären muß.

Die neue Wissenschaft beginnt also mit der Dogmatik, im gleichen Sinne, wie die immanente Wissenschaft mit der Metaphysik beginnt. Hier erhält auch wieder die Ethik ihren Platz als die Wissenschaft, die das Bewußtsein der Dogmatik von der Wirklichkeit als Aufgabe für die Wirklichkeit hat. Diese Ethik ignoriert die Sünde nicht und hat nicht ihre Idealität im idealen Fordern, sondern sie hat ihre Idealität in dem durchdringenden Bewußtsein der Wirklichkeit, der Wirklichkeit der Sünde, doch wohlgemerkt, nicht mit metaphysischem Leichtsinn oder psychologischer Konkupiszenz.

---

nicht bemerkt, aber mit seinem Wissen, das wie seine Neujahrsgabe überaus elegant und vornehm ist, hat er gütigst dieser Schrift dazu verhelfen wollen, eine geschmackvolle und elegante Bagatelle zu werden, indem er mit großer Gewichtigkeit die Sache dahin bringt, wo Constantin anfängt – wohin, um an eine neuere Schrift zu erinnern, der »Ästhetiker« in »Entweder-Oder« sie schon in der »Wechselwirtschaft« gebracht hatte. Falls Constantin sich wirklich geschmeichelt fühlen sollte, daß er auf diese Weise die seltene Ehre genießt, sich in unleugbar auserlesener Gesellschaft zu befinden – so muß er, meines Erachtens, seit er sein Buch schrieb, wie man so sagt, komplett verrückt geworden sein; falls andererseits ein Schriftsteller wie er, der schreibt um mißverstanden zu werden, sich selbst vergäße und nicht genügend Ataraxie hätte, es sich zugute zu halten, daß Prof. Heiberg ihn nicht verstanden hat, so müßte er wiederum auch komplett verrückt sein. Und das brauche ich ja wohl nicht zu befürchten; denn der Umstand, daß er bis jetzt Professor Heiberg nichts geantwortet hat, deutet genügend darauf hin, daß er sich selbst versteht.

Man sieht leicht die Verschiedenartigkeit der Bewegung, und daß die Ethik, von der wir jetzt reden, in eine andere Ordnung der Dinge gehört. Die erste Ethik strandete an der Sündhaftigkeit des Einzelnen. Weit entfernt davon, daß diese erklärt werden konnte, mußte die Schwierigkeit sogar größer und ethisch rätselhafter werden, da ja die Sünde des Einzelnen sich zur Sünde des ganzen Geschlechtes ausweitete. Da kam die Dogmatik und half durch die Erbsünde. Die neue Ethik setzt die Dogmatik voraus und mit ihr die Erbsünde und erklärt nun von dieser her die Sünde des Einzelnen, während sie zu gleicher Zeit die Idealität als Aufgabe stellt, jedoch nicht in der Bewegung von oben nach unten, sondern von unten nach oben.

Aristoteles gebrauchte bekanntlich die Benennung [erste Philosophie] πρώτη φιλοσοφία und bezeichnete damit zunächst das Metaphysische, obwohl er darin zugleich einen Teil von dem aufnahm, was nach unseren Begriffen in die Theologie gehört. Es ist ganz in der Ordnung, daß im Heidentum die Theologie an dieser Stelle behandelt wurde; es ist der gleiche Mangel an unendlicher Durchreflektiertheit, der auch bewirkte, daß das Theater im Heidentum als eine Art Gottesdienst Realität hatte. Will man nun von dieser Zweideutigkeit abstrahieren, so könnte man die Benennung beibehalten und unter πρώτη φιλοσοφία[1] die wissenschaftliche Totalität verstehen, die man die ethnische nennen könnte und deren Wesen die Immanenz oder, griechisch gesprochen, die Erinnerung ist; unter der *secunda philosophia* verstünde man dann die, deren Wesen die Transzendenz oder die Wiederholung ist[2].

---

[1] Schelling erinnerte an diesen aristotelischen Namen zugunsten seiner Distinktion zwischen negativer und positiver Philosophie. Unter negativer Philosophie verstand er die Logik, das war ohne weiteres klar, weniger klar war mir dagegen, was er eigentlich unter positiv verstand, außer, daß kein Zweifel darüber bestehen konnte, daß die positive Philosophie die

Der Begriff der Sünde gehört also eigentlich in gar keine Wissenschaft hinein; nur die zweite Ethik kann ihr Offenbarwerden behandeln, nicht aber ihr Entstehen. Will irgendeine andere Wissenschaft die Sünde behandeln, so wird der Begriff verwirrt. So, um unserem Vorhaben näherzurücken, wenn die Psychologie dies tun wollte.

Womit die Psychologie zu tun haben soll, das muß ein Ruhendes sein, das in bewegter Ruhe verbleibt, nicht ein Unruhiges, das immerfort sich selbst produziert oder unterdrückt wird. Jedoch das Bleibende, das, woraus die Sünde immerfort wird – nicht mit Notwendigkeit; denn ein Werden mit Notwendigkeit ist ein Zustand, wie zum Beispiel die ganze Geschichte der Pflanze ein Zustand ist, sondern mit Freiheit – dieses Bleibende, die disponierende Voraussetzung, die reale Möglichkeit der Sünde, das ist ein Gegenstand für das Interesse der Psychologie. Was die Psychologie beschäftigen kann und womit sie sich beschäftigen kann, ist, *wie* die Sünde entstehen kann, nicht *daß* sie entsteht. Sie kann es in ihrem psychologischen Interesse so weit bringen, daß es ist, als wäre die Sünde da, aber das nächste, daß sie da ist, ist hiervon qualitativ verschieden. Wie nun diese Voraussetzung sich für die sorgfältige psychologische Kontemplation und Beobachtung als mehr und mehr umsichgreifend zeigt, dies ist das Anliegen der Psychologie, ja, die Psychologie möchte gleichsam sich der Täuschung hingeben, daß hiermit die Sünde da sei. In dieser letzten Täuschung aber liegt alle Ohnmacht der Psychologie, an ihr zeigt sich, daß sie ausgedient hat.

---

sei, die er selbst liefern wollte. Doch ist es nicht tunlich, hierauf näher einzugehen, da ich außer meiner eigenen Auffassung nichts habe, worauf ich mich stützen kann.

2 Daran hat Constantin Constantius erinnert, indem er andeutete, daß die Immanenz am »Interesse« strande. Erst mit diesem Begriff kommt eigentlich die Wirklichkeit zum Vorschein.

Daß die Natur des Menschen so beschaffen sein muß, daß sie die Sünde möglich macht, ist, psychologisch gesprochen, ganz richtig, diese Möglichkeit der Sünde aber zu ihrer Wirklichkeit machen zu wollen, empört die Ethik und klingt für die Dogmatik wie Blasphemie, denn die Freiheit ist niemals möglich; sobald sie ist, ist sie wirklich, im gleichen Sinne wie man in einer älteren Philosophie gesagt hat, wenn Gottes Dasein möglich sei, sei es notwendig.

Sobald die Sünde wirklich gesetzt ist, so ist die Ethik zur Stelle und folgt nun jedem ihrer Schritte. Wie sie entstand, kümmert die Ethik nicht, außer insofern als es für sie feststeht, daß die Sünde als Sünde in die Welt gekommen ist. Noch weniger als um das Entstehen der Sünde aber kümmert sich die Ethik um das »Stilleben« ihrer Möglichkeit.

Will man hier nun näher fragen, in welchem Sinne und wie weit die Psychologie ihren Gegenstand in der Beobachtung verfolgt, so ist es aus dem Vorhergehenden ganz von selbst klar, daß jede Beobachtung der Wirklichkeit der Sünde als gedachter Wirklichkeit die Befugnis der Psychologie überschreitet und der Ethik angehört, doch nicht als Beobachtung; denn die Ethik ist niemals beobachtend, sondern anklagend, richtend, handelnd. Ferner folgt aus dem Vorhergehenden ganz von selbst, daß die Psychologie nicht mit dem Detail der empirischen Wirklichkeit zu tun hat, außer sofern diese außerhalb der Sünde liegt. Als Wissenschaft kann die Psychologie wohl niemals empirisch mit dem Detail zu tun haben, das ihrem Gebiet angehört; dieses kann jedoch seine wissenschaftliche Repräsentation erhalten, je konkreter die Psychologie wird. In unseren Zeiten ist diese Wissenschaft, der doch mehr denn jeder anderen erlaubt ist, förmlich sich zu berauschen an der schäumenden Mannigfaltigkeit des Lebens, so enthaltsam und asketisch geworden wie ein Büßer. Dies ist nicht die Schuld der Wissenschaft, sondern die ihrer Diener. Im Verhältnis zur Sünde dagegen ist ihr der gesamte Inhalt der Wirklichkeit versagt, nur deren Möglichkeit gehört ihr noch zu. Ethisch gedacht kommt natürlich die Möglichkeit der Sünde niemals vor und die Ethik läßt sich nicht narren und vergeudet ihre Zeit nicht mit solcher Überlegung. Die Psychologie hingegen liebt sie, zeichnet friedlich Umrisse, berechnet die Winkel der Möglichkeiten und läßt sich dabei ebensowenig stören wie Archimedes.

Indem aber so die Psychologie sich in die Möglichkeit der Sünde vertieft, befindet sie sich, ohne es zu wissen, im Dienste einer anderen Wissenschaft, die bloß darauf wartet, daß sie fertig werde, damit sie selbst beginnen und der Psychologie zur Erklärung verhelfen kann. Dies ist nicht die Ethik; denn die Ethik hat gar nichts mit dieser Möglichkeit zu tun. Es ist vielmehr die Dogmatik, und hier zeigt sich wieder das Problem der Erbsünde. Während die Psychologie die reale Möglichkeit der Sünde ergründet, erklärt die Dogmatik die Erbsünde, die ideelle Möglichkeit der Sünde. Hingegen hat die zweite Ethik nichts mit der Möglichkeit der Sünde oder mit der Erbsünde zu tun. Die erste Ethik ignoriert die Sünde, die zweite Ethik hat die Wirklichkeit der Sünde innerhalb ihres Bereiches, und hier kann die Psychologie wieder nur durch ein Mißverständnis eindringen.

Wenn das hier Entwickelte richtig ist, so wird man leicht sehen, mit welchem Recht ich die vorliegende Schrift eine psychologische Überlegung genannt habe und inwiefern sie, soweit sie zum Bewußtsein über ihr Verhältnis zur Wissenschaft gebracht wurde, in die Psychologie gehört und wiederum zur Dogmatik tendiert. Man hat die Psychologie die Lehre vom subjektiven Geist genannt. Will man dem etwas weiter nachgehen, wird man sehen, wie sie, indem sie zum Problem der Sünde kommt, sofort in die Lehre vom absoluten Geist umschlagen muß. Da liegt nun die Dogmatik. Die erste Ethik setzt die Me-

taphysik voraus, die zweite die Dogmatik, vollendet sie aber auch so, daß hier wie überall die Voraussetzung hervorkommt.
Dies war die Aufgabe der Einleitung. Dies kann richtig sein, während die Überlegung selbst über den Begriff der Angst ganz und gar unrichtig sein kann. Ob dem so ist, muß sich zeigen.

Angst als die Voraussetzung der Erbsünde und als das die Erbsünde retrograd in Richtung auf ihren Ursprung Erklärende

§ 1

Historische Andeutungen hinsichtlich des Begriffs der Erbsünde

Ist dieser Begriff identisch mit dem Begriff der ersten Sünde, der Sünde Adams, des Sündenfalls? So hat man ihn wohl bisweilen verstanden, und daher die Aufgabe, die Erbsünde zu erklären, identisch gesetzt mit der Aufgabe, Adams Sünde zu erklären. Da das Denken hierbei auf Schwierigkeiten stieß, wählte man einen Ausweg. Um doch etwas zu erklären, brachte man eine phantastische Voraussetzung an, deren Verlust den Sündenfall zur Folge hatte. Man gewann nun den Vorteil, daß jeder willig einräumte, einen Zustand wie den beschriebenen gäbe es nicht in der Welt; aber man vergaß dabei, daß der Zweifel darin bestand, ob es ihn je gegeben habe, was immerhin nötig war, um ihn zu verlieren. Die Geschichte des Menschengeschlechtes erhielt einen phantastischen Anfang, Adam wurde phantastisch außerhalb ihrer gestellt, das fromme Gefühl und die fromme Phantasie bekamen, was sie verlangten: ein frommes Vorspiel; aber das Denken ging leer aus. Auf zweifache Weise wurde Adam phantastisch außerhalb gestellt. Die Voraussetzung war eine dialektisch-phantastische, hauptsächlich im Katholizismus [Adam verlor das *donum divinitus datum supranaturale et admirabile*]. Oder sie war historisch-phantastisch, hauptsächlich in der förderalen Dogmatik, die sich dramatisch verlor in eine Phantasie-Anschauung vom Auftreten Adams als dem Bevollmächtigten des ganzen

Geschlechts. Beide Erklärungen erklären natürlich nichts; die eine erklärt nur weg, was sie selbst hineingedichtet hat, die andere dichtet nur etwas hinein, das nichts erklärt.
Ist der Begriff der Erbsünde von dem Begriff der ersten Sünde in der Weise verschieden, daß der Einzelne nur durch sein Verhältnis zu Adam daran teil hat und nicht durch sein primitives Verhältnis zur Sünde? In diesem Fall steht Adam wieder phantastisch außerhalb der Geschichte. Adams Sünde ist dann ein mehr als Vergangenes *[plus quam perfectum]*. Die Erbsünde ist das Gegenwärtige, ist die Sündhaftigkeit, und Adam der Erste, in dem diese nicht war, da sie durch ihn wurde. Man suchte also nicht Adams Sünde zu erklären, sondern wollte die Erbsünde in ihren Konsequenzen erklären. Doch war die Erklärung nicht für das Denken. Von daher läßt es sich gut verstehen, daß ein symbolisches Buch die Unmöglichkeit einer Erklärung aussprechen kann und daß diese Aussage ohne Widerspruch neben der Erklärung steht. Die Schmalkaldischen Artikel lehren ausdrücklich: *peccatum haereditarium tam profunda et tetra est corruptio naturae, ut nullius hominis ratione intelligi possit, sed ex scripturae patefactione agnoscenda et credenda sit*. Diese Aussage läßt sich mit den Erklärungen gut vereinigen, denn in diesen treten weniger die Gedankenverbindungen als solche hervor, als daß das fromme Gefühl [in Richtung auf das Ethische] seiner Indignation über die Erbsünde Luft macht; es übernimmt die Rolle des Anklägers und ist nun allein darauf bedacht, mit förmlich weiblicher Leidenschaftlichkeit, mit der Schwärmerei eines liebenden Mädchens, die Sündhaftigkeit und sich selbst darin abscheulicher und immer abscheulicher zu machen, so daß kein Wort hart genug ist, des Einzelnen Teilhaben

---

1 Daß die *Form.conc.* es verbot, diese Bestimmung zu denken, muß indessen gerade als ein Beweis für die energische Leidenschaft gepriesen werden, mit der sie es versteht, das Denken

an ihr zu kennzeichnen. Hält man, was dies anbelangt, einen Überblick über die einzelnen Konfessionen, so bietet sich eine Stufenfolge dar, in der die tiefe protestantische Frömmigkeit den Sieg davonträgt. Die griechische Kirche nennt die Erbsünde: *ἁμάρτημα προτοπατορικόν*. Sie hat nicht einmal einen Begriff, denn dieses Wort ist nur eine historische Angabe, die nicht wie der Begriff das Gegenwärtige angibt, sondern nur das historisch Abgeschlossene. Das *vitium originis* [Tertullian] ist wohl ein Begriff, doch gestattet die sprachliche Form das Geschichtliche als das Überwiegende aufzufassen. *Peccatum originale* [*quia originaliter tradatur.* Augustin] gibt den Begriff an, der noch deutlicher bestimmt wird durch die Unterscheidung zwischen *peccatum originans* und *originatum.* Der Protestantismus verwirft scholastische Bestimmungen *[carentia imaginis dei; defectus justitiae originalis]* wie auch, daß die Erbsünde *poena [concupiscentiam poenam esse non peccatum, disputant adversarii. Apolog. A.C.]* sei, und nun beginnt die begeisterte Klimax: *vitium, peccatum, reatus, culpa.* Man interessiert sich nur für die Beredsamkeit der zerknirschten Seele und kann daher hin und wieder in die Rede von der Erbsünde einen gänzlich widersprechenden Gedanken mit einfließen lassen *[nunc quoque afferens iram dei iis, qui* SECUNDUM EXEMPLUM *Adami peccarunt].* Oder jene bekümmerte Beredsamkeit interessiert sich überhaupt nicht für den Gedanken, sondern sagt von der Erbsünde Entsetzliches aus [*quo fit, ut omnes propter inobedientiam Adae et Hevae in odio apud deum simus. Form. conc.*, die doch vorsichtig genug ist, dagegen zu protestieren, daß dies gedacht werde, denn wenn man es dächte, so würde ja die Sünde zur Substanz des Menschen[1]]. Sobald die Begeisterung des Glaubens und der

---

gegen das Undenkbare anstoßen zu lassen, eine Energie, die große Bewunderung verdient im Gegensatz zum modernen Denken, das einen etwas lockeren Wandel führt.

Zerknirschung schwindet, ist einem mit solchen Bestimmungen nicht mehr geholfen, die es nur der schlauen Verständigkeit leicht machen, sich der Sündenerkenntnis zu entziehen. Aber anderer Bestimmungen zu bedürfen ist doch wohl, ganz so wie etwa anderer als drakonischer Gesetze zu bedürfen, ein zweifelhafter Beweis für die Vollkommenheit der Zeit.

Das Phantastische, das sich hier gezeigt hat, wiederholt sich ganz konsequent an einer anderen Stelle der Dogmatik, nämlich bei der Versöhnung. Es wird gelehrt, daß Christus für die Erbsünde Genugtuung geleistet habe. Aber was geschieht dann mit Adam? Er brachte ja die Erbsünde in die Welt; war denn die Erbsünde in ihm nicht eine aktuelle Sünde? Oder bedeutet die Erbsünde für Adam das gleiche wie für jeden im Menschengeschlecht? Dann wäre der Begriff aufgehoben. Oder war Adams ganzes Leben die Erbsünde? Erzeugte die erste Sünde nicht andere Sünden in ihm, aktuelle Sünden? Der Fehler im Vorhergehenden zeigt sich hier deutlicher; denn Adam ist phantastisch so außerhalb der Geschichte geraten, daß er der Einzige ist, der von der Versöhnung ausgeschlossen ist.

Wie man nun auch das Problem stellen mag, sobald Adam phantastisch außerhalb zu stehen kommt, verwirrt sich alles. Adams Sünde erklären heißt daher, die Erbsünde erklären, und es hilft keine Erklärung, die Adam, aber nicht die Erbsünde erklären will oder die die Erbsünde, aber nicht Adam erklären will. Dies hat seinen tiefsten Grund in dem, was das Wesentliche in der menschlichen Existenz ist, daß nämlich der Mensch Individuum ist und als solches zugleich er selbst und das ganze Geschlecht, und zwar in der Weise, daß das ganze Geschlecht am Individuum und das Individuum am ganzen Ge-

---

1 Wenn somit ein Einzelner gänzlich vom Geschlecht abfallen könnte, so würde sein Abfall zugleich das Geschlecht anders

schlecht partizipiert[1]. Hält man das nicht fest, so kommt man entweder in die pelagianische, socinianische, philanthropische Einzelzahl oder ins Phantastische. So ist es Prosaismus des Verstandes, wenn das Geschlecht numerisch in ein Einmaleins aufgelöst wird. Und so ist es phantastisch, wenn Adam die wohlgemeinte Ehre genießt, mehr als das ganze Geschlecht zu sein, oder die zweideutige Ehre, außerhalb des Geschlechtes zu stehen.

In jedem Augenblick verhält es sich so, daß das Individuum es selbst und das Geschlecht ist. Das ist die Vollkommenheit des Menschen als Zustand gesehen. Zugleich ist es ein Widerspruch; ein Widerspruch aber ist stets Ausdruck für eine Aufgabe; eine Aufgabe aber ist eine Bewegung; eine Bewegung aber auf das gleiche zu als Aufgabe, die als das gleiche aufgegeben wurde, ist eine geschichtliche Bewegung. Also hat das Individuum Geschichte; hat aber das Individuum Geschichte, so hat das Geschlecht dies auch. Jedes Individuum hat die gleiche Vollkommenheit, eben darum fallen die Individuen nicht numerisch auseinander, ebensowenig wie der Begriff des Geschlechts ein Phantom wird. Jedes Individuum ist wesentlich interessiert an der Geschichte aller Individuen, ja, ebenso wesentlich wie an seiner eigenen. Die Vollendung in sich selbst ist daher die vollkommene Partizipation am Ganzen. Kein Individuum ist gleichgültig gegen die Geschichte des Geschlechtes, ebensowenig wie das Geschlecht gegen die irgendeines Individuums. Indem nun die Geschichte des Geschlechtes fortschreitet, beginnt das Individuum ständig von vorn – denn es ist zugleich es selbst und das Geschlecht –, und damit auch wieder die Geschichte des Geschlechtes.

Adam ist der erste Mensch; er ist zugleich er selbst und das Geschlecht. Nicht des ästhetisch Schönen wegen hal-

---

bestimmen, wenn dagegen ein Tier von der Art abfiele, so würde diese ganz gleichgültig dagegen sein.

ten wir fest an ihm; nicht aus einem hochsinnigen Gefühl heraus schließen wir uns ihm an, etwa um ihn nicht im Stich zu lassen als den, der an allem schuld ist; nicht weil Sympathie uns begeistert oder Pietät uns überredet, beschließen wir, die Schuld mit ihm zu teilen, wie das Kind mit dem Vater zusammen schuldig zu sein wünscht; auch nicht weil gemeinsames Leiden uns nötigt, das uns lehrt, uns in das zu finden, worein wir uns nun einmal finden müssen; sondern wir halten fest an ihm kraft des Gedankens. Jeder Versuch, Adams Bedeutung für das Geschlecht als *caput generis humani naturale, seminale, foederale* zu erklären, um an dogmatische Ausdrücke zu erinnern, bringt durchweg Verwirrung. Er ist nicht wesentlich verschieden vom Geschlecht; denn dann ist das Geschlecht gar nicht da; er ist nicht das Geschlecht; denn dann ist das Geschlecht ebenfalls nicht da: er ist er selbst und das Geschlecht. Was darum Adam erklärt, erklärt auch das Geschlecht, und umgekehrt.

§ 2

Der Begriff der ersten Sünde

Nach traditionellen Begriffen ist der Unterschied zwischen der ersten Sünde Adams und der ersten Sünde jedes Menschen dieser: Adams Sünde bedingt die Sündhaftigkeit als Konsequenz, die andere erste Sünde setzt die Sündhaftigkeit als Bedingung voraus. Wäre es so, dann stünde Adam wirklich außerhalb des Geschlechtes, und dieses begänne nicht mit ihm, sondern hätte einen Anfang außerhalb seiner selbst, was gegen jeden Begriff streitet.

---

1 Überhaupt hat dieser Satz über das Verhältnis zwischen dem quantitativen Bestimmen und der neuen Qualität eine lange Geschichte. Eigentlich bestand die ganze griechische Sophistik darin, bloß ein quantitatives Bestimmen zu statuieren, weswe-

Daß die *erste* Sünde etwas anderes bedeutet als eine Sünde [das heißt eine Sünde wie viele andere], etwas anderes auch als *eine* Sünde [das heißt Nummer eins im Verhältnis zu Nummer zwei gesehen], ist leicht einzusehen. Die erste Sünde ist die Qualitätsbestimmung, die erste Sünde ist die Sünde. Sie ist das Geheimnis des Ersten und dessen Ärgernis für die abstrakte Verständigkeit, die da meint, einmal sei keinmal, aber vielmals sei etwas, was ganz und gar verkehrt ist, da die vielen Male entweder jedes für sich genau soviel bedeuten wie das erstemal oder alle zusammen nicht annähernd soviel. Es ist daher ein Aberglaube, wenn man in der Logik meint, daß durch ein fortgesetztes, quantitatives Bestimmen eine neue Qualität hervorträte, und es ist eine unverzeihliche Unaufrichtigkeit, wenn man zwar nicht geradezu ableugnet, daß es nicht ganz so zugeht, aber doch die Folgen verheimlicht, die sich für die ganze logische Immanenz daraus ergeben, daß man es in die logische Bewegung mit hineinnimmt, wie Hegel das tut[1]. Die neue Qualität tritt hervor mit dem Ersten, mit dem Sprung, mit der Plötzlichkeit des Rätselhaften.

Falls die erste Sünde numerisch *eine* Sünde bedeutet, so wird keine Geschichte daraus, so erhält die Sünde weder im Individuum noch im Geschlecht Geschichte; denn die Bedingung dafür ist die gleiche, wenn darum auch die Geschichte des Geschlechtes nicht als solche die des Individuums ist, ebensowenig wie die des Individuums die Geschichte des Geschlechtes ist, außer insofern, als der Widerspruch ständig die Aufgabe ausdrückt.

Durch die erste Sünde kam die Sünde in die Welt. Ganz in gleicher Weise gilt es von jedes späteren Menschen er-

---

gen die größte Verschiedenheit, die sie kennt, Gleichheit und Ungleichheit ist. In der neueren Philosophie wollte Schelling sich anfangs mit einem bloßen quantitativen Bestimmen behelfen, um alle Verschiedenheit zu erklären; späterhin hat er

ster Sünde, daß durch sie die Sünde in die Welt kommt. Daß sie vor Adams erster Sünde nicht da war, ist eine im Verhältnis zur Sünde selbst ganz zufällige und außerhalb des Zusammenhanges liegende Reflexion, die in keiner Weise die Bedeutung oder das Recht hätte, Adams Sünde größer oder jedes anderen Menschen erste Sünde kleiner zu machen. Eben dies ist eine logische und ethische Ketzerei, daß man den Anschein erwecken will, als ob die Sündhaftigkeit in einem Menschen sich so lange quantitativ bestimme, bis sie zuletzt durch eine *generatio aequivoca* die erste Sünde in ihm hervorbringe. Dies geschieht ebensowenig als wie Trop, der doch ein Meister im Dienste des quantitativen Bestimmens war, mit Hilfe von diesem sein Examen bestand. Mögen Mathematiker und Astronomen sich mit unendlich winzigen Minimalgrößen helfen, wenn sie können, im Leben hilft einem das nicht einmal zu einem Examenspapier, geschweige denn, den Geist zu erklären. Wenn die erste Sünde jedes späteren Menschen auf diese Weise aus der Sündhaftigkeit hervorginge, so wäre die Bestimmung der ersten Sünde als erstes unwesentlich, wesentlich aber wäre, wenn so etwas sich denken ließe, ihre Bestimmung nach der laufenden Nummer im allgemeinen, schwindenden Fond des Geschlechts. Aber so ist es nicht, und es ist gleich töricht, unlogisch, unethisch und unchristlich, ob man um die Ehre des ersten Erfinders buhlt, oder ob man etwas von sich abschiebt, indem man sich nichts denken will bei dem, was man sagt, damit man nichts anderes getan habe, als was alle andern auch getan haben. Das Vorhandensein der Sündhaftigkeit in einem Menschen, die Macht

---

das gleiche bei Eschenmayer [in dessen Dissertation] getadelt. Hegel statuierte den Sprung, doch statuierte er ihn in der Logik. Rosenkrantz [in seiner Psychologie] bewundert Hegel deshalb. In seiner zuletzt erschienenen Schrift [über Schelling] tadelt Rosenkrantz Schelling und lobt Hegel. Hegels Unglück aber ist eben dies, daß er die neue Qualität geltend machen

des Beispiels und so weiter, all das sind bloß quantitative Bestimmungen, die nichts erklären[2], es sei denn, man nimmt an, daß ein Individuum das Geschlecht sei, statt daß jedes Individuum es selbst und das Geschlecht ist. Die Erzählung der Genesis von der ersten Sünde ist besonders in unserer Zeit ziemlich leichtfertig als eine Mythe betrachtet worden. Das hat seinen guten Grund, weil, was man an ihre Stelle setzte, eben eine Mythe war und noch dazu eine schlechte Mythe; denn wenn der Verstand auf das Mythische verfällt, kommt selten anderes als Geschwätz dabei heraus. Jene Erzählung ist die einzige dialektisch-konsequente Auffassung. Ihr ganzer Gehalt konzentriert sich eigentlich in dem Satz: *die Sünde kam durch eine Sünde in die Welt.* Wäre es nicht so, dann wäre die Sünde als etwas Zufälliges hineingekommen, das zu erklären man besser sein läßt. Die Schwierigkeit für den Verstand ist eben der Triumph der Erklärung, ist ihre tiefsinnige Folgerichtigkeit, daß die Sünde sich selbst voraussetzt, daß die Sünde so in die Welt kommt, daß sie, indem sie ist, vorausgesetzt ist. Die Sünde kommt also hinein als das Plötzliche, das heißt durch den Sprung. Dieser Sprung jedoch setzt zugleich die Qualität; indem aber die Qualität gesetzt ist, ist der Sprung im gleichen Augenblick in die Qualität hineingenommen und von der Qualität vorausgesetzt, und die Qualität vom Sprunge. Das ist dem Verstand ein Ärgernis, *ergo* ist es eine Mythe. Als Ersatz dichtet er selbst eine Mythe, die den Sprung leugnet, den Kreis in eine gerade Linie auseinanderlegt, und nun geht alles natürlich zu. Er phantasiert darüber, wie der Mensch vor dem Sündenfall war, und

---

will und es doch wieder nicht will, da er es in der Logik tun will, die, sobald man dies erkennt, ein anderes Bewußtsein ihrer selbst und ihrer Bedeutung bekommen muß.

2 Welche Bedeutung sie im übrigen haben, als mit dazugehörig in der Geschichte des Geschlechtes, als Anlauf zum Sprung ohne doch den Sprung erklären zu können, ist etwas anderes.

so allmählich, während der Verstand darüber plaudert, wird die projektierte Unschuld im Laufe des Geschwätzes nach und nach zur Sündhaftigkeit – und siehe da, auf einmal ist sie da. Der Vortrag des Verstandes bei dieser Gelegenheit läßt sich treffend mit einem Kinderschnack vergleichen, an dem die Jugend ihren Spaß hat: Ichkimo – Dukimo – – – Eskimo – siehe da, und ganz natürlich hat es sich aus dem Vorhergehenden ergeben. Sollte etwas an der Mythe des Verstandes sein, so müßte es dies sein, daß die Sündhaftigkeit der Sünde vorausgeht. Wenn das aber in der Weise wahr ist, daß die Sündhaftigkeit durch etwas anderes als die Sünde hineingekommen ist, so ist der Begriff aufgehoben. Ist sie aber durch die Sünde hineingekommen, so ist diese ja vorausgegangen. Dieser Widerspruch ist der einzige dialektisch konsequente, der beides, den Sprung und die Immanenz [das heißt die spätere Immanenz] bewältigt.

Durch Adams erste Sünde *kam also die Sünde in die Welt.* Dieser Satz, wie er gebräuchlich ist, enthält indessen eine ganz äußerliche Reflexion, die gewiß viel zum Aufkommen schwebender Mißverständnisse beigetragen hat. Daß die Sünde in die Welt kam, ist völlig richtig, doch nicht in der Weise geht dies Adam an. Ganz scharf und genau ausgedrückt muß man sagen, daß durch die erste Sünde die Sündhaftigkeit in Adam hineinkam. Bei keinem späteren Menschen fällt es einem ein, zu sagen, daß durch seine erste Sünde die Sündhaftigkeit in die Welt komme, und doch kommt sie durch ihn auf eine ähnliche Weise [das heißt auf eine Weise, die nicht wesentlich verschieden ist] in die Welt; denn scharf und genau ausgedrückt

---

1 Es geht beständig darum, Adam mit in das Geschlecht hineinzubekommen, ganz in der gleichen Bedeutung wie jedes andere Individuum. Darauf sollte die Dogmatik achten, besonders um der Versöhnung willen. Die Lehre, daß Adam und Christus einander entsprechen, erklärt gar nichts, sondern verwirrt alles. Eine Analogie kann wohl bestehen, aber die Ana-

ist die Sündhaftigkeit nur in der Welt, soweit sie durch die Sünde hineinkommt.

Daß man sich über Adam anders ausgedrückt hat, ist nur darin begründet, daß die Auswirkung von Adams phantastischem Verhältnis zum Geschlecht sich überall zeigen muß. Seine Sünde ist die Erbsünde. Sonst weiß man nichts von ihm. Aber die Erbsünde in Adam gesehen ist nur jene erste Sünde. Ist Adam denn das einzige Individuum, das keine Geschichte hat? Dann müßte ja das Geschlecht mit einem Individuum beginnen, das kein Individuum ist, womit sowohl der Begriff des Geschlechts als der des Individuums aufgehoben wäre. Kann irgendein anderes Individuum im Geschlecht mit seiner Geschichte Bedeutung für die Geschichte des Geschlechts haben, so hat Adam es auch; hat Adam es nur durch jene erste Sünde, so ist der Begriff der Geschichte aufgehoben, das heißt, so ist die Geschichte vorbei in dem Augenblick, in dem sie begann[1].

Da nun das Geschlecht nicht mit jedem Individuum[2] wieder von vorne anfängt, erhält die Sündhaftigkeit des Geschlechtes allerdings eine Geschichte. Diese schreitet indessen in quantitativen Bestimmungen fort, während das Individuum im Sprung der Qualität daran teilnimmt. Das Geschlecht beginnt darum nicht von vorne mit jedem Individuum; denn dann wäre das Geschlecht gar nicht da; wohl aber beginnt jedes Individuum von vorne mit dem Geschlecht.

Wenn man also sagen will, daß Adams Sünde die Sünde des Geschlechts in die Welt brachte, so meint man es entweder phantastisch, womit jeder Begriff annulliert ist,

---

logie ist ihrem Begriff nach unvollkommen. Nur Christus ist ein Individuum, das mehr als Individuum ist, aber darum kommt er auch nicht am Anfang, sondern in der Fülle der Zeit.

2 Der Gegensatz ist ausgesprochen im § 1: »Indem nun die Geschichte des Geschlechtes fortschreitet, beginnt das Individuum ständig von vorn.«

oder man kann es mit dem gleichen Recht von jedem Individuum sagen, das durch seine Sünde die Sündhaftigkeit hineinbringt. Das Geschlecht mit einem Individuum beginnen zu lassen, das außerhalb des Geschlechts stehen soll, ist ebenso eine Mythe des Verstandes, wie die Sündhaftigkeit auf irgendeine andere Weise beginnen zu lassen als mit der Sünde. Was man erreicht, ist nur ein Hinausschieben des Problems, das sich natürlich um die Erklärung an den Menschen Nummer Zwei wendet oder genauer, an den Menschen Nummer Eins, da Nummer Eins eigentlich Nummer Null geworden ist.

Was oft täuscht und dazu beiträgt, allerlei phantastische Vorstellungen in Bewegung zu setzen, ist das Generationsverhältnis, als sei dank der Abstammung der spätere Mensch wesentlich verschieden vom ersten. Die Abstammung ist nur der Ausdruck für die Kontinuität in der Geschichte des Geschlechts, die sich stets in quantitativen Bestimmungen bewegt und darum in keiner Weise imstande ist, ein Individuum hervorzubringen; denn ein Tiergeschlecht, mag es sich auch durch tausend und abertausend Generationen erhalten haben, bringt doch nie ein Individuum hervor. Falls der zweite Mensch nicht von Adam abstammte, so wäre er nicht der zweite Mensch gewesen, sondern eine leere Wiederholung, und daraus wäre ebensowenig Geschlecht wie Individuum entstanden. Jeder einzelne Adam wäre eine Statue für sich, und wäre darum nur durch die gleichgültige Bestimmung, das heißt, durch die Zahl zu bestimmen, unvollkommener noch, als wenn die »blauen Jungens« mit Zahlen benannt werden. Wenn es hoch kommt, wäre jeder er selbst gewesen, und nicht er selbst und das Geschlecht, hätte keine Geschichte gehabt, wie ein Engel keine Geschichte hat, sondern nur er selbst ist und an keiner Geschichte partizipiert.

Es braucht wohl kaum gesagt zu werden, daß diese Auffassung sich keines Pelagianismus schuldig macht, der jedes Individuum, unbekümmert um das Geschlecht, seine kleine Geschichte auf seinem Privattheater spielen läßt; denn die Geschichte des Geschlechtes schreitet ruhig auf ihrem Wege fort, und in dieser beginnt kein Individuum an derselben Stelle wie ein anderes, während doch jedes Individuum von vorn beginnt und im gleichen Augenblick dort ist, wo es in der Geschichte beginnen soll.

§ 3

Der Begriff der Unschuld

Es gilt hier wie überall: will man in unseren Tagen eine dogmatische Bestimmung vornehmen, muß man den Anfang damit machen, daß man erst einmal vergißt, was Hegel entdeckt hat, um der Dogmatik zu helfen. Es wird einem ganz seltsam zumute, wenn man in Dogmatiken, die doch sonst Wert darauf legen, einigermaßen rechtgläubig zu sein, Hegels beliebte Bemerkung angeführt sieht, daß die Bestimmung des Unmittelbaren sei, aufgehoben zu werden, als wären Unmittelbarkeit und Unschuld völlig identisch miteinander. Hegel hat ganz konsequent jeden dogmatischen Begriff gerade soweit verflüchtigt, daß er noch ein reduziertes Dasein als ein geistreicher Ausdruck für das Logische fristet. Daß das Unmittelbare aufgehoben werden muß, braucht man sich nicht von Hegel sagen zu lassen, und er hat sich damit, daß er es sagte, auch nicht etwa unsterbliches Verdienst erworben, da es nämlich logisch gedacht nicht einmal korrekt ist; denn das Unmittelbare muß nicht aufgehoben werden, da es niemals da ist. Der Begriff Unmittelbarkeit gehört in die Logik, der Begriff Unschuld aber in die Ethik, und über jeden Begriff muß von der Wissenschaft aus gesprochen werden, der er zugehört, ob der Begriff nun so der Wissenschaft zugehört, daß er in ihr

entwickelt wird, oder daß er entwickelt wird, indem er vorausgesetzt wird.
Unethisch ist es nun zu sagen, die Unschuld müsse aufgehoben werden; selbst wenn sie auch aufgehoben wäre mit dem Augenblick, in dem sie ausgesprochen wird, so verbietet doch die Ethik zu vergessen, daß sie nur aufgehoben werden kann durch Schuld. Wenn man daher von der Unschuld wie von der Unmittelbarkeit spricht und logisch resolut dieses Flüchtigste verschwunden sein läßt oder ästhetisch empfindsam dafür ist, was es war, und daß es verschwunden ist, so ist man nur »geistreich« und vergißt die Pointe.
Wie Adam die Unschuld durch die Schuld verlor, so verliert sie jeder Mensch. War es nicht durch Schuld, daß er sie verlor, so war es nicht die Unschuld, die er verlor, und war er nicht unschuldig, ehe er schuldig wurde, so wurde er niemals schuldig.
Was Adams Unschuld betrifft, so hat es nicht an allerhand phantastischen Vorstellungen gefehlt, ob diese nun symbolische Würde erlangten in Zeiten, da der Samt auf der Kanzel der Kirche wie auf dem Anfang des Menschengeschlechtes noch nicht so fadenscheinig war wie jetzt, oder ob sie als suspekte Erfindungen der Dichtungen abenteuerlich umherstreiften. Je phantastischer man Adam ausstaffierte, desto unerklärlicher wurde es, daß er sündigen konnte, desto entsetzlicher wurde seine Sünde. Indessen hatte er ein für allemal die ganze Herrlichkeit verspielt, und darüber wurde man je nach Zeit und Gelegenheit sentimental oder witzig, schwermütig oder leichtsinnig, historisch zerknirscht oder phantastisch munter; aber man verstand die Pointe nicht ethisch.
Was die Unschuld der späteren Menschen [das heißt aller außer Adam und Eva] betrifft, so hatte man etwas geringschätzige Vorstellungen. Der ethische Rigorismus übersah die Grenze des Ethischen und war redlich genug, zu glauben, daß die Menschen die Gelegenheit nicht benut-

zen würden, sich vom Ganzen wegzustehlen, wenn ihnen die Ausflucht so leicht gemacht würde; der Leichtsinn begriff überhaupt nichts. Aber nur durch Schuld wird die Unschuld verloren; jeder Mensch verliert wesentlich auf die gleiche Weise die Unschuld wie Adam, und es ist weder im Interesse der Ethik, alle außer Adam zu bekümmerten und interessierten Zuschauern der Schuldhaftigkeit zu machen, aber nicht zu Schuldigen, noch im Interesse der Dogmatik, alle zu interessierten und teilnehmenden Zuschauern bei der Versöhnung zu machen, aber nicht zu Versöhnten.

Wenn man so oft die Zeit der Dogmatik und der Ethik und seine eigene Zeit damit vergeudet hat, um zu überlegen, was geschehen wäre, wenn Adam nicht gesündigt hätte, so zeigt das lediglich, daß man eine unrichtige Stimmung und folglich auch einen unrichtigen Begriff mitbringt. Der Unschuldige würde niemals daraufkommen, so zu fragen, der Schuldige aber sündigt, wenn er so fragt, denn er will in seiner ästhetischen Neugier ignorieren, daß er selbst die Schuldhaftigkeit in die Welt gebracht hat und die Unschuld durch Schuld verloren hat.

Die Unschuld ist daher nicht wie das Unmittelbare etwas, das aufgehoben werden muß, dessen Bestimmung ist, aufgehoben zu werden, etwas das eigentlich nicht da ist, sondern selbst erst dann und dadurch, daß es aufgehoben wird, Dasein erhält, als das, was war, ehe es aufgehoben wurde und was nun aufgehoben ist. Die Unmittelbarkeit wird nicht durch die Mittelbarkeit aufgehoben, sondern indem die Mittelbarkeit hervortritt, hat sie im gleichen Augenblick die Unmittelbarkeit aufgehoben. Die Aufhebung der Unmittelbarkeit ist darum eine immanente Bewegung in der Unmittelbarkeit; oder sie ist eine immanente Bewegung mit entgegengesetzter Richtung innerhalb der Mittelbarkeit, durch die diese die Unmittelbarkeit voraussetzt. Unschuld ist etwas, das durch eine Transzendenz aufgehoben wird, eben weil die Unschuld

Etwas ist [wohingegen der richtige Ausdruck für die Unmittelbarkeit der ist, den Hegel vom reinen Sein gebraucht, nämlich Nichts], weswegen denn auch, wenn die Unschuld durch die Transzendenz aufgehoben ist, etwas ganz anderes daraus entsteht, während die Mittelbarkeit eben Unmittelbarkeit ist. Unschuld ist eine Qualität, sie ist ein *Zustand*, der recht wohl bestehen kann, und darum hat die logische Hast, die ihn aufheben will, nichts zu bedeuten; sie sollte lieber sehen, daß sie in der Logik selber ein bißchen schneller vorwärtskommt, denn dort kommt sie immer zu spät, auch wenn sie sich noch so sehr beeilt. Die Unschuld ist nicht eine Vollkommenheit, die man sich zurückwünschen soll; denn sobald man sie wünscht, ist sie verloren, und es ist dann eine neue Schuld, die Zeit mit Wünschen zu vergeuden. Die Unschuld ist nicht eine Unvollkommenheit, bei der man nicht stehenbleiben kann, denn sich selbst ist sie stets genug, und wer sie verloren hat, und zwar so, wie sie allein verloren werden kann, das heißt durch Schuld, und nicht, wie man sie vielleicht verloren haben möchte, der wird wohl nicht darauf verfallen, seine Vollkommenheit auf Kosten der Unschuld anzupreisen.
Die Erzählung in der Genesis gibt nun auch die richtige Erklärung der Unschuld. Unschuld ist Unwissenheit. Sie ist keineswegs das reine Sein des Unmittelbaren, sondern sie *ist* Unwissenheit. Daß man, wenn man die Unwissenheit von außen her betrachtet, sie auf das Wissen hin bestimmt sieht, ist etwas, das die Unwissenheit überhaupt nichts angeht. Es ist wohl einleuchtend, daß sich diese Auffassung nicht des Pelagianismus schuldig macht. Das Geschlecht hat seine Geschichte, in dieser hat die Sündhaftigkeit ihre kontinuierliche quantitative Bestimmtheit, die Unschuld aber wird beständig nur durch den qualitativen Sprung des Individuums verloren. Daß diese Sündhaftigkeit, die der Progreß des Geschlechtes ist, in dem Einzelnen, der sie in seinem Akt übernimmt, sich als

größere oder geringere Disposition zeigen kann, ist wohl wahr, aber das ist ein Mehr oder Minder, ein quantitatives Bestimmen, das nicht den Begriff der Schuld konstituiert.

§ 4

Der Begriff des Sündenfalls

Wenn also Unschuld Unwissenheit ist, so scheint es, insofern die Schuldhaftigkeit des Geschlechtes in ihrer quantitativen Bestimmtheit in der Unwissenheit des Einzelnen vorhanden ist und sich durch seinen Akt als seine Schuldhaftigkeit erweist, als sei da ein Unterschied zwischen der Unschuld Adams und der jedes späteren Menschen. Die Antwort ist bereits gegeben: ein Mehr konstituiert keine Qualität. Zugleich möchte es scheinen, als ließe es sich nun leichter erklären, wie ein späterer Mensch die Unschuld verloren habe. Das ist indessen nur dem Anschein nach der Fall. Die höchste quantitative Bestimmtheit erklärt den qualitativen Sprung ebensowenig wie die niederste; kann ich die Schuld in einem späteren Menschen erklären, so kann ich sie ebensogut in Adam erklären. Aus Gründen der Gewohnheit und besonders der Gedankenlosigkeit und ethischen Stupidität nimmt es sich so aus, als sei das erstere leichter als das letztere. Man möchte so gern um die Stechsonne der Konsequenz herumkommen, die einem auf den Schädel zielt. Man will sich in die Sündhaftigkeit finden, mit an ihr tragen und so weiter und so weiter. Man mache sich nur keine Bemühungen: die Sündhaftigkeit ist keine Epidemie, die sich wie die Kuhpocken überträgt, »und jeder Mund soll gestopft werden« Daß ein Mensch in tiefem Ernst sagen kann, er sei im Elend geboren und seine Mutter habe ihn in Sünden empfangen, ist wohl wahr; aber eigentlich kann er erst wirklich darüber Leid tragen, nachdem er selbst die Schuld in die Welt brachte und alles dies sich zuzog, denn es ist ein Widerspruch, *ästhetisch* über die *Sündhaftigkeit* Leid tragen zu wollen. Der einzige, der unschuldig über die Sünde Leid trug, war Christus, doch trug er nicht Leid über sie als über ein Schicksal, in das er sich finden mußte; er trug Leid als der, der es frei erwählte, die Sünde aller Welt zu tragen und ihre Strafe zu erleiden. Dies ist keine ästhetische Bestimmung, denn Christus war mehr als ein Individuum.

Unschuld ist also Unwissenheit; aber wie wird sie verloren? Hier all die sinnreichen und törichten Hypothesen zu repetieren, mit denen Denker und Projektenmacher den Anfang der Geschichte behängt haben, die nur neugierig interessiert waren an dem großen menschlichen Anliegen, das man Sünde nennt, ist nicht meine Absicht. Teils will ich nicht anderen die Zeit damit vergeuden und das erzählen, womit ich selbst die Zeit vergeudet habe, um es zu ermitteln, teils liegt das Ganze außerhalb der Geschichte in dem Halbdunkel, wo Hexen und Projektenmacher um die Wette auf Besenstiel und Wurstholz reiten.

Die Wissenschaft, die es mit der Erklärung zu tun hat, ist die Psychologie; doch kann sie bloß bis zur Erklärung hin erklären und muß sich vor allen Dingen hüten, daß sie nicht den Anschein erweckt, sie erkläre, was keine Wissenschaft erklärt und was darüber hinaus nur die Ethik erklärt, indem sie es durch die Dogmatik voraus-

---

1 Was Fr. Baader mit gewohnter Kraft und Kernigkeit in mehreren Schriften über die Bedeutung der Versuchung für die Konsolidation der Freiheit ausgeführt hat wie auch über das Mißverständnis, die Versuchung als Versuchung zum Bösen zu verstehen oder als die Macht, deren Bestimmung es ist, die Menschen zu Falle zu bringen, während man doch eher die Versuchung als das notwendige Andere der Freiheit betrachten sollte – muß natürlich jeder kennen, der über den vorliegenden Gegenstand nachdenken will. Hier all dies nochmals

setzt. Nimmt man die psychologische Erklärung, wiederholt sie dann einige Male und meint daraufhin, es sei nicht unwahrscheinlich, daß die Sünde auf diese Weise in die Welt gekommen wäre, so hat man alles durcheinander gebracht. Die Psychologie hat innerhalb ihrer Grenze zu bleiben; da kann ihre Erklärung stets einen Sinn haben.

Eine psychologische Erklärung des Sündenfalls findet sich gut und klar vorgetragen in Usteris Entwicklung des paulinischen Lehrbegriffs. Jetzt ist die Theologie so spekulativ geworden, daß sie derartiges verächtlich von sich weist; es ist ja auch viel einfacher, wenn man erklärt, das Unmittelbare müsse aufgehoben werden, und noch viel bequemer ist, was die Theologie bisweilen tut: im entscheidenden Augenblick der Erklärung vor den Augen der spekulativen Anbeter unsichtbar zu werden. Usteris Entwicklung läuft darauf hinaus, daß das Verbot eben, nicht vom Baume der Erkenntnis essen zu dürfen, die Sünde in Adam erzeugte. Sie übersieht das Ethische durchaus nicht, sondern gesteht zu, daß sie gleichsam nur prädisponiere, was in Adams qualitativen Sprung hervorbricht. Diese Darlegung in ihrer Fortsetzung vorzutragen, ist nicht meine Absicht. Es haben sie ja alle gelesen oder können sie beim Autor nachlesen [1].

Der Mangel dieser Erklärung ist, daß sie nicht psychologisch sein will. Das soll natürlich kein Tadel sein; denn sie will es nun einmal nicht und hat sich eine andere Auf-

---

vorzutragen erübrigt sich, Fr. Baaders Schriften liegen vor. Seinen Gedanken weiter zu verfolgen, läßt sich hier auch nicht tun, da es mir scheint, Fr. Baader habe Zwischenbestimmungen übersehen. Der Übergang von Unschuld zu Schuld nur durch den Begriff der Versuchung bringt Gott leicht in ein fast experimentierendes Verhältnis zum Menschen, da die Zwischenbestimmung doch *concupiscentia* ist – und ist endlich mehr eine dialektische Überlegung über den Begriff der Versuchung als eine nähere psychologische Erklärung.

gabe gesetzt, nämlich die Lehre Pauli zu entwickeln und an das Biblische anzuknüpfen. Allerdings hat die Bibel in der Beziehung oft schädlich gewirkt. Stellte man eine Überlegung an, so hatte man sich schon gewisse klassische Stellen fest in den Kopf gesetzt und die Erklärung und das Wissen, das man hat, gehen nun auf ein Arrangieren dieser Stellen aus, als wäre einem das Ganze etwas völlig Fremdes. Je natürlicher, um so besser, wobei man doch gewillt sein muß, in aller Ehrerbietung seine Erklärung der Ansicht der Bibel gegenüberzustellen, und falls jene nicht daneben bestehen kann, sich der Mühe zu unterziehen, sich von neuem ans Erklären zu machen. Man gerät auf diese Weise nicht in die schiefe Lage, die Erklärung verstehen zu sollen, bevor man verstanden hat, was sie erklären will, ebensowenig wie in die hintergründige Lage, die Schriftstellen so zu benutzen, wie der persische König gegen die Ägypter deren heilige Tiere benutzte: um sich zu sichern.

Wenn man den Sündenfall durch das Verbot bedingt sein läßt, so läßt man das Verbot eine *concupiscentia* erwekken. Hier hat die Psychologie bereits ihre Kompetenz überschritten. Eine *concupiscentia* ist eine Bestimmung von Schuld und Sünde vor Schuld und Sünde, die doch wieder nicht Schuld und Sünde, das heißt gesetzt durch diese, ist. Der qualitative Sprung wird entnervt, der Sündenfall wird etwas Sukzessives. Man äußert auch keine Meinung darüber, wie denn das Verbot die *concupiscentia* erwecke, obgleich heidnische wie christliche Erfahrung zeigen, daß des Menschen Trachten nach dem Verbotenen steht. Doch kann man sich nicht so ohne weiteres auf die Erfahrung berufen, es muß erst näher gefragt werden, in welchem Abschnitt des Lebens etwas so erfahren wird. Die Zwischenbestimmung *concupiscentia* ist auch nicht zweideutig, woraus man sofort ersehen kann, daß sie keine psychologische Erklärung ist. Der stärkste, eigentlich der am meisten positive Ausdruck, den die protestantische Kirche vom Vorhandensein der Erbsünde im Menschen gebraucht, ist eben, daß er mit *concupiscentia* geboren wird [*omnes homines secundum naturam propagati nascuntur cum peccato h.e. sine metu dei, sine fiducia erga deum et cum concupiscentia*]. Und doch macht die protestantische Lehre einen wesentlichen Unterschied zwischen der Unschuld des späteren Menschen [wenn von einer solchen geredet werden kann] und der Adams.

Die psychologische Erklärung soll nicht die Pointe beschwatzen, sondern muß sich in ihrer elastischen Zweideutigkeit halten, aus der die Schuld im qualitativen Sprung hervorbricht.

§ 5

Der Begriff der Angst

Die Unschuld ist Unwissenheit. In der Unschuld ist der Mensch nicht als Geist bestimmt, sondern seelisch bestimmt in unmittelbarer Einheit mit seiner Natürlichkeit. Der Geist ist träumend im Menschen. Diese Auffassung ist ganz in Übereinstimmung mit der der Bibel, die dem Menschen in der Unschuld die Kenntnis des Unterschiedes zwischen Gut und Böse abspricht und damit über alle katholischen Verdienstlichkeits-Phantastereien den Stab bricht.

In diesem Zustand ist Friede und Ruhe; aber es ist zu gleicher Zeit etwas anderes da, das doch nicht Unfriede und Streit ist; denn es ist ja nichts zum Streiten da. Was ist es denn? Nichts. Welche Wirkung aber hat Nichts? Es erzeugt Angst. Dies ist das tiefe Geheimnis der Unschuld, daß sie zugleich Angst ist. Träumend entwirft der Geist seine eigene Wirklichkeit, diese Wirklichkeit aber ist Nichts, dieses Nichts aber sieht die Unschuld beständig außerhalb ihrer.

Die Angst ist eine Bestimmung des träumenden Geistes

und gehört als solche in die Psychologie. Im Wachen ist der Unterschied zwischen mir selbst und meinem Andern gesetzt, im Schlafen ist er suspendiert, im Träumen ist er ein angedeutetes Nichts. Die Wirklichkeit des Geistes zeigt sich stets als eine Gestalt, die seine Möglichkeit versucht, aber die zerfließt, sowie er nach ihr greift; die ein Nichts ist, das nur ängstigen kann. Mehr kann sie nicht, solange sie sich nur zeigt. Der Begriff der Angst wird fast nie in der Psychologie behandelt; ich muß daher darauf aufmerksam machen, daß er gänzlich anders ist als etwa Furcht und ähnliche Begriffe, die sich auf etwas Bestimmtes beziehen; die Angst dagegen ist die Wirklichkeit der Freiheit als Möglichkeit für die Möglichkeit. Man wird so beim Tier keine Angst finden, eben weil es in seiner Natürlichkeit nicht als Geist bestimmt ist.

Wenn wir die dialektischen Bestimmungen von Angst betrachten, so zeigt sich, daß diese eben die psychologische Zweideutigkeit haben. Angst ist eine *sympathetische Antipathie* und eine *antipathetische Sympathie*. Man sieht leicht, denke ich, daß dies in einem ganz anderen Sinne eine psychologische Bestimmung ist als jene *concupiscentia*. Dies wird vom Sprachgebrauch vollstens bestätigt; man sagt: die süße Angst, die süße Beängstigung, man sagt: eine seltsame Angst, eine scheue Angst und so weiter.

Die Angst, die in der Unschuld gesetzt ist, ist nun fürs erste keine Schuld, fürs zweite ist sie keine beschwerende Last, kein Leiden, das sich nicht in Einklang bringen ließe mit der Seligkeit der Unschuld. Beobachtet man Kinder, so wird man diese Angst bestimmter angedeutet finden als ein Suchen nach dem Abenteuerlichen, dem Ungeheuren, dem Rätselhaften. Daß es Kinder gibt, bei denen sich dies nicht findet, beweist nichts; das Tier hat es ja

---

1 Hierüber kann man »Entweder-Oder« [Kopenhagen 1843] befragen, besonders wenn man darauf aufmerksam ist, daß der

auch nicht, und je weniger Geist, desto weniger Angst. Diese Angst gehört so wesentlich dem Kinde zu, daß es sie nicht entbehren möchte; und wenn sie es auch ängstigt, so fesselt sie es, doch mit ihrer süßen Beängstigung. Bei allen Nationen, die das Kindliche bewahrt haben als das Träumen des Geistes, ist diese Angst; und je tiefer sie ist, desto tiefer ist die Nation. Nur prosaische Dummheit kann meinen, dies sei eine Mißbildung. Die Angst hat hier dieselbe Bedeutung wie die Schwermut an einem viel späteren Punkte, wo die Freiheit, nachdem sie die unvollkommenen Formen ihrer Geschichte durchlaufen hat, im tiefsten Sinne zu sich selbst kommen soll[1].

Wie also das Verhältnis der Angst zu ihrem Gegenstand, zu etwas, das nichts ist [der Sprachgebrauch sagt ja auch prägnant: sich ängstigen vor nichts] durchaus zweideutig ist, so wird der Übergang, der hier von Unschuld zu Schuld gemacht werden kann, gerade so dialektisch sein, daß er zeigt: die Erklärung ist, was sie sein soll, psychologisch. Der qualitative Sprung steht außerhalb aller Zweideutigkeit, aber wer durch Angst schuldig wird, der ist ja unschuldig; denn es war ja nicht er selbst, sondern die Angst, eine fremde Macht, die ihn ergriff, eine Macht, die er nicht liebte, sondern vor der er sich ängstigte; – und doch ist er ja schuldig, denn er versank in die Angst, die er doch liebte, indem er sie fürchtete. Es gibt in der Welt nichts Zweideutigeres als dies, und darum ist diese Erklärung die einzige psychologische, während es ihr niemals einfallen würde, um es nochmals zu wiederholen, die Erklärung sein zu wollen, die den qualitativen Sprung erklärt. Jede Vorstellung davon, daß das Verbot den Menschen reizte oder daß der Verführer ihn betrog, hat nur für eine oberflächliche Beobachtung die genügende Zweideutigkeit, sie verfälscht die Ethik, bewirkt ein

---

erste Teil Ausdruck jener Schwermut in ihrer angstvollen Sympathie und Selbstsucht ist, die im zweiten Teil erklärt wird.

quantitatives Bestimmen und will mit Hilfe der Psychologie dem Menschen ein Kompliment machen, das sich jeder, der ethisch entwickelt ist, als eine neue, noch gefährlichere Verführung verbitten muß.

Daß die Angst in Erscheinung trete, ist das, worum sich alles dreht. Der Mensch ist eine Synthese des Seelischen und des Geistigen. Aber eine Synthese ist undenkbar, wenn die Zwei sich nicht vereinen in einem Dritten. Dieses Dritte ist der Geist. In der Unschuld ist der Mensch nicht nur Tier, wie er denn überhaupt, falls er in irgendeinem Augenblick seines Lebens nur Tier wäre, niemals Mensch werden würde. Der Geist ist also zugegen, aber als unmittelbar, als träumend. Insofern als er nun anwesend ist, ist er in gewissem Sinne eine feindliche Macht; denn er stört beständig das Verhältnis zwischen Seele und Leib, das wohl besteht, aber doch wieder insofern nicht besteht, als es erst durch den Geist zum Bestehen kommt. Andererseits ist er eine freundliche Macht, die ja eben das Verhältnis konstituieren will. Welches ist denn nun das Verhältnis des Menschen zu dieser zweideutigen Macht, wie verhält sich der Geist zu sich selbst und zu seiner Bedingung? Er verhält sich als Angst. Seiner selbst ledig werden kann der Geist nicht, sich selbst ergreifen kann er auch nicht, solange er sich selbst außerhalb seiner hat; ins Vegetative absinken kann der Mensch ebensowenig, denn er ist ja als Geist bestimmt; die Angst fliehen kann er nicht, denn er liebt sie; eigentlich lieben kann er sie nicht, denn er flieht sie. Nun ist die Unschuld auf ihrer Spitze. Sie ist Unwissenheit, aber nicht als tierische Roheit, sondern eine Unwissenheit, die vom Geist bestimmt ist; aber das ist gerade Angst, weil es eine Unwissenheit im Nichts ist. Hier gibt es kein Wissen um Gut und Böse und so weiter; vielmehr entwirft sich in der Angst die ganze Wirklichkeit des Wissens als das ungeheure Nichts der Unwissenheit.

Noch ist die Unschuld da, aber es braucht nur ein Wort

zu verlauten, so ist die Unwissenheit konzentriert. Dies Wort kann die Unschuld natürlich nicht verstehen, aber die Angst hat gleichsam ihre erste Beute bekommen, anstelle des Nichts hat sie nun ein rätselhaftes Wort. Wenn es so in der Genesis heißt, daß Gott zu Adam sagte: »Allein vom Baum der Erkenntnis des Guten und Bösen sollst du nicht essen«, so ist ja wohl ganz klar, daß Adam eigentlich dieses Wort nicht verstand; denn wie sollte er wohl den Unterschied von Gut und Böse verstehen, da diese Unterscheidung doch erst mit dem Genuß erfolgte.

Nimmt man nun an, daß das Verbot die Lust erweckt, so erhält man anstelle der Unwissenheit ein Wissen, denn Adam muß doch wohl ein Wissen um die Freiheit gehabt haben, da seine Lust darauf ausging, sie zu gebrauchen. Diese Erklärung ist somit eine nachträgliche. Das Verbot ängstigt ihn, weil das Verbot die Möglichkeit der Freiheit in ihm erweckt. Was an der Unschuld vorbeiging als das Nichts der Angst, das ist nun in ihn selbst hineingekommen und ist hier wieder ein Nichts, die ängstigende Möglichkeit zu *können*. Was es ist, das er kann, davon hat er keine Vorstellung; denn sonst setzt man ja, was im allgemeinen geschieht, das Spätere, den Unterschied zwischen Gut und Böse, voraus. Nur die Möglichkeit zu können ist da, als eine höhere Form von Unwissenheit, als ein höherer Ausdruck von Angst, weil es in einem höheren Sinne ist und nicht ist, weil er es in einem höheren Sinne liebt und flieht. Auf das Wort des Verbotes folgt das Wort der Strafandrohung: so wirst du gewißlich des Todes sterben. Was sterben sagen will, begreift Adam natürlich ganz und gar nicht, dagegen steht dem nichts im Wege, angenommen es sei zu ihm gesagt, daß ihm die Vorstellung des Entsetzlichen gekommen sei. Selbst das Tier kann ja in dieser Hinsicht den mimischen Ausdruck und die Bewegung in der Stimme des Sprechenden verstehen, ohne das Wort zu verstehen. Wenn man durch das Verbot die Lust wekken läßt, so muß man auch durch das Wort der Strafe eine

abschreckende Vorstellung erwecken. Das ist jedoch verwirrend. Das Entsetzen hier ist nur Angst; denn Adam hat das Gesprochene nicht verstanden und hat also hier nur wieder die Zweideutigkeit der Angst. Die unendliche Möglichkeit zu können, die das Verbot erweckte, rückt jetzt dadurch näher, daß diese Möglichkeit eine Möglichkeit als ihre Folge aufweist.
So ist die Unschuld zum Äußersten gebracht. In der Angst hat sie ihr Verhältnis zum Verbotenen und zur Strafe. Sie ist nicht schuldig, und doch ist sie in einer Angst, als wäre sie verloren.
Weiter kann die Psychologie nicht gelangen, bis hierher aber kann sie kommen, und vor allen Dingen, dies kann sie in ihrer Beobachtung des Menschenlebens immer wieder aufzeigen.
Ich schloß mich hier zuletzt der Erzählung der Bibel an. Ich ließ das Verbot und die Stimme der Strafe von außen her kommen. Dies hat natürlich manchem Denker große Qualen bereitet. Doch kann man nur lächeln ob solcher Schwierigkeit. Die Unschuld kann ja wohl sprechen; insofern besitzt sie in der Sprache den Ausdruck für alles Geistige. Insofern braucht man nur anzunehmen, Adam habe mit sich selbst gesprochen. Die Unvollkommenheit in der Erzählung, daß ein anderer zu Adam von etwas spricht, das er nicht versteht, fällt dann fort. Daraus, daß Adam sprechen konnte, folgt ja nicht im tieferen Sinne, daß er das Ausgesagte habe verstehen können. Vor allen Dingen gilt dies vom Unterschied zwischen Gut und Böse, der wohl in der Sprache liegt, aber nur für die Freiheit da ist. Die Unschuld kann wohl diesen Unterschied aussprechen, aber er ist für sie nicht da und hat nur die Bedeutung für sie, die wir im Vorhergehenden aufgezeigt haben.

§ 6

Angst als die Voraussetzung der Erbsünde und als das die Erbsünde retrograd in Richtung auf ihren Ursprung Erklärende

Gehen wir nun einmal die Erzählung in der Genesis genau durch und versuchen wir dabei die fixe Idee aufzugeben, daß sie ein Mythos sei, indem wir uns daran erinnern, daß keine Zeit so geschickt darin gewesen ist, Verstandes-Mythen hervorzubringen wie die unsere, die, während sie alle Mythen ausrotten will, selber Mythen hervorbringt.

Adam war geschaffen, hatte den Tieren Namen gegeben [hier ist also die Sprache; wenn auch auf eine ähnlich unvollkommene Weise, wie die Kinder sie lernen, wenn sie in der Fibel ein Tier erkennen], hatte aber keine Gesellschaft für sich gefunden. Eva war erschaffen, aus seiner Rippe gebildet. Sie stand in einem so innerlichen Verhältnis zu ihm wie nur möglich, und doch war es noch ein äußerliches Verhältnis. Adam und Eva sind nur eine numerische Wiederholung. Selbst tausend solcher Adame würden nicht mehr bedeuten als ein einziger. Dies in Bezug auf die Abstammung des Menschengeschlechts von einem einzigen Paar. Die Natur ist kein Freund von sinnlosem Überfluß. Nimmt man daher an, das Menschengeschlecht stamme von mehr als einem Paar ab, so hat es einen Augenblick gegeben, wo die Natur einen nichtssagenden Überfluß hatte. Sobald das Generations-Verhältnis gesetzt ist, ist kein Mensch etwas Überflüssiges; denn jedes Individuum ist es selbst und das Geschlecht.

Nun erfolgt das Verbot und die Strafandrohung. Die Schlange war aber listiger als alle Tiere auf dem Felde, sie verlockte das Weib. Mag man dies nun auch einen Mythos nennen, so darf man doch nicht vergessen, daß er durchaus nicht den Gedanken stört oder verwirrt, so wie ein Verstandesmythos das tut. Der Mythos läßt äußerlich vor sich gehen, was innerlich ist.

Es ist hier zunächst zu beachten, daß zuerst das Weib verführt wird und daß sie darauf den Mann verführt. Ich werde später in einem andern Kapitel zu entwickeln suchen, in welchem Sinne das Weib, wie man sagt, das schwächere Geschlecht ist und ebenso, daß die Angst dem Weib mehr zu eigen ist als dem Manne[1].

Im Vorhergehenden wurde mehrmals daran erinnert, daß die Auffassung, die in dieser Schrift vorgelegt wird, die Fortpflanzung der Sündhaftigkeit in der Generation nicht leugnet oder mit anderen Worten: nicht leugnet, daß die Sündhaftigkeit in der Generation ihre Geschichte hat, nur wird behauptet, daß sich letztere in quantitativen Bestimmungen bewegt, während die Sünde beständig durch den qualitativen Sprung des Individuums in sie hineinkommt. Schon hier kann man eine Bedeutung des Quantitierens der Generation sehen. Eva ist das Derivierte. Wohl ist sie erschaffen wie Adam, aber sie ist aus einem ihr vorausgehenden Geschöpf erschaffen. Wohl ist sie unschuldig wie Adam, aber es ist gleichsam die Ahnung einer Disposition da, die, wohl ohne es zu sein, doch erscheinen kann wie ein Fingerzeig auf die durch die Fortpflanzung gesetzte Sündhaftigkeit, die das Derivierte ist, das den Einzelnen prädisponiert, ohne ihn jedoch schuldig zu machen.

Man erinnere sich hier dessen, was in § 5 über die Worte

---

1 Hiermit ist nichts entschieden über die Unvollkommenheit des Weibes gegenüber dem Manne. Wenn die Angst auch dem Weibe mehr zu eigen ist als dem Manne, so ist die Angst doch keineswegs ein Zeichen von Unvollkommenheit. Will man von Unvollkommenheit reden, so liegt diese in etwas anderem, darin nämlich, daß das Weib in Angst über sich hinaus nach einem anderen Menschen verlangt, zum Manne hin sucht.

2 Will man hier außerdem einwenden, daß sich dann die Fra-

des Verbotes und der Strafandrohung gesagt wurde. Die Unvollkommenheit in der Erzählung, daß jemand darauf gekommen sein sollte, etwas zu Adam zu sagen, was er wesentlich nicht verstehen konnte, fällt fort, wenn wir bedenken, daß der Sprechende die Sprache ist und es also Adam selbst ist, der spricht[2].

Nun bleibt uns noch die Schlange. Ich bin kein Freund von Geistreichigkeit und werde *volente deo* den Versuchungen der Schlange widerstehen, die, wie sie am Anfang der Zeit Adam und Eva versuchte, im Fortgang der Zeit die Skribenten versuchte – geistreich zu sein. Ich gebe lieber vorbehaltlos zu, daß ich keinen bestimmten Gedanken mit ihr verbinden kann. Die Schwierigkeit bei der Schlange ist außerdem eine ganz andere, die nämlich, die sich ergibt, wenn man die Versuchung von außen kommen läßt. Dies verstößt direkt gegen die Lehre der Bibel, gegen die bekannte klassische Stelle bei Jakobus, daß Gott niemand versuche und auch von niemand versucht werde, sondern daß jeder versucht werde von sich selbst. Wenn man nämlich glaubt, man habe Gott damit gerettet, daß man den Menschen von der Schlange versucht werden lasse und meint, insofern in Übereinstimmung mit Jakobus darin zu sein, »daß Gott niemand versucht«, so verstößt man gegen das andere, daß Gott von niemand versucht wird; denn das Attentat der Schlange auf den Menschen war zugleich eine indirekte Versuchung Gottes, da sie sich ja in das Verhältnis zwi-

---

ge stelle, wie der erste Mensch sprechen gelernt habe, so ist meine Antwort, daß dies zwar ganz richtig ist, zugleich aber, daß es außerhalb des Bereiches dieser ganzen Untersuchung liegt. Doch mißverstehe man mich nicht, als wollte ich mir mit einer ausweichenden Antwort nach modernem philosophischem Brauch den Anschein geben, als könnte ich die Frage an einer anderen Stelle beantworten. Immerhin steht soviel fest, daß man nicht den Menschen selbst als den Erfinder der Sprache hinstellen kann.

schen Gott und dem Menschen einmischte; und man verstößt gegen das Dritte, daß jeder Mensch von sich selbst versucht wird.

Nun folgt der Sündenfall. Diesen kann die Psychologie nicht erklären, denn er ist der qualitative Sprung. Aber betrachten wir einen Augenblick die Folge, wie sie in jener Erzählung angegeben wird, um noch einmal den Blick auf die Angst als die Voraussetzung der Erbsünde zu heften.

Die Folge war eine doppelte: daß die Sünde in die Welt kam und daß das Sexuelle gesetzt wurde – und das eine soll vom anderen unabtrennbar sein. Dies ist von äußerster Wichtigkeit, um den ursprünglichen Zustand des Menschen zu zeigen. Wäre der Mensch nämlich nicht eine Synthese, die in einem Dritten ruht, so könnte Eines nicht zwei Folgen haben. Wäre er nicht eine Synthese von Leib und Seele, die von Geist getragen wird, so könnte das Sexuelle niemals mit der Sündhaftigkeit hineinkommen.

Das Projektemachen wollen wir beiseite lassen und ganz einfach die sexuelle Verschiedenheit als vor dem Sündenfall vorhanden annehmen, nur eben war sie doch wieder nicht, weil sie in Unwissenheit nicht ist. In dieser Hinsicht haben wir die Schrift auf unserer Seite.

In der Unschuld war Adam als Geist träumender Geist. Die Synthese ist also demnach nicht wirklich, denn das Verbindende ist eben der Geist, und dieser ist noch nicht als Geist gesetzt. Beim Tier kann die sexuelle Verschiedenheit instinktmäßig entwickelt sein, aber ein Mensch kann sie so nicht haben, eben weil er Synthese ist. In dem Augenblick, da der Geist sich selbst setzt, setzt er die Synthese, um aber die Synthese zu setzen, muß er sie erst unterscheidend durchdringen, und das Extrem des Sinnlichen ist eben das Sexuelle. Dieses Extrem kann der Mensch erst in dem Augenblick erreichen, da der Geist wirklich wird. Vor dieser Zeit ist er nicht Tier, aber eigentlich auch nicht Mensch; erst in dem Augenblick, da er Mensch wird, wird er es auch dadurch, daß er zugleich Tier ist.

Die Sündhaftigkeit ist also nicht die Sinnlichkeit, keineswegs; aber ohne Sünde keine Sexualität und ohne Sexualität keine Geschichte. Ein vollkommener Geist hat weder das eine noch das andere, weshalb ja auch die sexuelle Differenz in der Auferstehung aufgehoben ist, und weshalb auch kein Engel Geschichte hat. Selbst wenn Michael alle Aufträge aufgezeichnet hätte, deretwegen er ausgesandt wurde und die er vollbracht hat, so ist dies ja noch nicht seine Geschichte. Erst im Sexuellen ist die Synthese als Widerspruch gesetzt, doch zugleich, wie jeder Widerspruch, als Aufgabe, deren Geschichte im gleichen Augenblick beginnt. Diese ist die Wirklichkeit, der die Möglichkeit der Freiheit vorausgeht. Die Möglichkeit der Freiheit aber besteht nicht darin, das Gute oder das Böse wählen zu können. Eine solche Gedankenlosigkeit folgt ebensowenig aus der Schrift wie aus dem Denken. Die Möglichkeit besteht im *Können*. In einem logischen System ist es leicht gesagt, daß die Möglichkeit in Wirklichkeit übergeht. In der Wirklichkeit ist das aber nicht so einfach, und es bedarf einer Zwischenbestimmung. Diese Zwischenbestimmung ist die Angst, die den qualitativen Sprung ebensowenig erklärt, als sie ihn ethisch rechtfertigt. Angst ist nicht eine Bestimmung der Notwendigkeit, aber auch keine der Freiheit; sie ist eine in Verstrickung geratene Freiheit, wobei die Freiheit in sich selbst nicht frei ist, sondern eben verstrickt ist, nicht in der Notwendigkeit, sondern in sich selbst. Ist die Sünde notwendig in die Welt gekommen [was ein Widerspruch ist], so gibt es keine Angst. Ist die Sünde durch einen Akt eines abstrakten *liberum arbitrium* [das ebensowenig im Fortgang wie im Anfang der Welt existiert hat, da es ein Gedanken-Unding ist] in die Welt hineingekommen, so gibt es ebenfalls keine Angst. Das In-die-Welt-Kommen der Sünde logisch erklären zu wollen, ist eine Torheit, die nur Leuten einfallen kann, die bis ins Lächerliche um eine Erklärung besorgt sind.

Wenn ich hier einen Wunsch äußern dürfte, so wünschte ich, kein Leser wäre so tiefsinnig, daß er fragte: wenn Adam nun nicht gesündigt hätte? Im Augenblick, wo die Wirklichkeit gesetzt ist, geht die Möglichkeit nebenher als ein Nichts, das alle gedankenlosen Menschen versucht. Daß doch die Wissenschaft sich nicht entschließen kann, die Menschen in Zucht und sich selbst in Zaum zu halten! Wenn einer eine dumme Frage tut, so sorge man nur dafür, daß man ihm nicht antworte; sonst ist man nämlich dümmer als der Frager selber. Das Törichte jener Frage liegt nicht so sehr in der Frage selbst, als darin, daß man sich damit an die Wissenschaft wendet. Wenn man schön zuhause damit bleibt, wie die kluge Else mit ihren Projekten, und gleichgesinnte Freunde herbeiholt, so hat man doch seine Dummheit einigermaßen verstanden. Die Wissenschaft dagegen kann derartiges nicht erklären. Jede Wissenschaft liegt entweder in einer logischen Immanenz oder in der Immanenz innerhalb einer Transzendenz, die sie nicht erklären kann. Die Sünde ist nun eben jene Transzendenz, jenes *discrimen rerum*, in dem die Sünde in den Einzelnen als Einzelnen hineinkommt. Anders kommt die Sünde nicht in die Welt, und anders ist sie nie hineingekommen. Wenn denn der Einzelne so töricht ist, nach der Sünde zu fragen wie nach etwas, das ihn nichts angeht, so fragt er wie ein Narr; denn entweder weiß er überhaupt nicht, wovon die Rede ist und kann es unmöglich zu wissen bekommen, oder er weiß es und versteht es und versteht auch, daß keine Wissenschaft es ihm erklären kann. Indessen ist die Wissenschaft doch bisweilen recht fügsam gewesen und sentimentalen Wünschen mit grüblerischen Hypothesen entgegengekommen, von denen sie dann zuletzt selbst einräumte, daß sie keine zureichenden Erklärungen seien. Das ist nun auch völlig richtig; das Verwirrende aber ist, daß die Wissenschaft nicht energisch törichte Fragen abwies und im Gegenteil abergläubische Menschen darin bestärkte, daß einmal ein wissenschaftlicher Projektenmacher kommen würde, der der rechte Mann sei, um das Rechte herauszuklügeln. Die Art und Weise, wie man davon spricht, daß es sechstausend Jahre her sei, daß die Sünde in die Welt gekommen ist, ist völlig die gleiche, wie wenn man davon spricht, daß es viertausend Jahre her sei, daß Nebukadnezar ein Ochse wurde. Wenn man die Sache so auffaßt, ist es kein Wunder, daß die Erklärung danach ausfällt. Was in einer Beziehung das Einfachste auf der Welt ist, macht man zum Schwierigsten. Was der einfältigste Mensch auf seine Weise und ganz richtig versteht, weil er versteht, daß es nicht gerade sechstausend Jahre her ist, daß die Sünde in die Welt kam, das hat die Wissenschaft durch die Kunst der Projektenmacher als Preisaufgabe aufgestellt, die bis jetzt noch nie zufriedenstellend beantwortet ist. Wie die Sünde in die Welt hineinkam, versteht jeder Mensch einzig und allein mit sich selbst; will er es durch einen anderen lernen, so wird er es *eo ipso* mißverstehen. Die einzige Wissenschaft, die ein bißchen tun kann, ist die Psychologie, die aber selber einräumt, daß sie nicht erklärt und mehr nicht erklären *kann* und nicht erklären *will*. Könnte irgendeine Wissenschaft das erklären, so wäre alles durcheinander. Daß der Mann der Wissenschaft sich selbst vergessen soll. ist völlig richtig; aber deswegen ist es ja auch solch ein Glück, daß die Sünde kein wissenschaftliches Problem ist und daß daher kein Mann der Wissenschaft noch irgend sonst ein Projektenmacher verpflichtet ist zu vergessen, wie die Sünde in die Welt kam. Will er das, will er edelmütig sich selbst vergessen, so wird er in seinem Eifer, die gesamte Menschheit zu erklären, sich genau so komisch ausnehmen wie jener Hofrat, der in dem Grade sich selbst opferte, um seine Visitenkarte bei Kreti und Pleti abzugeben, daß er zu guter Letzt darüber vergaß, wie er selbst hieß. Oder seine philosophische Begeisterung macht ihn so selbstvergessen, daß er ein braves nüchternes Eheweib braucht, das er fragen kann, wie Soldin Rebecca fragte, als auch er einmal in begeisterter Selbstvergessenheit sich in der Objektivität des Geplauders verloren hatte: Rebecca, bin ich's, der redet?

Daß die von meiner hochverehrten Mitwelt so bewunderten Wissenschaftsmänner – die in ihrer, der ganzen Gemeinde offenkundigen Besorgtheit um das System und in ihrem Suchen danach, wohl auch darum besorgt sind, einen Platz für die Sünde darin zu finden – das hier Gesagte für höchst unwissenschaftlich halten werden, ist völlig in Ordnung. Soll nur die Gemeinde mitsuchen oder jedenfalls jene ersten Sucher in ihre fromme Fürbitte einschließen – sie finden den Platz für die Sünde genau so gewiß wie einer, der den »brennenden Docht« sucht, diesen finden wird, wenn er gar nicht merkt, daß er ihm in der Hand brennt.

Angst als die Erbsünde progressiv verstanden

Mit der Sündhaftigkeit wurde die Sexualität gesetzt. Im gleichen Augenblick beginnt die Geschichte des Menschengeschlechtes. Wie nun die Sündhaftigkeit im Menschengeschlecht sich in quantitativen Bestimmungen bewegt, so tut die Angst dies auch. Die Folge der Erbsünde oder das Vorhandensein der Erbsünde in dem Einzelnen ist Angst, die von der Adams nur quantitativ verschieden ist. Im Zustand der Unschuld, und von einem solchen muß ja auch beim späteren Menschen die Rede sein können, muß die Erbsünde die dialektische Zweideutigkeit haben, aus der die Schuld hervorbricht im qualitativen Sprung. Dagegen wird die Angst in einem späteren Individuum reflektierter sein können als in Adam, weil der quantitative Zuwachs, den das Geschlecht hinterläßt, sich nun in ihm geltend macht. Doch ist Angst hier so wenig wie je eine Unvollkommenheit am Menschen, und man muß im Gegenteil sagen, je ursprünglicher ein Mensch ist, desto tiefer die Angst, weil er die Voraussetzung der Sündhaftigkeit, die seinem individuellen Leben zugrunde liegt, da er ja in die Geschichte des Geschlechts eintritt, sich aneignen muß. Insofern hat die Sündhaftigkeit eine größere Macht bekommen, und die Erbsünde wächst an. Daß es Menschen gibt, die gar keine Angst fühlen, muß man so verstehen, wie etwa auch Adam keine Angst verspürt hätte, wenn er ein Tier gewesen wäre.

Das spätere Individuum ist wie Adam eine Synthese, die von Geist getragen sein soll; die Synthese aber ist eine derivierte, und insofern ist die Geschichte des Geschlechtes in ihr mitgesetzt, hierin liegt das Mehr oder Minder an Angst beim späteren Individuum. Doch ist seine Angst nicht Angst vor der Sünde; denn der Unterschied zwischen Gut und Böse ist nicht, da dieser Unterschied nur in der Wirklichkeit der Freiheit ist. Ist dieser Unterschied da, so ist er es nur als eine geahnte Vorstellung, die doch durch die Geschichte des Geschlechts wieder ein Mehr oder Minder bedeuten kann.

Daß die Angst im späteren Individuum reflektierter ist infolge seines Partizipierens an der Geschichte des Geschlechtes, die sich vergleichen läßt mit der Gewohnheit, welche ja eine zweite Natur, aber doch keine neue Qualität ist, sondern nur ein quantitativer Progreß – dies kommt daher, daß die Angst nun auch in einer anderen Bedeutung in die Welt hineinkommt. Die Sünde kam in der Angst, aber die Sünde führte die Angst auch wieder mit sich. Die Wirklichkeit der Sünde ist nämlich eine Wirklichkeit, die kein Bestehen hat. Einerseits ist die Kontinuität der Sünde, die Möglichkeit, die ängstigt; andererseits ist die Möglichkeit einer Erlösung wiederum ein Nichts, das das Individuum ebenso liebt wie fürchtet; denn dies ist immer das Verhältnis der Möglichkeit zur Individualität. Erst in dem Augenblick, da die Erlösung wirklich gesetzt ist, erst dann ist die Angst überwunden. Denn das Harren des Menschen und der Kreatur ist nicht, wie man sentimental gemeint hat, ein süßes Sehnen; damit das Sehnen nämlich so sein könnte, müßte ja die Sünde entwaffnet sein. Wer sich mit Wahrheit in den Zustand der Sünde versetzen will und da hinein, wie ihre Erwartung der Erlösung sein mag, der wird das einräumen und sich ein wenig genieren vor ästhetischer Ungeniertheit. Die Sünde im Menschen hat, solange nur vom Erwarten die Rede ist, noch die Macht und faßt natürlich die Erwartung als etwas Feindliches auf. [Dies wird später behandelt.] Wenn die Erlösung gesetzt ist, ist die Angst überholt ebenso wie die Möglichkeit. Sie ist darum nicht zunichte gemacht, aber ihre Rolle ist nun eine andere, falls sie auf die rechte Weise benützt wird [Kap. 5].

Die Angst, die die Sünde mit sich bringt, ist wohl eigentlich erst da, indem das Individuum selbst die Sünde setzt, aber doch auch dunkel zugegen als ein Mehr oder Minder in der quantitativen Geschichte des Geschlechtes. Darum wird man hier sogar auf das Phänomen stoßen, daß einer bloß aus Angst vor sich selber schuldig zu werden scheint, was bei Adam nicht der Fall sein konnte. Daß dessen ungeachtet jedes Individuum nur durch sich selbst schuldig wird, ist gewiß; aber das Quantitative im Verhältnis zum Geschlecht hat hier sein Maximum erreicht und wird imstande sein, jede Betrachtung zu verwirren, wenn man nicht den angegebenen Unterschied zwischen dem quantitativen und dem qualitativen Sprung festhält. Dieses Phänomen wird später Gegenstand der Besprechung sein. Im allgemeinen wird es ignoriert; das ist ja das Bequemste. Oder es wird sentimental und rührselig aufgefaßt, mit einer feigen Sympathie, die Gott dafür dankt, daß man nicht so einer wie dieser geworden ist, ohne zu begreifen, daß ein solcher Dank ein Verrat an Gott und an sich selber ist, und ohne zu bedenken, daß das Leben allezeit analoge Phänomene in sich birgt, denen man vielleicht nicht entgehen soll. Sympathie soll man haben, aber diese Sympathie ist erst wahr, wenn man sich recht tief eingesteht: das, was einem einzelnen Menschen geschah, kann allen geschehen. Erst dann ist man auch sich selbst und anderen förderlich. Ein Irrenarzt, der so dumm ist, daß er glaubt, er sei klug für alle Ewigkeit und sein bißchen Verstand sei gegen jede Art Schaden im Leben versichert, der ist zwar im gewissen Sinne klüger als die Irren, aber zugleich doch auch dümmer, und viele heilen wird er wohl kaum.

Angst bedeutet nun also zweierlei: Die Angst, in der das Individuum die Sünde durch den qualitativen Sprung setzt, und die Angst, die mit der Sünde hineingekommen ist und ständig hineinkommt und insofern also auch quantitativ in die Welt kommt, jedesmal wenn ein Individuum die Sünde setzt.

Es ist nicht meine Absicht, ein gelehrtes Werk zu schreiben oder die Zeit damit zu vertun, literarische Beweisstellen ausfindig zu machen. Es fehlt den Beispielen, die in den Psychologien angeführt werden, oft an eigentlichem psychologisch-poetischem Gewicht. Sie stehen da wie einzelne notariell beglaubigte Fakten; aber gerade darum weiß man nicht, ob man lachen oder weinen soll, wenn so ein einsamer Querkopf eine Art Regel zu bilden versucht. Wer sich auf angemessene Weise mit der Psychologie und psychologischen Beobachtungen beschäftigt hat, der hat sich eine allgemein menschliche Biegsamkeit erworben, die ihn instand setzt, sich sofort sein eigenes Beispiel zu bilden, das, wenn auch nicht mit der Autorität der Faktizität, so doch mit einem Gewicht anderer Art spricht. So wie der psychologische Beobachter geschmeidiger sein muß als ein Seiltänzer, um sich nach den Menschen biegen und beugen zu können und ihre Stellungen nachzuahmen, so wie sein Schweigen im Augenblick der Vertraulichkeit verführerisch und wollüstig sein muß, damit das Verborgene Gefallen daran finde, herauszuschlüpfen und ein wenig mit sich selbst zu plaudern in dieser künstlich zuwegegebrachten Unbeachtetheit und Stille, so muß er auch eine dichterische Ursprünglichkeit in seiner Seele tragen, um sogleich das Totale und Regelmäßige aus dem bilden zu können, was im Individuum immer nur teilweise und unregelmäßig vorhanden ist. Wenn er sich so vervollkommnet hat, wird er seine Beispiele nicht aus literarischen Repertoires hervorkramen müssen und halbtote Reminiszenzen auftischen, sondern seine Beobachtungen frisch aus dem Bach vorsetzen, noch zappelnd und schillernd in ihrem Farbenspiel. Er wird sich auch nicht das Leben aus dem Leibe laufen müssen, um aufmerksam auf etwas zu werden. Er wird vielmehr ganz ruhig auf seinem Zimmer sitzen wie ein Polizeiagent, der doch alles weiß, was vorgeht. Was er braucht, kann er sich sogleich bilden, was er braucht, hat er sogleich bei der Hand, vermöge seiner allgemeinen Praxis, wie man in einem wohleingerichteten Haus nicht auf die Straße zu laufen braucht, um Wasser zu holen, sondern es im Stockwerk hat, dank einer Druckpumpleitung. Sollten ihm Zweifel kommen, so ist er im Menschenleben so wohl orientiert und sein Blick ist so inquisitorisch scharf, daß er weiß, wo er suchen muß und leicht eine einigermaßen geeignete Individualität entdeckt, die für das Experiment verwendbar ist. Seine Beobachtung wird glaubwürdig sein mehr denn jede andere, obwohl er sie nicht mit Namen oder gelehrten Zitaten belegt, daß es in Sachsen ein Bauernmädchen gab, bei dem ein Arzt beobachtete, daß in Rom ein Kaiser gelebt habe, von dem ein Geschichtsschreiber erzählte und so weiter, als käme derartiges nur alle tausend Jahre einmal vor. Welches Interesse hätte denn dann die Psychologie? Nein, dies alles ist und geschieht jeden Tag, wenn nur der Beobachter da ist. Wenn er die Vorsicht übt, seine Beobachtung zu kontrollieren, so wird sie frisches Gepräge und das Interesse der Wirklichkeit haben. Zu diesem Ende ahmt er sich selbst jede Stimmung nach, jeden seelischen Zustand, den er bei einem anderen entdeckt. Darauf sieht er zu, ob er den anderen durch die Nachahmung täuschen kann, ob er ihn zu weiterer Ausführung mitreißen kann, die dann vermöge der Idee seine eigene Schöpfung ist. Will man etwa eine Leidenschaft beobachten, so wählt man sich ein Individuum. Nun gilt es Stille, Schweigsamkeit, Unmerklichkeit, daß man ihm sein Geheimnis ablauern kann. Darauf übt man ein, was man gelernt hat, bis man imstande ist, ihn zu täuschen. Darauf erdichtet man die Leidenschaft und zeigt sich nun vor ihm in der übernatürlichen Größe der Leidenschaft. Hat man es richtig gemacht, so wird das Individuum eine unbeschreibliche Linderung und Genugtuung empfinden, so wie es ein Geisteskranker empfindet, wenn man seine fixe Idee gefunden und dichterisch ergriffen hat und sie nun weiter ausführt. Glückt es nicht, so kann der Grund dafür ein Fehler in der Operation sein, oder aber das Individuum war ein ungeeignetes Exemplar.

§ 1

Objektive Angst

Wenn wir den Ausdruck »Objektive Angst« gebrauchen, so könnte es naheliegend sein, an jene Angst der Unschuld zu denken, die die Reflexion der Freiheit in sich selbst in ihrer Möglichkeit ist. Dagegen einwenden wollen, man übersähe, daß wir uns nun an einem anderen Punkt der Untersuchung befinden, wäre keine hinreichende Antwort. Dienlicher dürfte es hingegen sein, daran zu erinnern, daß die Distinktion »objektive Angst« auf der Unterscheidung von einer subjektiven Angst beruht, eine Distinktion, von der in Adams Unschuldszustand noch nicht die Rede sein kann. Im strengsten Sinne ist die subjektive Angst die im Individuum gesetzte Angst. die die Folge seiner Sünde ist. Von Angst in diesem Sinne wird in einem späteren Kapitel gesprochen werden. Wird aber das Wort in dieser Weise genommen, so fällt die Entgegensetzung einer objektiven Angst fort, so zeigt die Angst sich eben als das, was sie ist, als das Subjektive. Die Distinktion zwischen objektiver und subjektiver Angst gehört daher in die Betrachtung der Welt und des Unschuldzustandes des späteren Individuums. Die Einteilung tritt hier auf die Art hervor, daß die subjektive Angst jetzt die in der Unschuld des Einzelnen vorhandene Angst bezeichnet, die der Adams entspricht, aber durch das quantitierende Bestimmen der Generationen doch quantitativ verschieden ist von der seinigen. Unter objektiver Angst hingegen verstehen wir den Reflex jener Sündhaftigkeit der Generation in der ganzen Welt.

Im vorhergehenden Kapitel § 2 wurde daran erinnert,

daß der Ausdruck: »Durch Adams Sünde kam die Sündhaftigkeit *in die Welt*«, eine äußerliche Reflexion enthalte; hier ist die Stelle, jenen Ausdruck wieder aufzunehmen, um der Wahrheit gerecht zu werden, die doch in ihm liegen kann. In dem Augenblick, da Adam die Sünde gesetzt hat, läßt die Betrachtung ab von ihm und betrachtet den Anfang der Sünde jedes späteren Individuums; denn nun ist die Generation gesetzt. Wenn durch Adams Sünde die Sündhaftigkeit des Geschlechts gesetzt ist, im selben Sinn wie der aufrechte Gang und so weiter, so ist der Begriff des Individuums aufgehoben. Dies ist im Vorhergehenden erörtert worden, wo zugleich gegen eine experimentierende Neugier Einspruch erhoben wurde, die die Sünde als ein Kuriosum behandeln möchte, und das Dilemma wurde aufgestellt, daß man entweder einen Fragenden fingieren müßte, der noch nicht einmal wisse, wonach er frage, oder einen Fragenden, der es wisse und dessen prätentiöse Unwissenheit eine neue Sünde werde.

Wenn nun all dies festgehalten wird, so erhält jener Ausdruck seine begrenzte Wahrheit. Das erste setzt die Qualität. Adam setzt also die Sünde in sich selbst, aber auch für das Geschlecht. Der Geschlechtsbegriff jedoch ist zu abstrakt, als daß er eine so konkrete Kategorie wie die Sünde setzen könnte, die eben dadurch gesetzt wird, daß der Einzelne selbst sie setzt als der Einzelne. Die Sündhaftigkeit im Geschlecht wird also nur ein quantitatives Approximieren; dieses aber nimmt seinen Anfang mit Adam. Hierin liegt die größere Bedeutung, die Adam vor jedem anderen Individuum im Geschlecht voraus hat; hierin liegt die Wahrheit jenes Ausdrucks. Dies muß sogar eine Orthodoxie, will sie sich selbst verstehen, einräumen, da sie ja lehrt, daß durch Adams Sünde sowohl das Geschlecht als die Natur der Sünde anheimgefallen seien; doch geht es wohl nicht an, was die Natur betrifft, die Sünde als die Qualität der Sünde hineingekommen sein zu lassen.

Indem also die Sünde in die Welt hineinkam, wurde dies von Bedeutung für die gesamte Schöpfung. Diese, die Wirkung der Sünde im nicht-menschlichen Dasein habe ich als objektive Angst bezeichnet.
Was hier gemeint ist, kann ich andeuten, indem ich an das Schriftwort erinnere von der *ἀποκαραδοκία τῆς κτίσεως* [Röm 8, 19]. Sofern nämlich von einem Harren und Sehnen die Rede sein soll, versteht es sich von selbst, daß die Schöpfung sich in einem Zustand der Unvollkommenheit befindet. Bei Ausdrücken und Bestimmungen wie Sehnsucht, Harren, Erwartung und so weiter übersieht man oft, daß sie einen vorausgehenden Zustand involvieren und daß dieser daher gegenwärtig ist und sich geltend macht zu der gleichen Zeit, da die Sehnsucht sich entfaltet. In dem Zustand, in dem der Sehnende sich befindet, ist er nicht durch einen Zufall oder ähnliches geraten, so daß er sich völlig fremd darin befände, sondern er erzeugt ihn gleichzeitig selbst. Ein solcher Ausdruck der Sehnsucht ist die Angst; denn in der Angst bekundet sich der Zustand, aus dem er sich heraussehnt und bekundet sich, warum die Sehnsucht allein nicht genügt, um ihn zu befreien.
In welchem Sinne die Schöpfung durch Adams Sünde ins Verderben gesunken ist, wie die Freiheit, indem sie dadurch gesetzt wurde, daß ihr Mißbrauch gesetzt wurde, einen Reflex der Möglichkeit und ein Zittern des Mitbetroffenseins über die Schöpfung geworfen hat, in welchem Sinne dies geschehen mußte, weil der Mensch die Synthese ist, deren äußerste Gegensätze gesetzt wurden und deren einer Gegensatz eben durch die Sünde des

---

1 So muß nämlich die Dogmatik angelegt werden. Jede Wissenschaft muß vor allem energisch ihren eigenen Anfang ergreifen und nicht in weitläufigem Umgang mit anderen leben. Setzt die Dogmatik damit ein, die Sündhaftigkeit erklären oder deren Wirklichkeit beweisen zu wollen, so wird nie-

Menschen ein weit schärferer Gegensatz wurde als er es vordem war, all dies hat seinen Platz nicht in einer psychologischen Untersuchung, sondern gehört in die Dogmatik, in die Versöhnung, mit deren Erklärung diese Wissenschaft die Voraussetzung der Sündhaftigkeit erklärt[1].

Diese Angst in der Schöpfung kann man wohl mit Recht objektive Angst nennen. Sie wurde nicht von der Schöpfung hervorgebracht, sondern dadurch, daß eine ganz andere Beleuchtung auf sie fiel, indem durch Adams Sünde die Sinnlichkeit zur Sünde herabgesetzt wurde und weiterhin herabgesetzt wird, insofern die Sünde fortwährend in die Welt hineinkommt. Man sieht leicht, daß diese Auffassung auch in dem Sinne die Augen offen hält, als sie gegen die rationalistische Anschauung pariert, nach der Sinnlichkeit als solche Sündhaftigkeit ist. Nachdem die Sünde in die Welt gekommen ist, und jedesmal, wenn die Sünde in die Welt kommt, wird Sinnlichkeit zu Sündhaftigkeit; das aber, was sie wird, war sie nicht von vornherein. Fr. Baader hat oft genug gegen den Satz protestiert, daß die Endlichkeit, die Sinnlichkeit als solche die Sündhaftigkeit sei. Paßt man mittlerweile hier nicht auf, kommt der Pelagianismus von einer ganz anderen Seite her. Fr. Baader hat nämlich bei seiner Bestimmung nicht der Geschichte des Geschlechts Rechnung getragen. Im Quantitieren des Geschlechts [also unwesentlich] ist die Sinnlichkeit Sündhaftigkeit; in Beziehung auf das Individuum ist sie es nicht, ehe es nicht selbst, indem es die Sünde setzt, wieder Sinnlichkeit zu Sündhaftigkeit macht.

Einzelne Männer aus der Schule Schellings[2] sind beson-

---

mals eine Dogmatik daraus werden, ihre ganze Existenz wird problematisch und schwebend sein.

2 Bei Schelling ist oft genug die Rede von Angst, Zorn, Qual, Leiden und so weiter. Doch muß man sich immer ein wenig mißtrauisch derartigem gegenüber verhalten, damit man nicht

ders auf die Alteration[3] aufmerksam gewesen, die durch die Sünde mit der Schöpfung vorgegangen ist. Hierbei ist auch von der Angst gesprochen worden, die in der leblosen Natur sein soll. Doch wird die Wirkung abgeschwächt, da man sich bald einem Natur-Philosophen gegenüber glaubt, das mit Hilfe der Dogmatik geistreich behandelt wird, bald einer dogmatischen Bestimmung, die sich des Abglanzes der magischen Wunderbarkeit einer Naturbetrachtung erfreut.

Doch breche ich hier ab, was ich nur anführte, um es augenblicklich wieder über die Grenze der vorliegenden Untersuchung hinauszubefördern. So wie die Angst in Adam war, kommt sie niemals mehr wieder, denn durch ihn kam die Sündhaftigkeit in die Welt. Auf Grund dessen erhielt nun jene Angst zwei Analogien, die objektive Angst in der Natur und die subjektive Angst im Individuum, von denen letztere ein Mehr enthält, erstere ein Minder im Verhältnis zu jener Angst in Adam.

---

die Nachwirkung der Sünde in der Schöpfung verwechselt mit Zuständen und Stimmungen bei Gott – was es beides bei Schelling bezeichnet. Mit diesen Ausdrücken bezeichnet er nämlich, wenn ich so sagen darf, die Schöpferwehen der Gottheit. Mit vorstellungsmäßigen Ausdrücken bezeichnet er, was er zum Teil auch selbst das Negative genannt hat und was bei Hegel durch das Wort: das Negative näher bestimmt wurde als das Dialektische [το ἕτερον]. Die Zweideutigkeit zeigt sich auch bei Schelling, denn er spricht von einer Melancholie, die über die Natur ausgebreitet liege, und zugleich von einer Schwermut in der Gottheit. Doch ist vornehmlich der Hauptgedanke bei Schelling, daß Angst und so weiter vornehmlich die Leiden der Gottheit bezeichnet, um schaffen zu können. In Berlin sprach er das gleiche noch bestimmter aus, indem er Gott mit Goethe und Joh. von Müller verglich, die sich nur wohl befanden, wenn sie produzierten, und er erinnerte zugleich daran, daß eine Seligkeit, die sich nicht mitteilen kann, Unseligkeit ist. Ich erwähne das hier, weil diese Äußerung von ihm schon in einer kleinen Abhandlung von Marheineke ge-

§ 2

Subjektive Angst

Je reflektierter man die Angst setzt, desto leichter, könnte es scheinen, bringt man sie zum Umschlagen in Schuld. Hier gilt es jedoch, sich nicht von Approximationsbestimmungen betören zu lassen; kein »Mehr« bringt den Sprung hervor, kein »Leichter« macht die Erklärung in Wahrheit leichter. Hält man daran nicht fest, so läuft man Gefahr, plötzlich auf ein Phänomen zu stoßen, bei dem alles so leicht geht, daß der Übergang ein einfacher Übergang wird, oder die andere Gefahr, niemals zu wagen, seinen Gedanken abzuschließen, weil die rein empirische Beobachtung niemals fertig werden kann. Mag darum die Angst auch immer reflektierter werden, so behält doch die Schuld, die mit dem qualitativen Sprung in der Angst hervorbricht, die gleiche Zurechenbarkeit wie die Adams und die Angst die gleiche Zweideutigkeit.

---

druckt ist. Marheineke will es ironisieren. Das sollte man nicht tun; denn ein kräftiger und blutvoller Anthropomorphismus ist schon einiges wert. Der Fehler ist mittlerweile ein anderer, und man kann hier ein Beispiel sehen, wie sonderbar alles wird, wenn Metaphysik und Dogmatik dadurch entstellt werden, daß die Dogmatik metaphysisch behandelt wird und die Metaphysik dogmatisch.

3 Das Wort Alteration drückt recht gut die Zweideutigkeit aus. Man sagt nämlich alterieren im Sinne von verändern, entstehen, aus dem ursprünglichen Zustand herausbringen [das Ding wird ein anderes], man sagt aber auch alteriert werden, eben weil dies im Grunde die erste unausbleibliche Folge ist. Soviel ich wei , braucht der Lateiner dieses Wort überhaupt nicht, sondern sagt merkwürdigerweise *adulterare*. Der Franzose sagt *altérer les monnaies* und *être altéré*. Bei uns wird das Wort im alltäglichen Sprachgebrauch gewöhnlich nur im Sinne von erschreckt werden gebraucht, und so hört man wohl auch den einfachen Mann sagen: ich bin ganz alteriert. Habe ich doch jedenfalls eine Marktfrau so sagen hören.

Leugnen zu wollen, daß jedes spätere Individuum einen Zustand der Unschuld hat oder gehabt haben muß, der in Analogie zu dem Adams steht, dies würde ebensosehr jedermann empören, wie es alles Denken aufheben würde, weil es dann ein Individuum gäbe, das kein Individuum wäre, sondern nur sich als Exemplar zu seiner Art verhielte, obwohl es zu gleicher Zeit unter der Bestimmung des Individuums, nämlich als schuldig angesehen werden soll.

Angst kann man vergleichen mit Schwindel. Wessen Auge in eine gähnende Tiefe hinunterschaut, der wird schwindlig. Der Grund seines Schwindels aber ist ebensosehr sein Auge wie der Abgrund; denn gesetzt, er hätte nicht hinuntergestarrt! So ist die Angst der Schwindel der Freiheit, der aufsteigt, wenn der Geist die Synthese setzen will und die Freiheit nun hinunterschaut in ihre eigene Möglichkeit und dabei die Endlichkeit ergreift, um sich daran zu halten. In diesem Schwindel sinkt die Freiheit um. Weiter kann die Psychologie nicht kommen und will es auch nicht. Im gleichen Augenblick ist alles verändert, und indem die Freiheit sich wieder erhebt, sieht sie, daß sie schuldig ist. Zwischen diesen beiden Augenblicken liegt der Sprung, den keine Wissenschaft erklärt hat oder erklären kann. Wer in Angst schuldig wird, der wird so zweideutig schuldig wie nur möglich. Angst ist eine weibliche Ohnmacht, in der die Freiheit hinsinkt, psychologisch gesprochen geschieht der Sündenfall immer in Ohnmacht; aber zugleich ist Angst das Selbstischste von allem, und keine konkrete Äußerung der Freiheit ist so selbstisch wie die Möglichkeit jeder Konkretion. Dies ist wiederum das Überwältigende, das das zweideutige, sympathetische und antipathetische Verhältnis des Individuums bestimmt. In der Angst ist die selbstische Unendlichkeit der Möglichkeit, die nicht lockt wie eine Wahl, sondern die bestrickend ängstigt mit ihrer süßen Beängstigung.

Im späteren Individuum ist die Angst reflektierter. Dies kann so ausgedrückt werden, daß das Nichts, das der Gegenstand der Angst ist, gleichsam mehr und mehr ein Etwas wird. Wir sagen nicht, daß es wirklich zu einem Etwas wird, wirklich Etwas bedeutet; wir sagen nicht, daß nun an die Stelle von Nichts die Sünde oder etwas anderes zu setzen sei; denn hier gilt von der Unschuld des späteren Individuums, was von der Adams gilt; all dies ist nur für die Freiheit und ist nur dadurch, daß der Einzelne selbst durch den qualitativen Sprung die Sünde setzt. Das Nichts der Angst ist also hier ein Komplex von Ahnungen, die sich in sich selbst reflektieren, dem Individuum näher und näher kommen, obgleich sie wesentlich gesehen in der Angst doch wieder nichts bedeuten; doch wohl zu merken, nicht ein Nichts, mit dem das Individuum nichts zu tun hat, sondern ein Nichts, das lebendige Kommunikation hat mit der Unwissenheit der Unschuld. Diese Reflektiertheit ist ein Prädisponieren, das, bevor das Individuum schuldig wird, doch wesentlich gesehen nichts bedeutet, während es, indem es durch den qualitativen Sprung schuldig wird, die Voraussetzung ist, in der es über sich selbst hinausgeht, weil die Sünde sich selbst voraussetzt, natürlich nicht, bevor sie gesetzt ist [dies wäre eine Prädestination], sondern sich voraussetzt, indem sie gesetzt ist.

Wir wollen nun ein wenig näher über das Etwas nachdenken, welches das Nichts der Angst im späteren Individuum bedeuten kann. In der psychologischen Überlegung gilt es in Wahrheit für Etwas. Aber die psychologische Überlegung vergißt nicht, daß, wenn ein Individuum ohne weiteres durch dieses Etwas schuldig würde, jede Betrachtung aufgehoben ist.

Dieses Etwas, welches also die Erbsünde *stricte sic dicta* bedeutet, ist

a

Die Folge des Generations-Verhältnisses

Es versteht sich von selbst, daß hier nicht davon geredet wird, was Ärzte beschäftigen mag, ob man als Mißgeburt zur Welt kommt und so weiter. Auch soll nicht die Rede davon sein, ein Resultat mit Hilfe von tabellarischen Übersichten zustande zu bringen. Es gilt hier wie allenthalben, daß die Stimmung die richtige sei. Wenn man lehrt, daß Hagel und Mißwuchs dem Teufel zuzuschreiben seien, so mag das recht wohlgemeint sein; aber wesentlich ist es eine Geistreichigkeit, die den Begriff des Bösen abschwächt und einen fast scherzenden Ton hineinbringt, wie man auch ästhetisch scherzt, wenn man von einem dummen Teufel spricht. – Macht man in dieser Weise im Begriff »Glaube« das Historische so einseitig geltend, daß man dessen primitive Ursprünglichkeit im Individuum vergißt, so wird er eine endliche Belanglosigkeit statt einer freien Unendlichkeit. Die Folge hiervon ist, daß man schließlich vom Glauben sprechen kann wie Hieronymus bei Holberg, der von Erasmus sagt, er habe irrige Meinungen im Glauben, weil er annimmt, die Erde sei rund und nicht flach, so wie es die eine Generation nach der anderen im Heimatdorf auf dem Berge geglaubt hat. Auf diese Weise kann man auch im Glauben irre gehen, wenn man Pluderhosen trägt, während alle Leute »auf dem Berge« in engen Hosen gehen. – Wenn man statistische Übersichten über die Verhältnisse der Sündhaftigkeit liefert, Landkarten über sie verfertigt, wo man Farben und Höhenlinien einzeichnet, um dem Auge zum schnellen Überblick zu verhelfen, so macht man den Versuch, die Sünde als eine Merkwürdigkeit der Natur zu behandeln, die nicht zu beheben ist,

---

1 Dies gilt natürlich nur für das Menschengeschlecht, weil das Individuum als Geist bestimmt ist; bei Tierarten hingegen ist

wohl aber zu berechnen wie der atmosphärische Druck und die Regenmenge; und der mittlere Wert, die Durchschnittszahl, die sich ergibt, ist in einer ganz anderen Weise Nonsens als in jenen rein empirischen Wissenschaften. Es würde doch ein recht lächerliches Abrakadabra werden, wenn einer im Ernst sagen wollte, im Durchschnitt gingen dreidreiachtel Zoll Sündhaftigkeit auf jeden Menschen, oder in Languedoc seien es nur zweieinviertel, in der Bretagne aber dreisiebenachtel. – Diese Beispiele sind ebensowenig überflüssig wie die in der Einleitung, da sie aus dem Umkreis der Sphäre geholt sind, innerhalb deren das Folgende sich bewegen wird.

Durch die Sünde wurde die Sinnlichkeit zu Sündhaftigkeit. Dieser Satz bedeutet ein Doppeltes. Durch die Sünde wurde die Sinnlichkeit Sündhaftigkeit, und durch Adam kam die Sünde in die Welt. Diese Bestimmungen müssen sich ständig die Waage halten, denn sonst wird etwas Unwahres ausgesagt. Daß nämlich die Sinnlichkeit dereinst zu Sündhaftigkeit wurde, ist die Geschichte der Generation, aber daß die Sinnlichkeit es wird, ist der qualitative Sprung des Individuums.

Es wurde [Kap. 1, § 6] daran erinnert, daß die Erschaffung Evas die Abfolge des Generationsverhältnisses schon im voraus bildlich darstellte. Sie bezeichnete gewissermaßen das Derivierte. Das Derivierte ist nie so vollkommen wie das Ursprüngliche[1]. Doch ist der Unterschied hier nur quantitativ. Das spätere Individuum ist wesentlich ebenso ursprünglich wie das erste. Der Unterschied ist für alle späteren Individuen *in pleno:* die Derivation; die Derivation aber kann für den Einzelnen wieder ein Mehr oder Minder bedeuten.

Diese Derivation des Weibes enthält zugleich die Erklärung, in welchem Sinne es schwächer ist als der Mann,

---

jedes spätere Exemplar ebenso gut wie das erste, oder besser: hier das erste zu sein, bedeutet gar nichts.

etwas das zu allen Zeiten angenommen worden ist, mag es nun ein Pascha sein, der es ausspricht oder ein romantischer Ritter. Der Unterschied ist mittlerweile doch auch wieder nicht anders, als daß Mann und Weib wesentlich gleich sind, trotz der zwischen ihnen bestehenden Verschiedenheit. Der Ausdruck für den Unterschied ist, daß die Angst in Eva reflektierter ist als in Adam. Dies hat seinen Grund darin, daß das Weib sinnlicher ist als der Mann. Hier ist natürlich nicht die Rede von einem empirischen Zustand oder von einer Durchschnittszahl, sondern von der Verschiedenheit der Synthesen. Wenn in dem einen Teil der Synthese ein Mehr ist, so wird infolgedessen, indem der Geist sich setzt, die Kluft sich tiefer spalten, und die Angst wird in der Möglichkeit der Freiheit einen größeren Spielraum haben. In der Erzählung der Genesis ist es Eva, die Adam verführt. Daraus folgt doch keineswegs, daß ihre Schuld größer sei als die Adams, und noch weniger, daß die Angst eine Unvollkommenheit sei, da ihre Größe vielmehr eine Prophezeiung von der Größe der Vollkommenheit ist.

Schon hier ließ die Untersuchung sehen, daß das Verhältnis der Sinnlichkeit dem der Angst entspricht. Sobald sich nun das Generationsverhältnis zeigt, ist das, was über Eva gesagt wurde, bloß die Andeutung dessen, was das Verhältnis jedes späteren Individuums zu Adam ausmacht, daß nämlich, indem die Sinnlichkeit in der Generation zugenommen hat, auch die Angst zugenommen hat. Die Folge des Generationsverhältnisses bedeutet also ein Mehr, in der Weise, daß kein Individuum aus dem, was das Mehr aller späteren Individuen im Verhältnis zu Adam ist, heraustreten kann, aber doch auch wieder niemals zu einem solchen Mehr kommt, daß es wesentlich verschieden von Adam wird.

Doch bevor wir hierzu übergehen, will ich den Satz ein wenig näher beleuchten, daß das Weib sinnlicher ist als der Mann und mehr Angst hat.

Daß das Weib sinnlicher ist als der Mann, zeigt schon die Bildung ihres Leibes. Dies näher auszuführen, ist nicht meine Sache, sondern die Aufgabe der Physiologie. Dagegen werde ich meinen Satz unter einem anderen Winkel zeigen, nämlich indem ich sie ästhetisch unter ihren idealen Gesichtspunkt, den der Schönheit, stelle und daran erinnere, daß der Umstand, daß dies ihr idealer Gesichtspunkt ist, eben zeigt, daß sie sinnlicher ist als der Mann. Darauf werde ich sie ethisch unter ihren idealen Gesichtspunkt, die Prokreation, stellen, indem ich daran erinnere, daß der Umstand, daß dies ihr idealer Gesichtspunkt ist, eben zeigt, daß sie sinnlicher ist als der Mann.

Wenn die Schönheit herrschen darf, dann bringt sie eine Synthese zuwege, bei der der Geist ausgeschlossen ist. Darin beruht das Geheimnis des gesamten Griechentums. Insofern liegt eine Ruhe, eine stille Feierlichkeit über der griechischen Schönheit; eben darum aber ist da auch eine Angst, die der Grieche wohl nicht spürte, obgleich die Schönheit seiner Plastik von ihr durchbebt ist. Darum gibt es eine Sorglosigkeit in der griechischen Schönheit, weil der Geist ausgeschlossen ist, aber darum auch liegt eine tiefe, unerklärliche Trauer darin. Darum ist die Sinnlichkeit nicht Sündhaftigkeit, sondern ein unerklärliches Rätsel, das ängstigt; darum ist die Naivität begleitet von einem unerklärlichen Nichts, dem der Angst.

Zwar faßt nun die griechische Schönheit Mann und Weib wesentlich gleichartig auf, also nicht geistig, aber sie macht doch einen Unterschied innerhalb dieser Gleichheit. Das Geistige hat seinen Ausdruck im Angesicht. Bei der männlichen Schönheit ist doch das Angesicht und sein Ausdruck wesentlicher als bei der weiblichen Schönheit, wenn auch die ewige Jugend des Plastischen das tiefere Geistige beständig daran hindert, hervorzutreten. Dies weiter auszuführen, ist nicht meine Sache, nur in einer einzelnen Andeutung will ich die Verschiedenheit nachweisen. Venus bleibt wesentlich gleich schön, ob sie auch schlafend dargestellt wird, ja, dann ist sie vielleicht sogar am schönsten, und doch ist das Schlafen eben Ausdruck für die Abwesenheit des Geistes. Daher kommt es, daß der Mensch, je älter und je durchgeistigter seine Individualität ist, desto weniger schön im Schlafe ist, wogegen das Kind im Schlafe am schönsten ist. Venus steigt aus dem Meere auf und wird in ruhender Stellung abgebildet oder in einer Stellung, die den Ausdruck des Antlitzes gerade zum Unwesentlichen herabsetzt. Soll hingegen ein Apollo dargestellt werden, so ginge es nicht an, ihn schlafen zu lassen, ebensowenig wie einen Jupiter. Apollo würde dadurch unschön, Jupiter lächerlich. Mit Bacchus könnte eine Ausnahme gemacht werden, er ist ja auch gerade in der griechischen Kunst die Indifferenz zwischen männlicher und weiblicher Schönheit, weshalb auch seine Formen weiblich sind. Bei einem Ganymed hingegen ist der Ausdruck des Angesichtes doch schon wesentlicher.

Als die Auffassung der Schönheit eine andere wurde, in der Romantik, zeigt sich trotzdem wieder die Verschiedenheit innerhalb der wesentlichen Gleichheit. Während die Geschichte des Geistes [und das ist das Geheimnis des Geistes, daß er immer Geschichte hat] sich im Antlitz des Mannes ausprägen darf, so daß man alles vergißt, wenn nur die Schrift darin deutlich und edel ist, so wird das Weib auf eine andere Weise als eine Totalität wirken, wenn auch das Antlitz eine größere Bedeutung erhalten hat als im klassischen Altertum. Der Ausdruck muß nämlich eine Totalität sein, die keine Geschichte hat. Darum ist Schweigen nicht allein des Weibes höchste Weisheit, sondern auch ihre höchste Schönheit.

Ethisch betrachtet, kulminiert das Weib in der Prokreation. Daher sagt die Schrift, daß ihr Verlangen nach dem Manne stehen soll. Wohl steht auch das Verlangen des Mannes nach ihr, aber sein Leben kulminiert nicht in diesem Verlangen, es sei denn, sein Leben sei schlecht

oder verloren. Dies aber, daß das Weib hierin kulminiert, zeigt eben, daß sie sinnlicher ist.
Das Weib hat mehr Angst als der Mann. Dies liegt nun nicht daran, daß sie eine geringere physische Kraft und so weiter hat, denn von dieser Art von Angst ist hier gar nicht die Rede; es liegt vielmehr daran, daß sie sinnlicher ist, und doch wesentlich geistig bestimmt ist, so wie der Mann. Was man daher oft behauptet hat, daß sie das schwächere Geschlecht sei, ist mir ganz einerlei; denn deswegen könnte ihr doch gut weniger angst sein als dem Manne. Angst ist hier ständig in Richtung auf Freiheit zu nehmen. Wenn also die Geschichte der Genesis ganz gegen alle Analogie das Weib den Mann verführen läßt, so ist dies doch bei näherer Überlegung völlig in der Ordnung; denn jene Verführung ist eben eine weibliche Verführung, da Adam doch eigentlich nur durch Eva von der Schlange verführt wurde. Wenn sonst von Verführung die Rede ist, so ist im Sprachgebrauch [beschwatzen, betören und so weiter] immer dem Manne die Superiorität zuerkannt.
Was so als von aller Erfahrung anerkannt betrachtet werden darf, möchte ich nur an einer experimentierenden Beobachtung aufzeigen. Wenn ich mir ein junges unschuldiges Mädchen denke und nun einen Mann einen begehrlichen Blick auf sie heften lasse, so wird ihr angst. Im übrigen mag sie indigniert werden und so weiter, aber zuerst wird ihr angst. Denke ich mir dagegen, daß ein Weib einen begehrlichen Blick auf einen unschuldigen jungen Mann hefte, so wird seine Stimmung nicht Angst sein, sondern höchstens eine mit Abscheu gemischte Beschämung, eben weil er mehr als Geist bestimmt ist.
Durch Adams Sünde kam die Sündhaftigkeit in die Welt und die Sexualität, und diese erhielt für ihn die Bedeutung der Sündhaftigkeit. Das Sexuelle wurde gesetzt. In der Welt ist, sowohl schriftlich wie mündlich, viel des Geschwätzes vollführt worden über die Naivität. Nur

die Unschuld ist indessen naiv, aber sie ist auch unwissend. Sobald das Sexuelle zum Bewußtsein gebracht ist, ist es Gedankenlosigkeit, Affektation und bisweilen, was schlimmer ist, ein Deckmantel der Lust, von Naivität sprechen zu wollen. Aber weil der Mensch nicht mehr naiv ist, folgt noch keineswegs, daß er sündigt. Es sind das nur fade Liebäugeleien, die die Menschen verlocken, eben indem sie die Aufmerksamkeit vom Wahren, vom Sittlichen ablenken.

Die ganze Frage nach der Bedeutung des Sexuellen und nach seiner Bedeutung in den einzelnen Sphären ist unleugbar bisher recht kümmerlich beantwortet worden, und vor allem überaus selten in der rechten Stimmung. Witze darüber zu machen, ist keine sonderliche Kunst, zu warnen ist nicht schwierig, in der Weise darüber zu predigen, daß man die Schwierigkeit übergeht, ist ebenfalls nicht schwer; aber recht menschlich davon zu reden, ist eine Kunst. Bühne und Kanzel die Beantwortung sich teilen lassen, noch dazu so, daß die eine sich zu sagen geniert, was die andere sagt, weswegen denn auch die Erklärung der einen himmelschreiend verschieden ist von der der anderen, heißt ja doch, alles aufgeben und den Menschen die schwere Bürde auflegen, an der man selbst nicht mit einem Finger rührt: nämlich den Sinn für beide Erklärungen zu finden, während die respektiven Lehrer immer nur die eine vortragen. Diesen Mißstand hätte man längst schon bemerkt, wenn nicht die Menschen der heutigen Zeit so meisterlich verstünden, in Gedankenlosigkeit das so schön angelegte Leben zu vertun, in Gedankenlosigkeit lärmselig mitzumachen, wenn von irgendeiner großartigen, ungeheuren Idee gefaselt wird, zu deren Verwirklichung sie sich vereinigen in unerschütterlichem Glauben an die Macht der Vereinigung, obgleich dieser Glaube doch ebenso wundergläubig ist wie der jenes Bierzapfers, der sein Bier einen Dreier unter dem Einkaufspreis abgab und doch auf Gewinn rechnete: »Denn die Menge muß es einbringen.« Da es nun einmal so ist, soll es mich nicht wundernehmen, wenn heute keiner eine solche Überlegung beachtet. Dieses aber weiß ich: wenn Sokrates jetzt lebte, so würde er über derartiges nachdenken, ob er es gleich besser oder, ich möchte sagen, göttlicher tun würde, als ich es vermag, und ich bin überzeugt, daß er zu mir gesagt hätte: »O Lieber! Darin handelst du recht, daß du über solche Dinge nachdenkst, die wohl der Überlegung wert sind; ja, man kann ganze Nächte im Gespräch verbringen und wird doch niemals fertig, die Wunderbarkeit der menschlichen Natur zu ergründen.« Und diese Gewißheit ist mir unendlich viel mehr wert als das Bravo der ganzen Mitwelt. Denn jene Gewißheit gibt meiner Seele Unerschütterlichkeit, der Beifall würde sie zweifeln machen.

Das Sexuelle als solches ist nicht das Sündige. Die eigentliche Unwissenheit darüber, wenn es doch wesentlich zugegen sein soll, ist nur dem Tier vorbehalten, das daher in der Blindheit des Instinkts gefesselt ist und im Blinden geht. Eine Unwissenheit, die aber zugleich eine Unwissenheit über das ist, was nicht ist, ist die des Kindes. Die Unschuld ist ein Wissen, das Unwissenheit bedeutet. Ihr Unterschied von der sittlichen Unwissenheit ist leicht aufzuweisen, weil jene in Richtung auf ein Wissen bestimmt ist. Mit der Unwissenheit beginnt ein Wissen, dessen erste Bestimmung Unwissenheit ist. Dies ist der Begriff der Scham. In der Scham ist eine Angst, weil der Geist auf der äußersten Spitze der Differenz der Synthese so bestimmt ist, daß der Geist nicht bloß als Leib bestimmt ist, sondern als Leib mit der geschlechtlichen Differenz. Doch ist die Scham zwar ein Wissen um die geschlechtliche Differenz, nicht aber als ein Verhältnis zu einer geschlechtlichen Differenz, das heißt, der Trieb ist nicht als solcher zugegen. Die eigentliche Bedeutung der Scham ist, daß der Geist sich zu der äußersten Spitze der Synthese gleichsam nicht zu bekennen vermag. Darum ist die

Angst der Scham so ungeheuer zweideutig. Es ist keine Spur von sinnlicher Lust darin, und doch ist eine Beschämtheit da, worüber? über Nichts. Und doch kann das Individuum vor Scham sterben. Und verletztes Schamgefühl ist der tiefste Schmerz, weil er der unerklärlichste von allen Schmerzen ist. Daher kann die Angst der Scham durch sich selbst erwachen. Doch hat man natürlich darauf zu achten, daß es nicht die Lust ist, die diese Rolle spielen will. Ein Beispiel des letzteren findet sich in einem Märchen von Friedrich Schlegel [Sämtliche Werke, 7. Band, Seite 15, in der Geschichte von Merlin].

In der Scham ist die geschlechtliche Differenz gesetzt, aber nicht in Bezug auf ihr Anderes. Dies geschieht im Trieb. Da aber der Trieb nicht Instinkt oder nicht bloß Instinkt ist, hat er *eo ipso* ein τέλος, nämlich die Propagation, während das Ruhende die Liebe ist, das rein Erotische. Der Geist ist noch immer nicht mitgesetzt. Sobald er gesetzt ist, nicht bloß als das die Synthese Konstituierende, sondern als Geist, ist das Erotische vorbei. Der höchste heidnische Ausdruck hierfür ist, daß das Erotische das Komische ist. Das darf natürlich nicht in dem Sinne genommen werden, in dem ein Wollüstling meinen kann, das Erotische sei das Komische und Stoff für seinen geilen Witz, sondern vielmehr sind es die Kraft und das Übergewicht der Intelligenz, die sowohl das Erotische wie das sittliche Verhältnis dazu in der Indifferenz des Geistes neutralisieren. Dies hat einen sehr tiefen Grund. Die Angst in der Scham lag darin, daß der Geist sich fremd fühlte; nun hat der Geist völlig gesiegt und

---

1 So muß auch verstanden werden, wie Sokrates zu Critobalus vom Kuß spricht. Daß Sokrates unmöglich im Ernst so pathetisch von der Gefährlichkeit des Kusses hat reden können, muß, glaube ich, für jeden einleuchtend sein, ebenso, daß er keine ängstliche Memme gewesen ist, der sich nicht getraute, ein Weib anzusehen. Wohl bedeutet der Kuß in den südlichen Ländern und bei den leidenschaftlichen Völkern etwas mehr

sieht das Sexuelle als das Fremde und als das Komische. Diese Freiheit des Geistes konnte die Scham natürlich nicht haben. Das Sexuelle ist der Ausdruck für jenen ungeheuren Widerspruch, daß der unsterbliche Geist als Genus bestimmt ist. Dieser Widerspruch äußert sich als die tiefe Scham, die sich darüber deckt und es nicht zu verstehen wagt. Im Erotischen wird dieser Widerspruch verstanden in der Schönheit; denn die Schönheit ist eben die Einheit des Seelischen und des Leiblichen. Dieser Widerspruch, den das Erotische in der Schönheit erklärt, ist für den Geist gleichzeitig die Schönheit und das Komische. Der Ausdruck des Geistes für das Erotische ist deshalb, daß es gleichzeitig das Schöne und das Komische ist. Hier ist kein sinnlicher Reflex auf das Erotische hin; denn das wäre Wollust, und das Individuum stünde in solchem Falle tief unter der Schönheit des Erotischen; sondern es ist die Reife des Geistes. Dies haben natürlich nur sehr wenige Menschen in seiner Reinheit verstanden. Sokrates hat es doch verstanden. Wenn daher Xenophon ihn sagen läßt, man solle die häßlichen Weiber lieben, so wird diese Aussage wie alles sonst unter Beihilfe von Xenophon zu einer widerwärtigen, beschränkten Philisterei, die Sokrates nicht im entferntesten gleicht. Der Sinn ist der, daß er das Erotische in Indifferenz gesetzt hat, und den Widerspruch, der dem Komischen zugrundeliegt, drückt er richtig durch den entsprechenden ironischen Widerspruch aus, daß man die Häßlichen lieben solle[1]. Doch kommt eine solche Auffassung selten in ihrer erhabenen Reinheit vor. Ein merkwürdiges Zusam-

---

als hier im Norden [hierüber kann man bei Puteanus achlesen in einem Brief an Joh. Bap. Saccum: *nesciunt nostrae virgines ullum libidinis rudimentum oculis aut osculis, inesse, ideoque fruuntur. Vestrae sciunt.* cfr. Kempius *dissertatio de osculis* nach Bayle], dessenungeachtet sieht es aber Sokrates weder als Ironiker noch als Moralisten ähnlich, so zu sprechen. Wenn man nämlich als Moralist zu dick aufträgt, so weckt man die

menspiel von glücklicher geschichtlicher Entwicklung und ursprünglicher Begabtheit gehört dazu; ist der entfernteste Einspruch möglich, so ist die Auffassung widerwärtig und affektiert.

Im Christentum hat das Religiöse das Erotische suspendiert, nicht bloß durch ein ethisches Mißverständnis als das Sündige, sondern als das Indifferente, weil im Geiste kein Unterschied ist zwischen Mann und Weib. Hier ist das Erotische nicht ironisch neutralisiert, sondern suspendiert, weil es die Tendenz des Christentums ist, den Geist weiterzuführen. Indem in der Scham dem Geiste angst wird und er scheut, sich die geschlechtliche Differenz anzulegen, springt das Individuum plötzlich ab und greift nach einer Erklärung aus der höchsten Sphäre des Geistes, anstatt die geschlechtliche Differenz ethisch zu durchdringen. Dies ist die eine Seite der klösterlichen Betrachtung, ob diese nun näher als ethischer Rigorismus oder als überwiegende Kontemplation bestimmt war [1].

Wie nun in der Scham die Angst gesetzt ist, so ist sie auch zugegen in allem erotischen Genuß, nicht weil dieser sündig wäre, keineswegs, weshalb es auch nichts hilft, wenn auch der Pfarrer das Paar zehnmal einsegnet. Selbst wenn das Erotische sich so schön und rein und sittlich ausdrückt

---

Lust und reizt den Schüler fast wider seinen Willen, gegen den Lehrer ironisch zu werden. Sokrates' Verhältnis zu Aspasia zeigt das gleiche. Er kam mit ihr zusammen, ganz ohne sich um das zweideutige Leben zu kümmern, das sie führte. Er wünschte bloß, von ihr zu lernen [Atheneus], und Lehrtalent scheint sie ja auch gehabt zu haben, da erzählt wird, die Ehemänner hätten ihre Frauen mit zu Aspasia genommen, bloß damit sie von ihr lernten. Sobald hingegen Aspasia durch ihre Reize hätte auf ihn wirken wollen, hätte Sokrates ihr vermutlich erklärt, daß man die Häßlichen lieben solle und daß sie ihren Liebreiz nicht weiter anstrengen möge, da er zur Erreichung seiner Absicht an Xanthippe genug habe. [Vgl. die Erzählung Xenophons von der Ansicht des Sokrates über sein

wie nur möglich, in seiner Freude ungestört von wollüstigen Reflexionen, ist die Angst doch zugegen, nicht störend zwar, aber doch als ein begleitendes Moment.

Es ist in dieser Hinsicht überaus schwierig, Beobachtungen anzustellen. Vornehmlich muß man hier die Vorsicht brauchen, die die Ärzte anwenden, immer nur so den Puls zu fühlen, daß sie sichergehen, nicht den eigenen statt des Patienten Puls zu observieren; so muß man sich hier in acht nehmen, daß die Bewegung, die man entdeckt, nicht die Unruhe ist, die der Beobachter seiner Beobachtung gegenüber fühlt. Indessen steht doch fest, daß alle Dichter die Liebe, wie rein und unschuldig sie auch dargestellt sein mag, so beschreiben, daß sie die Angst ihr innewohnen lassen. Dem näher nachzugehen ist Sache des Ästhetikers. Warum aber diese Angst? Weil in der Kulmination des Erotischen der Geist nicht mit sein kann. Ich will wie ein Grieche sprechen. Wohl ist der Geist zugegen, denn er ist es, der die Synthese konstituiert, aber er kann sich im Erotischen nicht ausdrücken, er fühlt sich fremd. Er sagt gleichsam zum Erotischen: Lieber! hier kann ich nicht der Dritte sein, deshalb will ich mich solange verbergen. Dies aber ist eben zugleich die Scham; denn es ist eine große Dummheit, anzunehmen, es sei

---

Verhältnis zu Xanthippe.] – Da es sich leider immer und immer wiederholt, daß man an alles, was man liest, mit vorgefaßter Meinung herantritt, ist es ja auch kein Wunder, daß jeder die bestimmte Vorstellung hat, ein Zyniker sei ein nahezu ausschweifender Mensch. Doch möglicherweise ließe sich gerade auch hierin ein Beispiel für jene Auffassung des Erotischen als des Komischen finden.

1 Wie sonderbar es auch dem vorkommen mag, der eine kühnere Betrachtung der Phänomene nicht gewohnt ist, so ist da doch eine vollkommene Analogie zwischen Sokrates' ironischer Auffassung des Erotischen als des Komischen und dem Verhältnis eines Mönches zu den *mulieres subintroductae*. Der Mißbrauch geht natürlich nur die an, die Sinn dafür haben.

getan mit der kirchlichen Trauung oder mit der Treue des Mannes, der sich ausschließlich an seine Ehefrau hält. So manche Ehe ist profaniert worden, ohne daß es durch einen Fremden geschah. Wenn aber das Erotische rein und unschuldig und schön ist, so ist diese Angst freundlich und mild, und darum haben die Dichter recht, von einer süßen Beängstigung zu reden. Es versteht sich indessen von selbst, daß die Angst beim Weibe größer ist als beim Manne.

Kehren wir nun zum Vorhergehenden zurück, zur Folge des Generationsverhältnisses im Individuum, die das Mehr ist, das jedes spätere Individuum im Vergleich zu Adam hat. Im Augenblick der Konzeption ist der Geist am weitesten fort, und darum ist die Angst am größten. In dieser Angst entsteht das neue Individuum. Im Augenblick der Geburt kulminiert die Angst zum zweitenmal im Weib, und in diesem Augenblick kommt das neue Individuum zur Welt. Daß einer Gebärenden angst ist, ist zur Genüge bekannt. Die Physiologie hat ihre Erklärung dafür, auch die Psychologie muß die ihrige haben. Als Gebärende ist das Weib wieder auf dem äußersten Punkt des einen Extrems der Synthese, daher erzittert der Geist; denn er hat in diesem Augenblick keine Aufgabe, er ist gleichsam suspendiert. Die Angst ist indessen ein Ausdruck für die Vollkommenheit der menschlichen Natur, und so findet man nur bei niederen Volksstämmen eine Analogie zur leichten Geburt des Tieres.

Je mehr Angst aber, desto mehr Sinnlichkeit. Das prokreierte Individuum ist sinnlicher als das ursprüngliche, und dieses Mehr ist das allgemeine Mehr der Generation für jedes spätere Individuum im Verhältnis zu Adam.

Aber dieses Mehr an Angst und Sinnlichkeit, das jedes spätere Individuum im Vergleich zu Adam hat, kann natürlich im einzelnen Individuum wieder ein Mehr oder Minder bedeuten. Hier liegen Differenzen, die in Wahrheit so entsetzlich sind, daß sicherlich niemand es wagt, im tieferen Sinne, das heißt, mit echter menschlicher Sympathie darüber nachzudenken, ohne daß er mit einer Unerschütterlichkeit, die nichts zum Erzittern bringen kann, dessen gewiß ist, daß es niemals in der Welt ein solches Mehr gegeben hatte noch geben wird, das das Quantitative durch einen einfachen Übergang zum Qualitativen verwandelt. Was die Schrift lehrt, daß Gott die Missetat der Väter an den Kindern heimsucht bis ins dritte und vierte Glied, das verkündet das Leben deutlich mit lauter Stimme. Von diesem Entsetzlichen sich wegreden zu wollen mit der Erklärung, jene Aussage sei eine jüdische Lehre, hilft da nichts. Das Christentum hat niemals jedem einzelnen Individuum das Privilegium zugestanden, daß es im äußerlichen Sinne von vorn beginnen dürfe. Jedes Individuum nimmt seinen Anfang in einem historischen Nexus, und die Naturfolgen gelten jetzt wie je. Nur darin besteht der Unterschied, daß das Christentum lehrt, sich über jenes Mehr hinauszuheben und den, der es nicht tut, richtet, weil er es nicht tun will.

Eben weil die Sinnlichkeit hier als ein Mehr bestimmt ist, wird die Angst des Geistes, indem er sie übernehmen soll, größer. Als Maximum steht hier das Entsetzliche, daß *Angst vor der Sünde die Sünde hervorbringt*. Läßt man die böse Begierde, die Konkupiszenz und so weiter dem Individuum angeboren sein, so erhält man nicht die Zweideutigkeit, in der das Individuum beides wird, schuldig und unschuldig. In der Ohnmacht der Angst sinkt das Individuum um, aber eben darum ist es sowohl schuldig wie unschuldig.

Detaillierte Beispiele für dieses unendlich fluktuierende Mehr oder Minder will ich hier nicht anführen. Sollen diese irgend etwas bedeuten, so erfordern sie eine weitläufige und sorgfältige ästhetisch-psychologische Ausführung.

b

Die Folge des historischen Verhältnisses

Wenn ich in einem einzigen Satz das Mehr ausdrücken sollte, das für jedes spätere Individuum im Verhältnis zu Adam besteht, so würde ich sagen, es ist: daß die Sinnlichkeit Sündhaftigkeit bedeuten kann, samt einem dunklen Wissen, was Sünde sonst sein kann, samt einer mißverstandenen historischen Aneignung des Historischen *de te fabula narratur*, wobei die Pointe, die individuelle Ursprünglichkeit übergangen wird, und das Individuum ohne weiteres sich selbst mit dem Geschlecht und dessen Geschichte verwechselt. Wir sagen nicht, daß Sinnlichkeit Sündhaftigkeit sei, sondern daß die Sünde sie dazu mache. Denken wir uns nun das spätere Individuum, so hat jedes solche seine geschichtliche Umgebung, in der sich zeigen kann, daß Sinnlichkeit Sündhaftigkeit bedeuten kann. Für das Individuum selbst bedeutet sie das nicht, aber dieses Wissen bietet der Angst ein Mehr. Der Geist ist so nicht bloß ins Verhältnis zum Gegensatz der Sinnlichkeit gesetzt, sondern auch zu dem der Sündhaftigkeit. Es ist einleuchtend, daß das unschuldige Individuum dieses Wissen noch nicht versteht, denn es wird ja erst qualitativ verstanden; aber dieses Wissen ist doch wieder eine neue Möglichkeit, so daß der Freiheit in ihrer Möglichkeit, sich zum Sinnlichen verhalten zu können, noch mehr angst wird.

Daß dieses allgemeine Mehr für das einzelne Individuum ein Mehr oder Minder bedeuten kann, versteht sich von selbst. Dies, um gleich auf eine großartige Differenz aufmerksam zu machen. Nachdem das Christentum in die Welt gekommen und die Erlösung gesetzt worden ist, ist über die Sinnlichkeit das Licht eines Gegensatzes geworfen, den es im Heidentum nicht gab und der durchaus den Satz bestätigt, daß Sinnlichkeit Sündhaftigkeit ist.

Innerhalb der christlichen Differenz kann jenes Mehr auch wieder ein Mehr und ein Minder bedeuten. Dies liegt in dem Verhältnis des einzelnen unschuldigen Individuums zur historischen Umgebung. In dieser Hinsicht kann das Verschiedenste das Gleiche hervorrufen. Die Möglichkeit der Freiheit kündigt sich an in der Angst. Jetzt kann eine Warnung das Individuum in Angst umsinken lassen [man erinnere sich, daß ich dauernd nur psychologisch spreche und nie den qualitativen Sprung aufhebe], und dies, obgleich die Warnung gerade auf das Gegenteil berechnet war. Der Anblick des Sündigen kann das eine Individuum stürzen und ein anderes retten. Ein Scherz kann das gleiche bewirken wie Ernst oder umgekehrt. Reden und Schweigen können das Gegenteil der beabsichtigten Wirkung hervorbringen. In dieser Hinsicht gibt es keine Grenze, und daher sieht man auch hier wieder die Richtigkeit der Bestimmung, daß es ein quantitatives Mehr oder Minder ist; denn das Quantitative ist ja eben die unendliche Grenze.

Dies näher ausführen durch experimentierende Beobachtung will ich hier nicht, da es aufhält. Das Leben ist indessen reich genug, wenn man nur zu sehen versteht; man braucht nicht nach Paris und London zu reisen – das hilft doch nichts, wenn man nicht sehen kann.

Die Angst hat übrigens hier wieder die gleiche Zweideutigkeit wie immer. An diesem Punkt kann ein Maximum eintreten, entsprechend jenen vorhergehenden, wo das Individuum aus Angst vor der Sünde die Sünde hervorbringt, dies nämlich, daß *das Individuum aus Angst, nicht daß es schuldig werde, sondern daß es für schuldig gehalten werde, schuldig wird.*

Das höchste Mehr in dieser Richtung ist übrigens, daß ein Individuum von seinem frühesten Erwachen an so gestellt und beeinflußt ist, daß Sinnlichkeit identisch mit Sündhaftigkeit für es geworden ist, und dieses höchste Mehr wird in der peinvollsten Gestalt der Kollision sich zeigen, wenn das Individuum in seiner ganzen Umwelt nicht eine einzige Zufluchtstätte finden kann. Tritt nun zu diesem Mehr die Verwechslung, daß das Individuum sich selbst mit seinem historischen Wissen von der Sündhaftigkeit verwechselt und im Erbleichen der Angst ohne weiteres sich selbst qua Individuum unter die gleiche Kategorie stellt, indem es das »falls du selbst ebenso tust« der Freiheit vergißt, dann ist das höchste Mehr zugegen.

Was hier so kurz angedeutet wurde, daß eine ziemlich reiche Erfahrung dazu gehört, um zu verstehen, daß damit vieles bestimmt und deutlich gesagt wurde, ist häufig ein Gegenstand der Überlegung gewesen. Diese Überlegung nennt man im allgemeinen: über die Macht des Beispiels. Darüber ist unleugbar – wenn auch nicht gerade in diesen letzten superphilosophischen Zeiten – überaus viel Gutes gesagt worden; aber doch fehlt oft die psychologische Zwischenbestimmung, wie es zugeht, daß das Beispiel wirkt. Zudem behandelt man bisweilen die Angelegenheit in diesen Sphären ein wenig zu sorglos und merkt nicht, daß ein einziger kleiner Mißgriff im geringsten Detail imstande ist, die ungeheure Rechenschaft des Lebens zu verwirren. Die psychologische Aufmerksamkeit heftet sich ausschließlich an das einzelne Phänomen, ohne zu gleicher Zeit ihre ewigen Kategorien bereit zu haben, noch ist sie behutsam genug, das Menschengeschlecht zu retten, indem sie jedes einzelne Individuum, koste es, was es wolle, ins Geschlecht hineinrettet. Das Beispiel soll auf das Kind gewirkt haben. Man läßt das Kind recht einen kleinen Engel sein, aber die verderbte Umgebung hat es ins Verderben gestürzt. Man erzählt und erzählt in einem fort, wie schlecht die Umgebung gewesen sei – und auf einmal ist das Kind dann verdorben. Doch geschieht dies durch einen einfachen quantitativen Prozeß, so ist jeder Begriff aufgehoben. Darauf ist man nicht aufmerksam. Man läßt das Kind von Grund auf so mißraten sein, daß es von dem guten Beispiel gar keinen Nutzen hat. Doch gebe man nur acht, daß dieses Kind nicht so mißrät, daß es eines Tages imstande ist, nicht nur sich über seine Eltern lustig zu machen, sondern über alles menschliche Reden und Denken, so wie die *rana paradoxa* der von den Naturforschern vorgenommenen Anordnung der Frösche spottet und ihr trotzt. Es gibt viele Menschen, die zwar das Einzelne zu betrachten verstehen, doch nicht fähig sind, zu gleicher Zeit das Totale im Sinn zu haben; jede solche Betrachtung aber, mag sie auch in anderen Hinsichten verdienstvoll sein, kann doch nur Verwirrung anrichten. – Oder das Kind war, wie Kinder meist, weder gut noch schlecht; aber dann kam es in gute Gesellschaft und wurde gut, oder in schlechte Gesellschaft und wurde schlecht. Zwischenbestimmungen, Zwischenbestimmungen! Man bringe eine Zwischenbestimmung zuwege, die die Zweideutigkeit hat, die den Gedanken rettet [und ohne das ist ja die Rettung des Kindes eine Illusion], daß das Kind, wie es auch sei, beides werden kann, schuldig und unschuldig. Hat man nicht Zwischenbestimmungen prompt und deutlich zur Hand, so sind die Begriffe Erbsünde, Sünde, Geschlecht, Individuum verloren und das Kind mit ihnen.

—

Sinnlichkeit ist also nicht Sündhaftigkeit; aber indem die Sünde gesetzt wurde und gesetzt wird, macht sie Sinnlichkeit zu Sündhaftigkeit. Daß die Sündhaftigkeit nun zugleich noch etwas anderes bedeutet, versteht sich von selbst. Was aber die Sünde weiter zu bedeuten hat, geht uns hier nichts an, wo es sich psychologisch in den Zustand zu vertiefen gilt, der der Sünde vorausgeht und sie psychologisch gesprochen mehr oder minder prädisponiert.

Durch den Genuß der Frucht der Erkenntnis trat die Differenz zwischen Gut und Böse ein, zugleich aber auch die geschlechtliche Verschiedenheit als Trieb. Wie dies zuging, kann keine Wissenschaft erklären. Die Psychologie kommt am nächsten heran und erklärt die letzte Approximation, nämlich das Sich-vor-sich-selbst-Zeigen der Freiheit in der Angst der Möglichkeit oder im Nichts der Angst. Wenn der Gegenstand der Angst im Etwas ist, erhalten wir keinen Sprung, sondern einen quantitativen Übergang. Das spätere Individuum hat ein Mehr im Vergleich mit Adam und auch wieder ein Mehr oder Minder im Vergleich mit anderen Individuen; aber dessen ungeachtet gilt wesentlich, daß der Gegenstand der Angst ein Nichts ist. Ist ihr Gegenstand ein solches Etwas, daß es wesentlich gesehen, das heißt, in Richtung auf Freiheit gesehen, Etwas bedeutet, so erhalten wir keinen Sprung, sondern einen quantitativen Übergang, der jeden Begriff verwirrt. Selbst wenn ich sage, daß im prokreierten Individuum ein Mehr von Sinnlichkeit gesetzt ist, so ist dies doch in Richtung auf den Sprung ein ungültiges Mehr.

Hat nun die Wissenschaft irgendeine andere psychologische Zwischenbestimmung, die den gleichen dogmatischen und ethischen und psychologischen Vorteil hat wie die Angst, so ziehe man sie vor.

Daß übrigens das hier Entwickelte sich vortrefflich in Übereinstimmung bringen läßt mit der Erklärung, die man gewöhnlich von der Sünde gibt, daß sie das Selbstische sei, läßt sich leicht einsehen. Wenn man sich aber in diese Bestimmung vertieft, so läßt man sich überhaupt nicht darauf ein, die vorausgehende psychologische Schwierigkeit zu erklären, ebenso wie man auch die Sünde allzu pneumatisch bestimmt und nicht genügend beachtet, daß die Sünde, indem sie gesetzt wird, ebensosehr eine sinnliche wie eine geistige Konsequenz setzt.

Wenn man nun in der neueren Wissenschaft oft genug die Sünde als das Selbstische erklärt hat, so ist es unbegreiflich, daß man nicht eingesehen hat, daß eben hierin die Unmöglichkeit liegt, für ihre Erklärung in irgendeiner Wissenschaft Platz zu finden; denn das Selbstische ist eben das Einzelne, und was das bedeutet, kann nur der Einzelne wissen als der Einzelne, da es, unter allgemeinen Kategorien gesehen, alles bedeuten kann, und zwar so, daß dieses Alles gar nichts bedeutet. Die Bestimmung, daß die Sünde das Selbstische ist, kann daher sehr richtig sein, gerade wenn man gleichzeitig festhält, daß sie wissenschaftlich gesprochen so inhaltslos ist, daß sie schlechthin nichts bedeutet. Endlich ist in der Bestimmung »das Selbstische« weder die Distinktion Sünde und Erbsünde berücksichtigt worden, noch in welchem Sinne die eine die andere erklärt, die Sünde die Erbsünde und die Erbsünde die Sünde.

Sobald man von diesem Selbstischen wissenschaftlich reden will, löst sich alles in Tautologie auf, oder man wird geistreich, womit sich alles verwirrt. Wer hat vergessen, daß die Naturphilosophie dieses Selbstische in der ganzen Schöpfung fand, es fand in der Bewegung der Sterne, die beständig doch gebunden waren in Gehorsam unter das Gesetz des Universums; daß das Zentrifugale in der Natur das Selbstische war? Wenn man einen Begriff erst einmal soweit gebracht hat, so mag dieser nur ruhig sich auf die Seite legen und möglichst seinen Rausch ausschlafen, um wieder nüchtern zu werden. In dieser Hinsicht ist unsere Zeit unermüdlich gewesen, jedes Ding alles bedeuten zu lassen. Wie flink und unverdrossen sieht man nicht bisweilen den einen oder anderen geistreichen Mystagogen eine ganze Mythologie prostituieren, um durch seinen Falkenblick jede einzige Mythe zu einer Kaprice auf seiner Mundharfe zu machen? Sieht man nicht bisweilen eine ganz christliche Terminologie bis zur Unkenntlichkeit entstellt durch die prätentiöse Behandlung des einen oder anderen Spekulanten?

Wenn man sich nicht zuerst einmal deutlich macht, was »Selbst« bedeutet, so nützt es nur wenig, von der Sünde zu sagen, sie sei das Selbstische. »Selbst« aber bedeutet eben den Widerspruch, daß das Allgemeine gesetzt ist als das Einzelne. Erst wenn der Begriff des Einzelnen gegeben ist, erst dann ist vom Selbstischen die Rede, aber obwohl unzählige Millionen solcher Selbste gelebt haben, vermag keine Wissenschaft zu sagen, was ein Selbst ist, außer wenn sie es wieder ganz allgemein aussagt[1]. Und dies ist das Wunderbare im Leben, daß jeder Mensch, der auf sich selbst achtet, weiß, was keine Wissenschaft weiß, wer er selbst ist, und dies ist das Tiefsinnige an jenem griechischen Satz *γνῶϑι σαυτόν*[2], den man nun lange genug auf deutsch von dem reinen Selbstbewußtsein, der Luftigkeit des Idealismus verstanden hat. Es ist sicher hohe Zeit, daß man versucht, ihn griechisch zu verstehen, wie ihn die Griechen verstanden hätten, wenn sie christliche Voraussetzungen gehabt hätten. Das eigentliche Selbst aber ist erst im qualitativen Sprung gesetzt. Im Zustand zuvor kann davon nicht die Rede sein. Wenn man daher die Sünde aus dem Selbstischen erklären will, so verwikkelt man sich in Unklarheiten, da ja umgekehrt durch die Sünde und in der Sünde das Selbstische der Anlaß zu Adams Sünde war, so ist diese Erklärung ein Spiel, bei dem der Ausleger selber findet, was er zuerst selber versteckt hat. Sagt man, daß das Selbstische Adams Sünde bewirkt habe, so ist der Zwischenzustand übersprungen und die Erklärung hat sich eine verdächtige Leichtigkeit

---

1 Dies ist des näheren Nachdenkens wohl wert; denn eben an diesem Punkt muß es sich zeigen, wie weit das neuere Prinzip, das Denken und Sein eins sei, reicht, wenn man es nicht mit einseitigen und zum Teil törichten Mißverständnissen bedrängt, andererseits aber auch nicht ein höchstes Prinzip wünscht, das zu Gedankenlosigkeit führt. Nur das Allgemeine ist dadurch, daß es gedacht wird und sich denken läßt [nicht bloß experimentierend, denn was kann man nicht denken], und ist so, wie es sich denken läßt. Die Pointe in dem Einzelnen ist eben sein negatives Sichverhalten zum Allgemeinen, seine Abstoßung des Allgemeinen, sobald diese aber weggedacht wird, ist das

gesichert. Dazu kommt, daß man nichts von der Bedeutung des Sexuellen zu wissen bekommt. Hier bin ich bei meinem alten Punkt angelangt. Das Sexuelle ist nicht die Sündhaftigkeit, wenn aber – um mich einen Augenblick zu akkommodieren und töricht zu reden – Adam nicht sündigt hätte, so wäre das Sexuelle niemals als Trieb ins Dasein getreten. Ein vollkommener Geist läßt sich nicht sexuell bestimmt denken. Dies ist in Einklang mit der Lehre der Kirche von der Beschaffenheit der Auferstehung, in Einklang mit den kirchlichen Vorstellungen von den Engeln, in Einklang mit den dogmatischen Bestimmungen hinsichtlich der Person Christi. Während doch Christus, um nur eine Andeutung hinzuwerfen, in allen menschlichen Prüfungen versucht wird, so wird niemals eine Versuchung in dieser Richtung genannt, was sich eben daraus erklären läßt, daß er in allen Versuchungen bestand.

Die Sinnlichkeit ist nicht Sündhaftigkeit. Die Sinnlichkeit in der Unschuld ist nicht Sündhaftigkeit, und doch ist die Sinnlichkeit da, Adam brauchte ja Speise und Trank und so weiter. Die geschlechtliche Differenz ist in der Unschuld gesetzt, aber nicht gesetzt als solche. Erst in dem Augenblick, da die Sünde gesetzt wird, wird auch die geschlechtliche Differenz gesetzt als Trieb.

Hier wie allenthalben muß ich mir jede mißverständliche

Einzelne aufgehoben, und sobald sie gedacht wird, ist sie verwandelt, so daß man sie entweder nicht denkt und sich bloß einbildet, daß sie ins Denken mit hineingekommen sei.

2 Der lateinische Satz *unum noris omnes* drückt leichtsinnig dasselbe aus und drückt wirklich dasselbe aus, wenn man unter *unum* den Betrachter selbst versteht und nun nicht neugierig nach *omnes* späht, sondern mit Ernst den Einen festhält, der wirklich »alle« ist. Dies glauben die Menschen gewöhnlich nicht und meinen sogar, es sei zu stolz; der Grund ist wohl eher der, daß sie zu feige und bequem sind, es zu wagen, den wahren Stolz zu verstehen und sich das Verständnis zu erringen.

Konsequenz verbitten, als sollte es zum Beispiel nun die wahre Aufgabe sein, vom Sexuellen zu abstrahieren, das heißt es im äußerlichen Sinne zu vernichten. Ist einmal das Sexuelle als das Äußerste in der Synthese gesetzt, so nützt alle Abstraktion nichts. Die Aufgabe ist natürlich, es in die Bestimmungen des Geistes hineinzugewinnen. [Hier liegen alle sittlichen Probleme des Erotischen.] Die Realisation dieser Aufgabe ist der Sieg der Liebe in einem Menschen, in dem der Geist so gesiegt hat, daß das Sexuelle vergessen ist und der Mensch sich des Sexuellen nur im Vergessen erinnert. Wenn dies geschehen ist, so ist die Sinnlichkeit im Geist verklärt und die Angst vertrieben.

Will man nun diese Anschauung, die man christlich nennen mag oder wie man will, mit der griechischen vergleichen, so glaube ich, daß mit ihr mehr gewonnen ist als eingebüßt. Wohl ist da nämlich ein Teil der wehmütigen, erotischen Heiterkeit eingebüßt, es ist aber auch eine Bestimmung des Geistes gewonnen, die man im Griechentum nicht kennt. Die einzigen, die in Wahrheit etwas einbüßen, sind die vielen, die noch immer dahinleben, als wären es sechstausend Jahre her, daß die Sünde in die Welt kam, als wäre sie ein Kuriosum, das sie nichts anginge; denn sie gewinnen nicht die griechische Heiterkeit, die sich eben nicht *gewinnen*, sondern nur verlieren läßt, und sie gewinnen auch nicht des Geistes ewige Bestimmung.

Angst als die Folge derjenigen Sünde, die im Ausbleiben des Sündenbewußtseins besteht

Es wurde in den zwei vorhergehenden Kapiteln ständig festgehalten, daß der Mensch eine Synthese von Seele und Leib ist, die von Geist konstituiert und getragen wird. Die Angst war, um einen neuen Ausdruck zu brauchen, der dasselbe sagt, was im Vorhergehenden gesagt wird, und der zugleich auf das folgende hinweist, die Angst war der Augenblick im individuellen Leben.

Es gibt eine Kategorie, die in der neueren Philosophie in logischen wie auch in geschichtlich-philosophischen Untersuchungen immerfort gebraucht wird, die des Überganges. Eine nähere Erklärung erhält man jedoch niemals. Man benützt ihn frischweg, und während Hegel und seine Schule die Welt durch den großen Gedanken in Staunen versetzte, daß die Philosophie voraussetzungslos beginne oder auch daß der Philosophie nichts anderes vorausgehen dürfe als die vollkommene Voraussetzungslosigkeit aller Dinge, geniert man sich keineswegs, den Übergang, die Negation, die Mediation, das heißt die Bewegungsprinzipien in Hegels Denken in der Weise zu benützen, daß ihnen ihr Platz im systematischen Fortschreiten zugleich vorenthalten wird. Wenn das keine Voraussetzung ist, so weiß ich nicht, was Voraussetzung ist; denn etwas benützen, was man nirgends erklärt, heißt doch es voraussetzen. Das System sollte die wunderbare Durchsichtigkeit und Innenschau haben, daß es mit omphalo-psychitischer Unentwegtheit so lange auf das zentrale Nichts schaute, bis alles sich erklärte und sein ganzer Inhalt durch sich selbst entstünde. Diese nach innen gekehrte Öffentlichkeit wäre ja die des Systems. Indessen zeigt es sich, daß es nicht so ist und daß der systematische Gedanke zum Geheimnisvollen zu neigen scheint, was seine innersten Regungen anlangt. Die Negation, der Übergang, die Mediation sind drei vermummte, verdächtige, heimliche Agenten [*agentia*], die alle Bewegungen zustandebringen. Unruhige Köpfe würde Hegel sie wohl niemals nennen, da sie ihr Spiel mit seiner allerhöchsten Genehmigung treiben, und zwar so ungeniert, daß man sogar in der Logik Ausdrücke und Wendungen gebraucht, die der Zeitlichkeit des Überganges entnommen sind: darauf; wann; als seiend ist es dies; als werdend ist es dies und so weiter.

---

1 Es ist darum nicht logisch, sondern in Richtung auf die geschichtliche Freiheit zu verstehen, wenn Aristoteles sagt, daß der Übergang von der Möglichkeit zur Wirklichkeit ein *κίνησις* sei.

2 Der Augenblick wird von Plato rein abstrakt aufgefaßt. Um sich in der Dialektik des Augenblicks zu orientieren, mag man sich klarmachen, daß der Augenblick das Nicht-Seiende unter der Bestimmung der Zeit ist. Das Nicht-Seiende [*τὸ μὴ ὄν*; *τὸ κενόν* bei den Pythagoreern] beschäftigte die Philosophie des Altertums mehr als die moderne. Das Nicht-Seiende wurde von den Eleaten ontologisch in der Weise aufgefaßt, daß, was darüber ausgesagt werden könne nur in dem Gegensatz, daß nur das Seiende sei, ausgesagt werden könne. Will man dem weiter nachgehen, so wird man sehen, daß es in allen Sphären wiederkehrt. Metaphysisch-propädeutisch wurde der Satz so ausgedrückt: wer das Nicht-Seiende aussagt, sagt gar nichts. [Dieses Mißverständnis wird im »Sophisten« bekämpft, und auf eine mehr mimische Weise bereits in einem früheren Dialog »Gorgias«]. In den praktischen Sphären endlich benutzten die Sophisten das Nicht-Seiende so, daß sie damit alle sittlichen Begriffe aufhoben; das Nicht-Seiende ist nicht, *ergo* ist alles wahr, *ergo* ist alles gut, *ergo* ist Betrug und so weiter gar nicht da. Dies bekämpft Sokrates in mehreren Dialogen. Vornehmlich hat es indessen Plato im »Sophisten« abgehandelt, der, wie alle platonischen Dialoge, zugleich künstlerisch veranschaulicht, was er selbst doziert; denn der Sophist, dessen Definition und Begriff der Dialog sucht, während er hauptsächlich vom Nicht-Seienden handelt, ist selbst ein Nicht-

Doch sei dem nun wie es wolle, mag die Logik zusehen, wie sie sich selbst helfe. Das Wort Übergang ist und bleibt eine Geistreichigkeit in der Logik. In der Sphäre der geschichtlichen Freiheit ist es am Platze, denn der Übergang ist ein *Zustand* und ist wirklich[1]. Die Schwierigkeit, den Übergang im rein Metaphysischen anzubringen, hat Plato sehr wohl eingesehen und deshalb hat die Kategorie des *Augenblicks*[2] ihn soviel Anstrengung gekostet. Die Schwierigkeit ignorieren heißt gewiß nicht »weitergehen« als Plato; sie ignorieren und dabei fromm das Den-

---

Seiendes, und so treten der Begriff und das Beispiel zugleich ins Dasein in dem Kriege, in dem der Sophist bekriegt wird und der damit endet, nicht daß er vernichtet wird, sondern daß er ins Dasein tritt, was das allerschlimmste für ihn ist, weil er nämlich trotz seiner Sophistik, die ihn wie die Rüstung des Mars unsichtbar zu machen vermag, hier doch ans Licht muß. In der neueren Philosophie ist man in der Auffassung des Nichtseienden im wesentlichen durchaus nicht weitergekommen, obgleich man doch meint, christlich zu sein. Die griechische Philosophie und die moderne stellen sich so: Alles dreht sich darum, das Nichtseiende zum Sein zu bringen; denn es fortzubringen und verschwinden zu lassen, scheint gar so leicht. Die christliche Betrachtung stellt sich so: Das Nichtseiende ist überall da als das Nichts, aus dem geschaffen wurde, als Schein und Eitelkeit, als Sünde, als Sinnlichkeit fern dem Geiste, als Zeitlichkeit vergessen von der Ewigkeit; deshalb geht alles darum, es fortzubringen, um das Seiende an den Tag zu bringen. Nur in dieser Richtung ist der Begriff der Versöhnung historisch richtig aufgefaßt in dem Sinne, in dem ihn das Christentum in die Welt brachte. Geht die Auffassung in entgegengesetzter Richtung [mit dem Ausgang der Bewegung davon, daß das Nichtseiende nicht da ist], so hat man die Versöhnung verflüchtigt und ihre Kehrseite nach außen gewendet. – Den Augenblick behandelt Plato in »Parmenides«. Dieser Dialog beschäftigt sich damit, den Widerspruch in den Begriffen selbst nachzuweisen, und dies drückt Sokrates in einer so bestimmten Weise aus, daß es jener alten griechischen, schönen Philosophie durchaus nicht zur Schan-

ken zu betrügen, um die Spekulation flottzumachen und die Bewegung in der Logik in Gang zu setzen, heißt die Spekulation als ein ziemlich endliches Anliegen zu behandeln. Doch erinnere ich mich eines Spekulierenden, den ich einmal sagen hörte, man dürfe nicht zu viel im voraus an die Schwierigkeiten denken; denn dann käme man niemals zum Spekulieren. Wenn es so nur darum geht, zum Spekulieren zu kommen, und nicht darum, daß die Spekulation, die man vornimmt, auch wirkliche Spekulation werde, so ist das schon ganz resolut gesagt:

---

de gereicht, wohl aber eine neuere, großsprecherische Philosophie zu beschämen vermag, die, der griechischen entgegen, an sich selbst keine großen Forderungen stellt, wohl aber an die Menschen und an deren Bewunderung. Sokrates bemerkt, es sei nicht zu verwundern, wenn einer das Widersprechende [τὸ ἐναντίον] von einem einzelnen Dinge nachweisen könne, das an dem Verschiedenartigen partizipiere; aber wenn einer imstande sei, den Widerspruch in den Begriffen selbst nachzuweisen, so sei dies bewundernswert. [ἀλλ' ει ὅ ἐστιν ἕν, ἀυτὸ τοῦτο πολλὰ ἀποδείζει καὶ αὖ τὰ πολλὰ δὴ ἕν, τοῦτο ἤδη θαυμάσομαι. Καὶ περὶ τῶν ἄλλων ἁπαντων ὡσαύτως § 129, B, C.] Das Verfahren ist mittlerweile experimentierende Dialektik. Man nimmt an, daß die Einheit [τὸ ἕν] ist und daß sie nicht ist, und zeigt nun, was daraus für sie selbst und für das übrige folgt. Der Augenblick erweist sich nun als dies wunderliche Wesen [ἄτοπον, das griechische Wort ist hier vortrefflich], das zwischen Bewegung und Ruhe liegt, ohne in irgendeiner Zeit zu sein, und zu diesem und aus diesem heraus schlägt das Bewegende um in Ruhe und das Ruhende in Bewegung. Der Augenblick wird daher die Übergangskategorie schlechthin [μεταβολή], denn Plato zeigt, daß der Augenblick auf die gleiche Weise auch in Beziehung zum Übergang von Einheit zu Vielheit und Vielheit zu Einheit, Gleichheit zu Ungleichheit und so weiter eben der Augenblick sei, in dem weder ἕν noch πολλά ist und in dem weder bestimmt noch vermischt wird νὔτε διακρίνεται οὔτε ξυγκρίνεται § 157 A]. Bei all diesem hat nun Plato das Verdienst, sich die Schwierigkeit deutlich zu machen; aber der Augenblick wird doch eine lautlose atomisti-

man solle nur zusehen, daß man zum Spekulieren komme – etwa wie es löblich ist, wenn ein Mann, der nicht in der Lage ist, in der eigenen Kutsche in den Tiergarten zu fahren, sagen würde: Derlei soll einen nicht groß bekümmern, es läßt sich auch im Kremser fahren. Und so ist es ja schließlich: beide kommen sie mit ihren Fahrzeugen hoffentlich in den Tiergarten. Dagegen kommt schwerlich zum Spekulieren, wer resolut genug wäre, sich nicht um das Beförderungsmittel zu bekümmern, wenn er bloß zum Spekulieren kommen kann.

---

sche Abstraktion, die man auch damit nicht erklärt, daß man sie ignoriert. Wenn nun die Logik von sich sagt, sie habe nicht den Übergang [hat sie aber einmal diese Kategorie, so muß dieselbe ja einen Platz im System selbst haben, wenn sie auch zugleich im System operiert], so wird es deutlicher werden, daß die historischen Sphären und alles Wissen, das in einer historischen Voraussetzung wurzelt, den Augenblick haben. Diese Kategorie ist von großer Wichtigkeit, um sich abzugrenzen gegen die heidnische Philosophie und eine ebenso heidnische Spekulation im Christentum. Im Dialog Parmenides zeigt sich an einer anderen Stelle die Folge davon, daß der Augenblick eine solche Abstraktion ist. Indem die Einheit gesetzt wird, als Bestimmung der Zeit, wird gezeigt, wie hier der Widerspruch auftritt, daß die Einheit [το ἕν] älter und jünger wird als sie selbst und die Vielheit [τὰ πολλά], und auch wieder weder jünger noch älter als sie selbst und die Vielheit [§ 151 E]. Die Einheit muß ja doch sein, heißt es, und nun wird »sein« so bestimmt: Teilhaftigkeit an einem Wesen oder an einer Wesenheit in der gegenwärtigen Zeit[τὸ δὲ εἶναι ἄλλο τί ἐστι ἢ μέθεξις ὀυσίας μετὰ χρόνου τοῦ παρόντος] [§ 151 E]. In der näheren Erörterung der Widersprüche zeigt sich nun, daß das Gegenwärtige [τὸ νῦν] in der Bedeutung schwingt zwischen dem Gegenwärtigen, dem Ewigen, dem Augenblick. Dieses Jetzt [τὸ νῦν] liegt zwischen »war« und »wird werden«, und die Einheit kann ja nicht, während sie vom Vergangenen zum Zukünftigen fortschreitet, das Jetzt überspringen. Sie hält also im Jetzt inne, sie wird nicht älter, sondern ist älter. In der neuesten Philosophie kulminiert die

In der Sphäre der geschichtlichen Freiheit ist der Übergang ein Zustand. Indessen darf man, um dies recht zu verstehen, nicht vergessen, daß das Neue durch den Sprung kommt. Falls dies nämlich nicht festgehalten wird, erhält der Übergang ein quantitierendes Übergewicht über die Elastizität des Sprunges.

Der Mensch war also eine Synthese von Seele und Leib, er ist aber zugleich eine *Synthese des Zeitlichen und des Ewigen*. Daß dies oft genug gesagt worden ist, dagegen habe ich nichts einzuwenden; es ist ja nicht mein Wunsch, Neuigkeiten zu entdecken, wohl aber meine Freude und mein verliebter Zeitvertreib, nachzudenken über das, was ganz einfach scheint.

Was die letzte Synthese angeht, so fällt es sofort auf, daß sie anders gebildet ist als die erste. In der ersten waren Seele und Leib die beiden Momente der Synthese, und der Geist war das Dritte, doch so, daß von der Synthese erst eigentlich die Rede war, indem der Geist gesetzt wurde. Die zweite Synthese hat nur zwei Momente: das Zeitliche und das Ewige. Wo ist hier das Dritte? Und ist kein Drittes vorhanden, so ist eigentlich keine Synthese vorhanden, denn eine Synthese, die ein Widerspruch ist, kann als Synthese nicht vollzogen werden ohne ein Drittes; denn daß die Synthese ein Widerspruch ist, besagt ja eben, daß sie nicht ist. Was ist nun das Zeitliche?

Wenn man die Zeit richtig als die unendliche Sukzession bestimmt, so liegt es anscheinend nahe, sie auch als gegenwärtig, vergangen und zukünftig zu bestimmen. Mittlerweile ist diese Distinktion unrichtig, wenn man meint, sie liege in der Zeit selbst; denn sie tritt erst hervor durch

---

Abstraktion im reinen Sein; das reine Sein aber ist der abstrakteste Ausdruck für die Ewigkeit und ist als Nichts eben wieder der Augenblick. Hier zeigt sich wieder, wie wichtig der »Augenblick« ist; denn erst mit dieser Kategorie kann es gelingen, der Ewigkeit ihre Bedeutung zu geben, sofern Ewigkeit und Augenblick zu den äußersten Gegensätzen werden,

das Verhältnis der Zeit zur Ewigkeit und durch die Reflexion der Ewigkeit in der Zeit. Falls man nämlich in der unendlichen Sukzession der Zeit einen festen Haltepunkt, das heißt, ein Gegenwärtiges finden könnte, das das Teilende wäre, so wäre die Einteilung ganz richtig. Eben weil aber jeder Moment, wie die Summe von Momenten Prozeß [ein Vorbeigehen] ist, so ist kein Moment ein gegenwärtiger, und insofern gibt es in der Zeit weder ein Gegenwärtiges noch ein Vergangenes noch ein Zukünftiges. Meint man diese Einteilung festhalten zu können, so läßt es sich tun, weil man einen Moment *spatiiert*; aber damit ist die unendliche Sukzession zum Anhalten gebracht, es läßt sich tun, weil man die Vorstellung hineinträgt, die Zeit der Vorstellung übergibt, anstatt sie zu denken. Aber selbst hierbei geht man nicht richtig vor, denn selbst für die Vorstellung ist die unendliche Sukzession der Zeit ein unendlich inhaltsloses Gegenwärtiges. [Dies ist die Parodie auf das Ewige.] Die Inder erzählen von einer Königsreihe, die siebzigtausend Jahre lang geherrscht habe. Von den Königen weiß man nichts, nicht einmal ihre Namen [so nehme ich an]. Wollen wir dies als ein Beispiel für die Zeit nehmen, so sind die siebzigtausend Jahre für den Gedanken ein unendliches Verschwinden, für die Vorstellung weitet es sich aus, spatiiert es sich zu dem illusorischen Schauen eines unendlich inhaltslosen Nichts[1]. Sobald man hingegen den einen dem andern sukzedieren läßt, setzt man das Gegenwärtige.

Das Gegenwärtige ist mittlerweile nicht der Begriff der Zeit, außer eben als ein unendlich Inhaltsloses, was ja

---

während sonst die dialektische Hexerei Ewigkeit und Augenblick dasselbe bedeuten läßt. Erst mit dem Christentum lassen sich Sinnlichkeit, Zeitlichkeit, der Augenblick verstehen, eben weil erst mit ihm die Ewigkeit wesentlich wird.

[1] Dies ist übrigens der Raum. Der Geübte wird eben hierin leicht den Beweis für die Richtigkeit meiner Darstellung fin-

eben wieder das unendliche Verschwinden ist. Achtet man nicht hierauf, so hat man, wie geschwind man es auch verschwinden lasse, doch das Gegenwärtige gesetzt, und nachdem man es gesetzt hat, läßt man es in den Bestimmungen: das Vergangene und das Zukünftige auch wieder zugegen sein.

Das Ewige dagegen ist das Gegenwärtige. Als gedacht ist das Ewige das Gegenwärtige als die aufgehobene Sukzession [die Zeit war die Sukzession, die vorbeigeht]. Für die Vorstellung ist es ein Fortgang, der doch nicht von der Stelle kommt, weil das Ewige für sie das unendlich inhaltvolle Gegenwärtige ist. Im Ewigen findet sich die Unterscheidung des Vergangenen und des Zukünftigen wiederum nicht, weil das Gegenwärtige als die aufgehobene Sukzession gesetzt ist.

Die Zeit ist also die unendliche Sukzession, das Leben, das in der Zeit ist und das nur der Zeit angehört, hat kein Gegenwärtiges. Wohl pflegt man bisweilen, um das sinnliche Leben zu bestimmen, zu sagen, daß es im Augenblick und nur im Augenblick sei. Man versteht dann unter dem Augenblick die Abstraktion vom Ewigen, die, wenn sie das Gegenwärtige sein soll, die Parodie darauf ist. Das Gegenwärtige ist das Ewige oder richtiger, das Ewige ist das Gegenwärtige, und das Gegenwärtige ist das Vollhaltige. In diesem Sinne sagte der Lateiner von der Gottheit, sie sei *praesens [praesens dii]* und bezeichnete mit diesem Wort, auf die Gottheit angewandt, zugleich deren machtvollen Beistand.

Der Augenblick bezeichnet das Gegenwärtige als ein solches, das nichts Vergangenes und nichts Zukünftiges hat; denn darin liegt ja eben die Unvollkommenheit des sinnlichen Lebens. Das Ewige bezeichnet auch das Gegenwärtige, das nichts Vergangenes und nichts Zukünftiges

---

den, denn Zeit und Raum sind für das abstrakte Denken völlig identisch [nacheinander und nebeneinander]; sie werden es

hat, und daß es das nicht hat, das ist des Ewigen Vollkommenheit.

Will man nun den Augenblick brauchen, um die Zeit damit zu bestimmen, und ihn die rein abstrakte Ausschließung des Vergangenen und des Zukünftigen und als solchen das Gegenwärtige bezeichnen lassen, so ist er gerade nicht das Gegenwärtige; denn das rein abstrakt gedachte Zwischenmoment zwischen dem Vergangenen und dem Zukünftigen ist überhaupt nicht. So aber tritt hervor, daß der Augenblick nicht eine bloße Bestimmung der Zeit ist; da die Bestimmung der Zeit nur die ist, vorbeizugehen, weshalb die Zeit, wenn sie durch irgendeine der in ihr sich offenbarenden Bestimmungen bestimmt werden soll, die vergangene Zeit ist. Sollen dagegen die Zeit und die Ewigkeit einander berühren, so muß es in der Zeit sein, und nun sind wir beim Augenblick.

Der »Augenblick« ist ein bildlicher Ausdruck, und es läßt sich daher so leicht nicht damit umgehen. Doch ist es ein schönes Wort, wohl wert, darauf zu achten. Nichts ist so schnell wie der Blick des Auges, und doch ist er kommensurabel für den Gehalt des Ewigen. Wenn Ingeborg über das Meer nach Frithjof ausschaut, so ist dies ein Bild dafür, was das bildliche Wort bedeutet. Ein Ausbruch ihres Gefühls, ein Seufzer, ein Wort hat schon als Laut mehr die Bestimmung der Zeit in sich und ist mehr gegenwärtig auf ein Verschwinden hin und hat nicht so sehr die Gegenwart des Ewigen in sich, wie ja denn auch ein Seufzer, ein Wort und so weiter die Kraft hat, der Seele zu helfen, loszuwerden, was auf ihr lastet, eben weil das Lastende, bloß ausgesprochen, schon gleich beginnt, ein Vergangenes zu werden. Ein Blick ist darum eine Bezeichnung der Zeit, aber wohl zu merken, der Zeit im schicksalsschwangeren Konflikt, indem sie von

---

für die Vorstellung und sie sind es in Wahrheit in der Bestimmung Gottes als der *Allgegenwärtige*.

der Ewigkeit berührt wird[1]. Was wir den Augenblick nennen, das nennt Plato τὸ ἐξαίφνης. Wie dies auch ethymologisch erklärt werden möge, es steht doch in Beziehung zu der Bestimmung: das Unsichtbare, weil Zeit und Ewigkeit gleich abstrakt aufgefaßt wurden, da man des Begriffs der Zeitlichkeit ermangelte, was seinen Grund darin hatte, daß man des Begriffs: Geist ermangelte. Auf lateinisch heißt Augenblick *momentum*, was als Derivation [von *movere*] nur das bloße Verschwinden ausdrückt[2]. So verstanden, ist der Augenblick nicht eigentlich das Atom der Zeit, sondern das Atom der Ewigkeit. Er ist der erste Reflex der Ewigkeit in der Zeit, ihr erster Versuch gleichsam die Zeit anzuhalten. Darum verstand das Griechentum den Augenblick nicht, denn ob es gleich das Atom der Ewigkeit erfaßte, so erfaßte es doch nicht, daß es der Augenblick war, bestimmte es nicht in vorwärtiger Richtung, sondern in rückwärtiger Richtung, weil das Atom der Ewigkeit für das Griechentum wesentlich die Ewigkeit war, und so weder Zeit noch Ewigkeit zu ihrem wahren Recht kam.

Die Synthese des Zeitlichen und des Ewigen ist nicht eine zweite Synthese, sondern der Ausdruck für jene erste Synthese, nach der der Mensch eine Synthese von Seele und Leib ist, die von Geist getragen wird. Sobald der Geist gesetzt ist, ist der Augenblick da. Darum ist es mit Recht ein Tadel, wenn vom Menschen gesagt wird, er

---

[1] Es ist eigentümlich, daß die griechische Kunst in der Plastik kulminiert, der eben der Blick fehlt. Dies hat indessen seinen tiefen Grund darin, daß die Griechen im tiefsten Sinne den Begriff des Geistes nicht faßten und darum im tiefsten Sinne auch nicht die Sinnlichkeit und die Zeitlichkeit faßten. Wie stark ist doch der Gegensatz, wenn man im Christentum Gott bildlich gerade als Auge darstellt.

[2] Im Neuen Testament findet sich eine poetische Umschreibung des Augenblicks. Paulus sagt, die Welt werde vergehen [ἐν ἀτόμῳ καὶ ἐν ῥιπῇ ὀφθαλμοῦ]. Damit drückt er auch

lebe nur im Augenblick, da dies durch eine willkürliche Abstraktion geschieht. Die Natur liegt nicht im Augenblick.

Es geht mit der Zeitlichkeit, wie es mit der Sinnlichkeit geht; denn die Zeitlichkeit scheint noch unvollkommener, der Augenblick noch geringer als das scheinbar ruhige Bestehen der Natur in der Zeit. Und doch ist es umgekehrt; denn die Ruhe der Natur hat ihren Grund darin, daß die Zeit gar keine Bedeutung für sie hat. Erst im Augenblick beginnt die Geschichte. Die Sinnlichkeit des Menschen wird durch die Sünde als Sündhaftigkeit gesetzt, niederer als die des Tieres also, und doch ist es eben, weil hier das Höhere beginnt; denn nun beginnt der Geist.

Der Augenblick ist jenes Zweideutige, in dem Zeit und Ewigkeit einander berühren, und hiermit ist der Begriff der *Zeitlichkeit* gesetzt, in der die Zeit beständig die Ewigkeit abreißt und die Ewigkeit beständig die Zeit durchdringt. Erst jetzt erhält jene erwähnte Einteilung ihre Bedeutung: die gegenwärtige Zeit, die vergangene Zeit, die zukünftige Zeit.

Bei dieser Einteilung fällt sofort ins Auge, daß das Zukünftige in gewissem Sinne mehr bedeutet als das Gegenwärtige und das Vergangene, denn das Zukünftige ist in gewissem Sinne das Ganze, von dem das Vergangene ein Teil ist, und das Zukünftige kann in gewissem Sinne

---

aus, daß der Augenblick kommensurabel für die Ewigkeit ist, da nämlich der Untergangsaugenblick im gleichen Augenblick die Ewigkeit ausdrückt. Man gestatte mir zu veranschaulichen, was ich meine, und man verzeihe mir, falls man in dem Bilde etwas Anstößiges finden sollte. Es waren einmal hier in Kopenhagen zwei Künstler, die selber wahrscheinlich kaum daran dachten, daß man ihrer Darbietung auch eine tiefere Bedeutung beimessen könnte. Sie traten auf, stellten sich einander gegenüber und begannen nun irgendeinen leidenschaftlichen Konflikt mimisch darzustellen. Wenn dann die mimische Aus-

das Ganze bedeuten. Dies kommt daher, daß das Ewige zuerst das Zukünftige bedeutet oder daß das Zukünftige das Inkognito ist, in dem das Ewige, als für die Zeit inkommensurabel doch weiter seinen Umgang mit der Zeit pflegen will. So setzt der Sprachgebrauch bisweilen das Zukünftige identisch mit dem Ewigen [das zukünftige Leben – das ewige Leben]. Da nun die Griechen in tieferem Sinne den Begriff des Ewigen nicht hatten, so hatten sie auch den Begriff des Zukünftigen nicht. Man kann aber darum des griechischen Lebens Verlorenheit im Augenblick nicht tadeln oder richtiger, man kann noch nicht einmal sagen, daß es verloren war; denn die Zeitlichkeit wurde von den Griechen ebenso naiv aufgefaßt wie die Sinnlichkeit, weil die Bestimmung des Geistes fehlte.

Der Augenblick und das Zukünftige setzen wiederum das Vergangene. Sollte das griechische Leben überhaupt irgendeine Bestimmung der Zeit bezeichnen, so ist es das Vergangene; doch nicht bestimmt in Beziehung auf das Gegenwärtige und Zukünftige, sondern bestimmt, wie es die Bestimmung der Zeit überhaupt ist, als ein Vorbeigehen. Hier zeigt sich die Bedeutung der platonischen Erinnerung. Das griechische Ewige liegt hinter einem als das Vergangene, in das man nur rückwärts hineinkommt[1]. Doch ist es ein völlig abstrakter Begriff des Ewigen, daß es das Vergangene sei, mag es nun näher philosophisch [das philosophische Absterben] oder geschichtlich bestimmt werden.

Überhaupt kann man daraus, wie man die Begriffe des Vergangenen, des Zukünftigen, des Ewigen bestimmt,

---

einandersetzung im vollen Gange war und das Auge des Zuschauers der Geschichte folgte, das Kommende erwartend, brachen sie plötzlich ab und verharrten nun vollkommen versteinert in dem augenblicklichen mimischen Ausdruck. Die Wirkung hiervon kann über die Maßen komisch sein, weil der Augenblick auf eine zufällige Weise für das Ewige kom-

ersehen, wie man den Augenblick bestimmt hat. Ist der Augenblick nicht, so kommt das Ewige dahinter zum Vorschein als das Vergangene. Es ist, wie wenn ich auf einem Weg einen Mann in Gang setze, ohne jedoch den Schritt zu ponieren; so kommt der Weg hinter ihm zum Vorschein als das Zurückgelegte. Ist der Augenblick gesetzt, aber bloß als *discrimen*, so ist das Zukünftige das Ewige. Ist der Augenblick gesetzt, so ist das Ewige, ist aber zugleich das Zukünftige, das wiederkommt als das Vergangene. Dies zeigt sich deutlich in der griechischen, jüdischen, christlichen Anschauung. Der Begriff, um den alles im Christentum sich dreht, das was alles neu machte, ist die Fülle der Zeit; die Fülle der Zeit aber ist der Augenblick als das Ewige, und doch ist dieses Ewige zugleich das Zukünftige und das Vergangene. Wenn man hierauf nicht achtet, so kann man keinen einzigen Begriff von ketzerischen und verräterischen Zusätzen freihalten, die den Begriff zunichtemachen. Man erhält das Vergangene nicht von ihm selbst her, sondern in einer einfachen Kontinuität mit dem Zukünftigen [hierdurch gehen die Begriffe: Bekehrung, Versöhnung, Erlösung in der weltgeschichtlichen Bedeutung und in der individuellen geschichtlichen Entwicklung verloren]. Man erhält das Zukünftige nicht von ihm selbst her, sondern in einer einfachen Kontinuität mit dem Gegenwärtigen [damit gehen die Begriffe: Auferstehung, Gericht zugrunde].

Denken wir uns zunächst einmal Adam, und erinnern wir uns sodann, daß jedes spätere Individuum völlig auf die gleiche Weise beginnt, nur innerhalb der quantitativen Verschiedenheit, die die Folge des Generationsverhält-

---

mensurabel wird. Die Wirkung des Plastischen beruht darauf, daß der ewige Ausdruck eben ewig ausgedrückt ist; das Komische lag darin, daß der zufällige Ausdruck verewigt wurde.

[1] Man überlege sich hier wieder die Kategorie, die ich festhalte: die Wiederholung, durch die man vorwärtig in die Ewigkeit kommt.

nisses und des geschichtlichen Verhältnisses ist. Es gibt also für Adam ebensowohl wie für jedes spätere Individuum den Augenblick. Die Synthese des Seelischen und des Leiblichen soll vom Geist gesetzt werden; der Geist aber ist das Ewige und ist darum erst, wenn der Geist die erste Synthese zugleich als die zweite Synthese, die des Zeitlichen und des Ewigen setzt. Solange das Ewige nicht gesetzt ist, ist der Augenblick nicht, oder nur das *discrimen*. Hierbei zeigt sich das Ewige – da der Geist in der Unschuld nur als träumender Geist bestimmt ist – als das Zukünftige, denn dies ist, wie gesagt, der erste Ausdruck des Ewigen, sein Inkognito. Wie also [im vorhergehenden Kapitel] der Geist, indem er in der Synthese gesetzt werden sollte oder richtiger, indem er die Synthese setzen sollte, sich als die Möglichkeit des Geistes [der Freiheit] in der Individualität als Angst ausdrückte, so ist hier wiederum das Zukünftige als die Möglichkeit des Ewigen [der Freiheit] in der Individualität als Angst da. Indem also die Möglichkeit der Freiheit sich vor der Freiheit zeigt, sinkt die Freiheit um, und die Zeitlichkeit tritt nun auf die gleiche Weise hervor wie die Sinnlichkeit in der Bedeutung von Sündhaftigkeit. Es sei hier nochmals wiederholt, daß dies nur der letzte psychologische Ausdruck für die letzte psychologische Approximation zum qualitativen Sprung ist. Der Unterschied zwischen Adam und dem späteren Individuum besteht darin, daß für dieses das Zukünftige reflektierter ist als für Adam. Dieses Mehr kann psychologisch gesprochen das Entsetzliche bedeuten, jedoch in Richtung auf den qualitativen Sprung bedeutet es das Unwesentliche. Das höchste Maximum an Verschiedenheit im Vergleich zu Adam ist, daß das Zukünftige vom Vergangenen antizipiert zu sein scheint, was sich zeigt in der Angst davor, daß die Möglichkeit verloren sei, ehe sie gewesen ist. Das Mögliche entspricht gänzlich dem Zukünftigen. Das Mögliche ist für die Freiheit das Zukünftige und das Zukünftige für die

Zeit das Mögliche. Beiden entspricht im individuellen Leben die Angst. Ein genauer und korrekter Sprachgebrauch verknüpft daher die Angst mit dem Zukünftigen. Wenn man zwar mitunter sagt, man ängstige sich vor dem Vergangenen, so scheint dies dem zu widersprechen. Indessen zeigt es sich doch bei näherem Zusehen, daß man dies nur in einer Weise sagt, die das Zukünftige irgendwie zum Vorschein kommen läßt. Das Vergangene, vor dem ich mich ängstigen können soll, muß in einem Verhältnis der Möglichkeit zu mir stehen. Ängstige ich mich vor einem vergangenen Unglück, dann tue ich es nicht, insofern als es vergangen ist, sondern insofern, als es sich wiederholen, das heißt zukünftig werden kann. Ängstige ich mich vor einem vergangenen Vergehen, dann tue ich es, weil ich es nicht in ein wesentliches Verhältnis zu mir gesetzt habe als vergangen, und es auf die eine oder andere trügerische Weise daran hindere, vergangen zu sein. Ist es nämlich wirklich vergangen, so kann ich mich nicht ängstigen, sondern nur bereuen. Tue ich das nicht, dann habe ich mir erlaubt, mein Verhältnis zu ihm dialektisch zu machen, damit aber ist das Vergehen selbst eine Möglichkeit geworden und nicht etwas Vergangenes. Ängstige ich mich vor der Strafe, so ist das nur der Fall, sobald diese in ein dialektisches Verhältnis zu dem Vergehen gesetzt wird [sonst trage ich meine Strafe], und dann ängstige ich mich vor dem Möglichen und dem Zukünftigen.

So sind wir wieder dort angelangt, wo wir im ersten Kapitel waren. Die Angst ist der psychologische Zustand, der der Sünde vorausgeht, ihr so nahe wie möglich kommt, so ängstigend wie möglich, ohne doch die Sünde zu erklären, die erst im qualitativen Sprung hervorbricht.

In dem Augenblick, da die Sünde gesetzt ist, ist die Zeitlichkeit Sündhaftigkeit. Wir sagen nicht, daß die Zeitlichkeit Sündhaftigkeit ist, ebensowenig wie die Sinnlichkeit Sündhaftigkeit ist; aber indem die Sünde gesetzt ist, bedeutet die Zeitlichkeit Sündhaftigkeit[1]. Darum sündigt, wer bloß im Augenblick als der Abstraktion vom Ewigen lebt. Hätte Adam – daß ich mich akkommodiere und töricht rede – nicht gesündigt, so wäre er im gleichen Augenblick in die Ewigkeit übergegangen. Sobald hingegen die Sünde gesetzt ist, hilft es nichts, von der Zeitlichkeit abstrahieren zu wollen, ebensowenig wie von der Sinnlichkeit[2].

---

1 Aus der Bestimmung der Zeitlichkeit als Sündhaftigkeit folgt weiter der Tod als Strafe. Dies ist ein Avancement, dessen Analogie man, *si placet*, darin finden kann, daß selbst in Beziehung auf das Äußerliche der Tod sich entsprechend entsetzlicher ankündigt, je vollkommener die organische Bildung ist. Während so das Sterben und Verwesen einer Pflanze Wohlgeruch verbreitet, fast noch würziger als ihr balsamischer Duft, verpestet dagegen das verwesende Tier die Luft. In tieferem Sinne gilt: je höher der Mensch veranschlagt wird, desto entsetzlicher ist der Tod. Das Tier stirbt eigentlich nicht; aber wenn der Geist als Geist gesetzt ist, dann zeigt sich der Tod als das Entsetzliche. Die Angst vor dem Tode entspricht darum der Angst vor dem Gebären, ohne daß ich doch deshalb hier wiederholen will, was teils wahr und teils nur geistreich, teils begeistert, teils leichtsinnig gesagt worden ist über den Tod als Metamorphose. Im Todesaugenblick befindet sich der Mensch auf der äußersten Spitze der Synthese; der Geist kann gleichsam nicht zugegen sein, denn er kann nicht sterben, und doch muß er warten, denn der Leib muß ja sterben. Die heidnische Anschauung vom Tode war – wie ihre Sinnlichkeit naiver war, ihre Zeitlichkeit sorgloser – milder und gefälliger, aber entbehrte des Höchsten. Man lese Lessings schöne Abhandlung »Wie die Alten den Tod gebildet«, und man wird nicht leugnen können, daß man wehmütig-anheimelnd bewegt wird

§ 1

Die Angst der Geistlosigkeit

Betrachtet man das Leben, so wird man sich bald davon überzeugen, daß, wenn auch das Dargelegte sich richtig verhält, die Angst der letzte psychologische Zustand ist, aus dem die Sünde durch den qualitativen Sprung hervorbricht, doch das gesamte Heidentum und dessen Wiederholung innerhalb des Christentums in einem bloß quantitativen Bestimmen liegt, aus dem der qualitative Sprung der Sünde nicht hervorbricht. Dieser Zustand ist jedoch nicht der Zustand der Unschuld, sondern ist, vom

---

beim Bilde dieses schlafenden Genius oder bei der Betrachtung der schönen Feierlichkeit, mit der der Genius des Todes sein Haupt neigt und die Fackel löscht. Es ist, wenn man so will, etwas unbeschreiblich Überredendes und Lockendes darin, sich einem solchen Führer anzuvertrauen, der versöhnt ist, wie eine Erinnerung, in der man sich an nichts erinnert. Andererseits aber ist es doch wieder unheimlich, diesem schweigsamen Führer zu folgen; denn er verbirgt nichts, seine Gestalt ist kein Inkognito, wenn er da ist, so ist der Tod da, und damit ist es vorbei. Es liegt eine unergründliche Wehmut darin, daß dieser Genius mit seiner freundlichen Gestalt sich über den Sterbenden beugt und mit dem Hauch eines letzten Kusses den letzten Lebensfunken löscht, während das Erlebte nach und nach schon verschwunden ist, und nur der Tod zurückgeblieben ist als das Geheimnis, das selbst unerklärt, erklärte, das ganze Leben sei ein Spiel gewesen, wo am Ende alles, das Größte wie das Kleinste, abzog wie die Schulkinder, und als letztes die Seele selbst wie der Schulmeister. Es liegt aber auch der Vernichtung Stummheit darin, daß das Ganze nur ein Kinderspiel gewesen und daß das Spiel nun aus ist.

2 Was hier entwickelt worden ist, hätte auch im ersten Kapitel seinen Platz finden können. Doch habe ich vorgezogen, es an dieser Stelle anzubringen, weil es recht gut zum Folgenden überleitet.

Standpunkt des Geistes aus gesehen, gerade der Zustand der Sündhaftigkeit.

Es ist recht eigentümlich, daß die christliche Orthodoxie stets gelehrt hat, das Heidentum läge in der Sünde, während doch das Bewußtsein der Sünde erst durch das Christentum gesetzt wurde. Die Orthodoxie hat mittlerweile recht, wenn sie sich nur ein wenig genauer erklären will. Durch die quantitierenden Bestimmungen zieht das Heidentum gleichsam die Zeit hin, kommt niemals zur Sünde im tiefsten Sinne, dies aber ist gerade die Sünde.

Daß dies vom Heidentum gilt, ist leicht nachzuweisen. Mit dem Heidentum innerhalb des Christentums verhält es sich anders. Das Leben des christlichen Heidentums ist weder schuldig noch nicht-schuldig, es kennt eigentlich keinen Unterschied zwischen dem Gegenwärtigen, Vergangenen, Zukünftigen, Ewigen. Sein Leben und seine Geschichte läuft dahin, wie die Schrift in jenen alten Tagen über das Papier hinlief, als man keine Trennungszeichen brauchte, sondern das eine Wort an das andere, den einen Satz an den anderen kritzelte. Ästhetisch betrachtet ist dies überaus komisch; denn während es lieblich ist, einen Bach murmelnd durchs Leben laufen zu hören, ist es komisch, wenn eine Summe vernünftiger Geschöpfe sich zu einem nie endenden Gemurmel ohne Sinn verwandelt. Ob die Philosophie diese *plebs* als eine Kategorie gebrauchen kann, indem sie sie etwa Substrat für ein Größeres sein läßt, ebenso wie das Schilf in der Pflanzenwelt, das nach und nach zu fester Erde wird, erst Torf, dann weiteres, das weiß ich nicht. Vom Standpunkt des Geistes aus gesehen ist eine solche Existenz Sünde, und das mindeste, was man für sie tun kann, ist, daß man dies sagt und damit Geist von ihr fordert.

Was hier gesagt ist, gilt nun nicht vom Heidentum. Eine solche Existenz kann sich nur innerhalb des Christentums finden. Dies hat seinen Grund darin, daß, je höher der Geist gesetzt ist, desto tiefer sich die Ausschließung zeigt, und je höher das ist, was verloren ist, desto elender *οἱ ἀπηλγηκότες* [Eph. 4, 19, die kein Gefühl mehr haben] in ihrer Zufriedenheit sind. Will man diese Glückseligkeit der Geistlosigkeit mit dem Zustand der Sklaven im Heidentum vergleichen, so hat der Sklavenstand doch Sinn; denn er ist überhaupt nichts in sich selbst. Die Verlorenheit der Geistlosigkeit ist das Entsetzlichste von allem; denn das Unglück ist eben dies, daß die Geistlosigkeit zum Geist ein Verhältnis hat, das keines ist. Die Geistlosigkeit kann daher bis zu einem gewissen Grade den ganzen Gehalt des Geistes besitzen, doch wohl zu merken, nicht als Geist, sondern als Spuk, Gallimathias, Phrase und so weiter. Sie kann die Wahrheit besitzen, doch wohl zu merken, nicht als Wahrheit, sondern als Gerücht und Weiberklatsch. Dies ist ästhetisch gesehen das tief Komische an der Geistlosigkeit, etwas, worauf man im allgemeinen nicht aufmerksam ist, da der Darsteller selber mehr oder minder unsicher ist, was Geist anlangt. Wenn daher die Geistlosigkeit dargestellt werden soll, so legt man ihr gerne schlecht und recht Geschwätz in den Mund, weil man nicht den Mut hat, sie die gleichen Worte brauchen zu lassen, die man selber braucht. Das ist Unsicherheit. Die Geistlosigkeit kann völlig dasselbe sagen wie der reichste Geist, nur sagt sie es nicht in Kraft des Geistes. Als geistlos bestimmt ist der Mensch eine Sprechmaschine geworden, und es steht dem nichts im Wege, daß er ebensogut eine philosophische Lektion abschnurren lernen kann wie ein Glaubensbekenntnis oder ein politisches Rezitativ. Ist es nicht merkwürdig, daß der einzige Ironiker und der größte Humorist sich zusammentun müssen, um das zu sagen, was das Einfachste von allem scheint, nämlich, daß man unterscheiden muß zwischen dem, was man versteht, und dem, was man nicht versteht, und was sollte dem im Wege stehen, daß der geistloseste Mensch wörtlich dasselbe sagen könnte? Es gibt nur einen Beweis für Geist, das ist der Beweis des Geistes in einem

selbst. Jeder, der etwas anderes fordert, mag vielleicht Beweise im Überfluß auftreiben können, aber er ist doch schon als geistlos bestimmt.
In der Geistlosigkeit ist keine Angst, dazu ist sie zu glücklich und zu zufrieden und zu geistlos. Das ist aber ein sehr trauriger Grund, und das Heidentum ist von der Geistlosigkeit darin verschieden, daß es in Richtung *auf* den Geist bestimmt ist, diese in Richtung *ab* vom Geist. Das Heidentum ist daher, wenn man so will, Geistesabwesenheit und somit weit verschieden von der Geistlosigkeit. Insofern ist das Heidentum weit vorzuziehen. Die Geistlosigkeit ist die Stagnation des Geistes und das Zerrbild der Idealität. Die Geistlosigkeit ist daher nicht eigentlich dumm, wenn es aufs Herunterschnurren ankommt, sondern sie ist *dumm* in der Bedeutung, in der es vom Salz heißt: »wo nun das Salz dumm wird, womit soll man salzen?« Darin liegt eben ihre Verlorenheit, aber auch ihre Sicherheit, daß sie nichts geistig versteht, nichts als Aufgabe erfaßt, obgleich sie alles betastet mit ihrer klammen Schlaffheit. Wird sie ein seltenes Mal vom Geist berührt und fängt einen Augenblick zu zappeln an wie ein galvanisierter Frosch, so tritt ein Phänomen ein, das vollkommen dem heidnischen Fetischismus entspricht. Für die Geistlosigkeit gibt es keine Autorität, denn sie weiß ja, daß es für den Geist keine Autorität gibt; da sie aber selbst unglücklicherweise nicht Geist ist, so ist sie, dem, was sie weiß, zum Trotz eine vollkommene Götzendienerin. Sie betet einen Trottel und einen Helden mit gleicher Ehrerbietung an, vor allen anderen aber ist doch der Charlatan ihr eigentlicher Fetisch. Wenn nun auch in der Geistlosigkeit keine Angst ist, weil sie, wie der Geist, ausgeschlossen ist, so ist die Angst doch da; nur wartet sie. Es läßt sich denken, daß es einem Schuldner gelingt, seinem Gläubiger zu entwischen und ihn mit Gerede hinzuhalten, aber einen Gläubiger gibt es, der nie zu kurz gekommen ist, und das ist der Geist. Vom Stand-

punkt des Geistes aus gesehen, ist darum die Angst auch in der Geistlosigkeit zugegen, aber verborgen und vermummt. Selbst der Betrachtung graut vor ihrem Anblick, denn wie die Gestalt der Angst, falls man die Phantasie eine solche bilden lassen wollte, entsetzlich anzusehen ist, so würde doch ihre Gestalt noch mehr entsetzen, wenn sie es für nötig hielte, sich zu verkleiden, um nicht als das aufzutreten, was sie ist, obgleich sie es dennoch ist. Wenn der Tod sich zeigt in seiner wahren Gestalt, als der knöcherne, freudlose Sensenmann, so betrachtet man ihn nicht ohne Schrecken; wenn er aber, um der Menschen zu spotten, die sich einbilden, seiner spotten zu können, in Verkleidung auftritt, wenn nur der Betrachter sieht, daß der Unbekannte, der alle berückt mit seiner Höflichkeit und alle in den wilden Taumel der Lust versetzt, der Tod ist, dann packt ihn ein tiefes Grauen.

§ 2

Die Angst dialektisch bestimmt in Richtung auf das Schicksal

Man pflegt im allgemeinen zu sagen, das Heidentum liege in der Sünde, vielleicht wäre es richtiger zu sagen, es liegt in Angst. Das Heidentum ist überhaupt Sinnlichkeit, aber eine Sinnlichkeit, die ein Verhältnis zum Geist hat, ohne daß doch der Geist im tiefsten Sinne als Geist gesetzt wird. Diese Möglichkeit aber ist eben Angst.

Fragen wir nun näher, welches der Gegenstand der Angst ist, so muß man hier wie allenthalben antworten, er ist Nichts. Angst und Nichts entsprechen ständig einander. Sobald die Wirklichkeit der Freiheit und des Geistes gesetzt ist, ist die Angst behoben. Aber was bedeutet nun des näheren das Nichts der Angst im Heidentum? Es ist das Schicksal.

Schicksal ist ein Verhältnis zum Geist, das äußerlich ist;

es ist ein Verhältnis zwischen Geist und einem Anderen, das nicht Geist ist, und zu dem der Geist doch in einem geistigen Verhältnis stehen soll. Schicksal kann genau einander Entgegengesetzes bedeuten, da es eine Einheit von Notwendigkeit und Zufälligkeit ist. Darauf hat man nicht immer geachtet. Man hat von dem heidnischen Fatum [dies wiederum verschieden abgewandelt in der orientalischen und der griechischen Auffassung] gesprochen, als wäre es die Notwendigkeit. Einen Rest dieser Notwendigkeit hat man mit in die christliche Anschauung überführt, wo sie dann das Schicksal bedeutete, das heißt das Zufällige, das mit Beziehung auf die Vorsehung Inkommensurable. Doch verhält es sich nicht so; denn Schicksal ist eben Einheit von Notwendigkeit und Zufälligkeit. Dies drückt sich sinnreich darin aus, daß das Schicksal blind ist; denn wer blind vorwärts geht, bewegt sich ebenso notwendig wie zufällig. Eine Notwendigkeit, die nicht ihrer selbst bewußt ist, ist *eo ipso* im Verhältnis zum nächsten Augenblick eine Zufälligkeit. Das Schicksal ist also das Nichts der Angst. Es ist Nichts, denn sobald der Geist gesetzt ist, ist die Angst behoben; aber ebenso das Schicksal, da die Vorsehung eben damit gesetzt ist. Man kann daher vom Schicksal sagen, was Paulus von einem Götzen sagt: es ist kein Götze in der Welt; aber doch ist der Götze der Gegenstand der Religiosität des Heiden.

Im Schicksal hat also die Angst des Heiden ihren Gegenstand, ihr Nichts. In ein Verhältnis zum Schicksal kann er nicht kommen, denn in dem einen Augenblick ist es das Notwendige und im nächsten Augenblick das Zufällige. Und doch steht er in einem Verhältnis zu ihm, und dieses Verhältnis ist die Angst. Näher kann der Heide dem Schicksal nicht kommen. Der Versuch, den das Heidentum dazu machte, war tiefsinnig genug, ein neues Licht darauf zu werfen. Wer das Schicksal erklären soll, muß ebenso zweideutig wie das Schicksal sein. Das war der Fall mit dem *Orakel*. Aber das Orakel konnte auch wieder genau einander Entgegengesetztes bedeuten. Das Verhältnis des Heiden zum Orakel ist also auch wieder Angst. Hier liegt das tief und unerklärlich Tragische im Heidentum. Das Tragische liegt ja doch nicht darin, daß die Aussage des Orakels zweideutig ist, sondern darin, daß der Heide es nicht zu unterlassen wagt, sich bei ihm Rat zu holen. Er steht in einem Verhältnis zu ihm, er wagt nicht, die Befragung zu unterlassen, selbst im Augenblick der Ratserholung ist er in einem zweideutigen Verhältnis zu ihm [sympathetisch und antipathetisch]. Und nun denke man an die Erklärung des Orakels.

Der Begriff der Schuld und Sünde im tiefsten Sinne tritt nicht zutage im Heidentum. Falls er zutagetreten würde, so würde das Heidentum an dem Widerspruch zugrundegehen, daß einer schuldig werden konnte durch das Schicksal. Das ist nämlich der höchste Widerspruch, und aus diesem Widerspruch bricht das Christentum hervor. Das Heidentum erfaßt ihn nicht, dazu ist es zu leichtsinnig in der Bestimmung des Begriffes der Schuld.

Der Begriff der Sünde und Schuld setzt eben den Einzelnen als den Einzelnen. Von irgendeinem Verhältnis zur ganzen Welt, zu allem Vergangenen, ist nicht die Rede. Nur davon ist die Rede, daß er schuldig ist, und doch soll er es durch das Schicksal werden, also durch all das, wovon nicht die Rede ist, und er soll dadurch etwas werden, das gerade den Begriff des Schicksals aufhebt, und das soll er durch das Schicksal werden.

Dieser Widerspruch auf mißverstandene Weise aufgefaßt, ergibt den mißverstandenen Begriff von der Erbsünde; richtig verstanden, ergibt er den wahren Begriff, nämlich, daß jedes Individuum es selbst und das Geschlecht ist und daß das spätere Individuum nicht wesentlich verschieden ist vom ersten. In der Möglichkeit der Angst sinkt die Freiheit vom Schicksal überwältigt um, nun steht ihre Wirklichkeit auf, doch mit der Erklärung, daß sie schuldig wurde. Die Angst auf ihrer äußersten Spitze, wo es ist, als sei das Individuum schuldig geworden, ist noch nicht die Schuld. Die Sünde kommt also weder als eine Notwendigkeit noch als ein Zufall, und daher entspricht dem Begriff der Sünde: die Vorsehung.

Innerhalb des Christentums findet man die Angst des Heidentums im Verhältnis zum Schicksal überall da, wo der Geist wohl zugegen ist, aber nicht wesentlich als Geist gesetzt wird. Das Phänomen zeigt sich am deutlichsten, wenn man ein Genie beobachten will. Das Genie ist unmittelbar als solches überwiegend Subjektivität. Noch ist es nicht als Geist gesetzt; denn als solches wird es nur durch den Geist gesetzt. Als unmittelbar kann es Geist sein [hier liegt das Täuschende, als wäre seine außerordentliche Begabung Geist als Geist gesetzt], doch hat es ein Anderes außerhalb seiner, das nicht Geist ist, und steht in einem äußerlichen Verhältnis zum Geist. Darum entdeckt das Genie ständig das Schicksal, und je tiefer das Genie, desto tiefer entdeckt es das Schicksal. Für die Geistlosigkeit ist das natürlich eine Torheit, in Wirklichkeit aber ist es das Große; denn kein Mensch wird geboren mit der Idee der Vorsehung, und die, die meinen, daß man sie sukzessive durch die Erziehung bekäme, die irren sich höchlich, ohne daß ich damit etwa die Bedeutung der Erziehung leugnen wollte. Darin erweist das Genie gerade seine urkräftige Macht, daß es das Schicksal entdeckt, und darin erweist es auch wieder seine Ohnmacht. Für den unmittelbaren Geist, der das Genie immer ist, nur daß es unmittelbar Geist *sensu eminentiori* ist, ist das Schicksal die Grenze. Erst in der Sünde wird die Vorsehung gesetzt. Darum kämpft sich das Genie so schwer zur Vorsehung durch. Gelangt es nicht zu ihr, so kann man an ihm so das Schicksal studieren.

Das Genie ist ein allmächtiges An-sich, das als solches die ganze Welt erschüttern würde. Um der Ordnung willen entsteht gleichzeitig mit ihm eine andere Gestalt: es ist das

Schicksal. Es ist Nichts; das Genie selbst entdeckt es, und je tiefer das Genie, desto tiefer entdeckt es das Schicksal; denn jene Gestalt ist bloß die Antizipation der Vorsehung. Bleibt das Genie nun bloß dabei, Genie zu sein, und kehrt es sich nach außen, so wird es das Erstaunliche vollbringen, und doch wird es immer wieder dem Schicksal unterliegen, wenn nicht außerhalb seiner selbst, handgreiflich und sichtbar für jeden, so doch im Inneren. Darum ist die Existenz eines Genies, wenn es nicht im tiefsten Sinne sich in sich selbst hineinkehrt, immer wie ein Märchen. Das Genie vermag alles, und doch ist es abhängig von einer Geringfügigkeit, die niemand begreift, eine Geringfügigkeit, der das Genie selbst wiederum mit seiner Allmacht allmächtige Bedeutung verleiht. Darum vermag ein Sekondeleutnant, wenn er Genie ist, Kaiser zu werden, die Welt umzuschaffen, so daß es nur *ein* Kaisertum gibt und *einen* Kaiser. Darum kann aber auch die Armee zum Kampf aufgestellt stehen, können die Bedingungen für die Schlacht absolut günstig sein, vielleicht schon verspielt im nächsten Augenblick, kann ein Königreich von Helden kniefällig bitten, daß das Kommandowort gegeben werden möge – aber er kann nicht, er muß warten bis zum 14. Juni, und warum? weil dies der Tag von Marengo ist. Darum kann alles bereit sein, er selbst vor der Front der Legionen halten, nur darauf wartend, daß die Sonne aufgehe und die Rede intimiere, die die Soldaten elektrisieren soll, und die Sonne kann herrlicher denn je aufgehen, ein begeisternder und entflammender Anblick für jeden – nur nicht für ihn, denn so herrlich ging sie nicht auf bei Austerlitz, und nur die Austerlitz-Sonne gibt Sieg und begeistert. Daher die unerklärliche Leidenschaft, mit der solch ein Mensch oft rasen kann gegen einen gänzlich unbedeutenden Menschen, mag er auch sonst sogar gegen Feinde Humanität und Liebenswürdigkeit zeigen. Ja, weh dem Manne, weh dem Weibe, weh dem unschuldigen Kinde, weh dem Tier des Feldes, weh dem Vogel, dessen Flug, weh dem Baum, dessen Zweige ihm in den Weg kommen, in dem Augenblick, wo er sein Zeichen befragt.

Das Äußerliche als solches bedeutet nichts für den Genialen, und darum kann ihn niemand verstehen. Alles beruht darauf, wie er selbst es versteht in der Gegenwart seines heimlichen Freundes [des Schicksals]. Das Ganze kann verloren sein, der einfältigste und der klügste Mensch können ihm gemeinsam von dem fruchtlosen Versuch abraten. Doch der Geniale weiß, daß er stärker ist als die ganze Welt, soweit an diesem Punkt sich kein zweifelhafter Kommentar findet zu der unsichtbaren Schrift, in der er den Willen des Schicksals liest. Liest er sie nach Wunsch, so spricht er mit seiner allmächtigen Stimme zum Schiffer: »Fahr du nur, du trägst Cäsar und sein Glück.« Alles kann gewonnen sein, und im gleichen Augenblick, in dem er die Nachricht empfängt, klingt vielleicht ein Wort mit, dessen Bedeutung kein Geschöpf, selbst Gott im Himmel nicht versteht [denn in einem gewissen Sinne versteht nicht einmal Gott im Himmel das Genie], und er sinkt ohnmächtig zusammen.

So ist das Genie außerhalb des Allgemeinen gesetzt. Es ist groß in seinem Glauben an das Schicksal, ob es siegt oder fällt; denn es siegt durch sich selbst oder fällt durch sich selbst, oder richtiger, alles beides durch das Schicksal. Im allgemeinen bewundert man die Größe des Genialen nur, wenn er siegt; doch ist er niemals größer, als wenn er fällt durch sich selbst. Dies muß nämlich so verstanden werden, daß das Schicksal sich nicht auf äußerliche Weise ankündet. Wenn er vielmehr, gerade in dem Augenblick, da menschlich gesprochen alles gewonnen ist, die Zweifelhaftigkeit der Lesart entdeckt und nun zusammensinkt, so mag man wohl ausrufen: Welch ein Gigant muß der gewesen sein, der ihn stürzen konnte. Und darum vermochte es auch niemand anderes als er selbst.

Der Glaube, der alle Reiche und Länder der Welt seiner gewaltigen Hand unterstellte, während die Menschen ein Märchen zu schauen glaubten, derselbe Glaube stürzte ihn, und sein Fall war ein noch unergründlicheres Märchen. Darum ist dem Genie zu anderer Zeit angst als den gewöhnlichen Menschen. Diese entdecken die Gefahr erst im Augenblick der Gefahr, bis dahin sind sie unbesorgt, und wenn die Gefahr vorbei ist, sind sie wieder unbesorgt. Das Genie ist im Augenblick der Gefahr am allerstärksten, dagegen liegt seine Angst im Augenblick zuvor und im Augenblick danach, dieser zitternde Augenblick, da es sich mit jenem großen Unbekannten unterreden muß, der das Schicksal ist. Vielleicht ist seine Angst gerade am allergrößten im Augenblick danach, weil die Ungeduld der Gewißheit immer im umgekehrten Verhältnis zur Kürze des Abstandes wächst, da ja doch dauernd mehr und mehr zu verlieren ist, je näher man dem Siege war und am allermeisten im Augenblick des Sieges, und weil die Konsequenz des Schicksals gerade Inkonsequenz ist.

Das Genie als solches kann sich nicht religiös erfassen; es gelangt daher weder zur Sünde noch zur Vorsehung, und aus demselben Grunde steht es im Verhältnis der Angst zum Schicksal. Niemals hat ein Genie ohne diese Angst existiert, es sei denn, daß es zugleich religiös gewesen sei. Bleibt es dabei stehen, unmittelbar bestimmt zu sein und sich nach außen zu kehren, so wird es zwar groß, und was es ausrichtet erstaunlich; aber es kommt niemals zu sich selbst und wird nicht groß vor sich selber. All sein Tun kehrt sich nach außen aber, wenn ich so sagen darf: der planetarische Kern, der alles ausstrahlt, entsteht nicht. Die Bedeutung des Genies für sich selbst ist gar keine oder ebenso zweifelhaft wehmütig wie die Teilnahme, mit der die Einwohner auf einer der Färöer Inseln sich freuen würden, wenn auf dieser Insel ein eingeborener Färöer lebte, der durch Schriften in verschiedenen europäischen Sprachen ganz Europa in Staunen setzte, die

Wissenschaften durch seine unsterblichen Verdienste umgestaltete, doch niemals eine Zeile färöisch schriebe und zuletzt sogar es zu sprechen vergäße. Sich selbst wird das Genie im tiefsten Sinne nicht bedeutungsvoll, sein Bereich kann nicht höher bestimmt werden als der des Schicksals in Beziehung auf Glück, Unglück, Ansehen, Ehre, Macht, unsterbliche Berühmtheit, welches alles zeitliche Bestimmungen sind. Jede tiefere dialektische Bestimmung von Angst ist ausgeschlossen. Die letzte wäre die, für schuldig angesehen zu werden, so daß die Angst sich nicht auf die Schuld richtet, sondern auf den Schein der Schuld; das wäre aber eine Bestimmung der Ehre. Dieser Seelenzustand würde sich gut eignen für eine dichterische Behandlung. Dergleichen kann jedem Menschen geschehen, das Genie aber würde es gleich so tief ergreifen, daß es nicht mit Menschen stritte, sondern mit den tiefsten Mysterien des Daseins.

Doch zu verstehen, daß eine solche geniale Existenz trotz ihrem Glanz und ihrer Bedeutung Sünde ist, dazu gehört wohl Mut, und man wird es schwerlich verstehen, bevor man nicht gelernt hat, den Hunger der verlangenden Seele zu stillen. Jedoch verhält es sich nun einmal so. Daß eine solche Existenz dessen ungeachtet bis zu einem gewissen Grade glücklich sein kann, beweist nichts. Man kann ja seine Begabung als Zerstreuungsmittel auffassen, und indem man sie realisiert, sich keinen Augenblick über die Kategorien erheben, in denen das Zeitliche liegt. Nur durch eine religiöse Besinnung erhalten Genie und Talent im tiefsten Sinne Berechtigung. Nimmt man ein Genie wie Talleyrand, so hat in ihm ja doch die Möglichkeit einer weit tieferen Besinnung auf das Leben gelegen. Er hat sie gemieden. Er ist der Bestimmung in ihm gefolgt, die sich nach außen kehrt. Sein bewundertes Genie als Intrigant hat sich herrlich bestätigt, seine Spannkraft, seines Genies Sättigungsvermögen [um einen Ausdruck zu brauchen, den die Chemiker von ätzenden Säuren brauchen] sind bewundert; aber er gehört der Zeitlichkeit zu. Hätte ein solches Genie die Zeitlichkeit als unmittelbar verschmäht, hätte es sich dem Göttlichen und sich selbst zugekehrt, welch religiöses Genie wäre da nicht zum Vorschein gekommen! Aber welche Qualen hätte es nicht auch ausstehen müssen. Unmittelbaren Bestimmungen folgen ist eine Erleichterung im Leben, ob man groß oder klein ist; aber der Lohn ist auch entsprechend, ob man groß oder klein ist, und wer geistig nicht so gereift ist, daß er faßt, daß selbst unsterbliche Ehre durch alle Geschlechter nur eine Bestimmung der Zeitlichkeit ist, nicht faßt, daß das, dem die Seele des Menschen nachjagt, und was sie schlaflos hält in Wünschen und Streben, etwas überaus Unvollkommenes ist im Vergleich zu der Unsterblichkeit, die für jeden Menschen ist und die mit Recht aller Welt gerechten Neid wecken würde, wenn sie nur einem einzigen Menschen vorbehalten wäre – der wird nicht weitkommen mit seiner Erklärung von Geist und Unsterblichkeit.

§ 3

Die Angst dialektisch in Richtung auf die Schuld

Man pflegt im allgemeinen zu sagen, daß das Judentum der Standpunkt des Gesetzes sei. Dies kann man indessen auch so ausdrücken, daß das Judentum in Angst liegt. Aber das Nichts der Angst bedeutet hier etwas anderes als Schicksal. In dieser Sphäre erweist sich der Satz: »Sich ängstigen – Nichts« als am meisten paradox; denn Schuld ist doch wohl Etwas. Und doch ist es richtig, daß sie, solange sie Gegenstand der Angst ist, Nichts ist. Die Zweideutigkeit liegt im Verhältnis; denn sobald die Schuld gesetzt ist, ist die Angst vorbei, und die Reue ist da. Das Verhältnis ist als das der Angst stets sympathetisch und antipathetisch. Dies scheint wieder paradox, doch ist es das nicht; denn während die Angst fürchtet, unterhält sie eine hintergründige Kommunikation mit ihrem Gegenstande, kann nicht absehen von ihm, ja will es nicht, denn will es das Individuum, so tritt die Reue ein. Daß dies dem einen oder anderen eine schwierige Rede dünken mag, dafür kann ich nichts. Wer die nötige Unerschütterlichkeit dazu hat, wenn ich so sagen darf, göttlicher Ankläger zu sein, wenn auch nicht in Beziehung auf andere, so doch in Beziehung auf sich selbst, der wird dies nicht schwierig finden. Das Leben weist überdies Phänomene genug auf, wo das Individuum in Angst fast begehrlich auf die Schuld starrt und doch sie fürchtet. Schuld hat für das Auge des Geistes die Zaubermacht, die der bannende Blick der Schlange hat. Dies ist der Punkt, in dem die karpokratianische Anschauung, daß man durch die Sünde zur Vollkommenheit gelange, ihre Wahrheit hat. Es hat seine Wahrheit im Augenblick der Entscheidung, da der unmittelbare Geist sich als Geist durch den Geist setzt; hingegen ist es Blasphemie, zu meinen, es solle *in concreto* realisiert werden.

Das Judentum ist eben damit weiter als das Griechentum, und auch daran kann man das sympathetische Moment in seinem Angstverhältnis zur Schuld sehen, daß es dies um keinen Preis aufgeben würde, um des Griechentums leichtsinnigere Ausdrücke Schicksal, Glück und Unglück zu gewinnen.

Die Angst, die im Judentum ist, ist die Angst vor der Schuld. Die Schuld ist eine Macht, die sich überall ausbreitet und die doch niemand im tieferen Sinne verstehen kann, während sie über dem Dasein brütet. Was sie erklären soll, muß denn von der gleichen Beschaffenheit sein, ebenso wie das Orakel dem Schicksal entsprach. Dem Orakel im Heidentum entspricht das Opfer im Judentum. So kann denn das Opfer auch niemand verstehen. Hierin liegt im Judentum das tief Tragische analog dem Verhältnis zum Orakel im Heidentum. Der Jude nimmt seine Zuflucht zum Opfer, aber es hilft ihm nichts, denn was eigentlich helfen sollte, wäre, daß das Angstverhältnis zur Schuld aufgehoben und ein wirkliches Verhältnis gesetzt würde. Da dies nicht geschieht, wird das Opfer zweideutig, was sich in seiner Wiederholung ausdrückt, deren weitere Konsequenz eine reine Skepsis in Richtung auf Reflexion über den Opferakt selbst sein würde.

Was daher im Vorhergehenden zutreffend war, daß erst mit der Sünde die Vorsehung da ist, trifft auch hier wieder zu; erst mit der Sünde ist die Versöhnung gesetzt, und ihr Opfer wird nicht wiederholt. Das hat seinen Grund nicht in des Opfers, wenn ich so sagen darf, äußerlicher Vollkommenheit, sondern die Vollkommenheit des Opfers entspricht dem, daß das wirkliche Verhältnis der Sünde gesetzt ist. Sobald das wirkliche Verhältnis der Sünde nicht gesetzt ist, muß das Opfer wiederholt werden. [So wird ja auch das Opfer im Katholizismus wiederholt, während man doch die absolute Vollkommenheit des Opfers anerkennt.]

Das hier in weltgeschichtlichen Beziehungen kurz Angedeutete wiederholt sich innerhalb des Christentums in den Individualitäten. Das Genie weist hier wieder am deutlichsten auf, was in den weniger ursprünglichen Menschen so lebt, daß es sich nicht leicht auf eine Kategorie bringen läßt. Das Genie ist von jedem anderen Menschen überhaupt nur dadurch unterschieden, daß es bewußt innerhalb seiner geschichtlichen Voraussetzung genau so primitiv beginnt wie Adam. Jedesmal, wenn ein genialer Mensch geboren wird, wird gleichsam die Probe auf die Existenz gemacht; denn er durchläuft und durchlebt all das schon Zurückgelegte, bis er sich selbst einholt. Das Wissen des Genies vom Vergangenen ist daher auch ein ganz anderes als das, was in den weltgeschichtlichen Übersichten geboten wird.

Daß das Genie bei seiner unmittelbaren Bestimmung stehenbleiben kann, ist im Vorhergehenden angedeutet, und die Erklärung, daß dies Sünde sei, enthält zugleich die wahre Höflichkeit gegen das Genie. Jedes Menschenleben ist religiös angelegt. Dies leugnen wollen heißt alles in Verwirrung bringen und die Begriffe Individuum, Geschlecht, Unsterblichkeit aufheben. Es wäre zu wünschen, daß man an diesem Punkt seinen Scharfsinn entfaltete, denn hier liegen überaus schwierige Probleme. Von einem Mann, der ein intriganter Kopf ist, zu sagen, der soll Diplomat oder Polizeiagent werden, von einem Mann, der mimisches Talent für das Komische hat, der soll Schauspieler werden, von einem Mann, der überhaupt kein Talent hat, der soll Heizer beim Magistrat werden, ist eine gänzlich nichtssagende Betrachtung des Lebens oder richtiger, ist überhaupt keine Betrachtung, denn sie sagt bloß, was von sich aus folgt. Nein, die Aufgabe ist, zu erklären, wie meine religiöse Existenz zu meiner äußerlichen Existenz in ein Verhältnis kommt und sich in ihr ausdrückt. Wer aber nimmt sich in unserer Zeit die Mühe, über solches nachzudenken, obgleich doch mehr denn je das gegenwärtige Leben sich als ein flüchtig vorbeihastender Augenblick erweist. Aber anstatt daraus zu lernen, das Ewige zu ergreifen, lernt man nur, sich selbst und seinem Nächsten und dem Augenblick das Leben abzujagen – in der Jagd nach dem Augenblick.

Wenn man bloß mitkommen, bloß ein einziges Mal den Walzer des Augenblicks anführen kann, so hat man gelebt, so wird man beneidet von den Unglücklichen, die, obgleich sie nicht einmal ordentlich geboren werden,

---

1 Bei den Griechen konnte die Frage nach dem Religiösen so nicht aufkommen. Mittlerweile ist es doch so schön, zu lesen, was Plato an einer Stelle erzählt und anwendet. Als Epimetheus den Menschen mit allerlei Gaben ausgestattet hatte, fragte er Zeus, ob er nun die Fähigkeit, zwischen Gut und Böse zu

sondern kopfüber ins Leben stürzen und kopfüber immer weiter vorwärtsstürzen, dies doch nie erreichen, so hat man gelebt, denn was ist ein Menschenleben mehr wert als eines jungen Mädchens kurze Lieblichkeit, die sich schon ungemein gut gehalten hat, wenn sie eine Nacht hindurch die Reihen der Tänzer entzückte und erst um die Morgenstunde verblaßte. Zu bedenken, wie eine religiöse Existenz eine äußerliche durchdringt und durchwirkt, dazu ist keine Zeit. Und jagt man auch nicht in der Hast der Verzweiflung, so greift man doch nach dem nächsten. Auf diese Weise wird man vielleicht sogar etwas Großes in der Welt; geht man dann obendrein ab und zu einmal in die Kirche, so steht alles zum besten. Dies scheint darauf zu deuten, daß für einige Individuen das Religiöse das Absolute ist und für einige nicht[1], und dann Adieu, aller Sinn im Leben! Die Überlegung wird natürlich schwieriger, je weiter die äußere Aufgabe vom Religiösen als solchem entfernt steht. Welch tief religiöse Besinnung würde nicht dazu gehören, um etwa an eine solche äußere Aufgabe heranzudringen wie die, komischer Schauspieler zu sein. Daß es sich tun läßt, bestreite ich nicht; denn wer sich etwas auf das Religiöse versteht, der weiß sehr gut, daß es geschmeidiger ist als Gold und absolut kommensurabel. Der Fehler des Mittelalters war nicht die religiöse Besinnung, sondern, daß man zu früh abbrach. Hier entsteht wieder die Frage nach der Wiederholung, wieweit es nämlich einer Individualität gelingen möge, nachdem sie die religiöse Besinnung begonnen hat, sich selbst bis aufs letzte Tüpfelchen heil wiederzubekommen. Im Mittelalter brach man ab. Wenn da eine Indi-

---

wählen, austeilen solle, wie er auch die anderen Gaben ausgeteilt habe, so daß einer sie erhielte, wie ein anderer die Gabe der Wohlredenheit oder die der Poesie oder die der Kunst. Zeus aber antwortete, diese Fähigkeit sollte an alle gleich ausgeteilt werden, weil sie jedem Menschen gleich wesentlich gehöre.

vidualität, indem sie sich selbst wieder entgegennehmen sollte, darauf stieß, daß sie zum Beispiel Witz hatte, Sinn für das Komische und so weiter, so machte sie all dies zunichte als etwas Unvollkommenes. Heutzutage findet man nur allzu leicht, dergleichen sei Torheit; denn hat man Witz und Talent für das Komische, so ist man ja ein Glückspilz, was will man mehr. Solche Erklärungen haben natürlich nicht die entfernteste Ahnung von der Frage, denn wie die Menschen heutigentags sich von Geburt an besser auf die Welt verstehen als in alten Zeiten, so ist entsprechend die Mehrzahl von ihnen blindgeboren für das Religiöse. Doch findet man im Mittelalter auch Beispiele dafür, daß diese Überlegung weiter durchgeführt worden ist. Wenn so zum Beispiel ein Maler sein Talent religiös auffaßte, dies Talent aber wiederum sich nicht bekunden konnte in Arbeiten, die dem Religiösen zunächstlagen, so konnte man wohl sehen, daß ein solcher Künstler ebenso fromm seinen Sinn sammelte um eine Venus zu malen, ebenso fromm seine künstlerische Berufung auffaßte wie der, welcher der Kirche zu Hilfe kam und den Blick der Gemeinde an das Bild der himmlischen Schönheit fesselte. Doch hinsichtlich alles dessen hat man wohl zu warten, bis Individuen auftreten, die trotz ihrer äußerlichen Begabung nicht den breiten Weg wählen, sondern den Schmerz und die Not und die Angst, in der sie sich religiös auf das besinnen und solange gleichsam verlieren, was zu besitzen nur allzu verführerisch ist. Ein solcher Kampf ist zweifellos sehr anstrengend, da Augenblicke kommen werden, wo es sie fast gereut, damit angefangen zu haben, und wo sie wehmütig, ja, vielleicht bisweilen fast verzweiflungsvoll das freundliche Leben sich vorstellen, das vor ihnen gelegen hätte, wenn sie dem unmittelbaren Drang des Talents gefolgt wären. Doch wird zweifellos der Aufmerksame im äußersten Schrecken der Not, wenn es ist, als sei alles verloren, weil der Weg, auf dem er vordringen will, ungangbar ist und der freundliche Weg des Talents ihm abgeschnitten ist durch ihn selbst, eine Stimme hören, die da sagt: »Wohl, mein Sohn! nur voran, denn wer alles verliert, der gewinnt alles.«

Wir wollen nun das religiöse Genie betrachten, das heißt einen solchen Genialen, der bei seiner Unmittelbarkeit nicht stehenbleiben will. Ob er jemals sich nach außen kehren wird, ist für ihn eine späterliegende Frage. Das Erste, was er tut, ist, daß er sich sich selbst zukehrt. Wie das unmittelbare Genie das Schicksal hatte, so ist für ihn die Schuld die Gestalt, die ihm folgt. Indem er sich nämlich sich selbst zukehrt, kehrt er sich *eo ipso* Gott zu, und es ist nun einmal ein zeremonieller Brauch: wenn der endliche Geist Gott sehen will, so muß er als schuldig beginnen. Indem er sich nun sich selbst zukehrt, entdeckt er die Schuld. Je größer das Genie ist, desto tiefer entdeckt es die Schuld. Daß dies der Geistlosigkeit eine Torheit ist, ist mir eine Freude und ein erfreuliches Zeichen. Das Genie ist nicht, wie Leute meistens sind, und begnügt sich nicht damit. Dies hat doch nicht seinen Grund darin, daß es die Menschen verschmäht, sondern es ist so, weil es primitiv mit sich selbst zu tun hat, wobei alle anderen Menschen und ihre Erklärungen ihm weder so noch so helfen. Daß der Geniale die Schuld so tief entdeckt, zeigt, daß dieser Begriff für ihn *sensu eminentiori* zugegen ist, ebenso wie dessen Gegensatz die Unschuld. So war es mit dem unmittelbaren Genie im Verhältnis zum Schicksal; denn jeder Mensch hat ein kleines Verhältnis zum Schicksal, aber dabei bleibt es, beim Geschwätz, das nicht merkt, was Talleyrand entdeckt [und vor ihm bereits Young gesagt] hat und doch nicht so gut vollbracht hat, wie das Geschwätz es tut, daß die Sprache dazu da ist, die Gedanken zu verbergen – nämlich, daß man keine hat.

Indem er sich also nach innen kehrt, entdeckt er die Freiheit. Das Schicksal fürchtet er nicht; denn er ergriff keine Aufgabe nach außen, und die Freiheit ist ihm seine Selig-

keit, nicht Freiheit, dies und das in der Welt zu verrichten, König und Kaiser, Ausscheller der Gegenwart zu werden, sondern Freiheit bei sich selbst zu wissen, daß er Freiheit ist. Doch je höher das Individuum steigt, desto teurer muß alles erkauft werden, und um der Ordnung willen entsteht mit diesem An-sich der Freiheit eine andere Gestalt, die Schuld. Sie ist, wie es das Schicksal war, das Einzige, was der Mensch fürchtet; doch ist seine Furcht nicht, was im Vorhergehenden das Maximum war, die Furcht, für schuldig angesehen zu werden, sondern die Furcht, schuldig zu sein.
Im gleichen Maße wie er die Freiheit entdeckt, im gleichen Maße ist die Angst der Sünde über ihm im Zustand der Möglichkeit. Nur die Schuld fürchtet er; denn sie ist das Einzige, das ihn der Freiheit berauben kann. Daß die Freiheit hier keineswegs Trotz ist oder die im endlichen Sinne selbstische Freiheit, ist leicht einzusehen. Mit dieser Annahme hat man öfters versucht, das Aufkommen der Sünde zu erklären. Das ist mittlerweile verlorene Mühe, denn die Annahme einer solchen Voraussetzung bietet eine größere Schwierigkeit als die Erklärung. Wenn die Freiheit auf die Art aufgefaßt wird, hat sie ihren Gegensatz in der Notwendigkeit, und dies zeigt, daß man die Freiheit in einer Reflexionsbestimmung aufgefaßt hat. Nein, der Gegensatz der Freiheit ist Schuld, und es ist das Höchste an der Freiheit, daß sie beständig nur mit sich selbst zu tun hat, in ihrer Möglichkeit die Schuld entwirft, und sie also durch sich selbst setzt, und wenn die Schuld wirklich gesetzt wird, sie durch sich selbst setzt. Wenn man dies nicht beachtet, so hat man geistreich die Freiheit mit etwas ganz anderem verwechselt, mit *Kraft*.
Wenn nun die Freiheit die Schuld fürchtet, so fürchtet sie nicht, sich als schuldig zu erkennen, falls sie es ist, sondern

---

1 Mittlerweile darf man doch nicht vergessen, daß die Analogie hier insofern unrichtig ist, als wir es beim späteren Indi-

sie fürchtet, es zu werden, und darum kommt die Freiheit, sobald die Schuld gesetzt ist, als Reue wieder. Aber das Verhältnis der Freiheit zur Schuld ist bis auf weiteres eine Möglichkeit. Hier zeigt das Genie sich wieder, indem es nicht von der primitiven Entscheidung abspringt, indem es nicht die Entscheidung außerhalb seiner bei Krethi und Plethi sucht, indem es sich nicht begnügt, mit dem gewöhnlichen Feilschen. Nur durch sich selbst kann die Freiheit zu wissen bekommen, ob sie Freiheit ist oder ob die Schuld gesetzt ist. Es gibt darum nichts Lächerlicheres als anzunehmen, die Frage, ob man ein Sünder und schuldig ist, gehöre unter die Rubrik »Auswendiglernen«.

Das Verhältnis der Freiheit zur Schuld ist Angst, weil die Freiheit und die Schuld doch nur Möglichkeit sind. Indem aber die Freiheit so mit all ihrer Leidenschaft verlangend auf sich selber starrt und die Schuld fernhalten will, daß auch nicht ein Fäserchen von ihr an der Freiheit zu finden sei, kann sie es nicht lassen, auf die Schuld zu starren, und dieses Starren ist das zweideutige Starren der Angst, so wie selbst das Entsagen innerhalb der Möglichkeit ein Begehren ist.

Hier zeigt es sich nun recht deutlich, in welchem Sinne für das spätere Individuum ein Mehr in der Angst ist als in der Adams[1]. Die Schuld ist eine konkretere Vorstellung, die im Verhältnis der Möglichkeit zur Freiheit möglicher und möglicher wird. Zuletzt ist es, als ob die Schuld der ganzen Welt sich vereinte, um ihn schuldig zu machen, oder was dasselbe ist, als ob er, indem er schuldig wird, an der Schuld der ganzen Welt schuld wäre. Schuld hat nämlich die dialektische Beschaffenheit, daß sie sich nicht übertragen läßt; der aber, der schuldig wird, ist auch schuld an dem, das Anlaß war zur Schuld, denn die Schuld hat niemals einen äußerlichen Anlaß, und derje-

---

viduum nicht mit der Unschuld zu tun haben, sondern mit dem zurückgedrängten Sündenbewußtsein.

nige, der der Versuchung unterliegt, der ist selbst schuld an der Versuchung. Im Verhältnis der Möglichkeit zeigt sich dies in der Täuschung, sobald dagegen mit der wirklichen Sünde die Reue hervorbricht, so hat sie die wirkliche Sünde zum Gegenstand. In der Möglichkeit der Freiheit gilt, je tiefer die Schuld entdeckt wird, desto größer das Genie; denn die Größe des Menschen hängt einzig und allein ab von der Energie des Gottesverhältnisses in ihm, selbst wenn dieses Gottesverhältnis einen völlig irrtümlichen Ausdruck als Schicksal findet.

Wie das Schicksal zuletzt das unmittelbare Genie einfängt und dies eigentlich sein Kulminationsaugenblick ist; denn nicht ist es die strahlende Realisation nach außen, die die Menschen in Erstaunen setzt und selbst den Handwerksmann von seiner täglichen Arbeit abruft und aufmerken läßt, sondern der Augenblick, da das Genie, durch sich selbst für sich selbst zusammensinkt durch das Schicksal – so fängt auch die Schuld das religiöse Genie ein, und das ist der Kulminationsaugenblick, der Augenblick, da es am größten ist; denn nicht ist es der Augenblick, da der Anblick seiner Frömmigkeit wie der festliche Glanz eines hohen Feiertages anmutet, sondern da es, durch sich selbst für sich selbst versinkt in die Tiefe des Sündenbewußtseins.

Die Angst der Sünde oder Angst als Folge der Sünde in dem Einzelnen

Durch den qualitativen Sprung kam die Sünde in die Welt, und so kommt sie beständig herein. Sobald der Sprung gesetzt ist, sollte man meinen, die Angst sei behoben, da ja die Angst bestimmt worden ist als das Sich-vor-sich-selbst-Zeigen der Freiheit in der Möglichkeit. Der qualitative Sprung ist ja die Wirklichkeit, und insofern ist ja die Möglichkeit aufgehoben und damit die Angst. Doch ist es nicht an dem. Teils ist nämlich die Wirklichkeit nicht bloß ein Moment, teils ist die Wirklichkeit, die gesetzt wurde, eine unberechtigte Wirklichkeit. Die Angst kommt also wieder im Verhältnis zum Gesetzten und zum Zukünftigen Doch ist der Gegenstand der Angst jetzt ein Bestimmtes, dessen Nichts wirklich Etwas ist, da der Unterschied zwischen Gut und Böse[1] *in concreto* gesetzt ist und die Angst daher ihre dialektische Zweideutigkeit verloren hat. Das gilt von Adam wie von jedem späteren Individuum; denn durch den qualitativen Sprung sind sie vollkommen gleich.

---

1 Das Problem, was das Gute sei, rückt unserer Zeit immer näher, da es von entscheidender Bedeutung für die Frage nach dem Verhältnis zwischen Kirche und Staat und dem Sittlichen ist. Bei der Beantwortung muß man indessen vorsichtig sein. Das Wahre hat bisher auf eine merkwürdige Weise den Vorzug gehabt, indem man die Trilogie: das Schöne, das Gute, das Wahre im Wahren [in der Erkenntnis] aufgefaßt und dargestellt hat. Das Gute läßt sich nicht definieren. Das Gute ist die Freiheit. Erst für die Freiheit oder in der Freiheit ist der Unterschied zwischen Gut und Böse, und dieser Unterschied ist niemals *in abstracto*, sondern nur *in concreto*. Daher rührt auch das den Unkundigen Störende an der sokratischen Me-

Wenn durch den qualitativen Sprung die Sünde in dem Einzelnen gesetzt ist, so ist der Unterschied zwischen Gut und Böse gesetzt. Wir haben uns nirgends der Torheit schuldig gemacht, die meint, der Mensch *müsse* sündigen, hingegen haben wir gegen jedes bloß experimentierende Wissen protestiert, haben gesagt, was wir nochmals wiederholen, daß die Sünde sich selbst voraussetzt, ebenso wie die Freiheit, und daß sie sich ebensowenig aus etwas Vorhergehendem erklären läßt wie diese. Die Freiheit beginnen zu lassen als ein *liberum arbitrium* [welches überhaupt nirgends zu finden ist, vgl. Leibnitz], das ebensogut das Gute wie das Böse wählen kann, heißt jede Erklärung von Grund aus unmöglich machen. Von Gut und Böse als dem Gegenstand der Freiheit zu sprechen heißt, sowohl die Freiheit als die Begriffe Gut und Böse verendlichen. Die Freiheit ist unendlich und entspringt aus nichts. Deshalb nun zu sagen, der Mensch sündige notwendig, heißt den Kreis des Sprunges in eine gerade Linie auseinanderlegen. Daß ein solches Verhalten vielen höchst plausibel erscheint, beruht darauf, daß Gedankenlosigkeit für

---

thode, daß nämlich Sokrates augenblicklich dieses anscheinend unendlich Abstrakte, das Gute, auf das Allerkonkreteste zurückbringt. Die Methode ist ganz richtig, nur ging er fehl darin [griechisch gesprochen tat er recht], daß er das Gute nach seiner äußeren Seite auffaßte [das Nützliche, das endlich Teleologische]. Der Unterschied zwischen Gut und Böse ist allerdings für die Freiheit da, aber nicht *in abstracto*. Dieses Mißverständnis rührt daher, daß man die Freiheit zu etwas anderem macht, zu einem Denkobjekt. Aber die Freiheit ist niemals *in abstracto*. Wenn man der Freiheit einen Augenblick zur Wahl zwischen Gut und Böse überläßt, ohne daß sie selbst in einem von beiden ist, dann ist die Freiheit eben in diesem Augenblick nicht Freiheit, sondern eine sinnlose Reflexion, und wozu anders hilft dann das Experiment, als zu verwirren? Im Falle, daß [*sit venia verbo*] die Freiheit im Guten bleibt, weiß sie gar nichts vom Bösen. In diesem Sinne kann man von Gott sagen

viele Menschen das Allernatürlichste ist, und daß zu allen Zeiten die Zahl derer Legion gewesen ist, die jene Betrachtungsweise für preiswürdig ansehen, die durch die Jahrhunderte hindurch vergeblich als *λόγος ἀργός* [Chrysipp], *ignava ratio* [Cicero], *sophisma pigrum, la raison paresseuse* [Leibniz] gebrandmarkt worden ist.

Die Psychologie hat nun wieder die Angst zum Gegenstande, doch muß sie vorsichtig sein. Die Geschichte des individuellen Lebens verläuft in einer Bewegung von Zustand zu Zustand. Jeder Zustand wird durch einen Sprung gesetzt. Wie die Sünde in die Welt hineinkam, so kommt sie auch weiter hinein, wenn sie nicht aufgehalten wird. Aber doch ist jede ihrer Wiederholungen nicht eine einfache Konsequenz, sondern ein neuer Sprung. Jedem solchen Sprung geht ein Zustand als die nächste psychologische Approximation voraus. Dieser Zustand ist der Gegenstand der Psychologie. In jedem Zustand ist die Möglichkeit zugegen und insofern die Angst. So ist es, nachdem die Sünde gesetzt ist; denn nur im Guten ist die Einheit von Zustand und Übergang.

[will jemand dies mißverstehen, so ist es nicht meine Schuld], daß er vom Bösen nicht weiß. Damit will ich keineswegs sagen, daß das Böse bloß das Negative, das Aufzuhebende sei; aber daß Gott nicht davon weiß und weder davon wissen will noch kann, das ist des Bösen absolute Strafe. In diesem Sinne wird im Neuen Testament die Präposition *ἀπό* gebraucht, um die Entfernung von Gott zu bezeichnen, Gottes Ignorieren des Bösen, wenn ich so sagen darf. Faßt man Gott endlich auf, so hat es das Böse leicht, wenn Gott es ignorieren wollte: da aber Gott der Unendliche ist, so ist sein Ignorieren die lebendige Vernichtung; denn das Böse kann Gottes nicht entbehren, schon bloß um das Böse zu sein. Ich will hier eine Schriftstelle anführen: 2. Thess. 1,9 wird von denjenigen, die Gott nicht kennen und dem Evangelium nicht gehorchen wollen, gesagt: *οἵτινες δίκην τίσουσιν ὄλεθρον αἰώνιον, ἀπὸ προσώπου τοῦ κυρίου, καὶ ἀπὸ τῆς δόξης τῆς ἰσχύος αὐτοῦ*

§ 1

Die Angst vor dem Bösen

a] Die gesetzte Sünde ist wohl eine aufgehobene Möglichkeit, aber sie ist zugleich eine unberechtigte Wirklichkeit. Insofern kann die Angst sich zu ihr verhalten. Da sie eine unberechtigte Wirklichkeit ist, soll sie wieder negiert werden. Diese Arbeit will die Angst auf sich nehmen. Hier ist der rechte Tummelplatz für die behende Sophistik der Angst. Während die Wirklichkeit der Sünde wie der Kommandant die eine Hand der Freiheit in ihrer eisigen Rechten hält, gestikuliert die andere Hand mit Täuschung und Betrug und der Beredsamkeit allen Blendwerkes[1].

b] Die gesetzte Sünde ist zugleich in sich Konsequenz, ob sie auch eine der Freiheit fremde Konsequenz ist. Diese Konsequenz kündet sich an, und die Angst verhält sich zu dem Hinzukommen dieser Konsequenz, das die Möglichkeit eines neuen Zustandes ist. Wie tief ein Individuum auch gesunken sei, es kann doch noch tiefer sinken, und dieses »kann« ist der Gegenstand der Angst. Je mehr die Angst hier erschlafft, desto deutlicher ist es, daß die Konsequenz der Sünde dem Individuum *in succum et sanguinem* übergangen ist und daß die Sünde Eingeborenenrechte in der Individualität erhalten hat.

Die Sünde bedeutet hier natürlich das Konkrete; denn man sündigt nie überhaupt oder im allgemeinen. Selbst die Sünde[2] des Zurückwollens über die Wirklichkeit der Sünde ist nicht eine Sünde überhaupt, denn eine solche hat es nie gegeben. Wer sich etwas auf die Menschen versteht, der weiß sehr wohl, daß die Sophisterei es stets so

---

1 Nur ganz kurz kann ich, entsprechend der Form der Untersuchung, den einzelnen Zustand fast algebraisch andeuten. Zu eigentlicher Schilderung ist hier nicht der Ort.

macht, daß man sich immer nur an einem einzelnen Punkt stößt, der fortwährend variiert wird. Die Angst möchte die Wirklichkeit der Sünde weghaben, nicht ganz, aber bis zu einem gewissen Grade, oder besser, sie möchte bis zu einem gewissen Grade die Wirklichkeit der Sünde bestehen lassen, aber wohlgemerkt, nur bis zu einem gewissen Grade. Sie ist darum sogar nicht einmal abgeneigt, ein bißchen mit den quantitativen Bestimmungen zu schäkern, ja, je mehr entwickelt sie ist, desto weiter wagt sie, diese Schäkerei zu treiben; sobald aber der Spaß und Zeitvertreib des quantitativen Bestimmens Anstalten macht, das Individuum im qualitativen Sprung zu fangen, der gleich dem Ameisenlöwen in dem aus losem Sand gebildeten Trichter auf der Lauer liegt, so zieht sich die Angst vorsichtig zurück, so hat sie einen kleinen Punkt, der gerettet werden muß und der ohne Sünde ist, und im nächsten Augenblick noch einen zweiten. Ein Sündenbewußtsein, tief und ernst gefaßt im Ausdruck der Reue, ist eine große Seltenheit. Indessen werde ich mich wohl hüten, sowohl um meiner selbst willen als um des Denkens und des Nächsten willen, dies so auszudrücken, wie Schelling es vermutlich täte, der an einer Stelle vom Genie zur Handlung im gleichen Sinne wie vom Genie zur Musik und so weiter spricht. So kann man bisweilen, ohne sich dessen bewußt zu sein, mit einem einzigen erklärenden Wort alles zunichte machen. Partizipiert nicht jeder Mensch wesentlich am Absoluten, so ist alles vorbei. In der Sphäre des Religiösen soll man daher nicht vom Genie als einer speziellen Begabung sprechen, die nur Einzelnen gegeben ist; denn Begabung bedeutet hier, daß man will; und den, der nicht will, soll man wenigstens soweit respektieren, daß man ihn nicht beklagt.

---

2 Dies ist ethisch gesprochen, denn die Ethik sieht nicht den Zustand, sondern sieht, wie der Zustand im gleichen Augenblick eine neue Sünde ist.

Ethisch gesprochen ist die Sünde kein Zustand. Der Zustand hingegen ist stets die letzte psychologische Approximation zum nächsten Zustand. Die Angst ist nun beständig zugegen als die Möglichkeit des neuen Zustandes. In dem zuerst beschriebenen Zustand [a] ist die Angst merkbarer, wogegen sie in b mehr und mehr verschwindet. Aber die Angst steht doch vor der Tür eines solchen Individuums, und vom Standpunkt des Geistes aus gesehen, ist sie größer als jede andere. In a gilt die Angst der Wirklichkeit der Sünde, aus der sie sophistisch die Möglichkeit hervorbringt, während sie ethisch gesehen sündigt. Die Bewegung der Angst ist hier die entgegengesetzte zu der in der Unschuld, wo sie aus der Möglichkeit der Sünde, psychologisch gesprochen die Wirklichkeit hervorbringt, während diese doch ethisch betrachtet durch den qualitativen Sprung hervortritt. In b gilt die Angst der weiteren Möglichkeit der Sünde. Nimmt hier die Angst ab, so erklären wir das an diesem Punkt daraus, daß die Konsequenz der Sünde siegt.

c] Die gesetzte Sünde ist eine unberechtigte Wirklichkeit, sie ist Wirklichkeit und vom Individuum in der Reue als Wirklichkeit gesetzt, aber die Reue wird im Verhältnis zur Sünde zu einer Möglichkeit herabgesetzt, mit anderen Worten, die Reue kann die Sünde nicht beheben, sie kann nur über sie Leid tragen. Die Sünde schreitet vorwärts in ihrer Konsequenz, die Reue folgt ihr Schritt für Schritt, aber immer einen Augenblick zu spät. Sie zwingt sich selbst dazu, das Entsetzliche zu sehen, aber es geht ihr wie dem wahnsinnigen Lear [O du zertrümmert Meisterstück der Schöpfung!], sie hat die Zügel der Regierung verloren und nur die Kraft behalten, sich zu grämen. Hier ist die Angst auf ihrem Höhepunkt. Die Reue ist von Sinnen und die Angst zur Reue potenziert. Die Konsequenz der Sünde schreitet vorwärts, sie schleppt das Individuum mit sich wie ein Weib, das der Henker an den Haaren hinter sich herschleppt, während sie in Verzweiflung aufschreit. Die Angst geht voraus, sie entdeckt die Konsequenz, bevor sie kommt, wie man an sich selbst merken kann, daß ein Unwetter im Anzuge ist; sie kommt näher, das Individuum zuckt wie ein Pferd, das keuchend sich vor der Stelle bäumt, an der es schon einmal scheute. Die Sünde siegt. Die Angst wirft sich verzweifelt in die Arme der Reue. Die Reue wagt das Letzte. Sie faßt die Konsequenz der Sünde als Strafleiden auf, das Verderben als die Konsequenz der Sünde. Sie ist verloren, ihr Urteil ist gesprochen, ihre Verurteilung gewiß, und eine Verschärfung des Urteils ist es, daß das Individuum durch das Leben hin zur Richtstätte geschleppt werden soll. Mit anderen Worten, die Reue ist wahnwitzig geworden.

Das Leben kann einem Gelegenheit bieten, zu beobachten, was hier angedeutet ist. Doch findet man selten einen solchen Zustand bei den völlig verdorbenen Naturen, sondern gewöhnlicherweise nur bei den tieferen; denn es gehört eine erhebliche Ursprünglichkeit und eine Ausdauer wahnsinnigen Wollens dazu, sich nicht unter a oder b zu begeben. Den Sophismus, den die wahnwitzige Reue jeden Augenblick hervorzurufen vermag, ist keine Dialektik zu besiegen imstande. Eine solche Reue ist von einer Zerknirschung, die an Ausdruck und Dialektik der Leidenschaft weit mächtiger ist als die wahre Reue. [In einem anderen Sinne ist sie natürlich ohnmächtiger; es ist aber doch merkwürdig, was jeder, der so etwas beobachtet, sicherlich auch bemerkt hat, mit welcher Überredungsgabe und mit welcher Beredsamkeit eine solche Reue alle Einwendungen abwehrt und alle, die ihr nahekommen, überzeugt, um dann wieder an sich selbst zu verzweifeln, wenn sie sich nicht mehr damit zerstreuen kann.] Diesem Grauen mit Worten und Redensarten Einhalt gebieten zu wollen, ist vergebliche Mühe, und wer auf solches verfällt, der kann stets sicher sein, daß seine

Predigt das reine Kinderlallen ist, verglichen mit der elementarischen Beredsamkeit, die einem solchen zu Dienste steht. Das Phänomen kann sich ebensogut im Verhältnis zum Sinnlichen zeigen [Hang zum Trinken, zu Opium, zu Ausschweifungen und so weiter] wie im Verhältnis zum Höheren im Menschen [Stolz, Eitelkeit, Zorn, Haß, Trotz, Hinterhältigkeit, Mißgunst und so weiter]. Der Mensch kann seinen Zorn bereuen, und je tiefer er ist, desto tiefer ist die Reue. Aber freimachen kann ihn die Reue nicht, darin greift er fehl. Der Anlaß kommt, die Angst hat ihn bereits entdeckt, jeder Gedanke zittert, und die Angst saugt alle Kraft aus der Reue und schüttelt den Kopf; es ist, als hätte der Zorn schon gesiegt, und er ahnt schon die Zerschmetterung der Freiheit, die dem nächsten Augenblick vorbehalten ist: der Augenblick kommt, der Zorn siegt.

Was auch die Konsequenz der Sünde sein mag, daß das Phänomen sich in gehöriger Stärke zeigt, ist immer Zeichen einer tieferen Natur. Daß man es so selten im Leben sieht, das heißt, Beobachter sein muß, um es häufiger zu sehen, rührt daher, daß es sich verbergen läßt, oft auch vertrieben wird, wobei die Menschen die eine oder andere Klugheitsregel anwenden, um diese Leibesfrucht des höchsten Lebens abzutreiben. Man braucht sich nur mit Krethi und Plethi zu beratschlagen, so wird man bald sein, wie Leute meistens sind, und wird sich auch jederzeit das Zeugnis von ein paar verläßlichen Männern sichern können, daß man so sei. Das probateste Mittel, von den Anfechtungen des Geistes verschont zu bleiben, ist, je eher je lieber geistlos zu werden. Wenn man nur beizeiten dafür sorgt, so geht alles von ganz allein, und was die Anfechtung angeht, kann man ihr erklären, daß sie gar nicht da ist oder höchstens als pikante dichterische Fiktion zu betrachten sei. Der Weg zur Vollkommenheit war in alten Tagen schmal und einsam, die Wanderung ständig durch Irrwege gefährdet, bedroht von dem räuberischen Überfall der Sünde, verfolgt von dem Pfeil des Vergangenen, der gefährlich ist wie der der skythischen Horden; jetzt reist man zur Vollkommenheit mit der Eisenbahn in guter Gesellschaft, und ehe man sich's versieht, ist man da. Das Einzige, das in Wahrheit den Sophismus der Reue zu entwaffnen vermag, ist Glaube, Mut zu glauben, daß der Zustand selbst eine neue Sünde ist, Mut, der Angst ohne Angst zu entsagen, was nur der Glaube vermag, ohne daß er darum die Angst zunichte machte, vielmehr selbst ewig jung dem Todesaugenblick der Angst beständig sich entnimmt. Das vermag nur der Glaube, denn nur im Glauben ist die Synthese ewig und jeden Augenblick möglich.

—

Daß alles hier Entwickelte in die Psychologie gehört, läßt sich unschwer einsehen. Ethisch dreht sich alles darum, das Individuum im Verhältnis zur Sünde richtig gestellt zu bekommen. Sobald es so steht, steht es bereuend in der Sünde. Im gleichen Augenblick ist es, in der Idee gesehen, der Dogmatik anheimgefallen. Die Reue ist der höchste ethische Widerspruch. Teils, weil die Ethik eben die Idealität fordert und sich mit dem Empfangen der Reue begnügen muß, teils, weil die Reue hinsichtlich dessen, was sie beheben soll, dialektisch zweideutig ist, welche Zweideutigkeit erst die Dogmatik in der Versöhnung behebt, in der die Bestimmung der Erbsünde deutlich wird. Außerdem hält die Reue die Tat auf; und letztere ist es doch, die die Ethik eigentlich fordert. Zuletzt muß die Reue sich selbst zum Gegenstand machen, da der Augenblick der Reue zu einem Defizit der Tat wird. Es war daher ein echter ethischer Ausbruch, voller Energie und Mut, wenn der alte Fichte sagte, zur Reue sei keine Zeit. Doch brachte er damit die Reue nicht auf ihre dialektische Spitze, auf die gestellt sie in einer neuen Reue sich selbst aufheben will, und wo sie dann zusammensinkt.

Was in diesem Paragraphen entwickelt wurde, ist wie allenthalben in dieser Schrift, was man psychologisch gesprochen die psychologischen Stellungen der Freiheit zur Sünde nennen könnte oder auch psychologische, approximierende Zustände. Sie geben sich nicht dafür aus, die Sünde ethisch zu erklären.

§ 2

Die Angst vor dem Guten

[Das Dämonische]

Man hört in unserer Zeit seltener vom Dämonischen reden. Die einzelnen Erzählungen darüber, die sich im Neuen Testament finden, läßt man im allgemeinen dahingestellt sein. Soweit die Theologen sie zu erklären suchen, vertiefen sie sich gern in Beobachtungen über irgendeine unnatürliche Sünde, wobei man dann auch Beispiele dafür findet, daß das Tierische eine solche Macht über den Menschen bekommen hat, daß dieses sich durch einen tierisch unartikulierten Laut oder durch eine tierische Mimik und einen tierischen Blick förmlich verkündigt, mag nun das Tierische ausgeprägte Gestalt im Menschen gewonnen haben [der physiognomische Ausdruck, Lavater], oder mag es blitzartig, wie ein hurtig verschwindender Eilbote, ahnen lassen, was darin wohnt, so wie der Blick oder die Geste des Wahnsinns den vernünftigen, besonnenen, geistvollen Mann, mit dem man gerade spricht, auf einen Augenblick, kürzer wie der kürzeste Augenblick, zur Parodie, zum Spott- und Zerrbild verwandelt. Was die Theologen diesbezüglich zu bemerken haben, mag schon wahr sein, aber alles kommt auf die Pointe an. Im allgemeinen wird das Phänomen nun so beschrieben, daß man deutlich sieht, wovon geredet wird, ist die Knechtschaft der Sünde, ein Zustand, den ich nicht besser zu beschreiben weiß, als indem ich an ein Spiel, das es gibt, erinnere, wo zweie von einem Mantel verdeckt sind, so als wäre es nur ein Mensch, und wo nur der eine redet, während der andere dabei ganz ohne Zusammenhang mit der Rede gestikuliert; denn so hat sich das Tier in die Gestalt des Menschen eingekleidet, dessen es nun dauernd spottet mit seiner Gestikulation und seinem Zwischenspiel. Aber die Sündenknechtschaft ist noch nicht das Dämonische. Sobald die Sünde gesetzt ist und das Individuum in der Sünde verbleibt, gibt es zwei Formationen, deren eine wir im vorhergehenden Paragraphen beschrieben haben. Wenn man das nicht beachtet, kann man das Dämonische nicht bestimmen. Das Individuum ist in der Sünde, und seine Angst gilt dem Bösen. Diese Formation befindet sich, von einem höheren Standpunkt aus gesehen, im Guten; daher ist ihr angst vor dem Bösen. Die andere Formation ist das Dämonische. Das Individuum ist im Bösen, und ihm ist angst vor dem Guten. Die Knechtschaft der Sünde ist ein unfreies Verhältnis zum Bösen, aber das Dämonische ist ein unfreies Verhältnis zum Guten.

Das Dämonische wird daher erst recht deutlich, indem es vom Guten berührt wird, welches also von außen an seine Grenze herankommt. Es ist aus diesem Grund bemerkenswert, daß das Dämonische im Neuen Testament sich erst zeigt, wenn Christus an es herantritt, und ob nun der Dämon in Legionen auftritt [vgl. Matth. 8, 27-34; Mark. 5, 1-20; Luk. 8, 26-39] oder ob er stumm sein mag [vgl. Luk. 11, 14], das Phänomen ist dasselbe, ist Angst vor dem Guten; denn die Angst kann sich ebensogut im Verstummen ausdrücken wie im Schrei. Das Gute bedeutet natürlich die Redintegration der Freiheit, die Erlösung, Errettung oder wie immer man es sonst nennen mag.

In früheren Zeiten ist oft vom Dämonischen die Rede gewesen. Es ist hier nicht von Wichtigkeit, Studien zu machen oder Studien gemacht zu haben, die einen instand setzen, gelehrte und kuriose Bücher aufzuzählen und zu zitieren. Man kann leicht die verschiedenen Betrachtungsweisen, die möglich und die zu verschiedenen Zeiten auch wirklich gewesen sind, skizzieren. Dies kann insofern seine Bedeutung haben, als die Verschiedenartigkeit der Betrachtungsweise anleitend für die Bestimmung des Begriffes sein kann.

Man kann das Dämonische ästhetisch-metaphysisch betrachten. Das Phänomen fällt dann unter die Bestimmung von Unglück, Schicksal und so weiter und läßt sich als Analogie dazu betrachten, schwachsinnig geboren zu sein und so weiter. Man steht dann im Verhältnis des Mitleides zum Phänomen. Aber so wie das Wünschen die elendste von allen Solokünsten ist, so ist das Bemitleiden in dem Sinne, wie es gewöhnlich genommen wird, die elendste von allen gesellschaftlichen Virtuositäten und Geschicklichkeiten. Das Mitleid ist weit davon entfernt, dem Leidenden zugute zu kommen, viel eher umfriedet man damit seinen eigenen Egoismus. Man wagt nicht, im tieferen Sinne über derartiges nachzudenken, und so rettet man sich durch Mitleid. Erst wenn der Mitleidende sich in seinem Mitleid so zu dem Leidenden verhält, daß er im strengsten Sinne begreift, daß es seine eigene Sache ist, um die es sich hier handelt, erst wenn er sich so mit dem Leidenden zu identifizieren versteht, daß er, indem er um eine Erklärung kämpft, für sich selber kämpft, aller Gedankenlosigkeit, Verweichlichung und Feigheit absagend, erst dann erhält das Mitleid Bedeutung, und erst dann findet es vielleicht seinen Sinn, da der Mitleidende darin verschieden vom Leidenden ist, daß er unter einer höheren Form leidet. Wenn das Mitleid sich so zum Dämonischen verhält, dann handelt es sich nicht mehr um ein paar tröstende Worte oder ein Scherflein oder ein Achselzucken; denn jammert's einen, so gibt's nun erst recht was zum Jammern. Ist das Dämonische ein Schicksal, so kann es jedem widerfahren. Das ist nicht zu leugnen, wenn man auch in unserer feigen Zeit alles Mögliche tut, um mit Zerstreuungen und der Janitscharenmusik lärmender Unternehmungen einsame Gedanken fernzuhalten, wie man in den Wäldern Amerikas mit Feuerschein, Heulen und Beckenschlagen die wilden Tiere fernhält. Daher kommt es, daß man in unserer Zeit so wenig von den höchsten geistigen Anfechtungen zu wissen bekommt, desto mehr dagegen von all den verspielten Konflikten zwischen Mann und Mann und Frau, die ein überfeinertes Gesellschafts- und Soireenleben mit sich führt. Übernimmt das wahre humane Mitleid das Leiden als Bürge und Selbstschuldner, so muß es erst darüber ins reine kommen, was dabei Schicksal und was Schuld ist. Und diese Distinktion muß mit der besorgten, aber auch energischen Leidenschaft der Freiheit vorgenommen werden, daß man sie festzuhalten wagt, und ob die ganze Welt zusammenstürzte, auch wenn es scheint, daß man mit seiner Unerschütterlichkeit unersetzlichen Schaden anrichte.

Man hat das Dämonische ethisch urteilend betrachtet. Es ist genügend bekannt, mit welcher entsetzlichen Strenge man es verfolgt, aufgedeckt und gestraft hat. Man schaudert in unserer Zeit, wenn man davon erzählen hört; man wird sentimental und gefühlvoll, wenn man daran denkt, daß man in unserer aufgeklärten Zeit nicht so handelt. Mag gern so sein, aber ist das sentimentale Mitleid denn so sehr viel rühmlicher? Ich gebe mich nicht mit dem Beurteilen und Verurteilen dieses Verhaltens ab, ich betrachte es nur. Daß es so ethisch streng war, zeigt eben, daß sein Mitleid von größerer Bonität war. Indem es sich selbst für das Denken mit dem Phänomen identifizierte, hatte es keine weitere Erklärung, als daß dies Schuld sei. Es war daher davon überzeugt, daß der Dämonische doch letzten Endes nach seiner besseren Möglichkeit selbst wünschen müsse, daß alle Grausamkeit und

Strenge gegen ihn angewandt werde[1]. War es nicht, um ein Beispiel aus einer ähnlichen Sphäre anzuführen, war es nicht Augustin, der Strafen, ja, Todesstrafen gegen die Ketzer empfahl? Mangelte es ihm wohl an Mitleid, oder unterschied sich sein Verhalten von dem unserer Zeit nicht eher dadurch, daß sein Mitleid ihn nicht feige gemacht hatte, so daß er sich selbst betreffend hätte sagen können: sollte es mit mir soweit kommen, so gebe Gott, daß dann eine Kirche da ist, die mich nicht aufgibt, sondern alle Macht gebraucht. Aber in unserer Zeit fürchtet man sich davor, wie Sokrates einmal sagt, vom Arzt sich schneiden und brennen zu lassen, damit man geheilt werde.

Man hat das Dämonische medizinisch behandelnd betrachtet. Und das versteht sich: mit Pulver und mit Pillen – und natürlich mit Klistieren! Nun taten sich der Apotheker und der Doktor zusammen. Der Patient wurde entfernt, damit die anderen nicht bange würden. In unserer mutigen Zeit traut man sich nicht, einem Patienten zu sagen, daß er sterben müsse, oder den Pfarrer herbeizuholen, aus Furcht, der Patient werde vor lauter Schreck sterben, traut man sich nicht, ihm zu erzählen, daß jemand an der gleichen Krankheit in den gleichen Tagen gestorben sei. Der Patient wurde entfernt, das Mitleid erkundigte sich nach seinem Befinden – der Arzt versprach, baldmöglichst eine tabellarische und statistische Übersicht herauszugeben, um eine Durchschnittszahl zu ermitteln. Und hat man eine Durchschnittszahl, so ist alles erklärt. Die medizinisch-behandelnde Betrachtung sieht das Phänomen für etwas rein Physisches und Somatisches an und tut, was Ärzte oft tun, und *in specie* ein Arzt in einer Novelle von Hoffmann, nimmt sich eine Prise und spricht: das ist eine bedenkliche Sache.

---

[1] Wer ethisch nicht so entwickelt ist, daß er Trost und Linderung fühlte, wenn einer, und träfe der ihn auch im allertiefsten

Daß drei so verschiedene Betrachtungsweisen möglich sind, läßt die Zweideutigkeit des Problems deutlich hervortreten, daß es nämlich gewissermaßen allen diesen Sphären angehört, dem Somatischen, dem Psychologischen, dem Pneumatischen. Dies deutet darauf hin, daß das Dämonische einen weit größeren Umfang hat, als allgemein angenommen wird, was sich daraus erklären läßt, daß der Mensch eine Synthese von Seele und Leib ist, getragen von Geist, weshalb die Desorganisation des einen sich in dem übrigen zeigt. Aber wird man erst einmal darauf aufmerksam, welchen Umfang es hat, so wird sich vielleicht zeigen, daß manche, sogar von denen, die dieses Phänomen behandeln wollen, selbst darunter fallen, und daß sich Spuren davon bei jedem Menschen finden, so gewiß jeder Mensch ein Sünder ist.

Da nun aber das Dämonische im Laufe der Zeiten mancherlei verschiedene Dinge bedeutet hat und neuderdings sogar dahin avanciert ist, daß es bedeutet, was immer es sei, so wird es am besten sein, den Begriff ein wenig zu bestimmen. Es muß dabei beachtet werden, welchen Platz wir ihm bereits angewiesen haben. In der Unschuld kann vom Dämonischen nicht die Rede sein. Andererseits muß man jede phantastische Vorstellung von einer Verschreibung an das Böse und so weiter, wodurch der Mensch gänzlich böse würde, aufgeben. Hieraus entstand der Widerspruch in dem strengen Verhalten jener frühheren Zeit. Man hatte diese Meinung, und doch wollte man strafen. Die Strafe selbst aber war doch nicht nur eine Notwehr, sondern diente zugleich der Rettung [des Betreffenden selbst durch eine mildere Strafe oder der Rettung anderer durch die Todesstrafe], wenn aber von Rettung die Rede sein konnte, war das Individuum doch nicht ganz in der Macht des Bösen; und war es ganz in der

---

Leide, zu ihm sagte: das ist nicht Schicksal, es ist Schuld – nicht Trost und Linderung fühlte, wenn es ihm aufrichtig und ernst

Macht des Bösen, so ist es ein Widerspruch, zu strafen. Falls hier die Frage aufkommen sollte, inwieweit das Dämonische ein psychologisches Problem sei, so ist meine Antwort, das Dämonische ist ein Zustand. Aus diesem Zustand heraus kann beständig die einzelne sündige Tat hervorbrechen. Der Zustand aber ist eine Möglichkeit, obgleich er natürlich im Verhältnis zur Unschuld wiederum eine Wirklichkeit ist, gesetzt durch den qualitativen Sprung.

Das Dämonische ist Angst vor dem Guten. In der Unschuld war die Freiheit nicht als Freiheit gesetzt, ihre Möglichkeit war in der Individualität Angst. Im Dämonischen ist das Verhältnis umgekehrt. Die Freiheit ist als Unfreiheit gesetzt; denn die Freiheit ist verloren. Die Möglichkeit der Freiheit ist hier wieder Angst. Der Unterschied ist absolut; denn die Möglichkeit der Freiheit zeigt sich hier im Verhältnis zur Unfreiheit, die genau das Entgegengesetzte der Unschuld ist, da diese eine Bestimmung zur Freiheit hin ist.

Das Dämonische ist die Unfreiheit, die sich in sich abschließen will. Dies ist und bleibt indessen eine Unmöglichkeit, sie behält immer ein Verhältnis, und selbst wenn dieses anscheinend ganz verschwunden ist, so ist es doch vorhanden, und die Angst zeigt sich sofort im Augenblick der Berührung. [Vgl. das oben im Anschluß an die Erzählungen im Neuen Testament Gesagte.]

Das Dämonische ist das *Verschlossene und das unfreiwillig Offenbare*. Diese beiden Bestimmungen bezeichnen, was sie auch sollen, dasselbe; denn das Verschlossene ist eben das Stumme, und wenn dies sich äußern soll, muß es gegen seinen Willen geschehen, da die der Unfreiheit zugrundeliegende Freiheit, wenn sie in Kommunikation mit der

---

gesagt wird, der ist nicht im besonders hohen Sinne ethisch entwickelt; denn die ethische Individualität fürchtet nichts so sehr wie das Schicksal und ästhetisches Lirumlarum, das ihm

Freiheit außerhalb ihrer kommt, revoltiert und die Unfreiheit verrät, derart, daß es das Individuum selbst ist, das sich gegen seinen Willen in der Angst verrät. Das Verschlossene muß darum hier in einer ganz bestimmten Bedeutung genommen werden, denn so wie es im allgemeinen verstanden wird, kann es die höchste Freiheit bedeuten. So waren Brutus, Heinrich v. von England als Prinz und so weiter verschlossen, bis die Zeit kam, da es sich erwies, daß ihre Verschlossenheit ein Bund mit dem Guten war. Eine solche Verschlossenheit war darum identisch mit einer Ausweitung, und niemals ist eine Individualität im schöneren und edleren Sinne ausgeweitet als die, die im Mutterleib einer großen Idee eingeschlossen ist. Die Freiheit ist eben das Ausweitende. Im Gegensatz hierzu nun, meine ich, kann man die Unfreiheit verschlossen *κατ' ἐξοχήν* nennen. Man braucht im allgemeinen einen mehr metaphysischen Ausdruck für das Böse: es sei das Verneinende, der ethische Ausdruck hierfür ist, wenn man seine Wirkung im Individuum betrachtet, eben das Verschlossene. Das Dämonische verschließt sich nicht in sich mit Etwas, sondern verschließt sich in sich, und darin liegt das Tiefsinnige des Daseins, daß die Unfreiheit eben sich selbst zu einem Gefangenen macht. Die Freiheit ist beständig kommunizierend [selbst wenn man hier dem Worte die religiöse Bedeutung unterlegt, so tut das keinen Schaden], die Unfreiheit wird mehr und mehr verschlossen und wünscht die Kommunikation nicht. Dies kann man in allen Sphären beobachten. Es zeigt sich in Hypochondrie, in Grillenfängerei, es zeigt sich bei den höchsten Leidenschaften, wenn diese in tiefem Mißverstehen das Schweigesystem einführen[1]. Wenn die Freiheit nun die Verschlossenheit berührt, so wird dieser angst.

---

unter dem Gewande des Mitleides das Kleinod der Freiheit ablisten will.

[1] Es ist bereits gesagt worden und wird hier wieder gesagt,

Es gibt in der alltäglichen Sprache einen Ausdruck, der äußerst bezeichnend ist. Man sagt von einem Menschen: der rückt nicht mir der Sprache heraus. Das Verschlossene ist eben das Stumme; die Sprache, das Wort ist eben das Erlösende, das von der leeren Abstraktion der Verschlossenheit Erlösende. Man lasse das Dämonische hier ein x bedeuten, das Verhältnis der Freiheit dazu ein von außerhalb kommendes x; und das Gesetz für die Offenbarung des Dämonischen ist, daß es wider seinen Willen mit der Sprache herausrückt. In der Sprache liegt nämlich die Kommunikation. Ein Dämonischer im Neuen Testament sagt darum zu Christus, als dieser sich nähert: *τί ἐμοὶ καὶ σοί* [»was habe ich mit dir zu tun?« Mark. 5,7; Luk. 8, 28], er beharrt: Christus komme, ihn zu verderben [Angst vor dem Guten]. Oder ein Dämonischer bittet Christus, eines anderen Weges zu gehen. [Wenn die Angst sich auf das Böse bezieht, vgl. § 1, so sucht das Individuum seine Zuflucht zur Erlösung.]

Beispiele hierfür bietet das Leben in allen möglichen Sphären und in allen möglichen Graden reichlich dar. Ein verstockter Verbrecher will seine Untat nicht bekennen [hierin liegt eben das Dämonische, daß er nicht durch das Erleiden der Strafe mit dem Guten kommunizieren will]. Es gibt eine Methode gegen einen solchen, die doch wohl seltener gebraucht wird. Es ist das Schweigen und die Macht des Auges. Hat ein Inquisitor die leibliche Kraft und die geistige Elastizität, auszuhalten, ohne daß sein Muskelspiel schlapp wird, die Kraft auszuhalten, und wenn es sechzehn Stunden sein müßten, so wird es ihm zuletzt gelingen, das Geständnis unwillkürlich zum Ausbruch zu bringen. Kein Mensch, der ein böses Gewissen

---

daß das Dämonische einen ganz anderen Umfang hat, als man gewöhnlich glaubt. Im vorhergehenden Paragraphen wurden die Formationen in einer anderen Richtung angedeutet; hier folgt eine andere Suite von Formationen, und so wie ich es

hat, kann das Schweigen aushalten. Setzt man ihn in ein einsames Gefägnis, so stumpft er an sich selber ab. Das Schweigen aber, während der Richter zugegen ist, die Sekretäre nur darauf warten, das Protokoll aufzunehmen, ist die tiefsinnigste und scharfsinnigste Frage, ist die entsetzlichste, aber doch eine zulässige Tortur; keineswegs aber ist sie so leicht zu bewerkstelligen, wie man glaubt. Das Einzige, was die Verschlossenheit zum Sprechen zwingen kann, ist entweder ein höherer Dämon [denn jeder Teufel regiert seine Zeit] oder das Gute, das absolut schweigen kann; und sollte etwa Schlauheit sie hier bei der Schweigens-Examination in Verlegenheit bringen wollen, dann wird der Inquisitor selbst der Beschämte sein, und es wird sich zeigen, daß ihm zuletzt vor sich selber bange wird und er das Schweigen brechen muß. Gegenüber dem untergeordneten Dämon und den untergeordneten Menschennaturen, deren Gottesbewußtsein nicht stark entwickelt ist, siegt die Verschlossenheit unbedingt, weil der erstere nicht auszuhalten vermag und die letzteren in aller Unschuld gewohnt sind, von der Hand in den Mund zu leben und das Herz auf der Zunge zu tragen. Es ist unglaublich, welche Macht der Verschlossene über solche Menschen bekommen kann, wie sie zuletzt flehen und betteln um ein einziges Wort bloß, das die Stille bräche; es ist aber auch empörend, auf diese Weise die Schwachen zu zertreten. Man glaubt vielleicht, daß derartiges nur unter Fürsten und Jesuiten vorkäme, daß man, um sich eine deutliche Vorstellung davon zu machen, an Domitian, Cromwell, Alba oder einen Jesuitengeneral denken müsse, der gleichsam zum Appellativ dafür geworden ist. Keineswegs, es kommt weit häu-

---

dargestellt habe, läßt sich die Unterscheidung durchführen. Hat man eine bessere, so wähle man diese; doch ist es nicht vom Übel, wenn man auf diesen Gebieten etwas vorsichtig ist, denn sonst läuft alles ineinander.

figer vor. Jedoch ist bei der Beurteilung des Phänomens Vorsicht am Platze; denn obwohl das Phänomen das gleiche ist, kann der Grund der entgegengesetzte sein, da die Individualität, die die Despotie und Tortur der Verschlossenheit ausübt, vielleicht selbst sprechen möchte, selbst auf einen höheren Dämon wartet, der die Offenbarung bringen könnte. Aber der Scherge der Verschlossenheit kann sich auch selbstisch zu seiner Verschlossenheit verhalten. Doch könnte ich allein hierüber ein ganzes Werk schreiben, wenngleich ich nicht nach Sitte und Brauch der Beobachter unserer Tage in Paris und in London gewesen bin, als ob man auf diese Weise so Großes zu wissen bekäme, anderes als Geschwätz und Commis-voyageur-Weisheit. Wenn man nur auf sich selbst aufpaßt, so wird ein Beobachter an fünf Männern und fünf Frauen und zehn Kindern genug haben, um alle möglichen menschlichen Seelenzustände zu entdecken. Was ich zu sagen hätte, könnte wohl auch seine Bedeutung haben, insbesondere für jeden, der mit Kindern zu tun hat oder in irgendeinem Verhältnis zu ihnen steht. Es ist von unendlicher Wichtigkeit, daß das Kind durch die Vorstellung von der erhabenen Verschlossenheit erhoben und von der mißverstandenen befreit wird. In äußerlicher Beziehung ist es leicht zu sehen, wenn der Augenblick gekommen ist, wo man ein Kind allein gehen lassen kann, in geistiger Beziehung ist es nicht so leicht. In geistiger Beziehung ist die Aufgabe überaus schwierig, und man kann sich nicht davon loskaufen, indem man ein Kindermädchen hält und einen Gängelkorb anschafft. Die Kunst

---

1 Seine Kategorie gebrauchen zu können, ist eine *conditio sine qua non*, damit die Beobachtung im tieferen Sinne Bedeutung habe. Wenn das Phänomen in einem gewissen Grade hervortritt, so werden die meisten Menschen darauf aufmerksam, vermögen aber nicht, es zu erklären, weil ihnen die Kategorie fehlt, und wenn sie sie hätten, so besäßen sie wieder einen Schlüssel, der überall da aufschlösse, wo eine Spur des Phäno-

ist, beständig zugegen zu sein und doch nicht zugegen zu sein, so daß das Kind sich selbst entwickeln darf, während man doch über seine Entwicklung völlig im Bilde ist. Die Kunst ist, im allerhöchsten Grade nach dem größtmöglichen Maßstab das Kind sich selbst zu überlassen, und dieses anscheinende Aufgeben so zu bewerkstelligen, daß man zugleich unbemerkt um alles Bescheid weiß. Dazu reicht einem schon die Zeit, selbst wenn man königlicher Beamter ist, wenn man nur will. Wenn man nur will, so kann man alles. Und der Vater oder Erzieher, der alles für das ihm anvertraute Kind täte, aber nicht verhinderte, daß es verschlossen wurde, hat sich doch immer eine große Verantwortung zugezogen.

Das Dämonische ist das Verschlossene, das Dämonische ist Angst vor dem Guten. Wir wollen nun das Verschlossene x sein lassen, und sein Inhalt sei auch x, das heißt, sei das Entsetzlichste und das Unbedeutendste, das Grauenhafteste, von dessen Vorhandensein im Leben viele sich vielleicht nicht träumen lassen, und die Bagatelle, auf die niemand achtet[1], was bedeutet dann das Gute als x? Es bedeutet die Offenbarung[2]. Offenbarung kann auch wieder auf das Erhabenste [Erlösung im eminenten Sinne] gehen und auf das Unbedeutendste [das Aussprechen einer Zufälligkeit], das darf nicht stören, die Kategorie ist die gleiche; die Phänomene haben das gemeinsam, daß sie dämonisch sind, wenn der Unterschied auch im übrigen riesig ist. Die Offenbarung ist hier das Gute, denn die Offenbarung ist erster Ausdruck der Erlösung. Darum sagt man als alte Weisheit, daß, wenn man das Wort zu

---

mens zu finden ist; denn die Phänomene unter der Kategorie gehorchen dieser, wie die Geister des Ringes dem Ringe gehorchen.

2 Mit Fleiß habe ich das Wort Offenbarung gebraucht, ich hätte das Gute hier auch Durchsichtigkeit nennen können. Wenn ich befürchten mußte, daß jemand das Wort Offenbarung und die Entwicklung ihres Verhältnisses zum Dämo-

nennen wage, die magische Zauberkraft entweiche, und darum erwacht auch der Schlafwandler, wenn man seinen Namen nennt.

Die die Offenbarung betreffenden Kollisionen der Verschlossenheit können nun wieder unendlich verschiedener und zahllos nuancierter Art sein; denn der vegetative Reichtum des geistigen Lebens steht nicht hinter dem der Natur zurück, und die geistigen Zustände sind in ihrer Verschiedenheit zahlloser als die Blumen. Die Verschlossenheit kann die Offenbarung wünschen, daß es von außen her zustande gebracht werde, ihr widerfahren möge. [Dies ist ein Mißverständnis, da ja dann ein weibliches Verhältnis besteht zu der in der Offenbarung gesetzten Freiheit und der die Offenbarung setzende Freiheit. Die Unfreiheit kann darum doch zurückbleiben, mag auch der Zustand des Verschlossenen glücklicher werden.] Sie kann die Offenbarung bis zu einem gewissen Grade wollen, aber einen kleinen Rest zurückbehalten, von dem aus die Verschlossenheit wieder von vorne anfangen kann. [Dies ist der Fall bei den untergeordneten Geistern, die nichts *en gros* tun können.] Sie kann die Offenbarung wollen, aber *incognito*. [Dies ist der spitzfindigste Widerspruch der Verschlossenheit. Jedoch findet man Beispiele dafür bei Dichterexistenzen.] Die Offenbarung kann bereits gesiegt haben, aber im gleichen Moment wagt die Verschlossenheit einen letzten Versuch und ist so geschickt, die Offenbarung selbst in eine Mystifikation zu verwandeln, und die Verschlossenheit hat gesiegt[1].

Doch ich wage das nicht weiter fortzusetzen; wie könnte

nischen mißverstehen könnte, als wäre beständig von etwas Äußerlichem die Rede, einer handgreiflich offenbaren Beichte, die doch als äußerlich überhaupt nichts nützte – so hätte ich wohl ein anderes Wort gewählt.

[1] Man sieht leicht, daß die Verschlossenheit *eo ipso* die Lüge bedeutet oder, wenn man will, die Unwahrheit. Aber Un-

ich auch fertig werden, wenn ich nur algebraisch formulieren, wie vollends, wenn ich schildern wollte, wenn ich das Schweigen der Verschlossenheit brechen wollte, um ihre Monologe hörbar zu machen; denn der Monolog ist eben ihre Sprache, und darum sagt man, wenn man einen Verschlossenen kennzeichnen will, er redet mit sich selbst. Aber hier strebe ich nur darauf »allem einen Sinn, aber keine Zunge« zu geben, wie der verschlossene Hamlet seine beiden Freunde ermahnt.

Mittlerweile möchte ich eine Kollision andeuten, deren Widerspruch entsetzlich ist, wie die Verschlossenheit selbst. Was der Verschlossene in seiner Verschlossenheit birgt, kann so entsetzlich sein, daß er es nicht auszusprechen wagt, nicht einmal vor sich selbst, weil es wäre, als beginge er schon mit dem Aussprechen eine neue Sünde, oder als versuchte es ihn von neuem. Soll dieses Phänomen eintreten, so muß im Individuum eine Mischung von Reinheit und Unreinheit sein, die recht selten vorkommt. Am ehesten geschieht es daher, wenn das Individuum, als es das Entsetzliche vollführte, seiner selbst nicht mächtig war. So kann ein Mensch im Zustand der Berauschung etwas getan haben, dessen er sich nur dunkel erinnert, von dem er aber doch weiß, daß es so wild und abwegig war, daß es ihm fast unmöglich ist, sich zu sich selbst zu bekennen. Das gleiche kann auch der Fall sein bei einem Menschen, der einmal geisteskrank gewesen ist und eine Erinnerung an seinen früheren Zustand zurückbehalten hat. Was darüber entscheidet, ob das Phänomen dämonisch ist, ist die Stellung des Individuums zur Offenbarung: ob es jenes Faktum mit

---

wahrheit ist eben Unfreiheit, der vor der Offenbarung angst ist. Darum wird auch der Teufel der Vater der Lüge genannt. Daß nun ein großer Unterschied ist zwischen Lüge und Unwahrheit, zwischen Lüge und Lüge und zwischen Unwahrheit und Unwahrheit, habe ich ja schon immer eingeräumt, aber die Kategorie ist die gleiche.

der Freiheit durchdringen will, in Freiheit es übernehmen will. Sobald es das nicht will, ist das Phänomen dämonisch. Dies muß man scharf festhalten, denn selbst derjenige, der dies wünscht, ist doch wesentlich dämomonisch. Er hat nämlich zwei Willen, einen untergeordneten ohnmächtigen, der die Offenbarung will, und einen stärkeren, der die Verschlossenheit will; daß aber dieser letztere Wille, der stärkere ist, das zeigt, daß er wesentlich dämonisch ist.

Das Verschlossene ist das unfreiwillige Offenbaren. Je schwächer die Individualität ursprünglich ist, oder je nachdem wie stark die Elastizität der Freiheit im Dienste der Verschlossenheit aufgezehrt ist, bricht zuletzt das Geheimnis aus einem Menschen hervor. Die unbedeutendste Berührung, ein Blick im Vorbeigehen und so weiter genügt, daß jene entsetzliche oder im Verhältnis zum Inhalt der Verschlossenheit jene komische Bauchrednerei anhebt. Die Bauchrednerei selbst kann sich direkt kundtun oder indirekt, wie etwa ein Verrückter seine Geisteskrankheit verrät, wenn er auf einen anderen Menschen zeigt und sagt: der ist mir höchst unbehaglich, er ist sicher verrückt. Die Offenbarung kann sich in Worten kundtun, wobei der Unglückliche dann zuletzt jedermann sein verborgenes Geheimnis aufdrängt. Sie kann sich in Mienen kundtun, in Blicken; es gibt einen Blick, in dem der Mensch unfreiwillig das Verschlossene offenbart. Es gibt einen anklagenden Blick, der offenbart, was man aus Angst fast nicht verstehen möchte, einen zerknirscht-flehenden Blick, der nicht eben die Neugier reizt, in das unfreiwillige Telegrafiersystem einzudringen. Im Verhältnis zum Inhalt der Verschlossenheit kann all dies wieder fast komisch sein; so wenn es Lächerlichkeiten sind, Kleinlichkeiten, Eitelkeiten, Kindereien, Äußerungen kleinlicher Mißgunst, medizinische kleine Verrücktkeiten und so weiter, die sich auf diese Weise in der Angst der Unfreiwilligkeit offenbaren.

Das Dämonische ist das Plötzliche. Das Plötzliche ist von einer anderen Seite her ein neuer Ausdruck für das Verschlossene. Das Dämonische wird als das Verschlossene bestimmt, wenn auf den Gehalt reflektiert wird, es wird als das Plötzliche bestimmt, wenn auf die Zeit reflektiert wird. Das Verschlossene war die Wirkung des verneinenden Sich-Verhaltens in Individualität. Die Verschlossenheit schloß sich ständig mehr und mehr ab gegen die Kommunikation. Die Kommunikation aber ist wiederum der Ausdruck für die Kontinuität und die Negation der Kontinuität ist das Plötzliche. Man sollte meinen, die Verschlossenheit habe eine außerordentliche Kontinuität, doch ist gerade das Gegenteil der Fall, wenn sie auch im Vergleich mit dem faden, weichlichen Aus-sich-Herausfallen, das ständig im Eindruck aufgeht, einen Schein von Kontinuität hat. Die Kontinuität, die die Verschlossenheit hat, läßt sich am besten mit dem Schwindelgefühl vergleichen, den ein Kreisel haben muß, der sich immerzu auf seiner Spitze herumdreht. Wenn die Verschlossenheit es nun nicht bis zum völligen Schwachsinn treibt, dem traurigen *perpetuum mobile* eines ständigen Einerlei, so wird die Individualität doch eine gewisse Kontinuität mit dem übrigen Menschenleben bewahren. Im Verhältnis zu dieser Kontinuität wird nun eben jene Schein-Kontinuität der Verschlossenheit sich als das Plötzliche zeigen. In einem Augenblick ist es da, im nächsten ist es fort, und sowie es fort ist, ist es auch gleich wieder ganz und vollständig da. Es läßt sich weder hineinarbeiten noch durcharbeiten in einer Kontinuität; was sich aber derart äußert, das ist eben das Plötzliche.

Wenn das Dämonische etwas Somatisches wäre, so würde es niemals das Plötzliche sein. Wenn das Fieber oder die Geistesschwäche und so weiter wiederkehrt, so entdeckt man doch zuletzt ein Gesetz dafür, und dieses Gesetz hebt doch das Plötzliche bis zu einem gewissen Grade auf. Aber das Plötzliche kennt kein Gesetz. Es gehört nicht

zu den Naturphänomenen, sondern ist ein psychisches Phänomen, ist Äußerung der Unfreiheit.
Das Plötzliche ist, wie das Dämonische, Angst vor dem Guten. Das Gute bedeutet hier Kontinuität, denn die erste Äußerung der Befreiung ist die Kontinuität. Während nun das Leben der Individualität bis zu einem gewissen Grade in Kontinuität mit dem Leben verläuft, hält sich die Verschlossenheit in ihr als ein Kontinuitäts-Abrakadabra, das nur mit sich selbst kommuniziert, und darum beständig sich als das Plötzliche äußert.
In Beziehung auf den Inhalt der Verschlossenheit kann das Plötzliche das Entsetzliche bedeuten, die Wirkung des Plötzlichen aber kann sich auch für den Beobachter komisch ausnehmen. In dieser Hinsicht hat jede Individualität ein wenig von diesem Plötzlichen, ebenso wie jede Individualität ein wenig von einer fixen Idee hat.
Weiter möchte ich dieses nicht ausführen, nur um meine Kategorie zu behaupten, will ich daran erinnern, daß das Plötzliche immer seinen Grund in der Angst vor dem Guten hat, weil da etwas ist, das die Freiheit nicht durchdringen will. In den Formationen, welche in der Angst vor dem Bösen liegen, entspricht dem Plötzlichen Schwachheit.
Will man sich auf andere Art verdeutlichen, in welcher Weise das Dämonische das Plötzliche ist, kann man rein ästhetisch die Frage überlegen, wie denn das Dämonische sich am besten darstellen läßt. Will man einen Mephistopheles darstellen, so kann man ihn ruhig replizieren lassen, falls man ihn mehr als Agens in der dramatischen Handlung brauchen will, als man ihn eigentlich zu erfassen wünscht. Mephistopheles wird dann nicht eigentlich selbst dargestellt, sondern verflüchtigt zu einem boshaft witzigen, intriganten Kopf. Das ist jedoch eine Verflüchtigung,

---

[1] Der Verfasser von Entweder-Oder hat darauf aufmerksam gemacht, daß Don Juan wesentlich musikalisch ist. Eben im

der gegenüber schon die Volkssage das Richtige gesehen hat. Sie erzählt, der Teufel habe dreitausend Jahre lang dagesessen und darüber nachgedacht, wie er den Menschen stürzen könne – dann endlich sei es ihm eingefallen. Der Nachdruck liegt hier auf den dreitausend Jahren, und die Vorstellung, die diese Zahl hervorruft, ist eben die Vorstellung von der brütenden Verschlossenheit des Dämonischen. Will man nun nicht auf die angedeutete Weise Mephistopheles verflüchtigen, so muß man eine andere Darstellungsart wählen. Hier wird sich nun zeigen, daß Mephistopheles wesentlich mimisch ist[1]. Nicht das entsetzlichste Wort, das aus dem Abgrund der Bosheit heraufdringt, vermag eine Wirkung hervorzubringen wie die Plötzlichkeit des Sprunges, die innerhalb des Bereiches des Mimischen liegt. Ob auch das Wort entsetzlich sein mag, ob es auch ein Shakespeare, ein Byron, ein Shelley sein mag, der das Schweigen bricht, das Wort bewahrt doch immer seine erlösende Macht; denn alle Verzweiflung und alles Grauen des Bösen zusammengefaßt in einem einzigen Wort ist nicht so grauenvoll, wie das Schweigen es ist. Das Mimische kann nun das Plötzliche ausdrücken, ohne daß deshalb das Mimische als solches das Plötzliche ist. In dieser Hinsicht hat Ballettmeister Bournonville großes Verdienst durch die Darstellung, die er selbst von Mephistopheles gibt. Der Horror, der einen ergreift, wie Mephistopheles durchs Fenster hineinspringt und in der Stellung des Sprunges stehenbleibt! Dieser Satz im Sprunge, der an den Stoß des Raubvogels oder den Sprung des Raubtieres denken läßt und doppelt entsetzt, da er gewöhnlich aus einem vollkommenen Stillstehen hervorbricht, ist von unendlicher Wirkung. Mephistopheles muß darum so wenig wie möglich gehen, denn der Gang selbst ist eine Art Übergang zum Sprung,

---

selben Sinne gilt es von Mephistopheles, daß er wesentlich mimisch ist. Nun ist es dem Mimischen ebenso gegangen wie

enthält eine geahnte Möglichkeit des Sprunges. Mephistopheles' erstes Auftreten im Ballett Faust ist daher nicht ein Theatercoup, sondern ein überaus tiefsinniger Gedanke. Das Wort und die Rede, wie kurz diese auch sein mögen, haben doch immer eine gewisse Kontinuität, ganz *in abstracto* gesehen deshalb, weil sie in der Zeit ertönen. Das Plötzliche aber ist die vollkommene Abstraktion von der Kontinuität vom Vorhergehenden und vom Nachfolgenden. So bei Mephistopheles. Noch hat man ihn nicht gesehen, auf einmal steht er da, leibhaftig mit Haut und Haar, und die Schnelligkeit kann nicht stärker ausgedrückt werden als dadurch, daß er im Sprunge dasteht. Geht der Sprung in den Gang über, so wird die Wirkung abgeschwächt. Dadurch, daß Mephistopheles so dargestellt wird, bringt sein Auftreten die Wirkung des Dämonischen hervor, das plötzlicher kommt als der Dieb in der Nacht; denn den stellt man sich ja auf schleichenden Sohlen kommend vor. Zugleich aber offenbart Mephistopheles selbst sein Wesen, das eben als das Dämonische das Plötzliche ist. So ist das Dämonische das Plötzliche in der Bewegung nach vorn, so schießt es im Menschen auf, so ist er selbst, soweit er dämonisch ist, ob er nun vom Dämonischen mit Haut und Haar besessen ist oder ob es nur als winziges Teilchen in ihm zugegen ist. Das Dämonische ist immer so, und so wird der Unfreiheit angst, und so bewegt sich ihre Angst. Daher auch die Tendenz des Dämonischen zum Mimischen, nicht in der Bedeutung des Schönen, sondern in der Bedeutung des Plötzlichen, des Abrupten, etwas, das zu beobachten das Leben oft Gelegenheit gibt.

Das Dämonische ist das Inhaltslose, das Langweilige. Da ich

---

dem Musikalischen: man hat geglaubt, alles könne mimisch werden und alles könne musikalisch werden. Es gibt ein Ballett, das »Faust« heißt. Hätte sein Komponist wirklich ver-

anläßlich des Plötzlichen die Aufmerksamkeit auf das ästhetische Problem, wie sich das Dämonische darstellen lasse, gelenkt habe, will ich, um das hier Gesagte zu beleuchten, die gleiche Frage noch einmal vornehmen. Sobald man einem Dämon das Wort gibt und ihn nun dargestellt haben will, so wird der Künstler, der eine solche Aufgabe lösen soll, sich klar sein über die Kategorie. Er weiß, daß das Dämonische wesentlich mimisch ist; das Plötzliche kann er indessen nicht erreichen, denn das verhindert die Replik. Er wird also nicht pfuschen, etwa als sei er imstande, durch ein Hervorstoßen der Worte und so weiter irgendeine wahre Wirkung hervorzubringen. Er wählt also richtig genau das Entgegengesetzte, das Langweilige. Die Kontinuität, die dem Plötzlichen entspricht, ist etwas, das man Erstorbenheit nennen könnte. Die Langeweile, die Erstorbenheit, ist nämlich eine Kontinuität im Nichts. Nun kann man die Zahlenangaben jener Volkssage ein wenig anders auffassen. Die dreitausend Jahre werden nicht in Dichtung auf das Plötzliche akzentuiert, sondern vielmehr wird durch dieses ungeheure Spatium die Vorstellung von der grauenhaften Leere und Inhaltlosigkeit des Bösen hervorgebracht. Die Freiheit ruht in der Kontinuität, der Gegensatz hierzu ist nicht nur das Plötzliche, sondern auch die Ruhe, die sich der Vorstellung aufdrängt, wenn man einen Menschen sieht, der aussieht, als wäre er längst tot und begraben. Ein Künstler, der dies versteht, wird zugleich sehen, daß er mit der Darstellung des Dämonischen auch einen Ausdruck für das Komische gefunden hat. Die komische Wirkung kann ganz auf dieselbe Weise erreicht werden. Läßt man nämlich alle ethischen Bestimmungen des Bösen beiseite und braucht nur die metaphysischen Bestim-

---

standen, was es besagt, daß Mephistopheles mimisch aufzufassen sei, so wäre es ihm niemals eingefallen, Faust zu einem Ballett zu machen.

mungen der Leere, so hat man das Triviale, dem sich leicht eine komische Seite[1] abgewinnen läßt.

Das Inhaltslose, das Langweilige, bezeichnet wiederum das Verschlossene. In Beziehung auf das Plötzliche reflektiert die Bestimmung des Verschlossenen auf den Gehalt. Nehme ich nun die Bestimmung des Inhaltslosen, des Langweiligen, mit hinzu, so reflektiert dieses auf den Gehalt und das Verschlossene auf die Form, die dem Gehalt entspricht. So schließt sich die ganze Begriffsbestimmung in sich ab; denn die Form der Inhaltslosigkeit ist eben die Verschlossenheit. Man erinnere sich beständig daran, daß man nach meinem Sprachgebrauch nicht in Gott oder im Guten verschlossen sein kann, da diese Verschlossenheit eben die höchste Ausweitung bedeutet. Je bestimmter so das Gewissen in einem Menschen entwikkelt ist, desto stärker ist er ausgeweitet, ob er sich im übrigen auch von der ganzen Welt abschließe.

Wenn ich nun an neuere philosophische Terminologien erinnern wollte, so könnte ich sagen, das Dämonische sei das Negative und sei ein Nichts wie das Elfenmädchen, das im Rücken hohl ist. Indessen tue ich das nicht gern, da diese Terminologie im Umgang und durch den Umgang so liebenswürdig und geschmeidig geworden ist, daß sie jedwedes und darum nichts Bestimmtes bedeuten kann. Das Negative würde, falls ich dieses Wort anwenden sollte, die Form des Nichts bedeuten, ebenso wie das Inhaltslose dem Verschlossenen entspricht. Doch hat das Negative den Fehler, daß es mehr nach außen hin bestimmt ist, es bestimmt das Verhältnis zu etwas an-

---

1 Die Darstellung des kleinen Winslöu von Klister in Heibergs »Unzertrennlichen« war deshalb so tiefsinnig, weil er das Langweilige recht als das Komische erfaßt hatte. Daß eine Verliebtheit, die ja, wenn sie in Wahrheit ist, den Gehalt der Kontinuität besitzt, genau das Entgegengesetzte, eine unendliche Leere ist, nicht weil Klister ein böser Mensch ist, treulos und so weiter, da er ja im Gegenteil äußerst verliebt ist, sondern weil er

derem, das negiert wird, während das Verschlossene gerade den Zustand bestimmt.

Will man das Negative auf diese Weise nehmen, so habe ich nichts dagegen, daß es zur Bezeichnung des Dämonischen gebraucht wird; wenn anders das Negative imstande ist, sich alle Grillen aus dem Kopf zu schlagen, die ihm die neueste Philosophie hineingesetzt hat. Das Negative ist ganz allmählich eine Vaudeville-Figur geworden, und das Wort bringt mich immer zum Lachen, wie man lacht, wenn man im Leben oder zum Beispiel bei Bellmann eine dieser possierlichen Gestalten antrifft, die zuerst Trompeter war, dann Unterzollbeamter wurde, darauf Gastwirt, dann wieder Postbote und so weiter. Die Ironie hat man auf diese Weise als das Negative erklärt. Der erste Erfinder dieser Erklärung war Hegel, der sich merkwürdigerweise nicht groß auf Ironie verstand. Daß es Sokrates war, der die Ironie in die Welt einführte und dem Kind den Namen gab, daß seine Ironie gerade die Verschlossenheit war[1], die damit begann, sich gegen die Menschen zu verschließen, sich mit sich selbst einzuschließen, um sich im Göttlichen auszuweiten, damit begann ihre Tür zuzumachen und die, die draußen standen, zum Narren zu halten und im Verborgenen zu reden, darum kümmert man sich nicht. Anläßlich irgendeines zufälligen Phänomens stöbert man das Wort auf, und das ist dann Ironie. Darauf folgen die Nachschwätzer, die trotz ihrer weltgeschichtlichen Übersicht, der zum Unglück jegliche Kontemplation abgeht, genau so gut um die Begriffe Bescheid wissen, wie jener edle Jüngling um die Rosinen

---

auch hier wieder wie in der Zollkammer ein überzähliger Volontär ist, ist von großer komischer Wirkung, wenn man den Akzent gerade auf das Langweilige legt. Klisters Stellung in der Zollkammer ließe sich nur auf ungerechte Weise eine komische Seite abgewinnen; denn du liebe Güte, was kann Klister dafür, daß es kein Avancement gibt, aber was seine Verliebtheit angeht, ist er doch sein eigener Herr.

Bescheid wußte, der zum Gewürzkrämer-Examen auf die Frage, woher man diese beziehe, antwortete: wir holen unsere beim Professor in der Quergasse.

Wir kommen nun wieder zurück auf die Bestimmung, daß das Dämonische Angst vor dem Guten ist. Wenn die Unfreiheit einerseits vermöchte, sich ganz abzuschließen und sich zu hypostasieren, wenn sie andererseits das nicht nicht beständig wollte[1] [worin der Widerspruch liegt, daß die Unfreiheit etwas wolle, da sie doch eben den Willen verloren hat], so wäre das Dämonische nicht Angst vor dem Guten. Die Angst zeigt sich darum auch am deutlichsten im Berührungsaugenblick. Sei es, daß das Dämonische in der einzelnen Individualität das Entsetzliche bedeute, oder sei es nur zugegen wie ein Flecken in der Sonne oder wie der kleine weiße Punkt in einem Leichdorn, das total Dämonische und das partial Dämonische haben die gleiche Qualifikation, und dem winzigen Teil ist im gleichen Sinne angst vor dem Guten wie dem, der total davon umfangen ist. Die Sündenknechtschaft ist zwar auch Unfreiheit, doch ist ihre Richtung, wie oben angeführt wurde, eine andere, ihre Angst ist Angst vor dem Bösen. Hält man das nicht fest, so kann man schlechtweg nichts erklären.

Die Unfreiheit, das Dämonische, ist also ein Zustand. Auf diese Weise wird sie von der Psychologie betrachtet. Die Ethik dagegen sieht, wie dauernd die neue Sünde aus ihr hervorbricht, denn nur das Gute ist Einheit von Zustand und Bewegung.

Die Freiheit kann indessen auf verschiedene Weise ver-

---

[1] Dies muß stets im Auge behalten werden gegen die Illusion des Dämonischen und des Sprachgebrauchs, der von diesem Zustand solche Ausdrücke braucht, daß man beinahe versucht ist zu vergessen, daß die Unfreiheit ja ein Phänomen der Freiheit ist und deshalb nicht durch Naturkategorien erklärt werden kann. Selbst wenn die Unfreiheit mit den allerstärksten Ausdrücken betont, daß sie nicht sich selbst wolle, so ist das

lorengegangen sein, und somit kann auch das Dämonische verschieden sein. Diese Verschiedenheit will ich nun unter folgenden Rubriken betrachten: der somatische psychische Verlust der Freiheit, der pneumatische Verlust der Freiheit. Der Leser dürfte bereits aus dem Vorhergehenden damit vertraut sein, daß ich den Begriff: das Dämonische sehr weit fasse, doch wohlgemerkt nicht weiter als der Begriff reicht. Es hilft nur wenig, das Dämonische zu einem Schuhu zu machen, den man perhorresziert und danach ignoriert, weil es ja viele Jahrhunderte her ist, daß es das in der Welt gegeben hat. Diese Annahme ist eine gröβe Torheit, denn das Dämonische ist vielleicht kaum jemals so verbreitet gewesen wie in unseren Zeiten, nur daß es heutzutage besonders in geistigen Sphären auftritt.

I

Der somatisch-psychische Verlust der Freiheit

Es ist hier nicht meine Absicht, eine hochtrabende philosophische Untersuchung über das Verhältnis von Seele und Leib vorzulegen, in welchem Sinne die Seele selbst ihren Leib hervorbringe [ob das nun griechisch oder deutsch verstanden werden mag], in welchem Sinne die Freiheit durch einen Korporisationsakt, um an einen Ausdruck von Schelling zu erinnern, ihren Leib selbst setze. Alles derartige ist hier nicht nötig; für meinen Bedarf kann ich mich dem bescheidenen Anlaß entsprechend so ausdrücken, daß der Leib das Organ der Seele und somit

---

Unwahrheit, und es ist beständig ein Wille in ihr, der stärker ist als der Wunsch. Dieser Zustand kann äußerst täuschend sein, und man kann einen Menschen zur Verzweiflung bringen, wenn man ihm nicht nachgibt und die Kategorie gegen seine Sophistik rein hält. Davor soll einem auch nicht bange sein, doch soll man sich auch nicht jugendlich experimentierend auf diesen Gebieten versuchen.

auch des Geistes ist. Sobald dieses dienende Verhältnis aufhört, sobald der Leib revoltiert, sobald die Freiheit sich mit diesem gegen sich selbst verschwört, ist die Unfreiheit zur Stelle als das Dämonische. Falls jemand den Unterschied zwischen dem, was in diesem Paragraphen, und dem, was im vorigen Paragraphen entwickelt wurde, noch nicht ganz scharf erfaßt hat, werde ich hier noch einmal darauf eingehen. Solange die Freiheit nicht selbst zur Partei des Aufrührers übergeht, wird zwar die Angst der Revolution zur Stelle sein, jedoch als Angst vor dem Bösen, nicht als Angst vor dem Guten.

Man wird nun leicht sehen, welche Mannigfaltigkeit von unzähligen Nuancen das Dämonische in dieser Sphäre in sich befaßt, von denen manche so verschwindend sind, daß sie sich nur der mikrokospischen Beobachtung zeigen, und manche so dialektisch, daß man große Geschmeidigkeit im Gebrauch seiner Kategorie besitzen muß, um zu sehen, daß die Nuancen unter sie gehören. Eine überspannte Sensibilität, eine überspannte Irritabilität, Neurasthenie, Hysterie, Hypochondrie und so weiter! sind sämtlich Nuancen davon oder können es sein. Dies macht es so schwierig, *in abstracto* davon zu reden, da die Rede völlig algebraisch wird. Mehr kann ich indessen hier nicht tun.

Das äußerste Extrem in dieser Sphäre ist das, was man im allgemeinen auch: die tierische Verlorenheit nennt. Das Dämonische in diesem Zustand zeigt sich darin, daß es in Beziehung auf die Befreiung ebenso wie jener Dämonische im Neuen Testament sagt: *τί ἐμὸι καὶ σοὶ*. Es scheut daher vor jeder Berührung zurück, mag diese nun wirklich drohen, ihm zur Freiheit zu verhelfen, oder mag sie es auch nur ganz zufällig berühren. Schon das genügt, denn die Angst ist außerordentlich schnell. Man hört darum ganz allgemein von einem solchen Dämonischen

---

1 Im Neuen Testament kommt der Ausdruck *σοφία δαιμονιώ-*

eine Replik, die das Entsetzliche des ganzen Zustandes enthält: laß mich das Stück Elend sein, das ich bin – oder man kann auch einen solchen Menschen sagen hören, wenn er von einem bestimmten Zeitpunkt seines vergangegangen Lebens spricht: damals hätte ich vielleicht gerettet werden können – die entsetzlichste Replik, die sich denken läßt. Keine Strafe, keine Donnerrede ängstigt ihn, dagegen aber jedes Wort, das sich zu der in der Unfreiheit in Grund gebohrten Freiheit ins Verhältnis setzen will. Auch auf eine andere Weise äußert sich die Angst in diesem Phänomen. Man findet unter solchen Dämonischen einen Zusammenhalt, in dem sie sich so ängstlich und unauflöslich aneinander klammern, daß keine Freundschaft ein Gleiches an Innerlichkeit kennt. Der französische Arzt Duchatelet führt in seinem Werk Beispiele dafür an. Und diese Sozialität der Angst wird sich auch sonst überall in dieser Sphäre zeigen. Allein die Sozialität gibt Gewißheit dafür, daß das Dämonische zugegen ist; denn soweit man den analogen Zustand als Äußerung der Sündenknechtschaft antrifft, zeigt sich die Sozialität nicht, weil die Angst dem Bösen gilt.

Weiter möchte ich dies nicht verfolgen. Die Hauptsache ist für mich hier nur, daß ich mein Schema in Ordnung habe.

II

Der pneumatische Verlust der Freiheit

a] *Allgemeine Bemerkungen.* Diese Formation des Dämonischen ist überaus verbreitet, und hier sind die verschiedensten Phänomene anzutreffen. Das Dämonische beruht natürlich nicht auf dem verschiedenen intellektuellen Gehalt, sondern auf dem Verhältnis der Freiheit zu dem gegebenen Gehalt[1] und zu dem im Verhältnis zur

---

δης [Jak. 3, 15] vor. So wie sie an dieser Stelle beschrieben

Intellektualität möglichen Gehalt, da sich das Dämonische als Bequemlichkeit äußern kann, die denkt: ein andermal; als Neugier, die in der Neugier steckenbleibt; als unredlicher Selbstbetrug, als weibische Schwächlichkeit, die sich auf andere verläßt; als vornehmes Ignorieren; als dumme Geschäftigkeit und so weiter

Der Inhalt der Freiheit, intellektuell gesehen, ist Wahrheit, und die Wahrheit macht den Menschen frei. Eben darum aber ist die Wahrheit so das Werk der Freiheit, daß sie ständig die Wahrheit erzeugt. Es versteht sich von selbst, daß ich hier nicht an die Geistreichigkeit der neuesten Philosophie denke, die weiß, daß die Notwendigkeit des Gedankens auch seine Freiheit ist, und die daher, wenn sie von der Freiheit des Gedankens spricht, nur von der immanenten Bewegung des ewigen Gedankens spricht. Derartige Geistreichigkeit trägt nur dazu bei, die Kommunikation unter den Menschen zu verwirren und zu erschweren. Das, wovon ich hier rede, ist etwas ganz Einfaches und Einfältiges, daß die Wahrheit nur für den Einzelnen ist, indem er sie selbst im Handeln hervorbringt. Ist die Wahrheit auf irgendeine andere Weise für das Individuum und verhindert es, daß sie so für es sei, dann haben wir ein Phänomen des Dämonischen. Die Wahrheit hat allezeit viele laute Verkündiger gehabt, aber die Frage ist, ob ein Mensch im tiefsten Sinne die Wahrheit erkennen will, sie sein ganzes Wesen durchdringen lassen will, alle ihre Konsequenzen annimmt und nicht für den Notfall ein Schlupfloch für sich selbst und einen Judaskuß für die Konsequenz bereithalten will.

Es ist in der neueren Zeit genug von Wahrheit geredet worden, jetzt ist es an der Zeit, daß die Gewißheit, die Innerlichkeit, zu ihrem Recht kommt, nicht in dem abstrakten Sinne, in dem Fichte das Wort verstand, sondern

---

wird, tritt die Kategorie nicht deutlich hervor. Nimmt man jedoch Rücksicht auf Jak. 2, 19 *καὶ τὰ δαιμόνια πιστεύουσι καὶ*

durchaus konkret. Die Gewißheit, die Innerlichkeit, die nur durch das Handeln und im Handeln erreicht wird, entscheidet, ob das Individuum dämonisch ist oder nicht. Man halte nur die Kategorie fest, und alles ergibt sich, und es wird deutlich, daß zum Beispiel Willkür, Unglaube, Religionsspötterei und so weiter nicht, wie man allgemein annimmt, des Inhaltes entbehren, sondern der Gewißheit, ganz in demselben Sinne wie Aberglaube, Servilität, Frömmelei. Den negativen Phänomenen fehlt eben darum die Gewißtheit, weil sie in Angst vor dem Inhalt liegen.

Mich gelüstet nicht danach, große Worte über unsere Zeitepoche zu machen, aber sollte der, der das heute lebende Geschlecht beobachtet hat, wohl leugnen wollen, daß das Mißverhältnis in ihm und der Grund seiner Angst und Unruhe darin liegt, daß in einer Richtung die Wahrheit an Umfang, an Masse, teils auch an abstrakter Klarheit wächst, während die Gewißheit dauernd abnimmt. Welche außerordentlichen metaphysischen und logischen Anstrengungen sind nicht in unserer Zeit gemacht worden, um einen neuen, einen erschöpfenden, einen absolut richtigen, aus allen früheren Beweisen kombinierten Beweis für die Unsterblichkeit der Seele zu führen, und merkwürdig genug, während dies geschieht, nimmt die Gewißheit ab. Der Gedanke der Unsterblichkeit trägt eine Macht in sich, in seinen Konsequenzen ein Gewicht, in seiner Akzeptierung eine Verantwortung, die vielleicht das ganze Leben auf eine Weise umschaffen würde, die man fürchtet. Man rettet und beruhigt seine Seele, indem man seine Gedanken anstrengt, um einen neuen Beweis zu führen. Was ist ein solcher Beweis anderes als ein gutes Werk in rein katholischem Sinne? Jeder solchen Individualität die, um beim Beispiel zu bleiben, den Beweis für

---

φρίσσουσι, so sieht man im dämonischen Wissen gerade das Verhältnis der Unfreiheit zu dem gegebenen Wissen.

die Unsterblichkeit der Seele zu führen weiß, ohne doch selbst überzeugt zu sein, wird nun stets angst sein vor jedem Phänomen, das sie in einer Weise berührt, die ihr das weitere Verständnis davon aufdrängt, was es heißen will, daß der Mensch unsterblich ist. Es wird sie stören, sie wird sich unheimlich berührt fühlen, wenn ein ganz einfacher Mensch ganz einfach von der Unsterblichkeit spricht. – In der entgegengesetzten Richtung kann die Innerlichkeit fehlen. Ein Anhänger der steifsten Orthodoxie kann dämonisch sein. Er weiß alles, was zu wissen ist, er neigt sich vor dem Heiligen, die Wahrheit ist ihm ein Inbegriff von Zeremonien, er spricht vom Treten vor Gottes Thron und weiß, wie viele Male man sich da zu verbeugen habe, er weiß alles wie der, der einen mathematischen Satz beweisen kann, wenn man die Buchstaben ABC braucht, aber nicht, wenn man DEF dafür setzt. Darum wird ihm angst, sowie er etwas hört, das nicht wörtlich dasselbe ist. Und doch, wie sehr gleicht er nicht einem modernen Spekulanten, der einen neuen Beweis für die Unsterblichkeit der Seele gefunden hatte – und nun in Lebensgefahr geriet: er konnte den Beweis nicht führen, weil er seine Hefte nicht bei sich hatte! Und was fehlt beiden – die Gewißheit. – Der Aberglaube und der Unglaube sind beides Formen der Unfreiheit. Im Aberglauben wird der Objektivität eine Macht gleich der des Medusenhauptes eingeräumt, die Subjektivität zu versteinern, und die Unfreiheit will nicht, daß der Zauber gelöst werde. Der höchste scheinbar freieste Ausdruck des Unglaubens ist der Spott. Aber dem Spott fehlt es eben an der Gewißheit, darum spottet er. Und wie manchen Spötters Existenz würde nicht, wenn man recht in sie hineinschauen könnte, an die Angst erinnern, mit der ein Dämonischer ruft: *τί ἐμοὶ καὶ σοί*. So ist es eine merkwürdige Erscheinung, daß vielleicht selten jemand so eitel und so erpicht auf den Beifall des Augenblicks ist wie ein Spötter.

Mit welchem betriebsamen Eifer, mit welcher Aufopferung an Zeit, Fleiß, Schreibmaterial haben nicht die Spekulanten unserer Zeit daran gearbeitet, einen vollständigen Beweis für das Dasein Gottes zu erstellen. Im gleichen Grade aber wie die Vortrefflichkeit des Beweises zunimmt, im gleichen Grad scheint die Gewißheit abzunehmen. Der Gedanke an das Dasein eines Gottes hat als solcher, sobald er für die Freiheit des Individuums gesetzt ist, eine Allgegenwärtigkeit, die selbst wenn man gar nichts Böses im Schilde führt, für die zimperliche Individualität etwas Genierendes an sich hat. Und es gehört in Wahrheit Innerlichkeit dazu, um in einem schönen und innerlichen Zusammenleben mit dieser Vorstellung zu leben; es ist ein noch größeres Kunststück, als ein Muster von einem Ehemann zu sein. Wie ungemütlich kann sich dabei eine solche Individualität nicht berührt fühlen, wenn sie in ganz einfältiger und einfacher Rede davon hört, daß es einen Gott gibt. Die Beweisführung für das Dasein Gottes ist etwas, mit dem man sich nur gelegentlich gelehrt und metaphysisch beschäftigt, aber der Gedanke an Gott will sich bei jeder Gelegenheit aufdrängen. Was ist es, das einer solchen Individualität fehlt? Die Innerlichkeit. – In entgegengesetzter Richtung kann die Innerlichkeit auch fehlen. Die sogenannten »Heiligen« pflegen oft ein Gegenstand des Spottes für die Welt zu sein. Sie selbst erklären dies daraus, daß die Welt eben böse ist. Ganz so ist es mittlerweile nicht. Wenn der »Heilige« im Verhältnis zu seiner Frömmigkeit unfrei ist, das heißt, wenn es ihm an der Innerlichkeit fehlt, so ist er rein ästhetisch gesehen, komisch. Insofern hat die Welt recht, wenn sie über ihn lacht. Wenn ein krummbeiniger Mann als Tanzmeister auftreten will, ohne imstande zu sein, eine einzige Stellung vorzuführen, so ist er komisch. So auch mit dem Religiösen. Man hört einen solchen Heiligen gleichsam vor sich hinzählen, ganz wie einer, der nicht tanzen kann, aber doch soviel versteht, daß er den Takt zählen kann, obwohl es ihm selbst nie glückt, in den Takt zu kommen.

So weiß der »Heilige«, daß das Religiöse absolut kommensurabel ist, daß das Religiöse nicht etwas ist, das gewissen Gelegenheiten und Augenblicken zugehört, sondern daß man es allezeit bei sich haben kann. Indem er es aber nun kommensurabel machen soll, ist er nicht frei, und man merkt, wie er ganz leise vor sich selbst hinzählt, und man sieht, wie er nichtsdestoweniger daneben tritt und mit seinem himmelnden Augenaufschlag und seinen gefalteten Händen übel dran ist. Darum ist einer solchen Individualität so angst vor jedem, der diese Dressur nicht hat, und so muß sie, um sich zu stärken, zu diesen großartigen Betrachtungen greifen, daß die Welt die Frommen hasse.
Die Gewißheit und die Innerlichkeit ist nun wohl die Subjektivität, jedoch nicht in völlig abstraktem Sinne. Das ist überhaupt das Unglück bei dem neuesten Wissen, daß alles so erschrecklich großartig geworden ist. Die abstrakte Subjektivität ist genau ebenso unsicher und mangelt im selben Grade der Innerlichkeit wie die abstrakte Objektivität. Wenn man *in abstracto* davon spricht, kann man das nicht sehen, und es ist dann richtig zu sagen, daß die abstrakte Subjektivität des Inhalts ermangle. Wenn man *in concreto* davon spricht, so zeigt es sich deutlich; denn die Individualität, die sich zu einer Abstraktion machen will, ermangelt eben der Innerlichkeit ebenso wie die Individualität, die sich selbst zum bloßen Zeremonienmeister macht.
b] *Schema für die Ausschließung oder das Ausbleiben der Innerlichkeit.* Das Ausbleiben der Innerlichkeit ist stets eine Reflexionsbestimmung, und daher wird jede Form eine doppelte Form sein. Da man gewohnt ist, von den Bestimmungen des Geistes völlig abstrakt zu reden, ist man vielleicht weniger geneigt, dies einzusehen. Man pflegt zu setzen: die Unmittelbarkeit, ihr gegenüber die Reflexion [die Innerlichkeit] und dann die Synthese [oder Substantialität, Subjektivität, Identität, oder wie man

im übrigen diese Identität nennt: Vernunft, Idee, Geist]. Aber in der Sphäre der Wirklichkeit ist es nicht so. Da ist die Unmittelbarkeit auch die Unmittelbarkeit der Innerlichkeit. Das Ausbleiben der Innerlichkeit liegt daher erst in der Reflexion.

Jede Form des Ausbleibens der Innerlichkeit ist also entweder Aktivität-Passivität oder Passivität-Aktivität, und ob sie das eine oder das andere ist, sie liegt in der Selbstreflexion. Die Form selbst durchläuft eine ansehnliche Folge von Nuancen, je nachdem die Bestimmung der Innerlichkeit konkreter und immer konkreter wird. Verstehen und Verstehen ist zweierlei, heißt ein altes Wort, und so ist es auch. Die Innerlichkeit ist ein Verstehen, aber *in concreto* geht es darum, wie dieses Verstehen zu verstehen ist. Eine Rede zu verstehen ist eines, das Deiktikose darin zu verstehen ist ein anderes; zu verstehen, was man selbst sagt, ist eines, sich selbst in dem Gesagten zu verstehen, ist ein anderes. Je konkreter der Bewußtseinsinhalt ist, desto konkreter wird das Verständnis, und sobald dieses im Verhältnis zum Bewußtseinsinhalt ausbleibt, haben wir ein Phänomen der Unfreiheit, die sich gegen die Freiheit verschließen will. Nimmt man somit ein konkreteres religiöses Bewußtsein, das ja gleichzeitig ein historisches Moment enthält, so muß das Verständnis im Verhältnis dazu stehen. Man hat daher hier ein Beispiel für die zwei analogen Formen des Dämonischen in dieser Hinsicht. Wenn so etwa ein steifer Orthodoxe all seinen Fleiß und seine Gelehrsamkeit darauf verwendet zu beweisen, daß jedes Wort im Neuen Testament von den in Frage kommenden Aposteln herrühre, so wird die Innerlichkeit mehr und mehr nachlassen, und er wird zuletzt etwas ganz anderes verstehen, als er verstehen will. Wenn ein Freidenker all seinen Scharfsinn daran setzt, um zu zeigen, daß das Neue Testament erst im zweiten Jahrhundert geschrieben ist, so ist es eben die Innerlichkeit, die er fürchtet, und darum muß er das Neue Testament in eine Klasse mit allen anderen Büchern[1] setzen. Der konkreteste Inhalt, den das Bewußtsein haben kann, ist das Bewußtsein seiner selbst als Individuum, nicht das reine Selbstbewußtsein, sondern das Selbst-Bewußtsein, das so konkret ist, daß kein Schriftsteller, auch nicht der wortreichste, nicht der die größte Gewalt der Darstellung besitzt, jemals vermocht hat, ein einziges solches zu beschreiben, während doch jeder einzige Mensch ein solches ist. Dieses Selbstbewußtsein ist nicht Kontemplation; wer das glaubt, hat sich selbst nicht verstanden, da er ja doch sehen sollte, daß er selbst zu gleicher Zeit im Werden ist und also nicht ein für die Kontemplation Abgeschlossenes sein kann. Dieses Selbstbewußtsein ist darum Tun, und dieses Tun ist wiederum die Innerlichkeit, und jedesmal wenn die Innerlichkeit nicht diesem Bewußtsein entspricht, liegt eine Form des Dämonischen vor, sobald das Ausbleiben der Innerlichkeit sich als Angst davor, sie zu erwerben, äußert.

Wenn das Ausbleiben der Innerlichkeit durch einen Mechanismus zustande käme, wäre alles Reden darüber ver-

---

1 Übrigens kann das Dämonische in den religiösen Sphären eine geradezu täuschende Ähnlichkeit mit der Anfechtung haben. Welches es ist, kann nie *in abstracto* entschieden werden. So kann einen frommgläubigen Christen die Angst befallen, daß ihm angst davor wird, zum Abendmahl zu gehen. Das ist eine Anfechtung, das heißt, ob es eine Anfechtung ist, wird sich in seinem Verhältnis zur Angst zeigen. Eine dämonische Natur hingegen kann soweit gekommen sein, ihr religiöses Bewußtsein so konkret geworden sein, daß die Innerlichkeit, vor der sie sich ängstigt und vor der sie in ihrer Angst fliehen will, das rein persönliche Verstehen des sakramentalen Verstehens ist. Nur bis zu einem gewissen Punkt will ein solcher Dämonischer mitgehen, dann bricht er ab und will sich bloß wissend verhalten, will auf die eine oder die andere Weise mehr werden als die empirische, historisch bestimmte, endliche Individualität. Wer in religiöser Anfechtung liegt, will darum hin

gebliche Mühe. Das ist ja nun nicht der Fall, und darum ist in jedem ihrer Phänomene eine Aktivität, selbst wenn diese durch eine Passivität eingeleitet wird. Die Phänomene, die mit der Aktivität beginnen, fallen mehr ins Auge, darum faßt man sie leichter auf, vergißt aber, daß in dieser Aktivität wieder eine Passivität zum Vorschein kommt, und zieht nie das entgegengesetzte Phänomen mit hinzu, wenn man vom Dämonischen spricht.

Ich will nun ein paar Beispiele durchgehen, um zu zeigen, daß das Schema richtig ist.

Unglaube – Aberglaube. Diese entsprechen völlig einander, beide ermangeln der Innerlichkeit, nur ist der Unglaube passiv durch eine Aktivität, während der Aberglaube aktiv durch eine Passivität ist; der eine ist, wenn man will, die mehr männliche, der andere die mehr weibliche Formation, und der Inhalt beider Formationen ist die Selbstreflexion. Wesentlich gesehen sind sie völlig identisch. Unglaube und Aberglaube sind beide Angst vor dem Glauben, doch beginnt der Unglaube in der Aktivität der Unfreiheit, der Aberglaube in der Passivität der Un-

---

zu dem, von dem ihn die Anfechtung fernhalten will, während der Dämonische selbst nach seinem stärkeren Willen [dem Willen der Unfreiheit] fort will, während ein schwächerer Wille in ihm dazu hin will. Dies muß man festhalten; denn sonst geht man hin und denkt das Dämonische so abstrakt, wie es noch nie vorgekommen ist, als wäre der Wille der Unfreiheit als solcher konstituiert und der Wille der Freiheit nicht beständig, sei es auch noch so schwach im Selbstwiderspruch zugegen. – Wünscht jemand Materialien, die religiösen Anfechtungen betreffend, so wird er sie im Überfluß in Görres' Mystik finden. Ich gestehe indessen aufrichtig, daß ich nie den Mut gehabt habe, dieses Buch ordentlich durchzulesen, eine solche Angst liegt darin. Soviel kann ich doch sehen, daß er zwischen dem Dämonischen und der Anfechtung nicht immer zu unterscheiden gewußt hat, und deshalb muß er mit Vorsicht benutzt werden.

freiheit. Im allgemeinen betrachtet man nur die Passivität des Aberglaubens, und insofern erscheint er weniger vornehm oder mehr entschuldbar, je nachdem, ob man ästhetisch-ethische oder ethische Kategorien anwendet. Es ist eine Schwachheit im Aberglauben, die besticht, mittlerweile muß ja doch immerhin soviel Aktivität in ihm sein, daß er seine Passivität bewahren kann. Der Aberglaube ist ungläubig gegen sich selbst, der Unglaube abergläubisch gegen sich selbst. Der Inhalt beider ist Selbstreflexion. Die Bequemlichkeit, Feigheit, Pussillanimität des Aberglaubens finden es besser, in ihm zu bleiben, als ihn aufzugeben; der Trotz, Stolz und Hochmut des Unglaubens finden es kühner, in ihm zu bleiben, als ihn aufzugeben. Die raffinierteste Form solcher Selbstreflexion ist immer die, die sich selbst interessant wird, indem sie sich aus diesem Zustand herauswünscht, während sie doch selbstgefällig in ihm verharrt.

Heuchelei – Entrüstung. Diese entsprechen einander. Die Heuchelei beginnt durch eine Aktivität, die Entrüstung durch eine Passivität. Man urteilt im allgemeinen milder über die Entrüstung, wenn aber die Individualität darin verbleibt, muß ja doch immerhin so viel Aktivität da sein, daß sie das Leiden der Entrüstung behauptet und es nicht fahren lassen will. In der Entrüstung liegt eine Rezeptivität [denn ein Baum und ein Stein entrüsten sich nicht], die bei der Aufhebung der Entrüstung mit in Anschlag zu bringen ist. Die Passivität der Entrüstung dagegen findet es weicher und wohliger, dazusitzen und gleichsam die Konsequenz der Entrüstung mit Zinsen und Zinseszinsen auflaufen zu lassen. Heuchelei ist daher Entrüstung über sich selbst und Entrüstung ist Heuchelei vor sich selbst. Beiden fehlt die Innerlichkeit, und sie wagen nicht, zu sich selbst zu kommen. Darum endet alle Heuchelei damit, daß man vor sich selbst heuchelt, weil der Heuch-

---

1 Cartesius hat in seiner Schrift »*de affectionibus*« darauf auf-

ler über sich selbst entrüstet oder sich selbst zum Ärgernis ist. Darum endet alle Entrüstung, wenn sie nicht bebehoben wird, mit Heuchelei vor anderen, weil der Entrüstete durch die profunde Aktivität, durch die er in der Entrüstung bleibt, jene Rezeptivität zu etwas anderem gemacht hat, und daher nun vor anderen heucheln muß. Es ist im Leben auch schon der Fall vorgekommen, daß eine entrüstete Individualität, zuletzt diese Entrüstung als ein Feigenblatt benützte für etwas, das wohl einer heuchlerischen Umkleidung bedürfen mochte.

Stolz – Feigheit. Der Stolz beginnt durch eine Aktivität, die Feigheit durch eine Passivität, im übrigen sind sie identisch, denn es ist in der Feigheit gerade soviel Aktivität, daß die Angst vor dem Guten aufrechterhalten werden kann. Der Stolz ist eine profunde Feigheit; denn er ist feige genug, nicht verstehen zu wollen, was in Wahrheit das Stolze ist; sobald ihm dieses Verständnis aufgenötigt wird, ist er feige, verpufft wie ein Knall, zerplatzt wie eine Blase. Die Feigheit ist eine profunde Stolzheit, denn sie ist feige genug, nicht einmal die Forderungen des mißverstandenen Stolzes verstehen zu wollen; indem sie aber so sich sträubt, zeigt sie eben ihren Stolz und weiß auch in Anschlag zu bringen, daß sie keine Niederlage erlitt, und ist daher stolz auf den negativen Ausdruck des Stolzes, daß er nie eine Einbuße erlitten hat. Es ist im Leben auch schon der Fall vorgekommen, daß eine sehr stolze Individualität feige genug war, niemals etwas zu wagen, feige genug so wenig wie möglich zu sein, eben um ihren Stolz zu retten. Wenn man eine aktiv-stolze und eine passiv-stolze Individualität zusammensetzen würde, so würde man gerade in dem Augenblick, in dem die erstere stürzt, Gelegenheit haben, sich davon zu überzeugen, wie stolz im Grunde der Feige war[1].

---

merksam gemacht, daß jeder Leidenschaft eine entgegenge-

c] *Was ist Gewißheit und Innerlichkeit?* Eine Definition hierfür zu geben ist gewiß schwierig. Indessen will ich hier sagen: sie ist Ernst. Dieses Wort versteht nun wohl jeder; aber immerhin ist es recht merkwürdig, daß es sicher nicht viele Worte gibt, die so selten Gegenstand der Überlegung sind wie eben dieses. Als Macbeth den König ermordet hat, bricht er in die Worte aus:

»Von jetzt gibt es nichts Ernstes mehr im Leben:
Alles ist Tand, gestorben Ruhm und Gnade!
Der Lebenswein ist ausgeschenkt!«

Macbeth war nun allerdings ein Mörder, und darum haben die Worte in seinem Munde eine furchtbar erschütternde Wahrheit; es kann aber jede Individualität, die die Innerlichkeit verloren hat, mit ihm sagen: der Lebenswein ist ausgeschenkt – und insofern auch: jetzt gibt es nichts Ernstes mehr im Leben, alles ist Tand – denn die Innerlichkeit ist eben der Quell, der in das ewige Leben springt, und was aus diesem Quell hervorkommt, ist eben Ernst. Wenn der Prediger sagt: alles ist eitel, so hat er gerade den Ernst im Sinn. Wenn es dagegen, nachdem der Ernst verloren ist, heißt, alles sei eitel, so ist es wieder nur ein aktiv-passiver Ausdruck dafür [der des Trotzes der Schwermut] oder ein passivaktiver [der des Leichtsinns und des Witzes], so ist Gelegenheit entweder zum Weinen oder zum Lachen da, aber der Ernst ist verloren.

Soviel mir bekannt, existiert eine Definition dessen, was

---

setzte entspricht, außer der Bewunderung. Die detaillierte Ausführung ist ziemlich schwach, aber es hat mich interessiert, daß er mit der Bewunderung eine Ausnahme machte, weil diese bekanntlich nach den Begriffen sowohl Platos wie des Aristoteles die Leidenschaft der Philosophie ausmacht, und die Leidenschaft, mit der alles Philosophieren beginnt. Der Bewunderung entspricht übrigens die Mißgunst, und die neuere Philosophie würde wohl auch den Zweifel nennen. Doch dar-

Ernst ist, nicht. Wenn das wirklich stimmt, so sollte es mich freuen, nicht etwa weil ich ein Freund des modernen zerfließenden und verschwimmenden Denkens wäre, das die Definition abgeschafft hat, sondern weil es in Beziehung auf Existenzbegriffe immer einen sicheren Takt verrät, sich der Definitionen zu enthalten; denn es kann einen unmöglich danach gelüsten, das, was wesentlich anders verstanden werden muß, das, was man selbst anders verstanden hat, das, was man auf eine ganz andere Art geliebt hat, in der Form der Definition aufzufassen, durch die es so leicht etwas anderes und einem fremd wird. Wer wirklich liebt, kann schwerlich Freude, Befriedigung, geschweige denn Förderung darin finden, sich mit einer Definition dessen zu beschäftigen, was Liebe eigentlich ist. Wer im täglichen und doch festlichen Umgang mit der Vorstellung lebt, daß ein Gott ist, der wird schwerlich wünschen, sich dies dadurch zu verderben oder verderben zu lassen, daß er sich selbst eine Definition von dem zusammenflickte, was Gott ist. So auch mit dem Ernst; er ist eine so ernste Sache, daß sogar eine Definition von ihm ein Leichtsinn ist. Dies sage ich jedoch nicht, weil etwa mein Gedanke unklar wäre oder weil ich fürchtete, daß der eine oder der andere superkluge Spekulant – der versessen ist auf die Begriffsentwicklung wie ein Mathematiker auf den Beweis, und der darum wie jener Mathematiker bei allem immer sagt: was beweist denn das – mich im Verdacht habe, als wüßte ich nicht so recht, wovon ich spräche; denn meiner Auf-

---

in liegt eben der Grundfehler der neueren Philosophie, daß sie mit dem Negativen beginnen will, statt mit dem Positiven, das doch stets das erste ist, ganz im gleichen Sinne, wie man sagt: *omnis affirmatio est negatio*, wobei man die *affirmatio* voranstellt. Die Frage, ob das Positive oder das Negative das erste sei, ist von außerordentlicher Wichtigkeit, und der einzige neuere Philosoph, der sich für das Positive erklärt hat, ist eigentlich wohl Herbart.

fassung nach beweist gerade, was ich hier sage, besser als jede Begriffsentwicklung, daß ich im Ernst weiß, wovon die Rede ist.

Wenn ich auch nicht geneigt bin, eine Definition zu geben oder im Scherz der Abstraktion vom Ernst zu reden, so will ich doch einige orientierende Bemerkungen anführen. In der Psychologie von Rosenkrantz[1] findet sich eine Definition von »Gemüt«. Er sagt Seite 322, daß Gemüt die Einheit von Gefühl und Selbstbewußtsein sei. In der vorhergehenden Erörterung erklärt er vortrefflich, »daß das Gefühl zum Selbstbewußtsein sich aufschließe, und umgekehrt, daß der Inhalt des Selbstbewußtseins von dem Subjekt als der seinige gefühlt wird. Erst diese Einheit kann man Gemüth nennen. Denn fehlt die Klarheit der Erkenntnis, das Wissen vom Gefühl, so existiert nur der Drang des Naturgeistes, der Turgor der Unmittelbarkeit. Fehlt aber das Gefühl, so existiert nur ein abstracter Begriff, der nicht die letzte Innigkeit des geistigen Daseins erreicht hat, der nicht mit dem Selbst des Geistes Eines geworden ist« [vgl. S. 320/321]. Wenn man nun seine Bestimmung von »Gefühl« als die »unmittelbare Einheit der Seelenhaftigkeit des Geistes und seines Bewußtseins« [S. 242] weiter zurückverfolgt und sich erinnert, daß in der Bestimmung »Seelenhaftigkeit« die Einheit mit der unmittelbaren Naturbestimmung berücksichtigt ist, so hat man, indem man all das zusammennimmt, eine Vorstellung von der konkreten Persönlichkeit.

Ernst und Gemüt entsprechen nun einander so, daß der

---

1 Es ist mir eine Freude, vorauszusetzen, daß mein Leser stets ebensoviel gelesen hat wie ich. Diese Voraussetzung erspart sowohl dem Leser als auch dem Schreiber vieles. Ich nehme also an, daß mein Leser jene Schrift kennt; sollte das nicht der Fall sein, so will ich ihm raten, sich mit ihr bekannt zu machen, denn sie ist tatsächlich gut; und wenn der Verfasser, der sich sonst gerade durch seinen gesunden Sinn und sein humanes Interesse für das Menschenleben auszeichnet, sich des schwärme-

Ernst ein höherer und der tiefste Ausdruck dessen ist, was Gemüt ist. Das Gemüt ist eine Bestimmung der Unmittelbarkeit, wogegen der Ernst die erworbene Ursprünglichkeit des Gemütes ist, dessen bewahrte Ursprünglichkeit in der Verantwortlichkeit der Freiheit, dessen aufrechterhaltene Ursprünglichkeit im Genuß der Seligkeit ist. Die Ursprünglichkeit des Gemütes in ihrer historischen Entwicklung zeigt gerade das Ewige im Ernst, weswegen der Ernst nie Gewohnheit werden kann. Gewohnheit behandelt Rosenkrantz nur in der Phänomenologie, nicht in der Pneumatologie; Gewohnheit gehört aber auch hier hinein, und Gewohnheit entsteht, sobald das Ewige aus der Wiederholung verschwindet. Wenn die Ursprünglichkeit des Ernstes erworben und bewahrt wird, ist eine Sukzession und Wiederholung da; sobald die Ursprünglichkeit in der Wiederholung ausbleibt, ist die Gewohnheit da. Der ernste Mann ist ernst eben durch die Ursprünglichkeit, mit der er in der Wiederholung wiederkehrt. Man sagt wohl, ein lebendiges und innerliches Gefühl bewahre diese Ursprünglichkeit, aber die Innerlichkeit des Gefühls ist ein Feuer, das erkühlen kann, sobald der Ernst sich seiner nicht annimmt, und andererseits ist die Innerlichkeit des Gefühls unsicher in der Stimmung, das heißt, sie ist das eine Mal innerlicher als das andere Mal. Ich will ein Beispiel anführen, um alles so konkret wie möglich zu machen. Ein Geistlicher soll jeden Sonntag das vorgeschriebene Kirchengebet sprechen, oder er soll jeden Sonntag eine Anzahl Kinder taufen.

---

rischen Aberglaubens an ein leeres Schema hätte enthalten können, so hätte er sich nicht bisweilen lächerlich gemacht. Was er in den Paragraphen sagt, die Darlegung, ist meistens recht gut; das einzige, was man hier und da nicht verstehen kann, ist das hochtrabende Schema und wie die durchaus konkrete Darlegung hineinpassen soll. [Als Beispiel will ich anführen p. 209–211: Das Selbst – und das Selbst. 1. Der Tod. 2. Der Gegensatz von Herrschaft und Knechtschaft.]

Mag er nun auch begeistert und so weiter sein, das Feuer wird ihm ausgehen, er wird zwar erschüttern, bewegen und so weiter, aber das eine Mal mehr, das andere Mal weniger. Nur der Ernst vermag regelmäßig jeden Sonntag mit derselben Ursprünglichkeit auf dasselbe zurückzukommen[1].

Aber dieses Selbe, auf das der Ernst mit demselben Ernst wieder zurückkommen soll, kann nur der Ernst selbst sein;[2] denn sonst wird es Pedanterie. Der Ernst in diesem Sinne bedeutet die Persönlichkeit selbst, und nur eine ernste Persönlichkeit ist eine wirkliche Persönlichkeit, und nur eine ernste Persönlichkeit kann etwas mit Ernst tun, denn um etwas mit Ernst zu tun, dazu gehört zuerst und zunächst, daß man weiß, was der Gegenstand des Ernstes ist.

Im Leben ist nicht selten vom Ernst die Rede; einer wird ernst über den Staatsschulden, ein anderer über den Kategorien, ein Dritter über eine Theateraufführung und so weiter. Daß es auf diese Art vor sich geht, entdeckt die Ironie, und hier gibt es reichlich zu tun für sie, denn jeder, der am unrechten Orte ernst wird, ist *eo ipso* komisch, ob auch eine ebenso komisch travestierte Mitwelt und deren öffentliche Meinung höchst ernsthaft mittut. Es gibt daher keinen sichereren Maßstab dafür, wozu ein Individuum in seinem tiefsten Grunde taugt, als wenn man durch seine eigene Mitteilsamkeit erfährt oder ihm das Geheimnis wider seinen Willen entlockt, was es ernst im Leben machte, denn wohl kann einem das Gemüt ange-

---

1 In diesem Sinne ist es zu verstehen, wenn Constantin Constantius [in der »Wiederholung«] sagte: »Die Wiederholung ist der Ernst des Daseins« [p. 6], und daß es dagegen nicht der Ernst des Lebens sei, königlicher Bereiter zu sein, auch wenn ein solcher jedesmal, wenn er sein Pferd besteigt, dies mit allem möglichen Ernst tue.

2 Vgl. Marbach, Gesch. d. Ph. II, S. 302, Note: *Albertus repente ex asino factus philosophus et ex philosopho asinus.* Vgl. Tennemann VIII, 2. T., S. 485, Note. Eine noch bestimmtere Erzäh-

boren sein, aber der Ernst ist einem nicht angeboren. Der Ausdruck »was es ernst im Leben machte«, muß natürlich im prägnanten Sinne verstanden werden von dem, wovon die Individualität zutiefst ihren Ernst herleitet; denn man kann sehr wohl, nachdem man in Wahrheit ernst geworden ist über dem, was des Ernstes Gegenstand ist, verschiedene Dinge, wenn man so will, ernsthaft behandeln, aber die Frage ist, ob man zuerst über den Gegenstand des Ernstes ernst wurde. Diesen Gegenstand hat jeder Mensch, denn das ist *er selbst*, und wer nicht darüber ernst wurde, sondern über etwas anderem, über etwas Großem und Lärmendem, der ist trotz seines Ernstes ein Spaßvogel, und mag er auch auf eine Zeitlang die Ironie täuschen, er wird *volente deo* schon noch komisch werden; denn die Ironie eifert über dem Ernst. Wer dagegen an rechter Stelle ernst wurde, der wird die Gesundheit seines Geistes gerade dadurch beweisen, daß er alles andere ebensogut sentimental wie spaßend behandeln kann, mag es auch den Gecken des Ernstes kalt über den Rücken laufen, wenn sie ihn spassen sehen mit dem, was sie so schrecklich ernst machte. Aber in Beziehung auf den Ernst soll er keinen Spaß vertragen können, vergißt er das, so kann ihm widerfahren, was Albert Magnus widerfuhr, als er im Übermut gegen die Gottheit auf seine Spekulation pochte[2], nämlich, daß er plötzlich dumm würde, so wird ihm widerfahren, was Bellerophon widerfuhr, der im Dienste der Idee sicher auf sei-

---

lung hat man von einem anderen Scholastiker, Simon Tornacensis, der meinte, Gott müsse ihm verpflichtet sein, weil er die Trinität bewiesen habe; denn wenn er wolle, so... »*profecto si malignando et adversando vellem, fortioribus argumentis scirem illam infirmare et deprimendo improbare*«. Zum Dank dafür wurde der gute Mann ein Narr und mußte zwei Jahre dazu anwenden, um die Buchstaben kennen zu lernen. Vgl. Tennemann Gesch. d. Ph. VIII, S. 314, Note. Sei dem nun wie es wolle, er möge dies wirklich gesagt haben oder er möge gesagt

nem Pegasus saß, aber herunterstürzte, als er den Pegasus mißbrauchen wollte, um auf ihm zu einem Stelldichein mit einem irdischen Weibe zu reiten.

Die Innerlichkeit, die Gewißheit ist Ernst. Das sieht etwas armselig aus; wenn ich wenigstens gesagt hätte, sie sei die Subjektivität, die reine Subjektivität, die übergreifende Subjektivität – so hätte ich doch etwas gesagt – das sicherlich manchen ernst gemacht hätte. Den Ernst kann ich indessen auch noch auf eine andere Weise ausdrücken. Sobald die Innerlichkeit mangelt, ist der Geist verendlicht. Die Innerlichkeit ist daher die Ewigkeit oder die Bestimmung des Ewigen in einem Menschen.

Will man nun das Dämonische recht eingehend studieren, so braucht man nur nachzuschauen, wie das Ewige in der Individualität aufgefaßt wird, und man weiß sofort Bescheid. In dieser Beziehung bietet die neuere Zeit der Beobachtung ein weites Feld. Das Ewige wird in unserer Zeit oft genug besprochen, es wird verworfen und angenommen, und sowohl das erstere als auch das letztere [angesichts der Art, in der es geschieht], zeigt das Fehlen der Innerlichkeit. Wer aber das Ewige[1] nicht richtig, nicht völlig konkret verstanden hat, dem fehlt Innerlichkeit und Ernst.

Sehr ausführlich möchte ich hier nicht sein, doch will ich einige Punkte hervorheben.

a] Man leugnet das Ewige im Menschen. Im gleichen Augenblick ist »der Lebenswein ausgeschenkt«, und jede solche Individualität ist dämonisch. Setzt man das Ewige, so ist das Gegenwärtige ein Anderes als man haben will. Dieses fürchtet man, und somit ist man in der Angst vor

---

haben, was man ihm gleichfalls zuschrieb, die im Mittelalter berühmte Lästerung von den drei großen Betrügern; was ihm fehlte, war gewiß nicht der angestrengte Ernst im Dialektisieren oder Spekulieren, wohl aber der Ernst, sich selbst zu verstehen. Analogien zu dieser Geschichte gibt es sicher genug, und in unserer Zeit hat sich die Spekulation eine solche Auto-

dem Guten. Ein Mensch kann nun leugnen und leugnen solange er will, und doch kann er dadurch das Ewige nicht ganz ums Leben bringen. Und selbst wenn man bis zu einem gewissen Grade in einem gewissen Sinne das Ewige zulassen will, so fürchtet man doch den anderen Sinn und den höheren Grad; aber so sehr man den auch leugnen mag, man wird ihn doch nicht ganz los. Das Ewige fürchtet man nur allzusehr in unserer Zeit, selbst wenn man es in abstrakten und für das Ewige schmeichelhaften Redensarten anerkennt. Während die einzelnen Regierungen heutigentags in Furcht vor unruhigen Köpfen leben, leben nur allzu viele Individualitäten in Furcht vor einem unruhigen Kopf, der doch die wahre Ruhe ist – vor der Ewigkeit. Da predigt man den Augenblick, und wie der Weg zum Verderben mit guten Vorsätzen gepflastert ist, so wird die Ewigkeit am besten durch lauter Augenblicke beiseitegeschafft. Warum aber hat man so schreckliche Eile? Wenn es keine Ewigkeit gibt, so ist ja der Augenblick ebenso so lang, wie wenn es sie gibt. Aber die Angst vor der Ewigkeit macht den Augenblick zu einer Abstraktion. – Dieses Leugnen des Ewigen kann sich übrigens direkt und indirekt auf sehr viele Weisen äußern; als Spott, als prosaische Berauschung an Verständigkeit, als Geschäftigkeit, als Begeisterung der Zeitlichkeit und so weiter.

b] Man faßt das Ewige völlig abstrakt auf. Das Ewige ist wie die blauen Berge die Grenze für die Zeitlichkeit, wer aber kräftig in der Zeitlichkeit lebt, kommt nicht an die Grenze. Der Einzelne, der nach ihr ausspäht, ist ein Grenzposten, der außerhalb der Zeit steht.

---

rität angemaßt, daß sie beinahe versucht hat, Gott selbst an sich selbst unsicher zu machen wie ein Monarch, der ängstlich sitzt und wartet, ob ihn die Ständeversammlung zum absoluten oder nur zum beschränkten Herrscher machen will.

1 Zweifellos hat Constantin Constantius in diesem Sinne gesagt, die Ewigkeit sei die wahre Wiederholung.

c] Man biegt die Ewigkeit für die Phantasie in die Zeit hinein. So aufgefaßt, bringt sie eine zauberische Wirkung hervor; man weiß nicht, ob es Traum ist oder Wirklichkeit, die Ewigkeit schaut wehmütig, gedankenvoll verträumt, schelmisch in den Augenblick hinein, wie des Mondes Strahl in einen erhellten Wald oder Saal hineinflimmert. Der Gedanke an das Ewige wird zum Beschäftigungsspiel der Phantasie, und die Stimmung ist ständig die: träume ich, oder ist es die Ewigkeit, die von mir träumt. Oder man faßt die Ewigkeit für die Phantasie rein und unvermittelt ohne diese kokette Doppelheit auf. Diese Auffassung hat einen bestimmten Ausdruck gefunden in dem Satze: die Kunst ist eine Antizipation des ewigen Lebens; denn Poesie und Kunst ist nur die Versöhnung der Phantasie und kann wohl die Sinnigkeit der Intuition haben, nicht aber die Innigkeit des Ernstes. Man malt die Ewigkeit mit dem Flittergold der Phantasie aus – und man sehnt sich nach ihr. – Man erblickt apokalyptisch die Ewigkeit, agiert Dante, während doch Dante, soviel er auch der Anschauung der Phantasie zugestand, die Wirkung des ethischen Urteilsaktes nicht aufhob.

d] Man faßt die Ewigkeit metaphysisch auf. Man sagt solange Ich-Ich, bis man selbst das Lächerlichste von allem wird: das reine Ich, das ewige Selbstbewußtsein. Man spricht solange von der Unsterblichkeit, bis man selbst – zwar nicht unsterblich, aber die Unsterblichkeit wird. Trotz alledem entdeckt man plötzlich, daß man die Unsterblichkeit nicht mit ins System hineinbekommen hat, und nun ist man darauf bedacht, ihr in einem Anhang einen Platz anzuweisen. Gegenüber dieser Lächerlichkeit war es ein wahres Wort von Poul Möller, daß die Unsterblichkeit überall zugegen sein müsse. Ist sie das aber, so wird die Zeitlichkeit etwas ganz anderes, als man wünscht. – Oder man faßt die Ewigkeit in der Weise metaphysisch auf, daß die Zeitlichkeit in ihr komisch aufbewahrt wird. Rein ästhetisch-metaphysisch gesehen ist die Zeitlichkeit komisch, denn sie ist der Widerspruch, und das Komische liegt stets in dieser Kategorie. Faßt man nun die Ewigkeit rein metaphysisch auf und will doch aus dem einen oder anderen Grunde die Zeitlichkeit in sie hineinbringen, so ist es ja dann wirklich komisch, wenn der ewige Geist die Erinnerung daran bewahrt, daß er verschiedentlich in Geldverlegenheit war und so weiter. Die ganze Mühe aber, die man sich hier macht, um die Ewigkeit aufrechtzuerhalten, ist vergebens und blinder Alarm; denn rein metaphysisch wird kein Mensch unsterblich und wird kein Mensch seiner Unsterblichkeit gewiß. Wird er es aber auf ganz andere Weise, so wird das Komische sich auch nicht aufdrängen. Wenn auch das Christentum lehrt, daß ein Mensch Rechenschaft geben muß von jedem unnützen Wort, das er geredet hat, und wir das einfach als Totalerinnerung verstehen, von der sich schon hier im Leben bisweilen unverkennbare Symptome zeigen können, wenn auch die Lehre des Christentums durch keinen schärferen Gegensatz beleuchtet werden kann als durch die Vorstellung des Griechentums, nach der die Unsterblichen als erste Lethe tranken, um zu vergessen, so folgt doch daraus keineswegs, daß die Erinnerung auf eine direkte oder indirekte Weise komisch werden solle, direkt dadurch, daß man sich an Lächerlichkeiten erinnert, indirekt dadurch, daß Lächerlichkeiten zu wesentlichen Entscheidungen verwandelt werden sollen. Eben weil die Rechenschaft und das Gericht das Wesentliche sind, wird dieses Wesentliche in Beziehung auf das Unwesentliche wie Lethe wirken, während es doch auch wieder sicher ist, daß vieles sich als wesentlich erweisen kann, von dem man es nicht eben geglaubt hätte. In den Versteckheiten des Lebens, Possierlichkeiten, Zufälligkeiten, ist die Seele nicht wesentlich zugegen gewesen, darum wird all dies verschwinden, nur für die Seele nicht, die wesentlich darin war; für die wird es aber schwerlich komische Bedeutung erhalten. Wenn man gehörig über das Komische nachgedacht hat, es exekutiv studiert hat und sich beständig über seine Kategorie klar ist, so versteht man leicht, daß das Komische eben der Zeitlichkeit zugehört, denn hier ist der Widerspruch. Metaphysisch und ästhetisch kann man es nicht aufhalten und daran verhindern, daß es am Ende die ganze Zeitlichkeit verschlingt, was dem passieren wird, der entwickelt genug war, es zu gebrauchen, aber nicht reif genug *inter et inter* zu distinguieren. In der Ewigkeit dagegen ist aller Widerspruch behoben, die Zeitlichkeit von der Ewigkeit durchdrungen und in ihr bewahrt; darin aber ist keine Spur des Komischen.

Aber die Ewigkeit will man im Ernst nicht denken, sondern hat Angst vor ihr, und die Angst verfällt auf hundert Ausflüchte. Doch das ist eben das Dämonische.

Angst als das durch den Glauben Erlösende

In einem Grimmschen Märchen wird von einem jungen Burschen erzählt, der auf Abenteuer auszog, um das Gruseln zu lernen. Wir wollen aber jenen Abenteurer seines Weges ziehen lassen, ohne uns darum zu kümmern, ob ihm auf seiner Fahrt das Entsetzliche begegnete. Hingegen möchte ich sagen, daß dies ein Abenteuer ist, das jeder Mensch zu bestehen hat: Angst haben zu lernen, damit er nicht verloren sei, entweder dadurch, daß ihm nie angst gewesen ist, oder dadurch, daß er in der Angst versinkt; wer daher gelernt hat, auf die rechte Weise Angst zu haben, der hat das Höchste gelernt.

Wäre der Mensch ein Tier oder ein Engel, so würde er nicht Angst haben können. Da er eine Synthese ist, kann er Angst haben, und je tiefer seine Angst ist, desto größer ist der Mensch, doch nicht in dem Sinne, wie die Menschen es gemeinhin verstehen, wo die Angst auf das Äußerliche geht, auf etwas außerhalb des Menschen, sondern in dem Sinne, daß einer selbst die Angst produziert. Nur in diesem Sinne ist es aufzufassen, wenn es von Christus heißt, daß ihm angst zu Tode wurde ebenso wenn er zu Judas sagt: was du tust, das tue bald. Auch nicht das entsetzliche Wort, über das zu predigen selbst Luther Angst hatte: mein Gott, mein Gott, warum hast du mich verlassen, nicht einmal dieses Wort drückt das Leiden so stark aus; denn mit dem letzteren wird ein Zustand bezeichnet, in dem sich Christus befindet, das erstere bezeichnet ein Verhältnis zu einem Zustand, der nicht ist.

Die Angst ist die Möglichkeit der Freiheit, nur diese Angst ist durch den Glauben absolut bildend, indem sie alle Endlichkeiten verzehrt, alle ihre Täuschungen aufdeckt.

Und kein Großinquisitor hat so entsetzliche Foltern in Bereitschaft wie die Angst, und kein Spion weiß so geschickt den Verdächtigen gerade in dem Augenblick anzugehen, in dem er am schwächsten ist, oder weiß die Falle, in der er gefangen werden soll, so gefällig zu legen, wie die Angst es weiß; und kein scharfsinniger Richter versteht so den Angeklagten zu examinieren, ja, zu examinieren, wie die Angst, die ihn nie losläßt, nicht in der Zerstreuung, nicht im Lärm, nicht unter der Arbeit, nicht am Tage, nicht in der Nacht.

Wer durch die Angst gebildet wird, der wird durch die Möglichkeit gebildet, und erst wer durch die Möglichkeit gebildet wird, wird nach seiner Unendlichkeit gebildet. Die Möglichkeit ist daher die schwerste aller Kategorien. Man hört wohl oft das Gegenteil, daß die Möglichkeit so leicht sei und die Wirklichkeit so schwer. Aber wer ist es, der so redet? Ein paar Jämmerliche, die nie gewußt haben, was Möglichkeit ist, und die dann, als die Wirklichkeit ihnen zeigte, daß sie nichts taugten und zu nichts taugen würden, lügnerisch eine Möglichkeit auffrischten, die zwar so schön, zwar so reizvoll war, der aber höchstens etwas jugendliche Albernheit zugrundelag, deren man sich eher schämen sollte. Im allgemeinen versteht man daher unter der Möglichkeit, von der gesagt wird, sie sei so leicht, die Möglichkeit von Glück, Erfolg und so weiter. Doch ist dies gar nicht die Möglichkeit; es ist eine lügnerische Erfindung, die von der menschlichen Verderbtheit aufgetakelt wird, die Grund sucht, über das Leben und die Vorsehung zu klagen, und Gelegenheit, sich selbst wichtig zu werden. Nein, in der Möglichkeit ist alles gleich möglich, und wer in Wahrheit durch die Möglichkeit erzogen wurde, der hat das Entsetzliche genau so gut erfaßt wie das Freundliche. Wenn ein solcher Mensch die Schule der Möglichkeiten absolviert hat und – besser als ein Kind in seinem ABC – darüber Bescheid weiß, daß er vom Leben absolut nichts fordern kann und daß das Entsetzliche, das Verderben, die Vernichtung Tür an Tür mit jedem Menschen wohnt, und wenn er gründlich gelernt hat, daß jede Angst, vor der er Angst hatte, im nächsten Augenblick über ihn kam, so wird er der Wirklichkeit eine andere Erklärung geben; er wird die Wirklichkeit preisen, und selbst wenn sie schwer auf ihm lastet, wird er daran denken, daß sie doch weit, weit leichter ist, als die Möglichkeit es war. Nur so kann die Möglichkeit bilden; denn die Endlichkeit und die endlichen Verhältnisse, in denen dem Individuum ein Platz angewiesen ist, mögen sie nun klein und alltäglich oder weltgeschichtlich sein, bilden nur endlich, und man kann sie immer bereden, immer ein bißchen etwas anderes aus ihnen machen, immer schachern, immer einigermaßen dabei wegkommen, immer sich ein bißchen abseits halten, immer verhindern, daß man absolut etwas dabei lernt; und wenn man das will, muß das Individuum wiederum die Möglichkeit in sich haben und selbst das bilden, von dem es lernen soll, wenn dies auch schon im nächsten Augenblick keineswegs anerkennt, daß es von ihm gebildet ist, sondern absolut die Macht von ihm nimmt.

Damit aber ein Mensch in der Weise absolut und unendlich durch die Möglichkeit gebildet werde, muß er redlich sein gegen die Möglichkeit und Glauben haben. Unter Glauben verstehe ich hier das, als was Hegel ihn irgendwo auf seine Weise überaus richtig kennzeichnet: die innere Gewißheit, die die Unendlichkeit vorwegnimmt. Wenn die Entdeckungen der Möglichkeit redlich verwaltet werden, so wird die Möglichkeit alle Endlichkeiten aufdecken, sie aber idealisieren in der Gestalt der Unendlichkeit und in der Angst das Individuum überwältigen, bis dieses sie wieder besiegt in der Antizipation des Glaubens.

Was ich hier sage, dünkt vielleicht vielen dunkel und ungut geredet, da sie sich gerade rühmen, nie Angst zu haben. Darauf würde ich erwidern, daß man vor Menschen, vor Endlichkeiten gewiß nicht Angst haben soll, aber erst der, der die Angst der Möglichkeit durchgemacht hat, erst der ist so gebildet, daß er keine Angst mehr hat, nicht weil er den Schrecknissen des Lebens entgeht, sondern weil diese stets schwach sind im Vergleich mit denen der Möglichkeit. Sollte der Sprechende dagegen meinen, es sei eben das Große an ihm, daß er nie Angst gehabt habe, so werde ich ihm mit Freuden meine Erklärung dafür eröffnen: das kommt, weil er sehr geistlos ist.

Wenn das Individuum die Möglichkeit betrügt, durch die es gebildet werden soll, so kommt es nie zum Glauben, so ist sein Glaube eine Klugheit der Endlichkeit, wie auch seine Schule die der Endlichkeit war. Man betrügt aber die Möglichkeit auf jede Art; denn sonst müßte jeder Mensch, der bloß den Kopf aus dem Fenster steckte, genug gesehen haben, daß die Möglichkeit damit ihre Exerzitien beginnen könnte. Es gibt ein Bild von Chodowiecki, das die Übergabe von Calais darstellt, betrachtet von den vier Temperamenten, und die Aufgabe des Künstlers war dabei, die verschiedenen Eindrücke, im Ausdruck der verschiedenen Temperamente sich spiegeln zu lassen. Das alltäglichste Leben hat ganz gewiß Begebenheit genug, die Frage aber dreht sich um die Möglichkeit in der Individualität, die redlich gegen sich selbst ist. Man erzählt von einem indischen Einsiedler, der zwei Jahre lang von Tau gelebt hatte, er sei einmal in die Stadt gekommen, habe Wein gekostet und sei darauf dem Trunk verfallen. Man kann diese Geschichte wie jede andere dieser Art auf verschiedene Weise verstehen, man kann sie komisch oder tragisch nehmen; dem Menschen jedoch, der durch die Möglichkeit gebildet wird, genügt eine einzige von solchen Geschichten. Im selben Moment ist er absolut identisch mit jenem Unglücklichen, er kennt keine Ausflüchte der Endlichkeit, mit denen er die Sache abtun und selbst entschlüpfen könnte. Nun hat die Angst der Möglichkeit ihn zur Beute, bis sie ihn gerettet und erlöst abgeben muß an den Glauben; anderswo findet er keine Ruhe, denn jeder andere Ruhepunkt ist bloßes Geschwätz, wenn er auch in den Augen der Menschen Klugheit sein mag. Sieh, darum ist die Möglichkeit so absolut bildend. In der Wirklichkeit ist niemals ein Mensch so unglücklich geworden, daß er nicht einen kleinen Rest zurückbehalten hätte, und die Verständigkeit sagt ganz richtig: wenn man geschickt ist, weiß man sich zu helfen. Aber derjenige, der den Kursus der Möglichkeit im Unglück durchgemacht hat, der verlor alles, alles, wie es nie jemand in der Wirklichkeit verloren hat. Wenn er nun nicht die Möglichkeit betrog, die ihn lehren wollte, nicht die Angst überredete, die ihn erlösen wollte, dann bekam er auch alles wieder, wie niemals jemand in Wirklichkeit, selbst wenn er alles zehnfach bekommen hätte; denn der Schüler der Möglichkeit bekam die Unendlichkeit, und die Seele des anderen hatte in der Endlichkeit ausgehaucht. In der Wirklichkeit ist niemand so tief gesunken, daß er nicht noch tiefer sinken könnte und daß es nicht noch einen oder viele geben könnte, die tiefer gesunken wären. Wer aber in der Möglichkeit versank, dessen Blick schwindelte, dessen Auge wurde getrübt, so daß er den Maßstab nicht erfaßte, den Krethi und Plethi dem Sinkenden als rettenden Strohhalm reichen; sein Ohr verschloß sich, so daß er nicht hörte, in welchem Marktpreis die Menschen bei seinen Zeitgenossen standen, nicht hörte, daß er ebenso gut sei wie die meisten. Er sank absolut, dann aber tauchte er wieder auf aus der Tiefe des Abgrundes, leichter als all das Belastende und Erschreckende im Leben. Nur leugne ich nicht, daß der, der durch die Möglichkeit gebildet wird, Gefahr läuft – nicht wie die, die durch die Endlichkeit gebildet werden, etwa in schlechte Gesellschaft zu geraten, auf Abwege zu gelangen, sondern – zu Fall zu kommen, und zwar im Selbstmord. Wenn er bei Beginn seiner Bildung die Angst mißversteht, so daß sie ihn nicht zum Glauben führt, sondern vom Glauben wegführt, so ist er verloren. Wer hingegen sich bilden läßt, der bleibt bei der Angst; er läßt sich nicht betrügen von ihren unzähligen Fälschereien, er behält das Vergangene genau im Gedächtnis; zuletzt sind dann die Anfälle der Angst – obwohl entsetzlich, doch nicht so, daß er sie flieht. Die Angst wird ihm ein dienender Geist und muß ihn wider ihren Willen dorthin führen, wohin er es wünscht. Meldet sie sich dann, tut sie heimtückisch, als hätte sie ein ganz neues Schreckmittel erfunden, als wäre sie weit entsetzlicher denn je, so zieht er sich nicht zurück, noch weniger sucht er sie mit Lärm und Verwirrung fortzuhalten; er heißt sie vielmehr willkommen, er begrüßt sie festlich, wie Sokrates festlich den Giftbecher hob, er schließt sich ein mit ihr, er sagt wie ein Patient zum Chirurgen sagt, wenn die schmerzhafte Operation beginnen soll: jetzt bin ich bereit. Da dringt die Angst in seine Seele hinein und durchforscht alles und ängstet das Endliche und Kleinliche aus ihm heraus und führt ihn dahin, wohin er will.

Wenn im Leben irgendein außerordentliches Ereignis eintritt, wenn ein welthistorischer Held Helden um sich sammelt und Heldentaten vollbringt, wenn eine Krisis eintritt und alles Bedeutung erhält, dann möchten die Menschen mit dabei sein; denn das bildet. Schon möglich. Es gibt aber eine weit einfachere Art, auf die man weit gründlicher gebildet wird. Nimm den Schüler der Möglichkeit, setze ihn mitten auf die jütländische Heide, wo es kein Ereignis gibt, wo das größte Ereignis ist, daß ein Auerhahn brausend auffliegt, und er wird alles vollkommener, genauer, gründlicher erleben als der, dem auf dem Theater der Weltgeschichte applaudiert wurde und der nicht durch die Möglichkeit gebildet war.

Wenn so das Individuum durch die Angst zum Glauben gebildet wird, wird die Angst eben ausmerzen, was sie selbst hervorbringt. Die Angst entdeckt das Schicksal, aber indem das Individuum sich dem Schicksal anvertrauen will, schlägt die Angst um und entfernt das Schicksal; denn das Schicksal ist wie die Angst, und die Angst ist wie die Möglichkeit ein Hexenbrief. Wird die Individualität nicht in der Weise durch sich selbst im Verhältnis zum Schicksal umgebildet, so wird sie immer einen dialektischen Rest behalten, den keine Endlichkeit ausmerzen kann, genau so wenig wie einer den Glauben an die Lotterie verliert, wenn er ihn nicht durch sich selbst verliert, sondern ihn dadurch verlieren sollte, daß er dauernd im Spiel verliert. Selbst im Verhältnis zum Allerunbedeutendsten ist die Angst gleich bei der Hand, sobald die Individualität sich um etwas herumdrücken möchte, sich etwas zuschanzen will. In sich ist es etwas Unbedeutendes, und von der Endlichkeit, von außen her, kann das Individuum nichts darüber lernen, aber die Angst macht kurzen Prozeß, sie setzt augenblicklich den Trumpf der Unendlichkeit, der Kategorie darauf, und den kann die Individualität nicht stechen. In einem äußerlichen Sinne das Schicksal und seinen Wechsel, seine Schläge fürchten kann ein solches Individuum nicht; denn die Angst in ihm hat schon selbst das Schicksal gebildet und ihm absolut alles genommen, was irgendein Schicksal nehmen kann. Sokrates sagt im Kratylos, es sei entsetzlich, von sich selbst betrogen zu werden, weil man immer den Betrüger bei sich habe; so kann man auch sagen, es sei ein Glück, einen solchen Betrüger bei sich zu haben, der fromm betrügt und beständig das Kind entwöhnt, ehe die Endlichkeit anfängt dreinzupfuschen. Wenn auch eine Individualität in unserer Zeit nicht so in der Möglichkeit gebildet ist, so hat diese Zeit doch eine vortreffliche Eigenschaft für jeden, in dem ein tieferer Grund angelegt ist und der das Gute zu lernen begehrt. Je friedlicher und stiller eine Zeit ist, je genauer alles seinen regelmäßigen Gang geht, so daß das Gute seinen Lohn hat, desto leichter kann eine

Individualität sich über sich selbst täuschen, darüber, ob sie nicht in ihrem Streben ein wohl schönes, aber doch endliches Ziel habe. In diesen Zeiten hingegen braucht man nicht mehr als sechzehn Jahre alt zu sein, um zu sehen, daß der, der jetzt im Theater des Lebens auftritt, in der gleichen Lage ist wie der Mann, der nach Jericho zog und unter die Räuber fiel. Wer dabei nicht im Elend der Endlichkeit versinken will, der muß notwendig im tiefsten Sinne losgehen auf die Unendlichkeit. Eine solche vorläufige Orientierung ist eine Analogie zur Bildung in der Möglichkeit, und eine solche Orientierung kann auch gar nicht stattfinden außer durch die Möglichkeit. Wenn dann die Klugheit ihre unzähligen Berechnungen abgeschlossen hat, wenn das Spiel gewonnen ist – dann kommt die Angst, noch ehe das Spiel in Wirklichkeit verloren oder gewonnen wurde, und die Angst setzt ein Kreuz gegen den Teufel, so vermag die Klugheit gar nichts, und die geschickteste Kombination der Klugheit verschwindet wie ein Spaß gegenüber dem Fall, den die Angst durch die Allmacht der Möglichkeit schafft. Selbst im Unbedeutendsten, sobald die Individualität eine geschickte Wendung machen will, die nur geschickt ist, sich von etwas fortstehlen will, und alle Wahrscheinlichkeit dafür besteht, daß es glücke, denn die Wirklichkeit ist kein so scharfer Examinator wie die Angst – sogleich ist die Angst da. Wird sie abgewiesen, weil es sich nur um ein Unbedeutendes handelt, so macht die Angst dieses Unbedeutende merkwürdig, wie der Flecken Marengo in der Geschichte Europas merkwürdig wurde, weil dort die große Schlacht bei Marengo stattfand. Wenn eine Individualität sich nicht so durch sich selbst der Klugheit entwöhnt, geschieht es niemals vollständig; denn die Endlichkeit erklärt stets nur stückweise, nie total, und der, dessen Klugheit stets irrte [auch dies ist undenkbar in der Wirklichkeit], kann ja den Grund dazu in der Klugheit suchen und danach streben, noch klüger zu werden. Mit Hilfe des Glaubens erzieht die Angst die Individualität dazu, in der Vorsehung zu ruhen. So auch im Verhältnis zur Schuld, dem anderen, das die Angst entdeckt. Wer nur durch die Endlichkeit seine Schuldhaftigkeit erfährt, der ist an die Endlichkeit verloren, und endlich läßt sich die Frage nicht entscheiden, ob ein Mensch schuldig sei, außer auf eine äußerlich juristische, höchst unvollkommene Art und Weise. Wer darum seine Schuld nur durch Analogien zu Polizei- und Reichsgerichtsurteilen kennt, der begreift eigentlich nie, daß er schuldig ist; denn ist ein Mensch schuldig, so ist er unendlich schuldig. Wird eine solche Individualität, die nur durch die Endlichkeit gebildet wird, nicht von der Polizei oder von der öffentlichen Meinung als schuldig verurteilt, so wird sie so ungefähr das Lächerlichste und Erbärmlichste, was es gibt: ein Tugendmuster, ein wenig besser als die meisten, aber doch nicht ganz so gut wie der Herr Pfarrer. Welcher Hilfe sollte ein solcher Mensch im Leben bedürfen, er kann sich ja beinahe noch vor seinem Tode in eine Exempelkollektion zurückziehen. Von der Endlichkeit kann man viel lernen, nur nicht das Angsthaben, außer in einem sehr mittelmäßigen und verderblichen Sinne. Wer aber in Wahrheit lernte, Angst zu haben, der wird gehen wie im Tanz, wenn die Ängste der Endlichkeit aufzuspielen beginnen und die Lehrlinge der Endlichkeit Verstand und Mut verlieren. So läßt man sich oft täuschen im Leben. Der Hypochonder ängstigt sich vor jeder Geringfügigkeit, wenn aber das Bedeutende kommt, so atmet er auf, und warum – weil die bedeutende Wirklichkeit doch nicht so schrecklich ist, wie die Möglichkeit, die er selbst gebildet hatte, und die zu bilden er seine Kraft einsetzte, während er jetzt alle seine Kraft gegen die Wirklichkeit einsetzen kann. Immerhin aber ist der Hypochonder nur ein unvollkommener Autodidakt, verglichen mit dem, der durch die Möglichkeit gebildet wird, weil die Hypochondrie zum Teil vom Leiblichen abhängt und daher zufällig ist[1]. Der wahre Autodidakt ist eben in dem gleichen Grade Theodidakt, wie ein anderer Schriftsteller[2] gesagt hat, oder um nicht einen Ausdruck zu brauchen, der so stark an das Intellektuelle erinnert, er ist αὐτουργός τις τῆς φιλοσοφίας[3] und im gleichen Grade θεουργός. Wer im Verhältnis zur Schuld durch die Angst erzogen wird, der wird daher erst in der Versöhnung Ruhe finden.

Hier endet diese Überlegung, wo sie begann. Sobald die Psychologie mit der Angst fertig ist, ist diese der Dogmatik zu übergeben.

---

1 Daher nimmt Hamann das Wort Hypochondrie in einer höheren Bedeutung, wenn er sagt: »Diese Angst in der Welt ist aber der einzige Beweis unserer Heterogeneität. Denn fehlte uns nichts, so würden wir es nicht besser machen als die Heiden und Transcendental-Philosophen, die von Gott nichts wissen und in die liebe Natur sich wie die Narren vergaffen; kein Heimweh würde uns anwandeln. Diese impertinente Unruhe, diese heilige Hypochondrie ist vielleicht das Feuer, womit wir Opfertiere gesalzen und vor der Fäulnis des laufenden *seculi* bewahrt werden müssen« [6. Bd., S. 194].

2 Vgl. Entweder-Oder.

3 Vgl. Xenophons *Convivium*, wo Sokrates dieses Wort von sich selbst braucht.

KOMMENTAR

VON NIELS THULSTRUP

[Von Niels Thulstrup]

Zur Beachtung: Die Zählung der Zeilen [Z.] richtet sich nur nach den Zeilen des Textes; die Kapitelüberschriften werden nicht berücksichtigt.

[Abkürzungen: SV = Samlede Vaerker, Kopenhagen 1920 ff; Pap. = Papirer, Kopenhagen 1909 ff.]

ZUR KRANKHEIT ZUM TODE

Seite 23: Das Titelblatt zu »Die Krankheit zum Tode« hatte ursprünglich dieses Aussehen [Pap. VIII, 2, B 140]:

Die Krankheit zum Tode

eine christlich
erbauliche [geändert in: psychologische] Erläuterung
in der Gestalt von Reden [ausgestrichen]
von
S. Kierkegaard

Seite 23, Z. 10: Anti-Climacus: In dem Tagebuch, das S.K. am 15. Mai 1848 zu schreiben begann, heißt es [Pap. IX A 9]: »Habe ich einmal künftig ein neues Pseudonym nötig, soll es Anticlimacus heißen. Es müßte dann ironisch und humoristisch, ja direkt teufelsmäßig sein.«
In einem späteren Tagebuch, das am 2. Mai 1849 begonnen wurde, heißt es in einer gleichfalls undatierten Aufzeichnung [Pap. X, I A 510], sicher von einem der letzten Tage im Monat Juni: »Also, jetzt kommt die „Krankheit zum Tode" heraus, aber pseudonym mit mir als Herausgeber. Es heißt „zur Erbauung", es ist mehr als meine Kategorie, die Dichter-Kategorie: erbaulich... ... das Pseudonym heißt Johannes Anticlimacus im Gegensatz zu Climacus, der von sich selber sagte, er wäre kein Christ, Anticlimacus bezeichnet das entgegengesetzte Extrem: Christ im außerordentlichem Maße zu sein... in derselben Weise kann „Einübung im Christentum" her-

ausgegeben werden, es hat aber keine Eile.« Vgl. Komm. zur »Einübung«, p. 655–656.

Seite 23, Z. 4: Herr! gieb uns blöde Augen: Hierzu hat S.K. im Manuskript hinzugefügt, aber später wieder gestrichen: »Eine Predigt von dem Bischof Johann Baptist v. Albertini, vgl. „Handbuch deutscher Beredsamkeit", v. Dr. O.L.B. Wolff, Leipzig 1845, 1. Teil p. 293 [Kat. 250–251], [Pap. VIII B 171].« Es ist eine Predigt über den Brief an die Epheser V, 15–21, mit einem versifizierten Gebet eingeleitet, das mit den zitierten Worten schließt. Das Buch Wolffs war nicht zugänglich. Das Verschen wird allgemein dem katholischen Theologen Johann Michael Sailer zugeschrieben.

Seite 25, Z. 12: Die Art von Wissenschaftlichkeit, die nicht zuletzt doch auch erbaulich ist etc.: Bereits im Jahre 1840 hatte S.K. in seinem Tagebuch bemerkt [Pap. III A 6]: »Es ist etwas Sonderbares an dem Haß, den Hegel gegen das Erbauliche hegt, der überall in Erscheinung tritt; das Erbauliche ist aber kein Opiat, das einschläfern soll, es ist das Amen des endlichen Geistes und es ist eine Seite der Erkenntnis, die nicht übersehen werden darf.« S.K. kann beispielsweise an Hegels polemische Bemerkungen in der Vorrede zur »Phänomenologie des Geistes« [W. a. A. II, 8–9 = Jub. Ausg. II, 16–17] gedacht haben, wo es u. a. heißt: »Die Philosophie... muß sich hüten, erbaulich seyn zu wollen.«

Seite 25, Z. 34: Verwunderungsspiel mit der Weltgeschichte zu spielen: S.K. hat besonders in »Abschließende unwissenschaftliche Nachschrift« [SV VII 126 ff.] mit Hegel inbezug auf die Betrachtung der Bedeutung und Deutung der Weltgeschichte abgerechnet. Im Laufe der letzteren Jahre hat S.K. öfters die spekulative Deutung der Geschichte bei Hegel mit der mythischen von Grundtvig zusammengestellt, z. B. Pap. IX, 2 A 203.

Seite 34, Z. 13: die Denker: wahrscheinlich wird hier auf Johs. Climacus im »Zwischenspiel«, § 1, in »Philosophische Brosamen« [SV IV, 265–266] hingewiesen. Vgl. Komm. zu dieser Schrift [dän. Ausg.] p. 183 ff.

Seite 37, Z. 29: den Tod zu sterben: der Ausdruck ist ein Hebraismus [z. B. 1 Mose 2, 17: moth tamuth »... wirst du des Todes sterben«].

Seite 38, Z. 2: »sowenig wie der Dolch Gedanken töten kann«:

In einer Aufzeichnung aus dem Jahre 1843 schrieb S.K. bereits [Pap. IV A 48]: »Es gibt ein herrliches Gedicht von Johannes Ewald: „Warnung gegen den Selbstmord". Vor allem ist ein Vers da:

„Kann des Meeres Woge auslöschen?
Und das Gift wohl Gottes Stempel verzehren?
Kann der Dolch Gedanken auch töten?"«

Das Zitat entstammt einem »geistigen Gesang« von Johannes Ewald, in dem die liebevolle Warnung des Versöhners Jesus Christus an diejenigen eingesetzt wird, die von bösen und unglückseligen Gedanken in die Versuchung geführt werden, ihr eigenes Leben verkürzen zu wollen. Das Gedicht, das S.K. nach J.E.s sämtlichen Schriften [»Samlede Skrifter« I, 1780, 291 ff., Kat. 1533] zitiert, wurde 1779 geschrieben und als Merkvers anläßlich der Selbstmordepidemie, die in Kopenhagen nach der Veröffentlichung von Goethes »Werther« in dänischer Übersetzung folgte, publiziert.

Seite 38, Z. 4: deren Wurm nicht stirbt: Markus 9, 48 nach Jes. 66, 24.

Seite 38, Z. 32: »entweder Cäsar oder gar nichts«: aut Cæsar aut nihil, war der Wahlspruch Cesare Borgias. S.K. zitiert ihn lateinischer Sprache in den »Stadien auf dem Lebenswege« [SV VI, 163].

Seite 41, Z. 1: Socrates bewies etc.: Im 10. Buch des »Staates« von Platon [610E] sagt Sokrates: »Also wenn doch gar kein Übel weder eigenes noch fremdes sie [die Seele] zerstört: so ist ja offenbar, daß sie nothwendig etwas immer Seiendes ist; und wenn immer seiend, dann unsterblich« [Schleiermacher, Platons Werke, 1809, III, 1. Band, p. 508].

Seite 52, Z. 17: Fichte: S.K. weist hier auf I.G. Fichtes [»des alten F.«] Weiterführung von Kants Lehre von der Einbildungskraft [besonders in der »Grundlage der gesamten Wissenschaftslehre«, 2. Aufl. 1802, 415 f.]. In der »produktiven Einbildungskraft« sieht Fichte den eigentlichen Ursprung zur Vorstellung vom »Nicht-Ich«, d.h. der extramentalen Umwelt und damit auch zu den notwendigen Formen des Gedankens, den Kategorien.

Seite 53, Z. 18: in jener russischen Hornmusik: Das Orchester bestand aus bis zu 60 Musikern, von denen jeder ein Horn blies, das nur einen bestimmten Ton von sich geben konnte. Jeder Mann mußte dann bestrebt sein, mit diesem Ton an der bestimmten Stelle einzugreifen [vgl. Ersch und Gruber: »Realencyclopädie«, 2. Sect. 11 Th., 1834].

Seite 55, Z. 26: entmannt: S.K. verwendet hier einen Ausdruck, der im Dänischen sehr selten ist: »afmandet«, nach dem deutschen Ausdruck.

Seite 58, Z. 6: ἄπειρον–πέρας: eigentlich das Unbegrenzte – die Begrenzung. Besonders in »Philebos« [26 D. – Schleiermacher II, 3. Bd., p. 164] hat Platon den pythagoreischen Gegensatz zwischen dem Unbestimmten [Unbegrenzten] und dem Bestimmten [Begrenzten] wieder aufgenommen, so daß *ἄπειρον* das Unbestimmte, das Nicht-Seiende [*μὴ ὄν*] darstellt, das erst durch *πέρας*, die quantitative Bestimmtheit und Ordnung, seiend wird [*πεπερασμένον, οὐσία*].

Seite 59, Z. 26: wie die Philosophen erklären: vgl. »Philosophische Brosamen« mit Komm. [dän. Ausg., p. 183].

Seite 61, Z. 23: für Gott ist alles möglich: vgl. Matth. 19, 26.

Seite 62, Z. 14: 3. Aufzug, 3. Auftritt, soll: 2. Auftritt sein.

Seite 64, Z. 8: wie jenem Könige: d.i. König Midas von Phrygien, dem Bacchus den Wunsch erfüllte, daß alles, was er anrührte, Gold werden sollte. Als er dem Hungerstode nahe war, wurde er von dem Zauber befreit, indem er im Fluße Paktolos ein Bad nahm [Ovid: Metam. XI, 85 ff.]. Dieselbe Geschichte hat S.K. in »Furcht und Zittern« verwendet [SV III, 90].

Seite 65, Z. 21: quantum satis: das zureichende Maß.

Seite 67, Z. 13: veritas est index sui et falsi: sein eigenes Kennzeichen und das des Falschen. Der Ausdruck ist Spinozas »Ethica« [II, Prop. 43 Schol.] entnommen, doch steht dort nicht »index«, sondern »norma«. Wahrscheinlich hat S.K. das Zitat von F. H. Jacobi: »Spinoza – Briefe«, Werke IV1 [1819] 69, entlehnt, wo es in der von S.K. benutzten Gestalt steht. [Vgl. Phil. Br. m. Komm., dän. Ausg., p. 176–177].

Seite 67, Z. 18: socratisch: »Es gibt, sagte er, nur ein einziges Gutes, nämlich Aufklärung, und nur ein einziges Böses, Unwissenheit« [Diogenes Laertios II, 5, 31 in Riisbrighs dänischer Übersetzung p. 70].

Seite 69, Z. 25: Die Volkssage berichtet etc.: In »Irische Elfenmärchen«, übersetzt von den Brüdern Grimm, Leipzig 1826 [Kat. 1433] wird p. LXXXIII von Zaubermelodien berichtet, von denen gesagt wird, man kenne sowohl auf Seeland wie im südwestlichen Schweden ein Musikstück über den Elfenkönig, das jeden, der ihm lausche, alt oder jung, ja, selbst die leblosen Dinge zwinge zu tanzen. Und der Spielende könne selber erst aufhören, wenn er im Stande sei, die Melodie ganz genau von hinten zu spielen oder wenn einer von hinten die Saiten der Geige durchschneide.

Seite 72, Z. 4: die alten Kirchenlehrer: Hier kann an einige Aussprüche Augustins gedacht sein [De civitate Dei XIX, 25] und von Lactantius [Instit. Divin. VI, 9]. Vgl. Philos. Br. m. Komm. [dän. Ausg. p. 177].

Seite 72, Z. 11: der Heide... über den Selbstmord: S.K. denkt hier an die stoischen Philosophen, wie z.B. Seneca [Ep. XII], während die Auffassung des Selbstmordes als Aufruhr gegen Gott bei Platon zu finden ist [»Phaidon« 61–62. – Schleiermacher II, 3. Bd., p. 29 ff.].

Seite 72, Z. 29: Hysteron-Proteron: was zuletzt kommen sollte, erscheint zuerst.

Seite 79, Z. 24: quid nimis: eigentlich: etwas zu viel. Hier ist der Sinn: halte Maß!

Seite 82, Z. 9: von einem Bauern: S.K. hat hier an die »Molbo«-geschichte gedacht, nach der ein Bauer seine eigenen Beine nicht wiederfinden konnte, weil ein Dieb ihm die neuen Hosen gestohlen und ihm seine eigenen, alten angezogen hatte. Diese Geschichte wurde zum erstenmal in der Ausgabe von L.R. Tuxen 1866, p. 30–31 gedruckt.

Seite 86, Z. 34: in der Reflexion der Umwelt: d.h. Reflex, durch den sich der Gegensatz in der Umwelt widerspiegelt.

Seite 87, Z. 11: und rings umher etc.: Zitat aus Goethes »Faust« I, V. 1833: »und rings umher liegt schöne grüne Weide...«

Seite 88, Z. 21: fuimus Troes, fuit Ilium: »wir waren einst Troianer und es gab einst ein Troia«, d.h. mit uns ist es vorbei, wie ein Troianer im Bericht vom Fall Troias in der Äneide Virgils II, 325, sagt.

Seite 89, Z. 34: Präsens in futuro: S.K. will durch diese grammatikalischen Zeitbestimmungen zwei Verhältnisse ausdrükken: 1. Der Junge will in der Gegenwart keine Verpflichtung übernehmen, die der Zukunft angehört, grammatikalisch also: Zukunft in der Gegenwart, futurum in praesenti, und 2. der Ältere verzweifelt in der Gegenwart, weil er die Vergangenheit nicht vergessen kann, grammatikalisch: Vergangenheit in der Gegenwart, praeteritum in praesenti. Dieser letztere Ausdruck wird indessen nicht in der Grammatik gebraucht und S.K. wählt deshalb ein Begriffspaar, das nicht gänzlich seinem Gedankengang entspricht: Präsens in futuro, Gegenwart in der Zukunft, d.h. allgemeine Zukunft, und Präsens in praeterito, Gegenwart in der Vergangenheit, d.h. allg. Vergangenheit [Imperfectum].

Seite 90, Z. 34: in toto: im ganzen.

Seite 96, Z. 6: der »Fortwährenden Geselligkeit«: S.K. denkt hier an die Geselligkeitsvereine, die Klubs, die in dem Kopenhagen der vierziger Jahre des neunzehnten Jahrhunderts eine Blütezeit hatten. Unter den größten wären »Den bestandig borgerlige Forening« [Der ständig-bürgerliche Verein] und »Det forenede borgerlige Selskab« [Die vereinigte bürgerliche Gesellschaft] hervorzuheben.

Seite 96, Z. 15: Stunden für die Ewigkeit gelebt: Ein Hinweis auf den Titel des Andachtsbuches von C.F. Sintenis [1750 bis 1820]: »Stunden für die Ewigkeit gelebt«. Es erschien 1791 bis 1792 und wurde 1795 ins Dänische übertragen.

Seite 96, Z. 15: horis succes[s]ivis: in nach einander folgenden Stunden, Stunde um Stunde.

Seite 97, Z. 34: Richard III: in dem Schauspiel Shakespeares mit demselben Titel IV, 4 [Schlegel und Tieck, deutsche Übersetz. III, 339] läßt R. die Trommel schlagen, um den Fluch seiner Mutter zu übertäuben: »Ein Tusch, Trompeten! Trommeln, schlaget Lärm! / Der Himmel höre nicht die Schnick-Schnack-Weiber / Des Herrn Gesalbten lästern: schlagt, sag' ich!«.

Seite 98, Z. 12: omnibus numeris absoluta: in jeder Beziehung vollendet.

Seite 101, Z. 4: Im Anfang...: ein Hinweis auf 1 Mose 1, 1: »Am Anfang schuf Gott Himmel und Erde...«

Seite 101, Z. 9: Stoizismus: Mit dem prinzipiellen Sprachgebrauch und der Beschreibung hier kann die Hegels in seiner

»Phänomenologie des Geistes« [W. a. A. II, 152 ff. = Jub. Ausg. II, 160 ff.] verglichen werden.
Seite 102, Z. 31: Ataraxie: Unerschütterlichkeit. Die antiken skeptischen Philosophen behaupteten vor allem, daß die *ἀταραξία* das höchste Gut [vgl. Diog. Laertios IX, 61] sei. Die Lehre der Stoiker von der Apathie ist damit verwandt.
Seite 103, Z. 18: prometheisch: wie Prometheus, der an einen Felsen gefesselt war [als Strafe, weil er den Göttern das Feuer geraubt hatte].
Seite 106, Z. 19: im rein griechischen Sinne: »Dämonisch« ist von dem Worte Daimon [*δαίμων*], einem übernatürlichen Wesen, abgeleitet. Bei Platon ist es ein Zwischending zwischen Gott und Mensch. S.K. meint hier, daß die großen Dichter ihren Gestalten das Gepräge einer Idee geben, die bewirkt, daß sie über die gewöhnlichen Menschen erhoben werden [vgl. Nietzsche]. Vor und nach dieser Stelle wird das Wort dämonisch in der Bedeutung angewandt, die es im allgemeinen bei S.K. hat, nämlich als eine verschlossene Leidenschaft.
Seite 107, Z. 7: in der Erzählung des Aberglaubens: Wahrscheinlich wurde hier an Rübezahl in den Volksmärchen des Musäus gedacht [3. Legende].
Seite 109, Z. 12: Juristen »qualifiziert nennen«: S.K. gibt selbst eine Erläuterung auf S. 113.
Seite 111, Z. 10: der Pfahl im Fleisch: Der Ausdruck stammt aus 2. Korinther 12, 7: »ist mir gegeben ein Pfahl ins Fleisch...«
Seite 112, Z. 35: eine ältere Dogmatik: Gewiß wird hier an Conf. Aug. [invariata] art. XIX gedacht, wo es heißt, daß »causa peccati est voluntas malorum, ut diaboli et impiorum, quae, non adiuvante Deo, avertit se a Deo«. Vgl. Apol. Conf. Art. II.
Seite 112, Z. 36: eine spätere Dogmatik: Hier hat S.K. wahrscheinlich z. B. an Schleiermacher gedacht, der in »Der christliche Glaube«, § 66$_2$, »die Sünde als eine durch die Selbständigkeit der sinnlichen Funktionen verursachten Hemmung der bestimmenden Kraft des Geistes«.
Seite 114, Z. 9: ohne Gott in der Welt: Epheser 2, 12.
Seite 114, Z. 15: pelagianisch: leichtsinnige. Die Pelagianer verneinten die Erbsünde.
Seite 115, Z. 9: die glänzenden Laster: Vgl. Kommentar zu S. 72, Z. 4.

Seite 115, Z. 18: ein Teufel mit Hilfe des Teufels etc.: vgl. Matth. 12,24.

Seite 118, Z. 5: »in dessen Herz« etc.: zu vergleichen 1. Korinther 2,9.

Seite 118, Z. 32: quid nimis: zu viel.

Seite 120, Z. 32: besonders aufgebe: d.h. gibt mehr auf zur Prüfung [als Examensstoff], als erfordert wird.

Seite 121, Z. 12: »goldene«: Hinweis auf Horaz. Od. II, 10, 5: »auream quisquis mediocritatem diligit etc.«

Seite 122, Z. 21: die sokratische Definition: vgl. »Philos. Brosamen« mit Komm. [dän. Ausg., p. 134ff. und Hinweise].

Seite 124, Z. 5: das Altertum ... ihm ... zuerkennt: z.B. Aristoteles» Metaphysik«, 987 A.

Seite 125, Z. 22: kategorischer Imperativ: Kant meint mit einem kategorischen Imperativ eine Regel, die eine objektive Notwendigkeit ausdrückt. Das Moralgesetz drückt sich unbedingt aus. Hier muß das Wort in diesem Sinne aufgefaßt werden: als ein Befehl, dessen Erfüllung man in keinem Falle unterlassen kann.

Seite 127, Z. 10: mit »der Adrienne an«: A. war die Bezeichnung eines, ursprünglich lose sitzenden, schlafrockähnlichen Frauenhemdes mit langer Schleppe. S.K. hat den Ausdruck von Holberg, in dessen Komödien das Wort öfters vorkommt.

Seite 127, Z. 23: wie die Schrift sagt: Lukas 18, 32.

Seite 129, Z. 32: cogito ergo sum: ich denke, also bin ich – das erkenntnistheoretische Axiom Descartes' [Principia I, 7].

Seite 129, Z. 33: Dir geschieht wie du glaubst: vgl. Matth. 9, 29 [»Dir geschehe ...«].

Seite 130, Z. 8: cito, citissime: schnell, sehr schnell.

Seite 133, Z. 16: die Sünde ist eine Position: Hier wird die Behauptung von p. 114ff. wiederholt. Vgl. Komm. zu den angeführten Zitaten.

Seite 134, Z. 5: eine sogenannte spekulative Dogmatik: Die Vertreter des spekulativen, hauptsächlich von Hegel beeinflußten, dogmatischen Denkens, die S.K. kannte, waren Carl Daub, Ph.K. Marheinecke und H.L. Martensen. Über sein Wissen von ihnen vgl. Komm. zu »Philos. Brosamen« [dän. Ausg. p. 146ff.]. S.K. zielt an dieser Stelle kaum auf irgendwelche bestimmten Äußerungen der genannten Dogmatiker.

Seite 135, Z. 8: Sub specie aeterni, aeterno modo: Diese beiden Ausdrücke bedeuten: »unter dem Gesichtswinkel der Ewigkeit«. In den »Ethica« Spinozas kommt der Ausdruck »sub specie æternitatis«, an den S.K. hier gedacht hat, öfters vor.

Seite 136, Z. 34: Die Furcht des Herrn ist der Weisheit Anfang: Psalm 111, 10.

Seite 137, Z. 8: der Weiseste von allen: Sokrates erzählt selbst in Platons »Apologie« [Schleiermacher: »Des Socrates Vertheidigung«, 1, 2. Bd., p. 195] 21 A, daß die Orakelpriesterin Pythia in Delphi erklärt habe, niemand sei weiser als er [*ἀνεῖλεν οὖν ἡ Πυθία μηδένα σοφώτερον εἶναι*].

Seite 139, Z. 35: wie die Schrift sagt: vgl. Offenb. 3, 16: »Weil du aber lau bist und weder kalt noch warm, werde ich dich ausspeien aus meinem Munde...«

Seite 140, Z. 8: Sumpf: der dänische Ausdruck bedeutet eigentlich die vegetationsbedeckte Oberfläche eines Moores [Moordecke], hier bildlich von etwas, das keinen festen Grund hat.

Seite 140, Z. 23: befördert: d.h. Amt erhalten, höhere Stellung bekommen.

Seite 140, Z. 29 ff.: Berufung, Beruf, Pfründe: Ein Pfarramt wird im Dänischen »Kald« genannt, also: »Præstekald«, d.h. eigentlich eine Berufung zum Pfarrer. Das Wort »Kald« hat nämlich im Dänischen mehrere Bedeutungen: Ruf, Beruf, Berufung [auch im höheren Sinne] und Amt. Dadurch wird das bittere Wortspiel im Texte S.K.s ermöglicht.

Es verhielt sich in Dänemark so, daß das Recht, Pfarrämter zu vergeben, seit der Einführung des Absolutismus 1660 dem König zustand [bis Einführung der Verfassung von 1849], während der Kirchenbesitzer [die Krone oder der lokale Gutsherr] das Einstellungsrecht, das Patronatsrecht, die Pfründe [im Sinne des Einkommens eines kirchlichen Amtes] besaß.

Seite 140, Z. 36: in puris naturalibus: hier bedeutet es: ohne Umschweife, unzweideutig.

Seite 141, Z. 22: Alles, was nicht aus dem Glauben kommt: Römer 14, 23.

Seite 145, Z. 6: ein Sprichwort: S.K. hat an das lateinische »errare humanum est«, Irren ist menschlich gedacht, das öfters fortgesetzt wird: »sed nullius nisi stulti in errore perseverare«, doch nur der Tor beharrt in seinem Irrtum.

Seite 145, Z. 33: 3. Aufzug, 2. Auftritt: in der Übersetzung von Schlegel und Tieck – es sollte III, 3 sein.
Seite 146, Z. 35: impetus: Fahrt, Eile.
Seite 149, Z. 21: Mephistopheles in »Faust«, I, V. 3372 [Wald und Höhle]: »Nichts Abgeschmackter's find' ich auf der Welt / Als einen Teufel, der verzweifelt.«
Seite 150, Z. 13: Macbeth: vgl. SV IV, 456, wo dieselbe Replik zitiert worden ist [aus Macbeth II, 3].
Seite 152, Z. 29: die alten Erbauungsschriften: z. B. Johs. Taulers. Predigten, Berlin 1842, III, 36f.
Seite 155, Z. 21: cominus: in der Nähe; *eminus:* auf Abstand [Ausdrücke der römischen Militärsprache].
Seite 155, Z. 31: ist man eo ipso: ist man eben dadurch [weit fort], bedeutet dies, daß man weit fort ist.
Seite 157, Z. 28: die Juden vollkommen Recht: zu vergleichen Matth. 9, 2–3.
Seite 160, Z. 5: Aristoteles: Es dreht sich um die Aussagen des Aristoteles: Pol. 1281 B. Da wird behauptet, daß es innerhalb einer Gruppe oder Versammlung die guten Eigenschaften der einzelnen Mitglieder seien, die zusammenwirken. Jedoch ist sich A. darüber im klaren, daß es nicht in diesem Falle gelte: »Es ist beim Himmel eher sicher, daß es in einzelnen Fällen überhaupt nicht gebraucht werden kann, da dieses Argument ja auch von den Tieren gelten würde und es eine Frage sein dürfte, ob und wie gewisse Menschen sich von den Tieren unterscheiden« [zitiert nach A.' »Staatslehre«, übersetzt von W. Norvin, 1946, 129–130].
Seite 160, Z. 9: Dieses Abstraktum Gott wird: S. K. weist hier unzweifelhaft auf den Gedanken von D. F. Strauß hin, daß der Gottmensch die ganze Menschheit sei. Diesen Gedanken findet man bei Strauß sowohl in seinem »Leben Jesu« II, § 151 als in seiner »Christlichen Glaubenslehre« II, § 66, wo die berühmte Aussage steht, daß die Idee nicht pflege, ihre ganze Fülle in ein Exemplar zu ergießen.
Seite 160, Z. 16: idem per idem: bedeutet eigentlich: dasselbe [bewiesen] durch dasselbe. S. K. benutzt es hier im Sinne: dasselbe in demselben, d. h. Identität.
Seite 160, Z. 35: ein König eine freiere Verfassung gibt: März 1848 versprach König Frederik VII., Dänemark eine konstitutionelle

Verfassung zu geben. Das Versprechen wurde durch die Verfassung vom 5. Juni 1849 erfüllt.

Seite 161, Z. 6: in keines Menschen Herz gekommen: 1. Korinther 2, 7–9.

Seite 162, Z. 1: cogito, ergo sum: vgl. Komm. zu pag. *128.*

Seite 162, Z. 19: e concessis: von Zugeständnissen aus.

Seite 163, Z. 22: item: ebenfalls.

Seite 163, Z. 26: Sperlinge: vgl. Matth. 10, 29: »Dennoch fällt deren keiner auf die Erde ohne Euren Vater.«

Seite 164, Z. 2: das Lehrbuch: d.h. N.E. Balles »Lehrbuch der evangelisch-christlichen Religion, zum Gebrauch in den dänischen Schulen« [vgl. Komm. zu »Philos. Brosamen«, dän. Ausg., p. 146], in dem es heißt [Kap. III, §6]: »Über die Allgegenwärtigkeit: Gott ist allgegenwärtig und wirkt mit seiner Kraft überall in allen Dingen. Er ist nirgends von seinen Geschöpfen entfernt.«

Seite 164, Z. 11: comprehendit: bedeutet sowohl begreift als umfaßt.

Seite 164, Z. 27: opposita juxta se posita etc.: Gegensätze treten klarer hervor, wenn sie nebeneinandergestellt werden.

Seite 165, Z. 2: via negationis... via eminentiae: vgl. Komm. zu »Philos. Brosamen« [dän. Ausg. p. 175].

Seite 165, Z. 21: Flötenspiel: Hinweis auf das Räsonnement des Sokrates in Platons Apologie B 27 [Schleiermacher, »Des Sokrates Verteidigung«, 1, 2 Bd., 205].

Seite 168, Z. 21: modo ponendo: in positiver Form [ein Ausdruck aus der formalen Logik], d.h. man nimmt als gegeben an, daß etc. und zieht seine Schlußfolgerungen daraus.

Seite 169, Z. 7: evitierend: ausweichend.

Seite 169, Z. 11: pedem referens: den Fuß zurückziehend, weichend.

Seite 170, Z. 11: bei Shakespeare: in »Heinrich IV.« ist Prinz Heinrich Kamerad des Säufers Falstaff u.a.

Seite 170, Z. 36: und selig ist, der sich nicht an mir ärgert...: Matth. 11, 6.

Seite 172, Z. 6: viscera: Eingeweide.

Seite 172, Z. 13: ein Grieche: Plutarch in »De garrulitate« VIII: »Im Reden haben wir die Menschen, im Schweigen [haben wir] die Götter als Lehrer, indem wir ja das Schweigen bei heiligen Handlungen und Mysterien wahren.«

Seite 172, Z. 34: gegen Ende seines Lebens: Matth. 26, 31.
Seite 173, Z. 2: Ich und der Vater sind eins: Johs. 10, 30.
Seite 173, Z. 5: die Tauben hören etc.: Matth. 11, 5.
Seite 173, Z. 13: jeder prüfe aber sich selbst: 1. Korinther 11, 28.
Seite 175, Z. 30: ob er auch Glaube finden werde auf Erden: vgl. Lukas 18, 8: »Doch wenn des Menschen Sohn kommen wird, meinst du, daß er auch werde Glauben finden auf Erden?«
Seite 176, Z. 7: das Königsgesetz: d.h. von 1665 bis 1849 war das Königsgesetz Dänemarks einzige Verfassung. »Die Krankheit zum Tode« ist 1848 geschrieben und erschien am 30. Juli 1849, wenige Wochen nachdem die Verfassung vom 5. Juni in Kraft trat. S.K. hat aber in seinem Text nichts geändert.
Seite 176, Z. 31: doketisch: Der Doketismus lehrte, daß Christus keine wirklich menschliche Natur gehabt habe, sondern nur einen Scheinkörper. Der Rationalismus verneint völlig die Göttlichkeit Christi.
Seite 177, Z. 6: wie die Juden von Christus sagten: vgl. Matth. 12, 24. Im selben Kapitel 5, 31–32 heißt es: »Alle Sünde und Lästerung wird den Menschen vergeben, aber die Lästerung gegen den Geist wird den Menschen nicht vergeben. Und wer etwas redet wider des Menschen Sohn, dem wird es vergeben; aber wer etwas redet wider den heiligen Geist, dem wird's nicht vergeben, weder in dieser noch in jener Welt.«

ZU FURCHT UND ZITTERN

Seite 178, Titelblatt: Ein Entwurf sieht so aus:

Mellemhverandre
Bevægelser og Stillinger
af
Simon Stylita
Solodanser og Privatmand

—

udgivet
af
S. Kierkegaard

[Durcheinander, Bewegungen und Stellungen, von Simon Stylita, Solotänzer und Privatmann, herausgegeben von S. Kierkegaard]

Dieser Titel wurde dann in der Marge folgenderweise geändert:

Furcht und Zittern
dialektische Lyrik
von
Johannes de silentio
einer poetischen Person, die es
nur bei Dichtern gibt.

Seite 180, Z. 2: Furcht und Zittern: Der Titel ist dem Brief an die Philipper [2, 12] entlehnt.

Seite 180, Z. 3: Tarquinius Superbus: Als der Sohn des letzten Königs von Rom, T. S. [c. 534–510 v. Chr.] durch List Herr von Gabi geworden war, sandte er einen Boten zu seinem Vater nach Rom mit der Frage, was er mit der Stadt tun sollte. T., der dem Boten nicht vertraute, führte diesen in einen Garten und köpfte dort mit seinem Stock die höchsten Mohnblüten. Als der Sohn nun dies erfuhr, faßte er es als einen Rat auf, wonach er die leitenden Männer in der Stadt köpfen solle. Das tat er denn auch [vgl. Valerius Maximus VII, 4, 2]. Wie eine Tagebuchaufzeichnung zeigt, hat S. K. diese Anekdote in dem Briefe J. G. Hamanns vom 29. März 1763 an J. G. Lindner gelesen [Hamanns Schriften, herausg. von Fr. Roth III, 190. Kat. 536–540, vgl. Kommentar zu den »Phil. Brosamen«, p. 179 der dän. Ausg.].

Seite 180, Z. 7: Dialektische Lyrik: d. h. Gedankenlyrik oder richtiger: Gedankendichtung.

Seite 180, Z. 8: Johannes de silentio: Wie von Em. Hirsch [in Theologisk Tidsskrift for den danske Folkekirke 1931, S. 244 ff.] nachgewiesen, ist das Pseudonym dem Märchen »Der getreue Johannes«, Grimms Kinder- und Hausmärchen I, 2. Aufl. 1819, Märchen Nr. 6 [in der Ausgabe, die im Besitze S. K.s war: Kat. 1425 ff.] entnommen: Der Diener Johannes kannte drei Gefahren, die seinem Herrn, dem jungen Könige, drohten. Er enthüllte ihm diese Gefahren, obgleich er wußte, daß er als Strafe für seine Handlung in Stein verwandelt werden würde. Das

Königspaar bekam später zwei Söhne, die sie opferten, um mit ihrem Blute Johannes wieder zum Leben zu erwecken. Als dies dann geschehen war, erweckte Johannes seinerseits die beiden Kinder wieder zum Leben.

Seite 181, Z. 9: an allem zu zweifeln...: Hier und im Folgenden wird speziell auf H. L. Martensens berühmte Rezension von J. L. Heibergs Introduktionsvortrag zu dem im November 1834 an der militärischen Hochschule begonnenen logischen Kursus angespielt. Die Rezension erschien in der »Maanedskrift for Litteratur« XVI, 1836, 516ff. Der Vortrag ist in Heibergs »Prosaiske Skrifter« gedruckt worden. Vgl. Pap. I A 328 und II A 7 und meinen Kommentar zu den »Phil. Brosamen«, dän. Ausg., p. 196.

Seite 181, Z. 10: gehen weiter: ein polemischer Hieb auf Martensen, der in seiner oben erwähnten Rezension recht ausführlich seinen Gedanken von der Notwendigkeit entwickelt, nicht auf dem Standpunkte Descartes' stehenzubleiben, sondern die nachfolgende philosophische Entwicklung bis Hegel mitzumachen und von dort auch noch weiterzuschreiten. [vgl. Komm. zu S. 183, Z. 24].

Seite 181, Z. 22: Cartesius. Über S. K.s Bekanntschaft mit Descartes vgl. Komm. zu den »Phil. Brosamen«, dän. Ausg., p. 199.

Seite 181, Z. 27: einen wirklichen Ausverkauf: S. K. hat selbst den deutschen Ausdruck gebraucht – wahrscheinlich handelt es sich um eine Reminiszenz an eine Nachricht, die er während seines Aufenthaltes in Berlin im Vorsommer 1843 [vom 8.–30. Mai, vgl. »Breve og Aktstykker vedr. S. K.« I, 1953, Nr. 77ff.] in einer dortigen Zeitung gelesen haben mag.

Seite 181, Z. 29: Memores tamen etc.: »Lasset uns, wie gesagt, immer dessen eingedenk sein, daß wir diesem natürlichen Lichte nur so lange vertrauen dürfen, als Gott selbst uns nichts anderes offenbart, das dagegen streitet... aber wir müssen außerdem unserem Gedächtnis als oberste Regel einprägen, dem, was uns von Gott offenbart wurde, als dem Weisesten von Allem Glauben zu schenken. Und selbst wenn das Licht unseres Verstandes uns vielleicht, so klar und deutlich wie nur möglich, etwas anderes vorzustellen scheint, dürfen wir doch der göttlichen Autorität eher vertrauen als unserer eigenen Urteilskraft.«

Seite 182, Z. 3: Es brennt! Die Nachtpolizei von Kopenhagen, das Wächterkorps, wurde im Jahre 1683 fest organisiert und erst 1862 abgeschafft, ungefähr gleichzeitig mit der Einführung der Gasbeleuchtung.

Seite 182, Z. 9: Ne quis igitur putet etc.: »Niemand darf deshalb glauben, daß ich eine Methode mitteilen will, der jeder folgen müsse, um seine Vernunft richtig zu leiten. Ich habe mir nämlich nur vorgesetzt, diejenige darzustellen, der ich selber gefolgt bin... Aber sobald ich den Lehrkurs [nämlich den der Jugend (von K. eingefügt)] durchgemacht hatte, nach dessen Beendigung man in die Zahl der Gelehrten aufgenommen zu werden pflegt, begann ich etwas ganz anderes zu denken. Ich merkte nämlich, daß ich mich in so viele Zweifel und Verirrungen verstrickt hatte, daß ich einsah, daß meine gesammten Versuche, etwas zu lernen, mir nur insoweit von Nutzen waren, als ich in immer steigendem Maße meine Unwissenheit entdeckte.«

Seite 182, Z. 22: dieser alte, ausgediente Streiter, Descartes: Der Ausdruck ist nur durch S. K.s licentia poetica zu erklären. Vielleicht war ihm auch entfallen, daß D. seine »Discours de la méthode« zum erstenmal bereits im Jahre 1637 herausgegeben hatte, als er erst 41 Jahre alt war. Die »Principia philosophiae« erschienen 1644.

Seite 182, Z. 25 f.: die Gewißheit der Sinne und die Gewißheit des Gedankens verneint: d.h. prinzipiell sowohl mit dem naiven Empirismus als dem naiven Rationalismus gebrochen.

Seite 182, Z. 29 f.: In unserer Zeit bleibt ein jeder nicht beim Glauben stehen, sondern geht weiter: nämlich zu dem spekulativen Begreifen.

Seite 183, Z. 3: den guten Kampf gekämpft: 2. Timotheus 4,7.

Seite 183, Z. 13 f.: das System nicht verstanden... ob es fertig ist: Dieses Problem wird besonders in der »Abschließenden, unwissenschaftlichen Nachschrift« zu näherer Erörterung aufgenommen. Vgl. Kommentar dazu.

Seite 183, Z. 18 f.: den ganzen Glaubensinhalt in die Form des Begriffs umzusetzen: wie die Hegelianer es wollten, vgl. Kommentar zu den »Phil. Brosamen«, dän. Ausg., p. 139.

Seite 183, Z. 22 f.: poetice et eleganter: auf dichterische und formvollendete Weise.

Seite 183, Z. 23: Extra-Schreiber: nannte man in alten Tagen das Personal, das bei den kollegialen Gerichten eingestellt wurde, um bei der Ausführung der mehr untergeordneten Sekretärarbeiten beizustehen. Hier soll mit diesem Ausdruck lediglich die inoffizielle Tätigkeit des Autors charakterisiert werden.

Seite 183, Z. 24: schreibt noch das System verheißt: Vielleicht wird hier auf eine Äußerung von Martensen in der obenerwähnten Rezension angespielt; es ist aber auch durchaus nicht unwahrscheinlich, daß S.K. hier dem philosophischen Rasmus Nielsen einen Hieb versetzen wollte [1809–1884], der seine Laufbahn als begeisterter Anhänger von Hegel begann. Seit dem Tode Poul Möllers 1838 war eine philosophische Professur unbesetzt. Im Jahre 1841 erhielt Rasmus Nielsen sie. S.K. hielt nichts von ihm. Rasmus Nielsen gab 1841 ff. »Die spekulative Logik in ihren Grundzügen« heraus, aber es erschienen im Ganzen nur vier Hefte, von denen das letzte mitten in einem Satze schloß. Über den späteren Kontakt zwischen S.K. und R.N. vgl. u.a. »Breve og Aktstykker vedr. S.K.« 1, 1953 passim.

Seite 183, Z. 33f.: jenes höflichen Gärtnerburschen: In der Kopenhagener Zeitung »Berlingske politiske og Avertissements Tidende« findet man in den Jahren 1840–1843 recht häufig ein kleines Klischee, das einen Mann in einer vornüber gebeugten Stellung zeigt. Er hält eine Wasserkanne in der Hand. Das Bild findet sich bei Anzeigen, in denen Gärtner u.ä. Stellung suchen [vgl. Pap. IV A 88].

Seite 184, Z. 4: Rede und Antwort stehen lassen: Der dänische Ausdruck »staa Skoleret« ist jedoch bedeutend schärfer. In alten Tagen bezeichnete dieser Ausdruck eine Strafe in der Schule, die darin bestand, daß der Schuldige sowohl von dem Lehrer als auch von den Mitschülern ausgepeitscht wurde.

Seite 184, Z. 8: Trop: der Name eines alten, eingebildeten und geschwätzigen juristischen Studenten, der in der Vaudeville »Der Rezensent und das Tier« von L. Heiberg [1826] auftritt. Zur Zeit S.K.s war dieses Theaterstück sehr beliebt und wurde auf dem kgl. Theater gespielt. Der Ort dieses Auftritts ist der volkstümliche Rummelplatz »Dyrehavsbakken«. Der Buchbinder Pryssing soll das Manuskript Trops: »Die Zerstörung des Menschengeschlechtes« einbinden. Es ist die Absicht Trops, das Trauerspiel beim kgl. Theater einzureichen. Nun wünscht er plötzlich, daß es in zwei Bänden gebunden werde, »denn es ist ja groß genug. Außerdem habe ich gelesen, daß Schauspiele in einem Akt den Geschmack verderben. Ein Akt ist ja auch zu wenig für den Untergang des ganzen Menschengeschlechtes. Sie [Prыssing] sollen ihn jetzt mitten durchschneiden, so daß es zwei gleich große Teile gibt. Dann binden Sie jeden für sich ein, so sieht es ansehnlicher aus. Wenn es sich so billig machen läßt, den Geschmack zu verbessern, warum sollten wir es dann nicht tun?« [Heibergs »Poetiske Skrifter«, VI, 1862, p. 169].

Seite 184, Z. 19f.: die dänischen Interessenten an diesem Omnibus: besonders Martensen und Rasmus Nielsen. Es ist überflüssig, die Anspielung auf den babylonischen Turm zu erläutern.

Seite 185, Z. 1: Stimmung: im Entwurf steht προοίμια, Vorspiele. Dieser Ausdruck wurde besonders als Bezeichnung für die kleinen lyrischen Gesänge verwendet, die man vor einem größeren Hymnus anstimmte.

Seite 185, Z. 2f.: jene schöne Erzählung: 1. Mose 22.

Seite 186, Z. 1f.: er konnte kein Hebräisch: Wie im Vorwort die systematischen, spekulativen Philosophen abgelehnt werden, so geschieht es hier mit der philologischen Exegese.

Seite 186, Z. 4: Und Gott versuchte etc.: eine freie Wiedergabe nach 1. Mose 22, 1–2.

Seite 186, Z. 10f.: das Tal hinab: Der Ausdruck ist dem Buche Judith entnommen [10, 11]. Im Mai 1842 hat S.K. sich den Ausdruck als »ein ganz vollendetes Beispiel der Romantik« gemerkt [Pap. III A 197].

Seite 188, Z. 10f.: Hagar und den Sohn: 1. Mose 16 und 18, 9–15.

Seite 191, Z. 2: ewigen Bewußtseins: Dieser Ausdruck, der hier zum ersten Male in der schriftstellerischen Tätigkeit S.K.s vorkommt, bedeutet in dieser Verbindung: das Bewußtsein des Ewigen.

Seite 191, Z. 10: Blätter im Walde: der Ausdruck ist bei Homer zu finden, vgl. Iliade VI, 146–149: »Gleich wie Blätter im Walde, so sind die Geschlechter der Menschen, Blätter verweht zur Erde der Wind nun, andere treibt dann wieder der knospende Wald, wann nun auflebet der Frühling: So der Menschen Geschlecht, dies wächst, und jenes verschwindet.« [»Homers Werke« von J.H.Voß, 1840.]

Seite 191, Z. 18: Wie Gott Mann und Weib erschaffen hat: Vgl. 1. Mose 1,27.

Seite 191, Z. 25f.: der Genius der Erinnerung: natürlich hat S.K. hier an Mnemosyne gedacht, aber der »Dichter«, d.h. S.K. selbst, hat nur den Namen mit der klassischen mythologischen Gestalt gemeinsam.

Seite 192, Z. 9: die Wolke des Mißverständnisses: Hier ist auf Homer angespielt, bei dem die Lieblinge der Götter, die in eine schwierige Lage geraten sind, nicht selten dadurch gerettet werden, daß die Götter sie in einer Wolke verbergen und auf diese Weise entführen. So rettete z.B. Aphrodite Alexandros, als Menelaos im Begriffe war, ihn zu vernichten. Vgl. Iliade III [von J.H. Voß], 390ff.

Seite 192, Z. 29: wer mit Gott gerungen hat: d.h. Abraham. Doch ist dabei auch an Jacob gedacht, 1. Mose 32, 24–32.

Seite 193, Z. 6f.: jene Kraft, deren Stärke Ohnmacht ist... etc.: Vgl. 1. Korinther 3,19.

Seite 193, Z. 11f.: das Land seiner Väter etc.: Vgl. Hebr. 11,9.

Seite 193, Z. 25f.: der aus dem Land seiner Väter verbannt lebte: Hier wird unzweifelhaft auf Jeremias in der babylonischen Gefangenschaft angespielt. Die »Klagelieder Jeremias« [Threni] im Alten Testament werden traditionell dem Jeremias zugeschrieben. Es ist jedoch auch möglich, daß hier an die »Tristia ex Ponto« gedacht ist, jene Klagelieder, die Ovid während seiner Verbannung aus Rom nach den Ufern des Schwarzen Meeres schrieb.

Seite 193, Z. 32f.: Vermöge des Glaubens nahm Abraham die Verheißung entgegen. Vgl. Gal. 3,8.

Seite 193, Z. 33: durch seinen Samen etc.: Der Ausdruck selbst wird zuerst in der Verheißung an Isaak, 1. Mose 26,4 verwendet.

Seite 194, Z. 14: hielt nicht den Lauf der Sonne auf: wie Josua, als er die Ammoniter geschlagen hatte [Josua 10,12–13].

Seite 194, Z. 17: Sara zum Gespött des Landes: In Israel galt es als eine Schande für eine Frau, wenn sie kinderlos blieb.

Seite 194, Z. 33f.: der Vater des Glaubens: Vgl. den Ausdruck bei Paulus, Römer 4,16.

Seite 195, Z. 2f.: die Fülle der Zeit: Vgl. Galater 4,4.

Seite 195, Z. 22: Mose schlug den Fels: 4. Mose, 20,11.

Seite 195, Z. 28f.: jenem alten Mann: Hier wird sicher auf den mythischen Wettstreit im Jotunheim angespielt, bei dem der Gott Thor den Ringkampf mit einem alten Weibe verlor; später stellte sich heraus, daß das Weib die Zeit selbst war [Adam Oehlenschläger: »Thors Reise nach Jotunheim« in »Nordiske Digte«, 1807, 97ff. und 114].

Seite 195, Z. 31: »Und Gott versuchte Abraham« etc.: 1. Mose 22, 1–2.

Seite 196, Z. 4f.: Abraham lachte nicht darüber: so wie er es einmal früher getan hatte [1. Mose 17, 17], als er die Verheißung erhielt. Sara lachte, als sie hinter der Tür der Hütte in Mamre horchte [18, 12].

Seite 196, Z. 6: Siebzig Jahre treuer Erwartung etc.: laut dem Alten Testament war Abraham 75 Jahre alt, als er die erste Verheißung empfing [1. Mose, 12, 4]. Als Isaak geboren wurde, war er hundert Jahre [21, 5], und er starb im Alter von 175 Jahren [25, 7].

Seite 196, Z. 19: Jener herrliche Schatz etc.: ist die Verheißung.

Seite 197, Z. 23f.: Jakob hatte zwölf Söhne etc.: 1. Mose 37, 3.

Seite 198, Z. 8f.: als die gerechte Strafe über Sodom und Gomorra erging: Vgl. 1. Mose 18, 22ff.

Seite 198, Z. 11: Wir lesen in jenen heiligen Schriften: 1. Mose 22, 1.

Seite 198, Z. 16f.: sagtest Du da nicht zu den Bergen etc.: Vgl. Hosea 10, 8.

Seite 200, Z. 2: Ararat: Vgl. 1. Mose 8, 4.

Seite 200, Z. 13: keines späten Liebhabers: Wahrscheinlich weist der hier gebrauchte Ausdruck auf das Gedicht »Den gamle Elsker« [Der alte Liebhaber] hin, das von S. K.s älterem Freunde, dem dänischen Dichterphilosophen Poul Möller [1794 bis 1838] geschrieben war und das S. K. in der »Wiederholung« zitiert hat [S. V. III, 198 – in der Ausgabe von 1843 p. 12]. »Die Wiederholung« erschien gleichzeitig mit »Furcht und Zittern«.

Seite 200, Z. 25: den göttlichen Wahnsinn: In zwei Tagebuchaufzeichnungen aus dem Jahre 1843 [Pap. IV A 108–109] sagt S. K.: »Der Glaube hofft... auch für dieses Leben, aber wohl bemerkt kraft des Absurden, nicht kraft des mschl. [menschlichen] Verstandes, denn in solchem Falle wäre er lediglich eine Lebens-Weisheit, kein Glaube... der Glaube ist deshalb, was die Griechen den göttl. [göttlichen] Wahnsinn nannten.

Dies ist nicht nur eine geistreiche Bemerkung, sondern etwas, das sich direkt durchführen läßt. Platon spricht in seinem Phaidros [244 und 256 B – deutsch u. a.: Platons Werke, von Schleiermacher I. Teil, 1 B., p. 110 ff.] von der *μανία*, dem Wahnsinn oder richtiger: der göttlichen Inspiration, die den Menschen über das rein Verstandesmäßige hinausführt.

Seite 200, Z. 33 f.: daß du in hundertdreißig Jahren nicht weiter als bis zum Glauben gekommen bist...: S.K. hat damit gerechnet, daß Isaak bei der Opferung 30 Jahre alt sein mußte – so wie er selbst 30 Jahre alt war, als er »Furcht und Zittern« schrieb.

Seite 201, Z. 2: Expektoration: eigentlich Ergießung des Herzens, Ergießung, danach Erklärung von Gefühlen, Aussprache.

Seite 201, Z. 4: so jemand nicht arbeiten will, der soll auch nicht essen: 2. Thessalonicher 3, 10.

Seite 201, Z. 11: wer den Ring hat etc.: deutet auf »Aladin« von Adam Oehlenschläger [aus dem Jahre 1805] hin. Aber im übrigen dreht es sich um den Geist der Lampe, nicht um den des Ringes.

Seite 201, Z. 15 f.: regnet... sowohl über Gerechte als über Ungerechte etc.: Matth. 5, 45.

Seite 201, Z. 23: wie die Götter Orpheus... betrogen haben: Hier ist an die platonische Umdeutung des Orpheusmythos gedacht [Symposion 179 D – Schleiermacher: Platons Werke II, 2, 179, p. 383] »Orpheus aber... schickten sie unverrichteterdinge zurück, indem sie nur die Erscheinung der Frau ihm zeigten, um derentwillen er gekommen war, nicht aber sie selbst ihm gaben, weil er ihnen weichlich zu sein schien wie ein Spielmann, und nicht das Herz zu haben, der Liebe wegen zu sterben wie Alkestis, sondern sich lieber ausgedacht hatte, lebend in die Unterwelt einzugehen.«

Seite 201, Z. 27: Abraham zum Vater zu haben: Matth. 3, 9.

Seite 201, Z. 28 f.: was von Israels Jungfrauen geschrieben steht: Jesaia 26, 18: »Da sind wir auch schwanger und ist uns bange, daß wir kaum Odem haben, doch können wir dem Lande nicht helfen, und Einwohner auf dem Erdboden wollen nicht geboren werden.«

Seite 202, Z. 3 f.: alles sich in Gold verwandelt: eine Anspielung auf die bekannte Sage vom König Midas von Phrygien, der von Bacchus seinen Wunsch, daß alles, was er anrühre, zu Gold werde, erfüllt bekam. Als er dann nahe daran war, vor Hunger und Durst zu sterben, wurde er aus der Verzauberung erlöst, indem er ein Bad im Flusse Paktolos nahm [Ovids Metam. XI, 85 ff.].

Seite 202, Z. 7: alle Triumphe des Miltiades: Von dem jungen Themistokles wird [Plutarch: Themistokles III, 3] erzählt, daß er – als der Sieg bei Marathon den Namen des Miltiades in aller Munde brachte – meistens sehr nachdenklich war und die Nächte schlaflos verbrachte. Als seine Freunde ihn fragten, warum dies der Fall sei, antwortete er: »Die Triumphe des Miltiades gestatten mir nicht, zu schlafen.«

Seite 202, Z. 15: arbeiten und beladen sein ...: Matth. 11, 28.

Seite 202, Z. 26: jener reiche Jüngling: Matth. 19, 16 ff.

Seite 204, Z. 9 f.: wie ein Cherub mit flammendem Schwert: 1. Mose 3, 24 [Lutherübers.: »mit dem bloßen, hauenden Schwert«].

Seite 204, Z. 11: jenes alte Wort: die üblichste Formulierung lautet etwas anders: »Es geht nicht immer so [schlimm], wie der Pfarrer predigt.«

Seite 205, Z. 2: Der ethische Ausdruck etc.: Das Problem des Buches wird hier scharf formuliert.

Seite 206, Z. 21 f.: das die Liebe ... geheiligt hat: hier ist an das Opfer Isaaks als eine Tat der Liebe durch die Kraft des Glaubens gedacht.

Seite 208, Z. 3 f.: Ich habe keineswegs den Glauben: damit weist S.K. auf die Stellung seines Pseudonyms hin.

Seite 208, Z. 14 f.: Die Philosophie geht weiter: Dies ist eine allgemeine polemische Bemerkung. Ohne an irgendeine bestimmte Stelle geknüpft zu sein, richtet sie sich gegen Hegels Bestimmung der Glaubenserkenntnis in der inadäquaten Form der Vorstellung, als ob diese geringer wäre als die spekulative Erkenntnis in der adäquaten Form des Begriffs.

Seite 208, Z. 15 ff.: Die Theologie sitzt geschminkt am Fenster und ... bietet ihre Schönheit der Philosophie feil: Diese Charakteristik ist besonders gegen die von Hegel beeinflußten Theologen gerichtet. Es kann zum Beispiel von Ph. Marheinecke die Rede sein, kaum aber von Carl Daub, den S.K. respektierte. Am natürlichsten erscheint es jedoch anzunehmen, daß sie gegen Martensen gerichtet ist [vgl. Vorwort].

Seite 208, Z. 19: Über Hegel hinausgehen...: der Ausdruck selbst findet sich, soweit bekannt, zum erstenmal bei F. C. Sibbern in seiner Rezension von Heibergs Zeitschrift »Perseus« in »Dansk Maanedsskrift for Litteratur« 1838, 292, wo es anerkennend heißt, Heiberg »beginnt über Hegel hinauszugehen«. Bereits am 12. Sept. 1838 schreibt S. K. in sein Tagebuch [Pap. II A 260]: »Wenn gewisse Leute versichern, daß sie über Hegel hinausgekommen sind, muß man das im besten Fall als eine kühne Metapher betrachten, mit der sie die Gründlichkeit auszudrücken und anschaulich zu machen versuchen, mit der sie ihn studiert haben, den ungeheuren Anlauf, den sie haben nehmen müssen, um in ihn einzudringen, so daß sie in der Eile nicht haltmachen konnten, sondern einfach wieder aus ihm herausgekommen sind...«

Seite 208, Z. 21 f.: Ich für meine Person habe etliche Zeit darauf verwendet... etc.: Über S.K.s Studium von Hegel vgl. Komm. zu »Philos. Brosamen« [dän. Ausg.], p. 193.

Seite 208, Z. 30: jenes ungeheure Paradoxon etc.: Hier ist, wie überall in diesem Buche, das ethische Paradoxon gemeint, nicht absolut, die Christusoffenbarung, von der in den »Philosophischen Brosamen« die Rede ist.

Seite 209, Z. 2 f.: uns an seine Rockschöße zu hängen: vielleicht eine Anspielung auf die Geschichte von dem Weibe, das »Blutgang gehabt hatte«, Matth. 9, 21.

Seite 209, Z. 6: jam tua res agitur: jetzt steht deine Sache auf dem Spiel [nach Horaz' Epist. I, 18, 84].

Seite 209, Z. 35: Gott Liebe ist: Johs. 4, 8.

Seite 212, Z. 1 f.: proprio motu et propriis auspiciis: aus eigenem Trieb und auf eigene Verantwortung.

Seite 213, Z. 7: den großen Trampolinsprung: Eine Trampoline ist ein Turngerät, das zum Absetzen beim Sprunge über hohe Geräte verwendet wird. Sie besteht aus einer langen, schmalen, stark federnden Platte, die einen hohen Absprung ermöglicht.

Seite 213, Z. 8 f.: mein Rücken ist wie der eines Seiltänzers: eine rein persönliche Bemerkung, die S. K. in die Feder geflossen ist.

Seite 213, Z. 19: siebenmal... siebenzigmal...: vgl. Matth. 18, 21 ff.

Seite 214, Z. 13 f.: Wasser in Wein verwandelt: Johs. 2, 1–10.

Seite 214, Z. 17ff.: Wenn man in unserer Zeit... nicht bei der Liebe stehenbleiben will...: es ist hier nicht möglich gewesen zu ermitteln, worauf S.K. hindeutet.

Seite 214, Z. 23f.: daß der, der dort steht... etc.: 1. Kor. 10, 12.

Seite 215, Z. 27: Stupor: Stumpfsinn, blödes Gaffen.

Seite 216, Z. 8: ein Steuereinnehmer: im dänischen Text heißt es hier »en Rodemester«. Bis zum Jahre 1925 wurden die kommunalen Steuern in Kopenhagen ambulant durch einen sogenannten »Rodemester« [Rottenmeister] erhoben. Dieser Beamte kannte natürlich jeden in seinem Bezirk – und war von jedem gekannt. Kopenhagen war in 274 »Roder« aufgeteilt.

Seite 216, Z. 11: Bruchtelegraphie: Hier denkt S.K. an das Blinken des optischen Telegraphen, wo man Lichtsignale, die durch Hohlspiegel verstärkt wurden, verwendete.

Seite 217, Z. 3: die neuen Omnibusse: die ersten, von Pferden gezogenen Omnibusse kamen um das Jahr 1840 auf und wurden anfangs hauptsächlich zu Sonntagsausflügen benutzt. Die beliebtesten Fahrten gingen nach Frederiksbergs großem Schloßgarten oder nach dem Tiergarten [Dyrehaven] den Strandweg entlang. Frederiksberg liegt westlich von Kopenhagen, Dyrehaven nordwärts.

Seite 217, Z. 14: Österport, das östliche Tor in Kopenhagen zur Zeit S.K.s. Es wurde erst 1858 abgerissen.

Seite 217, Z. 22: Esaus [Appetit]: 1. Mose 25, 29–34.

Seite 219, Z. 21: im Pedestrischen: das Gehende, zu Fuß.

Seite 220, Z. 17: den Giftbecher: weist auf Sokrates' Tod hin, vgl. Platons »Phaidon« [Schleiermacher III, 3. Bd. 1–125].

Seite 221, Z. 31: die Mediation eine Chimäre: Hegel erklärt in der »Wissenschaft der Logik« [W. a. A. IV, 75 = Jub. Ausg. IV, 553]: »die Reflexion ist die reine Vermittlung überhaupt, der Grund ist die reale Vermittlung des Wesens mit sich«. Indem Hegel von der Behandlung des Begriffes Sein zum Begriffe Wesen geht, bestimmt er das Wesen als die Wahrheit des Seins, als dessen eigentlichen Grund. In der Terminologie Hegels: »Seyn tritt von der Unmittelbarkeit in die Differenz über, es öffnen sich Abgründe in dem Begriffe, die früher nicht entdeckt waren, Seyn wird aufgehoben und Wesen erscheint. Diese Doppelheit festzuhalten, erfordert ein Nachdenken, das eben die Reflexion ist.«

Seite 221, Z. 32: Strophe eines Dichters: Es ist nicht gelungen festzustellen, von wem hier die Rede ist.

Seite 221, Z. 33f.: die bekannte sokratische Distinktion: [vgl. Platons Apologie 21 D] S.K. denkt indessen hier an die Äußerung J.G.Hamanns in der 2. Vorrede [»An die alten Zeiten«] zu den »Sokratischen Denkwürdigkeiten« [Schriften, herausg. von Fr. Roth II, 1821, 12 Kat. 536ff.], hier zitiert nach »Sämtliche Werke«, herausg. von J. Nadler II, 1950, 61: »Er unterschied in den Schriften des Heraklitus dasjenige, was er nicht verstand, von dem, was er darin verstand...« Bezügl. S.K. und Hamann vgl. Rodemann: Hamann und Kierkegaard, 1922.

Seite 224, Z. 9f.: wie es im Liede heißt...: S.K. hat hier an das Volkslied »Ridder Stig und Findal« gedacht: »Nun hat Jungfer Rigitsklein ihr Weh verwunden, sie schläft jede Nacht an Ritter Stig Hvides Seite« [Udvalgte danske Viser fra Middelalderen, udg. af Abrahamsen, Nyerup og Rahbek I, 1812, 301; Kat. 1477–1281].

Seite 224, Z. 12: harmonia praestabilita: im voraus errichtete Übereinstimmung. Der Begriff ist der Philosophie von Leibniz entnommen, der damit ausdrücken will, daß Gott vom ersten Anfang an alle Verbindungen zwischen den einzelnen Dingen [Monaden] und zwischen Seele und Körper in einer solchen Weise geordnet habe, daß alles gesetzmäßig und zweckmäßig verlaufen müsse, obgleich es nur eine Koordination zwischen den Begebenheiten gibt.

Seite 224, Z. 31: jenes Hemd: In dem Märchen »Erzci, die Spinnerin« [Magyarische Sagen etc. II, 1837, 18]: »Als ich meine Burg verließ, gab mir eine alte Muhme Flachs und sagte, ich solle ihn von der ersten Gefangenen, deren Haupt glutumleuchtet wäre und die ich selbst erbeutete und auf meinem Roß ins Lager brächte, spinnen und zur Leinwand weben lassen. Wenn sie ihn unter Tränen spinne, die Leinwand unter Tränen webe, unter Tränen bleiche, ein Hemd unter Tränen daraus nähe, schütze mich dies Hemd besser als alles Eisen. Denn es sei undurchdringlich.«

Seite 225, Z. 12f,: dira necessitas: harte Notwendigkeit.

Seite 226, Z. 10: bei Gott alle Dinge möglich sind: Matth. 19,26.

Seite 227, Z. 9f.: Thaumaturg: Wundertäter.

Seite 228, Z. 2: ob uns auch die Philosophie... etc.: wie gewöhnlich ist hier die Hegelsche Philosophie gemeint, die »den Glauben« insofern hat, als sie behauptet, dem Glauben einen Platz im System zu geben und selbst denselben Inhalt zu haben wie der Glaube.

Seite 228, Z. 12f.: mein ewiges Bewußtsein ist meine Liebe zu Gott: vgl. p. 191.

Seite 228, Z. 30: Generalzensor der ganzen römischen Republik: besonders nach der lex Ovinia [312 v. Chr.] erlangten die Zensoren in Rom eine weitreichende Autorität.

Seite 229, Z. 1: wer Glauben hat wie ein Senfkorn: Matth. 17, 20.

Seite 229, Z. 14f.: jeden Heller wiederbekommen: vgl. Matth. 5, 26.

Seite 229, Z. 16: dem vormals reichen Jüngling etc.: Matth. 18, 18 bis 27.

Seite 229, Z. 32: zum Himmel, von wo alle gute Gabe kommt: vgl. Jacobus 1, 17; einer der Lieblingstexte S. K.s [zum ersten Male in »Zwei erbauliche Reden« verwendet, die am 16. Mai 1843 erschienen, S. V. III, 43 ff.].

Seite 231, Z. 16: Daub: Aus den Tagebuchaufzeichnungen [Pap. IV A 92 von 1843] geht hervor, daß S. K. die mündlichen Äußerungen Karl Daubs zu Karl Rosenkranz gelesen hat, die in dessen »Erinnerungen an Karl Daub« 1837 wiedergegeben sind [Kat. 743]. Darin beklagt R. sich Daub gegenüber [S. 24], daß er Militärdienst ableisten solle: »Glauben Sie mir nur, so als Schildwacht, zur Nachtzeit auf einsamen Posten, etwa an einem Pulvermagazin, hat man Gedanken, die außerdem ganz unmöglich sind ...« in »Tidsskrift for udenlandsk theologisk Litteratur«, herausg. von H. N. Clausen und M. H. Hohlenberg, 5. Jahrg. 1837, 551.

Seite 232, Z. 10f.: In unserer Zeit ist viel von Ironie und Humor die Rede etc.: Hier ist besonders an die deutschen romantischen Denker und Dichter gedacht, vgl. S. K.s Magisterdissertation »Über den Begriff der Ironie«, wo die romantische Ironie sehr ausführlich behandelt wird.

Seite 234, Z. 35: das Dialektische zu entnehmen: hier besonders in der Bedeutung des Gegensatzreichen.

Seite 237, Z. 2: teleologische Suspension: d. h. eine zweckbestimmte, interimistische Aufhebung.

Seite 237, Z. 4: Das Ethische ist als solches das Allgemeine: d. h. die allgemein gültigen und autonomen Moralregeln. Hier und im Folgenden ist – wie auch die Hinweise, die S.K. gibt, zeigen – auf den Standpunkt Hegels hingezielt, so wie er in der »Philosophie des Rechts« [W.a.W. VIII, 145ff. und 184ff. = Jub. Ausg. VII, 161ff. und 200ff.] dargestellt ist. Dieses Werk besaß S.K. in der Ausgabe von 1833 [Kat. 551].

Seite 237, Z. 7: Es ruht immanent in sich selbst etc.: d.h. hat seine Gültigkeit in sich selbst, ist autonom.

Seite 237, Z. 8f.: ist... selber τέλος für alles: ist Ziel für alles.

Seite 237, Z. 34f.: wenn er den Menschen im Guten und im Gewissen... etc.: Die Rechtsphilosophie ist bei Hegel in drei dialektische Glieder aufgeteilt, nämlich: 1. Juristische Rechtslehre [Eigentumsrecht, Strafrecht etc.], 2. Die Lehre von der Moralität des Individuums, die unter anderem Absicht und Schuld umfaßt: wenn die Moral des Einzelnen seinem Gewissen überlassen wird, kann er sich verirren und in den »moralischen Formen des Bösen« enden [§ 140], d.h. individuell, subjektiv bestimmten Formen der Auffassung von dem, was Gut und Böse ist. Diese subjektive Moralität steht dadurch im Gegensatz zu dem objektiven, juristischen Recht. Aber 3.: Diese Gegensätze werden gegeneinander abgewogen, aufgehoben in der »Sittlichkeit«, wo das Individuum in der Freiheit der Idee innerhalb des Rahmens der Familie, der bürgerlichen Gesellschaft und des Staates lebt. Wer nicht dieses Stadium der Sittlichkeit erreicht, versündigt sich gegen die Ganzheit, und dies hat er folgendermaßen ausgedrückt: es beruhe auf Anfechtungen, d.h. auf Zweifel an dem unbedingten Recht der Ganzheit.

Seite 238, Z. 6f.: Hegel... vom Glauben zu sprechen: Die Polemik richtet sich kaum gegen eine bestimmte Äußerung Hegels – seine Verurteilung Abrahams [Theologische Jugendschriften, herausg. von H. Nohl, 1907, 247] konnte S.K. nicht kennen –, dafür aber gegen die allgemeine Anschauung dieses Philosophen, daß der Glaube eine niedrigere Form der Erkenntnis sei als das spekulative Begreifen.

Seite 238, Z. 18: so ist der Glaube niemals etc.: S.K. hat dies unter Berücksichtigung der Lehre Hegels vom Dasein als Einheit von Sein und Nichts in der »Wissenschaft der Logik« [W.a.A. III, 112ff. = Jub. Ausg. IV 122ff.] niedergeschrieben.

Seite 238, Z. 28: er hatte doch griechische Studien betrieben: S.K. hat sich nicht für Hegels literarische Voraussetzungen interessiert, aber er spricht seine mit Vorbehalt anerkennende Äußerung auf dem Hintergrund seiner Kenntnis der Werke Hegels und der posthum herausgegebenen Vorlesungen aus. Hierbei ist vor allem von dessen Vorlesungen über »Ästhetik« und »Geschichte der Philosophie« die Rede, in denen das griechische Geistesleben einen hervorragenden Platz einnimmt.

Seite 239, Z. 12: Boileau: in der »Art poétique«, 1674, I, 232.

Seite 239, Z. 22f.: alle Mediation geschieht gerade kraft des Allgemeinen: d.h. das Allgemeine ist, laut Hegel, das determinierende Element im Vermittlungsprozeß und gleichzeitig der Faktor, der den Prozeß in Gang setzt und ihn zu Ende führt.

Seite 240, Z. 8f.: scharfsinnigen Köpfen und gründlichen Forschern...: dieser Ausspruch hat unzweifelhaft eine bestimmte Adresse; es ist aber nicht möglich gewesen, diese festzustellen.

Seite 240, Z. 29f.: Jene Zwischenbestimmung, die den tragischen Helden rettet etc.: In seinen »Vorlesungen über die Ästhetik« macht Hegel in seiner Erwähnung der »Arten der dramatischen Poesie« [W.a.A. x, 525ff. = Jub. Ausg. xiv 5252ff.] unter anderem eine Bemerkung, die S.K. gekannt hat: »Das wahrhafte Mitleiden ist... die Sympathie mit der zugleich sittlichen Berechtigung der Leidenden, mit dem Affirmativen und Substantiellen, das in ihm vorhanden seyn muß. Diese Art des Mitleidens können uns Lumpen und Schufte nicht einflößen... Ein wahrhaft tragisches Leiden... wird über die handelnden Individuen nur als Folge ihrer eigenen ebenso berechtigten als durch ihre Kollision schuldvollen That verhängt, für die sie auch mit ihrem ganzen Selbst einzustehen haben. Über der bloßen Furcht und tragischen Sympathie steht deshalb das Gefühl der Versöhnung, das die Tragödie durch den Anblick der ewigen Berechtigung gewährt, welche in ihrem absoluten Walten durch die relative Berechtigung einseitiger Zwecke und Leidenschaften hindurchgreift, weil sie nicht dulden kann, daß der Konflikt und Widerspruch der ihrem Begriffe nach einigen sittlichen Mächte in der wahrhaften Wirklichkeit sich siegreich durchsetze und Bestand erhalte.«

Seite 241, Z. 10f.: wenn die erzürnte Gottheit etc.: Hier und an vielen anderen Stellen in der Folge ist an Euripides' Tragödie »Iphigeneia in Aulis« gedacht. S.K. hat sie in der dänischen Übersetzung von Chr. Wilster gelesen [1840, Kat. 1115]. – Die griechische Flotte war in Aulis in Boiotien gesammelt, um das Heer nach Troja zu bringen. Artemis, die König Agamemnon erzürnt hatte, zwang die Schiffe durch einen Gegenwind, im Hafen zu bleiben. Der Wahrsager Kalchas offenbarte dann, daß Artemis die Tochter Agamemnons, Iphigeneia, als Opfer verlangte. A. gab dem Boten diese Antwort: »Wie glücklich ist es, aus geringem Stand geboren sein / dann darf man weinen, dann darf man sagen ohne Furcht / was das Herz bedrückt, doch der edle Mann / hat nicht diesen Trost / scharf bewacht des Volkes Blick / unser Leben, Sklaven sind wir des gemeinen Haufens« [v. 448–452]. Agamemnon schildert auch seine Tochter mit den Worten, die S. K. anführt [v. 687].

Seite 241, Z. 19: nur drei Mitwisser unter dem Volke: nämlich Menelaos, Kalchas und Odysseus. Vgl. »Iphigeneia in Aulis«, v. 107.

Seite 241, Z. 33: der mutige Richter: d. h. laut dem Buch der Richter II, 30ff. hatte Jephthah das Gelübde getan, daß er – nach dem Siege über die Ammoniter – denjenigen, dem er bei seiner Heimkehr zuerst begegne, »zum Brandopfer opfern« werde: »Siehe, da geht seine Tochter heraus ihm entgegen mit Pauken und Reigen, und sie war sein einziges Kind und er hatte sonst keinen Sohn noch Tochter...« Sie bat nur um zwei Monate Aufschub. »Da kam sie wieder zu ihrem Vater, und er tat, wie er gelobt hatte... und es ward eine Gewohnheit in Israel, daß die Töchter Israels jährlich hingehen zu klagen um die Tochter Jephthas, des Gileaditers, des Jahres vier Tage.«

Seite 242, Z. 9: Wenn ein Sohn seiner Pflicht vergißt: Die Söhne des Licius Junius Brutus, der damals Konsul in Rom war, nahmen an einer Verschwörung teil, deren Ziel es war, den vertriebenen König nach Rom zurückzubringen. Der Sage nach ließ Brutus sie hinrichten. Wahrscheinlich dreht es sich hier um etwas, woran S. K. sich aus seiner Schulzeit erinnerte. Doch kann er auch den Bericht entweder bei Valerius Maximus [v, 8, 1] oder bei Livius [II, 4 ff.] gelesen haben.

Seite 242, Z. 27: die Liktoren: Die Diener der höchsten städtischen Ämter fungierten ursprünglich oft als Exekutoren.

Seite 243, Z. 28: Nicht um ein Volk zu erretten: wie Agamemnon es getan hatte.

Seite 243, Z. 35 f.: Ist... der tragische Held groß durch seine sittliche Tugend... so Abraham... durch eine rein persönliche...: In der »Philosophie des Rechts« [W. a. A. VIII, 214 = Jub. Ausg. VII 230 ff.] von Hegel heißt es: »Das Sittliche, sofern es sich an dem individuellen durch die Natur bestimmten Charakter als solchem reflektiert, ist die Tugend, die, insofern sie nichts zeigt als die einfache Angemessenheit des Individuums an die Pflichten der Verhältnisse, denen es angehört, Rechtschaffenheit ist... Unter einem vorhandenen sittlichen Zustande, dessen Verhältnisse, vollständig entwickelt und verwirklicht sind, hat die eigentliche Tugend nur in außerordentlichen Umständen und Kollisionen jener Verhältnisse ihre Stelle und Wirklichkeit – in wahrhaften Kollisionen, denn die moralische Reflexion kann sich allenthalben Kollisionen erschaffen und sich das Bewußtseyn von etwas Besonderem und von gebrachten Opfern geben. Im ungebildeten Zustande der Gesellschaft und des Gemeinwesens kommt deswegen mehr die Form der Tugend als solcher vor, weil hier das Sittliche und dessen Verwirklichung mehr ein individuelles Belieben und eine eigenthümliche geniale Natur des Individuums ist, wie denn die Alten besonders von Herkules die Tugend prädicirt haben.«

Seite 245, Z. 36 f.: horror religiosus: heiliges Grauen.

Seite 246, Z. 11 f.: das Blatt des Wortes: wie die Feigenblätter Adams und Evas.

Seite 246, Z. 21 f.: treibt... Teufel durch Macht des Teufels aus: vgl. Mark. 3, 15 und 22.

Seite 247, Z. 8 f.: das ganze Dasein auf die Idee des Staates... zu nivellieren etc.: wie Hegel es in seiner »Philosophie des Rechts« getan hatte, indem er alle Pflichten des Individuums, sowohl die juristischen als die ethischen und religiösen, aus dem Verhältnis zum Staate hervorgehen läßt.

Seite 247, Z. 14: ein Satz des Pythagoras: Die Pythagoreer »hielten... die ungeraden Zahlen für vollkommener als die geraden« [W. G. Tennemann: Geschichte der Philosophie I, 1798, 106; Kat. 815–826]. Die Begründung der Theorie war die, daß viele gerade Zahlen in Hälften ungerader Zahlen geteilt werden können [z. B. 14, 18], während ungerade Zahlen nie in gerade Hälften geteilt werden. Die ungerade Zahl ist deshalb in einem gewissen Sinne unteilbar, denn wenn man sie teilt,

bleibt stets etwas Unteilbares übrig. Sie kann deshalb als etwas Vollkommeneres aufgefaßt werden als die gerade Zahl.
Seite 247, Z. 19: σκάνδαλον: Ärgernis, Anstoß.
Seite 248, Z. 9: erectioris ingenii: von höherer Denkart.
Seite 248, Z. 23f.: der Ausfall... in seiner Dialektik: d. h. Problematik.
Seite 249, Z. 2: auf eine so niedrige Weise: d. h. in einer so selbsterniedrigenden Art.
Seite 249, Z. 4: Judas... dreißig Sekel: Matth. 26,15, hat in der dänischen Ausgabe von 1819, die S.K. benutzte, den Ausdruck: »Silber-penninge« [Luther: »dreißig Silberlinge«], eine Übersetzung des griechischen ἀργύρια. S.K. hat den Ausdruck mit einer Münzeinheit vertauscht, die im Alten Testament vorkommt [hebr. schekel].
Seite 250, Z. 14: Jungfrau Maria: Lukas 1,28.
Seite 250, Z. 33f.: es ging ihr doch nach der Weiber Weise: 1. Mose 18,11: »...also daß es Sara nicht mehr ging nach der Weiber Weise...«
Seite 251, Z. 3: der Engel kam nur zu Maria: Lukas 1,26ff.
Seite 251, Z. 12: Siehe, ich bin des Herrn Magd...: Lukas 1,38.
Seite 252, Z. 9f.: gleichzeitig zu sein: d.h. der unmittelbar Gleichzeitige, vgl. Komm. zu »Philosophische Brosamen«.
Seite 252, Z. 19: Lessing: In: »Briefe, die neueste Literatur betreffend« [Nr. 81]. S.K. zitiert und weist hin auf die Ausgabe von Lessings Schriften, die er selbst besaß, nämlich Lessings »Sämtliche Schriften«, Berlin und Stettin 1825–1828, in der Nicolaischen Buchhandlung [Kat. 1747–1762]. Die Hervorhebung im Zitat hat S.K. selbst vorgenommen.
Seite 255, Z. 2f.: Gibt es eine absolute Pflicht gegen Gott? Wie Kant in der »Metaphysik der Sitten« die traditionelle Einteilung der Pflichten in Pflichten: 1. gegen Gott, 2. gegen sich selbst und 3. gegen den Nächsten, abgewiesen und in seiner »Ethischen Elementarlehre« nur von den »Pflichten gegen sich selbst« und den »Tugendpflichten gegen andere« gesprochen hatte, genau so ist in der Ethik Hegels kein Platz für irgendeine besondere Pflicht gegen Gott.
Seite 255, Z. 32: Rousseau: Im ganzen Schrifttum S.K.s wird Rousseau nur an dieser Stelle genannt. In den »Papieren« wird er erst nach 1850 [x, 3 A 6] erwähnt, als S.K. sein Werk

»Emil oder Über die Erziehung« in der alten dänischen Übersetzung gelesen hatte, die den Titel trägt: »Emil oder Über die Erziehung, von J.J. Rousseau, Bürger in Genf. Aus dem Französischen übersetzt und mit aufklärenden, bestimmenden und korrigierenden Anmerkungen von Deutschlands Erziehungsrevisoren und einigen Dänen versehen herausgegeben«, Kopenhagen 1796–1799 [Kat. 941–943]. S.K. besaß ebenfalls [Kat. 939–940] eine französische Ausgabe dieses Werkes aus demselben Jahre 1792. – Die hier erwähnte Äußerung, die S.K. sicher aus zweiter Hand erhalten hat, hat sich nicht ermitteln lassen.

Seite 256, Z. 9f.: In der Hegelschen Philosophie etc.: S.K. gibt hier eine sehr schematische Darstellung von Hegels Gedankengang, wie dieser öfters zum Ausdruck kommt, z.B. in »Wissenschaft der Logik«, im Abschnitt »Verhältnis des Äußeren und Innern« [W.a.A. IV, 177ff. = Jub. Ausg. IV, 655ff.] und in der »Enzyklopädie der philosophischen Wissenschaften«, § 140 [W.a.A. VI 275 = Jub. Ausg. VIII, 313ff.].

Seite 256, Z. 17f.: eine Wendung im Vorhergehenden: p. 247.

Seite 256, Z. 32f.: Die neuere Philosophie hat sich erlaubt etc.: Wahrscheinlich ist hier teils an Hegels Erläuterungen in der »Enzyklopädie«, §§ 63 und 573 [W.a.A. VI 128ff. = Jub. Ausg. VIII, 266 und W.a.A. VII2, 452 = Jub. Ausg. X, 458ff.], teils an seine »Philosophie der Religion« [W.a.A. XI, 112ff. = Jub. Ausg. XXV, 128ff.] gedacht, wo Hegel – wie in der »Geschichte der Philosophie« [W.a.A. VX 543ff. = Jub. Ausg. XIX, 543ff.] – sich gegen die Identifizierung von unmittelbarem Wissen und Glauben, wie sie Jacobi lehrte [Glaube beruht auf unmittelbarer Einwirkung gewisser Dinge auf unseren Geist], ausspricht.

Seite 257, Z. 2: vapeurs: hysterische Einfälle, Launen.

Seite 257, Z. 7: nec opinate: unerwartet.

Seite 260, Z. 16: exegetischen Hilfsmittel: nämlich C.G. Bretschneiders: Lexicon manuale graeco-latinum in libros Novi Testamenti, ed. sec. II, 1829 [Kat. 73–74], p. 87, unter *μισέω* wird die Erklärung gegeben, die S.K. hier zitiert.

Seite 260, Z. 17: μίσειν: zu hassen, *μείωσις* Verminderung, Verringerung.

Seite 260, Z. 34: κατ' ἀναλογίαν: durch Analogieschluß.

Seite 261, Z. 26: die Stelle bei Lukas: 14, 26.

Seite 266, Z. 6: Abraham... braucht siebenzig Jahre: Er war 100 Jahre alt, als er Isaak bekam [1. Mose 21,5]. S.K hat damit gerechnet, daß er dreißig Jahre alt war, als er Sara zur Frau nahm.
Seite 266, Z. 12: Hagar zur Beischläferin zu nehmen: 1. Mose 16.
Seite 266, Z. 20: ...der Vokal in seinem Ruhebuchstaben ruht: Im Hebräischen wurden die Buchstaben j und v ursprünglich als Vokalzeichen verwendet. Als man dann später solche einführte, setzte man sie unter den vorhergehenden Konsonanten und man sagte dann, die Vokalbuchstaben [j und v] »ruhen, das heißt, daß ihre Aussprache in dem vorhergehenden Vokalzeichen ruhe und von ihm bestimmt werde«. Auf dieses Verhältnis spielt S.K. hier an, hat es aber umgekehrt. Aus einigen Aufzeichnungen seines Tagebuches, im April 1839 niedergeschrieben [Pap. II A 404 und 406], geht hervor, daß er sein Wissen aus J.C. Lindberg: »Hebraiske Grammatik« geschöpft hat [2. Aufl. 1828, p. 6 und 26].
Seite 266, Z. 21 f.: Jener römische Feldherr etc.: nämlich Fabius Maximus, der im Jahre 217 v. Chr. als Diktator den Krieg gegen Hannibal führte und den Beinamen »Cunctator« erhielt [der Zauderer].
Seite 267, Z. 2: publici juris: öffentlicher Besitz, veröffentlicht.
Seite 267, Z. 28: einen einzigen Moment: d.h. ein Punkt von entscheidender Bedeutung.
Seite 267, Z. 33: ethische Verpflichtung: d.h. die niedrigere ethische Verpflichtung, die um der höheren willen vernachlässigt wird und in diesem Falle mit der Erhaltung des Lebens der Tochter übereinstimmt.
Seite 269, Z. 22: Die Stockmänner in der »Golddose«: Die vier [oder acht] Männer, die als Zeugen Gerichtsverhandlungen beiwohnen mußten, wurden Stockmänner genannt, weil sie auf »Stöcken« oder Balken saßen, die auf großen Steinen ruhten [die Gerichtsverhandlungen fanden ursprünglich im Freien statt]. Aber solche Gerichtszeugen gab es nicht mehr zur Zeit Kierkegaards, und sie kamen auch nicht in dem Lustspiel Chr. Olufsens »Die Golddose« vor [1793]. S.K. hat mit diesem Ausdruck vermutlich an die beiden Zeugen gedacht, die z.B. II, 10 erwähnt werden.
Seite 270, Z. 15: spektakelnde Tiergartengesellschaft: Im Tiergar-

ten nördlich von Kopenhagen gab es zur Zeit S.K.s [und gibt es noch heute] einen beliebten Rummelplatz. Man erreichte den Tiergarten meistens, indem man den Strandweg entlang mit den sogenannten »Kaffeemühlen« fuhr – einer Art großer Char-a-bancs, d.h. offener Wagen, mit Bänken in der Fahrtrichtung.

Seite 270, Z. 15f. : den Himmel zu stürmen: wie die Giganten der griechischen Mythologie.

Seite 271, Z. 23f.: die entsprechenden Stellen: vgl. 5. Mose 13,6f., 33,9. Matth. 10,37 und 19,29.

Seite 271, Z. 24: und die ähnlichen: Im Manuskript [Pap. IV B 96,6] ist noch hinzugefügt worden: »z.B. 1. Korinther 7,11«. In der Luther-Übersetzung: »Den Ehelichen gebiete aber nicht ich, sondern der Herr, daß das Weib sich nicht scheide von dem Manne. So sie sich aber scheidet, daß sie ohne Ehe bleibe oder sich mit dem Manne versöhne, und daß der Mann das Weib nicht von sich lasse...« [Die dänische, von S.K. benutzte Übersetzung entspricht völlig der deutschen.] Diese Stelle zeigt, daß die Verlobung für S.K. genau so verpflichtend war wie die Heirat.

Seite 273, Z. 23: Die Hegelsche Philosophie: vgl. Kommentar zu p. 275, Z. 25.

Seite 273, Z. 31: hier mag die Hegelsche Philosophie wohl im Recht sein: In seiner Erläuterung von dem »Begriff des Geistes« sagt Hegel in der »Enzyclopädie« § 383 [W. a. A. VII2, 27 = Jub. Ausg. X. 33]: »Die Bestimmtheit des Geistes ist... die Manifestation. Er ist irgendeine Bestimmtheit oder Inhalt, dessen Äußerung oder Äußerlichkeit nur davon unterschiedene Formen wäre. So daß er nicht etwas offenbart, sondern seine eigene Bestimmtheit und Inhalt ist dieses Offenbaren selbst. Seine Möglichkeit ist daher unmittelbar unendliche, absolute Wirklichkeit.«

Seite 274, Z. 5: das Interessante: Diese Kategorie bei S.K. ist im besonderen von W. Rehm »Kierkegaard und der Verführer«, 1949, 118–138 behandelt worden. Auf diese Stelle ist dort hingewiesen.

Seite 274, Z. 6: in discrimine rerum: an einem Wendepunkt der Geschichte.

Seite 274, Z. 9f.: pro virili: hier: jeder nach seiner Fähigkeit.

Seite 274, Z. 30: Konkupiszenz: Begehr, Begier, Begierde, Verlangen.

Seite 275, Z. 4: Aristoteles sagt... etc.: Zwei der Teile des Mythos, nämlich Umschlagen und Wiedererkennen, drehen sich ausschließlich um diese soeben genannten Dinge.

Seite 275, Z. 9: eo ipso: eben dadurch.

Seite 275, Z. 15: περιπέτεια: Umschlagen plötzlicher Art, jähe Änderung.

Seite 275, Z. 16: karambolieren: d.h. im selben Moment vereinigt finden. Das Wiedererkennen-seiner-Selbst des Oidipus birgt zur selben Zeit den Umschlag von Glück in Unglück in seinem Schicksal.

Seite 275, Z. 17: doppelten Wiedererkennen...: hier mag an Orestes und Iphigeneia in der Tragödie des Euripides »Iphigeneia in Tauris« gedacht sein.

Seite 275, Z. 25: Fatum: In seiner »Ästhetik« [W.a.A. X3 554 = Jub. Ausg. XIV, 554] sagt Hegel: »... ebensowenig ist die Nothwendigkeit des Ausgangs ein blindes Schicksal, d.h. ein bloß unvernünftiges, unverstandenes Fatum, das viele antik nennen, sondern die Vernünftigkeit des Schicksals, obschon sie hier noch nicht als selbstbewußte Vorsehung erscheint, deren göttlicher Endzweck mit der Welt und den Individuen für sich und andere heraustritt, liegt eben darin, daß die höchste Gewalt, die über den einzelnen Göttern und Menschen steht, es nicht dulden kann, daß die einseitig sich verselbständigenden und dadurch die Grenze ihrer Befugnisse überschreitenden Mächte sowie die Konflikte, welche hieraus folgen, Bestand erhalten.«

Seite 275, Z. 32f.: Ein Sohn ermordet seinen Vater: nämlich Oidipus in der Tragödie von Sophokles: »König Oidipus«.

Seite 275, Z. 34f.: Eine Schwester will ihren Bruder opfern: d.h. Iphigeneia in Euripides' Werk »Iphigeneia in Tauris«.

Seite 276, Z. 1: Das neuere Drama etc.: vgl. hierzu Hegels Ausspruch in seiner »Ästhetik« [W.a.A. X3, 366 = Jub. Ausg. XIV, 366]: »Der dramatische Charakter macht sich durch die Art seines Zwecks, den er unter gegebenen und gewußten Umständen kollisionsvoll durchsetzen will, sein Schicksal selber, dem epischen im Gegenteil wird es gemacht, und diese Macht der Umstände, welche der That ihre individuelle Gestalt aufdringt, dem Menschen sein Los zutheilt, ist das eigentliche Walten des Schicksals... Was geschieht, gehört sich, es ist so, und geschieht nothwendig.«

Seite 276, Z. 13 : Aristoteles' Erklärung: In seiner Hist. an. v, 4, 7. – Über die Ausgaben der Schriften des Aristoteles, die in S.K.s Besitz waren, vgl. Komm. zu »Philosophische Brosamen« [dän. Ausg. p. 184–185].

Seite 277, Z. 33: Pfandhausverwalter: Das Assistenzhaus war – und ist – in Kopenhagen eine staatliche Pfandleihanstalt, dem Finanzministerium unterstellt [vielleicht vergleichbar mit dem k.u.k. Dorotheum in Wien].

Seite 279, Z. 23ff.: Klytämnestras... einen alten Diener: in der dän. Übertragung von Chr. Wilster 1840, v. 861 ff.

Seite 280, Z. 11f.: argumentum ad hominem: ein menschlich [persönlich] berührendes Argument.

Seite 280, Z. 15: wie Jephthas Tochter: das Buch der Richter 11, 36.

Seite 280, Z. 19: ein Ölzweig: war in Hellas das äußere Zeichen der Flehenden. In »Iphigeneia in Aulis« v. 1225–1228 fleht Iphigenia ihren Vater an: »Statt des Ölzweiges winde ich / um deine Knie mich selbst, ich, die dies Weib dir gebar. / Töte nicht dein Kind in seiner Jugend. / Das Licht ist so schön zu schauen / erspare meinem Auge die Nacht unter der Erde.«

Seite 280, Z. 29ff.: Lessing: im 1. und 2. Stück der »Hamburgischen Dramaturgie« in der Ausgabe, die S.K. besaß [vgl. Komm. p. 672, Bd. 24, 11 ff.

Seite 280, Z. 35: Theologia viatorum: eigentlich die Theologie der Wanderer als Gegensatz zu der theologia beatorum, die Th. der Seligen. S.K. hat diese Bezeichnung in der Dogmatik kennengelernt, wo sie zu dem traditionellen Stoff gehörte, vgl. z.B. K.G. Bretschneider: »Handbuch der Dogmatik«, 1, 4. Aufl. 1838 [Kat. 437–438], p. 10.

Seite 281, Z. 4: Als Amor Psyche verläßt etc.: Aus Apuleius' »Amor und Psyche« [in der dän. Übersetzung von Fr. Nutzhorn 1876, 51]. [S.K. besaß die metrische, deutsche Übertragung von 1834 (Kat. 1215), die leider nicht zugänglich war].

Seite 281, Z. 23: Aristoteles erzählt in seiner Politik: 1303 B ff.

Seite 282, Z. 2f.: Die Auguren: Die römischen Priester hatten als besondere Aufgabe, Wahrzeichen zu deuten. S.K. verwendet den Ausdruck hier etwas ungenau mit Bezug auf die griechischen Wahrsager.

Seite 283, Z. 16f.: Der Himmel... neidisch war: Über den griechischen Nemesisgedanken vgl. Komm. zu »Philosophischen Brosamen« [dän. Ausg. p. 153–154] mit Literaturhinweisen.

Seite 283, Z. 29f: gehe...dialektisch zu Werke: ein bloßes Gedankenexperiment unternehmen.

Seite 283, Z. 35: den Spruch der Auguren: Die Auguren waren – wie bereits Anm. zu S. 282 bemerkt – römische und nicht griechische Wahrsagepriester.

Seite 285, Z. 20: Axel und Valborg: Die Tragödie Adam Oehlenschlägers »Axel und Valborg, ein Trauerspiel« wurde 1807 geschrieben und erschien 1810. Sie folgt im Thema der alten Ballade von Axel Thordsön und Valborg Immersdatter und verherrlicht Liebe und Treue.

Seite 286, Z. 13: in casu: im vorliegenden Falle.

Seite 286, Z. 28: Spruch der Auguren: vgl. p. 282 mit Komm.

Seite 286, Z. 30: publici juris... Privatissimum: öffentlicher Besitz – gänzlich privat.

Seite 288, Z. 14: Königin Elisabeth: vgl. Lessings »Hamburgische Dramaturgie«, 1. St. 22, in der Ausg., die S. K. besaß, Bd. 24, 162–164. S.K. hat den Text offenbar studiert, bevor er dies niederschrieb.

Seite 288, Z. 21: ni fallor: wenn ich mich nicht irre.

Seite 288, Z. 29f.: Agnete und dem Triton: Es geht aus dem Briefe S.K.s an Regine Olsen [9. Dez. 1840] hervor, daß er vor allem an die Ballade Jens Baggesens »Agnete von Holmegaard« in »Nyeste blandede Digte« 1808 gedacht hat. Mit »Dichtern« wird auch auf H. C. Andersen angespielt, dessen dramatische Dichtung »Agnete und der Meermann« aus dem Jahre 1834 bei der Aufführung im April 1843 ein Fiasko erlitt.

Seite 290, Z. 25f.: wie es ja die Sage lehrt etc.: z. B. im Märchen »Die Schönheit und das Ungeheuer«, aber nicht in dem von Agnete und ihrem Triton.

Seite 293, Z. 35: pecus: Vieh, ein vernunftloses Tier.

Seite 294, Z. 24: conditio sine qua non: eigentlich Bedingung ohne welche, d.h. eine unumgängliche Bedingung.

Seite 294, Z. 27f.: Eine Ethik, welche die Sünde ignoriert: Vielleicht ist an Hegels ethische Theorie gedacht, besonders so wie sie in der »Philosophie des Rechts« erläutert wird, aber es könnte auch von H. L. Martensens »Grundrids til Moralphilosophiens System« aus dem Jahre 1841 die Rede sein.

Seite 294, Z. 30: eo ipso: eben dadurch.

Seite 295, Z. 1f.: die Sünde ... das Unmittelbare: In der »Enzyclopädie« § 24, Zusatz 3 [W.a.A. VI, 55 = Jub. Ausg. VIII, 93] sagt Hegel: »Das geistige Leben in seiner Unmittelbarkeit erscheint zunächst als Unschuld und unbefangenes Zutrauen, nun aber liegt es im Wesen des Geistes, daß dieser unmittelbare Zustand aufgehoben wird, denn das geistige Leben unterscheidet sich dadurch vom natürlichen und näher vom thierischen Leben, daß es nicht in seinem Ansichseyn verbleibt, sondern für sich ist. Dieser Standpunkt der Entzweiung ist demnächst gleichfalls aufzuheben und der Geist soll durch sich zur Einigkeit zurückkehren. Diese Einigkeit ist dann eine geistige und das Princip jener Zurückführung liegt im Denken selbst.«

Seite 296, Z. 17f.: der Zweifel an der Unsterblichkeit der Seele: Hier wird auf eine Erörterung angespielt, die in Deutschland mit den linkshegelianischen »Gedanken über Tod und Unsterblichkeit« von Ludwig Feuerbach im Jahre 1830 eingeleitet wurde. S.K. kannte diese Schrift hauptsächlich aus Poul Möllers kritischer Übersicht in »Maanedskrift for Litteratur« 1837 [vgl. Komm. zu »Philosophischen Brosamen«, p. 135 bis 136 in der dän. Ausg.].

Seite 297, Z. 25: generatio aequivoca: Urzeugung, Zeugung ohne Paarung.

Seite 297, Z. 32: γνῶθι σαυτόν: erkenne dich selbst.

Seite 297, Z. 34f.: Pythagoras und Socrates: über Sokrates vgl. Platons »Phaidros«, 230 A [Schleiermacher I, 1]. In bezug auf Pythagoras hat S.K. sein Wissen aus W.G. Tennemanns »Geschichte der Philosophie« I, 1798, p. 75–150 [vgl. Pap. IV C 3].

Seite 298, Z. 36f.: eine Erzählung ... im Buch Tobiä: Kap. 6–8.

Seite 299, Z. 21: »Vollmachtbrief zum Glück«: vgl. Schiller: Resignation, Strophe 3.

Seite 299, Z. 36f.: πάντως γὰρ οὐδεὶς etc.: Denn es gibt bestimmt niemanden, der dem Eros entschlüpft ist, und niemand wird ihm entschlüpfen, so lange es Schönheit und Augen, die sehen, gibt. – Zitat aus Longus: »Daphnis und Chloe«. Vorrede. S.K.

besaß Longi Pastoralia graece et latine ed. E.E. Seiler. Leipzig 1843 [Kat. 1128] und hat eben diese Stelle zitiert Pap. IV A 30.

Seite 300, Z. 19: erst mußte ja geräuchert werden: Das Buch Tobiä 6, 11–23.

Seite 300, Z. 36: ein Dichter: Vielleicht ist hier an H. C. Andersens Märchen »Der Reisekamerad« gedacht [1835].

Seite 303, Z. 1: Gloster [der spätere Richard III.]: S.K. las gewöhnlich Shakespeare in der deutschen Übersetzung von Schlegel und Tieck. Er besaß aber außerdem die Übertragung Ernst Ortlepps [Kat. 1874–1881]. Das hier folgende Zitat stimmt nicht völlig mit dem Wortlaut bei Schlegel überein, es war jedoch nicht möglich, es mit der Übersetzung Ortlepps zu vergleichen. – Lessings »Laokoon« XXIII und »Hamburgische Dramaturgie«, St. 73, hat S.K. offenbar gelesen.

Seite 304, Z. 1: Cumberlands Jude: Der sentimentale englische Dramatiker Rich. Cumberland hat ein Drama, »Der Jude«, geschrieben, das 1796 ins Dänische übersetzt und bis zum Jahre 1834 auf dem kgl. Theater in Kopenhagen aufgeführt wurde. Die Hauptperson, der Jude Schewa, wird als Geizkragen und Wucherer angesehen, übt aber im Verborgenen große Wohltätigkeit aus.

Seite 304, Z. 22: Nullum unquam exstitit etc.: es kann nie ein großes Genie ohne einen gewissen Grad von Irrsinn gegeben haben. Es dreht sich hier um ein etwas ungenaues Zitat aus Senecas « De tranquillitate animi«. 17, 10, wo diese Bemerkung mit den Worten endet: »sine mixtura dementiae«, ohne Zusatz von Irrsinn. S.K. zitiert diese Stelle in den Pap. IV A 148, wo sie folgendermaßen kommentiert wird: »Wen Gott im religiösen Sinne segnet, den verdammt er eo ipso im weltlichen. So muß es ja auch sein: das erstere hat seinen Grund in der Begrenzung des Daseins, das andere den seinen in dessen Duplizität.«

Seite 304, Z. 25: den göttlichen Neid: vgl. Komm. zur p. 283 mit Hinweis.

Seite 305, Z. 25: Faust: Vom März 1836 ab und weiterhin [vgl. Pap. I A 150 und passim] hat S.K. sich mit der Faustgestalt, dem Zweifler, dem Don Juan, dem Genußmenschen, und dem Ahasverus, dem Verzweifelten, beschäftigt.

Seite 306, Z. 5: κατ' ἐξοχήν: vorzugsweise.

Seite 306, Z. 12: königliche Obligationen: waren die sichersten Wertpapiere.

Seite 307, Z. 8: Tamerlan: der ja eigentlich Timur-i-lenk [1336 bis 1405] hieß, war ein türkischer Eroberer, wegen seiner Herrschsucht und Grausamkeit berüchtigt.

Seite 307, Z. 19: herostratischem Ruhm: d.h. Ruhm durch Zerstörung. Herostrat zündete 356 v. Chr. den berühmten Artemistempel in Ephesos an, um dadurch seinen Namen unsterblich zu machen.

Seite 308, Z. 15: Gregorius Rimini tortor infantium genannt wurde: Der Augustinermönch Gregor aus Rimini, der als Universitätsprofessor in Paris 1358 starb, behauptete, daß ungetaufte Kinder nach ihrem Tode in die Hölle kämen. Er erhielt den Beinamen eines »tortor infantium«. S.K. las darüber in der deutschen Übersetzung Gottscheds [1763] von »Leibnizi Theodicee« I, § 92 [Pap. IV A 14].

Seite 308, Z. 18: tortor heroum: der Büttel der Helden.

Seite 308, Z. 22: Mephistopheles' Hohlspiegel: vgl. Goethes »Faust« I, 2074 ff. [Hexenküche].

Seite 309, Z. 19: feinen Sand oder groben Sand: Der Küster Per in Holbergs Komödie »Erasmus Montanus« I, 3 prahlt: »Ich kann einem Bauern sagen [bei der Frage nach der Einsegnung des Gestorbenen]... Willst du feinen Sand oder einfach schlecht und recht Erde haben?«

Seite 310, Z. 25 f.: Stellen im Neuen Testament: Hier ist an Matth. 6 über Almosen gedacht.

Seite 310, Z. 29 f.: die Subjektivität höher als die Wirklichkeit ist: d.h. als die historische und empirische Wirklichkeit.

Seite 310, Z. 32: An dieser Stelle ist besonders an die Erwähnung und Wertung der romantischen Ironie bei Hegel gedacht. Sie findet ihren klarsten Ausdruck in der Einleitung zur »Ästhetik« [W. a. A. X_1, 84–90 = Jub. Ausg. XII, 100–106]. Besonders bei der Ausarbeitung der Disputation »Über den Begriff der Ironie« hatte S.K. wesentliche Teile der literarischen Tätigkeit Hegels studiert, und zwar mit Bezug auf diesen Begriff und dessen Gestaltung.

Seite 310, Z. 36: In der Bergpredigt: Matth. 6, 17–18.

Seite 311, Z. 5 f.: die Leute, die in unserer Zeit mit losem Geschwätz von der Idee der Gemeinde umherstreifen: S.K. denkt dabei besonders an die »Grundtvigianer« [die Anhänger von N.F.S. Grundtvig], unter denen sein Bruder P.C.Kierkegaard einen hervorragenden Platz einnahm.

Seite 311, Z. 15: desultorisch: sprunghaft, unzusammenhängend.

Seite 313, Z. 11: Klytämnestra etc.: wie es in der Tragödie »Iphigeneia in Aulis« geschieht.

Seite 313, Z. 21f.: wie König Edward IV. ... rufen: in Shakespeares »Richard III.«

Seite 314, Z. 14f.: spricht mit Zungen: vgl. 1. Korinther 12–14.

Seite 315, Z. 19: Schiffermärchen: d.h. Schifferlüge, allgemeine Bezeichnung für phantasievolle und unkontrollable Mitteilungen.

Seite 315, Z. 25: »Und Abraham antwortete« etc.: vgl. Matth. 22,8.

Seite 318, Z. 31: die berühmte Replik: In Platons »Apologie« 36 A wird jetzt allgemein die Lesung τριάκοντα [= 30] vorgezogen, nur in einem einzigen Manuskript [cod. Venetus] heißt es τρὶς [= 3]. Diese Lesart wird u.a. von Bekker verwendet.

Seite 319, Z. 35: Diogenes: d.h. Diogenes Laërtios, den S.K. nach der dänischen Übersetzung von B.Riisbrigh aus dem Jahre 1811, p. 379 zitiert [Kat. 1101–1111].

Seite 320, Z. 13: änigmatisch: rätselhaft.

Seite 320, Z. 27: Hesitator: ein Zauderer.

Seite 321, Z. 12f.: er sieht in das Verborgene: Matth. 6,6.

Seite 324, Z. 19f.: »jener Schneider, der nach dem Märchen«: Es handelt sich um das Märchen »Der Schneider im Himmel« [Grimms Kindermärchen I, 2. Aufl. 1819, 177ff.].

Seite 325, Z. 26f.: Heraklit: wurde im Altertum »der Dunkle« genannt [σκοτεινός]. S.K. teilt selbst in der Anmerkung mit, daß W.G.Tennemann: »Geschichte der Philosophie« 1798, p. 210–239, die Quelle seines Wissens ist.

Seite 325, Z. 32f.: Heraklit hatte einen Schüler: vgl. Tennemann, p. 220: Heraklit drückte diesen Wechsel der Dinge durch ein sinnliches Bild aus: »Man kann nicht zweimal durch denselben Fluß gehen.« Einer seiner Nachfolger fand darin schon zuviel nachgegeben, und setzte berichtigend hinzu: »Man kann es auch nicht einmal.« – Tennemann weist in seiner Anmerkung auf Platons Cratylos, S. 267 hin. S.K. hat aber diesen Hinweis in seiner Ausgabe von Platon nachgeschlagen, nämlich in »Platonis Opera quae exstant«, ed. Fr. Astius, I–XI, 1819 bis 1832 [Kat. 1144–1154], und zitiert die Aussage, wie sie dort steht, indem er – wie gewöhnlich – § statt der Seitenzahl der Stephanusausgabe angibt. Der griechische Satz bedeutet: »Und er vergleicht die Erscheinungen des Daseins mit der Strömung eines Flusses, indem er sagt: Man kann nicht zweimal in denselben Fluß hinabsteigen.« [In Schleiermachers Übersetzung: »... indem er alles Seiende einem strömenden Flusse vergleicht, sagt er, man könne nicht zweimal in denselbigen Fluß steigen ...« II, 2. Bd., p. 55].

Seite 326, Z. 5: einen eleatischen Satz ... der die Bewegung verneint: Über die Eleaten hat S.K. in Tennemann I, 150ff. und zur selben Zeit – wie aus der »Wiederholung« hervorgeht – in Hegels »Vorlesungen über die Geschichte der Philosophie« [W. a. A. XIII, 280 = Jub. Ausg. XVII, 296–343] gelesen. [Vgl. bzgl. Näheres Komm. zur »Wiederholung«].

ZUR WIEDERHOLUNG

Seite 328: Die Wiederholung: In den Pap. IV B, 97, 1 findet man die verschiedenen Entwürfe zum Titelblatt:

Die Wiederholung
ein vergeblicher Versuch
[umgeändert in: Versuch der Entdeckung
umgeändert in: Ein Versuch in der Experimental-Philosophie
wiederum umgeändert in die definitive Gestaltung:]
Ein Versuch in der experimentierenden Psychologie
von
Victorinus Constantius de bona esperanza

Seite 328, Z. 5: Die Heldenerzählungen des Philostratus: In den Jahren 1842–1843 hat S.K. in »Flavius des Älteren Werke«, übers. von Fr. Jacobs, 1821–1832 [Kat. 1143], und in den »Heroica«, Heldenerzählungen [p. 20], das angeführte Zitat gelesen. Im Tagebuch heißt es darüber: »Sie könnten ein kleines

Epigramm über das Verhältnis zwischen Heidentum und Christentum [bei S.K. verkürzt: Christd.] bilden«, diese Worte in den Heldengeschichten Philostrats des Älteren: »Bei wilden Bäumen sind es die Blüten, die voll Wohlgeruches sind, bei den zahmen aber die Früchte« [Pap. IV A 27]. Ursprünglich hatte S.K. das Motto des Buches weitergesponnen: »Die Frucht des Geistes aber ist die Liebe [vgl. Brief an die Galater 5,22]« [Pap. IV B 97$_2$].

Seite 329, Z. 1: Ursprünglich stand über dem Text: »Berlin, im Mai 1843« [Pap. IV B 97,3]. Das wurde aber im druckfertigen Manuskript gestrichen.

Seite 329, Z. 1: Die Eleaten: Die hier zitierte Anekdote hat S.K. aus den »Vorlesungen über die Geschichte der Philosophie« von Hegel. Über die Eleaten hatte sich S.K. in W.G. Tennemanns »Geschichte der Philosophie« I, 1798, p.150ff. orientiert. Dies geht aus den Aufzeichnungen Pap. IV C 49 hervor. In der »Geschichte der antiken Philosophie« von Diogenes Laertios, die S.K. persönlich, und zwar in griechischer Sprache, besaß [er las allerdings meistens nur die dänische Übertragung von Riisbrigh aus dem Jahre 1811], steht indessen inbezug auf Diogenes Laertios lediglich, daß er »jemanden widerlegte, der behauptete, es gäbe keine Bewegung, indem er einfach aufstand und umherging«. Nachdem Hegel in dem obengenannten Werk [W.a.A. XIII, 314 = Jub. Ausg. XVII 330] die Beweise Zenons gegen die Realität der Bewegung durchgegangen hat, hebt er hervor, daß Diogenes nichts gesagt habe: »Es ist bekannt, wie Diogenes von Sinope, der Cyniker, solche Beweise vom Widerspruch der Bewegung ganz einfach widerlegte; – stillschweigend stand er auf und ging hin und her – er widerlegte sie durch die Tat.« Diese Version der Anekdote wird von S.K. benutzt.

Seite 329, Z. 17: Erinnerung: Übersetzung des platonischen ἀνάμνησις. Vgl. Komm. zu »Phil. Brosamen« [dän. Ausg. p. 127ff.].

Seite 329, Z. 21: Leibniz: Hier ist an das Räsonnement von Leibniz in seiner Theodicée, bes. § 360, gedacht: Auf jeder Stufe der Entwicklung besitze jede Monade eine unbewußte Vorstellung aller folgenden Entwicklungsstufen. Infolgedessen könne man sagen, daß die Gegenwart mit der Zukunft schwanger gehe. In den Jahren 1842–1843 las S.K. die Theodizee von Leibniz, hauptsächlich in der deutschen Ausgabe von Gottsched aus dem Jahre 1763 [Kat. 619], wo der obenerwähnte Paragraph folgendermaßen übersetzt worden ist: »Das ist eine Regel aus meinem Lehrgebäude über die allgemeine Übereinstimmung: daß das Gegenwärtige allezeit mit dem Zukünftigen schwanger geht; und daß derjenige, der alles sieht [d.h. Gott], auch in dem, was schon da ist, das sieht, was künftig seyn wird.«

Seite 329, Z. 33: Die Liebe der Erinnerung ist die einzig glückliche: Derselbe Gedanke hat in »Entweder-Oder«, in einem dortigen Diapsalma, SV. I, 28, Ausdruck gefunden.

Seite 332, Z. 26: wie ein Farinelli: vgl. Farinelli III, 2 [Repertoire des kgl. Theaters IV, Nr. 94]. Der italienische Kastrat F. [1705–1782] konnte mit seinem Gesang die Schwermut des spanischen Königs Philipp V. vertreiben. S.K. kannte ihn aus dem obengenannten Lustspiel von de Forge, das in der Übersetzung L. Heibergs mit Liedern und Chören mit Orchesterbegleitung 1837–1841 und später im kgl. Theater aufgeführt wurde.

Seite 335, Z. 5f.: einen Vers von Poul Möller: Bereits im Jahre 1841 notierte sich S.K. in sein Tagebuch [Pap. III A 95]: »Das Träumerische erhebt sich in stets höheren Potenzen, so wirkt ein Traum innerhalb einer geträumten Existenz [wodurch diese zu einer Art von Wirklichkeit gemacht wird] so unendlich verflüchtigend. Mit welch unendlicher Schwärmerei kann ein Jüngerer jene Worte aus dem Gedicht Poul Möllers lesen, das er »Der alte Liebhaber« genannt hat [»Efterladte Skrifter af Poul M. Möller [Kat. 1574–1576, II–12)]:

Ein Traum aus dem Lenz meiner Jugend streift
Im Lehnstuhl mein Gesicht,
Nach dir mich ein innerlich Sehnen ergreift:
Der Frauen Sonn' und Licht.

Hier ist der Traum des Jüngeren in der zweiten Potenz: erst träumt er, daß er alt sei [im dän. Text verkürzt: gl. = gammel], um dann durch den Trichter eines ganzen Lebens das aromatischste Moment seiner frühesten Jugend einzuatmen.

Seite 340, Z. 11: Wallgraben: Damit sind die Gräben neben den alten Wällen von Kopenhagen gemeint: »Malerisch sahen sie gewiß aus – mit ihren grünen Hängen und den wogenden Gipfeln der Bäume, mit einer Mühle auf jeder Bastion und mit dem Wasser des Stadtgrabens an ihrem Fuß. Von dem Promenadesteg oben auf den Bastionen gesehen, zeichneten die Türme der Stadt sich als Schattenrisse gegen den Himmel ab, während der Blick nach der anderen Seite hin frei über das weite, offene Vorgelände wandern konnte. Stünde man zum Beispiel am nördlichen Tor, wo der Stadtwall am höchsten war, würde das gesammte Land zwischen der Schwanenmühlenbucht und dem Strande des Sunds [„Kallebodstrand"] ausgebreitet vor dem schauenden Auge liegen – gegen den Norden offen und frei bis zum Haine bei der „Fortuna" und dem Schloß Bernstorff [das einst von dem Außenminister Friedrich des Fünften, Graf Bernstorff gebaut wurde, aber jetzt der dänischen Krone gehört], gegen den Westen aber ward die Landschaft durch einen Höhenzug geschlossen. Dort lagen die Mühle von Bispebjerg und das Schloß Frederiksberg oben auf dem Rücken der Anhöhe. Den Fuß der Wälle entlang und längs der wassergefüllten Gräben schlangen sich der Kirschensteg und die vielen geheimen und heimlichen Pfade durch die Wildnis, wo das Tier- und Pflanzenleben sich entfalten konnten, wie es ihnen gefiel. Idyllische kleine Inseln, die später Namen wie Capri oder die Tivoli-Insel erhielten, hoben sich schwimmenden Wäldern gleich über die Wasserfläche. Jenseits des Grabens lag das abgeschlossene Glacis [das Übungsgelände der Pioniertruppen], wo Baumwuchs und Unterholz üppig wucherten; weiter draußen lagen dann Friedhöfe, Bockmühlen und Gärtnereien; hinter ihnen sah man in undeutlicher Ferne die leuchtenden Flächen der drei Seen zwischen baumumrahmten Pfaden, umgeben von den großen Gärten und Parks der Landhäuser in den dörflichen Vorstädten – ein wogendes Grün, soweit das Auge reichte ...« [V. Christensen: Köbenhavn 1840 bis 1857, 1–2].

Seite 341, Z. 30: Lessing: In der »Vorrede zu den Fabeln«, d.h. in der stark umgearbeiteten 2. Ausgabe vom Jahre 1759, bemerkte Lessing: »Solange der Virtuose Anschläge faßt, Ideen sammelt, wählet, ordnet, in Pläne verteilt: so lange genießt er die sich selbst belohnenden Wollüste der Empfängnis. Aber sobald er einen Schritt weitergeht und Hand anlegt, seine Schöpfung auch außer sich darzustellen: sogleich fangen die Schmerzen der Geburt an, welchen er sich selten ohne alle Aufmunterung unterzieht« [Sämtliche Schriften, Bd. XVIII, 1827, 96. – Kat. 1747 ff.].

Seite 342, Z. 1: Prometheus: Nach einer Sage, die Aischylos in »Der gefesselte Prometheus« verwendet hat, war Prometheus der einzige, der jene Wahrsagung kannte, die Zeus um seine Herrschaft bringen würde, falls er sie nicht rechtzeitig erfahren sollte. Die Wahrsagung lief darauf hinaus, daß der Sohn der Göttin Thetis mächtiger als sein Vater werden würde. Zeus – dessen häufige Eskapaden allen bekannt waren – war folglich gezwungen, sich einer Verbindung mit ihr zu enthalten.

Seite 343, Z. 30 f.: Exstirpator: ein Instrument, das zum Vertilgen von Unkräutern dient, also ein Bodenbearbeitungsgerät [Kultivator].

Seite 343, Z. 36: et quidem: und das, und zudem, und außerdem.

Seite 346, Z. 12 f.: redintegratio in statum pristinum: eigentlich Wiedereinsetzung in den vorhergehenden Stand, d.h. Wiederherstellung des früheren Zustandes.

Seite 348, Z. 7 f.: ihm... überging: Der Ausdruck ist Goethes »Faust« I, 2759, entlehnt [»Es war ein König in Thule«].

Seite 348, Z. 15: die Kunde davon: Im Manuskript stand ursprünglich, daß der junge Dichter »sich erschoß«, und statt »Verschwinden« wie jetzt im Text hieß es »Tod« [Pap. IV B 97, 5; die jetzige Textform ist also nicht ganz nach dem geänderten Plan durchkorrigiert.

Seite 349, Z. 26: Vor etwa sechs Jahren...: Anfang Mai 1837 sah S.K. zum ersten Male Regine Olsen im Hause der Familie Rördam in Frederiksberg. Vgl. Pap. II A 67–68 und X, 5 A 149 ff.

Seite 351, Z. 11: Eleaten und Heraklit: Die Eleaten verneinten die Realität der Bewegung und der Wandlung, die Hauptthese Heraklits lautete: »Alles bewegt sich [πάντα ῥεῖ]«. Die Hauptquellen zu S.K.s Kenntnis der Vorsokratiker sind Diogenes Laertios sowie die Werke Tennemanns und Hegels über die Geschichte der Philosophie.

Seite 351, Z. 19: Die griechische Entwicklung: Hier ist insbesondere an Platons Parmenides gedacht, wo der Begriff des »Augenblicks« zur Erklärung des »Überganges« eingeführt wird. Bei der Erwähnung des Überganges von der Ruhe zur Bewegung und umgekehrt heißt es: »Ist also etwa jenes Wunderbare das, worin es ist, wenn es übergeht? – Was für eines denn? – Der Augenblick. Denn das Augenblickliche scheint dergleichen etwas anzudeuten, daß von ihm aus etwas übergeht von einem zum andern. Denn aus der Ruhe geht nichts noch während des Ruhens über, noch aus der Bewegung während des Bewegtseins; sondern dieses wunderbare Wesen, der Augenblick, liegt zwischen der Bewegung und der Ruhe als außer aller Zeit seiend, und in diesem und aus diesem geht das Bewegte über zur Ruhe, und das Ruhende zur Bewegung.« [Platon: Parmenides, Schleiermacher I, II, 158–159.]

Seite 351, Z. 31: κίνησις: eigentlich Bewegung, Wandlung. S.K. hat diesen Begriff nicht nur im Sinne der eben zitierten Stelle bei Platon verstanden, sondern vor allem in Übereinstimmung mit der »Physik« des Aristoteles 200 ff. [vgl. Metaph. 1065 ff.], so wie er sie aus dem umfassenden Referate Tennemanns kennengelernt hatte [III, 125 ff. – zit. im Komm. zu den »Phil. Brosamen« (dän. Ausg. p. 186–187)].

Seite 351, Z. 36: die Griechen: d.h. Platon. Hier ist insbesondere auf die Erörterung in »Menon« angespielt. Vgl. Komm. zu den »Phil. Brosamen«, dän. Ausg. p. 127–135.

Seite 352, Z. 7: ethnisch: d.h. hier heidnisch, griechisch; die moderne Lebensbetrachtung ist die christliche.

Seite 352, Z. 11 f.: conditio sine qua non: notwendige, unersetzbare Bedingung.

Seite 352, Z. 16: nach Hamanns Exempel: In einem Briefe vom 18. Aug. 1759 an seinen Freund J.G. Lindner hat Hamann eben diese Worte verwendet [»Schriften«, herausg. von Fr. Roth I, 1821, 467].

Seite 352, Z. 20: κατ' ἄνθρωπον: nach Menschenart, in menschlicher Weise, **κατ' ἐξοχὴν**, vorzugsweise, auf außerordentliche Weise.

Seite 352, Z. 29 f.: Professor Ussing: Tage Algreen-Ussing [1797 bis 1872] war seit 1840 Professor der Rechtswissenschaft an der Universität Kopenhagen. Als S.K. noch Student war, war A.-

U. ein hervorragendes Mitglied der »Gesellschaft vom 28. Mai« [Selskabet af 28. Maj], die zu dem Zweck gegründet wurde, um ihre Mitglieder die neuen Bürgerpflichten zu lehren, wie sie sich aus der Begründung der Ständeversammlung vom 28. Mai 1831 ergaben. Bei der jährlichen Feier in dem angesehenen Restaurant »Den kgl. Skydebane« am 28. Mai 1837 hielt A.-U. eine seiner gewohnten, von agitatorischen Übertreibungen und rhetorischem Schwulst erfüllten Reden. Ein Referat davon findet sich in der Zeitung »Kjöbenhavnsposten« vom nächsten Tage. Unter ständigen Wiederholungen betont er den Anspruch auf Öffentlichkeit und Ordnung in den Finanzen des Landes: »Es ist oft genug gesagt worden und ist oft genug wiederholt und ist wiederum oft genug gesagt, oft und vielmals, aber dennoch ist es nicht oft genug gesagt worden, solange wir keine Wirkung davon spüren können.« Es geht aus den Briefen S.K.s hervor [Breve og Aktstykker vedr. S.K. Nr. 5 und 178], daß S.K. ihn persönlich gekannt hat.

Seite 353, Z. 29: dem Dampfer nach Stralsund etc.: Die Beschreibung der Reise nach Berlin wurzelt in den eigenen Erlebnissen S.K.s während seines ersten Aufenthaltes dort [25. Oktober 1841 – 6. März 1842] und in seiner zweiten Berlinerreise [er wohnte vom 8.–31. Mai 1843 wieder in der preußischen Hauptstadt]. Am 8. Mai 1843 fuhr er mit dem Postdampfer »Königin Elisabeth« via Ystad in Schweden nach Stralsund. Von dort reiste er mit dem Postwagen von Stettin nach Angermünde. Seit dem 15. Nov. 1842 gab es eine Eisenbahnverbindung von dort nach Berlin. Als er das erstemal nach Berlin reiste, hatte er beide Wege – hin und zurück – mit dem Dampfer nach Kiel und von da mit der Postkutsche über Hamburg nach Berlin machen müssen. Aus einem bisher unbekannten Briefe [Breve og Aktstykker vedr. S.K. Nr. 81] geht hervor, daß S.K. begierig darauf war, das neue Verkehrsmittel, die Eisenbahn, zu erproben. Man konnte damals auch [seit 1840] mit der Bahn von Berlin nach Potsdam fahren, wo das im Briefe erwähnte Gasthaus »Zum Prinzen Friedrich« lag.

Seite 354, Z. 7: den Molboern: In einem »Bericht über die weisen und tapferen Thaten der weitum bekannten Molboer« aus dem Jahre 1827, Nr. 9 [p. 15], wird erzählt, daß eine Schar von Molboern sich in einen dichten Haufen gelegt hatten, weil sie schlafen wollten. Als sie erwachten, konnten sie aber nicht feststellen, wem die verschiedenen Beine gehörten, bevor ein beherzter Fremder mit seinem Stock darauf losschlug. – Die Molboer – Bewohner der Halbinsel Mols in Jütland – spielen in Dänemark eine ähnliche Rolle wie die »Lalen« [Narren] oder die »Schildbürger« in Deutschland [vgl. »Wunderseltsame Geschichten und Thaten der Lalen von Lalenburg« (1597) oder »Die Schildbürger« (unter diesem Titel erschien das Buch ein Jahr später)].

Seite 354, Z. 12: das Coupé: der vordere oder der hintere Sitzplatz in der Postkutsche. Es konnte durch eine »Kalesche« [Wagendach] gegen Wind und Wetter geschützt werden.

Seite 354, Z. 27f.: Der Gensd'arme-Platz etc.: Im »Neuesten Fremdenführer für Berlin«, 2. Aufl. 1838, wird der Name des Gendarmenmarktes so buchstabiert. Auf diesem offenen Platz, östlich der Friedrichstraße, lag das Königliche Schauspielhaus [das spätere Staatliche oder Große Schauspielhaus], ihm gegenüber die Königliche Seehandlung [Pr. Staatsbank] und zwischen ihnen auf der einen Seite die Französische Kirche, auf der anderen die Neue Kirche [Deutscher Dom].

Seite 355, Z. 3: im Spiegel: d.h. wie in einem Spiegel.

Seite 355, Z. 3: Das innerste Zimmer etc.: Ein Verwandter von Kierkegaard, der spätere Professor der Philosophie Hans Bröchner traf S.K. in Berlin im Vorsommer 1846. Er hat von dieser Begegnung u. a. das folgende berichtet: »Während ich mich ... in Berlin aufhielt, kam S.K. dort an. Es war eine jener kleinen Reisen, die er bisweilen unternahm, wenn er richtig intensiv arbeiten wollte. Er suchte dann neue Umgebungen, um sich in die entsprechende Stimmung zu versetzen ... Er kam mir mit großer Freundlichkeit entgegen, lud mich ein, am nächsten Tage mit ihm im Hotel zu speisen ... Bei meinen Besuchen bei ihm beobachtete ich, mit welch sinnvoller Berechnung alles in seinen Zimmern eingerichtet war, damit er in der richtigen Stimmung arbeiten könnte: die Beleuchtung, die Verbindung zwischen den Zimmern, die Aufstellung der Möbel. Alles war nach einem bestimmten Plan arrangiert. K. stellte sehr große Ansprüche an die Bedienung, war dafür aber auch sehr freigebig mit seinen Trinkgeldern. Unser kleines Diner für zwei Personen wurde in seinem Zimmer serviert. Wir tranken einen Wein, den er wegen des Namens bevorzugte: Liebfrauenmilch...« [H. Bröchner: Erindringer om S.K., udg. af St. Johansen 1953, 40–42].

Seite 355, Z. 30: Mein Wirt, der Drogist etc.: Mit der hier gegebenen Schilderung muß man die tragisch-ernste des Tagebuches vergleichen [Pap. IV A 101]: »Es ist, als wäre alles nur da, um mich [im Oktober 1841, als er nach dem entscheidenden Bruch mit Regine Olsen zum erstenmal nach Berlin gekommen war] zu erinnern; mein Apotheker, der ein eingefleischter Junggeselle war, hat geheiratet. Er erklärte mir Verschiedenes bei dieser Gelegenheit: man lebe ja doch nur einmal! Man habe einen Menschen nötig, dem man sich verständlich machen könne. Wieviel verbirgt sich nicht in diesen Worten – vor allem, wenn es ohne irgendwelche Prätention gesagt wird, dann trifft es mich.«

Seite 356, Z. 8: die ästhetische Gültigkeit der Ehe: ein Hinweis auf die Abhandlung in »Entweder-Oder« II [SV II, 5–169].

Seite 356, Z. 11: Wenn ich deutsch spreche: In einem Briefe vom 15. Mai 1843 an den Freund Emil Boesen [Breve og Aktstykker vedr. S.K. Nr. 80] schreibt S.K.: »Die deutsche Sprache mag ich nicht sprechen, und ich lebe deshalb so isoliert hier wie irgendwie möglich.« C.F. Christens [1819–1855], der seine theologische Amtsprüfung zur selben Zeit bestanden hatte wie S.K., hielt sich auch im Winter 1841–1842 in Berlin auf, um die Vorlesungen Schellings zu hören. Später erzählte er Hans Bröchner [vgl. obengenannte Schrift, p. 25]: »Verschiedene kleine Züge von K., über seine Hilflosigkeit, wenn er deutsch sprechen sollte, speziell wenn er von Dingen des täglichen Lebens reden mußte« [beispielsweise war es ihm am ersten Abend in Berlin nicht möglich, seinen Wunsch nach einem Leuchter auszudrücken].

Seite 356, Z. 22f.: warf... einander Staub in die Augen: [»Sand in die Augen streuen«]. Hinweis auf die katholische Sitte, nach der der Priester am Aschermittwoch, dem ersten Mittwoch nach Fastnacht, sich und die Gläubigen mit geweihter Asche von Palmzweigen bestreut mit den Worten: »Memento, homo, quia pulvis es et in pulverem reverteris«, d.h. »Gedenke, o Mensch, daß du Staub bist und zu Staube wiederkehren wirst«. S.K. kam in Berlin am österlichen Buß- und Bettag an, d.h. am Mittwoch nach dem 3. Sonntag nach Ostern, am 10. Mai 1843 [seit 1893 ist in Preußen der Mittwoch vor dem letzten Trinitatis-Sonntag als allgemeiner Buß- und Bettag bestimmt – in Dänemark seit 1686 jedoch der 4. Freitag nach Ostern].

Seite 357, Z. 8: ex professo: vom Fach.

Seite 357, Z. 30: niemals im Tunnel gefahren: Der erste Tunnel unter der Themse wurde am 25. März 1843 eröffnet.

Seite 357, Z. 35: Berlin hat drei Theater: nämlich »Das Kgl. Schauspielhaus«, »Das Kgl. Opernhaus« und »Königstädtisches Theater«, das nur von 1824–1845 existierte und an der Ecke vom Alexanderplatz und der Alexanderstraße lag [also außerhalb des Zentrums der Stadt, da die Staatstheater die Konkurrenz fürchteten]. S.K. hat hier das alte Krollsche Theater vergessen, das 1844 in »das Neue Kgl. Operntheater« umgewandelt wurde.

Seite 358, Z. 8f.: Lars Mathiesen und Kehlet: Inhaber zweier recht volkstümlicher Gaststätten im Kopenhagener Vorort Frederiksberg, die eine in der Allégade, die andere in der Frederiksberg-Allé. L.M. war unter den Studenten und Literaten der Zeit besonders beliebt.

Seite 358, Z. 10: Der Talisman: ist eine Posse von Johann Nepomuk Nestroy [1801–1862], die Geschichte von der schwarzen Perücke des rotköpfigen Titus Feuerfuchs. Sie erschien 1843 und wurde 1849 ins Dänische übertragen.

Seite 362, Z. 33: Possen: waren oft lokal beeinflußt und entsprachen dann ungefähr den heutigen »Revuen«. In den vierziger Jahren des vorigen Jahrhunderts waren die Possen in Berlin sehr beliebt [L. Angely, Kalisch, L'Arronge, außerdem Nestroy, Gleich, Kaiser u.a. aus Wien].

Seite 367, Z. 32: Hypersthenie: eigentlich Übermaß an Kraft. Bezeichnung eines krankhaften Zustandes, in dem sich die Funktionen des Körpers in erhöhter Tätigkeit befinden.

Seite 368, Z. 2: Zeichnung von Chodowiecki: Es ist nicht gelungen, irgendeine Radierung oder einen Kupferstich von Ch. zu finden, der dieser Situation entspräche.

Seite 368, Z. 11: ein witziger Kopf: In der Zeitschrift »Den flyvende Post«, die Heiberg in den Jahren 1827–1837 herausgab, leitete er einen humoristischen Aufsatz [1827, Nr. 40] »Über

Einteilungen« damit ein, daß er auf »die bekannte Einteilung der Menschen in Soldaten, Kindermädchen und Schornsteinfeger« hinwies.

Seite 368, Z. 29: nicht nur... zur Lust: ein Hinweis auf die Inschrift, die seit 1774 über der Bühne des Kgl. Theaters in Kopenhagen steht: »Nicht nur zur Lust.«

Seite 369, Z. 2: Sokrates: In Platons »Phaidros« 236 A sagt Sokrates, daß er sich selbst untersuche, um herauszufinden, »ob ich etwa ein Ungeheuer bin, noch verschlungener gebildet und ungethümer als Typhon oder ein milderes einfacheres Wesen, das sich eines göttlichen und edeln Theiles erfreut« [Schleiermacher: Plat.W.I.I, p. 87].

Seite 369, Z. 25: Beckmann: Fr. Beckmann [1803–1866], geb. in Wien, seit 1824 die tragende Kraft des neuerrichteten Königsstädtischen Theaters. Durch die Gestalt des Eckenstehers in Holteis »Ein Trauerspiel in Berlin« wurde er angeregt, selbst die Posse »Eckensteher Nante im Verhör« zu schreiben und erntete hiermit unerhörten Beifall.

Seite 369, Z. 25: Grobecker: Philipp G. [1815–1883] kam erst 1840 zum Königsstädter Theater.

Seite 369, Z. 36: Baggesen: d.h. Jens Baggesen [1815–1826], in seiner Rezension des unseligen Singspiels »Die Höhle Ludlams« von Adam Oehlenschläger aus dem Jahre 1814 [Danske Værker XII, 1832, 25]. Am Schluß des Stückes wechselt das Bühnenbild von der Höhle bei Nacht zum frühen Morgen »in einer ländlichen Gegend vor einer Bauernhütte«. Ein Engländer, Sir John Bull, »kommt ganz verzweifelt aus der Hütte, von Sara begleitet«. In seiner Rezension schrieb B.: Sara Nickels sei »mit einer entfernt liegenden Bauernhütte in einer ländlichen Gegend hinter sich und dem völlig verzweifelten John Bull vor sich auf die Bühne gestürzt«. – Zusammen mit dem Prinzen von Holstein-Augustenburg und dem dänischen Minister, Graf Schimmelmann, unterstützte er tatkräftig Schiller, dem sie für drei Jahre eine jährliche Unterstützung von 1000 Talern in taktvollster Weise anboten.

Seite 370, Z. 11f.: einen wanderndern Handwerksburschen: Die Hauptperson der Posse »Der Talisman«, Titus Feuerfuchs, ist ein wandernder Barbiergeselle, rothaarig und daher von allen verabscheut. Deshalb legt er eine schwarze Perücke an und macht sein Glück, bis ihm die Perücke vom Kopf gezerrt und er dadurch entlarvt wird.

Seite 370, Z. 2: Dr. Ryge: I.C.Ryge [1780–1842], ursprünglich Arzt [Dr.med.], wurde in großen pathetischen Rollen berühmt, spielte aber auch komische Rollen. So spielte er 1825–1839 den armen Salomon Goldkalb [in der Vaudeville »König Salomon og Jörgen Hattemager« von J.L.Heiberg]. Goldkalb wird in Korsör mit dem reichen Baron desselben Namens verwechselt.

Seite 371, Z. 1: Münchhausen: als er in den Sumpf gefallen war – wie in »Wunderbare Reisen ... des Freiherrn von Münchhausen«, Göttingen 1813 I, 51, erzählt wird.

Seite 373, Z. 6: viscera: Eingeweide.

Seite 375, Z. 25: Spannbett: Das Wort wurde später auf einen leeren Platz des Manuskriptes eingefügt. Aus einer gestrichenen Anmerkung ersehen wir, daß S.K. nach der entsprechenden Bezeichnung gesucht hat: »Wie nennt man ein Bett, in dem ein Patient festgespannt wird, um operiert zu werden, resp. wie heißt ein solcher Stuhl ... ?« [Pap. IV B 97,7].

Seite 378, Z. 7: nach des Dichters Vorschrift: Dies bezieht sich auf den Dichter Johannes Ewald, der irgendwo diese »Aufschrift auf einer Kaffeekanne« verfaßt hat: »Wie die Freundschaft ist dein Saft, du edle Moccafrucht, rein und stark – und warm und unmißbraucht – so muß er sein.« [Samlede Værker IV, 1791, 365]. In einem Briefe vom 18. Nov. 1841 [Breve og Aktstykker vedr. S.K. Nr. 51] lobt S.K. den Kaffee, den man beim Konditor Sparganapani in Berlin erhielt.

Seite 378, Z. 26: wie Proserpina: In der »Aeneis« Virgils heißt es IV 697, daß Dido nicht sterben könnte, bevor die Herrscherin der Unterwelt Proserpina – die Persephone der Griechen – sie dem Tode geweiht hätte, indem sie ein Haar aus ihrem Schopfe riß.

Seite 378, Z. 31: Salomon: Salomons Sprüche XIX, 13: »Ein törichter Sohn ist seines Vaters Herzeleid und ein zänkisches Weib ein stetiges Triefen ...«

Seite 379, Z. 25: Justinus Kerner: Bereits am 10. Juli 1838 notierte S.K. in seinem Tagebuch: »Ich hoffe, daß es mir mit Bezug auf meine Zufriedenheit und meine Lebensverhältnisse hier zu Hause so ergehen werde wie einem Manne, von dem ich einst gelesen habe, der ebenfalls alles zu Hause satt bekommen hatte – und fortreiten wollte. Als er sich aber ein kleines Stück Weges entfernt hatte, stolperte das Pferd und warf ihn ab. Während er sich nun erhob, erblickte er sein Heim, das ihm jetzt so schön vorkam, daß er gleich wieder zu Pferde stieg, nach Hause ritt und dort blieb. Wenn man nur den rechten Blick dafür bekommt« [Pap. II A 233]. – Diese Episode hat sich indessen bei Justinus Kerner, dessen Werke S. K. in einer Ausgabe von 1834 besaß [Kat. 1734], nicht nachweisen lassen.

Seite 380, Z. 22: Kommerzienrat Grönmeyer: in der Vaudeville »Köge Huskors« [»Das Hauskreuz von Köge« – Köge ist ein Städtchen auf der Insel Seeland in Dänemark] von J. L. Heiberg Sc. 46.

Seite 383, Z. 16: wie Shakespeare sagt: In »Troilus und Cressida« I, 2 wird von dem jungen Trojaner Troilus gesagt, er habe nur 3–4 Haare auf dem Kinn. Seine angebetete Cressida bemerkt dazu, daß »eines Bierzapfers Rechenkunst würde hinreichen, diese Einheiten in eine Summe zu ziehn« [Dram. Werke, übers. von Schlegel und Tieck XI, 1840, 145].

Seite 385, Z. 4: alles Eitelkeit ist: »es ist alles ganz eitel«, der Prediger Salomo 1, 2.

Seite 386, Z. 2: πεισιθάνατος: derjenige, der den Tod rät, »zum Sterben beredend« war der Beiname des kyrenaiischen Philosophen Hegesias [c. 300 v. Chr.]. Er leugnete die Möglichkeit, daß man hier auf Erden glücklich werden könne und sprach so verführerisch vom Tode, daß mehrere seiner Zuhörer Selbstmord begangen haben sollen. S. K. hat sein Wissen von der Lehre des Hegesias teils aus Diogenes Laertios II, 294 und aus Ciceros Tuscul. Quaest. I, 34, teils aus Tennemann II, 128–131.

Seite 387, Z. 25: Kaiser Domitian: Nach dem Berichte des Suetonius [»Domitian« III] pflegte der Kaiser sich täglich mehrere Stunden in sein Zimmer einzuschließen, um nichts anderes zu tun, als Fliegen zu fangen und sie auf eine Nadel zu spießen.

Seite 387, Z. 30: weltvergessend und vergessen: ein Ausdruck aus den Briefen des Horaz [Ep. I, 11, 9]: »obligatusque meorum, obliviscendus et illis ...«

Seite 389, Z. 18: Daimonax: In sein Tagebuch hat S. K. niedergelegt, was er bei Hamann [Hamanns Schriften, herausg.

von Fr. Roth 1842, VIII, p. 307] über den griechischen Philosophen Demonax aus dem 2. Jahrhundert gelesen hat: »Es ist eine recht interessante Geschichte, die Lucian über Demonax erzählt haben soll. Nicht nur derjenige, der die Eleusinischen Mysterien enthüllte, sondern auch jeder, der sich nicht einweihen lassen wollte, wurde bestraft. Dies letztere war der Fall des Demonax. Bereits bevor sie seine Verteidigung gehört hatten, bereiteten sich die Athener vor, ihn zu steinigen. Aber dennoch wurden sie bewegt, als sie seiner Erklärung lauschten, er könne sich nicht einweihen lassen, weil er die dazu erforderlichen Bedingungen nicht erfülle« [Pap. IV B 39]. S.K. hat dann die Stelle bei Lucian selbst nachgeschlagen. Er besaß eine deutsche Übersetzung: »L.s Schriften aus dem Griechischen übersetzt«, Zürich 1769 [Kat. 1135–1138]. Hier steht im zweiten Band, p. 254ff. und 260f., die Bedingung angegeben, die S.K. in seiner Tagebuchaufzeichnung nicht angeführt hat. Es wurde nämlich von Demonax gefordert, er solle schweigen, wenn er eingeweiht geworden sei. Und nun verteidigte er sich, indem er sagte: er würde nicht schweigen können, wenn die Mysterien schlecht wären, denn dann wäre es seine Pflicht, anderen abzuraten, sich einweihen zu lassen. Und wären sie gut, müßte er den anderen den Rat geben, es zu tun.

Seite 391, Z. 12: einen Apokalyptiker: Der Ausdruck wird hier in Bezug auf Dichter verwendet, die in satirischer Weise den Zustand nach dem Tode geschildert haben, wie z. B. Aristophanes in den »Fröschen« und Lucian in seinen »Todesgesprächen«. In diesem besonderen Falle ist an J. L. Heibergs »apocalyptische Comödie«: »En Sjæl efter Döden« [eine Seele nach dem Tode] in »Nye Digte« 1841 gedacht. In seiner Rezension hat Martensen die Auftritte in der Hölle als »aristophanisch« bezeichnet. Im Manuskript stand ursprünglich: »denn die einzelnen Männer, die wie die doctores cerei im Mittelalter von einem Rezensenten zu Aristophanessen ernannt worden sind, haben nicht viel zu bedeuten, ein solcher deutscher, dänischer, spanischer oder jütländischer Aristophanes ist eben sowohl eine Firma wie die jütländische Frau Heiberg«.

Seite 391, Z. 13f.: doctores cerei: Doktoren aus den Mendiantenorden, die ihren akademischen Grad an den weniger angesehenen Universitäten des Kontinents erhalten hatten, wurden in

England im Laufe des XIV. Jahrhunderts »doctores cereati«, d.h. Wachsdoktoren, also »falsche« Doktoren, genannt. S.K. hat hier doch gewiß eher an die deutschen sogenannten doctores bullati, d.h. Männer, die von den Pfalzgrafen ohne Promotion an der Universität zu Doktoren ernannt wurden, gedacht.

Seite 392, Z. 30: in uno: in einer Person. Die Quelle des Zitates hat sich nicht nachweisen lassen.

Seite 393, Z. 14: partes: Rolle.

Seite 396, Z. 16: sie macht... nur Aufhebungen: S.K. deutet auf die bekannte Anwendung des Wortes »aufheben« in dessen zwei Bedeutungen hin, die von Hegel durchgeführt wird. In einer Anmerkung in »Wissenschaft der Logik« erklärte Hegel dies deutlich: »Aufheben hat in der Sprache den gedoppelten Sinn, daß es so viel als aufbewahren, erhalten bedeutet und zugleich so viel als aufhören lassen, ein Ende machen. Das Aufbewahren selbst schließt aber schon das Negative in sich, daß etwas seiner Unmittelbarkeit und damit einem den äußerlichen Einwirkungen offenen Daseyn entnommen wird, um es zu erhalten. So ist das Aufgehobene ein zugleich aufbewahrtes, das nur seine Unmittelbarkeit verloren hat, aber darum nicht vernichtet ist.«

Seite 396, Z. 23: diesen archimedischen Punkt: Archimedes soll seinen Stolz auf seine mechanischen Erfindungen in den Ausruf gekleidet haben: »Gib mir einen Standpunkt, und ich bewege die Erde« [Plutarch: Marcellen XIV].

Seite 396, Z. 26 f.: professor publicus ordinarius: ordentlicher öffentlicher Professor.

Seite 405, Z. 31: in der Adressenzeitung: Diese Zeitung war die älteste in Dänemark – sie erschien zuerst 1706 unter dem Namen »Köbenhavns Adressecomptoirs Efterretninger« und brachte keinen journalistischen Stoff, sondern nur Anzeigen. In dem Tagebuch S.K.s vom 10. April 1843 steht: »Heute stand in der Adresseavis: „infolge anderer Bestimmung werden 16 Ellen schweren schwarzen Seidenstoffes verkauft". Gott mag wissen, welcher Art die erste Bestimmung gewesen ist. Es hätte sonst eine gute Replik werden können, wenn man ein Mädchen, das in den entscheidenden Tagen vor der Hochzeit betrogen wurde, anzeigen ließe, daß 16 Ellen schwerer schwarzer Seide, die für das Brautkleid bestimmt war...« [Pap. IV A 78].

Seite 406, Z. 8: denn was ist des Ruhmes...: ein Zitat aus einem Gedicht Schack Staffeldts »Elskovsbaalet« [Das Liebesfeuer]. [Digte, udg. af F. L. Liebenberg II, 1843, 327, Kat. 1579 f.]

Seite 406, Z. 24: Die Wolken treiben etc.: Die Quelle des Zitates hat sich nicht nachweisen lassen.

Seite 407, Z. 1: Sie gefallen mir nicht: Prediger XII, 1.

Seite 407, Z. 15: Der Herr hat's gegeben...: Hiob I, 21.

Seite 408, Z. 5: Das Schwert des Unterdrückten: vgl. Hiob XXIX 12–15.

Seite 408, Z. 13: in der Seele Bitternis: Hiob VII, 11. Luther: »in der Betrübnis meiner Seele..«

Seite 408, Z. 15: der Witwen und Vaterlose auffrißt: Matth. XXIII, 14 [»die Ihr der Witwen Häuser fresset«] und Hiob XXIX 12 f.

Seite 408, Z. 18 f.: mit Gott zu hadern: Hiob XXXIII, 13.

Seite 409, Z. 28 f.: sieben Söhne und drei Töchter: Hiob I, 2.

Seite 409, Z. 33: und schlug Hiob mit bösen Schwären: Hiob II, 7.

Seite 410, Z. 16: Seelenverkooper: d.h. Seelenverkäufer, Menschenhändler, eigentlich holländisch: Zielverkooper, d.h. der Heuerbaas, der Vermittler, der die Seeleute erwerbsmäßig engagiert.

Seite 410, Z. 29: Cicero: Pro Roscio Amerino 30, 84: »L. Cassius ille, quem Populus Romanus verissimum et sapientissimum judicem putabat, identidem in causis quaerere solebat cui bono fuisset.«

Seite 414, Z. 8: Balleschen Lehrbuch: 6. Kap., III, § 2 b und 1. Kap., I, § 2. – Das Waisenhaus in Kopenhagen wurde 1727 von König Frederik IV. mit einer hauptsächlichen Einnahme aus dem Verkauf von Bibeln, Psalmenbüchern und Katechismen gegründet. Über Balles Lehrbuch vgl. Komm. zu »Philos. Brosamen« [dän. Ausg., p. 146].

Seite 415, Z. 18: Heilpflaster...: »Gotteshandpflaster«, emplastrum manus dei, war ein Bleipflaster, mit Spanischgrün, Harz usw. gekocht. Es wurde gegen Erkältung u.ä. verwendet.

Seite 415, Z. 33: Philoktet mit seinen Klagen: Philoktet wurde von den Griechen auf der Insel Lemnos zurückgelassen, als sie nach Troja unterwegs waren, weil er einen unheilbaren Schlangenbiß erhalten hatte, und sie es nicht mehr aushalten konnten, sein Wehklagen zu hören. Seine Leiden werden in dem Drama »Philoktet« von Sophokles dargestellt.

Seite 417, Z. 9f.: keiner sagt ein Wort: Hiob II, 13 und III.
Seite 417, Z. 19f.: Ach, könnte ein Mann mit Gott ins Gericht gehen: Hiob XVI, 21.
Seite 417, Z. 29: Alles hat seine Zeit: Prediger Salomo III, 1: »Ein jegliches hat seine Zeit...«
Seite 418, Z. 7: argumentum ad hominem: ein persönliches, den Betreffenden direkt berührendes Argument.
Seite 419, Z. 31: integer: mit frischen Kräften [vgl. Hiob XXXII].
Seite 420, Z. 4f.: Erbarmet Euch mein: Zitat aus Hiob XIX, 21.
Seite 420, Z. 5f.: »Ihr deutet's fälschlich: Zitat aus Hiob XIII, 4.
Seite 420, Z. 12f. : der Waldesel...: Vgl. Hiob. VI, 5: »Das Wild schreit nicht, wenn es Gras hat; der Ochse blökt nicht, wenn er sein Futter hat« [in der dänischen Bibelübersetzung heißt es: »Ob der Wildesel jaht, wenn er Gras hat? Oder ob der Ochse blökt, wenn er Futter hat?«].
Seite 421, Z. 9: Der Herr hat's gegeben, der Herr hat's genommen...: Hiob I, 21.
Seite 422, Z. 6: die listigen Anläufe...: Vgl. Epheser VI, 11.
Seite 422, Z. 16: eo ipso: durch sich selbst.
Seite 422, Z. 29: Gottes Geheimnis etc.: Hiob XXIX, 4: »da Gottes Geheimnis über meiner Hütte war...«
Seite 422, Z. 31f.: und essen Brot mit ihm: Hiob XXXXII, 10–11: »und aßen mit ihm in seinem Hause...«
Seite 423, Z. 30f.: zumal Bildad: Hiob VIII.
Seite 424, Z. 16: sitze... auf Unschuld etc.: Der Ausdruck ist lediglich aus dieser Stelle bekannt. Nach dem dänischen Rechtspflegegesetz von 1919 konnte man einen Häftling »auf Bekenntnis sitzen« lassen, d.h. man konnte ihn einsperren, um ein Geständnis von ihm zu erreichen. Der Ausdruck S.K.s ist vermutlich mit dieser Regel verwandt. In der Zeit von 1833 bis 1841 wurden vier systematische Strafgesetze eingeführt, aber vor dieser Zeit war man genötigt, sich nach den Bestimmungen des »Danske Lov« [Dänischen Gesetzes] von 1683 zu richten, die man mit Bezug auf eine ganze Reihe von Verbrechen zu streng fand. In solchen Fällen wurden die zum Tode verurteilten Verbrecher oft »auf Gnade des Königs« auf längere oder kürzere Zeit in ein sogenanntes »Verbesserungshaus« [seit 1790] gesteckt, eine besondere Arbeitsabteilung der Zuchthäuser. Nach einer Reihe von Jahren konnten sie –

wenn ihr Betragen und die übrigen Verhältnisse dafür sprachen – freigelassen werden.

Seite 424, Z. 21: suspenso gradu: mit verhaltenem Schritt.

Seite 427, Z. 11: in pausa: in einstweiligem Ruhestand. Der Ausdruck ist der hebräischen Grammatik entlehnt. Diejenigen Wörter, die »in pausa« stehen – besonders gegen Schluß des Verses – erhalten eine andere Betonung als normalerweise. Dadurch entstehen die sogenannten Pausalformen.

Seite 427, Z. 30: die Bürger: hier: die Bürgermiliz. In den dänischen Städten, inklusive Kopenhagen, wurden die Bürgermilizen, die in Kriegszeiten Verteidiger ihrer Städte und außerdem Polizei- und Feuerwehrkorps sein sollten, 1801 wieder errichtet. Sie verschwanden erst vollständig durch das Heeresgesetz von 1909.

Seite 428, Z. 12: und sie im Recht: d.h. sie hat Recht.

Seite 431, Z. 11f.: Nur die Kinder bekam Hiob nicht zwiefach: Hiob I, 2 [»und zeugte sieben Söhne und drei Töchter«] und XXXXII, 13.

Seite 431, Z. 23: Ilithya: war die griechische Geburtsgöttin. Als Alkmene Herakles, den Sohn des Zeus gebären sollte, versuchte die eifersüchtige Gemahlin des Zeus, die Geburt zu verhindern. Sie sandte ihre Tochter Ilithya zur Gebärenden. Sieben Tage saß sie unbeachtet neben der Alkmene. Indem sie ihre Beine kreuzte und die Hände faltete, bewirkte sie, daß die Geburt nicht stattfinden konnte, und Alkmene litt furchtbare Schmerzen. Da entdeckte die Sklavin der Alkmene die Göttin und sagte ihr: »Beglückwünsche Alkmene, sie ist entbunden worden.« Erstaunt erhob sich die Ilithya und breitete die Arme aus – und Herakles wurde geboren! S.K. erinnerte sich sicher dieser Geschichte aus der Iliade XIX, 96ff. oder aus den Metamorphosen des Ovid IX, 281ff. Sie wird in dem mythologischen Handbuch von Paul Fr.A. Nitsch [»Mythologisches Wörterbuch«, 2. Ausg. 1821, I, 134 und II, 27, Kat. 1945] referiert, das S.K. öfters außer dem von W. Wolmers benutzte.

Seite 432, Z. 26: August 1843: Ursprünglich stand da: Juli 1843 [Pap. IV B 97, 30]. Aller Wahrscheinlichkeit nach wurde das Manuskript des Buches in Berlin im Mai 1843 abgeschlossen [Pap. IV B 97, 3]; S.K. hat aber dann nach seiner Rückkehr daran geändert, weil er erfuhr, daß Regine Olsen sich inzwischen mit Fritz Schlegel verlobt hatte. Das Manuskript wurde der Druckerei von Bianco Luno im August eingeliefert und war am 7. Oktober 1843 fertiggedruckt. Das Buch erschien am 16. Oktober desselben Jahres.

Seite 433, Z. 11f.: Clemens Alexandrinus: Der griechische Kirchenvater C. A. hebt in seinen *Στρωματεῖς* öftersher vor [z. B. I, 1–3, XVIII, 1, XXI, 1–2], daß er die christlichen Lehrsätze in verhüllter Gestalt darstellen will, so daß sie nicht von Uneingeweihten verstanden und mißbraucht werden. Mit Bezug auf diese Methode scheint er indessen nicht besonders an die Ketzer gedacht zu haben.

Seite 434, Z. 20: daß man vergebens erstens, zweitens, drittens zu sagen versucht,: stellt hier einen Hinweis auf die drei Stadien in der Entwicklung des Begriffes dar, wie Hegel diese erläutert: Position, Negation, Mediation [Vermittlung].

Seite 434, Z. 21 f.: invers: umgekehrt.

Seite 435, Z. 10f.: einen Sünder... neunundneunzig Gerechte, vgl.: Luk. XV, 17.

ZUM BEGRIFF DER ANGST

»Der Begriff der Angst« erschien am 17. Juni 1844. Der erste Entwurf zum Titelblatt lautete folgendermaßen [Pap. v B 42]:

Über
den *Begriff der Angst*
Eine schlecht und recht psychologische
Überlegung in Dichtung auf das dogmatische
Problem der Erbsünde
von
S. Kierkegaard
M: A:
[magister artium]

Seite 442: Vigilius Haufniensis: eigentlich: »Der Wachsame aus Kopenhagen«. Dieses Pseudonym wurde erst in das druckfertige Manuskript eingesetzt [Pap. v B 72]; anfangs hatte S. K. erwogen, den ebenfalls konstruierten Namen Emerentius Omphalopsychita [v B 70] als Pseudonym zu verwenden.

Seite 444, Z. 5: Sokrates in Platons »Des Socrates Verteidigung« [Schleiermacher: Platons Werke, I. Teil, B, 2, pag. 194, 21]: »Ich habe nämlich... durch nichts anders als durch eine gewisse Weisheit diesen Namen erlangt. Durch was für eine Weisheit aber? Die eben die menschliche Weisheit ist...«

Seite 444, Z. 8: Hamann: in II. Vorrede zu »Sokratische Denkwürdigkeiten« [Schriften, herausg. von Fr. Roth II, 1821, 12. – Kat. 536 ff.]. S.K. benutzte diese Stelle frei. Hamann sagt über Sokrates: »Er unterschied in den Schriften des Heraklitus dasjenige, was er nicht verstand, von dem, was er darin verstand.« Im druckfertigen Manuskript hat S.K. seinen Namen unter dem Motto gestrichen [Pap. V B 72, 2].

Seite 444, Z. 14: Poul Martin Möller [1794–1838] hinterließ eine vorzügliche, aber leider unvollendete Übersetzung der Schrift »De anima« von Aristoteles; sie wurde erst in der 2. Ausgabe seiner »Nachgelassenen Schriften« gedruckt [III, 1848, 213–228]. S.K. kann sie indessen in den Vorlesungen P.M.s über diese Schrift kennengelernt haben. Jedoch ist es wahrscheinlich, daß er auch an die gründliche Darstellung der Philosophie des Aristoteles in den Vorlesungen Poul Möllers über die Geschichte der älteren Philosophie gedacht hat [Nachgel. Schriften III, 1842, 455–505].

Seite 444, Z. 18: Freude Dänemarks: Zitat aus »Freude über Dänemark« von Poul Möller, Vers 3: »Meine Freunde im dänischen Sommer! / Gedenket Ihr des weit verreisten Mannes?« Dieses Gedicht wurde von Poul Möller geschrieben, während er als Schiffsprediger in den Jahren 1819–1821 tätig war und sich im Fernen Osten aufhielt. – Laut Fr. Brandt »Den unge S.K.«, 1929, p. 337, deuten die Ausdrücke der Widmung [nur im Entwurf Pap. V B 46] die Entwicklungsstufen im Verhältnis des jungen S.K. zu Poul Möller an: »die Begeisterung meiner Jugend; die gewaltige Posaune meines Erwachens; der ersehnte Gegenstand meiner Stimmung; der Vertraute meines Anfangs; mein verlorener Freund; mein sehnsüchtig vermißter Leser«. Schon das Vorhandensein der Widmung an P.M. macht es jedoch unwahrscheinlich, daß die Schrift im eigentlichen Sinne pseudonym ist. In dem oben zitierten Entwurf [Pap. V B 42] steht der Name S.K.s ja auch auf dem Titelblatt. Indem er die Schlußworte der ursprünglichen Widmung zusammenzog, hat S.K. das private Verhältnis des Verfassers zu P.M. für den Leser fast undurchsichtig gemacht. Man muß folglich die definitive Formulierung als von dem entschiedenen Wunsche bestimmt betrachten, die Schrift pseudonym erscheinen zu lassen.

Seite 445, Z. 1: Vorwort: Ursprünglich war es die Absicht, das »Vorwort« Nr. VII [SV V 43–54] an dieser Stelle in der Schrift »Über den Begriff der Angst« zu verwenden; vgl. Pap. V B 71, wo S.K. schreibt: »Es wird nicht verwendet, da es lediglich die Aufmerksamkeit des Lesers von der Sache ablenken würde. Deshalb habe ich ein kleines Vorwort [das jetzige] geschrieben, das mit dem Buch zusammen gedruckt werden soll.«

Seite 445, Z. 9: Der Freund des Bräutigams: vgl. Johannes III, 29.

Seite 445, Z. 14: wie der Vogel sein Lied singt: Vielleicht ist hier die Rede von einem Hinweis auf die Ballade Goethes: »Der Sänger«, Strophe 5: »Ich singe, wie der Vogel singt, Der in den Zweigen wohnet« [zitiert nach Goethe: Gedenkausgabe, herausgegeben von Ernst Beutler I, 1950, p. 112].

Seite 445, Z. 18: »in dir sollen gesegnet werden alle Geschlechter auf Erden«: 1. Mose, XII, 3.

Seite 445, Z. 22: Jeder Einzelne des Geschlechtes hat wie jeder Tag seine Plage«: vgl. Matth. VI, 34.

Seite 445, Z. 26: Ära und Epoche: vgl. Kommentar zu den »Philosophischen Brosamen« [dän. Ausg. p. 122].

Seite 445, Z. 27: das Neujahrsfeuer seiner Versprechungen...: ein Hinweis auf das astronomische Jahrbuch »Urania« für das Jahr 1844, das J.L. Heiberg als »Neujahrsgeschenk« Weihnachten 1843 herausgab. Vgl. »Vorwort«, Nr. III. – Mit dem Ausdruck »eine zweifelhafte Valuta« ist das System Hegels gemeint.

Seite 445, Z. 33: Nicht jeder, der Herr, Herr sagt...: vgl. Matth. VII, 21.

Seite 446, Z. 2: Gottsblitz: Der Ausdruck ist Schillers »Wallensteins Lager« entlehnt.

Seite 446, Z. 6: in Furcht und vielem Zittern: vgl. 1. Korinth. I, 3.

Seite 446, Z. 18: Imprimatur: In der Komödie »Erasmus Montanus« III, 3, von Ludvig Holberg, fragt der halbstudierte Dorfküster Per, um sich hervorzutun, den aus Kopenhagen kommenden Studenten Erasmus Montanus [die latinisierte Form seines Namens Rasmus Berg]: »Wer ist denn der diesjährige Imprimatur?« Per faßt dies Wort »kann gedruckt werden« als Substantiv auf. Der Dekan der philosophischen Fakultät mußte damals die Manuskripte der Dissertationen mit dieser Genehmigung versehen, bevor sie gedruckt werden durften. Sie stand also auch in dem dickleibigen Buche.

Seite 446, Z. 23: die Schlichtungskommission: Diese Kommission wurde in Dänemark durch einen königlichen Erlaß im Jahre 1795 errichtet. Die bürgerlichen Vertreter derselben nahmen der Reihe nach je einen Monat teil an ihren Sitzungen.

Seite 447, Z. 12: pium desiderium: ein frommer [meistens unerfüllbarer] Wunsch.

Seite 447, Z. 24: den Glauben das Unmittelbare nennt: Hier spielt S. K. wahrscheinlich auf die Schrift des dänischen Rechtshegelianers Rasmus Nielsen: »De speculativo sacrae historiae tractandae methodo« 1840 [Kat. 697], p. 6, an und auf Martensens »De autonomia conscientiae sui humanae etc.«, 1837, p. 2 ff. Es kann hier kaum die Rede von einer Polemik direkt gegen Hegel sein, da dieser an mehreren Stellen, und zwar am deutlichsten in der kritischen Darstellung der Philosophie Jacobis in »Vorlesungen über die Geschichte der Philosophie« [W. a. A. XV, 543 ff. = Jub. Ausg. XIV, 543] die Identifizierung des unmittelbaren Wissens und des Glaubens kritisiert. Vgl. Komm. zu »Furcht und Zittern« [SV III, 132, dän. Ausg.] und zu »Philosophischen Brosamen« [p. 182 und 199, ebenfalls dän. Ausg.].

Seite 447, Z. 34: πρῶτον ψεῦδος: Grundirrtum.

Seite 447, Z. 35: der letzte Abschnitt der Logik: d. h. »Die Wissenschaft der Logik« von Hegel. Ihr letzter Abschnitt handelt nicht von der »Wirklichkeit«, die im letzten Abschnitt der Lehre vom »Wesen« erörtert wird. Hegels Darstellung der Logik ist in die Lehre vom »Seyn«, vom »Wesen« und vom »Begriff« aufgeteilt.

Seite 447, Z. 41: die Logik: Hier wird an Hegels »Wissenschaft der Logik« [W. a. A. III, 59 ff. = Jub. Ausg. IV, 69 ff.] gedacht, wo Hegel seine Auseinandersetzung allerdings mit der Feststellung beginnt, daß der Anfang der Philosophie entweder

»ein Vermitteltes oder ein Unmittelbares« sein müsse, aber dennoch keines von beiden sein könne.

Seite 449, Z. 6: propädeutische Untersuchungen: Möglicherweise hat S.K. hier an die Schrift des dänischen Rechtshegelianers P.M. Stilling: »Philosophiske Betragtninger over den speculative Logiks Betydning for Videnskaben [Philosophische Betrachtungen über die Bedeutung der spekulativen Logik für die Wissenschaft]«, anläßlich der Abhandlung Professor Rasmus Nielsens: »Den speculative Logik i dens Grundtræk« [»Die speculative Logik in ihren Grundzügen«] aus dem Jahre 1842 gedacht, in der Stilling u.a. den Ausdruck »das Reich der Versöhnung« für das spekulative Wissen verwendet.

Seite 449, Z. 25: Hegels und seiner Schule: vgl. zu dieser Stelle Hegels: »Wissenschaft der Logik« [W.a.A. III, 40ff. = Jub. Ausg. IV 509ff. und V, 329ff. = Jub. Ausg. V, 329ff.]. Die Gegensätzlichkeit im Verhältnis zu Kant wird besonders in W.a.A. III, 44 = Jub. Ausg. IV, 54ff. hervorgehoben. Hegel verwendet nicht den Ausdruck »Manifestation«, spricht aber von »Selbstoffenbarung«, z.B. »Enzyklopädie § 383 [W.a.A. VII^2, p. 28 bis 29 = Jub. Ausg. X, 34–35].

Seite 449, Z. 27: Schelling: S.K. mag hier an die Erörterungen Schellings z.B. in »System des transcendentalen Idealismus« [Werke, herausg. von M. Schröter II, 369ff.] gedacht haben: »Die intellectuelle Anschauung ist das Organ alles transcendentalen Denkens. Denn das transcendentale Denken geht eben darauf, sich durch Freiheit zum Objekt zu machen, was sonst nicht Objekt ist; es setzt ein Vermögen voraus, gewisse Handlungen des Geistes zugleich zu produciren und anzuschauen, so daß das Produciren des Objekts und das Anschauen selbst absolut Eines ist, aber eben dieses Vermögen ist das Vermögen der intellektuellen Anschauung.«

Seite 450, Z. 23: λόγος: bedeutet sowohl »das Wort« in christlicher Bedeutung als »der Gedanke« im philosophischen Sinne; daher »Logik« = Lehre des Denkens. In der obenerwähnten Schrift P.M. Stillings, p. 11, und z.B. in der »Dogmatik« von Ph. Marheinecke, 2. Ausg. § 208 wird die Zusammengehörigkeit beider Bedeutungen behauptet. Stilling schreibt beispielsweise: »Man kann sich ... die Definition des Absoluten ins Gedächtnis bringen, die uns die Religion verleiht [*ϑεός ἦν λὸγος*];

denn bleibt man jetzt noch immer bereit, eine andere religionsphilosophische Erkenntnis anzunehmen, nämlich daß der Mensch nach dem Bilde der seiner selbst bewußten Vernunft, des λόγος geschaffen sei, dann ergibt sich jene... Bestimmung des Ichs als λόγος einfach aus dieser seiner logischen Herkunft.«

Seite 450, Z. 24: das Negative: Für Schelling war das Absolute über jeden Gegensatz erhaben, während die Auffassung Hegels die war, daß die Negativität ein nicht aufzugebendes Element des Absoluten sei. Nachdem der Begriff unmittelbar bestimmt worden sei, enthüllte sich ein Gegensatzverhältnis, das er als das negative Element desselben bezeichnet. Die Folge davon sei, daß der Begriff in seinen Gegensatz umschlage, in seine Negation, und erst durch eine spekulative Negierung der Negation erreiche der Begriff eine höhere Einheit, in der sowohl die unmittelbaren als die negativen Elemente, die Begriffsbestimmungen, als versöhnt zu betrachten seien, weil sie jetzt widerspruchslos als Momente des höheren Begriffes bestehen können. – In seinem Entwurf zu dieser Stelle [Pap. v B 49,6] spricht S.K. implicite seine Zustimmung zur Kritik Trendelenburgs von Hegel inbezug auf die Bestimmung und Verwendung des Negativen aus: »Sollte jemand eine mehr eingehende Erörterung des unberechtigten Gebrauches, der in der Logik inbezug auf das Negative gemacht wird, wünschen, kann ich auf »Die logische Frage in Hegels System«, zwei Streitschriften von Adolph Trendelenburg, Berlin 1843, hinweisen. Trendelenburg ist glücklicherweise in der griechischen Philosophie außerordentlich geschult und ist deshalb auch nicht daran gewöhnt, leeres Gerede kritiklos zu akzeptieren.«

Seite 450, Z. 24: exempli gratia: zum Beispiel. In dem folgenden wird auf Hegels »Wissenschaft der Logik« hingewiesen [2. Buch – W. a. A. IV, 3 u. 8 = Jub. Ausg. IV 481 u. 486]: »Die Sprache hat im Zeitwort Seyn, das Wesen in der vergangenen Zeit: gewesen, behalten; denn das Wesen ist das vergangene, aber zeitlos vergangene Seyn.« [481] und »das Wesen ist das aufgehobene Seyn« [486]. S.K. hat Hegel karikiert, indem er das »ergo« hineinschob.

Seite 450, Z. 25: tempus praeteritum: vergangene Zeit.

Seite 451, Z. 27: Lulu: ist der Titel einer »romantischen Oper«

von C. F. Güntelberg, Kopenhagen 1824. Lulu wird darin nicht durch eine Maschine bewegt.

Seite 452, Z. 23: Das Negative ist das Böse: vgl. Hegels »Philosophie des Rechts« § 18 und besonders § 139 [Zusatz], wo die Begriffe auf dem Gebiete der Moralphilosophie identifiziert werden.

Seite 452, Z. 25: Mad. Staël-Holstein sagt in ihrem Buche »De l'Allemagne«, 1810, III, Kap. 8, daß selbst unbedeutende Menschen ihr wegen ihres Wissens auf dem Gebiete des spekulativen Idealismus geistreich erschienen.

Seite 453, Z. 17: über Wenigem treu sein: ein Hinweis auf das Gleichnis von den anvertrauten Talenten, Matth. 25, 14–30, besonders v, 21 u. 23.

Seite 454, Z. 29: de potentia: der Möglichkeit nach, de actu, der Wirklichkeit nach, in actu, in der Wirklichkeit. S.K. verwendet hier rein formal die aristotelische [und thomistische] Ditsinktion zwischen *δύναμις* und *ἐνέργεια.*

Seite 454, Z. 34: der Hund, der den Schatten vorzog ...: d.h. das Spiegelbild des Fleisches im Wasser, aus den »Fabeln« des Phaedrus, Nr. 5.

Seite 455, Z. 28: Socrates: z.B. in Platons »Gorgias«, 448 E, wo Sokrates sagt: »Trefflich gewiß, o Gorgias, scheint Polos gerüstet zu sein auf Reden; allein das, was er dem Chaerophon versprach, thut er doch nicht« [Schleiermacher II, 1. Band, p. 26].

Seite 456, Z. 18: was vom Gesetz gesagt wird: vgl. Brief an die Gal. III, 19, 21, 24.

Seite 456, Z. 24: Definition der Tugend: Im Entwurf [Pap. v B 49, 2] ist hier das Wort *καλοκἀγαθία* hinzugefügt, ein Ausdruck, der vor allem mit Bezug auf die männliche Vollkommenheit gebraucht wurde. Das Wort ist aus *καλός* und *ἀγαθός*, schön [edel] und gut zusammengesetzt.

Seite 457, Z. 1: in der Nikomachischen Ethik: z.B. 1099 A gegen den Schluß. – S.K. benutzte oft »Die Ethik des Aristoteles, übers. von Chr. Garve«, 1798 [Kat. 1082–1083], wo man die zitierte Aussage p. 492–494 finden kann.

Seite 457, Z. 30: Siehe, es ist alles neu: vgl. 2. Kor. v, 17.

Seite 458, Z. 6: κατ' ἐξοχήν: im eminenten Sinne, hier: Der Mensch, wie er seiner Bestimmung nach sein sollte.

Seite 458, Z. 33: discrimen rerum: ein Wendepunkt, eine Krise.

Seite 458, Z. 39: damit die Ketzer ihn nicht verstehen: vgl. p. 433, Z. 11 f. mit Kommentar.

Seite 459, Z. 22: p. 34 = SV III, 212.

Seite 459, Z. 29: Kant: in seiner »Kritik der Urteilskraft«, § 2 ff. »interesselos« bedeutet hier »uninteressiert«.

Seite 460, Z. 33: Deshalb sagt Constantin mehrmals: SV III, 246 und 248.

Seite 460, Z. 36: Prof. Heiberg: In dem astronomischen Jahrbuch Heibergs aus dem Jahre 1844, p. 97 ff. wird »Die Wiederholung« erwähnt. Anläßlich dieser Besprechung schrieb S. K. ein »Vorwort« und machte umfangreiche Entwürfe zu einer Polemik gegen Heiberg [Pap. IV B 101–124]. Indessen entschloß sich S. K., diese Polemik nicht zu veröffentlichen [Pap. IV B 109]: »Da ich jenes Büchlein [»Die Wiederholung«] absichtlich so geschrieben habe, „damit die Ketzer es nicht verstehen", würde es einem Aus-der-Rolle-Fallen gleichkommen, irgend etwas darin eingehender zu erläutern. Das ganze Gerede Heibergs ist außerdem die reine Trivialität. Ich darf meine Zeit nicht vergeuden und mich in die ephemeren Sphären hineinziehen lassen. Die Leser werden in meinen Büchern genug der Polemik bekommen, aber keiner Polemik, die ein neugieriges und wollüstiges Publikum von Gaffern beschäftigen könnte.«

Seite 459, Z. 12: stricte: im strengen Sinne.

Seite 460, Z. 7: ein Dogma von Engeln: vgl. z. B. Karl Hases: »Hutterus redivivus«, § 38 ff. und § 73 ff.

Seite 460, Z. 11: die griechische Naturspekulation: S. K. hat hier an Demokritos, vielleicht ebenfalls an Anaximander gedacht. Eine Hauptquelle S. K.s ist Diogenes Laertios gewesen [B. Riisbrighs dänische Übersetzung 1812] IX, 7, 44: die Atome sind [laut Demokritos] »unendlich inbezug auf Größe und Menge. Sie werden im großen ganzen in Wirbeln bewegt, und dadurch werden alle zusammengesetzten Dinge hervorgebracht.«

Seite 460, Z. 16: Schleiermacher: in »Der christliche Glaube«. In den Tagen vom 22. bis zum 29. September 1834 besuchte Schleiermacher Kopenhagen [über seinen Einfluß und Bedeutung vergleiche N. M. Plum: Schleiermacher i Danmark, 1834, Festskrift, udg, af Köbenhavns Universitet]. Die starke

Bewegung, die in akademischen Kreisen dadurch hervorgerufen wurde, war für den jungen theologischen Studenten S.K. unzweifelhaft ein mitentscheidender Faktor, als er 1834 den damaligen Kandidaten der Theologie H.L. Martensen zum Studienleiter wählte, um mit seiner Hilfe die Dogmatik Schleiermachers durchzugehen. Nach seiner Auslandsreise in den Jahren 1834–1836 wandte Martensen sich von Schleiermacher ab [vgl. Komm. zu »Philos. Brosamen«]. Mit seiner Aussage an dieser Stelle gibt S.K. zu erkennen, daß er z.B. die spätere Annäherung Martensens an die hegelsche Betrachtungsweise der Dogmatik als einen Rückschritt betrachtete.

Seite 462, Z. 7: sich zur Sünde des ganzen Geschlechtes ausweitete: Mit der hier gegebenen Definition mag die Schleiermachers in »Der christliche Glaube«, besonders §§ 70–74, verglichen werden.

Seite 462, Z. 16: πρώτη φιλοσοφία: die erste Philosophie. In der Metaphys. des Aristoteles 1026 A wird die *π φ* die theologische genannt. Die theoretische Philosophie zerfällt nach der Einteilung des Aristoteles in Mathematik, Physik und Theologie, die wiederum als die erste derselben im Sinne der höchsten betrachtet wird. S.K. verwendet jetzt den Ausdruck hier inbezug auf das spekulative System Hegels: »Die wissenschaftliche Totalität ... deren Wesen die Immanenz ist.«

Seite 462, Z. 29: secunda philosophia: die zweite Philosophie.

Seite 462, Z. 31: Schelling: in den Vorlesungen über »Philosophie der Offenbarung«, denen S.K. in Berlin am 22. November 1841 bis 4. Februar 1842 folgte [vgl. Pap. III, C, 27 bis 28]. In seiner 5. Vorlesung [Werke, herausgegeben von M. Schröter, 6. Ergänzungsband p. 74–93, besonders p. 80f.] stellt Schelling seine Sonderung zwischen negativer und positiver Philosophie auf. – Die letzten Worte der Anmerkung zeugen davon, daß das Referat der Vorlesung Schellings von H.E.G. Paulus in »Die endlich offenbar gewordene positive Philosophie der Offenbarung« 1843 S.K. unbekannt war.

Seite 463, Z. 34: Constantin Constantius: vgl. p. 322.

Seite 464, Z. 7: in einer älteren Philosophie: S.K. denkt hier an eine Aussage von Leibniz: »quod Deus necessario existat, si modo possibilis esse ponatur« [Opera, ed. J.E. Erdmann I, 1840, 78, vgl. »Philosoph. Brosamen«, dän. Ausg.: SV IV 235 mit Komm.].

Seite 465, Z. 9: Archimedes: vgl. dänischen Komm. zu SV IV, 200 [»Phil. Brosamen«].

Seite 465, Z. 31: Man hat die Psychologie... genannt...: in der »Enzyklopädie der philosophischen Wissenschaft«, § 387 ff. [W.a.A. VII, 2, pag. 40 ff. = Jub. Ausg. X, 46 ff.], unterscheidet Hegel zwischen den Wissenschaften vom subjektiven Geiste [Anthropologie, Phänomenologie, Psychologie], vom objektiven Geiste [Rechtslehre, Morallehre, Sittlichkeitslehre] und vom absoluten Geiste [Kunst, Religion, Philosophie]. Sein Schüler Karl Rosenkrantz schrieb »Psychologie oder die Wissenschaft vom subjektiven Geiste«, 1837 [Kat. 744], auf die S.K. später hinweist [p. 334; Anm.].

Seite 467 ff.: Vorbemerkung über die Quellen zur dogmengeschichtlichen Erläuterung S.K.s: Als S.K. die folgenden Seiten schrieb, hatte er keine umfassende Literatur zur Verfügung gehabt. Die Hauptquelle seines dogmengeschichtlichen Wissens war das Werk Karl Hases: »Hutterus redivivus«, das er in der vierten Auflage besaß [Kat. 581]. In den Fällen, in denen Hase selbst nicht zitiert, sondern sich statt dessen mit einem Hinweis auf die symbolischen Bücher der evangelisch-lutherischen Kirche begnügt, hat S.K. die betreffenden Stellen in seiner Ausgabe [4. Aufl. 1839, Kat. 581] nachgeschlagen, und er zitiert nach dieser. Weiter haben seine Kollegienhefte aus den Vorlesungen H.N. Clausens über Dogmatik im Wintersemester 1839–1840 und im Sommersemester 1840 [registriert, aber nicht gedruckt, Pap. II C 34], inbezug auf einzelne Punkte, als Quellen gedient.

Seite 467, Z. 27: donum divinitus datum etc.: eine von Gott verliehene, übernatürliche und wunderbare Gabe. S.K. hat diesen Ausdruck von Thomas Aquinas gelernt, und zwar durch die obenerwähnten Vorlesungen H.N. Clausens über Dogmatik.

Seite 467, Z. 29: die föderale Dogmatik: Diese dogmatische Richtung [theologia foederalis], die in den Niederlanden gegen Mitte des 17. Jahrhunderts auftrat, wurde von Johs. Cocejus [gest. 1666] gegründet. Man teilte die Dogmatik in einen zweifachen Bund ein: den Werkbund [den Zustand der Unschuld] und den Gnadenbund [nach dem Sündenfall]. Als Vertreter des gesamten Menschengeschlechtes schloß Adam den

ersten Bund ab. Wahrscheinlich erwähnt S.K. diese Richtung nur, weil Karl Hase sie in seinem »Hutterus redivivus« § 85,6 bespricht.
Seite 468, Z. 19: Die Schmalkaldischen Artikel: nämlich III, 1, 3: »die Erbsünde ist ein so tiefes und abscheuliches Verderbnis der Natur, daß sie von der Vernunft keines Menschen, aber nur von der Offenbarung der Schrift her erkannt und geglaubt werden kann.« S.K. hat in »Hutterus redivivus« § 84 einen Hinweis auf diese Stelle gefunden, hat sie nachgeschlagen und wörtlich zitiert.
Seite 469, Z. 5: ἁμάρτημα προτοπατορικόν [soll heißen: *πρωτοπατορικόν*]: eigentlich die Sünde des ersten Vaters. – Es ist denkbar, daß S.K. diesen Ausdruck in den »Libri Symbolicae Ecclesiae Orientalis...« coll. E. G. Kümmel, 1843, 272 gefunden hat.
Seite 469, Z. 8: Vitium originis: eigentlich die Sünde des Ursprungs. Dieser Ausdruck wird von Tertullian in der Schrift »De anima«, c. 41 verwendet [»Malum igitur animae... ex originis vitio antecedit, naturale quodammodo«]. S.K. hat ihn in »Hutterus redivivus« § 84, 1 gefunden: »Die Bezeichnung ist seit Tertullian gebraucht worden. Man unterscheidet zwischen dem peccatum originale originans, dem Sündenfall, und dem peccatum originale originatum... der dadurch hervorgerufenen Erbsünde, die vorzugsweise das peccatum originale genannt wird.«
Seite 469, Z. 10: Peccatum originale: die ursprüngliche Sünde – quia originaliter tradatur, »weil sie vom Anfang an überliefert wird«. Dieser letzte Ausdruck findet eine Bestätigung in mehreren Aussagen bei Augustinus.
Seite 469, Z. 12: peccatum originans: eigentlich die verursachende, d.h. die ursächliche Sünde. Damit wird die Erbsünde bezeichnet, weil sie der Faktor ist, der die aktuellen Sünden mit sich führt. – *Peccatum originatum:* eigentlich die verursachte Erbsünde, d.h. die Erbsünde als die sündhafte Anlage, die ihren Ursprung außerhalb des Menschen hat. Vgl. Schleiermacher: »Der christliche Glaube«, 1 § 71.
Seite 469, Z. 14: carentia imaginis dei: das Nichtvorhandensein des Gottesbildes. – *Defectio justitiae originalis:* Verlust der ursprünglichen Gerechtigkeit. In den Bekenntnisschriften wer

den diese Bestimmungen nicht verworfen, vgl. Form. Conc. II, 1, 10 und Apol. Aug. Conf. II, 15–23.
Seite 469, Z. 15: poena: Strafe; *concupiscentiam* etc.: Die Gegner behaupten, daß die Begierde eine Strafe, keine Sünde, sei, Apol. Conf., Aug. II, 38. Dies wird auch nicht verneint, vgl. Apol. A. C. II, 47.
Seite 469, Z. 17: vitium: Laster, *peccatum:* Sünde, *reatus:* Schuld, *culpa:* Vergehen. Vgl. Apol. A. C. II 38 und Conf. Aug. I, 2 sowie Form. Conc. Solid. Decl. I, 9. – S. K. hat hier die beiden letzten Glieder umgetauscht, um die erwünschte Klimax zu erreichen. Außerdem hat er die zwei Zitate miteinander vermischt.
Seite 469, Z. 21: nunc quoque afferens iram dei etc.: auch jetzt den Zorn Gottes über diejenigen bringend, die nach dem Beispiele Adams gesündigt haben. – Die ersten Worte stellen eine Reminiszens aus der Conf. Aug. II dar, während die letzten keine Zitation, sondern die persönliche Wiedergabe S. K.s von einem Satze im Römerbrief 5, 14 sind.
Seite 469, Z. 25: quo fit: woraus folgt, daß wir alle wegen des Ungehorsams Adams und Evas in Gottes Augen verhaßt sind. Form. Conc. II, 1, 9, vgl. 8.
Seite 470, Z. 5: drakonischer. Der Gesetzgeber Drakon in Athen soll die Todesstrafe für fast alle Verbrechen bestimmt haben. Wegen ihrer Strenge wurden diese Gesetze jedoch bald wieder aufgehoben.
Seite 471, Z. 2: pelagianische, sozinianische, philanthropische...: Die Pelagianer verneinten die Erbsünde und lehrten, daß jeder Mensch wie Adam vor dem Sündenfall geboren werde. Die Sozinianer im 16. Jahrhundert verwarfen ebenfalls die traditionelle Lehre von der Erbsünde. Mit dem Ausdruck »philanthrophische« wird möglicherweise auf die, von der Aufklärungszeit geprägte moralisch-religiöse Bewegung hingewiesen, die ihren Ursprung in dem »Philanthropinum« J. B. Basedows in Dessau hatte.
Seite 472, Z. 11: caput generis: das Haupt des Menschengeschlechtes nach der Natur, nämlich als derjenige, aus dessen Samen es gekommen ist [seminale]; als jener, der den ersten Bund mit Gott geschlossen hat [foederale]. – Die beiden ersten Bezeichnungen sind uns aus der älteren lutherischen Dogmatik bekannt, die letztere entstammt der Foederaltheologie.

Vielleicht hat S.K. sein Wissen aus der »Dogmatik« Brettschneiders II, 70 ff. oder aus »Hutterus redivivus«, § 85, 6. – Der Ausdruck caput seminale rührt formaliter von S.K. selbst her.

Seite 473, Z. 5: die Qualitätsbestimmung: Die Qualität bezeichnet bei S.K. den besonderen Charakter, die Eigenart, die eine Erscheinung und ihren Begriff von anderen unterscheidet. Unter verschiedenen Qualitäten ist der Übergang von einer zur anderen nur durch einen Sprung möglich. – Auch Hegels Qualitätsbegriff involviert die Behauptung eines qualitativen Sprunges, vgl. »Wissenschaft der Logik« [W.a.A. III, 447–452 = Jub. Ausg. IV, 457–462].

Seite 473, Z. 13: wie Hegel das tut: vgl. oben: Hegel wendet sich am angeführten Ort eben gegen die »qualitativen Knoten und Sprünge«, und S.K., der hier übrigens auf gleicher Linie mit Hegel steht, fügt nur die entscheidende Bemerkung hinzu, daß der qualitative Sprung, der den logischen Zusammenhang [Immanenz] zerbricht, in der Logik nicht behandelt werden kann.

Seite 473, Z. 33: Schelling: in der »Darstellung meines Systems der Philosophie« aus dem Jahre 1801, § 23 ff. [Werke, herausg. von M. Schröter III, 1927, 19 ff.] – S.K. hat doch eher sein Wissen aus dem Werke Karl Rosenkrantz': »Über Schelling und Hegel«, 1843, und aus der Schrift »Schelling«, von demselben Autor 1843.

Seite 474, Z. 10: generatio aequivoca: Zeugung ohne Paarung, Selbstentstehung, Urzeugung.

Seite 474, Z. 12: Trop: In der Vaudeville Heibergs: »Der Rezensent und das Tier«, sagte der juristische studiosus perpetuus Trop [2. Auftr.]: »Ich kann jeden Augenblick attestieren lassen, daß ich nahe daran gewesen bin, die lateinisch-juristische Prüfung zu machen.«

Seite 474, Z. 31: bei Eschenmayer: S.K. weist hier auf die Gedanken hin, die K.G. Eschenmayer in seinen »Principia quaedam disciplinae naturale, in primis Chemiae, ex Metaphysicae naturae substernenda«, 1796 vortrug. In seiner Schrift »Ideen zu einer Philosophie der Natur« aus dem Jahre 1797 erwähnt Schelling E.s Werk in anerkennender Weise, später wurden sie aber uneinig [vgl. speziell Schellings Abhandlung von 1804: »Philosophie und Religion«, Werke, herausg. von Schröter IV, 1927, 28 ff.].

Seite 474, Z. 32: Hegel statuierte den Sprung: vgl. die Hinweise oben.

Seite 474, Z. 33: Rosenkranz: in seiner »Psychologie« 1837 [Kat. 744], p. 312.

Seite 474, Z. 34: seine zuletzt erschienene Schrift: »Schelling« 1843.

Seite 475, Z. 6: besonders in unserer Zeit: in dem Buch H.N. Clausens: »Katholicismens og Protestantismens Kirkeforfatning, Lære og Ritus [Die Kirchenverfassung, die Lehre und der Ritus des Katholizismus und des Protestantentums]« 1825, p. 521 ff.: »Der mosaische Mythus ist die Grundlage der kirchlichen Lehre in diesem Artikel.« Auch Hegel verwendet diesen Ausdruck: »Der Inhalt dieses Mythus bildet die Grundlage einer wesentlichen Glaubenslehre, der Lehre von der natürlichen Sündhaftigkeit des Menschen und der Nothwendigkeit einer Hülfe dagegen« [Enzyklopädie, § 24, Zusatz 3, W.a.A. VI, 54 = Jub. Ausg. VIII, 92].

Seite 478, Z. 29: Die blauen Jungen: d.h. die Knaben des Kgl. Erziehungshauses in Kopenhagen [gestiftet 1753]. Die Knaben reden sich gegenseitig nur mit Nummern an, während das Lehrerpersonal sie mit ihrem Namen ruft. – Bei der Aufnahme erhält jeder die Protokollnummer seines Freiplatzes. Bis zum Jahre 1815 trugen sie eine grüne Kleidung, danach eine blaue.

Seite 479, Z. 15: rechtgläubigen ... Dogmatiken ...: vielleicht wird hier an Ph.K. Marheineckes »Grundlehren der christlichen Dogmatik«, 2. Aufl. 1827, § 260 [Kat. 644], gedacht. M. zitiert nicht die erwähnte Aussage von Hegel, stellt aber die Unschuld und die Unmittelbarkeit gleich. Mit Berufung auf die neueste Philosophie bestimmt er die Unschuld als denjenigen Zustand, in dem noch keine Entscheidung zwischen Gut und Böse getroffen worden ist, und die erste Sünde wird demzufolge als das Durchgangsmoment des Selbstbewußtseins aufgefaßt.

Seite 479, Z. 17: die Bemerkung ... Hegels: S.K. kann hier an mehrere Stellen bei Hegel gedacht haben, z.B. »Wissenschaft der Logik« [W.a.A. III, 110ff. = Jub. Ausg. IV, 120ff. und V, 340f. = Jub. Ausg. V, 340f.]. Der Mensch soll nicht bleiben, was er unmittelbar ist, sondern über diese Unmittelbarkeit hinausgehen; vgl. »Philosophie der Religion« [W.a.A. XII, 259f. = Jub.Ausg. XVI, 259f.].

Seite 479, Z. 20: Hegel hat... jeden dogmatischen Begriff verflüchtigt: S.K. hat hier wahrscheinlich an die Erläuterung Hegels vom Sündenfall in der »Enzyklopädie« gedacht [W.a.A. VI, 55 = Jub.Ausg. VIII, 93]: »Betrachten wir... den Mythus vom Sündenfall näher, so finden wir... darin das allgemeine Verhältnis des Erkennens zum geistigen Leben ausgedrückt. Das geistige Leben in seiner Unmittelbarkeit erscheint zunächst als Unschuld und unbefangenes Zutrauen; nun aber liegt es im Wesen des Geistes, daß dieser unmittelbare Zustand aufgehoben wird, denn das geistige Leben unterscheidet sich dadurch vom natürlichen und näher vom thierischen Leben, daß es nicht in seinem Ansichseyn verbleibt, sondern für sich ist. Dieser Standpunkt der Entzweiung ist demnächst gleichfalls aufzugeben und der Geist soll durch sich zur Einigkeit zurückkehren.« Derselbe Gedanke wird in größerer Breite in »Philosophie der Religion« im Abschnitt: »Die unmittelbare Religion« [W.a.A. 264–275 = Jub.Ausg. XV 280–291] entwickelt.

Seite 481, Z. 34: setzt die Unmittelbarkeit voraus: Mit dieser Stelle muß man Hegels Darstellung in »Philosophie der Religion« [W.a.A. XI, 158 = Jub. Ausg. XV, 174] vergleichen: »Wenn wir uns aber auch nur äußerlicher Weise empirisch verhalten, so giebt es gar nichts Unmittelbares, es ist Nichts, dem zukäme nur die Bestimmung der Unmittelbarkeit mit Ausschließung der Bestimmung der Vermittlung, sondern was unmittelbar ist, ist ebenso vermittelt, und die Unmittelbarkeit ist wesentlich selbst vermittelt.« S.K.s »Mittelbarkeit« entspricht hier der »Reflexion« Hegels. Jeder Mensch ist ohne weiteres Unmittelbarkeit, die sich in die Reflexion erhebt, die eben als etwas Erhobenes die Unmittelbarkeit voraussetzt.

Seite 482, Z. 2: Hegel – in »Wissenschaft der Logik« [W.a.A. III, 78 = Jub.Ausg. IV, 88]: »Das reine Seyn und das reine Nichts ist also dasselbe«, vgl. »Enzyklopädie«, § 87 [W.a.A. VI, 169 = Jub.Ausg. VIII, 207]: »Dieses reine Seyn ist... die reine Abstraktion, damit das absolut negative, welches, gleichfalls unmittelbar genommen das Nichts ist«, d.h. für Hegel ist das Nichts das reine Sein als dasjenige, dem man keine qualitative Bestimmung irgendwelcher Art beilegen kann.

Seite 483, Z. 30: jeder Mund soll gestopft werden: vgl. Römer 3,19.

Seite 483, Z. 31: im Elend geboren: Psalm 51,7: »Siehe, ich bin in sündlichem Wesen geboren, und meine Mutter hat mich in Sünden empfangen.« Diese Stelle wurde im alten dänischen Taufritual, die zur Zeit S.K.s autorisiert war, verwendet.

Seite 484, Z. 6: die Sünde aller Welt tragen: vgl. Joh. 1,29.

Seite 484, Z. 28: Fr. Baader: z.B. in »Vorlesungen über religiöse Philosophie«, § 35 [Werke I, 249ff.], vgl. Fermenta Cognitionis [1822ff.] 8. – Aus der Literatur mag hier auf H. Spreckelmeyer: »Die philosophische Deutung des Sündenfalls bei Franz Baader«, 1938, 183f. hingewiesen werden.

Seite 485, Z. 9: Usteris Entwicklung: S.K. besaß [Kat. 850] die damals sehr bekannte und hochgeschätzte »Entwicklung des paulinischen Lehrbegriffes mit Hinsicht auf die übrigen Schriften des Neuen Testamentes« von Leonhard Usteri [gest. 1780], und zwar in einer dänischen Übersetzung von W.J.J. Boethe aus dem Jahre 1839. Hier wird auf den 2. Abschnitt des 1. Teiles hingewiesen. – Usteri war ein selbständiger Schüler Schleiermachers.

Seite 486, Z. 15: in die hintergründige Lage etc.: Ursprünglich stand hier [Pap. V B 53,6]: »Wie viele gelehrte Theologen haben es verstanden, die Bibel und die Kirchenväter und die Lehre der Symbole und der Philosophen von der Erbsünde zu erklären, ohne sich nur einen einzigen Augenblick damit beschäftigt zu haben, die Wirkung der Erbsünde in dem eigenen Bewußtsein oder in dem irgendeines anderen Menschen nachzuspüren? Und doch ist dies das erste, worauf jeder Mensch angewiesen ist, und jeder besitzt in sich – wenn er genauer nachsieht – einen vollständigeren Ausdruck alles Menschlichen als summa summarum von dem gesamten Wissen, das er in dieser Weise erhält...«

Seite 486, Z. 16: persischer König: Nach der Überlieferung soll Kambyses bei der Belagerung von Pelusium diejenigen Tiere, die den Ägyptern heilig schienen, an die Spitze seines Heeres gestellt und dadurch verhindert haben, daß die Belagerten schossen [Polyaínos: Strategemata VII,7]: »In dieser Weise er-

oberte Kambyses P. und drang in Ägypten ein.« S.K. weist bereits Pap. 1 A 72 auf diese Kriegslist hin.
Seite 486, Z. 20: concupiscentia: die Begierde, vgl. Conf. Aug. 1, 2, 1 und Apol. Conf. II, 2ff. Die erstgenannte Stelle zitiert S.K. unten.
Seite 487, Z. 3: Omnes homines etc.: Alle in natürlicher Weise gezeugten Menschen werden mit der Sünde geboren, d.h. ohne Gottesfurcht, ohne Vertrauen zu Gott, und mit Begierde. [Conf. Aug. 1, 2, 1].
Seite 487, Z. 19: mit der der Bibel: S.K. denkt hier an 1 Mose 2, 17.
Seite 488, Z. 13: als Möglichkeit für die Möglichkeit: A. B. Drachmann vermutet, daß dieser Ausdruck lediglich durch einen lapsus calami entstanden sei; es sollte heißen: Möglichkeit der Freiheit. Aber diese Vermutung ist kaum haltbar. Der Gedankengang mag der folgende sein: im Unschuldzustand des Menschen zeigt sich der Geist wie in einem Traume als Möglichkeit. Das heißt wiederum, daß das naturunmittelbare Individuum diejenige Freiheit ahnt, die mitfolgt, wenn das Bewußtsein von einem ewigen Geiste in ihm erwacht; in dieser Möglichkeit der Möglichkeit liegt die Angst, und das heißt nun, daß »Möglichkeit der Möglichkeit« die Definition der Freiheit werden müsse.
Seite 491, Z. 6: »allein vom Baume der Erkenntnis« etc.: 1 Mose II, 17 [vgl. Anm. oben].
Seite 493, Z. 12: hatte den Tieren Namen gegeben: vgl. 1 Mose 2, 20. – Auf dem Titelbrett oder dem ABC-Brett waren alle Blätter des ABC-Lesebuches aufgeklebt. In den Jahren um 1800 wurden ABC-Lehrbücher in Dänemark eingeführt. Bei jedem Buchstaben zeigten sie das Bild eines Tieres, dessen Namen mit dem betreffenden Buchstaben begann.
Seite 493, Z. 31: die Schlange war listiger etc.: vgl. 1 Mose 3, 1.
Seite 495, Z. 5: daß der Sprechende die Sprache ist etc.: Im Entwurf heißt es [Pap. V 53, 11]: »Und wenn jemand mir belehrend sagen würde: du könntest ja in Übereinstimmung mit dem Vorhergehenden sagen, dies sei die Sprache, dann würde ich antworten: „ich habe es nicht gesagt"«. Aus dieser Bemerkung geht hervor, daß S.K. die Schlange als Symbol der Sprache aufgefaßt hat. – Aus dem nächst folgenden ist deutlich zu

ersehen, daß S.K., als er dies schrieb, an die Abhandlung des großen klassischen Philologen J.N.Madvig: »Über das Wesen, die Entwicklung und das Leben der Sprache« [erstes Stück, Einladungsschrift zur Feier der Universität Kopenhagen anläßlich des Geburtstages S.M. des Königs, Kopenh. 1842], gedacht hat. Es ist jedoch überwiegend wahrscheinlich, daß er außerdem gleichfalls an Hamann dachte, der in »Golgatha und Scheblimini« [Schriften, herausgeg. von Fr. Roth VII, 23] von dem »Schlangenbetrug« der Sprache geredet hatte. Vgl. James C. O'Flaherty: Unity and Language, a study in the philosophy of Johann Georg Hamann, Chapel Hill 1952.

Seite 495, Z. 8: volento deo: mit Gottes Hilfe.

Seite 495, Z. 17: Jakobus 1,13f.

Seite 496, Z. 20: Projektemachen: Vielleicht hat S.K. hier an derartige Betrachtungen gedacht, wie sie z.B. Augustinus in De civitate dei XIV,23 anstellt: ob eine Zeugung im Paradiese auch stattgefunden hätte, wenn niemand gesündigt hätte. Es liegt jedoch näher, daß S.K. hier auf die Spekulationen Fr. von Baaders hinweist, wenn dieser die Gedanken Jacob Böhmes vom androgynen Charakter des Menschen vor dem Sündenfall aufgreift, so wie sie in »Fermenta Cognitionis« Heft 5, 1824 [= SW, II, 1851, 319–364] vorgetragen werden. Vgl. meinen Kommentar zu »Philosophische Brosamen« [dän. Ausg. p. 137].

Seite 496, Z. 24: die Schrift auf unserer Seite: vgl. 1 Mose 2,25.

Seite 497, Z. 7: die sexuelle Differenz ist in der Auferstehung aufgehoben: vgl. Markus 12,25.

Seite 497, Z. 33: liberum arbitrium: freier Wille, freie Wahl. S.K. hat – wie es aus seinem Exzerpten hervorgeht [Pap. IV 31, 36 und 39] – diese Bemerkung von Leibniz entlehnt. In der letzten dieser Aufzeichnungen heißt es: »Ein vollkommen gleichgültiger Wille [aequilibrium] ist ein Unding, eine Chimäre; das zeigt Leibniz glänzend an mehreren Stellen. Auch Bayle räumt es ein [gegen Epicur].«

Seite 498, Z. 16: die kluge Else: in Grimms »Kinder- und Hausmärchen«, Nr. 34: Else geht in den Keller, um Bier zu holen. Da entdeckt sie über sich eine Kreuzhacke, die jemand dort vergessen hat. Nun fällt ihr ein: wenn sie jetzt den Hans heiratet und sie ein Kind bekommen, und das Kind aufwächst und groß wird, da kann es geschehen, daß es eines Tages in den Keller geschickt wird, um Bier zu holen, und dann kann die Hacke herunterfallen und das Kind totschlagen! Bei diesem Gedanken setzt sie sich hin und fängt an zu weinen – und dasselbe tut allmählich der ganze Hausstand, der sich nach und nach im Keller einfindet, um zu schauen, was mit der Else los sei.

Seite 498, Z. 22: discrimine rerum: Krise.

Seite 499, Z. 9: Nebukadnezar wurde zu einem Ochsen: vgl. Daniel 4,25–33. – Die Zahl 4000 erhält S.K. durch eine voreilige Schätzung. Seit dem christlichen Altertum hat man damit gerechnet, daß die Welt um das Jahr 4000 v. Chr. geschaffen wurde. Der seinerzeit sehr bekannte Theologe J. A. Bengel meinte im Jahre 1741 beispielsweise feststellen zu können, daß die Schöpfung der Welt am 10. Okt. 3943 v. Chr. eingeleitet worden wäre. Über dieses Projektemachen, wie S.K. es nennt, vgl. Olof Linton: »Skapelsens aar, maanad och dag« in der schwedischen wissenschaftsgeschichtlichen Zeitschrift »Lychnos«, 1937.

Seite 500, Z. 4: Soldin war ein bekanntes Original in Kopenhagen, als S.K. lebte. Er besaß einen Buchladen in der »Grönnegade« – einer schmalen Straße im Zentrum Kopenhagens. Von seiner außergewöhnlichen Distraktion wird vieles erzählt, unter anderem die folgende Anekdote: Ein Käufer kam in seinen Laden. Und während Soldin nun oben auf einer Leiter stand, um das erwünschte Buch zu holen, sagte der Käufer einige Worte zu dessen Frau, indem er die Stimme Soldins nachahmte. Soldin wandte sich um und fragte seine Frau: »Habe ich eben gesprochen?« Die Gattin Soldins hieß Hanna [Rubin].

Seite 502, Z. 22: Denn das Harren der Kreatur: eine Übersetzung des griechischen Wortes *ἀποκαραδοκία τῆς κτίσεως*.

Seite 503, Z. 13: später Gegenstand der Besprechung: Kap. 4, § 2.

Seite 509, Z. 19: Fr. Baader in seiner »Speculative Dogmatik« XVII [Werke VII, 143 ff.].

Seite 509, Z. 30: Einzelne Männer aus der Schule Schellings: Im Entwurf [Pap. V B 53, 18] hat S.K. geschrieben: »Schubert, Eschenmayer, Görres, Steffens«. Am Rande ist außerdem quer vermerkt: »Jacob Böhme, Schelling [ja, Melancholie in seiner Abhandlung von der Freiheit, in der letzten Schrift von Rosenkrantz [»Schelling, Vorlesungen«, 1843, 260ff.] zitiert gefunden: »Angst, Zorn, Hunger, Leiden. Derlei muß man immer mit Mißtrauen verwenden, bald ist es eine Nachfolge der Sünde – bald das Negative in Gott«.

Seite 510, Z. 1: Alteration: aus dem Entwurf geht hervor, daß S.K. hier im weiten Ausmaße Karl Rosenkrantz' »Schelling«, 1843 verwendet hat. Vgl. diese Schrift, p. 310.

Seite 510, Z. 25: bei Hegel, z.B. in »Wissenschaft der Logik« [Werke a.A. III, 41 = Jub.Ausg. IV 51]: In dessen »Vorlesungen über die Geschichte der Philosophie« II, 213 [W.a.A. XIV, 2. Ausg.] wird ausdrücklich auf den platonischen Ausdruck *τὸ ἕτερον*, das andere, hingewiesen.

Seite 510, Z. 27: eine Melancholie: S.K. mag hier u.a. an den Gedankengang Schellings in »Philosophische Untersuchungen über das Wesen der menschlichen Freiheit« aus dem Jahre 1809 [Werke, herausg. von M. Schröter IV, 291] gedacht haben: »Alle Existenz erfordert eine Bedingung, damit sie wirkliche, nämlich persönliche Existenz werde. Auch Gottes Existenz könnte ohne eine solche nicht persönlich seyn, nur daß er diese Bedingung in sich, nicht außer sich hat. Er kann die Bedingung nicht aufheben, indem er sonst sich selbst aufheben müßte; er kann sie nur durch Liebe überwältigen und sich zu seiner Verherrlichung unterordnen. Auch in Gott wäre ein Grund der Dunkelheit, wenn er die Bedingung nicht zu sich machte, sich mit ihr als eins und zur absoluten Persönlichkeit verbände. Der Mensch bekommt die Bedingung in seine Gewalt, ob er gleich im Bösen danach strebt; sie ist eine ihm nur geliehene, von ihm unabhängige; daher sich seine Persönlichkeit und Selbstheit nie zum vollkommenen Actus erheben kann. Dieß ist die allem endlichen Leben anklebende Traurigkeit, und wenn auch in Gott eine wenigstens beziehungsweise unabhängige Bedingung ist, so ist in ihm selber ein Quell der Traurigkeit, die aber nie zur Wirklichkeit kommt, sondern nur zur ewigen Freude der Überwindung dient. Daher der Schleier der Schwermuth, der über die ganze Natur ausgebreitet ist, die tiefe unzerstörliche Melancholie alles Lebens.«

Seite 510, Z. 32: In Berlin sprach er etc.: z.B.: »In dieser Noth-

wendigkeit, sich ewig selbst zu denken, läge eine ungeheure Beschränkung; kein Sterblicher möchte sie auf sich nehmen. Immer nur an sich zu denken, müßte jeder gesunden Natur der peinlichste Zustand seyn. Der Mensch haftet nicht an sich. Johannes Müller schreibt: Ich bin nur glücklich, wenn ich produzire. Goethe: Ich denke nur, wenn ich producire. Im Produciren ist der Mensch nicht mit sich selbst, sondern mit etwas außer sich beschäftigt, und darum eben ist Gott der große Selige [Pindar].« – Zitiert nach H. E. G. Paulus' Ausgabe von Schellings Vorlesungen in Berlin: »Die endlich offenbar gewordene positive Philosophie der Offenbarung«, 1843, 476 bis 477.
Seite 510, Z. 37: Marheineke: in »Zur Kritik der Schellingschen Offenbarungsphilosophie«, 1843 p. 47.
Seite 511, Z. 12: die rein empirische Beobachtung etc.: Im Entwurf [Pap. v B 53,20] schließt dieser Abschnitt wie folgt ab: »So geschieht es bisweilen, daß einer glaubt, eine Weltanschauung zu haben und hat doch nur eine einzelne Erscheinung, vor der – wie man sagt – der Verstand still steht und die er in einer anderen Weise erklärt und zu ignorieren bestrebt ist, um nur nicht dem Gedanken Raum zu geben, ob diese Erscheinung nicht vielleicht imstande sei, die ganze Anschauung umzustürzen, oder ob sein Gedanke nicht Mut und Entschlossenheit genug habe, sie mit seiner Anschauung zu durchdringen.«
Seite 511, Z. 31: adulterare: eigentlich zum Ehebruch verführen, hier: verfälschen, entstellen. Aus dem Entwurf [Pap. v B 53,19] ersieht man, daß S.K. das Wort in dem großen »Lateinisch-deutschen Lexicon« von G. Scheller I–V [Kat. 1016 bis 1020], I, Sp. 646 nachgeschlagen hat. S.K. schreibt: »Der Lateiner verwendet allerdings nicht das Wort »alterare« in diesem Sinne; er benutzt überhaupt nicht dies Wort. Laut Scheller kommt es überhaupt nur einmal vor, und zwar bei Ovid, bei dem jedoch eine andere Leseart üblich geworden ist: adulterare [wobei es im übrigen recht eigentümlich ist, daß der Lateiner ausgerechnet dies Wort: ad ulterare in der Bedeutung „entstellen" verwendet].«
Seite 511, Z. 32: altérer les monnaies: Geld fälschen. Être altéré: erschrecken.
Seite 512, Z. 27: psychologisch gesprochen, geschieht der Sünden-

fall immer in Ohnmacht: Im Entwurf [Pap. v B 53,21] heißt es hier: »psychologisch gesprochen, findet die erste Sünde in einer Ohnmacht statt, und es fehlt ihr deshalb in einem gewissen Sinne anscheinend die Zurechenbarkeit.«

Seite 513, Z. 33: stricte sic dicta: im strengsten Sinne des Wortes.

Seite 514, Z. 19: Holberg: vgl. Erasmus Montanus III, 4, wo Jesper Fronvogt über Erasmus zu Hieronimus sagt: »Ei, das ist ja erschrecklich [was der für Meinungen hat]. Die Haare sträuben sich auf meinem Kopfe, wenn ich daran denke. Ich kann mich nicht dessen erinnern, was er alles gesagt hat; aber das weiß ich doch, daß er unter anderem sagte, die Erde sei rund. Wie kann man wohl so was sagen, monsieur Jeronimus? Das ist ja doch nichts anderes, als die ganze Reglion [d.h. Religion] umzustürzen und die Leute vom Glauben abzuwenden. Ein Heide kann ja gar nicht schlimmer reden...«

S. 514, Z. 22: »auf dem Berge«: der Ausdruck stammt von Holberg und wird ironisch gebraucht von einem Ort, wo man mit Selbstgefallen und Stolz an seinen eigenen bornierten Meinungen und veralteten Einrichtungen festhält.

Seite 515, Z. 28: in pleno: gesammelt, alle zusammen.

Seite 517, Z. 13: Wenn die Schönheit herrschen darf etc.: Vielleicht sind diese Aussage und die hier folgenden alle als Polemik gegen die ästhetische Anschauung Hegels gedacht, nach der die Schönheit und der Geist im vollkommenen Kunstwerk eben identisch sind.

Seite 518, Z. 33: sagt die Schrift: vgl. 1 Mose 3, 16.

Seite 519, Z. 2: sie ist sinnlicher: Im Entwurf [Pap. v B 53,25] steht hiernach ferner folgendes: »daß sie sinnlicher ist als der Mann; denn wäre sie geistiger, so könnte sie niemals ihren Kulminationspunkt in dem Verhältnis zu einem anderen haben. Der Geist ist der wahre Independent. Jede religiöse Betrachtung wie jede tiefere philosophische Beobachtung sieht natürlich trotz dieses Unterschiedes die Frau als dem Manne wesentlich gleich an, aber ist sie doch nicht töricht genug, darum die Wahrheit der ästhetisch und ethisch gedachten Verschiedenheit zu vergessen.«

Seite 520, Z. 4: ein Deckmantel der Lust, von Naivität sprechen zu wollen: Im Entwurf [Pap. v B 53,27] steht hier außerdem: »Nur das Tier vermag im sexuellen Verhältnis naiv zu bleiben, der Mensch ist dazu nicht imstande, eben weil er Geist ist, und das Sexuelle sich als die äußerste Spitze der Synthese in Gegensätzlichkeit zum Geiste stellt.«

Seite 520, Z. 23: den Menschen die schwere Bürde auferlegen etc.: vgl. Matth. 23, 4.

Seite 522, Z. 6: Daher kann die Angst der Scham durch sich selbst erwachen: Im Entwurf steht weiter [Pap. v B 53, 30: »Nur indem sie sich selbst anblickt, wofür die Psychologie leicht Beispiele anführen könnte, dabei muß man aber aufpassen, daß es nicht lediglich eine Folge der Lust sei.«

Seite 522, Z. 14: τέλος: Ziel, Zweck.

Seite 522, Z. 30: Socrates spricht vom Kuß: in den Memorabilien des Xenophon I, 3, 8 ff.

Seite 523, Z. 19: Xenophon: Wahrscheinlich wird hier an die Memorabilia II, 6, 32 gedacht, wo von Frauen allerdings keine Rede ist, denn es wird von dem Küssen junger Männer gesprochen. Sokrates empfiehlt die Häßlichen zu küssen, die es in dem Glauben annehmen, daß sie ihrer Seele wegen schön genannt werden.

Seite 523, Z. 23: Der Sinn ist der, daß er das Erotische in Indifferenz gesetzt hat: Dieser Abschnitt steht – wie der folgende [mit der großen Anmerkung] – nicht im Entwurf, ist aber in das druckfertige Manuskript eingeschoben worden. Außer den oben und unten erwähnten Stellen aus Xenophon sind die antiken Quellen zur Anmerkung S.K.s »Das Gelehrtenmahl«, Deipnosophistae, von Athenaios V, 219 D und Plutarch »Perikles« XXIV, 2. – Die Anmerkung S.K.s hier ist die einzige Stelle innerhalb seiner Schriftstellertätigkeit, an der er auf Bayle hinweist.

Seite 523, Z. 31: nesciunt nostrae virgines etc.: Unsere [d.h. die belgischen] jungen Mädchen wissen nicht, daß eine gewisse Einleitung zur Sinnlichkeit in dem Augenwerfen und Küssen vorhanden ist und geben sich ihnen deshalb hin. Die Eurigen aber [d.h. die italienischen] wissen das. – S.K. hat dieses Zitat aus dem »Dictionaire« des Pierre Bayle, Art. Puteanus, Anm. J. – S.K. besaß nicht Bayles »Dictionaire« in der Originalsprache, aber er hat »Herrn Peter Baylens... Historisches und Kritisches Wörterbuch, nach der neuesten Auflage von 1740 ins Deutsche übersetzt; auch mit einer Vorrede und verschiedenen Anmerkungen sonderlich bey anstößigen Stellen versehen von Johann Christoph Gottscheden«, I–IV, Lpz. 1741 bis 1744 gekauft. Erst als S.K. Leibniz las, wurde S.K. auf Bayle als Religionsphilosophen aufmerksam. Danach hat er Gottscheds Übersetzung des großen Lexikons erworben und dann – merkwürdig genug – in Bayle wie in jedwedem anderen Lexikon nachgeschlagen. Hierauf beruht das Triviale im faktischen Verhältnis S.K.s zu Bayle. Das hier Zitierte steht in der Übersetzung Gottscheds III, 842 B. Vgl. meine Abhandlung »Kierkegaards Verwendung von Bayle« in »Meddelelser fra Sören Kierkegaard Selskabet«, 1954.

Seite 524, Z. 35: Xenophons Erzählung: »Symposion« II, 10; vgl. S.K.: »Über den Begriff der Ironie«, SV XIII, 295, Anmerkung: »Die Geschichte hat ... ein Verhältnis überliefert, in dem Socrates zu einem anderen Menschen stand, nämlich sein Verhältnis zu Xanthippe. Daß Socrates eben kein Muster eines Gatten war, das empfindet wohl jeder, und die Auffassung seines Verhältnisses zu ihr, die Xenophon ihm zulegt: daß er von ihr denselben Nutzen habe wie die Bereiter von wilden Pferden, d.h. zu lernen, sie zu beherrschen, daß sie also für ihn lediglich eine Übung in der Beherrschung der Menschen sei, denn wenn er mit ihr fertig werde, würde er die anderen Menschen leicht ertragen können – diese Auffassung ... enthüllt keine große eheliche Liebe, wohl aber ein hohes Maß der Ironie.«

Seite 525, Z. 35: mulieres subintroductae: eigentlich heimlich eingeführte Frauen. So wurden bisweilen im Mittelalter die Konkubinen der Geistlichen genannt. Ursprünglich war das Zusammensein als ein rein geistiges entstanden, und S.K. weist offenbar darauf hin. Solche Lebensgemeinschaften geistiger Art sollen besonders unter den irischen Mönchen recht gewöhnlich gewesen sein.

Seite 526, Z. 7: Es versteht sich indessen von selbst etc.: Im Entwurf [Pap. V B 53, 33] steht hier vor diesem Satze: »Wenn das Erotische nicht rein ist, dann ist die Angst ein Zorn, und ist die Angst überhaupt nicht da, ist das Erotische zum Tierischen geworden.« Das Wort »indessen« im zitierten Satz des gedruckten Textes erhält erst einen Sinn, wenn man die Bemerkung des Entwurfes auch liest.

Seite 527, Z. 9: Was die Schrift lehrt: vgl. 2 Mose 20,5 und 5 Mose 5,9.

Seite 528, Z. 8: de te fabula narratur: Von dir [selbst] berichtet die Fabel [Horats, Satiren I, 1,69–70 – genauer: Mutato nomine d.t.n.f.].

Seite 529, Z. 18: das Quantitative ist ja eben die unendliche Grenze: vgl. Hegel: »Wissenschaft der Logik« [W.a.A. III, 263ff. = Jub.Ausg. IV, 273ff.], den Abschnitt über »Die quantitative Unendlichkeit.«

Seite 531, Z. 5: rana paradoxa: Man nahm früher an, daß eine große Kaulquappe [auf der Stufe der Entwicklung, wo sie Froschbeine und Salamanderschwanz hat], ein Frosch mit umgekehrter biologischer Entwicklung sei, und das Tier wurde deshalb r-p. genannt.

Seite 532, Z. 33: in der neueren Wissenschaft... Von Kant bis Hegel [vgl. z.B. »Die Religion innerhalb der Grenzen der bloßen Vernunft«, 1793, bes. p.24–36 und Hegels »Philosophie des Rechts«, § 139, W.a.A. VIII, 184f. = Jub.Ausg. VII, 200f.] herrschte im großen und ganzen Einigkeit inbezug auf die Auffassung des Bösen im Menschen als einer entgleisten Form der Selbstsucht; die Ähnlichkeit mit dem christlichen Begriff der Sünde ist jedoch lediglich eine rein scheinbare, da sowohl Kants als Hegels idealistische Philosophie – die des ersteren allerdings hauptsächlich in ethischer, die des anderen in erkenntnistheoretischer Beziehung – von der optimistischen Überzeugung ausgehen, daß der Mensch eben in sich selbst die Möglichkeit habe, das Gute zu erkennen und zu verwirklichen, eine Möglichkeit, die vom christlichen Standpunkt aus verneint werden muß. Vgl. »Philosophische Brosamen«.

Seite 533, Z. 27: geistreicher Mystagoge: S.K. zielt hiermit auf N.F.S. Grundtvig, der in »Nordens Mythologie eller Sindbilledsprog historisk-poetisk udviklet og oplyst« [»Die Mythologie oder Sinnbildsprache des Nordens, historisch-poetisch entwickelt und erklärt«], 2. umgearb. Aufl. 1832, p.413 davon spricht, daß »die Mythen-Schmiede... einen Falkenblick inbezug auf den geschichtlichen Gang des Menschenlebens besaßen...«

Seite 534, Z. 10: γνῶθι σαυτόν: Im folgenden spielt S.K. auf ein Buch des dänischen Hegelianers P.M. Stilling an, nämlich

»Philosophiske Betragtninger over den speculative Logik«, 1812, p. 12; vgl. J. L. Heibergs »Indlednings – Foredrag til det logiske Kursus« [Prosaiske Skrifter I, 472]. Hiermit muß man die Erläuterung Hegels in »Enzyklopädie der Philosophischen Wissenschaften« § 377 vergleichen [W. a. A. VII, 2 p. 3 f. = Jub. Ausg. X, 9 f.]: »Die Erkenntnis des Geistes ist die concreteste, darum höchste und schwerste. Erkenne dich selbst, dieß absolute Gebot hat weder an sich, noch da wo es geschichtlich als ausgesprochen vorkommt, die Bedeutung, nur einer Selbsterkenntniß nach den particulären Fähigkeiten, Charakter, Neigungen und Schwächen des Individuums, sondern die der Erkenntniß des Wahrhaften des Menschen, wie des Wahrhaften an und für sich – des Wesens selbst als Geistes. Eben so wenig hat die Philosophie des Geistes die Bedeutung der sogenannten Menschenerkenntniß, welche von andern Menschen gleichfalls die Besonderheiten, Leidenschaften, Schwächen, diese sogenannten Falten des menschlichen Herzens zu erforschen bemüht ist – eine Kenntniß, die theils nur unter Voraussetzung der Erkenntniß des Allgemeinen, des Menschen und damit wesentlich des Geistes Sinn hat, theils sich mit den zufälligen, unbedeutenden, unwahren Existenzen des Geistigen beschäftigt, aber zum Substantiellen, dem Geiste selbst, nicht dringt.«

Seite 535, Z. 9: die Lehre der Kirche von der Beschaffenheit der Auferstehung: In »Hutterus redivivus«, § 130, Anm. 7, schreibt Karl Hase: »Die AKD [altkirchlichen Dogmatiker] unterscheiden in der materia resurrectionis 1] Die den Körpern der Gläubigen und Ungläubigen gemeinschaftl. Qualitäten [Quenstedt:] Idem numero et substantia corpus, quod in hac vita gessimus, resurget. Wiederherstellung drs. organischen Theile u. der Gestalt zur Zeit des Todes ist die vorherrschende Ansicht der AKD. Besonders verteidigen sie den bleibenden Geschlechtsunterschied [excluso tamen semine et lacte] gegen einige KV [Kirchenväter] u. SL [Scholastiker], die dns. nach Luc. 20, 36, Eph. 4, 13 u. wegen der Unvollkommenheit des weiblichen Geschlechts leugneten. In der Tat scheint der Geschlechtsunterschied auch das geistige Leben so tief zu durchdringen, daß er als bleibend gedacht werden muß.«

Seite 535, Z. 10: Die Vorstellung von Engeln: Man hat aus Lukas 20, 34–36 die Schlußfolgerung gezogen, daß die Engel geschlechtslos seien. Vgl. z.B. K.G. Brettscheider: »Dogmatik« I, 3. Ausg., § 101, 2.

Seite 535, Z. 11: die dogmatischen Bestimmungen hinsichtlich der Person Christi: Wahrscheinlich wird hier an die Lehre gedacht, daß die menschliche Natur Christi sündenfrei sei.

Seite 535, Z. 29: unum novis omnes [novis]*:* kennt man einen, kennt man alle, Terentius: »Phormio«, 265.

Seite 536, Z. 18: Heiterkeit: Aller Wahrscheinlichkeit nach dreht es sich hier um einen direkten Hinweis auf Hegel, der an mehreren Stellen von der absoluten »Heiterkeit« der griechischen Religion spricht wie z.B. in »Philosophie der Religion« [W.a.A. XII, 131 = Jub. Ausg. XVI, 131]. In der »Gymnasialrede« Hegels vom 29. September 1809 [W.a.A. XVI, 139 = Jub. Ausg. III, 237] spricht er ausdrücklich von der wehmütigen »Heiterkeit«: »Wenn das erste Paradies das Paradies der Menschennatur war, so ist dieß das zweite, das höhere, das Paradies des Menschengeistes, der in seiner schönern Natürlichkeit, Freiheit, Tiefe und Heiterkeit, wie die Braut aus ihrer Kammer, hervortritt. Die erste wilde Pracht seines Aufgangs im Morgenlande ist durch die Herrlichkeit der Form umschrieben und zur Schönheit gemildert; er hat seine Tiefe nicht mehr in der Verworrenheit, Trübseligkeit oder Aufgeblasenheit, sondern sie liegt in unbefangener Klarheit offen; seine Heiterkeit ist nicht ein kindisches Spielen, sondern über die Wehmuth hergebreitet, welche die Härte des Schicksals kennt, aber durch sie nicht aus der Freiheit über sie und aus dem Maaße getrieben wird.« – Bereits als S.K. im Jahre 1837 die Abhandlung Karl Rosenkrantz' »Eine Parallele zur Religionsphilosophie« in Bruno Bauers »Zeitschrift für speculative Theologie«, Bd. II, Heft 1, 1837 [Kat. 354ff.] las, begegnete er der Bezeichnung »Heiterkeit« von der griechischen Religion und in mehreren Aufzeichnungen in seinem Tagebuch [Pap. II A 92, 102, 200 und 608] kehrt er zu ihr zurück.

Seite 536, Z. 26: die ewige Bestimmung des Geistes: Im Entwurf [Pap. V B 53, 38] steht danach ferner: »Das Sexuelle ist dann keine Sünde, erst indem ich die Sünde setze, setze ich auch das Sexuelle als Sündhaftigkeit. Daraus folgt selbstverständlich nicht, daß ich sündige, wenn ich heirate, denn dabei strebe ich ja vielmehr danach, den Widerspruch aufzuheben [Marginalbemerkung:] nämlich den Trieb in das Sittliche zu verwandeln: denn das Sexuelle ist nur insoweit das Sündhafte, als der Trieb sich in irgendeinem Augenblick als bloßer Trieb zeigt, geistig gesprochen, in seiner vollen Nacktheit; denn das kann lediglich durch eine willkürliche Abstraktion vom Geiste geschehen. Das Individuum, das mir seine Herkunft verdankt, ist auch nicht durch mich sündhaft geworden, sondern wird es, indem es selbst die Sünde setzt und damit wiederum das Sexuelle als Sünde setzt.«

Seite 537, Z. 11: eine Kategorie... der Übergang: Hegel spricht nur selten explicite von der Kategorie, so daß die Bemerkung S.K.s, daß »man nie eine nähere Erklärung erhält«, nicht als gänzlich unberechtigt betrachtet werden kann. In »Enzyklopädie der philosophischen Wissenschaften« [W.a.A. VI, 317 = Jub. Ausg. VIII, 355], § 161 heißt es: »Das Fortgehen des Begriffs ist nicht mehr Übergehen noch Scheinen in Anderes, sondern Entwicklung, indem das Unterschiedene unmittelbar zugleich als das identische mit einander und mit dem Ganzen gesetzt, die Bestimmtheit als ein freies Seyn des ganzen Begriffes ist.« Und in einem Zusatz wird dies näher erörtert, und zwar in folgender Weise: »Übergehen in Anderes ist der dialektische Proceß in der Sphäre des Seyns und Scheinen in Anderes in der Sphäre des Wesens. Die Bewegung des Begriffs ist dagegen Entwickelung, durch welche nur dasjenige gesetzt wird, was an sich schon vorhanden ist.« Pap. IV C 80 heißt es: »Die Kategorie des Überganges hat Hegel niemals gerechtfertigt. Es hätte doch von Bedeutung sein können, damit die aristotelische Lehre von der *κίνησις* zu vergleichen.« S.K. hat darauf hinzugefügt, daß Tennemann III, 125 dieses Wort im Sinne einer »Veränderung« übersetzt hat.

Seite 537, Z. 17: daß die Philosophie voraussetzungslos beginne: Hier hat S.K. besonders an Hegels Erörterung in »Wissenschaft der Logik« [W.a.A. III, 59ff. = Jub. Ausg. IV, 69ff.] gedacht: »Womit muß der Anfang der Wissenschaft gemacht werden.«

Seite 537, Z. 28: omphalo-psychitisch: d.h. in derselben Weise, wie die griechischen Mönche, Omphaloipsychoi [Nabel-Seelen], die durch intensive Versenkung in die Beschauung ihres

Nabels in einen ekstatischen Zustand gerieten und in diesem die göttliche Herrlichkeit zu sehen glaubten.

Seite 538, Z. 3: agentia: Triebfeder.

Seite 538, Z. 13: κίνησις: eigentlich Bewegung; bedeutet bei Aristoteles eine jegliche Änderung. Gleich Tennemann [»Geschichte der Philosophie« III, 125–127, vgl. »Philosoph. Brosamen«, m. Komm. – dän. Ausg., p. 186–187] hält S.K. sich hier an Aristoteles' Phys. 200 B ff.

Seite 538, Z. 18: τὸ μὴ ὄν, das Nicht-Seiende, *τὸ κενόν*, das Leere. Sein Wissen inbezug auf die Pythagoreer verdankt S.K. vor allem Tennemann I, 75–150, und im selben Werk, p. 150 bis 209 hat er über die Eleaten gelesen; vgl. Pap. IV C 3, wo seine Auszüge zu finden sind. Die erwähnten Ausdrücke findet man an mehreren Stellen bei Tennemann, z. B. p. 109.

Seite 538, Z. 26: wer das Nicht-Seiende aussagt etc.: Platon: »Der Sophist« 238: »Dürfen wir nun etwa auch das nicht einmal zugeben, daß ein solcher zwar rede, er sage aber eben nichts, sondern müßten sogar leugnen der rede, der sich unterfängt das nicht-seiende auszusprechen?« [Schleiermacher, Platons Werke 1807, 2. Teil, Band II, p. 181]. Späterhin wird im Laufe desselben Dialoges gezeigt, daß das Nicht-Seiende doch nicht den Gegensatz des Seienden bilde: »Wenn wir Nichtseiendes sagen, so meinen wir nicht, wie es scheint, ein entgegengesetztes des Seienden, sondern nur ein Verschiedenes...« und entsprechend: »Auch das Seiende also ist, wiefern das übrige ist, sofern selbst nicht. Denn indem es jenes nicht ist, ist es selbst eins, das unzählig viele übrige ist es nicht...« [Der Sophist 267, Schleiermacher, p. 217].

Seite 538, Z. 29: das zentrale Nichts: S.K. deutet hier auf die Thesis von Hegel hin, daß der Begriff des Wesens in seiner Reinheit – von jedem konkreten Inhalt [etwas Seiendem] abgesehen – mit dem Nichts identisch sei.

Seite 538, Z. 29: Gorgias: Hier wird auf die Erörterung im Dialog desselben Namens hingewiesen, wo von Sokrates die Rhetorik und die Sophistik als Bilder, d.h. als gefälschte Nachahmungen der Gerechtigkeit und der Gesetzgeberkunst bestimmt werden. 464 ff. [Schleiermacher, 2. Teil, Band I, s. p. 53 ff.].

Seite 539, Z. 15: unsichtbar wie die Rüstung des Mars: Wahrscheinlich dachte S.K. hier an den Helm des Hades, der einer alten griechischen Sage nach den Träger unsichtbar machte. Im Kampfe gegen Ares [Mars] hatte Athene ihn auf ihren Kopf gesetzt. Hierüber berichtet die Iliade, v. Gesang, v. 844: »aber Athene / Barg sich in Aides Helm, vor dem Blick des gewaltsamen Ares...« [Homers Werke, von J.H. Voß 1840, p. 80].

Seite 540, Z. 3: ein Speculierender: In dem unvollendeten »Johannes Climacus oder de omnibus non dubitandum est« [Pap. IV B 1, p. 143], ist eine entsprechende Aussage zu finden: »Als... einmal von der Bedeutung des Zweifels als etwas, das der Philosophie vorausging, geredet wurde, wurde er [J.C.] Zeuge der folgenden Äußerung: „Man solle die Zeit nicht mit Zweifeln vergeuden, sondern einfach mit der Philosophie anfangen." Im Manuskript der Abhandlung „Über den Begriff der Angst" [Pap. V B 55, 3] hat diese Äußerung die folgende Formulierung erhalten: „Es entspricht dem Benehmen eines Philosophen, mit dem ich einmal die Ehre hatte mich zu unterhalten. Da erlaubte ich mir, ihn auf irgendwelche kleine Schwierigkeiten aufmerksam zu machen, die zu bedenken wären, bevor es möglich sein würde, die dogmatische Speculation flottzumachen [S.K. hat im Dänischen diesen seemännischen Ausdruck verwendet]. Er gab mir zur Antwort: „Es mag wohl sein, daß Sie recht haben, aber daran darf man nicht denken; denn in solchem Falle kommt man ja nie zum Speculieren."«

Seite 540, Z. 15: τὸ ἐναντίον: eigentlich das Entgegengesetzte.

Seite 540, Z. 18: ἀλλ' εἰ ὅ ἐστιν κτλ: d.h. »aber wird er zeigen, das eigentliche Eins selbst sei Vieles, und wiederum, das Viele selbst sei Eins: dieses werde ich gewiß bewundern. Und eben so nun in Absicht auf alles andere...« [Parmenides, 129 – Schleiermacher, Platons Werke, 1. Teil, Band II, p. 11 ff.].

Seite 540, Z. 25: ἄτοπον: eigentlich: was keinen Platz hat, kann aber auch »sonderbar«, »ungereimt« bedeuten. Im Dialog Parmenides 156 D steht es als Bezeichnung für den Begriff des Augenblicks [τὸ ἐξαίφνης] – [Schleiermacher, 1. Teil, Bd. II, p. 158].

Seite 540, Z. 30: μεταβολή: eigentlich Umschlag. Im Dialog Parmenides 156 d-E heißt es: »Denn das Augenblickliche

scheint dergleichen etwas anzudeuten, daß von ihm aus etwas übergeht von einem zum andern. Denn aus der Ruhe geht nichts noch währendes Ruhens über, noch aus der Bewegung währendes Bewegtseins; sondern dieses wunderbare Wesen, der Augenblick, liegt zwischen der Bewegung und der Ruhe als außer aller Zeit seiend, und in diesem und aus diesem geht das bewegte über zur Ruhe, und das ruhende zur Bewegung« [Schleiermacher, Platon 1. Teil, Bd. II, p. 158–159].
Seite 540, Z. 34: weder bestimmt noch vermischt wird: S.K. hat die hier zitierten Ausdrücke falsch übertragen. Sie bedeuten: »weder abgesondert noch vermischt«. Der Sinn ist der, daß der Augenblick das Übergangsmoment ist, auch wo von Absonderung und Zusammensetzung die Rede ist, wie in den anderen, von Plato erwähnten Beispielen.
Seite 541, Z. 5: Kremser, wörtl. »Kaffemühle«: So nannten die Kopenhagener die Wagen, die man für Fahrten aus der Stadt mieten konnte. Sie hatten ihre Haltestellen innerhalb der Stadttore und fuhren nach Charlottenlund und dem Tiergarten. Zuerst wurde der Ausdruck nur für große, klobige Bauernwagen verwendet, später allgemein für die Mietswagen. Wahrscheinlich entstand der Name infolge des Knarrens der Räder.
Seite 541, Z. 29: τὸ δὲ εἶναι κτλ: d.h.: »Und heißt denn Sein etwas anderes, als das Sein an sich haben in der gegenwärtigen Zeit...? »Der Gedanke Platons ist einfach der, daß *τὸ εἶναι* Präsens ist und folglich in der Gegenwart bedeutet. An eine Bemerkung über den Begriff der Kategorie [Pap. IV C 63] hat S.K. das folgende geknüpft [IV C 70]: »Die Definition vom Sein, die Plato im Parmenides § 151 dem letzteren Wort gibt, nämlich: Sein ist nichts anderes als Gemeinschaft an einem Wesen in der gegenwärtigen Zeit zu haben.« Die Aufzeichnung stammt aus dem Jahre 1842–1843.
Seite 541, Z. 31: In der näheren Erörterung: vgl. Parmenides 152 B–E [Schleiermacher, Platon 1. Teil, Bd. II, p. 151 f.].
Seite 541, Z. 38: In der neuesten Philosophie kulminiert die Abstraktion etc.: Die hegelsche Philosophie beginnt mit dem reinen Sein als der äußersten Abstraktion und geht von da aus zu stets konkreterer [con-cresco, zusammen wachsen] Bestimmung weiter.
Seite 542, Z. 26: Wenn man die Zeit richtig als die unendliche

Sukzession bestimmt: Die folgende Erläuterung hat S.K. mit ständiger Rücksichtnahme auf die Anschauung Hegels über die Zeit geschrieben, die an verschiedenen Stellen in seinen Werken vorgetragen wird, besonders in »Enzyklopädie der philosophischen Wissenschaften« 2. Teil: Naturphilosophie. Aus dieser mag hier zum Vergleich mit der Auffassung S.K.s der § 259 [W.a.A. VII, 1, p. 57f. = Jub. Ausg. IX, 83 f.] zitiert werden: »Die Dimensionen der Zeit, die Gegenwart, Zukunft und Vergangenheit, sind das Werden der Äußerlichkeit als solches, und dessen Auflösung in die Unterschiede des Seyns als übergehend in Nichts und des Nichts als übergehend in Seyn. Das unmittelbare Verschwinden dieser Unterschiede in die Einzelheit ist die Gegenwart als Jetzt, welches, als die Einzelheit ausschließend, und zugleich schlechthin continuirlich in die anderen Momente, selbst nur dieß Verschwinden seines Seyns in Nichts und des Nichts in sein Seyn ist. – Die endliche Gegenwart ist das Jetzt als seyend fixiert, von dem Negativen, den abstracten Momenten der Vergangenheit und der Zukunft, als die concrete Einheit, somit als das Affirmative unterschieden; allein jenes Seyn ist selbst nur das abstracte, in Nichts verschwindende. Übrigens kommt es in der Natur, wo die Zeit Jetzt ist, nicht zum bestehenden Unterschiede von jenen Dimensionen; sie sind nothwendig nur in der subjectiven Vorstellung, in der Erinnerung und in der Furcht oder Hoffnung. Die Vergangenheit aber und Zukunft der Zeit als in der Natur seyend, ist der Raum; denn er ist die negirte Zeit, sowie umgekehrt der aufgehobene Raum zunächst der Punkt und für sich entwickelt die Zeit ist.«

Später hat Hegel seine Zeit-[und Raum-]Anschauung folgendermaßen formuliert [§ 448 Zusatz, W.a.A. VII, 2, p. 316 = Jub. Ausg. X, 322]: »Das Räumliche stellt sich als die Form des gleichgültigen Nebeneinanderseyns und ruhigen Bestehens dar; – das Zeitliche dagegen als die Form der Unruhe, des in sich selbst Negativen, des Nacheinanderseyns, des Entstehens und Verschwindens, so daß das Zeitliche ist, indem es nicht ist, und nicht ist, indem es ist. Beide Formen der abstracten Äußerlichkeit sind aber darin miteinander identisch, daß sowohl die eine, wie die andere, in sich schlechthin discret und zugleich schlechthin continuirlich ist. Ihre, die absolute

Discretion in sich schließende Continuität besteht eben in der vom Geiste kommenden abstracten, noch zu keiner wirklichen Vereinzelung entwickelten Allgemeinheit des Äußerlichen.«
Seite 543, Z. 18: Die Inder sprechen von einer Königsreihe: d.h. Chronologie der Könige. S.K. hat sich der folgenden Stelle in Hegels »Philosophie der Geschichte« [W.a.A. IX, 200 = Jub. Ausg. XI, 222] erinnert: »So heißt es von Königen, sie hätten siebzigtausend Jahr oder mehr regiert.«
Seite 543, Z. 31: die dialektische Hexerei läßt Ewigkeit und Augenblick dasselbe bedeuten: Hegel sagt in der »Enzyklopädie der philosophischen Wissenschaften«, § 247 [W.a.A. VII, 1, p. 26 = Jub. Ausg. IX, 52]: »die Ewigkeit ist nicht vor oder nach der Zeit, nicht vor der Erschaffung der Welt, noch wenn sie untergeht; sondern die Ewigkeit ist absolute Gegenwart, das Jetzt ohne Vor und Nach« – Hegel folgt hier einer alten Tradition innerhalb des Denkens. Schelling bestimmt das Ewige als »beständiges Nun« [»Vom Ich als Princip der Philosophie«, 1795, p. 105], in der gleichen Weise wie z.B. Augustinus [Confessiones XI, 10f.], Aristoteles [Phys. 221 B] und Platon [Timaios 37 C – 38 B]. Vgl. »Philos. Brosamen« mit Kommentar [dän. Ausg., p. 145].
Seite 543, Z. 35: dies ist übrigens der Raum: Die Definition Hegels ist in »Enzyklopädie der philosophischen Wissenschaften«, § 254 [W.a.A. VII, 1, p. 44f. = Jub. Ausg. IX, 70f.] zu finden: »Die erste oder unmittelbare Bestimmung der Natur ist die abstracte Allgemeinheit ihres Außersichseyns, – dessen vermittelungslose Gleichgültigkeit, der Raum. Er ist das ganz ideelle Nebeneinander, weil er das Außersichseyn ist: und schlechthin continuirlich, weil dieß Außereinander noch ganz abstract ist und keinen bestimmten Unterschied in sich hat.«
Seite 544, Z. 26: praesens: anwesend, gegenwärtig. Praesentes dii, die Götter als gegenwärtig, d.h. als unmittelbar eingreifend. Der Ausdruck wird von Terenz in »Phormio« 345 und von Horaz in den Epist. 2; 1, 134 verwendet.
Seite 545, Z. 21: Ingeborg: Sie ist eine Frauengestalt im Romanzyklus »Frithiofs Saga« von dem schwedischen Dichter und Bischof Esaias Tegner [1825]. Vermutlich hat S.K. an eine Illustration aus dem Buch gedacht.

Seite 546, Z. 2: τὸ ἐξαίφνης: eigentlich das Plötzliche.

Seite 546, Z. 8: movere: bewegen.

Seite 546, Z. 35: ἐν ἀτόμῳ κτλ: Plötzlich, in einem Augenblick; 1 Kor. 15,52: »Und dasselbe plötzlich, in einem Augenblick, zur Zeit der letzten Posaune...«

Seite 548, Z. 22: die platonische Erinnerung: Im Dialog »Phaidon« von Platon, 72E ff., wird als Beweis der Unsterblichkeit der Seele angeführt, daß wir in diesem Leben Erscheinungen finden, z.B. die Erkenntnis der abstrakten Begriffe, wie derjenigen des Guten und des Bösen, die nach der Ansicht Platons nur als Erinnerungen aus einem früheren Dasein erklärt werden können.

Seite 548, Z. 26: mag es nun philosophisch... oder geschichtlich bestimmt werden...: Im Entwurf ist der Gedanke deutlicher ausgedrückt worden [Pap. v B 55,7]: »mehr philosophisch wie bei den Griechen, oder mehr historisch, so wie [im Buche Daniel 7,9], wenn man die Gottheit »den Alten« nennt. Das Ewige ist nämlich in eben so hohem Maße das Künftige.«

Seite 548, Z. 27: das philosophische Absterben: d.h. das Absterben der Sinnlichkeit im weitesten Sinne. In Phaidon 64A ff. wird dies als die Aufgabe des Philosophen hier im Leben bestimmt, durch die er in die Ewigkeit eingeht [Schleiermacher, Platon, 2. Teil, III. Bd., p. 33 ff.].

Seite 549, Z. 9: discrimen: Grenze, Grenzscheide; von S.K. selbst [Pap. v B 55, 10] mit »Zweideutigkeit« übersetzt.

Seite 549, Z. 15: die Fülle der Zeit: Galater 4, 4: »Da aber die Zeit erfüllet war...«

Seite 551, Z. 9: das Zukünftige in irgendeiner Weise zum Vorschein kommen läßt: Im Entwurf [Pap. v B 55, 10] heißt es ausführlicher: »Es wäre durchaus möglich, daß es sich nachweisen ließe, daß ein sehr genauer und korrekter Sprachgebrauch die Angst mit dem Zukünftigen verknüpft. Wohl ist man nicht besonders sorgfältig in bezug auf den Sprachgebrauch, vornehmlich weil die Spekulation allmählich eine ganz eigene Sprache erhalten hat, die von keinem anderen Menschen als den Philosophen gesprochen wird. Die Kunst besteht indessen darin, daß man dieselben Wörter verwenden kann wie jeder andere. Seine Berufung als Denker kann man folglich entsprechend beweisen, indem man das Wort im eigenen Mund einen klaren Gedanken ausdrücken läßt. Das Wort Angst war nun bisher nur Beutegut, wir aber wollen versuchen, eine ganz bestimmte Bedeutung dafür festzuhalten, oder richtiger: es hier wiederum in seiner bestimmten Bedeutung zu behaupten. – Angst ist überhaupt, um mit einem neuen Ausdruck das Gesagte zu bezeichnen, das discrimen der Subjektivität [die Zweideutigkeit]. Insoweit sieht man leicht, daß das Zukünftige und das Mögliche ihr entsprechen. Wenn man aber nun sagt: sich vor dem Vergangenen ängstigen, so scheint dies meinen Sprachgebrauch umzustoßen, denn die Zweideutigkeit der Subjektivität enthält nichts Vergangenes. Würde ich jetzt daran erinnern, daß die Subjektivität ja doch nicht mit einem Male abgeschlossen ist und daß man insoweit durchaus von einer Wiederkehr dieser Zweideutigkeit sprechen könnte, gilt dies doch nicht zu meinen Gunsten, wenn es sich wirklich verantworten ließe, zu sagen: Angst um das Vergangene. Fragen wir aber jetzt näher, in welchem Sinne man von der Angst vor dem Vergangenen reden könnte, wird sich alles aufklären...«

Seite 552, Z. 15: si placet: wie man will, wie es gefällt.

Seite 552, Z. 34: die schöne Abhandlung Lessings: »Wie die Alten den Tod gebildet«, die S.K. in der Ausgabe gelesen hat, die in seinem Besitz war, nämlich in G.E. Lessings »Sämtliche Schriften«, Bd. III, 1825, 75–160. Die beiden, von S.K. genannten Auftritte sind in Kupferstichen in der Abhandlung Lessings abgebildet.

Seite 553, Z. 6: mit dem Heidentum innerhalb des Christentums etc.: Im Entwurf [Pap. v B 55, 13] steht: »Daß dies vom Heidentum gilt, daß dies gleichsam die große Sünde des Heidentums ist, daß es nie zum großen Bruch der Sünde kommt, ist leicht nachzuweisen, dasselbe läßt sich aber eben so leicht innerhalb des Christentums nachweisen. Man braucht in dieser Beziehung weder nach Paris noch nach London, weder nach Sodoma noch nach Gomorra zu fahren, man braucht nur auf die Straße hinauszugehen und hat nicht nötig, weit zu spazieren, bis man Individuen genug hat, auf die das paßt.«

Seite 553, Z. 28: abzog wie die Schulkinder: In einem Märchen von H.C. Andersen, »Der Flachs«, das zum erstenmal im Jahre 1848 gedruckt wurde, findet man das entsprechende

Bild: »Da wurde eines Tages alles Papier herausgenommen und auf den Herd gelegt, es sollte verbrannt werden, denn es dürfe nicht an den Höker verkauft und zum Einschlage von Butter und Zucker benutzt werden: so sagte man. Und alle Kinder im Hause standen rundherum, denn sie mochten gerne Papier brennen sehen, das flammte gar prächtig in die Höhe, und nachher konnte man in der Asche die vielen Funken sehen, die hin- und herfuhren. Einer nach dem andern erlosch wie der Wind! Das nannte man: „Die Kinder aus der Schule kommen sehen", und der letzte Funke war der Schulmeister. Oft glaubte man, daß dieser gegangen sei, aber da kam in demselben Augenblick noch ein Funke: „Da ging der Schulmeister!" sagten sie ...« [Nach der eigenen Übersetzung des Dichters, in Andersens Märchen und Gedichten, 1. Band, p. 469, Weimar, Verl. Gustav Kiepenheuer, ohne Jahreszahl].

Seite 554, Z. 17: die Schrift in jenen alten Tagen: »In den ältesten Handschriften der [neutestamentlichen] Literaturwerke, sowohl in den Papyrusrollen als in den Pergamentcodices, schrieb man mit „großen" Buchstaben, Majuskeln oder Unzialen, die einzeln nebeneinander ohne irgendwelche gegenseitige Verbindung gezeichnet wurden; sie wurden ebenfalls ohne Akzente, Spiritus und Interpunktionen, ja, sogar ohne Trennung der einzelnen Wörter verwendet. Bei dieser sogenannten scriptio continua war es den Lesern überlassen, herauszufinden, wie die Buchstaben zu verteilen wären und welche Wörter man dadurch erhielte« [H. Mosbech, »Neutestamentliche Isagogik«, 1946–1949, p. 826].

Seite 555, Z. 1: οἱ ἀπηλγηκότες: eigentlich diejenigen, die die Fähigkeit, Schmerzen zu empfinden, verloren haben, die geistig Abgestumpften [Ephes. 4, 19]; in der dänischen Bibelausgabe von 1830 steht hier: »hvilke, fölelseslöse, have hengivet sig til Uterlighed ...« [die, gefühllos, sich der Unzucht hingegeben haben ...], während es in der Lutherübersetzung heißt: »welche ruchlos sind und ergeben sich der Unzucht ...«]

Seite 555, Z. 29: der einzige Ironiker und der größte Humorist: d.h. Sokrates und Hamann, vgl. das Motto des Buches. Im Entwurf heißt es hier [Pap. v B 55, 14]: »Ich möchte ein Beispiel anführen und es so tun, daß seine epigrammatische Kraft recht hervortreten kann; denn ich gestehe aufrichtig, es scheint mir ein tiefes Epigramm zu sein, worum sich die beiden besten Köpfe, die vielleicht je gelebt haben, zusammentun müssen. Der größte Humorist [Hamann] hat von dem einzigen Ironiker [Sokrates] gesagt: Socrates sei dadurch groß, daß er zwischen dem, was er wußte, und dem, was er nicht wußte, unterschied. Socrates hat es selbst gesagt, darin liegt die Ironie, in der Wiedergabe liegt das Humoristische, sowie in der Feierlichkeit des Urteils und in der anscheinenden Zufälligkeit. Was sollte eigentlich dem im Wege stehen, daß ein trivialer Kopf es nachsprechen könnte? Was Socrates betrifft, lag die ganze Bedeutung seines Lebens in diesem Wort, und ich weiß keine bessere Grabschrift über ihn als eben diese; denn es gab ja schließlich viele hier in der Welt, die einen Giftbecher geleert haben oder in anderer Weise das Leben opferten; aber es gibt nur einen einzigen, der zwischen dem, was er verstand, und dem, was er nicht verstand, unterschied. Es ist bereits ein furchtbares Urteil über die Welt, daß die besten Männer die Opfer wurden; aber diese Grabschrift enthält ein viel furchtbareres Urteil.«

Seite 555, Z. 36: der Beweis des Geistes in einem selbst: vgl. 1 Kor. 2,4: »Und mein Wort und meine Predigt war nicht in vernünftigen Reden menschlicher Weisheit, sondern in Beweisung des Geistes und der Kraft...«

Seite 556, Z. 16: wird dumm: wortgetreue Übersetzung des griechischen *μωρανθῇ* [Matth. 5,13: »Wo nun das Salz dumm wird...«, und Lukas 14,34: »Wenn aber Salz dumm wird...«], das von dem Wort *μωρός*, dumm, albern, eigentlich stumpf, träg, gebildet ist. S.K. ist hier der deutschen Übersetzung gefolgt.

Seite 558, Z. 6: das heidnische Fatum... die Notwendigkeit...: An mehreren Stellen in seinen Werken bespricht Hegel das Fatum als etwas mit der Notwendigkeit Identischem, z. B. in »Philosophie der Geschichte«, einem Werke, das S.K. sehr gut kannte, W.a.A. IX, 301 = Jub. Ausg. XI, 323]: »sie war... das gestalt- und inhaltlose Fatum, die Nothwendigkeit, deren Trauer darin ihren Grund hat, daß sie das Geistlose ist, während die Götter sich in freundlichem Verhältnis zu den Menschen befinden, denn sie sind geistige Naturen...«

Seite 558, Z. 24: Paulus [1.Kor. 8,4]: »daß ein Götze nichts in der Welt sei und daß kein anderer Gott sei, als der *eine.*«

Seite 560, Z. 10: Das Genie ist... Subjektivität: vgl. die Ästhetik Hegels [W.a.A. x, 364 ff. = Jub.Ausg. xii, 381 ff.: das Talent und Genie]: »Das Genie ist die allgemeine Fähigkeit zur wahren Produktion des Kunstwerkes, so wie die Energie der Ausbildung und Bethätigung derselben. Eben so sehr ist aber diese Befähigung und Energie zugleich nur als subjektive, denn geistig produciren kann nur ein selbstbewußtes Subjekt, das sich ein solches Hervorbringen zum Zwecke setzt.«

Seite 560, Z. 29: sensu eminentiori: im höheren Sinne.

Seite 560, Z. 35: An-sich: Dieser Ausdruck bezeichnet, daß die gegebene Erscheinung nicht in ihrem Verhältnis zu irgend etwas anderem, sondern gerade von jeglichem Verhältnis gelöst betrachtet wird. Bei Kant bezeichnet er den von den menschlichen Erkenntnisformen unabhängigen Gegenstand. Hegel greift – wie so oft in seiner Terminologie – auf die allgemeine Bedeutung des Ausdrucks zurück. Er wird zur Bezeichnung eines Gliedes innerhalb seiner absoluten Methode. In der Begriffsdefinition bezeichnet Hegel das reine Sein als ein Sein an sich, An-sich-Seyn. Insoweit ein Einzelwesen rein begriffsmäßig nur als Einzelwesen betrachtet wird, bildet es ein »für sich-Seyn«. Als das nächstliegende Beispiel nennt Hegel das Ich. Wird das Einzelwesen begriffsmäßig auch als Ausdruck des allgemeinen Seinbegriffes aufgefaßt, entsteht ein an-und-für-sich-Seyn. Hegels »Wissenschaft der Logik« ist ein Muster dieser Triade. Sie ist die Lehre von dem Gedanken in dessen Unmittelbarkeit [das Seyn], es ist der Begriff »an sich«, danach die Lehre vom Gedanken in der Reflexion [»das Wesen«], dieser ist der Begriff in seinem »für-sich-Seyn«, und endlich ist sie die Lehre von der Rückkehr des Gedankens zu sich selbst in der eigentlichen Theorie vom Begriff und von der Idee, wo der Gedanke »bei sich« ist und wo man den Begriff an-und-für-sich betrachtet. Die innere Bewegung des Begriffes mit sich selbst als Objekt ist damit abgeschlossen. – S.K. verwendet in der Regel den Ausdruck in enger Anknüpfung an den Sprachgebrauch Hegels. Er bezeichnet damit den rein abstrakten Begriff im Gegensatz zum realen, konkreten Verhältnis. Mit Bezug auf das Genie bedeutet er, daß das Genie, unmittelbar [irreligiös] bestimmt, sein Ziel und sein Gesetz nur in sich selbst und nicht außerhalb seiner in irgend etwas anderem habe und selbstgenügend sei.

Seite 561, Z. 24: Marengo: Am 14. Juni 1800 besiegte Napoleon Bonaparte das österreichische Heer in der Schlacht bei Marengo. Am 2. Dezember 1805 schlug er die österreichischen und russischen Armeen in der Dreikaiserschlacht bei Austerlitz, und als er am 7. September 1812 die Sonne über Moskau aufgehen sah, rief er aus: »Da ist die Sonne von Austerlitz«.

Seite 561, Z. 27: intimieren: einleiten, kundtun [im heutigen Sprachgebrauch hauptsächlich amtlich, gerichtlich kundtun].

Seite 562, Z. 16: »Fahr du nur – du trägst Cäsar und sein Glück –«: Laut Plutarch [Cäsar, Kap. 38] konnten die Truppen Cäsars nicht von Brundisium [Brindisi] nach Epiros, wo er sich aufhielt, transportiert werden. Er wollte sie dann selbst abholen und entschloß sich, mit einem kleinen Schiff nach Brundisium zu fahren, ohne daß die Mannschaft erfuhr, wer er sei. Unterwegs begann es indessen zu stürmen, und der Schiffer wollte deswegen wieder zurückfahren. Da soll Cäsar die von S. K. zitierten Worte ausgesprochen haben.

Seite 562, Z. 29: und fällt durch sich selbst: Dieser Gedanke ist zum Beispiel auch bei Schiller in »Das Siegesfest« zu finden: »Ajax fiel durch Ajax' Kraft...«

Seite 564, Z. 30: Talleyrand: Dieser kluge und gewandte Politiker [1754–1838] war adeliger Herkunft. Er hatte einen Klumpfuß und wurde deshalb für den geistlichen Stand bestimmt, den er doch später verließ, um eine rein weltliche Karriere einzuschlagen. Wahrscheinlich hat S. K. damit sagen wollen, daß die große körperliche Verunstaltung ein Fingerzeig Gottes für ihn wäre.

Seite 566, Z. 16: karpokratianisch: Die gnostische Sekte der Karpokratianer im 12. Jahrhundert n. Chr. lehrte, daß der Mensch, um vollkommen zu werden, alle Handlungen, auch die schlechtesten und am meisten verdammenswerten, ausführen müßte. So lange dies noch nicht vollbracht wäre, würde der Mensch immer wieder neugeboren werden. – Bereits in seinen Studententagen, also 1836, hat S. K. zu dieser Lehre bemerkt: »Könnte es nicht das Richtige sein, durch alle Laster zu gehen, um eben dadurch Lebenserfahrung zu gewinnen, so wie jene alte Sekte [vgl. die Kirchengesch.] es lehrte?« [Pap. I A 282]. Diese Lehre ist eine Variante der cyklischen Anschauung der Gnostiker, die auch bei Hegel zu finden ist, nämlich daß das Böse ein notwendiges Durchgangsglied des Guten sei und folglich kein radikales Böse sein könne, vgl. meine Abhandlung in »Orbis Litterarum« 1955 »Die historische Methode in der Kierkegaard-Forschung, durch ein Beispiel beleuchtet.«

Seite 567, Z. 5: wird das Opfer zweideutig, was sich in seiner Wiederholung ausdrückt...: Hier liegt ein Hinweis auf den Hebräerbrief 9,25–28 vor, wo das *ein*malige Opfer Christi im Gegensatz zu dem öfteren der Hohepriester betont wird. Dies Räsonnement wurde von den Reformatoren gegen die römisch-katholische Lehre vom Meßopfer gebraucht.

Seite 567, Z. 36: weltgeschichtliche Übersichten: S.K. mag hiermit – wie es so oft in seinen »Papieren« der Fall ist – auf das Werk N.F.S. Grundtvigs hinweisen: »Udsigt over Verdens-Kroniken, fornemlig i det Lutherske Tidsrum [Ausblick über die Weltchronik, besonders im lutherischen Zeitraum]« aus dem Jahre 1817 [Ktl. 1970]. Eine deutsche Übersetzung von Volkmann erschien 1837. In dieser sehr subjektiv geprägten, Werturteile abgebenden Darstellung bildet die Geschichte des jüdischen Volkes und der christlichen Gemeinde den Rahmen des ganzen Weltgeschehens und verleiht ihm erst Sinn und Zusammenhang. Die Weltgeschichte ist die Erlösungsgeschichte der Menschheit, und das Muster der Auffassung stellt die Schilderung der jüdischen Geschichte im Alten Testament dar. Es kann jedoch auch eine naheliegende Möglichkeit sein, daß S.K. an Hegels »Philosophie der Geschichte« gedacht habe.

Seite 568, Z. 33: Plato: in »Protagoras« 320ff. [Schleiermacher, Platons Werke, 1.T. 1 Band, p. 253ff.].

Seite 569, Z. 24: der Fehler des Mittelalters: S.K. hat hierbei besonders an die Klosterbewegung gedacht, vgl. die Beurteilung in der »Nachschrift« [SV VII, 394]: »Das mißliche Verhältnis der Klosterbewegung beruhte darauf... daß die absolute Inwendigkeit [Innerlichkeit] – vermutlich um recht energisch zu beweisen, daß sie da sei – ihren eigenen auffälligen Ausdruck in einer distinguierten besonderen Auswendigkeit [Äußerlichkeit] erhielt, durch die sie jedoch – wie man sich auch wendet und dreht – von jeder anderen Auswendigkeit nur relativ verschieden wurde.«

Seite 571, Z. 30: Talleyrand [und vor ihm bereits Young]: T. soll dem spanischen Gesandten Isquierdo 1807 gesagt haben »Die Sprache ist dem Menschen gegeben worden, damit er mit ihr seine Gedanken verbergen kann.« Young hat demselben Gedanken in »Love of Fame«, II, 208, Ausdruck gegeben. Er spricht da von der Kunst der Verstellung an den vornehmen Höfen, »wo der natürliche Zweck der Sprache vermieden wird, und Menschen nur reden, um die Seele zu verhehlen« [Einige Werke von Dr. Eduard Young, übers. von J. A. Ebert, 1777, III, 36]. In einer Aufzeichnung aus dem Jahre 1844 [Pap. V A 19] sagt S. K.: »Die Menschen haben die Sprache anscheinend nicht bekommen, um ihre Gedanken zu verhehlen [Talleyrand, bereits vor ihm Young in den Nachtgedanken]; aber um zu verbergen, daß sie gar keine Gedanken haben.« Von Young besaß S. K. die obenerwähnte deutsche Übersetzung. Es ist jedoch wahrscheinlich, daß er diese Äußerung Youngs später gefunden hat, als er Hamanns Schriften las [herausg. von Fr. Roth, II, 135]. – Die Sentenz ist übrigens schon bei Plutarch: »De recta ratione audiendi«, Kap. VII, zu finden.

Seite 572, Z. 2: Ausscheller: wörtl. »Eckensteher-Proklamant« der Gegenwart: Diesen Ausdruck hat S. K. von Jens Baggesen entlehnt [1764 bis 1826]. In seinem »Reim-Trostbrief« an den Diplomaten und Poeten Peder Blicher Olsen [»Danfana«, 1816, II, 91 ff.; Ktl. 1508, neugedruckt in »Danske Værker« VI, 1829, 206 ff., Ktl. 1509 ff.] schreibt Baggesen, daß dieser brave Mann sich darüber beklagt, daß er nicht berühmter und gefeierter, u. a. nicht im höheren Maße »auf Hallingsaas eckensteherproklamiert worden sei«. Die Billetverkäufer vor dem Theater machten nie Reklame mit seinem Namen, obgleich er der Autor des abendlichen Schauspieles war.

Hallingsaas – genauer »Hallandsaas« – ist eigentlich ein Gebirgsrücken an der Grenze zwischen Schonen und Halland, aber im Volksmunde wurde »Kongens Nytorv« in Kopenhagen, der große Marktplatz, auf dem das Kgl. Theater liegt, zur Zeit S. K.s so genannt. Die Billetverkäufer waren Männer, die die gesamten Eintrittskarten des Kgl. Theaters aufkauften und dann an das Publikum weiterverkauften. Sie standen vor dem

Theater oder an den Straßenecken und boten ihre Karten den Theatergängern an – deshalb wurden sie »Billetsjover« – Billeteckensteher – genannt, obgleich sie meistens sehr wohlhabende Männer waren.

Seite 576, Z. 10: liberum arbitrium: freie Wahl.

Seite 576, Z. 11: Leibnitz – [richtig geschrieben: Leibniz]*:* In der Theodizee, § 319. Aus den Pap. IV C 39 geht hervor, daß an dieser Stelle auf das obengenannte Werk von Leibniz hingewiesen wird. S.K. hat es in der deutschen Übersetzung J.C. Gottscheds gelesen [1763, Ktl. 619].

Seite 576, Z. 35: sit venia verbo: man verzeihe den Ausdruck.

Seite 577, Z. 4: λόγος ἀργός κτλ – S.K. hat diese Ausdrücke, die alle dasselbe bedeuten, nämlich: das träge Räsonnement, das heißt dasjenige, das den Geist träge und gleichgültig macht, von der Theodizee Leibnizens entlehnt [§ 55]. Dies geht aus den Pap. IV A 12 hervor. Chrysippos und nach ihm auch Cicero [De fato XII, 28] bezeichnen mit diesem Ausdruck die fatalistische Auffassung, laut welcher es gleichgültig ist, was ein Mensch unternimmt, da das Ergebnis vom Schicksal abhängt.

Seite 577, Z 26.: ἀπό, von [einem Orte weg, hinweg]: von... ab [zeitlich].

Seite 577, Z. 35: οἵτινες δίκην κτλ, die ihre Strafe durch ewige Verdammnis erhalten, von Antlitz des Herrn und der Herrlichkeit seiner Kraft ausgeschlossen.

Seite 578, Z. 4: Insofern kann die Angst sich zu ihr verhalten: Im Entwurf heißt es [Pap. V B 56,4]: »Nachdem die Sünde gesetzt ist, ist sie der Gegenstand der Angst. Die gesetzte Sünde ist eine aufgehobene Möglichkeit, aber obgleich gesetzt, ist sie zugleich unberechtigt. Hier zeigen sich sofort die beiden Wege der Sünde; denn entweder will sie über ihre Wirklichkeit hin in eine fingierte Möglichkeit zurück. Obgleich die Sünde sich als im Individuum gesetzt ankündigt, will es dies nicht anerkennen, sondern in abenteuerlicher Weise wie ein Gespenst in jenen nebligen Regionen umhergeistern, in denen er nach der Möglichkeit der Sünde tappt. Oder die Sünde ist gesetzt und das Individuum läßt sie vorwärtsschreiten in ihren eigenen Consequenzen. Beide Möglichkeiten sind Formen der Sünde, weil sie beide die Reue ausschließen.«

Seite 578, Z. 9: Der Kommandant: in Don Juan, II. Akt, letztem Auftritt. S.K. benutzte die dänische Übersetzung von Kruse.

Seite 578, Z. 20: in succum et sanguinem: Eigentlich in Saft und Blut, in Fleisch und Blut.

Seite 579, Z. 13: der Ameisenlöwe: S. K. denkt hier an die Larve des Ameisenlöwen [Murmicoleon formicarius L.], der trichterförmige Vertiefungen an Waldrändern oder an sandigen Stellen gräbt und, in der Tiefe des Trichters verborgen, wartet, bis ein Tierchen hinabgleitet, um es dann auszusaugen. Die Trichter sind durchschnittlich 3 cm tief und 4–5 cm im Durchmesser. In Dänemark findet man sie u. a. im Gribskov in Nordseeland, wo S.K. häufig war.

Seite 579, Z. 21: Schelling: Im Entwurf steht ferner: »in seinem System des transcendentalen Idealismus«, Werke, hrsg. von M. Schröter, II, 549: »Dahin gehört z. B. das, was man Talent oder Genie nennt, und zwar nicht nur Genie zu Künsten oder Wissenschaften, sondern auch Genie zu Handlungen. Es klingt hart, ist aber deswegen um nichts weniger wahr, daß, so wie unzählige Menschen zu den höchsten Funktionen des Geistes ursprünglich untüchtig sind, ebenso unzählige nie im Stande seyn werden mit der Freiheit und Erhebung des Geistes selbst über das Gesetz zu handeln, welche nur wenigen Auserlesenen zukommen kann. Dieß eben, daß freie Handlungen sogar durch eine unbekannte Nothwendigkeit ursprünglich schon unmöglich gemacht sind, ist es, was die Menschen zwingt, bald die Gunst oder Mißgunst des Schicksals anzuklagen oder zu erheben.«

Seite 580, Z. 1: Ethisch gesprochen ist die Sünde kein Zustand: Im Entwurf [Pap. V B 56, 8] heißt es: »Die beiden angeführten Formationen von der Sünde entweder die Wirklichkeit der Sünde auf eine illusorische Möglichkeit zurückführen zu wollen oder die Sünde weitergehen zu lassen und dadurch das zu erreichen, was Paulus [Römer 6, 20] die Freiheit von der Gerechtigkeit nennt, bilden die Grundlage aller Sünde. Die Sünde stellt aber keinen Zustand dar.«

Seite 580, Z. 29: Lear 4,6 [Gloster: »O ruined piece of nature«]; S.K. zitiert hier, wie stets, nach der Übersetzung von Schlegel und Tieck.

Seite 583, Z. 31: Fichte: Der hier erwähnte Gedanke ist an mehreren Stellen bei Fichte zu finden, wie z.B. in »Die Bestimmung des Menschen« [Werke III, 311, vgl. V, 565 und VII, 14], am deutlichsten jedoch in seiner Antwort auf das Sendschreiben F.H.Jacobis an ihn aus dem Jahre 1799. Dieser Entwurf wurde in Fichtes »Nachgelassene Schriften«, III, 1834 gedruckt, die S.K. besaß [Ktl. 489–499]. Hier steht pag. 394: »An eine unablässige Selbstprüfung unseres Wesens ins Allgemeine hinein, und an Vorbereitungen zu einer Generalbeichte zu gehen, müßigerweise, als ob die Welt nicht voll wäre anderer Aufgaben und Taten, ist sehr unweise. Lasse man seine schwache Seite nur durch das Leben kräftig berühren und aufdecken: in den verborgenen Winkeln desselben aber, die etwa doch nicht berührt werden, mit seinen Gedanken herumzuwühlen, ist teils selbst Sünde, weil es Müssiggang ist; teils trägt man dann aus übergroßer Demut allerlei Unreinigkeiten, die man allerdings in sich finden mag, wenn man sie sucht, mit ausdrücklichem Bewußtseyn in sich hinein, und besudelt man sich wirklich durch dies sich schlechter machendes Andichten. Lasset uns selig sein in der einfachen Treue gegen das Göttliche in uns, demselben folgen, wie es uns zieht, und weder durch eigene Werkheiligkeit, noch durch Selbstzerknirschung uns allerlei ankünstlen, das nicht aus ihm ist.«

Seite 584, Z. 13: Soweit die Theologen sie zu erklären versuchen... Wahrscheinlich hat S.K. hier an die Erläuterung gedacht, die der bekannte Exeget Hermann Olshausen in »Biblischer Commentar über sämmtliche Schriften des Neuen Testaments«, Bd. I, 3. Auflage 1837 [Ktl. 96–100] vorgetragen hat: »Die drei ersten Evangelien bis zur Leidensgeschichte...«, wo O. p. 284 bis 302 die Bedeutung jener Erzählung sehr ausführlich erörtert, auf die S.K. eine Seite weiter hinweist. Wenn S.K. auf die synoptischen Evangelien hinweist oder sie gar zitiert, pflegt er nur eine einzelne Variante der selben Erzählung anzuführen; hier aber erwähnt er – und zwar in derselben Reihenfolge wie Olshausen – alle drei Stellen, wo sie bei den Synoptikern zu finden sind [Matth. 8, 28–34, Markus 5, 1–20, Lukas 8, 26–39]. – I.C. Semler war bereits für eine natürliche, medizinische Deutung der Erzählungen von Dämonen im Neuen Testament eingetreten [vgl. Em. Hirsch: »Geschichte der neuern evangelischen Theologie«, IV, 1952, 67–68].

Seite 584, Z. 21: Lavater: S.K. besaß die Quartausgabe von Lavaters »Physiognomische Fragmente« [Lpz. 1775–1778, Ktl. 613–616]; es sind aber in derselben nicht viele tierische Physiognomien zu finden.

Seite 588, Z. 3: Augustins... empfahl Todesstrafe gegen Ketzer: Mit Berufung auf Lukas 14,23, empfahl Augustinus bei dem Religionsgespräch in Carthago 411 als Liebespflicht, die Ketzer [die Donatisten] mit Gewalt zum wahren Glauben zu zwingen. Er hat aber nicht von Strafen gesprochen. Dagegen erörtert Tertullian diesen Gedanken in »Scorpiace«, II.

Seite 588, Z. 11: Socrates: In Platons »Gorgias« 479 A spricht Sokrates von denen, die es durch die größten Verbrechen und Ausübung der größten Ungerechtigkeit dahin gebracht haben, daß sie weder Zurechtweisung noch Züchtigung noch Strafe bekommen. Er sagt dann weiter: »... diese haben es beinahe eben dahin gebracht, als wenn einer, der mit den ärgsten Krankheiten behaftet ist, es dahin gebracht hätte, sich für die Sünden seines Körpers von den Ärzten nicht strafen und sich nicht von ihnen behandeln zu lassen, aus Furcht wie ein Kind vor dem Brennen und Schneiden, weil es weh tut...« [Schleiermacher, Platon, 2 T., 1 Bd., p. 82 f.].

Seite 588, Z. 26: eine tabellarische und statistische Übersicht: Im Entwurf [Pap. v B 56,9]: »eine Durchschnittszahl, wonach jeder Generation durchschnittlich so und so viele Portionen vom Dämonischen entsprechen. Und wenn man heutzutage nur eine durchschnittliche Zahl hat, ist alles erklärt. Deshalb ist es so schwierig, das Christentum zu erklären, weil es ja nur ein für alle Male geschah, daß ein Mensch Gott gewesen ist; könnte man aber berechnen, wieviele Portionen der göttlichen Vergoldung jeder Generation entsprächen, also sozusagen durch die Bank, dann wäre alles erklärt.«

Seite 588, Z. 32: in specie: speziell, im besonderen: Die Stelle bei E. T. A. Hoffmann ist nicht gefunden.

Seite 591, Z. 7: Brutus: – hier hat S. K. an die Gestalt des Brutus in Shakespeares »Julius Cæsar« gedacht. Vgl. SV VII, 225.

Seite 591, Z. 7: Heinrich V.: Im Schauspiel »Henry IV«, von Shakespeare, 1. Teil, erscheint der Thronerbe Henry zuerst als ein wilder und ungestümer Zecher, in der Stunde der Gefahr zeigt er sich aber als tapferer Krieger. Im 2. Teil versöhnt er sich mit dem Vater und im »Henry V.« entpuppt er sich als strahlender, königlicher Held.

Seite 591, Z. 16: κατ' ἐξοχήν, im eminenten Sinne.

Seite 591, Z. 24: die religiöse Bedeutung...: kommunizieren, d.h. das Sakrament des Abendmahles zu empfangen.

Seite 592, Z. 12: τί εμοὶ καὶ σοί, was habe ich mit dir zu tun...?« [Markus 5,7. – Lukas 8, 28: »Was habe ich mit dir zu schaffen?].

Seite 592, Z. 15: Ein Dämonischer bittet Christus eines anderen Weges zu gehen: S.K. hat sich hier geirrt. Wahrscheinlich hat er sich dunkel einer Stelle bei Markus 5,17 erinnert, wo diejenigen, die gesehen hatten, wie Jesus den Teufel aus den Besessenen vertrieb, ihn baten, »daß er aus ihrer Gegend zöge«.

Seite 593, Z. 29: Domitian: Für S.K. war Domitian der Tyrann, der sich bisweilen in seiner Kammer hinter verschlossenen Türen verborgen hielt, um dort Fliegen zu töten [vgl. SV II, 110 und IX, 307].

Seite 593, Z. 29: Cromwell: war nach der Meinung S.K.s ein hochbegabter Mensch, dessen religiöse Spitzfindigkeit sich der Heuchelei näherte [SV VII, 595].

Seite 593, Z. 29: Alba: S.K. kannte den Herzog von Alba als den düsteren Tyrannen in Goethes »Egmont« [dessen Heldin, Clärchen, er in »Entweder-Oder«, SV I, 272ff., geschildert hat].

Seite 594, Z. 30: conditio sine qua non: eine unumgängliche Bedingung.

Seite 594, Z. 31: die Geister des Ringes gehorchen dem Ring: ein Hinweis auf Oehlenschlägers Dichtung »Aladin, ein Märchenspiel«: »die zum Symbol erhobene Geschichte des Jünglings aus „Tausend und einer Nacht" und seiner Wunderlampe« [Paul Wiegler: Geschichte der Weltliteratur, 1920, 414].

Seite 595, Z. 9: Wenn man nur will, so kann man alles: Im druckfertigen Manuskript hat S.K. geschrieben [Pap. V B 72, 22]: »Ich bin, was meine Person betrifft, in dieser Beziehung kraft meiner eigenen Erfahrung in einer anderen Richtung hinlänglich gesichert; denn ich habe nie die Gewohnheit gehabt, zu exzerpieren, und trage deshalb meine gesamte wissenschaftliche Gelehrsamkeit im Kopfe, während ich stets weiterlese, und nun dies wiederum dem Gedächtnis übergebe und gleichzeitig mit meiner eigenen Produktivität vollauf zu tun habe, und während ich indessen siebzehn andere wichtige Geschäfte zu erledigen habe und jeden Tag mit ungefähr fünfzig Menschen in allen Altersstufen rede, verpflichte ich mich dennoch sofort sagen zu können, was jeder Mensch, mit dem ich gesprochen habe, das letzte, das vorletztemal gesagt hat, um gar nicht von einem Menschen zu reden, der Gegenstand meiner Aufmerksamkeit ist – seine Äußerungen, seine Gefühlsregungen stehen sofort lebendig vor mir, sobald ich ihn sehe, sei es auch lange her, daß ich ihn zuletzt sah.«

Seite 597, Z. 8: Hamlet: I, 2 [»And whatsoever else shall hap to-night / Give it an understanding, but no tongue«]. S.K. zitiert wie sonst die Übersetzung von Schlegel und Tieck.

Seite 597, Z. 32: Darum wird der Teufel auch »der Vater der Lüge genannt«: – Johs. Evang. 8,44: »Wenn er die Lüge redet, so redet er von seinem Eigenen; denn er ist ein Lügner und ein Vater derselben.«

Seite 600, Z. 34: Entweder-Oder: SV I, 35ff. und besonders p. 77f.

Seite 601, Z. 1: eine Volkssage: – ist vergeblich nachgeforscht worden.

Seite 602, Z. 33: Ballett, das »Faust« genannt wird: von A. Bournonville. Es wurde zum ersten Male im Jahre 1832 aufgeführt. Vom 10. Juni 1842 an tanzte der Schöpfer des Balletts, der Ballettmeister des königlichen Theaters Bournonville selbst die Partie des Mephistopheles. In den Pap. IV A 94 bemerkt S.K.: »Ein besonderes Verdienst, das Bournonville in seiner Darstellung des Mephistopheles hat, ist der Sprung, mit dem er stets eintritt, indem er in eine plastische Position hineinspringt. Dieser Sprung ist ein Moment, das beachtet werden muß: die Auffassung des Dämonischen. Das Dämonische ist nämlich das Plötzliche.«

Seite 604, Z. 30: C. Winslöw: spielte die Rolle Klisters [Klister = Kleister] in der Vaudeville »Die Unzertrennlichen« von J. L. Heiberg in den Jahren 1827–1834. Er starb Oktober 1834. »Eine andere Seite des Dämonischen ist das Langweilige, so wie der kleine Winslöw es so ausgezeichnet auffaßte, denn dadurch geht es in das Komische über [Pap. IV A 94].«

Seite 605, Z. 10: Bellmann: – vgl. die Personenverzeichnisse zu

»Fredmanns Epistlar« und »Fredmanns Sänger« [Werke I, 11 ff. und 325 f.].
Seite 605, Z. 13: Ironie hat man... als das Negative erklärt... Hegel: In der großen Rezension Hegels von den nachgelassenen Schriften Solgers [W.a.A. XVI, 435–506 = Jub. Ausg. XX, 132 bis 202], die zuerst in »Jahrbücher für wissenschaftliche Kritik« 1828 gedruckt wurde – einer Abhandlung, die S.K. durchaus bekannt war, und zwar aus der Zeit, als er »Über den Begriff der Ironie« ausarbeitete – bestimmte er [Jub. Ausg. XX, 183] die romantische Ironie als »Jene Negativität überhaupt, die in der Steigerung bis zu ihrer abstrakten Spitze die Grundbestimmung der fichteschen Philosophie ausmacht.« Auch in der Darstellung des Sokrates in »Vorlesungen über die Geschichte der Philosophie« [W.a.A. XIV, 42–122 = Jub. Ausg. XVIII, 42–122, bes. p. 62 ff.] hob Hegel den Unterschied zwischen der Ironie des Sokrates – die nach Hegels Meinung lediglich eine Form, nach der Ansicht S.K.s in seiner Dissertation aber wesensbestimmend für Sokrates war – und derjenigen der Romantiker hervor.
Seite 605, Z. 21: ihre Tür zumachen: vgl. Matth. 6, 6: »Wenn aber du betest, so gehe in dein Kämmerlein und schließ' die Tür zu...«
Seite 607, Z. 3: unter den folgenden Rubriken...: im druckfertigen Manuskript [Pap. V, B 72, 24] hatte S.K. drei Rubriken: »die Freiheit tierisch verloren, die Freiheit intellektuell verloren und die Freiheit religiös verloren.«
Seite 607, Z. 22: Korporisations-Akt: S.K. hat hier an Schellings Bemerkungen in »Philosophische Untersuchungen über das Wesen der menschlichen Freiheit« gedacht [Werke, herausg. von M. Schröter IV, 279].
Seite 608, Z. 29: τί ἐμοὶ καὶ σοί, Markus 5, 7: »Was habe ich mit dir zu tun, o Jesu, du Sohn Gottes, des Allerhöchsten...«
Seite 608, Z. 35: σοφία δαιμονιώδης, dämonenhafte Weisheit. In Jacobus 3, 15–16: »Das ist nicht die Weisheit, die von oben herabkommt, sondern irdisch, menschlich und teuflisch. Denn wo Neid und Zank ist, da ist Unordnung und eitel böses Ding.«
Seite 609, Z. 2: laß mich das Stück Elend sein, das ich bin...: im Entwurf [Pap. V B 60] heißt es: »So kann man einen betrun-

kenen Mann sagen hören: laß mich das Stück Dreck sein, das ich bin. Daraus läßt sich das Zusammenhalten erklären, das unnatürliche Ausschweifungen zwischen den Mitschuldigen hervorruft... die Angst ist so groß, daß sie nur durch dieses gegenseitige Sichaneinanderklammern imstande sind, sich gegen sie zu waffnen, weil dieses An-einander-Klammern doch trotz allem ein allerdings gefälschter Ausdruck für etwas Gutes inbezug auf Liebe ist...«

Seite 609, Z. 15: Duchatelet: Es dreht sich um Parent Duchatelet: »De la prostitution de la ville de Paris.« S.K. hat diese Schrift nicht gelesen, hat aber sein Wissen von Karl Rosenkrantz: »Psychologie«, 1837 [Ktl. 744]. Vgl. Pap. v B 60 [p. 134].

Seite 610, Z. 8: die Wahrheit macht den Menschen frei: – Johs. 8, 32 »... und die Wahrheit wird Euch frei machen.«

Seite 610, Z. 11: an die Geistreichigkeit der neuesten Philosophie: vgl. P.M. Stillings hegelianische Schrift »Philosophiske Betragtninger over den spekulative Logiks Betydning for Videnskaben« 1842, p. 34 und 37. Sie ist von Hegels »Encyklopädie«, § 35, Zusatz [W.a.A. VI, 72 = Jub. Ausg. VIII, 110] sehr abhängig. An dieser Stelle wendet sich Hegel kritisch gegen die ältere Metaphysik: »So wurde z. B. der Unterschied von Freiheit und Nothwendigkeit in Betrachtung gezogen und wurden diese Bestimmungen in der Art auf die Natur und auf den Geist angewendet, daß man jene in ihren Wirkungen als der Nothwendigkeit unterworfen, diese aber als frei betrachtete. Dieser Unterschied ist nun allerdings wesentlich und im Innersten des Geistes begründet; Freiheit jedoch und Nothwendigkeit, als einander abstrakt gegenüberstehend, gehören nur der Endlichkeit an und gelten nur auf ihrem Boden. Eine Freiheit, die keine Nothwendigkeit in sich hätte, und eine bloße Nothwendigkeit ohne Freiheit, dieß sind abstrakte und somit unwahre Bestimmungen. Die Freiheit ist wesentlich konkret, auf ewige Weise in sich bestimmt und somit zugleich nothwendig.«

Seite 610, Z. 33: Fichte: in »Über den Begriff der Wissenschaftslehre« [Werke I, 40 ff.], wo er die Gewißheit des grundlegenden Axioms der Philosophie betont. S.K. hat auch an seine Erörterung in »Bestimmung des Menschen« [Werke II, 255] gedacht: »Ich besitze... den Prüfstein aller Wahrheit und aller

Überzeugung. Aus dem Gewissen allein stammt die Wahrheit.«
Seite 610, Z. 35: καὶ τὰ δαιμόνια κτλ, Jacobus 2,19: »Du glaubst, daß ein einiger Gott ist: und du tust wohl daran: die Teufel glauben's auch und zittern.«
Seite 611, Z. 22: Beweis für die Unsterblichkeit der Seele: Bereits vor dem Tode Hegels 1831 wurde die Grundlage zur Aufteilung der Jünger in Rechts- und Linkshegelianer geschaffen. Es geschah durch die anonym veröffentlichte Schrift Ludw. Feuerbachs: »Gedanken über Tod und Unsterblichkeit« aus dem Jahre 1830. Er behauptete darin – als Konsequenz der Philosophie Hegels –, die Unmöglichkeit einer individuellen Unsterblichkeit. Im Anschluß an F. argumentierte Friedrich Richter in »Die Lehre von den letzten Dingen«, einer Schrift, die 1833 erschien. Seiner Auffassung trat Carl Friedrich Göschel mit der Abhandlung »Von den Beweisen für die Unsterblichkeit der menschlichen Seele im Lichte der spekulativen Philosophie« entgegen. C.G. stellte darin drei Beweise für die Unsterblichkeit der Seele auf, die den drei klassischen Gottesbeweisen [dem kosmologischen, dem teleologischen und dem ontologischen] entsprachen. Diese Debatte wurde in Dänemark besonders durch die Abhandlung Poul Möllers »Tanker om Muligheden af Beviser for Sjælens Udödelighed, med Hensyn til den derhen hörende nyeste Literatur«, die zuerst in der Monatsschrift für Literatur in Kopenhagen 1837 erschien, bekanntgemacht. In dieser Zeitschrift hat S.K. die Abhandlung sofort gelesen [Pap. II A 17 vom 4. Febr. 1837]. Sie wurde in Poul Möllers »Efterladte Skrifter« [II, 1842, 158ff. – Ktl. 1574, 1574–1576] neugedruckt. Diese kritisch referierende Abhandlung bildet unzweifelhaft die Hauptquelle zu S.K.s Wissen mit Bezug auf die Unsterblichkeitsdebatte der dreißiger Jahre seines Jahrhunderts. Vgl. Kommentar zur »Einübung etc.« 1951, 696ff.
Seite 615, Z. 15: das Deiktikose: d.h. das Hinweisende, auf Beispiele Begründete, Persönliche.
Seite 615, Z. 33: ein Freidenker: In den Pap. V A 64 heißt es: »Einer, der in dämonischer Weise das Historische im N.T. [Neuen Testament] angreifen will, als wäre das die Hauptsache. Bisher hat niemand das Problem des Zweifels im Ver-

hältnis zum Christentum frei und offen gestellt – der einzige ist vielleicht Lessing.« Es ist nicht unwahrscheinlich, daß S.K. mit seiner folgenden Anmerkung im Text an Bruno Bauer gedacht hat, der in seiner aufsehenerregenden »Kritik der evangelischen Geschichte der Synoptiker«, die 1841–1842 erschien, die Theorie verteidigte, daß Markus der Urevangelist und die Evangelienschriften von Matthäus und Lukas lediglich spätere Entstellungen seien. Es war jedoch erst in dem Werk »Kritik der Evangelien und Geschichte ihres Ursprungs«, 1850 bis 1852, in »Apostelgeschichte« 1850 und in »Kritik der paulinischen Briefe«, 1850–1852, daß Bauer die Auffassung nachdrücklich aussprach, daß alle neutestamentlichen Schriften aus dem zweiten Jahrhundert herrührten.

Seite 617, Z. 30: Görres' Mystik: d.h. Jos. Görres: »Die christliche Mystik«, I–IV, 1836–1842, die S.K. besaß, Ktl. 528–532. S.K. schaffte das Werk am 11. November 1836 an [Pap. I A 329]. – In Pap. V B 63 sagt er: »ich gestehe aufrichtig, daß ich niemals das Buch ordentlich zu lesen gewagt habe, so unheimlich ist es...«

Seite 618, Z. 35: de affectionibus: eine Vermengung von »de passionibus [animae] und »de affectibus« [P. I, art. LIII]. Die Schrift Descartes' erschien 1649 in französischer Sprache mit dem Titel: »Les passions de l'âme« und im folgenden Jahre auf Latein, vgl. »Philosoph. Brosamen«, mit Kommentar [dän. Ausg. p. 194].

Seite 620, Z. 6: Macbeth: II, 3, als der Mord entdeckt und bekanntgemacht ist: »...There's nothing serious in mortality, / All is but toys; renown and grace is dead / The wine of life is drawn...« II, 3, 100. Wie bereits erwähnt, zitiert S.K. stets die deutsche Übersetzung von Schlegel und Tieck.

Seite 620, Z. 31: nach den Begriffen Platos und Aristoteles': vgl. p. 272.

Seite 621, Z. 32: omnis affirmatio est negatio: jede Bestätigung ist eine Verneinung [nämlich dessen, was rein logisch außerhalb des Bestätigten liegt].

Seite 621, Z. 36: Herbart: J.F. Herbart behauptete – mit besonderer Prägnanz in »Allgemeine Metaphysik«, II, 1829, § 201 bis 204 – im Gegensatz zu Kant und der idealistischen Philosophie – die Realität der Dinge und definierte Sein als die absolute Position, die jede Negation ausschließt.

Seite 622, Z. 7: die Psychologie von Rosenkrantz, die S.K. besaß und benutzte – in der ersten Ausg. von 1837. Rosenkrantz' Definition des Gemütes ist etwas anders als Hegels, der es als »diese eingehüllte, unbestimmte Totalität des Geistes, in Beziehung auf den Willen, worin der Mensch, auf ebenso allgemeine und unbestimmte Weise die Befriedigung in sich hat«, erklärt [Philosophie der Geschichte, W.a.A. IX, 425 = Jub. Ausg. XI, 149]. In seinen »Vorlesungen über die Ästhetik« [W.a.A. X, 2, p. 149 = Jub. Ausg. XII, 149 u.a.m.O.] wird das Gemüt von ihm mit »Innigkeit des Geistes... Empfindung« identifiziert.

Seite 623, Z. 10: in der Phänomenologie: ist ungenau. R. behandelt »Gewohnheit« in der Anthropologie, II. Abschn., Kap. 3.

Seite 624, Z. 29: In der »Wiederholung«, SV III, 195.

Seite 624, Z. 34: Albertus etc.: wurde plötzlich von einem Esel in einen Philosophen und vom Philosophen in einen Esel verwandelt. – Tennemann bemerkt an beiden von S.K. erwähnten Stellen, daß die Aussagen kaum als mehr denn Anekdoten aufzufassen seien, deren Zuverlässigkeit man nicht allzu hoch schätzen dürfe.

Seite 625, Z. 14: volente Deo: mit Gottes Hilfe.

Seite 625, Z. 26: Bellerophon: Nach der allgemein bekannten Sage stürzte Bellerophon vom Pegasus, als er zum Himmel emporreiten wollte. S.K. hat augenscheinlich dieses Motiv mit der Erzählung in »Sthenoboia« von Euripides verwechselt oder vermengt, in der B. von Lykien nach Argos zurückkehrte und die Königin, die seine Landesverweisung verursacht hatte, überredete, mit ihm zusammen den Pegasus zu besteigen, indem er vorgab, ihre Liebe zu erwidern. Auf dem Wege nach Lydien stürzte er sie indessen ins Meer.

Seite 625, Z. 30: profecto si, etc.: »wahrlich, wollte ich es aus Bosheit und Streitbarkeit tun, könnte ich es mit viel stärkeren Gründen abschwächen und widerlegen, indem ich sie herabsetzte...«

Seite 626, Z. 32: die drei großen Betrüger: Moses, Christus und Mohammed, vgl. Tennemann, op. cit.

Seite 627, Z. 20: macht den Augenblick zu einer Abstraktion: vgl. p. 393 ff.

Seite 627, Z. 35: Constantin Constantius: in »Wiederholung«, SV III, 283, vgl. hier p. 323.

Seite 628, Z. 1: man biegt die Ewigkeit etc.: Es geht aus den Pap. v B 60 [p. 137] hervor, daß S. K. hier an Bettina v. Arnim: »Goethes Briefwechsel mit einem Kinde«, 1835, gedacht hat.

Seite 628, Z. 13: die Kunst ist eine Antizipation des ewigen Lebens: Poul Möller in »Efterladte Skrifter«, 2. Ausg., p. 90, wo es »seliges Leben« heißt.

Seite 628, Z. 19: agiert Dante: eine Anspielung auf J. L. Heibergs »apokalyptische Komödie«: »Eine Seele nach dem Tode«, erschienen 1841, und auf Martensens Rezension davon in dem Tageblatt »Fædrelandet« 1841, sp. 3209ff. In den Pap. IV B 46 [p. 202–203] sagt S. K. in dem Entwurf zu einer Polemik: »Es mag jetzt wohl zwei Jahre her sein, daß der Herr Professor [J. L. Heiberg war seit 1829 Titularprofessor an der militärischen Hochschule] aufhörte, der witzige, scherzhafte, übermütige Vaudevillendichter, der doch hin und wieder auf dem Gebiet des Glaubens etwas irre gehen konnte, der siegreiche Polemiker, der taktfeste Ästhetiker zu sein und Dänemarks Dante, der grübelnde Genius, der in seinem apokalyptischen Gedicht in die Geheimnisse des ewigen Lebens hineinschaute, der gehorsame Sohn der Kirche wurde, von dem der hochehrwürdige Klerus „zum Besten der Gemeinde" alles erwartete.«

Seite 628, Z. 23: Ich – Ich: S. K. deutet hier auf Fichtes Philosophie hin, in der das Ich teils als empirisch, teils als mit dem Absoluten identisch gedacht wird.

Seite 628, Z. 31: Poul Möller: in dessen Abhandlung über das Unsterblichkeitsproblem, wo er auch von den Betrachtungen der Hegelianer über das Problem der persönlichen Unsterblichkeit spricht, die – nach der Ansicht der Linkshegelianer – im System Hegels keinen Platz finden noch konsequent daraus abgeleitet werden konnte.

Seite 628, Z. 34: Oder man faßt die Ewigkeit ... auf, etc.: Ein Hinweis auf Martensens eben erwähnte Rezension in »Fædrelandet«, vgl. Pap. v B 60, p. 137: »Man lernt, daß die Ewigkeit komisch sei, oder korrekter: daß man dort ein komisches Bewußtsein von der Endlichkeit bewahren werde. Diese Weisheit ist besonders den letzten 3 a 4 Paragraphen in der Ästhetik Hegels zu verdanken. Bei uns ist sie von Herrn Professor Martensen in einer der Zeitungen vorgetragen worden. Obgleich der Herr Professor seit seiner Rückkehr und unmittelbar nach seinem ersten Auftreten in der „Maanedsskrift for Literatur" zu versichern nicht versäumt hat, er sei über Hegel hinweggekommen, ist er dennoch nicht weitergekommen. Herr Prof. M. ist überhaupt von den versprechenden Philosophen nur dadurch verschieden, daß er ein versichernder ist. Das Komische ist eine Kategorie, die eben dem Zeitlichen angehört. Das Komische beruht stets auf dem Widerspruch. In der Ewigkeit wird aber jeder Widerspruch aufgehoben und folglich ist das Komische ausgeschlossen. Die Ewigkeit ist eben die wahre Wiederholung, in der die Geschichte aufhört und alles verklärt wird.«

Seite 629, Z. 14: der Mensch muß Rechenschaft geben: Matth. 12,36: »Ich sage Euch aber, daß die Menschen müssen Rechenschaft geben am Jüngsten Gericht von einem jeglichen unnützen Wort, das sie geredet haben.«

Seite 629, Z. 20: die Vorstellung des Griechentums: Die Vorstellung von der Lethe, dem Fluß des Vergessens, ist erst bei Platon im »Staate«, x, 621 zu finden: »... Dort haben sie sich, da der Abend schon herangekommen, an dem Fluß Sorglos [das griegriechische Wort *λήθη* bedeutet das Vergessen und damit auch „sorglos"] gelagert, dessen Wasser kein Gefäß halten könne. Ein gewisses Maaß nun von diesem Wasser sei jedem notwendig zu trinken; die aber durch Vernunft nicht bewahrt würden, tränken über das Maaß, und wie einer getrunken habe, vergesse er alles« [Schleiermacher, Platon, 3. T., 1. Bd., p. 524 bis 525].

Seite 629, Z. 36: komische Bedeutung: Im druckfertigen Manuskript [Pap. 72, 33] heißt es an dieser Stelle mit spezieller Adresse an Martensen weiter: »Die gesammte Weisheit von der Superiorität des Komischen ist im Übrigen den 3–4 letzten Capiteln in der Ästhetik Hegels zu verdanken, selbst wenn sie mit Bravour auch von einem vorgetragen worden ist, der längst über Hegel hinweggekommen ist und der in seinem Vortrag – während er die Weiber und Kinder in Erstaunen setzte – nicht im mindesten anmerken ließ, daß sie von Hegel herrührte.«

Seite 630, Z. 8: inter et inter: zwischen dem Einen und dem Anderen, hier speziell: zwischen dem, was voneinander unterschieden werden müsse.

Seite 631, Z. 3: die Märchen Grimms: Grimms »Kinder- und Hausmärchen«, 2. Aufl., 1819, Nr. 4: »Das Märchen von einem, der auszog, das Fürchten zu lernen.« Ein junger Mann hegte den brennenden Wunsch, das Gruseln zu lernen. Er verbringt deshalb drei Nächte in einem verwunschenen Schloß, wo wilde Tiere und Gespenster sich seiner zu entledigen versuchen. Da es ihnen nicht gelingt, wird der Zauber aufgehoben – und er erhält die Prinzessin. Es ärgert ihn aber doch, daß er das Gruseln nicht lernte – da hilft ihm seine Frau: eines Nachts gießt sie einen Kübel kalten Wassers mit lebenden Fischen über ihn. Da erwacht er gruselnd.

Seite 631, Z. 24: das entsetzliche Wort: Markus 15, 34: Bereits in seinem Tagebuch von 1837 hob S.K. drei für ihn wesentliche Momente der Lebensgeschichte Jesu hervor: »Er wuchs und wurde mächtig im Geist, voller Weisheit, Luk. 2, 40; er wird versucht; Mein Gott, mein Gott, warum hast du mich verlassen« [Pap. II A 97].

Seite 633, Z. 26: Hegel: Hier ist keine Rede von einem Zitat nach Hegel; S.K. hat sich aber erinnert, was Hegel in seiner »Philosophie der Religion« [W. a. A. XI, 206 = Jub. Ausg. XV, 222] vom Glauben sagt, nämlich, daß er »das Zeugnis des Geistes vom absoluten Geist«, »eine Gewißheit von der Wahrheit« sei.

Seite 634, Z. 19: ein Bild von Chodowiecki: Jean Calas [1698 bis 1762] war ein französischer Calvinist aus Toulouse. Als sein ältester, halb geisteskranker Sohn erhängt gefunden wurde, beschuldigte man den Vater, ihn getötet zu haben, um dadurch den Übertritt des Sohnes zum Katholizismus zu verhindern. Auf Grund der Aussagen der Zeugen wurde er vom Parlament in Toulon zum Tode verurteilt und sein Körper gerädert. Seine Witwe bewegte Voltaire, sich für die Sache zu interessieren, und V. bewies in einer Schrift »Sur la tolérance«, daß J. C. ein Opfer religiösen Fanatismus geworden sei. 1765 erklärte das Parlament in Paris J. C. unschuldig. 1767 schuf Chodowiecki einen Stich, der Calas vorstellte, wie er vor der Hinrichtung von seiner Familie Abschied nimmt. Später hat Chodowiecki – wahrscheinlich in einer Zeichnung – vier Personen dargestellt, die die vier Temperamente symbolisieren: »Les Adieux de Calas«. Nach dieser Zeichnung hat Johann Hinrich Lips ein

Titelvignet zum ersten Band von J.C. Lavaters »Physiognomische Fragmente« in der Quartausgabe von 1775–1778 gestochen. Diese Ausgabe besaß S.K. [Ktl. 613–616]. Es ist kein Titel angegeben, sonst würde eine Verwechselung zwischen Calas und Calais [wie S.K. schreibt] naheliegen. Der Stich von Lips wurde von dem Dänen G.L. Lohde in einem schönen und lebhaften Stich aus dem Jahre 1808 kopiert. Er trägt ebenfalls den Titel »Die vier Temperamente«: »Links steht auf einer Staffelei ein Gemälde, das Kopenhagen nach dem Bombardement darstellt, vor dieser vier critisierende Personen. Vorne links steht ein tiefsinniger [melancholischer] Gelehrter, dann folgt ein aufbrausender [cholerischer] Seeoffizier, weiter ein gerührter [sanguinischer] Kaufmann und am weitesten rechts ein ruhiger [phlegmatischer] Bauer.« [Krohn: »Dänische Kupferstiche etc.«, 1889, Nr. 1898]. – Die Verschiebung, die in dem Gedächtnis S.K.s stattgefunden hat, ist mit diesem in mente erklärlich.

Seite 636, Z. 14: Sokrates: im »Phaidon« von Platon 117 B: »Damit reichte er dem Sokrates den Becher, und dieser nahm ihn, und ganz getrost, o Echekrates, ohne im mindesten zu zittern oder Farbe oder Gesichtszüge zu verändern, sondern, wie er pflegte, ganz grade den Menschen ansehend, fragte er ihn ...« [Schleiermacher, Platon, 2. Teil, III. Bd., p. 122].

Seite 636, Z. 28: setz ihn mitten auf die jütländische Heide: Nachdem S.K. seine theologische Amtsprüfung bestanden hatte, reiste er in den Monaten Juli und August 1840 nach Jütland. Während eines Aufenthaltes auf der Heide [die damals noch nicht urbar gemacht und von weit größerem Umfang war als heute] schrieb er u.a. das folgende nieder: »Die Heide müßte eben besonders geeignet sein, die stärksten Geister zu entwickeln; hier liegt alles nackt und entblößt vor Gott, und hier haben die vielen Zerstreuungen, die vielen Winkelzüge, in die sich das Bewußtsein verkriechen kann und aus denen der Ernst es so oft schwierig findet, die zerstreuten Gedanken herauszuholen, keine Heimat. Hier muß das Bewußtsein sich entscheiden und strenge um sich selbst schließen. „Wohin sollte ich wohl vor deinem Angesichte fliehen“, müßte man wohl hier auf der Heide in Wahrheit sagen können [Pap. III A 78].«

Seite 637, Z. 5: Hexenbrief: Ein Hexenbrief ist ein Bilderheft oder ähnliches mit mehreren durchgeschnittenen Bildern von Menschen oder Tieren, von denen viele verschiedene Figuren zusammengestellt werden können.

Seite 637, Z. 25: Sokrates sagt im Kratylos: d.h. Platons Dialog »Kratylos« 428: »Denn von sich selbst hintergangen zu werden, ist doch das allerärgste. Denn wenn der Betrüger auch nicht auf ein Weilchen sich entfernt, sondern immer bei der Hand ist, wie sollte das nicht schrecklich sein?« [Schleiermacher: Platon, 2.T., II. Bd., p.98]. S.K. hat – wie aus den Pap. IV A 124 hervorgeht, die Übersetzung Schleiermachers [Berlin 1807] benutzt, die er auch besaß [Ktl. 1158–1163, am 26. April 1843 angeschafft].

Seite 638, Z. 6: der Mann, der nach Jericho zog: vgl. Lukas 10,30.

Seite 639, Z. 34: Autodidakt... Theodidakt: Einer, der sich selbst gelehrt hat... einer, der von Gott gelernt hat. Assessor Wilhelm schreibt in »Entweder-Oder« [SV II, 2, 292]: »Er will sich selbst die einzelnen Pflichten lehren und bei irgend welchen Anderen vergeblich Auskunft darüber suchen, und dennoch will er hier wiederum Autodidakt sein, wie er Theodidakt ist und umgekehrt.« Der Ausdruck ist von dem 1. Brief an die Thessalonicher 4,9 entlehnt: »Von der brüderlichen Liebe aber ist nicht not euch zu schreiben; denn ihr seid selbst von Gott gelehrt [theodidaktoi], euch untereinander zu lieben.«

Seite 640, Z. 2: ein anderer Schriftsteller: nämlich Assessor Wilhelm in »Entweder-Oder«, SV II, 292.

Seite 640, Z. 4: αὐτουργός, Eigentlich »Selbstzüchter der Philosophie«, im Gegensatz zu denen, die sie von anderen gelernt haben. Das Wort wurde besonders von den Ackerbauern verwendet, die ihren Boden selbst – und z.B. nicht durch die Hilfe von Sklaven – anbauten. *Θεουργός* muß folglich in diesem Zusammenhang »den, der im Dienste Gottes arbeitet« bedeuten. Im »Symposion« von Xenophon [Convivium, wie man es oft nennt, damit es nicht mit Platons »Symposion« verwechselt werde] I, 5 verwendet Sokrates das Wort, um sich selbst zu bezeichnen. S.K.s Neubildung ist in Analogie hiermit benutzt.

Seite 640, Z. 12: Hamann: vgl. Pap. III A 235, wo S.K. dieselben Äußerungen von Hamann zitiert hat, und zwar mit derselben Wertung: »Hamann macht... eine Bemerkung, die ich verwenden kann, obgleich er sie weder so verstanden, wie ich zu verstehen wünsche, noch etwas weiteres bei ihr gedacht hat.« Diese Bemerkung steht in einem Briefe Hamanns an Herder vom 3. Juni 1781.

ÜBERSETZUNGSSPIEGEL

Die in Kursiv gesetzten Ziffern geben jeweils die Fundstelle in der dänischen Nationalausgabe an: Samlede Värker = SV [Gyldendalske Boghandel, Nordisk Forlag], und zwar zuerst nach der 2. Ausgabe von 1920 ff. und dann in Klammern nach der 1. Ausgabe von 1901 ff.

DIE KRANKHEIT ZUM TODE

Sygdommen Ail Döden [SV, Bd. XI]

Seite = Seite

24 = *131 [113]*	50 = *160 [142]*
25 = *133 [117]*	51 = *161 [143]*
26 = *133/34 [118]*	52 = *162 [144]*
27 = *137 [121]*	53 = *163 [145]*
28 = *138 [122]*	54 = *163/64 [146]*
29 = *139 [123]*	55 = *164 [146]*
30 = *143 [127]*	56 = *165 [146/47]*
32 = *144 [128]*	57 = *166 [147/48]*
33 = *145 [129]*	58 = *167 [148]*
34 = *146 [130]*	59 = *168 [149]*
35 = *147 [130]*	60 = *168/69 [149/50]*
36 = *147 [131]*	61 = *169/70 [150/51]*
37 = *148 [131/32]*	62 = *170 [151]*
38 = *149 [132]*	63 = *171 [152]*
39 = *149/50 [133]*	64 = *172 [153]*
40 = *151 [134]*	65 = *173 [153/54]*
41 = *151/52 [134/35]*	66 = *174 [154/55]*
42 = *153 [136]*	67 = *175 [155]*
43 = *154 [137]*	68 = *175/76 [156]*
44 = *155 [138]*	69 = *176/77 [156]*
45 = *156 [138/39]*	70 = *177 [157]*
46 = *157 [139]*	71 = *178 [158]*
47 = *158 [140]*	72 = *179 [159]*
48 = *158/59 [140/41]*	73 = *180 [159/60]*
49 = *159 [141]*	74 = *180/81 [161]*

75 = *181/82 [161]*
76 = *182 [161/62]*
77 = *183 [162]*
78 = *184 [163]*
79 = *184 [163]*
80 = *185/86 [164/65]*
81 = *186 [165]*
82 = *186/87 [166]*
83 = *188 [166/67]*
84 = *189 [167]*
85 = *190 [168]*
86 = *191 [169]*
87 = *192 [169/70]*
88 = *192/93 [170]*
89 = *193 [171]*
90 = *194 [172]*
91 = *195 [173]*
92 = *196 [173/74]*
93 = *196/97 [174]*
94 = *197 [174/75]*
95 = *198 [175]*
96 = *199 [176]*
97 = *200 [177]*
98 = *201 [177/78]*
99 = *202 [178]*
100 = *202/03 [179]*
101 = *203/04 [180]*
102 = *204 [180/81]*
103 = *205 [181]*
104 = *205/06 [181/82]*
105 = *206/07 [182/83]*
106 = *207 [183]*
107 = *208 [184]*
108 = *209 [185]*
109 = *213 [189]*
110 = *214 [190/91]*
111 = *215 [191]*
112 = *216 [192]*
113 = *217 [192/93]*
114 = *217/18 [193]*
115 = *218 [194]*
116 = *219 [194/95]*
117 = *220 [195]*
118 = *221 [196]*
119 = *222 [197]*
120 = *222/23 [197/98]*
121 = *223 [198]*
122 = *224 [199]*
123 = *225 [200]*
124 = *226 [200/01]*
125 = *227 [201]*
126 = *228 [202]*
127 = *228/29 [203]*
128 = *229/30 [203/04]*
129 = *230 [204]*
130 = *231 [205]*
131 = *232 [205/06]*
132 = *233 [206/07]*
133 = *234 [207]*
134 = *234/35 [208]*
135 = *235/36 [208/09]*
136 = *236 [209]*
137 = *237 [210]*
138 = *238 [211]*
139 = *239 [212]*
140 = *240 [212/13]*
141 = *240/41 [213]*
142 = *241 [214]*
143 = *242/43 [214/15]*
144 = *244 [216]*
145 = *244/45 [216/17]*
146 = *245 [217]*
147 = *246 [218]*
148 = *247 [219]*
149 = *248 [219/20]*
150 = *249 [220/21]*
151 = *250 [221]*
152 = *250/51 [221/22]*

153 = *251 [222]*	166 = *262 [232]*
154 = *252 [223]*	167 = *263 [233]*
155 = *253 [224]*	168 = *264 [234]*
156 = *254 [225]*	169 = *265 [235]*
157 = *255 [225/26]*	170 = *266 [235/36]*
158 = *256 [226/27]*	171 = *266/67 [236]*
159 = *256/57 [227]*	172 = *267 [236/37]*
160 = *257 [227/28]*	173 = *268 [237/38]*
161 = *258 [228/29]*	174 = *269 [239]*
162 = *259 [229]*	175 = *270 [239/40]*
163 = *260 [230]*	176 = *271 [240]*
164 = *261 [231]*	177 = *271/72 [241]*
165 = *261/62 [231/32]*	

FURCHT UND ZITTERN

Frygt oq Baeven [SV, Bd. III]

Seite = Seite

181 = *67 [57]*	200 = *86 [75]*
182 = *68 [58]*	201 = *89 [79]*
183 = *69 [59]*	202 = *90 [80]*
184 = *70 [60]*	203 = *91 [81]*
185 = *71 [61]*	204 = *91/92 [81/82]*
186 = *73 [63]*	205 = *92 [82]*
187 = *74/75 [64/65]*	206 = *93 [83]*
188 = *76 [66]*	207 = *94 [84]*
189 = *77 [67]*	208 = *95 [84/85]*
190 = *78 [68]*	209 = *96 [85]*
191 = *79 [69]*	210 = *96/97 [85/86]*
192 = *80 [70]*	211 = *97 [86]*
193 = *81 [70/71]*	212 = *98 [87]*
194 = *82 [71]*	213 = *99 [88]*
195 = *82 [72]*	214 = *99/100 [88]*
196 = *83 [72/73]*	215 = *100 [89]*
197 = *83/84 [73]*	216 = *101 [90]*
198 = *84 [73/74]*	217 = *102 [90/91]*
199 = *85 [74]*	218 = *103 [91]*

219 = *103/04 [92]*
220 = *105 [92/93]*
221 = *105/06 [93]*
222 = *106 [94]*
223 = *107 [95]*
224 = *108 [95/96]*
225 = *108/09 [96]*
226 = *109 [97]*
227 = *110 [97]*
228 = *111 [98]*
229 = *112 [99]*
230 = *112/13 [99/100]*
231 = *113 [100]*
232 = *114 [101]*
233 = *115 [101/02]*
234 = *116 [102]*
235 = *116 [103]*
237 = *117 [104]*
238 = *118 [105]*
239 = *119 [106]*
240 = *119/20 [106/07]*
241 = *120/21 [107]*
242 = *121/22 [108]*
243 = *122/23 [109]*
244 = *123 [110]*
245 = *124 [110/11]*
246 = *125 [111]*
247 = *125/26 [112]*
248 = *126 [112]*
249 = *127 [113]*
250 = *128 [114]*
251 = *129 [115]*
252 = *129/30 [115/16]*
253 = *130 [116]*
255 = *131 [117]*
256 = *132 [118]*
257 = *133 [118/19]*
258 = *133/34 [119]*
259 = *134 [119/20]*
260 = *135 [121]*
261 = *136 [122]*
262 = *137 [122/23]*
263 = *137/38 [123]*
264 = *138/39 [123/24]*
265 = *139/40 [124]*
266 = *140 [125]*
267 = *141 [126]*
268 = *142 [126/27]*
269 = *142/43 [127/28]*
270 = *143 [128]*
271 = *144 [128/29]*
273 = *145 [130]*
274 = *146 [131]*
275 = *147 [132]*
276 = *147/48 [132/33]*
277 = *148/49 [133]*
278 = *149 [134]*
279 = *150/51 [134/35]*
280 = *151 [135/36]*
281 = *152 [136]*
282 = *152/53 [137]*
283 = *153 [138]*
284 = *154 [138]*
285 = *155 [139]*
286 = *156 [140]*
287 = *157 [141]*
288 = *158 [142]*
289 = *159 [143]*
290 = *160 [143/44]*
291 = *160/61 [144]*
292 = *161 [144/45]*
293 = *162 [145]*
294 = *162/63 [146]*
295 = *163 [146/47]*
296 = *164 [147]*
297 = *165 [148]*
298 = *165/66 [149]*
299 = *166 [149]*

300 = *167 [150]*
301 = *168 [151]*
302 = *168/69 [151]*
303 = *169/70 [152]*
304 = *170 [152/53]*
305 = *170/71 [153/54]*
306 = *171/72 [155]*
307 = *172 [155]*
308 = *172/73 [156]*
309 = *174 [156]*
310 = *175 [157]*
311 = *176 [158]*
312 = *177 [159]*
313 = *178 [160]*
314 = *178/79 [160/61]*
315 = *179/80 [161/62]*
316 = *180 [162]*
317 = *180/81 [162/63]*
318 = *181/82 [163/64]*
319 = *183 [164]*
320 = *183/84 [164/65]*
321 = *184 [165]*
323 = *185 [166]*
324 = *186 [166/67]*
325 = *186/87 [167]*
326 = *187 [168]*

DIE WIEDERHOLUNG

Gjentagelsen [SV, Bd. III]

Seite = Seite

329 = *193 [173]*
330 = *194 [174]*
331 = *195 [175]*
332 = *195/96 [175/76]*
333 = *196/97 [176]*
334 = *197/98 [177]*
335 = *198 [177/78]*
336 = *199 [178]*
337 = *200 [179]*
338 = *201 [180]*
339 = *201/02 [180/81]*
340 = *202/03 [181]*
341 = *203 [182]*
342 = *204 [182/83]*
343 = *205 [183]*
344 = *206 [184]*
345 = *207 [185]*
346 = *208 [185/86]*
347 = *208/09 [186]*
348 = *209/10 [187]*
349 = *210 [187/88]*
350 = *211 [188]*
351 = *211/12 [189]*
352 = *212/13 [190]*
353 = *213/14 [190/91]*
354 = *214 [191/92]*
355 = *215 [192]*
356 = *216 [193]*
357 = *216/17 [193/94]*
358 = *217/18 [194]*
359 = *218/19 [195]*
360 = *219 [195/96]*
361 = *220 [196]*
362 = *220/21 [196/97]*
363 = *221 [197]*
364 = *222 [198]*
365 = *223 [199/200]*
366 = *224 [200]*

367 = *224/25 [200/01]*	404 = *254/55 [228]*
368 = *225 [201]*	405 = *255 [228/29]*
369 = *226 [201/02]*	406 = *256 [229]*
370 = *227 [202]*	407 = *257 [230]*
371 = *228 [203]*	408 = *258 [230/31]*
372 = *228/29 [203/04]*	409 = *259/60 [232/33]*
373 = *229 [204]*	410 = *261 [234]*
374 = *230 [205]*	411 = *262 [235]*
375 = *231 [206]*	412 = *263 [235/36]*
376 = *232 [206/07]*	413 = *263/64 [236/37]*
377 = *233 [207/08]*	414 = *264/65 [237]*
378 = *233/34 [208]*	415 = *266 [238]*
379 = *234 [209]*	416 = *267 [239]*
380 = *235 [209/10]*	417 = *267/68 [239/40]*
381 = *236 [210]*	418 = *269 [241]*
382 = *237 [211]*	419 = *270 [242]*
383 = *238 [212]*	420 = *271 [243]*
384 = *238/39 [212/13]*	421 = *272 [244]*
385 = *239 [213]*	422 = *273/74 [244/45]*
386 = *239 [213]*	423 = *274/75 [246/47]*
387 = *240 [214]*	424 = *275/76 [247/48]*
388 = *241 [215]*	425 = *277 [248]*
389 = *242 [216]*	426 = *278 [249]*
390 = *243 [217]*	427 = *278/79 [250]*
391 = *244 [217/18]*	428 = *280 [251]*
392 = *244/45 [218]*	429 = *281 [251/52]*
393 = *245 [218/19]*	430 = *282 [253]*
394 = *246 [219/20]*	431 = *283 [254]*
395 = *247 [220]*	432 = *284/87 [255/59]*
396 = *248 [221]*	433 = *287 [259]*
397 = *248/49 [222/23]*	434 = *288 [260]*
398 = *250 [224]*	435 = *289 [261]*
399 = *250/51 [224/25]*	436 = *290 [262]*
400 = *251 [225]*	437 = *291 [262/63]*
401 = *252 [226]*	438 = *291/92 [263]*
402 = 253 *[226/27]*	439 = *292 [263/64]*
403 = *253/54 [227]*	440 = *293 [264]*

DER BEGRIFF DER ANGST

Begrebet Angest [SV, Bd. IV]

Seite = Seite

443 = *305 [275]*
444 = *306/07 [276/77]*
445 = *309 [279]*
446 = *310 [280]*
447 = *313 [281]*
448 = *314 [282]*
449 = *315 [283]*
450 = *316 [284]*
451 = *316/17 [284/85]*
452 = *317/18 [285/86]*
453 = *318 [286]*
454 = *319 [287]*
455 = *320 [288]*
456 = *320/21 [288/89]*
457 = *321 [289]*
458 = *322/23 [290/91]*
459 = *324 [292]*
460 = *324/25 [292/93]*
461 = *325 [293]*
462 = *325/26 [293/94]*
463 = *326 [294]*
464 = *327 [295]*
465 = *327/28 [295/96]*
466 = *328 [296]*
467 = *329 [297]*
468 = *330 [298]*
469 = *331 [299]*
470 = *331/32 [300]*
471 = *332 [300/01]*
472 = *333 [301/02]*
473 = *334 [302/03]*
474 = *334/35 [303]*
475 = *335 [304]*
476 = *336 [304/05]*
477 = *337 [305]*
478 = *338 [306]*
479 = *339 [307]*
480 = *339/40 [307/08]*
481 = *340 [308]*
482 = *341 [309]*
483 = *342 [309/10]*
484 = *343 [310]*
485 = *343/44 [311]*
486 = *344/45 [312]*
487 = *345 [313]*
488 = *346 [313/14]*
489 = *347 [314]*
490 = *348 [315]*
491 = *349 [315/16]*
492 = *349/50 [316]*
493 = *350/51 [317/18]*
494 = *351/52 [318]*
495 = *352 [318/19]*
496 = *352 [319]*
497 = *353/54 [320]*
498 = *354/55 [320/21]*
499 = *355 [321]*
500 = *356 [322]*
501 = *357 [323]*
502 = *358 [324]*
503 = *359 [325]*
504 = *359/60 [325/26]*
505 = *360/61 [326]*
506 = *361/62 [326/27]*
507 = *362 [327]*
508 = *363 [328]*
509 = *364 [329]*
510 = *365 [330]*

511 = 365/66 [331]
572 = 366 [331]
513 = 367 [332]
514 = 368 [333]
515 = 369 [333/34]
516 = 369/70 [334]
517 = 370 [335]
518 = 371 [335/36]
519 = 372 [336]
520 = 373 [337]
521 = 374 [337/38]
522 = 374/75 [338]
523 = 375 [338/39]
524 = 376 [340]
525 = 377 [341]
526 = 378 [341/42]
527 = 378/79 [342]
528 = 379 [342]
529 = 379/80 [343]
530 = 380/81 [343/44]
531 = 382 [345]
532 = 383 [345/46]
533 = 384 [346/47]
534 = 385 [347/48]
535 = 385/86 [348/49]
536 = 386 [349]
537 = 387 [350]
538 = 388 [351/52]
539 = 389 [352/53]
540 = 390 [353/54]
541 = 390/91 [355]
542 = 391 [355]
543 = 392 [356]
544 = 393 [356/57]
545 = 394/95 [357]
546 = 395 [358]
547 = 395/96 [359]
548 = 396 [360]
549 = 396/97 [360/61]
550 = 397/98 [361]
551 = 398 [362]
552 = 398/99 [363]
553 = 399/400 [363/64]
554 = 400 [364]
555 = 400/01 [364]
556 = 401/02 [365]
557 = 403 [366]
558 = 404 [366/67]
559 = 405 [367/68]
560 = 406 [368]
561 = 407 [369]
562 = 407/08 [370]
563 = 408/09 [371]
564 = 409 [371]
565 = 410 [372]
566 = 411 [373]
567 = 411/12 [373/74]
568 = 412 [374]
569 = 413 [374/75]
570 = 414 [375]
571 = 415 [376]
572 = 416 [377]
573 = 417 [378]
574 = 418 [378]
575 = 419 [379]
576 = 420 [380]
577 = 421 [381]
578 = 421/22 [381/82]
579 = 422 [382]
580 = 423 [383]
581 = 424 [384]
582 = 425 [385]
583 = 426 [385/86]
584 = 426/27 [386]
585 = 427/28 [387]
586 = 428 [388]
587 = 429 [388/89]
588 = 430 [389]

589 = *431 [390]*
590 = *432 [390/91]*
591 = *433 [391/92]*
592 = *433 [392]*
593 = *434 [393]*
594 = *435 [393/94]*
595 = *435/36 [394]*
596 = *436 [395]*
597 = *437 [395/96]*
598 = *438 [396]*
599 = *438/39 [397]*
600 = *439 [397]*
601 = *440 [398]*
602 = *441 [399]*
603 = *442 [399]*
604 = *443 [400]*
605 = *443/44 [401]*
606 = *444 [401]*
607 = *445 [402]*
608 = *446 [403]*
609 = *447 [404]*
610 = *448 [405]*
611 = *448/49 [405/06]*
612 = *449 [406]*
613 = *450 [407]*
614 = *451 [407/08]*
615 = *451/52 [408/09]*
616 = *453 [409/10]*
617 = *453/54 [410]*
618 = *454 [410]*
619 = *455 [411]*
620 = *456 [412]*
621 = *457 [413]*
622 = *458 [414]*
623 = *459 [414/15]*
624 = *459/60 [415]*
625 = *460 [416]*
626 = *461 [417]*
627 = *462 [417/18]*
628 = *462/63 [418]*
629 = *463 [419]*
630 = *464 [420]*
631 = *465 [421]*
632 = *466 [422]*
633 = *467 [423]*
634 = *468 [423/24]*
635 = *469 [424/25]*
636 = *469/70 [425]*
637 = *470 [425/26]*
638 = *471 [426]*
639 = *472 [427]*
640 = *473 [428]*